四川省
专利密集型产业研究

- 国家知识产权局专利局专利审查协作四川中心　组织编写
- 李　博　主编
- 何　如　吴　昊　副主编

知识产权出版社
全国百佳图书出版单位
—北京—

图书在版编目（CIP）数据

四川省专利密集型产业研究／国家知识产权局专利局专利审查协作四川中心组织编写；李博主编 . —北京：知识产权出版社，2025.1. —（学术研究成果推广丛书）.
ISBN 978－7－5130－9527－3

Ⅰ. F269.277.1

中国国家版本馆 CIP 数据核字第 2024S6X197 号

内容提要

以专利密集型产业为代表的知识产权密集型产业已经成为我国经济增长的重要动力，对专利密集型产业开展统计分析和研究，特别是面向地方开展专利密集型产业研究具有重要意义。本书围绕四川省专利密集型产业，结合专利、产业和技术等相关数据信息，分析信息通信技术制造业，信息通信技术服务业，新装备制造业，新材料制造业，医药医疗产业，环保产业，研发、设计和技术服务业等七大类专利密集型产业发展状况，明确专利密集型产业对地方经济发展的贡献，总结专利密集型产业高质量发展的四川路径，为进一步研究和相关产业发展提供实践案例和理论支撑。

责任编辑：程足芬　张利萍	责任校对：王　岩
封面设计：纺印图文	责任印制：刘译文

四川省专利密集型产业研究

国家知识产权局专利局专利审查协作四川中心　组织编写
李　博　主编

出版发行：知识产权出版社有限责任公司	网　　址：http://www.ipph.cn
社　　址：北京市海淀区气象路 50 号院	邮　　编：100081
责编电话：010－82000860 转 8390	责编邮箱：chengzufen@qq.com
发行电话：010－82000860 转 8101/8102	发行传真：010－82000893/82005070/82000270
印　　刷：北京建宏印刷有限公司	经　　销：新华书店、各大网上书店及相关专业书店
开　　本：720mm×1000mm　1/16	印　　张：27.75
版　　次：2025 年 1 月第 1 版	印　　次：2025 年 1 月第 1 次印刷
字　　数：528 千字	定　　价：166.00 元
ISBN 978－7－5130－9527－3	

出版权专有　侵权必究
如有印装质量问题，本社负责调换。

丛书编委会

主　任：李　明
副主任：赵　亮　李　博　刘　超　刘冀鹏

本书编写组

主　编：李　博
副主编：何　如　吴　昊
撰写人：冷　鲁　林　超　郭　颖　干　宇
　　　　付先武　田文文　聂　利
统稿人：吴　昊

作者简介

冷鲁，男，助理研究员，现任国家知识产权局专利局专利审查协作四川中心办公室副主任。国家知识产权局高层次人才，局优秀青年。在局系统工作20年，先后参与多项局重点工作，起草多份涉及执法保护、维权援助等重要工作的政策文件。参与多项局课题。

林超，男，三级审查员，现任国家知识产权局专利局专利审查协作四川中心人力资源部副主任，国家知识产权局首批骨干人才，长期从事知识产权综合管理工作，参与多项知识产权领域重要政策的研究制定，参与知识产权强国建设纲要、国家知识产权保护和运用"十三五""十四五"规划起草，多次作为主要研究人员参与国家知识产权局课题研究。

郭颖，女，高级知识产权师，现任国家知识产权局专利局专利审查协作四川中心对外服务室副主任，国家知识产权局骨干人才，四川省知识产权专家人才，成都市中级人民法院技术调查官。参与10余项省部级课题以及多件重大专利、商业秘密侵权案件调查，具有丰富的知识产权服务经验。

干宇，男，高级知识产权师，现任国家知识产权局专利局专利审查协作四川中心党委（纪委）办公室党建工作室副主任。国家知识产权局骨干人才，有丰富的专利审查、课题研究和知识产权服务经验。

付先武，男，四川大学工学硕士，现任国家知识产权局专利局专利审查协作四川中心审查业务部业务协调室副主任，熟悉审查业务相关管理工作，曾从事机器人、手动工具、控制装置等领域发明专利实质审查工作。国家知识产权局第七批骨干人才，国家知识产权局优秀共产党员（2021年度），国家知识产权局审查业务培训教师，四川中心第二批骨干人才，四川中心业务模范（2021年度）等。参与多项局和中心课题研究，有丰富的课题研究经验。

田文文，女，高级知识产权师，四级专利审查员，国家知识产权局第九批骨干人才，现于国家知识产权局专利局专利审查协作四川中心从事知识产权服务工作，参与和组织多项局省级知识产权课题和服务项目，服务多个创新主体，为各类主体开展知识产权培训30余次，入选多个省市的多类知识产权专家库专家。

聂利，男，助理研究员，国家知识产权局专利局专利审查协作四川中心骨干人才。从事专利审查和知识产权服务工作十余年，主导并参与多项省部级知识产权研究类课题，服务企业和高校院所数十家，有丰富的课题研究和知识产权服务经验。

前　言

知识产权创造了巨大的经济社会效益，进入新发展阶段，知识产权作为国家发展战略性资源和国际竞争力核心要素的作用更加凸显，以专利密集型产业为核心的知识产权密集型产业已成为经济增长最重要的推动力。党中央、国务院高度重视知识产权（专利）密集型产业的高质量发展，《知识产权强国建设纲要（2021—2035年）》和《"十四五"国家知识产权保护和运用规划》中均将"专利密集型产业增加值占国内生产总值比重"作为重要发展指标，《专利转化运用专项行动方案（2023—2025年）》将培育推广专利密集型产品作为专利产业化专项行动之一，多个地市将专利密集型产业纳入了本地知识产权"十四五"规划重要工作中。开展专利密集型产业分析研究对于落实党中央、国务院有关决策部署具有重要意义。

美国、欧盟等国家或地区早在2012年左右就开始了知识产权密集型产业的统计和研究，知识产权密集型产业对经济总体拉动作用明显，相关产业的创新研发投入和带动力强，创造了大量的就业机会，具有很高的社会效益和经济效益。专利密集型产业作为知识产权经济的重要组成部分，对于推动我国经济发展、优化产业结构、增强创新能力也具有显著的推动作用。对专利密集型产业进行研究分析，可以探讨其在区域经济增长中的作用机理和路径依赖，丰富和完善专利密集型产业的理论体系，更好地理解专利如何促进技术进步、提高产品附加值、增强企业市场竞争力，以及如何通过专利战略布局来引导产业升级和区域经济发展。

四川省是我国发展的战略腹地，是支撑新时代西部大开发、长江经济带发展等国家战略实施的重要地区。四川省拥有得天独厚的地理位置和资源优势，还拥有丰富的科教资源、产业基础以及庞大的市场潜力，同时也面临着产业升级和转型发展的关键时期，而发展专利密集型产业能够有效带动高新技术产业和现代服务业的发展，因此开展四川省的专利密集型产业分析研究，对于促进四川省乃至我国西部地区的经济发展、提升区域创新能力、优化产业结构具有重要的理论和实践意义。

目前市面上尚未有针对西部相关省份的专利密集型产业进行研究的书籍，本书旨在弥补这一空白，主要针对四川省专利密集型产业进行分析研究，结合专利、产业和技术等相关数据信息，分析包括信息通信技术制造业，信息通信技术服务业，新装备制造业，新材料制造业，医药医疗产业，环保产业，研发、设计和技术服务业等七大类产业发展状况，并聚焦四川省特色专利密集型产业集群分析相关产业发展情况，进一步明确专利密集型产业对地方经济发展的贡献，总结给出专利密集型产业高质量发展的四川省路径，进而希望能够为西部乃至全国专利密集型产业研究和发展提供实践案例和理论支撑。

本书对地方专利密集型产业研究工作具有一定指导意义，可作为广大知识产权从业人员的普及性参考书。

在本书编写过程中参阅了大量文献资料，谨对相关资料的作者表示衷心感谢。

由于专利密集型产业研究正在逐步普及和推进过程中，涉及产业众多，本书仅重点聚焦四川省相关产业的重点环节和重点问题开展分析研究，尚未针对每个产业进行一一深入剖析和研究，此外，由于作者水平有限，难免存在疏漏和不当之处，敬请广大读者批评指正。

目录
CONTENTS

第1章 专利密集型产业概述 ·· 1
  1.1 专利密集型产业基本概念 ·· 1
    1.1.1 专利密集型产业定义和特征 ·· 1
    1.1.2 专利密集型产业的构成要件和发展条件 ···································· 5
    1.1.3 专利密集型产业对经济发展的作用 ·· 7
  1.2 专利密集型产业相关政策 ·· 16
    1.2.1 国家相关政策 ·· 16
    1.2.2 地方相关政策 ·· 17
  1.3 专利密集型产业的分类和增加值核算 ··· 22
    1.3.1 专利密集型产业分类 ·· 22
    1.3.2 专利密集型产业增加值核算 ·· 34

第2章 四川省专利密集型产业的发展环境分析 ····································· 39
  2.1 四川省专利密集型产业的战略地位 ·· 39
  2.2 经济营商环境分析 ·· 44
    2.2.1 四川省经济社会发展状况和营商环境水平 ······························· 44
    2.2.2 经济营商环境对专利密集型产业的影响 ·································· 47
  2.3 科技创新环境分析 ·· 49
    2.3.1 四川省科技创新能力与水平 ·· 49
    2.3.2 科技创新环境对专利密集型产业的影响 ·································· 52
  2.4 知识产权环境分析 ·· 54
    2.4.1 四川省知识产权保护与发展状况 ··· 54
    2.4.2 知识产权环境对专利密集型产业的影响 ·································· 56

第3章 四川省专利密集型产业发展研究分析 ······ 59

3.1 专利密集型产业研究方法概述 ······ 59
3.1.1 研究方法 ······ 59
3.1.2 数据说明 ······ 64

3.2 信息通信技术制造业 ······ 65
3.2.1 产业的定义和特点 ······ 65
3.2.2 产业现状分析 ······ 69
3.2.3 电子元件及电子专用材料制造产业分析 ······ 91
3.2.4 计算机制造产业分析 ······ 98
3.2.5 智能消费设备制造产业分析 ······ 103
3.2.6 产业发展问题和建议 ······ 109

3.3 信息通信技术服务业 ······ 114
3.3.1 产业的定义和特点 ······ 114
3.3.2 产业现状分析 ······ 116
3.3.3 通信和卫星传输产业分析 ······ 134
3.3.4 互联网服务业分析 ······ 143
3.3.5 软件开发产业分析 ······ 153
3.3.6 信息技术服务业分析 ······ 164
3.3.7 产业发展问题和建议 ······ 168

3.4 新装备制造业 ······ 171
3.4.1 产业的定义和特点 ······ 171
3.4.2 产业现状分析 ······ 182
3.4.3 通用设备制造产业分析 ······ 186
3.4.4 专用设备制造产业分析 ······ 192
3.4.5 航空、航天器及设备制造产业分析 ······ 198
3.4.6 汽车与轨道设备制造产业分析 ······ 204
3.4.7 电气设备制造产业分析 ······ 210
3.4.8 仪器仪表设备制造产业分析 ······ 216
3.4.9 其他装备制造产业分析 ······ 223
3.4.10 产业经济贡献、发展问题和建议 ······ 228

3.5 新材料制造业 ······ 234
3.5.1 产业的定义和特点 ······ 234
3.5.2 产业现状分析 ······ 237

3.5.3　金属材料制造产业分析 ································· 250
　　　3.5.4　非金属材料制造产业分析 ······························ 255
　　　3.5.5　化学原料及化学制品制造产业分析 ······················ 262
　　　3.5.6　化学纤维制造产业分析 ································ 271
　　　3.5.7　产业发展问题和建议 ·································· 275
　3.6　医药医疗产业 ·· 280
　　　3.6.1　产业的定义和特点 ···································· 280
　　　3.6.2　产业现状分析 ·· 282
　　　3.6.3　医药制造业分析 ······································ 298
　　　3.6.4　医疗设备制造业分析 ·································· 309
　　　3.6.5　产业发展问题和建议 ·································· 317
　3.7　环保产业 ·· 321
　　　3.7.1　产业的定义和特点 ···································· 321
　　　3.7.2　产业现状分析 ·· 323
　　　3.7.3　环境保护专用设备制造业分析 ·························· 334
　　　3.7.4　环境监测专用仪器仪表制造业分析 ······················ 341
　　　3.7.5　环境污染处理专用药剂材料制造业分析 ·················· 349
　　　3.7.6　产业发展问题和建议 ·································· 357
　3.8　研发、设计和技术服务业 ······································ 359
　　　3.8.1　产业的定义和特点 ···································· 359
　　　3.8.2　产业现状分析 ·· 361
　　　3.8.3　研究和试验发展服务业分析 ···························· 364
　　　3.8.4　专业化设计服务业分析 ································ 367
　　　3.8.5　技术推广服务业分析 ·································· 370
　　　3.8.6　产业优势和发展建议 ·································· 374
　3.9　四川省特色产业集群分析 ······································ 378
　　　3.9.1　产业现状 ·· 379
　　　3.9.2　四川省清洁能源装备产业 ······························ 385
　　　3.9.3　四川省航空航天装备产业 ······························ 393
　　　3.9.4　四川省动力电池与新能源汽车产业 ······················ 402
　　　3.9.5　四川省轨道交通装备产业 ······························ 408
　　　3.9.6　产业集群的经济贡献、发展问题和建议 ·················· 414

第 4 章　专利密集型产业高质量发展的四川省路径 ……………… 421
4.1　兼收并蓄：因地制宜建立知识产权密集型产业统计体系 ………… 422
4.2　政策先行：因地制宜做好科技创新和产业发展顶层设计 ………… 423
4.3　企业主导：充分发挥各类企业创新主体作用 ……………………… 425
4.4　院校支撑：扮演好创新策源地和成果转化池角色 ………………… 426
4.5　要素保障：知识产权、金融和人才 ………………………………… 427

参考文献 ………………………………………………………………… 429

第1章 专利密集型产业概述

习近平总书记指出，创新要实，就是要推动全面创新，更多靠产业化的创新来培育和形成新的增长点，创新不能仅仅是纸面文章，必须落实到创造新的经济增长点上，落实到创造新质生产力上，把创新成果变成实实在在的产业活动。知识产权一头连着创新，一头连着市场，是科技创新和经济高质量发展的纽带与桥梁。创新成果通过知识产权进行固化和保护，实现有效供给，传导至产业结构的调整优化，为高质量发展提供基础性支撑；市场对知识产权的有效需求，则可以促进解决科技与经济"两张皮"的问题，牵引科技成果的转移转化，提升知识产权发展的质量和效益。进入21世纪，知识产权作为国家发展战略资源和国际竞争核心要素，作为激励创新创造、促进经济发展、推动社会进步的关键因素，在世界范围内受到的关注度越来越高。知识产权密集型产业因其创新能力突出、市场竞争力强的特点，已经成为创新型国家促进经济社会高质量发展的有力支撑和重要发展方向。知识产权密集型产业的发展集中体现了知识产权、科技创新与产业经济发展的紧密融合。而专利作为知识产权中最核心的类型之一，最能体现产业技术发展情况，开展专利密集型产业分析和研究，有利于更加准确把握知识产权与产业经济融合发展的主攻方向，为推动经济高质量发展提供更为有力的支撑。

不同国家和地区对知识产权/专利密集型产业有不同的定义、统计和研究方法，本章基于国内外专利密集型产业的相关研究和分析，对专利密集型产业进行总体概况介绍，期望借鉴先进的分析研究方法，助力我国专利密集型产业高质量发展。

1.1 专利密集型产业基本概念

1.1.1 专利密集型产业定义和特征

1. 定义

国外对于知识产权制度如何从产业层面做出经济贡献的关注和研究起步较

早。英国学者 Raymond 于 1996 年就专利密集型产业如何对国家的经济发展及就业率做出贡献进行了研究[1]。他指出，如果按照产业的专利申请数量进行排列，医药、化学、航天、汽车和电子工程是英国五大专利密集型产业。这些产业为英国的国内生产总值（GDP）共贡献了 252 亿英镑，占英国 GDP 的 4.23%；雇用了近 100 万人，约占整个英国就业人数的 3.72%。2012 年英国伦敦知识产权峰会的宣传语中也引用了该组数据。而如果按照为经济带来的贡献进行计算，排名前十的专利密集型产业对英国 GDP 的贡献率为 7.8%，占所有产业产出的 36.7%[2]。

我国于 2008 年颁布实施《国家知识产权战略纲要》（以下简称《纲要》），首次提出了"知识产权密集型商品"这一名词，受到广泛关注。

知识产权密集型商品，是指主要由所使用的知识产权带来市场竞争优势的商品。知识产权（专利）密集型产业，是由所使用的知识产权带来市场竞争优势的行业。一般而言，可以进行如下描述：知识产权密集型产业是指在生产过程中，对技术和智力要素依赖大大超过对其他生产要素依赖的产业。鉴于专利作为知识产权门类中与技术创新结合最紧密的种类，可以显而易见地提出，专利密集型产业是指在生产过程中对技术和智力要素依赖大大超过对其他生产要素依赖的产业。

（1）美国专利密集型产业定义

美国强调以知识产权保护自身的竞争优势，其认定知识产权密集型产业时，选取关于知识产权的应用型评价指标，较全面地衡量各种知识产权形式使用的产业水平。美国分别于 2012 年、2016 年和 2022 年三次发布知识产权密集型产业专题报告，其中给出了专利密集型产业的定义。

2012 年 4 月，美国商务部下属经济和统计管理局（BEA）、美国专利商标局（USPTO）共同撰写发布《知识产权与美国经济：产业聚焦》[3]，将最严重依赖知识产权（专利、商标或版权）的行业认定为知识产权密集型产业，其中将专利密集度高于所有行业平均水平的产业认定为专利密集型产业，2016 年和 2022 年发布的更新版和第三版报告中，对专利密集型产业的定义并未发生改变[4][5]。可见，美国采用"专利密集度"这一核心概念对专利密集型产业进行定义，专利密集度即表示人均的专利授权数量，体现了某个行业专利的人均产出情况。

（2）欧盟专利密集型产业定义

欧洲专利局（EPO）联合欧盟知识产权局（EUIPO）分别于 2013 年、2016 年、2019 年和 2022 年四次发布知识产权密集型产业专题报告。

2013年9月，欧洲专利局和欧盟知识产权局联合发布了第一版《知识产权密集型产业对欧盟经济及就业的贡献》报告[6]，沿用了2012年美国《知识产权与美国经济：产业聚焦》报告中发布的专利密集型产业界定方法，即专利授权人均数量（即专利密集度）高于整体产业平均水平的产业为专利密集型产业。此后的几次报告中定义并未发生明显改变，2022年10月发布的第四版《欧盟知识产权密集型产业和经济表现报告》中，进一步明确将专利密集度指标定义为按照一个产业专利的数量除以该产业的就业总人数，并将每1000名员工的专利数量高于所有产业专利密集度平均值的产业定义为专利密集型产业[7]。

（3）我国专利密集型产业定义

2008年颁布实施的《国家知识产权战略纲要》，首次提出了"知识产权密集型商品"这一名词。该文件中明确到2013年，"运用知识产权的效果明显增强，知识产权密集型商品比重显著提高"。在"战略重点"一节中，将"逐步提高知识产权密集型商品出口比例"作为"促进知识产权创造和运用"举措的一项具体目标。但《纲要》中并未就何为"知识产权密集型商品"进行界定。

2016年，国家知识产权局发布了《专利密集型产业目录（2016）》（试行），提出专利密集型产业需满足以下条件：一是产业发明专利密集度和发明专利授权规模均达到全国平均水平以上；二是产业成长性好，与创新发展的政策导向高度契合。其中发明专利密集度为5年期间平均每万名就业人员的发明专利授权数，即5年发明专利授权总数除以相应期间的年平均就业人员数[8]。

此后，根据《"十三五"国家知识产权保护和运用规划》、《国务院关于新形势下加快知识产权强国建设的若干意见》和《深入实施国家知识产权战略行动计划（2014—2020年）》等一系列文件的指导和要求，国家统计局于2017年启动了《知识产权（专利）密集型产业统计分类》的研制工作，经过对大量文献资料的研究，结合地方试点经验，最终形成了《知识产权（专利）密集型产业统计分类（2019）》（国家统计局令第25号）（以下简称"2019年分类"）。

2019年分类中明确给出了知识产权（专利）密集型产业的分类定义，即知识产权（专利）密集型产业是指发明专利密集度、规模达到规定的标准，依靠知识产权参与市场竞争，符合创新发展导向的产业集合。其中，发明专利规模，指连续5年期间发明专利授权量之和；发明专利密集度，指单位就业人员连续5年期间获得的发明专利授权量，即发明专利规模与同一时期年平均就业人员数之比[9]。

可见，我国的专利密集型产业的定义以发明专利的数量为统计依据，排除了实用新型和外观设计专利，同时也仅以获得的发明专利授权量为标准，并不考虑申请量，这说明我国在进行专利密集型产业统计分析的工作中，以具有较高价值的专利的相关情况作为划分依据。

2. 特征

结合国内外对于专利密集型产业主要类型的认定，可以尝试归纳专利密集型产业的3个主要特征：

（1）区域性

基于发展基础、发展策略、治理能力、经济结构、智力资源等各种因素综合考虑，各国所侧重发展的专利密集型产业也存在差异。如2019年美国专利密集型产业中制造业占比达98.62%，欧盟制造业占比则达80.41%，其次是批发和零售业。而我国专利密集型产业的构成则更加多样化，制造业占比略高于欧盟，达80.71%，其余几类则是信息通信技术服务业、污水处理等环保产业以及研发设计服务业等，可以看出由于各国经济发展所处阶段不同，所界定的专利密集型产业也各有特色。

不仅国际上如此，我国各省份间的专利密集型产业统计分类可能也有所不同，由于各地经济发展程度及技术创新水平存在差异，一些产业从发达省份转移到其他地区可能变成当地的专利密集型产业。因此，在界定专利密集型产业时应充分考察当地的实际情况，确定符合当地实际情况的产业统计分类范围，不能简单地将其他地区的产业统计分类确定为本地专利密集型产业。

（2）发展性

由于专利密集型产业代表的是创新型产业的集合，代表了技术创新的最新发展方向，没有产业能永远处于技术创新的最前沿，因此专利密集型产业也会优胜劣汰。当一个产业发展步入衰退期，尽管其曾经可能是专利密集型产业，但也会逐渐将其剔除，有些新兴产业可能也会逐渐发展成为专利密集型产业。

（3）高附加性

附加价值是产业在生产过程中除去生产成本所获得的额外价值，也是产业优化生产环节提高资源利用效率的重要推动力。专利密集型产业由于其产业特性，在新技术、新产品研发出来后，可以通过技术转让等途径取得附加价值，也可以对这些技术产品进行成果转化，将新产品投向市场获得市场效益，其获得效益的方式和渠道是传统产业所无法比拟的，因而具有明显的高附加性。

1.1.2 专利密集型产业的构成要件和发展条件

与非专利密集型产业相比，专利密集型产业创新活力明显更强、创新水平明显更高。结合国内外对专利密集型产业的认定特征及其定义的发展过程，可以尝试探讨其构成要件和发展条件。

1. 构成要件

在我国发布的《专利密集型产业目录（2016）》（试行）中提出，专利密集型产业需满足以下条件：一是产业发明专利密集度和发明专利授权规模均达到全国平均水平以上；二是产业成长性好，与创新发展的政策导向高度契合。[8] 国家统计局发布的 2019 年分类中提到，本分类规定的知识产权（专利）密集型产业是指发明专利密集度、规模达到规定的标准，依靠知识产权参与市场竞争，符合创新发展导向的产业集合。[9]

从上述定义可以看出，专利密集型产业的定义和发展，既存在产业要件，也存在科技发展要件，同时还存在政策要件。

首先，专利密集型产业必须是一个在发展中的产业，形成一定规模，具备统计学上的意义。这也就意味着专利密集型产业的形成发展过程仍然必须遵循产业形成的基本要件，即拥有良好的资源禀赋，能够创造符合市场需求的产品，受社会需求的拉动，在一段时间内具备形成和发展壮大的能力。

其次，专利密集型产业仍然必须遵循产业升级发展的普遍规律，即工业革命以来，技术对产业、行业和整体生产力的巨大推动，体现为新产业对旧产业的不断升级，乃至于破坏性的替代。在此过程中，技术创新始终在发挥推动作用，知识产权始终在发挥桥梁作用。

最后，专利密集型产业仍然体现了一定时期、一定区域、特定政策的导向。无论是东西方国家，政府均对不同的产业进行定义上的区分，并针对性开展区别的统计，本身就体现了一种政策导向。通过营造社会共识，引导资源向特定领域进行投入，从而促使了专利密集型产业的形成和不断壮大。

2. 发展条件

基于上述要件，其发展条件主要包括以下四点。

（1）资源禀赋是发展前提

产业发展的本质是要有良好的资源要素，基础是生产要素的投入。从产业经济学角度来看，对于不同的密集型产业，生产要素的投入比例和生产要素对产业的作用均存在较大差异。学界根据三种生产要素，即劳动力、资本和知识在各产业发展中的相对密集度，把产业划分为劳动密集型、资本密集型和知识密集型产业[10]。专利密集型产业本质上是知识密集型产业的一部分，对科技创新和劳动者素质的要求远远超过其他产业，需要大量资金作为其研究创新的投入。

中国作为世界第二大经济体，在科研方面的投入不断增加，为发展专利密集型产业提供了前提条件。改革开放以来，我国的基础设施建设飞速发展，基础产业日益完善成熟，同时国家注重战略性、创新性的新兴产业的发展，出现了大量技术水平高、竞争优势明显的创新型产业集群，这些都为专利密集型产业的发展奠定了坚实的基础。

（2）社会需求是直接拉动力

社会需求对专利密集型产业发展具有拉动作用。一种观点认为社会需求是拉动科研创新的主要因素，研究发现需求弹性和需求规模对专利具有重要影响作用[11]。Nordhaus通过衡量专利价格上升对消费者福利的损失及延长专利保护期限对创新收益的影响，确定了专利最优保护期限[12]。同济大学最新研究结果发现人均专利密集度与产业产值之间存在着显著的倒"U"形关系，专利密集度并不是越高越好[13]。这表明在发展专利密集型产业时，不仅要考虑需求规模的差异，而且要考虑需求质量的差异。人民对生活质量要求的不断提高，对更加美好的生活环境越来越重视，引起了需求结构的转型升级，为专利密集型产业提供了庞大的市场需求。要正确利用市场需求，合理规划专利密集型产业发展，避免过度发展引起衰退，要结合经济增长要素及科技发展指标制定有效的措施，使社会需求更好地拉动专利密集型产业发展。

（3）科技创新是内在驱动力

根据马克思的创新思想，产业革命实质上就是通过科技创新，使现有的产业结构发生改变，从而导致产业升级的过程。这一过程不仅决定了产业发展的深度，还决定了其广度，因而科技创新是专利密集型产业发展的内在驱动力。专利密集型产业与高新技术产业和战略性新兴产业等主要产业发展趋势深度融合，有效补充。基于技术重大突破和重大发展需求的战略性新兴产业强调了对经济发展整体和长期的主导作用；高技术产业则强调了技术先进性，而专利密集型产业重点强调专利技术的市场化功能与科技的可实施性，没有核心技术，专利密集型产业就如同空中楼阁，无从谈起。因此专利密集型产业发展是以科技创新为基础，以先进技术为支撑。

（4）政府政策调控是助推动力

政府政策调控是专利密集型产业形成的助推动力。处于萌芽期的专利密集型产业存在技术不成熟、缺乏资金、市场需求不确定等问题，新的技术尚未研发、新的产品仍未测试，这就意味着专利密集型产业的发展具有高投入、高风险、收益不确定等特点，无法依赖市场自我调节来发展，需要政府提供产业政策扶持和法律法规保障，将技术先进性、专利密集性和经济发展多方面因素结合起来，合理制定专利密集型产业目录及发展政策，助推产业更好、更优地发展。

1.1.3 专利密集型产业对经济发展的作用

专利密集型产业具备高附加性的特点，与其他产业相比，其优势是专利与劳动力投入之比高于平均水平，即以更少的劳动要素可创造出更大的经济价值，因此拉动经济增长的能力更强。从美国专利商标局、欧洲专利局和欧盟知识产权局，以及我国发布的历次专利密集型产业统计情况来看，各项统计数据都证明，专利密集型产业对经济增长发挥了积极作用，在产业发展、工业产值、就业和商品出口等多个方面，都有非常积极的表现，同时，还带动了更多的就业，创造了更多有价值的岗位，因此，专利密集型产业也具有很好的社会效益。

1. 经济拉动

专利密集型产业是知识技术密集、物质资源消耗少、成长潜力大、综合效益好的经济活动，其增长率往往要高于同时期的区域（全统计口径领域）经济增长率。

美国 2012 年的统计报告显示，知识产权密集型产业给美国经济贡献了 5.06 万亿美元，占美国 GDP 的 34.8%，其中专利密集型产业的贡献达到 7630 亿美元[3]。到 2016 年，知识产权密集型产业创造产值达到 6.6 万亿美元，较上一统计周期增长了 1.5 万亿美元，增幅为 29.4%，占 GDP 的比重也上升到 38.2%。其中，专利密集型产业创造产值增长到 8810 亿美元[4]。2022 年，知识产权密集型产业创造的产值增长到 7.8 万亿美元，增幅 18.0%，占 GDP 的比重为 36.5%。专利密集型产业创造产值达到 4.5 万亿美元[5]，如图 1-1 所示。

欧盟方面，2013 年欧盟发布的研究报告指出，2008—2010 年，欧盟知识产权密集型产业产值为 4.7 万亿欧元，占 GDP 的 39.0%，其中专利密集型产业产值占 GDP 的 14.0%[6]。2016 年报告显示，2011—2013 年，欧盟总 GDP 约为 13.4 万亿欧元，总经济产出的 42% 以上来自知识产权密集型产业，也即 5.66 万亿欧元，其中专利密集型产业贡献了欧盟总 GDP 的 15.0%，达到 2 万亿欧元。2014—2016 年，这一比例进一步上升，专利密集型产业产值占总 GDP 的

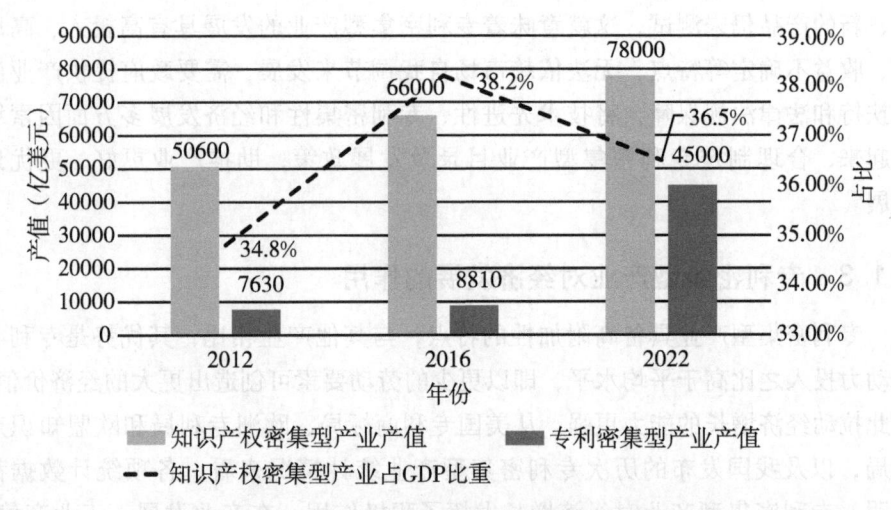

图 1-1 知识产权密集型产业对美国经济的贡献

16.1%，产值上升到 2.35 万亿欧元[14]。2017—2019 年，欧盟超过 47.0% 的 GDP 来自知识产权密集型产业，其中专利密集型产业占 17.0%，产值为 2.36 万亿欧元[15]。相关数据如图 1-2 所示。

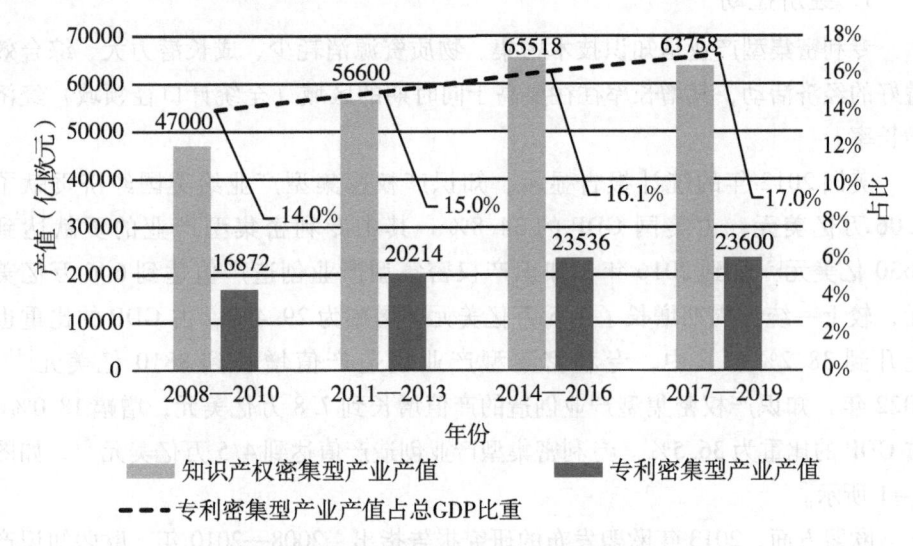

图 1-2 知识产权密集型产业对欧盟经济的贡献

2016 年，国家知识产权局发布的《专利密集型产业目录（2016）》（试行）及《中国专利密集型产业主要统计数据报告（2015）》，首次对我国专利密集型产业进行界定和统计。报告提到，2010—2014 年，我国专利密集型产业增加值合计为 26.7 万亿元，年均实际增长 16.6%，是同期 GDP 年均实际增长速度

（8%）的两倍以上。占 GDP 的比重方面，2010—2014 年占当期 GDP 的比重为 11.0%，由 2010 年的 9.2% 逐年增加至 2014 年的 12.5%，呈明显上升势头[16]。2019 年，国家知识产权局、国家统计局联合发布《知识产权（专利）密集型产业统计分类（2019）》。同时，两局还发布联合公告，利用第四次全国经济普查结果，对我国专利密集型产业发展状况进行核算。这标志着我国专利密集型产业增加值核算与发布机制正式建立。

2019—2023 年，两局连续发布 5 次公告，对前一年有关数据进行统计和发布。其中，专利密集型产业增加值、同比增长率和占当年 GDP 的比重 3 个数值较有代表性。现通过表 1-1 列举如下。

表 1-1 2018—2022 年我国专利密集型产业有关数据

项　　目	2018 年	2019 年	2020 年	2021 年	2022 年
专利密集型产业增加值（亿元）	107090	114631	121289	142983	153176
同比增长率		7.00%	5.80%	17.90%	7.10%
占当年 GDP 的比重	11.60%	11.60%	11.97%	12.44%	12.71%

从上述数据可以看出，2018—2022 年，我国专利密集型产业增加值由 107090 亿元提高到 153176 亿元，增长了 46086 亿元，年增长率均高于同期 GDP 现价增速。

相较而言，美国的专利密集型产业产值由 2012 年的 7630 亿美元增长到 2022 年的 4.5 万亿美元。欧盟的专利密集型产业产值由 2013 年的 1.68 亿欧元增长到 2019 年的 2.36 万亿欧元。与我国的统计数据一样，均表现出极高的增长幅度。

综上所述，专利密集型产业的增加值逐年上升，同比增长率较为可观，占 GDP 的比值也在持续提高。可以得出结论，专利密集型产业的整体增长率较高，对经济的带动作用明显高于非专利密集型产业。

2. 经济收益

经济收益体现的是产业所创造的经济价值，反映产业投入与产出之间的关系，是产业能否持续发展最直接的衡量标准。主营业务收入利润率体现了企业的主营业务盈利能力，是评估效益的主要指标。依据《中国专利密集型产业统计监测报告（2022）》，2021 年我国专利密集型产业实现利润总额 4.21 万亿元，比 2020 年增长 36.87%，高于非专利密集型产业增长速度（31.28%）。专利密集型产业利润总额与营业收入比值（营业收入利润率）为 9.62%，比 2020 年提高了 1.18 个百分点，比非专利密集型产业高 2.85 个百分点[17]。具体如图

1-3 所示。

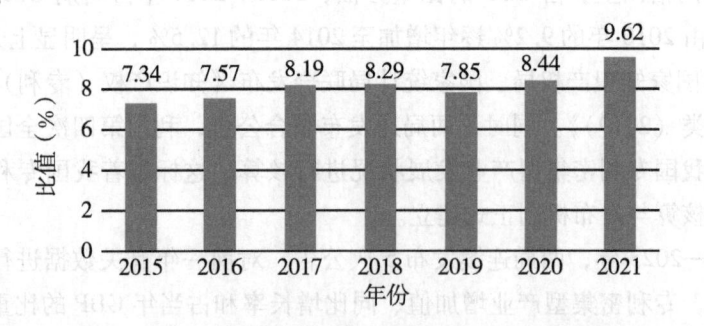

图 1-3 我国专利密集型产业营业收入利润率变化

欧洲和美国对本项数据并未进行统计。但在美国专利商标局 2016 年发布的报告中也提及：知识产权许可的具体渠道总额为 1152 亿美元，有 28 个行业从许可中获得收入。

3. 产品竞争力

专利密集型产业通过技术的运用，将知识嵌入研发当中，将创新运用到产品生产中，生产出的产品往往科技含量更高、更贴合市场的需求，市场竞争力更突出。

从进出口情况来看，美国 2000 年知识产权密集型产品商品出口额为 5078 亿美元，2010 年增长到 7750 亿美元，占美国商品出口总额的 60.7%，增长率达到 52.6%。与此同时，知识产权密集型产业商品进口额由 8267 亿美元增长到 13360 亿美元，占美国商品进口总额的 69.9%，增长率达到 61.6%。2014 年，美国知识产权密集型产业商品出口额已经增至 8420 亿美元，参见图 1-4。

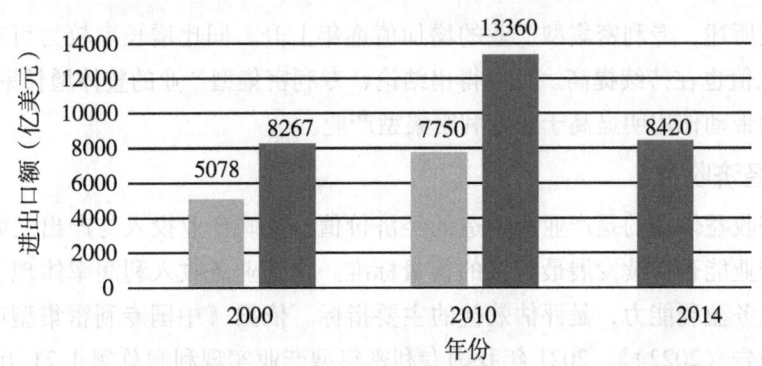

图 1-4 美国知识产权密集型产品商品进出口额增长情况

欧盟方面，2013年欧盟知识产权密集型产业的商品出口额和进口额分别占贸易总额的93%和86%[6]。到2016年，这两个数字上升到了96%和89%。其中在服务贸易方面，欧盟57.4%的进口和53.7%的出口均来自知识产权密集型产业[14]。2022年报告中特别提到，知识产权密集型产业占欧盟与世界其他地区贸易的大部分，创造了2240亿欧元的贸易顺差，保持了欧盟对外贸易的平衡[7]。

我国的统计数据显示，2010—2014年我国专利密集型产业的产品占总出口交货值的45.3%，历年出口交货值占销售产值比重均高于非专利密集型产业，前者约为后者的2.2倍[16]。2022年《中国专利密集型产业统计监测报告》指出，2021年，我国专利密集型产业新产品销售收入达到15.8万亿元，比2020年增长21.75%。专利密集型产业新产品销售收入占营业收入比重为36.13%，比2020年提高了0.47个百分点，比非专利密集型产业高17.07个百分点，两者差距非常明显[17]。这些数据都说明，与非专利密集型产业相比，专利密集型产业的产品更具有市场竞争力。

商务部对外贸易形势报告显示，2020年，在传统服务及制造业相关服务受疫情冲击较为明显的情况下，知识密集型服务贸易逆势保持增长。2021年10月，知识产权使用费成为知识密集型服务贸易出口额增幅第二大的领域，专利密集型产业贡献度在知识产权使用费统计口径下占据重要份额。

综上所述，随着创新经济的发展，知识产权特别是专利密集型产业的产品竞争力将越来越强，在贸易中的位置也将越来越重要。

4. 创新研发

专利密集型产业是以专利核心技术为内在驱动力，以技术创新为核心竞争力，研究产业创新能力对专利密集型产业持续健康的发展具有重要意义。从投入角度看，创新投入对产业的创新能力一般具有显著的促进作用。

美国民间智库DNP Analytics（2015）的报告指出，2000—2012年，美国知识产权密集型制造产业平均每人每年研发投入为30375美元，是非知识产权密集型制造产业的12.2倍，平均每人每年创造的增加值及人均出口额分别是非知识产权密集型制造产业的2倍和3.5倍[18]，参见图1-5。

国家知识产权局发布的《中国专利密集型产业主要统计数据报告（2015）》[16]中指出："专利密集型产业研发经费投入强度（R&D经费内部支出与主营业务收入的比重）达到1.3%，远高于所有工业产业0.7%的平均水平。" 2011—2014年专利密集型产业R&D人员数、R&D经费内部支出及新产品销售收入的年均增长速度分别为24.18%、29.55%、26.70%，明显高于非专利密集

```
非知识产权密集型制造产业  2490
知识产权密集型制造产业           30375
```

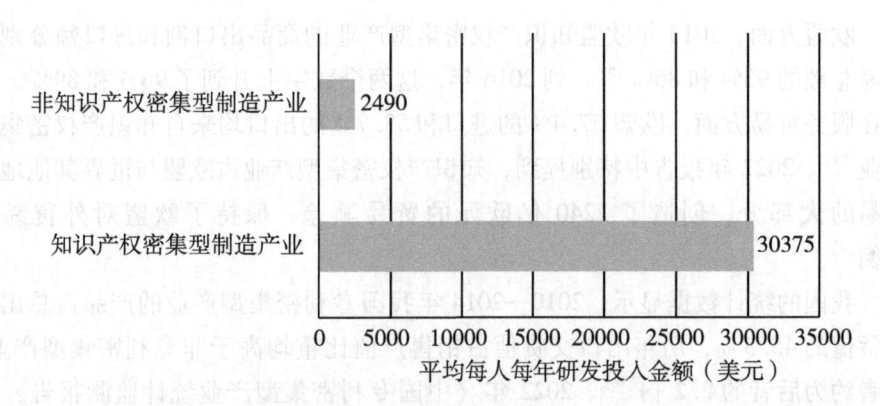

图1-5　美国平均每人每年研发投入情况（2000—2012年）

型产业，且2014年研发经费投入强度达到1.43%，是非专利密集型产业的2.4倍。

《中国专利密集型产业统计监测报告（2022）》[17]显示，2021年我国专利密集型产业研究与试验发展（R&D）经费内部支出突破万亿元，达到10269.57亿元，比2020年增长21.25%。专利密集型产业研发经费投入强度达到2.35%，比2020年提高了0.02个百分点。而与之相对应的，非专利密集型产业则下降了0.12个百分点。

以上数据表明，专利密集型产业对创新研发投入的总体重视程度较高、总体投入较大。这与专利密集型产业本身的特性也是密不可分的。

5. 就业机会

美国方面，2012年统计报告显示，2010年知识产权密集型产业直接或间接提供了4000万个工作岗位，占所有工作岗位的27.7%[3]。到2016年，知识产权密集型产业直接创造就业机会2790万个、间接创造就业机会1760万个，总共创造就业机会4550万个，达到美国就业总量的30%[4]。2022年统计数据显示，知识产权密集型产业共创造了6300万个就业岗位，占美国所有就业岗位的44%，其中专利密集型产业占了总就业岗位的13%[5]。

图1-6中，美国知识产权密集型产业提供就业数量的不断提升，一定程度上也体现了美国本土产业结构逐步向高端制造业转变，与近年来美国陆续发布的《先进制造业美国领导者战略》《购买美国货法案》《芯片与科学法案》《通胀削减法案》等一系列产业扶持政策相互印证。

欧盟方面，2008—2010年，专利密集型产业在欧盟提供直接或间接就业岗位占总就业岗位数的16.0%[6]。2016年报告显示，2011—2013年，专利密集型产业提供直接或间接就业岗位占总就业岗位数的16.7%。2014—2016年，专利

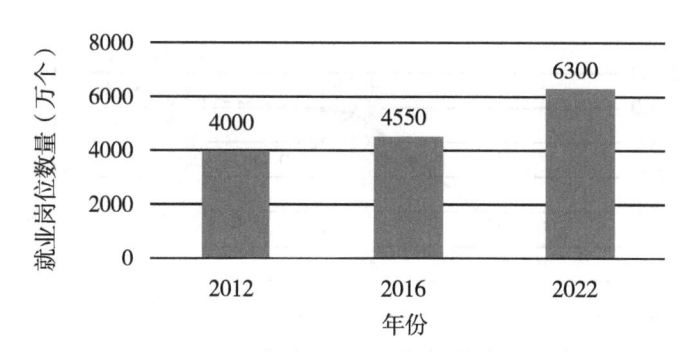

图 1-6 美国知识产权密集型产业提供就业情况

密集型产业提供直接或间接就业岗位占总就业岗位数的 16.1%[14]。2022 年报告显示，2017—2019 年，欧盟共有 39.4% 的就业来自知识产权密集型产业，其中专利密集型产业占 17.4%[7]。由图 1-7 可以明显看出专利密集型产业就业的人数，在整个欧盟范围内持续不断上升。

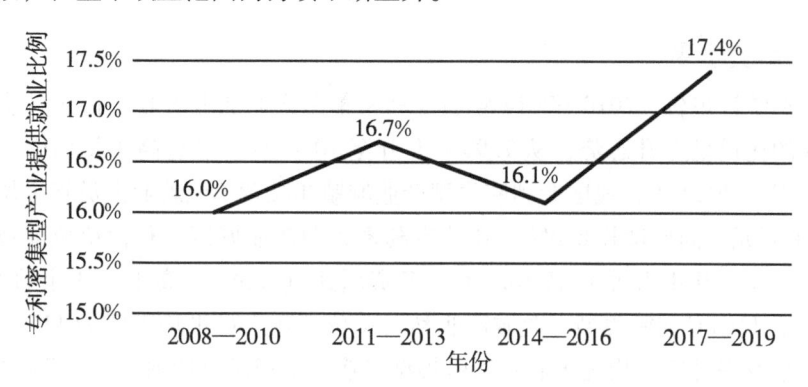

图 1-7 专利密集型产业在欧盟提供就业比例

从图 1-8 中可以明显看出，根据我国的统计，2010—2014 年专利密集型产业平均每年可提供 2631 万个就业机会，占全社会年平均就业人员的比重为 3.4%。到 2020 年，我国专利密集型产业就业人数已经上升到了 4676.6 万人，占全社会就业人员比重达 6.2%，其中专利密集型产业以占全社会 6.2% 的就业人员，创造了全国近 12.0% 的 GDP。专利密集型产业劳动生产率达到 25.9 万元/人，是非专利密集型产业劳动生产率的 2.0 倍。2021 年，专利密集型产业就业人数达到了 4870.64 万人，比 2020 年增加 194.08 万人，增幅约 4.2%。专利密集型产业就业人员数占全社会就业人数的比重为 6.5%。

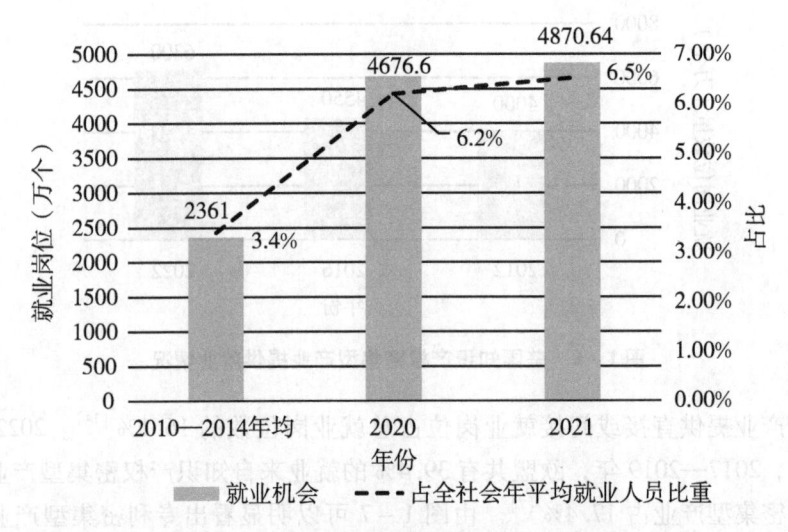

图 1-8 我国专利密集型产业对就业的贡献

6. 薪资水平

根据统计报告，2010—2014年，专利密集型产业从业者收入占全社会劳动者收入的比重呈上升态势，从7.93%上升至10.47%，显著高于年均劳动者收入涨幅[16]。2020年，我国专利密集型产业城镇非私营单位就业人员年平均工资为11.1万元，同比增长8.8%，比非专利密集型产业城镇非私营单位就业人员年平均工资（9.4万元）高18.1%、工资增速（7.5%）高出1.3个百分点。2021年，我国专利密集型产业城镇非私营单位就业人员平均工资为115796元，工资水平及提升速度均优于非专利密集型产业，工资溢价达到了10.25%[17]。

根据欧盟历次统计，2010年，非知识产权密集型产业从业人员的平均周收入为507欧元，知识产权密集型产业则达到了715欧元，其中专利密集型产业从业人员高达831欧元。2013年，欧盟知识产权密集型产业从业人员的平均周收入为776欧元，而非知识产权密集型产业为530欧元，相差46%，这种"工资溢价"在地理标志密集型产业中为31%，在设计密集型产业中为38%，在商标密集型产业中为48%，在版权密集型产业中为64%，在专利密集型产业中为69%[6]。2016年知识产权密集型产业从业人员的平均周收入为801欧元，而非知识产权密集型产业平均为544欧元，二者差距从2013年的46%扩大到47%，专利密集型产业从业人员则为934欧元[14]。2022年，知识产权密集型产业从业人员的平均周收入上升到了840欧元，与非知识产权密集型产业的597欧元相比，超出了41%。其中专利密集型产业从业人员的平均周收入为985欧元，不仅高出非知识产权密集型产业65%[7]，同时也远高于其他类型的知识产权密集型产业，如图 1-9 所示。

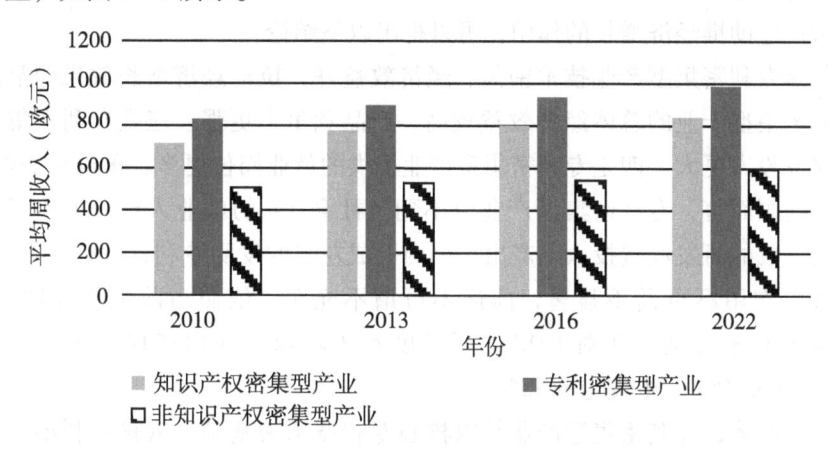

图 1-9　欧盟从业者平均周收入对比

美国方面，知识产权密集型产业特别是专利密集型产业提供的薪资同样明显高于非知识产权密集型产业。2010 年，非知识产权密集型产业从业人员的平均周收入为 815 美元，而知识产权密集型产业达到了 1156 美元，超出 42%，其中专利密集型产业高达 1407 美元[3]。2014 年，知识产权密集型产业从业人员平均周收入达到 1312 美元，比非知识产权密集型产业的 896 美元高出 46%[4]。其中，专利和版权密集型产业的薪资增长幅度更快，分别为 74% 和 90%。到 2019 年，知识产权密集型产业从业人员的平均周收入已经达到了 1517 美元，比非知识产权密集型产业的 947 美元高出 60%，其中专利密集型产业工作者的平均周收入为 1869 美元，远远高于平均水平[5]。相关数据可见图 1-10。

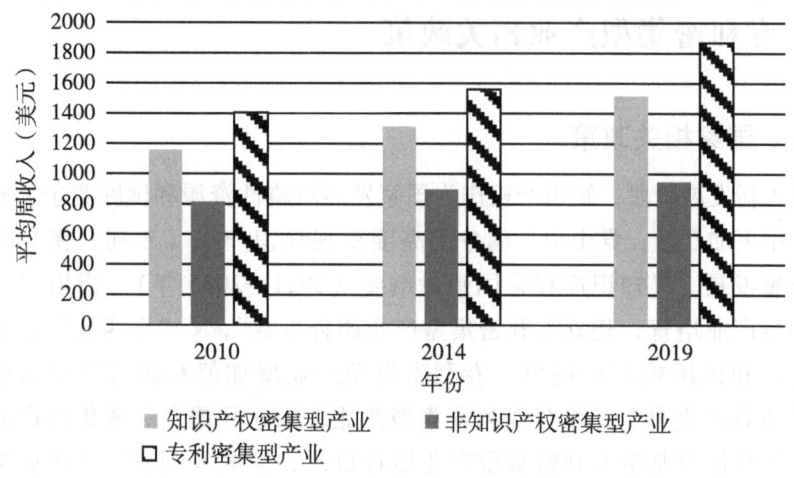

图 1-10　美国从业者平均周收入对比

综合上述对美国、欧盟及我国专利密集型产业统计状况的分析，对于专利密集型产业助推经济增长的作用，可以得出以下结论：

一是专利密集型产业技术密集、经济效益好，拉动经济增长效果明显。二是专利密集型产业的总体经济效益较高、产品竞争力更强。三是专利密集型产业的研发投入更大。四是专利密集型产业提供的就业岗位更多、薪资水平更高。

就我国而言，专利密集型产业以不到全社会7%的就业人员，集聚了全国企业近五成的研发经费投入，产出了国内七成左右的发明专利，贡献了全国1/8的GDP，作用不可谓不显著，前途不可谓不光明。依照当前贡献度增速看，2025年专利密集型产业对GDP的贡献度有望超越《知识产权强国建设纲要（2021—2035年）》中设定的13%。

综上所述，专利密集型产业是以核心专利技术为基础，依赖专利创造和运用产生价值，实现专利制度对产业创新资源的有效配置，实现专利对创新技术的激励功能，使更多的高素质研发人才能够充分利用自身的学习优势，不断深入学习新知识，提升自己的技能，改变自己的思维并将其实际运用在生产活动中。因此高附加值性、高成长性是专利密集型产业的根本特征，专利密集型产业的创新本质使产业发展过程中能通过改进并优化生产要素的组合，达到提高产业效率的目的，从而提高社会整体产业生产率，进而实现整个国民经济的增长。因此开展专利密集型产业分析研究，对于推动知识产权与产业深度融合发展、促进知识产权转换为现实生产力、更好助力我国经济社会高质量发展具有重要作用。

1.2　专利密集型产业相关政策

1.2.1　国家相关政策

进入新发展阶段，知识产权作为国家发展战略性资源和国际竞争力核心要素的作用更加凸显，党中央、国务院高度重视知识产权（专利）密集型产业的高质量发展。《知识产权强国建设纲要（2021—2035年）》指出"加强专利密集型产业培育，建立专利密集型产业调查机制"，《"十四五"国家知识产权保护和运用规划》提出"专利密集型产业增加值和版权产业增加值占GDP比重稳步提升""培育专利密集型产业，探索开展专利密集型产品认定工作，指导地方制定专利密集型产业培育目录，健全专利密集型产业增加值核算与发布机制，加强专利密集型产业培育监测评价"，《专利转化运用专项行动方案（2023—2025年）》（以下简称《方案》）提出"到2025年，推动一批高价值专利实现产业化。一批主攻硬科技、掌握好专利的企业成长壮大，重点产业领域知识产权竞争优势加速形成，备案认定的专利密集型产品产值超万亿元"。

国家知识产权局于2013年发布了《中国区域产业专利密集度统计报告》，针对国内外专利密集型产业的研究、定义等进行了分析，并较为系统地统计和分析了我国高专利密集度产业各项指标。2016年，国家知识产权局又发布了《中国专利密集型产业主要统计数据报告（2015）》，从专利密集型产业对经济和就业的贡献、经济效益、对外出口、创新情况和发展活力等方面分析了我国专利密集型产业相关指标数据。次年发布的《专利密集型产业目录（2016）》（试行）初步定义了专利密集型产业分类，此后，国家统计局发布2019年分类，明确了目前的知识产权（专利）密集型产业的分类定义、范围以及分类方法。明确了专利密集型产业范围包括信息通信技术制造业，信息通信技术服务业，新装备制造业，新材料制造业，医药医疗产业，环保产业，研发、设计和技术服务业等七大类。

自2020年起，国家知识产权局和国家统计局每年联合发布全国专利密集型产业增加值数据公告，公告包含全国专利密集型产业增加值及其占国内生产总值（GDP）的比重数据，还包含七个大类的增加值数据，目前已发布2018—2022年五年的数据公告。在《中国专利密集型产业统计监测报告（2022）》中，进一步系统性统计分析了专利密集型产业各项指标发展情况。

为加快推进专利密集型产品认定，国家知识产权局加强组织引导，分产业领域集中认定一批经济效益高、专利价值贡献突出的专利密集型产品，于2024年1月29日发布《2023年度专利密集型产品认定名单》，认定2300多项专利密集型产品。这是中国专利保护协会认定的首批专利密集型产品名单，为产业发展提供了更清晰的指引。展望未来，专利密集型产业将迎来更大的发展空间，在构建现代化产业体系、发展新质生产力中发挥更重要的作用。

1.2.2　地方相关政策

专利密集型产业的创新能力更强，科技含量更高，丰富的技术储备同时为产业提供了比较富裕的调整变化空间，使产业能够更好、更快地适应经济社会发展各阶段的市场需求，市场竞争力突出。按照党中央、国务院的部署和要求，各省（市、区）党委、政府和知识产权管理部门结合自身资源禀赋和产业发展水平，合理配置并充分利用创新资源，为培育专利密集型产业积极搭建基础制度。多地纷纷将专利密集型产业相关内容纳入本地知识产权"十四五"规划中，并先后开展专利密集型产业统计分类、增加值核算和统计监测等工作。涉及专利密集型产业的相关省（市、区）政策相关内容见表1-2。

表1-2　涉及专利密集型产业相关省（市、区）知识产权"十四五"规划等政策文件相关内容

省（市、区）	文件名称	相关内容
安徽	《安徽省"十四五"知识产权发展规划》	加强专利密集型产业培育，探索开展安徽省专利密集型产业增加值统计、发布与监测
北京	《北京市"十四五"时期知识产权发展规划》	加强知识产权密集型产业研究，完善知识产权密集型产业统计机制，探索提升知识产权密集型产业发展效能扶持政策
福建	《福建省"十四五"知识产权保护和运用规划》	推动知识产权密集型产业发展。强化重点项目科技成果的知识产权布局和质量管理，优化专利奖励等激励政策和考核评价机制，突出高质量发展导向。支持福厦泉国家自主创新示范区、福州新区、高新技术开发区开展专利集群管理，培育知识产权优势企业和专利密集型产业，推动专利集成应用。以食品工业、造纸业、制鞋业、纺织业等传统特色产业为基础，支持企业通过商标许可、品牌连锁、跨国兼并等方式，加大商标品牌经营力度，提高品牌产品市场占有率，培育商标密集型产业。深化德化陶瓷、寿山石雕、脱胎漆器、软木画等传统版权产业发展，支持影视、动漫、游戏、创意设计、计算机软件产业发展，实施版权创新发展工程，培育版权密集型产业
甘肃	《甘肃省"十四五"知识产权保护和运用规划》	围绕战略性新兴产业和特色优势产业，制定专利密集型产业培育规划，实施专利导航工程，开展专利集群管理，推动专利集成运用，加快培育专利密集型产业和高价值专利。完善全省专利密集型产业目录，健全专利信息服务平台，建立各具特色的专利数据库

续表

省（市、区）	文件名称	相关内容
广东	《广东省知识产权保护和运用"十四五"规划》	培育发展专利密集型产业，制定专利密集型产业培育目录，健全专利密集型产业增加值核算与发布机制，加强专利密集型产业监测评价，促进壮大知识产权密集型产业，支持各地结合产业发展需求加强重点产业知识产权全链条工作培育专利密集型产业
广西	《广西壮族自治区知识产权保护和运用"十四五"规划》	引导各地高新技术产业开发区、经济技术开发区等园区围绕主导产业打造专利密集型产业，依托专利密集优势显著改善产业竞争格局，推动产业加快向中高端转型升级。建立并实施符合广西实际的城市专利密集型产业统计制度，准确核算本地重点产业专利密集度及相关经济指标。开展专利密集型产品认定试点，探索通过政府采购等扶持政策予以支持。至2025年，建立专利密集型产业集聚区10个以上
河北	《河北省"十四五"知识产权保护和运用规划》	推动知识产权融入产业创新。培育专利密集型产业，开展专利密集型产品认定研究工作，探索制定专利密集型产业培育目录，健全专利密集型产业增加值核算与发布机制，加强专利密集型产业培育监测评价
河南	《河南省知识产权创造保护运用"十四五"规划》	制定促进知识产权（专利）密集型产业发展的扶持政策。引导专利创造和集聚，推动新兴产业加快成为知识产权密集型产业
湖北	《湖北省知识产权"十四五"规划》	培育知识产权密集型产业。坚持把知识产权密集型产业培育作为知识产权引领支撑经济转型升级的主攻方向，建立健全产业发展统计制度，制定专利密集型产业培育目录，定期发布产业发展指南
湖南	《湖南省人民政府 国家知识产权局共建"三高四新"知识产权强省实施方案》	完善知识产权强省建设监测数据共享机制，建立专利密集型产业增加值、地理标志产品产值统计监测制度

续表

省（市、区）	文件名称	相关内容
吉林	《吉林省知识产权保护和运用"十四五"规划》	制定吉林省专利密集型产业培育方案，建立全省专利密集型产业增加值核算机制，探索开展专利密集型产品认定工作
江苏	《江苏省"十四五"知识产权发展规划》	培育发展知识产权密集型产业。进一步加强知识产权密集型产业统计监测，定期发布知识产权密集型产业发展报告。研究制定知识产权密集型产业培育目录，引导专利密集型、商标密集型、版权密集型产业发展壮大
内蒙古	《内蒙古自治区"十四五"知识产权保护和运用规划》	实施中小企业知识产权战略推进工程试点，加快探索知识产权密集型企业的培育方式，发展立足于企业的知识产权导航产业发展模式
宁夏	《宁夏回族自治区知识产权保护和运用"十四五"规划》	积极推动建立专利密集型产业增加值核算制度，适时组织实施核算并发布。深入实施地理标志保护和运用工程
青海	《青海省"十四五"知识产权保护和运用规划》	着力培育知识产权密集型产业，研究制定专利密集型产业培育目录，探索专利、商标、地理标志等多类型知识产权协同运用支撑产业创新发展机制，提高知识产权对经济发展、区域发展、产业发展的贡献度
山东	《山东省"十四五"知识产权保护和运用规划》	制定专利密集型产业培育目录。探索开展专利密集型产品认定工作，健全专利密集型产业增加值核算和发布机制，引导产业健康发展
山西	《山西省"十四五"知识产权保护和运用规划》	培育专利密集型产业，探索开展专利密集型产品认定工作
陕西	《陕西省"十四五"知识产权发展规划》	重点围绕陕西省推动制造业高质量发展、提升能源产业高端化水平、发展壮大战略性新兴产业、构建服务业发展新体系、推动传统产业转型升级，以及大力发展数字经济、优化产业平台和空间布局等，促进高价值专利运用，推进专利密集型产业发展，支撑产业提升创新力和竞争力

续表

省（市、区）	文件名称	相关内容
上海	《上海市知识产权保护和运用"十四五"规划》	探索建立专利密集型产业统计分析制度，推动区域知识产权布局与产业规划融合发展
四川	《四川省"十四五"知识产权保护和运用规划》	加快发展专利密集型产业。建立专利密集型产业调查、监测机制，推动知识产权融入产业链运行全过程，充分运用专利、产业、科技等信息资源，引导产业技术创新、精准布局知识产权，持续提升专利密集型产业核心竞争力和市场竞争力
天津	《天津市知识产权"十四五"规划》	针对专利密集型产业做好专利分析工作。对专利密集型产业培育工作进行科学监测和评价。建立专利密集型产业增加值核算统计机制
新疆	《新疆维吾尔自治区知识产权"十四五"规划》	培育专利密集型产业。建立专利密集型产业统计制度，发布专利密集型产业目录。加大知识产权密集型产业培育力度，构建以战略性新兴产业为先导、资源密集型产业为主体、劳动密集型产业为重点、生产性服务业为支撑，数字经济大力发展的新疆特色现代工业体系。推动知识产权贯标提质增效，完成250家以上的企业、高校、科研机构开展知识产权贯标。重点围绕发展特色产业，努力建成一批战略性新兴产业集群。推动建设以知识产权为纽带，以专利协同运用为基础的产业知识产权联盟
云南	《云南省"十四五"知识产权保护和运用规划》	探索建立专利密集型产业增加值统计制度和专利密集型产品认定试点工作，建立专利密集型产品清单，认定一批知识产权自主性和竞争力强的专利密集型产品
重庆	《重庆市知识产权保护和运用"十四五"规划（2021—2025年)》	培育知识产权密集型产业。促进知识产权与产业发展深度融合，支持产业链集聚发展，开展知识产权密集型产业统计和信息分析，提高知识产权密集型产业增加值比重

上述 24 个省（市、区）中，福建、甘肃、河南、青海、山西、陕西、内蒙古等 7 省（市、区）仅涉及培育专利密集型产业，并未涉及相关产业的统计监

测和增加值核算，其余 17 个省（市、区）规划文件中均提出开展专利密集型产业增加值及其相关指标的统计和监测，建立统计制度。目前，江苏、广东、安徽、重庆等多个省市已将专利密集型产业增加值占 GDP 比重作为重要的知识产权发展统计指标之一，并已开展了相关统计工作和研究，积累了丰富的经验和做法，进一步为全国各省市和相关地市开展相关统计监测工作提供参考和指引，支撑地方推进专利密集型产业高质量发展。基于各省市陆续开展增加值核算的工作需求，国家统计局制定了《专利密集型产业增加值核算方法》，为相关部门提供了方法支持。

1.3 专利密集型产业的分类和增加值核算

专利密集型产业的分类和核算是进行专利密集型产业分析研究的基础。专利密集型产业分类的目的是明确哪些细分产业属于专利密集型产业、明确产业分类之后，即可以形成专利密集型产业目录，基于产业目录即可进行统计分析等后续研究工作，还可以以目录为目标，进行重点产业培育，促进新质生产力发展。而专利密集型产业增加值核算是在专利密集型产业分类基础上进行的增加值统计核算工作，增加值可以直观反映专利密集型产业对经济的贡献度，并能反映各产业的发展情况，从而为分析研究各个产业提供数据支撑，为指引各个产业发展提供依据。

1.3.1 专利密集型产业分类

1. 国外分类方法

（1）美国专利密集型产业定义

如前所述，美国基于专利密度定义和分类了专利密集型产业，2016 年底，美国专利商标局发布的《知识产权与美国经济：2016 更新版》报告中，将 313 个北美产业分类体系行业分类中的 81 个界定为知识产权密集型产业，包括计算机及其他电子设备制造业、通信设备制造业、音频及视频设备制造业等 25 个专利密集型产业。2022 年发布的《知识产权与美国经济：第三版》报告中知识产权密集型产业数上升到 127 个，专利密集型产业的数量则上升到 65 个，其中产业分类按照北美产业分类系统（North American Industry Classification System，NAICS）进行分类。

NAICS 是由美国、加拿大和墨西哥三国共同制定的一套行业分类标准，用于识别企业所属的行业。美国专利商标局将发明专利的技术分类与 32 个北美产业分类系统 NAICS 代码进行了关联。NAICS 代码是一个 6 位数的数字代码，每个数字代表不同的行业分类，NAICS 是第一个基于单一经济概念构建的经济分类体系。此外，美国的专利分为 3 类：发明专利（Utility Patent）、外观设计专利（Design Patent）、植物专利（Plant Patent），其中发明专利被进一步分为 430 个以上的专利"技术分类"以区分发明的内容，这样就可以根据发明专利的技术分类信息统计各产业拥有的发明专利数据。

在"知识产权密集型产业"研究报告中，美国采用"专利密集度"这一指标衡量各个产业专利这一知识产权形式的使用水平，其计算公式为：

$$某产业专利密集度 = 专利总数/从业人员数$$

其中，专利总数是可获取的最接近报告期的一定年限内该产业获取的按分数计数的专利总数，从业人员数是同期该产业的平均从业人员数。

一项专利可能会对应多个产业，因此在计算每一个产业拥有的专利数目时有两种选择：整体计数和分数计数。

采用整体计数时，每项专利在其对应的各个产业专利数目核算时都按 1 核算，这样各产业的专利整体计数之和大于专利总数。

采用分数计数时，要先将每件专利按照与之相联系的产业数进行划分，如果某一专利同时应用于 n 个产业，那么该项专利在其对应的各个产业专利数目核算时都按 $1/n$ 计算，这样各产业的专利整体计数之和等于专利总数[4]。

根据就业来划分专利数是为了使代表产业规模的专利活动标准化，确保评价结果不受产业规模的影响。通过这种方法计算得出的专利密集度最高的产业是那些每个职位产出专利数最多的产业，而不是拥有专利数最多的产业。另外，使用一定年限而不是仅一年的数据，可以帮助减少因某一给定年度的异常数据而扭曲结果的概率，使用可获取的最接近报告期的数据则要求在时效性和可操作性之间寻求平衡点。

最终在《知识产权与美国经济：第三版》里，美国专利商标局将 313 个北美产业分类体系行业分类中的 127 个界定为知识产权密集型产业，包括 65 个专利密集型产业[5]。

（2）欧盟专利密集型产业定义

2013 年欧洲专利局和欧盟知识产权局发布的第一版《知识产权密集型产业对欧盟经济及就业的贡献》报告中界定了专利授权人均数量（即专利密集度）高于整体产业平均水平的产业为专利密集型产业。其中认定专利密集型产业分为三个步骤：

首先，计算出《欧洲专利公约》（EPC）为每个行业保护的专利总数，称为绝对强度，其以世界专利统计数据库为起点，经过对数据的过滤和匹配，计算数据集中存在的每个 NACE 行业代码的分数计数，从而得出专利绝对强度。其中 NACE 为目前欧盟采用的产业分类方法，即欧共体经济活动分类体系。

其次，从欧盟统计局结构性商业统计（SBS）表提取 2008—2010 年欧盟每个行业的就业数据，专利相对强度是指分配给某个行业的授权专利数量除以该行业的总就业数量，其表示为每 1000 名雇员的专利数量。

最后，计算出每 1000 名雇员的专利总体平均价值后，将其与专利相对强度相比较，每 1000 名雇员的专利数量高于总体平均值的行业即为专利密集型产业[6]。

2016 年 10 月，欧洲专利局和欧盟知识产权局发布第二版《知识产权密集型产业及其在欧盟的经济表现》，报告表明，在 615 个 NACE 类别中，有 449 个行业在 2004—2008 年成功申请了专利，其中的 140 个行业是专利密集型行业，即每 1000 名员工的平均专利数量超过总体平均数（0.69）。在排名前 20 的专利密集型产业名单中，制造业（第二产业）占据 16 个[14]。

2019 年发布的第三版报告研究基于 2014—2016 年的数据，更新了用于认定知识产权密集型产业的数据比对，补充了冰岛、挪威、瑞士的数据[15]。

2022 年 10 月，欧洲专利局和欧盟知识产权局发布第四版《欧盟知识产权密集型产业和经济表现报告》，总结了 2017—2019 年欧盟知识产权密集型产业的情况，与前三版研究方法基本相同，专利密集度指标定义为按照一个产业专利的数量除以该产业的就业总人数，并将每 1000 名员工的专利数量高于所有产业专利密集度平均值的产业定义为专利密集型产业。报告的研究对象包括专利、商标、工业品外观设计、版权、地理标志以及植物品种权[7]。

2. 我国分类方法

（1）国家层面

国家统计局发布的《知识产权（专利）密集型产业统计分类》给出了我国专利密集型产业的范围，包括信息通信技术制造业等七大类，还将七个大类与《国民经济行业分类》（GB/T 4754—2017）的 188 个国民经济行业小类建立了联系。根据分类定义，知识产权（专利）密集型产业至少应当具备下列条件之一：

①行业发明专利规模和密集度均高于全国平均水平。

②行业发明专利规模和 R&D 投入强度高于全国平均水平，且属于战略性新兴产业、高技术制造业、高技术服务业。

③行业发明专利密集度和 R&D 投入强度高于全国平均水平，且属于战略性新兴产业、高技术制造业、高技术服务业。

对于工业行业，上述条件中的全国平均水平是指全国工业平均水平。

其中，发明专利规模，指连续5年期间发明专利授权量之和。发明专利密集度，指单位就业人员连续5年期间获得的发明专利授权量，即发明专利规模与同一时期年平均就业人数之比。R&D投入强度，指企业R&D经费支出与主营业务收入之比。R&D是指为增加知识存量（也包括有关人类、文化和社会的知识）以及设计已有知识的新应用而进行的创造性、系统性工作[9]。

（2）地方层面

我国幅员辽阔，各省地理位置、气候条件、自然资源、人口结构、发展沿革都各有特色，产业结构也存在较大差异。基于前文所述专利密集型产业存在的区域性，为了更好地发挥知识产权激励创新创造、促进经济发展的作用，一些地区也结合实际，对当地专利密集型产业进行了分析和统计，作为政策指引。

1）江苏

江苏省委、省政府于2015年印发《关于加快建设知识产权强省的意见》，将培育知识产权密集型产业作为建设知识产权强省的主攻方向之一，基于国家相关标准连续7年开展了江苏省知识产权密集型产业统计和监测工作。截至目前，该省已经制定了既包含知识产权产出指标，又包含相关经济发展指标的知识产权密集型产业的界定指标体系，包含专利密集型、商标密集型和版权密集型产业3个子体系。其中，专利密集型产业目录采用2019年分类相应标准。

江苏省每年从经济和知识产权两个角度分析专利密集型产业现状。其中，2021年的统计结果认定了七大类、188个国民经济行业小类为该省的专利密集型产业，与国家知识产权局、国家统计局发布的分类完全一致。比对发现，188个专利密集型产业中有171个产业属于国家战略性新兴产业，占比达到90.96%，与国家战略性新兴产业匹配度高，符合国家创新发展导向。据统计，江苏省专利密集型产业经济贡献度和产业发展速度均高于全国平均水平，专利产出能力明显优于非专利密集型产出企业。

值得一提的是，为了落实国家知识产权局鼓励地方开展地方特色的专利密集型产业统计工作要求，江苏针对其部分创新动能较强但尚未进入分类，以及部分虽然已经进入分类但在该省不具备优势的产业，拟试行双轨式产业统计分类。具体而言，计划在直接采用2019年分类标准基础上，试增加一类自主划分标准，采用江苏省相关产业情况作为统计基数。通过此方式，使得相关统计更加符合该省的实际情况，为政策制定和实施提供更好指引。

2）广东

2015年，广东省人民政府印发《广东省深入实施知识产权战略推动创新驱动发展行动计划》，明确提出"培育形成一批成长性好、附加值高的专利密集型产业"。同年，广东省知识产权局启动实施广东省知识产权（专利）密集型产业集聚区培育工程，以知识产权工作为主线，建设一批知识产权密集、知识产权布局合理、创新驱动发展优势明显的知识产权密集型产业集聚区，提高集聚区的创新资源配置效率，促进集聚区知识产权与产业发展深度结合。2021年，广东省人民政府印发《广东省知识产权保护和运用"十四五"规划》，提出到2025年专利密集型产业增加值要占地区生产总值比重19%。2024年7月，广东省人民政府印发《广东省专利转化运用专项行动实施方案》，提出要"实施专利密集型企业培育工程"，要育成一批专利密集型企业、完善专利密集型产业目录、健全省级专利密集型产业增加值核算与发布机制，并提出"备案认定的专利密集型产品产值超过1000亿元"。

在统计工作机制方面，广东省市场监督管理局将"专利密集型产业增加值占地区生产总值比重"纳入了全省知识产权"十四五"规划主要指标，联合广东省统计局建立了广东专利密集型产业增加值核算机制，每年由广东省统计局给出七个大类的增加值数据。

在统计分类方法方面，广东省主要参考2019年分类及其编制说明，根据2019年分类标准进行分类。

此外，重庆、广西、云南、四川等省（市、区）也正在根据当地产业情况推进建立分类体系。各省（市、区）普遍按照2019年国家发布的统一分类标准，同时也针对具备当地特色的一些创新动能较强产业、区域重点发展产业、"卡脖子"产业、未来产业、政策导向型产业采取了特色分类方法。

（3）国内学者统计分类

国内学者大部分采用官方报告发布的分类方法，部分学者自行构建专利密集型产业的分类方法，少部分学者选取高技术产业作为专利密集型产业进行研究。

1）借鉴中外官方发布报告中统计、分类方法或者结果

徐明和姜南（2013）[19]、王喜生等（2016）[20]采用美国的"知识产权密集型产业"研究报告中的方法，运用专利密集度这一指标来筛选专利密集型产业。陈伟等（2015）[21]采用中国国家知识产权局首次发布的《中国区域产业专利密集度统计报告》中对中国产业的专利密集度测度方法，以2008—2012年5年为时间段的产业发明专利授权量之和除以该产业5年平均就业人数得出的比例划分筛选出专利密集型产业，其选取其中主要的九大专利密集型产业为研究对象。

翁明和黄刚（2017）[22]构建了统计监测指标体系，并采用2016年目录中的

方法通过发明专利密集度认定广西专利密集型产业。

胡伟等（2022）[23]也采用了2016年目录中的方法，主要依据发明专利密集度，采集了安徽省规模以上工业企业数据给出了安徽省专利密集型产业统计分类，主要参考2016年目录中使用的划分标准，将专利密集型产业定义为专利密集度（发明专利授权总量/就业量平均值）高于全产业整体专利密集度平均值的产业。采用以定量测度发明专利密集度、存量规模等指标为主，定性考虑政策引导性等因素为辅的界定方法，将安徽省专利密集型产业进行了定义：

一是产业发明专利密集度和发明专利授权规模均达到全国平均水平以上；二是产业成长性好，与创新发展的政策导向高度契合。

筛选出的安徽省专利密集型产业见表1-3和表1-4。

表1-3 安徽省产业大类密集度排序

编号	大类行业（11个）	专利规模频次（件）	从业人员（人）	专利密集度（件/万人）
43	金属制品、机械和设备修理业	5339.0312	4831.6	11050.2342
40	仪器仪表制造业	4112.8702	16313.6	2521.1297
27	医药制造业	1840.0889	62708.8	293.4339
35	专用设备制造业	3144.3378	117481.8	267.6447
26	化学原料和化学制品制造业	3529.5316	132325.4	266.7312
25	石油加工、炼焦和核燃料加工业	104.0944	6457.0	161.2118
14	食品制造业	841.6855	63353.2	132.8560
34	通用设备制造业	2226.4368	167980.6	132.5413
28	化学纤维制造业	132.8449	10540.8	126.0292
29	橡胶和塑料制品业	1201.2922	125326.2	95.8532
46	水的生产和供应业	130.2619	13938.0	93.4581

表1-4 安徽省产业中类密集型产业统计分类

序号	中类	说明	频次（件）	专利密集度（件/万人）
1	143	方便食品制造	181.6237	130.1495
2	149	其他食品制造	271.8667	236.5745
3	261	基础化学原料制造	434.2901	166.5211

续表

序号	中类	说明	频次（件）	专利密集度（件/万人）
4	262	肥料制造	439.0001	108.1542
5	263	农药制造	131.6667	145.5685
6	264	涂料、油墨、颜料及类似产品制造	477.0672	361.4748
7	265	合成材料制造	381.3262	290.3528
8	266	专用化学产品制造	1328.4319	766.5947
9	268	日用化学产品制造	273.5825	302.9506
10	273	中药饮片加工	482.1667	444.8360
11	274	中成药生产	530.1001	280.5950
12	275	兽用药品制造	530.7333	10382.1075
13	276	生物药品制造	172.5389	352.4367
14	291	橡胶制品业	417.2725	113.5021
15	306	玻璃纤维和玻璃纤维增强塑料制品制造	165.0488	355.5401
16	307	陶瓷制品制造	181.9055	374.1988
17	341	锅炉及原动设备制造	241.7167	201.4205
18	342	金属加工机械制造	465.9516	137.5170

任科名（2022）[24]以陕西省规模以上制造业行业作为筛选集合，以国家统计局发布的2019年分类对专利密集型产业的分类方法"行业发明专利密集度和R&D投入强度均高于全省制造业平均水平，且属于战略性新兴产业、高技术制造业、高技术服务业"为依据，并结合陕西省实际情况将各产业在近5年中3年及以上达到上述标准的产业界定为专利密集型产业。此外，还要对照所筛选产业是否属于战略性新兴产业、高技术制造业、高技术服务业进行界定。基于此得到陕西省十大专利密集型产业统计分类，详见表1-5。

表1-5 陕西省专利密集型产业统计分类

代码	国民经济行业名称
A	计算机、通信和其他电子设备制造业
B	通用设备制造

续表

代码	国民经济行业名称
C	专用设备制造
D	铁路、船舶、航空航天和其他运输设备制造业
E	汽车制造业
F	电气、机械和器材制造业
G	仪器仪表设备制造
H	化学原料及化学制品制造
I	化学纤维制造
J	医药制造业

王黎萤等（2017）[25]借鉴中国、美国官方专利密集型产业的认定方法，通过专利强度来界定专利密集型产业，将专利强度定义为有效发明专利授权总量与该产业就业量平均值的比值，将专利强度高于全产业平均专利强度的产业认定为专利密集型产业。具体到区域层面，由于各产业就业人数不均衡，可能会出现专利强度高的产业其发明专利授权量并不高的情况，所以研究对构建方法进行完善，补充使用发明专利授权量平均值作为基准，将那些专利强度高于产业专利强度平均值，同时发明专利授权量也高于产业平均值的界定为区域专利密集型产业。

王佳敏（2016）[26]通过对专利密集型产业统计分类的构建方法的比较，研究认为美国和欧盟的构建方法目前仍是主流方法。主要参考美国和欧盟中使用的划分标准，将专利密集型产业定义为专利强度（发明专利授权总量/就业量平均值）高于全产业整体专利强度平均值的产业，又考虑到现有研究大部分是从国家层面对专利密集型产业进行构建研究，具体到区域层面，补充使用发明专利授权量平均值作为基准，将那些专利强度高于产业专利强度平均值，同时发明专利授权量也高于产业平均值的界定为区域专利密集型产业。在产业范围上，研究分别计算浙江省产业专利密集型情况、浙江省大类产业专利密集型情况、浙江省大类工业产业专利密集型情况，按照《国民经济行业分类》（GB/T 4754—2011），研究主要分析浙江省大类产业共52个、工业大类产业共41个，筛选出浙江省工业大类行业的专利密集型产业目录，见表1-6。

表1-6 浙江省工业大类行业的专利密集型产业目录

行业类名	2009—2013年专利强度	专利密集型产业	2008—2012年专利强度	专利密集型产业	2007—2011年专利强度	专利密集型产业	类别
41个工业大类平均值	23.66	—	24.61	—	8.49	—	
专用设备制造业	64.70	√	52.58	√	42.05	√	强
仪器仪表制造业	55.43	√	48.18	√	37.82	√	强
化学原料和化学制品制造业	51.51	√	41.38	√	31.63	√	强
医药制造业	37.50	√	35.50	√	32.12	√	强
通用设备制造业	26.71	√			17.64	√	中
金属制品业					13.10	√	弱
计算机通信和其他电子设备制造业					14.31	√	弱
非金属矿物制造业					9.89	√	弱

2）综合考虑数据的可获取性以及已有研究基础

姜南等（2014）[27]综合考虑数据与已有理论等多种因素，构建了4种方式联合认定专利密集型产业的方法。张骏（2015）[28]用产业投入专利数量除以该产业的产业规模来界定专利密集度，并将大于产业平均专利密集度的产业界定为专利密集型产业。

李黎明和陈明媛（2017）[29]同时考虑专利增量和专利存量两个方面，利用模糊优选模型构建专利密集型产业的测度方法建立了认定标准。具体来说，从投入和产出两个层面，综合考虑专利增量和专利存量，选取千人发明专利申请量、万人发明专利拥有量、研发强度、研发人员比重4个指标，利用模糊优选法计算产业专利密集度。

为了消除时间波动和不确定因素的影响，所有指标参照欧美研究方法，取2011—2014年的平均值。

艾苗（2017）[30]从专利的投入和产出两个方面建立指标体系，具体见表1-7。

表1-7 以专利投入产出建立的指标体系

一级指标	二级指标	三级指标
专利投入	资金投入	R&D经费内部支出（万元）
	人员投入	R&D人员折合全时当量（人年）
专利产出	专利产出数量	专利申请数（件）
	专利产出质量	发明专利申请数（件）
		拥有（有效）发明专利数（件）
	专利产出密集度	每万人就业量的发明专利申请数（件/万人）
		每亿元工业总产值拥有（有效）发明专利申请数（件/亿元）

3）选取高技术产业作为专利密集型产业

孙磊等（2016）[31]认为高技术产业是专利密集型产业的主要组成部分，选取高技术产业作为研究对象测度专利密集型产业的技术创新效率。中国和美国的高专利密集型产业都集中于电子、通信、化学和医药等领域，《中国高技术产业统计年鉴》（2006—2015年），排除西藏和青海及港澳台地区，选取2005—2014年中国29个省级行政区数据对专利密集型产业进行研究。

3. 地方统计分类建议

如前所述，发展专利密集型产业既是推进改革、推进发展的要求，也是创造经济增长点、创造新质生产力的要求。各地方大多处于探索阶段，多数地区尚未建立适合本地区的专利密集型产业分类和统计方案。学界进行了一些有益的探索，提出了很多建设性思考，具备较强的参考价值。

可以看到，我国与欧洲和美国、我国各省份之间，以及学者对于分类统计的标准，在总体原则基本一致的前提下，基于区域性、发展性、高附加性3条基本特征，均提出了差异性的专利密集型产业分类方法。而这些方法对于不同时期、不同地域、不同发展思路，仍然具有较强的现实意义。在此基础上，试提出地方统计分类建议。

（1）以国家相关法规和政策要求为基础

依据《国民经济行业分类》，在制定地方专利密集型产业统计分类标准时，建议以《国民经济行业分类》为基本框架，确保与国家政策导向和标准保持一致。根据国家的产业政策和科技创新政策，确定地方专利密集型产业的范围和重点。在2019年分类中，专利密集型产业涉及的领域比较广泛，包括高新技术产业、制造业、服务业等。在制定标准时，要尽可能地涵盖这些领域的产业，以便全面反映地方的专利创造和应用情况。指标选择和权重设置应该具有可比性。

基于此，建议地方在制定专利密集型产业统计分类时，首先应以国家2019年分类为基础，以其中的3个分类条件为基准建立地方分类标准。其次，为了进一步推动地方特色产业发展，推荐地方在7个大类之外继续建立符合地方特色的分类标准，以培育和发展重点产业。建议建立"7+X"分类体系，"7"即为2019年分类标准下的专利密集型产业分类，而"X"是地方标准下的专利密集型产业分类，在现有的7个大类、188个小类的基础上进行扩充，以"X"作为地方特色的专利密集型产业统计分类，这样能在不破坏现有的统计分类标准的前提下，对现有的分类体系加以补充，突出地方特色。

(2) 充分结合本地区产业发展实际

在制定地方标准时，需要充分考虑本地区产业发展的实际状况，包括产业结构、产业发展水平、区域经济发展特点等因素，以使分类标准更贴近实际，更具有可操作性。例如，在文献《陕西省专利密集型产业技术创新效率及其影响因素研究》中，充分考虑了陕西省产业发明专利多数来源于制造业的实际情况，重点以陕西省规模以上制造业行业作为筛选专利密集型产业的集合。在文献《浙江省专利密集型产业构建及创新效率研究》中，结合浙江省区域层面由于存在各产业的就业人数不均衡，可能会出现专利强度高的产业其发明专利授权量并不一定高的情况，所以补充使用发明专利授权量平均值作为基准，将那些专利强度高于产业专利强度平均值，同时发明专利授权量也高于产业平均值的界定为区域专利密集型产业。

建立地方产业统计分类时，应先收集地方重点发展产业、"卡脖子"产业、未来产业政策文件，结合发明专利密集度、产业规模、研发投入强度、地方党委政府重视程度相关的因素确定需要增加或者调整的X产业，尤其需匹配地方重点发展产业，例如广东省20个战略性产业集群。对于一些特色产业，例如广东省有很多的外向经济产业，建议将国民经济行业分类与北美分类体系对接或直接采用北美分类体系，以更好适应国际市场发展。

(3) 突出专利密集特点

专利密集型产业的核心特征是依赖知识产权参与市场竞争，因此，在制定分类标准时，需要突出专利密集型产业中专利申请数量、专利授权数量、专利密集度等关键指标，以体现产业的创新性和竞争优势。

兼顾产业多样性：专利密集型产业涉及的领域广泛，在制定分类标准时，需要考虑到不同领域、不同类型产业的特点，以体现产业的多样性和差异性。首先需要识别不同领域（如高新技术产业、制造业、服务业等）的特点和差异。这包括了解各领域的技术含量、创新程度、知识产权的重要性、市场竞争状况等因素。通过对不同领域的深入了解，可以为后续的分类标准制定提供有力的依据。

做好产业细分：在了解不同领域的特点后，建议将相关产业进一步细分。例如，可以将制造业中的医药制造业、航空航天器制造业等具有高技术含量的产业单独列出，以更准确地反映其专利密集程度和创新实力。同样，对于服务业中的金融科技、电子商务等领域，也可以根据其特点进行细分。

科学设置差异化指标：针对不同领域和产业类型，需要设定相应的差异化指标来衡量其专利密集度和创新能力。例如，对于高新技术产业，可以重点考察专利申请数量、专利授权数量、研发投入等指标；对于制造业，可以关注工艺创新、产品质量、知识产权转化率等指标；对于服务业，则可以考察服务模式创新、用户体验改进、数据安全等方面的指标。

根据上述步骤，可以建立起一个完善的分类标准体系。该体系应包括各领域的细分产业、相应的差异化指标以及评估方法等。通过该体系，可以全面地衡量不同领域的专利密集型产业的多样性和差异性。

(4) 建立动态调整机制，定期评估与调整

由于不同领域和产业的发展动态变化较大，建议定期对分类标准体系进行评估和调整，包括对当前实施分类标准的适用性进行评估，并根据产业发展状况进行相应的调整和完善。

可以组建一个由产业专家、学者和政府代表组成的专门委员会，负责制定和调整分类标准。该委员会应具备广泛的代表性和专业性，以便于对产业发展进行全面、深入的分析和研究。可以定期对分类标准进行评估和调整，以适应产业发展的变化。评估的频率可以根据实际情况确定，可以每季度、每半年或一年进行一次。评估的内容应包括分类标准的适用性、产业的专利密集度和创新性变化等。根据评估结果，需要对分类标准中的指标进行相应的调整和完善。例如，如果某一产业的专利申请数量和授权数量明显增加，那么需要相应调整专利申请数量和授权数量的权重，以更准确地反映该产业的专利密集程度。在调整和评估分类标准时，需要建立一个有效的反馈机制，收集各方意见和建议。这包括与产业界的沟通、学术界的研讨以及政府相关部门的协调等。通过反馈机制，可以更好地了解各方需求和意见，进一步完善分类标准。

每次调整和评估分类标准后，应通过官方渠道公示调整结果，并对调整的原因和目的进行解释。这有助于提高公众对分类标准的理解和接受程度，同时

也有利于产业的平稳过渡和升级发展。除了定期评估与调整外，还需要对产业发展进行持续监测。这包括关注国内外产业发展趋势、政策变化、市场竞争状况等因素，以便及时发现并解决可能出现的问题和挑战。

总之，制定地方专利密集型产业统计分类标准需要充分考虑国家政策导向、产业发展实际和地方特色，突出专利密集型产业的特点和优势，兼顾产业的多样性和差异性，同时建立动态调整机制，以适应产业发展变化。

1.3.2 专利密集型产业增加值核算

专利密集型产业增加值，指我国专利密集型产业的所有常住单位一定时期内生产活动所创造的增加值。常住单位指在经济领土上具有经济利益中心的经济单位。产业增加值核算方法一般包括现价核算和不变价核算，其中现价核算方法又分为生产法、收入法和支出法。我国目前进行专利密集型产业增加值核算所采用的方法为收入法，其主要是从生产过程创造新增价值的角度，衡量生产活动最终成果，增加值主要由劳动者报酬、生产税净额、固定资产折旧和营业盈余四部分组成，即增加值 = 劳动者报酬 + 生产税净额 + 固定资产折旧 + 营业盈余。

1. 国外核算方法

（1）美国核算方法

美国的核算对象为知识产权密集型行业增加值，其数据来源为美国商务部经济分析局（BEA）发布的国内生产总值（GDP）数据。BEA 会以从上位到细分的形式提供 GDP 数据，其每年均会发布包含 21 个门类行业、71 个大类行业、138 个中类行业的增加值数据，每 5 年发布一次包含 405 个小类的增加值数据。

在核算过程中，会将每个小类行业标记为知识产权密集型或非知识产权密集型。当遇上 BEA 未发布小类行业的增加值数据时，采用该年度的中类行业数据作为核算基础。对于某些中类行业无法确定整个行业是知识产权密集型还是非知识产权密集型时，依据最近发布的包含小类增加值数据的报告来计算属于知识产权密集型的小类行业增加值占中类行业的比例，并以该比例进行估算。

（2）欧盟核算方法

欧盟的核算步骤是，首先确定哪些行业比其他行业使用知识产权更多，然后使用行业层面的经济统计数据来确定这些行业的就业和增加值。具体是通过以下两方面实现对知识产权密集型产业增加值占欧盟 GDP 的比重的估算，一方面是欧盟统计局的结构性商业统计（SBS）中每个 4 位码（NACE 分类）行业的增加值数据，另一方面是国民经济核算中的 GDP 数据。然而，SBS 中的行业增加值按要素成本来定义，不包括与生产相关的税费。另外，GDP 是所有经济行业按基本价格计算的总增加值加上税收减去产品补贴的总和。要素成本和基本价格之间的区别在于，后者（针对每个行业）包括其他税收，减去生产补贴。因此，为了获得基于 GDP 的同性质比率，SBS 的数据必须进行转换，以便与 GDP 定义一致。

2. 我国核算方法

（1）国家层面

自 2019 年起，国家统计局根据 2019 年分类，利用全国经济普查数据、有关专业资料和国民经济核算资料等，采用收入法核算专利密集型产业增加值。其行业专利数据主要来源于国家知识产权局，采用一定年度内的国内发明专利授权数据，并依据国际专利分类（IPC），参考《国际专利分类与国民经济行业分类参照关系表（2018）》进行技术领域对照。对于劳动力就业情况、行业和企业财务数据，一般通过国家对于工业企业、劳动工资等既有统计口径综合获得。对于行业科技数据，一般会针对 R&D 人数、R&D 经费内部支出、新产品销售收入等指标进行专项抽取。

（2）地方层面

广东省建立了省知识产权局与省统计局的联合发布机制，是全国首个能按年度发布专利密集型产业增加值核算数据的省份。采用收入法，主要依据国家知识产权局发布的《专利密集型产业增加值核算方法》来执行。

江苏省在计算增加值时同样采用收入法，涵盖了规上工业、规下工业、规上服务业、规下服务业、行政事业和民非企业的增加值。

安徽省委托中国科学技术大学相关团队进行该省专利密集型产业增加值核算，数据由省统计局提供，同样采用收入法。

重庆市制定了《重庆市专利密集型产业增加值核算方案》，对 2018—2021 年重庆市专利密集型产业增加值进行了测算。除了对专利密集型产业增加值占 GDP 的比重进行核算外，重庆还对专利密集型产业区域发展情况、产业分布情况、存在的问题等与重庆市经济发展紧密关联的问题进行了研究分析，并提出了相应的对策建议。

其他省市大多数依托本地统计局统计和核算专利密集型产业增加值，由知识产权部门提供或由统计局自行按照 2019 年分类的国民经济代码进行相关统计，例如上海、天津等，广西、新疆等区也拟通过统计局开展相关统计和发布工作。部分省市由于尚未与统计局建立联系，或者由于数据保密相关的考虑，则委托第三方机构开展相关统计和方法的研究，例如云南、重庆等，第三方机构采取的统计方法则更注重研究分析。

（3）国内学者方法

1）基于投入产出调查资料进行核算

此类核算方法一般是选择经济普查资料（如《中国经济普查年鉴》）和投入产出调查资料（国家统计局国民经济核算司编制的中国投入产出表）作为核算资料。针对有投入产出调查年份和没有投入产出调查但有投入产出延长表的年份，分别采用不同的做法以获取和推算知识产权密集型产业增加值。对于有投入产出调查资料的年份，从投入产出基本表中提取知识产权密集型产业相关数据信息，进一步形成包含知识产权密集型产业的投入产出表，从而获得知识产权密集型产业增加值。

其中，部分属于知识产权密集型产业，需要从其他统计资料中选择相应指标数据，一般参考经济普查资料中的主营业务收入或者营业收入的行业构成进行分析。于洋等[32]尝试对于没有投入产出调查但有投入产出延长表的年份，基于相近年份的投入产出基本表，利用非调查方法 RAS 法在 EXCEL 中的实现编制包含知识产权密集型产业的投入产出表，从而获得这些年份的知识产权密集型产业增加值数据。

值得注意的是，上述对于没有投入产出调查但有投入产出延长表的年份的核算方法仅适用于估算投入产出调查年份以前的年份的数据。采用该方法可以实现在首次进行专利密集型产业增加值核算时，能够回推上一年度的增加值数据，从而获得相关的增长率数据。

2）基于部分经济数据进行估算

由于各省份统计年鉴等核算资料可能存在指标不全、数据单位口径不一的情况，或者存在部分省份及年份数据不完整的情况，国内学者研究了仅通过部分经济数据对专利密集型产业增加值进行估算的可能。

李黎明等[33]在进行专利密集型产业对工业的贡献率的测算时，做出了如下假定：

①对于所有知识产权密集型产业，假定产业主营业务收入贡献率等于增加值贡献率。由于全国经济数据的统计年鉴都没有 4 位代码的增加值核算，故假定对于所有知识产权密集型产业，产业的主营业务收入贡献率等于增加值贡献率。

②对于主营业务收入统计缺失的产业小类，假定各产业小类的人均主营业务收入产出相等。如果产业小类主营业务收入数据缺失，则采用某一产业小类从业人员数量占产业中类从业人员数量的比值乘以产业中类的主营业务收入，

估算产业小类的主营业务收入。

利用广东省 2008 年经济普查年鉴的 4 位代码产业增加值和主营业务收入数据分别测算专利密集型产业对工业的贡献率验证这一假定的合理性，结果显示，前者为 51.05%，后者为 52.03%，非常接近。

姚正海等[34]在研究知识产权密集型产业对徐州市的经济增长的贡献时，均采用《徐州统计年鉴》中的规模以上工业企业数据，通过专利密集型产业生产总值与工业总产值比例变化情况、专利密集型产业对工业产业的就业贡献率这两方面的研究，分析了徐州专利密集型产业对其经济增长的贡献程度。阎思晨[35]在研究专利密集型制造业技术创新效率时，为克服数据不全面、不完整的情况，为保证研究的科学性及客观性，采用各省域规模以上企业的创新投入与产出要素对区域专利密集型制造业的技术创新水平进行代替测算。

以上估算方法，优势在于所需数据较少且较容易获得，能有效解决在常规核算中所遇到的核算资料不齐备的问题，提供了可以快速了解地区专利密集型产业的大致发展情况的途径。

3. 地方核算建议

开展地方专利密集型产业增加值核算工作能够更清晰地了解地方的专利密集型产业的发展情况，为地方政府制定相应的产业政策、优化产业结构提供数据支撑。核算结果的发布，可以为企业提供创新投入和创新产出的指标，帮助企业了解和评估自身的创新能力和创新水平，从而推动企业加大研发投入、提升创新能力，促进技术进步和产业升级。

综合前述情况，对于如何进一步提高专利密集型产业增加值核算结果的权威性、准确性和全面性，提出如下建议。

（1）核算机构及数据收集

为进一步提高核算结果的权威性，建议建立地方知识产权局与地方统计局联合发布机制，由知识产权局给出所需的专利统计数据汇合统计局的经济调查数据共同完成专利密集型产业增加值核算及发布工作。

核算所需具体数据可以从以下途径获取：

①国家统计局发布的《知识产权（专利）密集型产业统计分类（2019）》或者国家知识产权局发布的最新的《知识产权（专利）密集型产业统计分类》。

②分行业专利数据由国家知识产权局提供，依据国际专利分类（IPC），参考《国际专利分类与国民经济行业分类参照关系表（2018）》进行技术领域对照。对于一项专利可能对照多个产业或行业的情况，采用分数计数方法。

③地方分行业就业数据、经济数据、科技数据由地方统计局统计提供，并

采用经济普查资料、地方统计年鉴进行补充。

（2）核算分类

专利密集型产业的统计结果及意义具有明显的区域性特征。国家知识产权局发布的最新的《知识产权（专利）密集型产业统计分类》代表了我国最新的专利密集型产业的发展情况及技术创新水平。但是，全国各省份各地区在经济发展程度和发展侧重等方面存在差异，为更多地反映出地方的经济发展特色，因此对核算分类进行补充是必要的。具体的核算分类应包括如下内容：

①国家知识产权局发布的最新的《知识产权（专利）密集型产业统计分类》所涵盖的所有国民经济小类行业（也称行业小类）。

②各地方根据自身经济发展现状依据本章所述的地方专利密集型产业统计分类标准建议所筛选出的不包含在国家知识产权局发布的最新的《知识产权（专利）密集型产业统计分类》的行业小类。

（3）核算方法

建议以全国经济普查数据为基础。具体操作中，可以从该省经济普查年度的 GDP 核算资料中，挑选出属于《知识产权（专利）密集型产业统计分类》的 188 个行业小类，以及已筛选的本地"7＋X"分类的 X 中包含的国民经济小类的增加值数据。将所有行业小类增加值进行加总，可得到地方的专利密集型产业大类增加值。然后再加总产业大类增加值，得到专利密集型产业增加值。

对于无法直接获取行业小类 GDP 核算资料的年份，可以利用对应行业小类增加值占所在大类增加值的比重进行估算，得出大类增加值。

第 2 章 四川省专利密集型产业的发展环境分析

专利密集型产业凭借其创新能力突出、市场竞争力强，已经成为创新型国家促进经济社会高质量发展的有力支撑和重要发展方向。专利密集型产业的发展受到多方面因素的影响，其中经济社会发展状况、科技创新力度和知识产权保护水平影响尤为深刻，在专利运营中也面临着无处不在的专利风险。本章从四川省专利密集型产业的战略地位入手，从经济营商环境、科技创新环境和知识产权环境等角度对四川省专利密集型产业发展环境进行分析，并探讨了专利风险防控模式，为进一步促进四川省专利密集型产业发展，更好助力四川省高质量发展提供参考。

2.1 四川省专利密集型产业的战略地位

近年来，习近平总书记先后 3 次到四川省考察，对四川省在全国的战略定位进行了阐释，对未来发展提出了要求。习近平总书记明确提出，四川省是我国发展的战略腹地，在国家发展大局特别是实施西部大开发战略中具有独特而重要的地位。他提出"四个发力"要求，即"在推进科技创新和科技成果转化上同时发力，在建设现代化产业体系上精准发力，在推进乡村振兴上全面发力，在筑牢长江黄河上游生态屏障上持续发力"。此外，习近平总书记还特别强调，要"依靠创新特别是科技创新实现动力变革和动能转换，着力打造西部地区创新高地"，要"加快改造提升传统产业，前瞻部署未来产业，促进数字经济与实体经济深度融合，构建富有四川省特色和优势的现代化产业体系"。

落实中央和国家总体布局、落实习近平总书记的指示，归根到底还是需要持续加大创新力度。众所周知，科技创新的成果不断涌现，必然对应着知识产权特别是专利产出的持续增加，科技成果想要成功转化为现实生产力、转化为经济增长，必然基于专利制度对成果的保护，专利密集型产业更是现代化产业体系中不可或缺的重要组成。因此，清晰界定和聚力发展专利密集型产业，对于四川省就更为重要。

2021年，四川省人民政府发布《四川省"十四五"知识产权保护和运用规划》，明确提出，到2025年，专利密集型产业的行业增加值占GDP比重有较大提升。具体数值方面，2020年专利密集型产业增加值占GDP的比重基准值为12.34%，2025年这一比重基准值要达到13%。在第三章的"助力成渝地区双城经济圈建设"一节中提出，要"共同培育知识产权密集型产业"。在"助推区域协调发展"一节中提出，要"大力发展电子信息、生物医药、高端装备、航空航天、智能制造、数字经济等知识产权密集型产业"。

2022年，四川省委、省政府印发《四川省知识产权强省建设纲要（2022—2035年）》。其中明确提到：到2025年，知识产权强省建设取得显著成效，专利密集型产业增加值占地区生产总值比重达到13%，版权产业增加值占地区生产总值比重达到6%，每万人口高价值发明专利拥有量达到5.67件等。此处的产业增加值目标与《四川省"十四五"知识产权保护和运用规划》一致。但相对而言，《四川省知识产权强省建设纲要（2022—2035年）》在7项重点任务中的"促进知识产权高效益转化运用"一条中对于专利密集型产业的具体描述和安排更加细致，并围绕专利密集型产业的认定、核算、应用、试点示范，都提出了全面的要求，将推进专利密集型产业发展列为促进知识产权转化运用的重要举措之一。

近年来，四川省多个宏观布局的重要文件中，对于全省未来产业布局均进行了详细而明确的部署。如2023年7月发布的《中共四川省委关于深入推进新型工业化加快建设现代化产业体系的决定》明确提出，要"实施优势产业提质倍增行动。培育形成六大万亿级产业"，具体包括电子信息产业、装备制造产业、食品轻纺产业、能源化工产业、先进材料产业、医药健康产业；要"培育壮大战略性新兴产业"，具体包括人工智能、生物技术、卫星网络、新能源与智能网联汽车、无人机。

2024年6月发布的《中共四川省委关于以发展新质生产力为重要着力点扎实推进高质量发展的决定》提出，要"深入实施六大优势产业提质倍增行动，推动重大项目提能增效，打造电子信息、装备制造、食品轻纺、能源化工、先进材料、医药健康等万亿级产业"；要"培育壮大新兴产业和未来产业。实施人工智能一号创新工程，推动绿氢全产业链发展和推广应用，打造生物技术、卫星网络、智能网联新能源汽车、无人机、工业互联网、核医疗等战略性新兴产业集群，前瞻布局第六代移动通信技术、量子科技、元宇宙、生命科学、可控核聚变等未来产业"。

将上述政策文件提及的产业与 2019 年分类中提出的名录相匹配，可以看到，四川省下一步发展的优势产业、战略性新兴产业、未来产业等，几乎全部落入专利密集型产业范围，见表 2-1。

表 2-1 四川省重点产业发展方向与专利密集型产业匹配情况

项目		政策出台时间		
	2019 年	2023 年 7 月		2024 年 6 月
政策名称	《知识产权（专利）密集型产业统计分类》	《中共四川省委关于深入推进新型工业化加快建设现代化产业体系的决定》		《中共四川省委关于以发展新质生产力为重要着力点扎实推进高质量发展的决定》
产业定位描述	专利密集型产业类型	六大优势	战略性新兴产业	六大优势产业	新兴产业和未来产业
匹配情况	信息通信技术制造业	电子信息	卫星网络	电子信息	卫星网络
	信息通信技术服务业		智能网联汽车	数字经济	卫星网络、智能网联新能源汽车、工业互联网、第六代移动通信技术
	新装备制造业	装备制造	无人机	高端装备、智能制造、航空航天	无人机
	新材料制造业	先进材料			
	医药医疗产业	医药健康	生物技术	生物医药	生物技术、生命科学、核医疗
	环保产业	能源化工	新能源		绿氢产业
	研发、设计和技术服务业		人工智能、智能网联汽车		人工智能、可控核聚变、第六代移动通信技术、量子科技、元宇宙
未纳入部分		食品轻纺			

此外，近年来，四川省也在积极推进专利密集型产业的认定和产业增加值统计等相关工作。例如，在 2023 年度四川省"创新者之夜"活动现场，发布了《四川省优势产业专利密集型企业创新活力百强榜（2021—2023）》。该榜单采用了涉及专利密集型产业相关发明专利的申请量、授权量、有效量、专利密集度、高价值发明专利量、专利运营相关数量（转让、质押、许可等），以及专利密集型产品备案及其关联专利数量和专利平均数量等指标，对专利密集型产业相关企业进行综合评价，综合给出百强企业榜单。该榜单受到了当地创新主体的强烈关注，也为四川省的专利密集型产业树立了标杆模范。

四川省在深入推进知识产权强省建设过程中，破除制约知识产权高质量发展的障碍，积极回应新技术、新经济、新形势对知识产权制度变革提出的挑战，为专利密集型产业发展提供政策、人才、资金上的支持，全面提升知识产权综合实力，有效激发全社会创新创造活力，营造出有利于专利密集型产业发展的良好氛围。近年来四川省关于专利密集型产业的政策与激励措施见表 2-2。

表 2-2 四川省关于专利密集型产业的政策与激励措施

印发机关	文件名称	相关内容
四川省委、四川省人民政府	《四川省知识产权强省建设纲要（2022—2035 年）》	做大做强专利密集型产业。制定专利密集型产业目录，开展专利密集型产品认定，建立健全专利密集型产业统计核算和发布机制，推动专利密集型产业创新发展。围绕重点产业发展和重大项目建设，引导建立专利布局与产业链、创新链相匹配的专利联盟。深入实施专利导航工程，完善以产业数据、专利数据为基础的专利导航决策机制，创新专利导航服务模式，打造专利导航深度应用场景。深化产业园区知识产权试点示范工作，建设一批专利密集型产业集聚区
四川省人民政府	《四川省"十四五"知识产权保护和运用规划》	加快发展专利密集型产业。建立专利密集型产业调查、监测机制，推动知识产权融入产业链运行全过程，充分运用专利、产业、科技等信息资源，引导产业技术创新、精准布局知识产权，持续提升专利密集型产业核心竞争力和市场竞争力
四川省人民政府	《关于进一步支持科技创新十条政策（试行）》	对国家知识产权示范企事业单位、知识产权优势企事业单位分别给予 10 万元、5 万元一次性资助。对省级认定的知识产权强企给予 5 万元一次性资助

续表

印发机关	文件名称	相关内容
四川省人民政府	《四川省专利实施与产业化激励办法》	省人民政府按规定设立四川省专利实施与产业化奖，每年评选一次，对四川省行政区域内专利实施与产业化取得显著经济效益、社会效益、发展前景好的企事业单位给予资助激励
四川省人大常委会	《四川省知识产权促进和保护条例》	县级以上地方人民政府及其有关部门应加大对高价值专利培育工作的指导、支持和服务力度，推动企业、高等院校、科研机构等建立健全高价值专利培育工作制度，将开发高价值专利融入创新创造和经营管理全过程，积极培育创新水平高、保护效力强、权利状态稳定、具有市场竞争力的高价值专利。鼓励企业、高等院校、科研机构等构建创新联合体，布局专利池，参与标准制定，加强标准必要专利国际化建设
四川省人民政府办公厅	《四川省专利转化运用专项行动实施方案》	培育推广专利密集型产品。以高新技术企业、专精特新中小企业、科技型企业等为重点，全面开展专利产品备案，2025年底前实现全覆盖。将专利产品备案情况作为申报四川省专利奖、省级知识产权专项资金、重大科技专项等项目的重要依据。依照专利密集型产品认定国家标准，积极培育并推广专利密集型产品
四川省市场监督管理局等多部门	《关于推进实施专利产业化促进中小企业成长计划的通知》	按照《专利产业化促进中小企业成长计划实施方案》部署安排，遴选300~500家具有技术研发能力和专利产业化基础的高成长性中小企业进入专利产业化样板企业培育库；到2025年底，培育一批以专利产业化为成长路径的样板企业，助推一批具有知识产权竞争优势的企业成功上市，形成一批具有市场竞争力的专利密集型产品，加速知识、技术、资金、人才等要素向中小企业集聚，促进全省现代化产业体系加速构建和经济高质量发展
四川省知识产权服务促进中心等多部门	《关于进一步加强产业园区知识产权工作的意见》	发展培育专利密集型产业。研究制定全省园区专利密集型产业统计指标体系，建立专利密集型产业专项统计制度，定期发布专利密集型产业发展动态，提升专利密集型产业对经济高质量发展的贡献度。支持产业园区整合产业链、创新链、人才链，推进实施重点领域专利导航项目，开展专利产品备案、专利导航、专利集群管理试点等工作，建立专利密集型企业认定制度，实施企业发明专利"消零"、高价值专利"清零"等专项行动，推进专利密集型产业集聚区建设

续表

印发机关	文件名称	相关内容
四川省发展改革委、商务厅、省市场监管局等多部门	《关于加快推动四川省知识产权服务业高质量发展的若干措施》	推动专利产业化。加强专利导航服务基地建设。遵循市场规则，建设运营重点产业专利池。支持知识产权服务在专利与标准融合创新中发挥作用。 鼓励知识产权服务机构精准对接产业龙头骨干企业、高新技术企业、专精特新企业、高校院所等创新主体，深度挖掘需求，协力建设高价值专利育成中心，助力加快专利价值实现，发挥产学研用协同创新效应，开展专利和商业秘密布局、商标品牌培育、版权成果转化、知识产权风险防范等工作。 鼓励创新主体制定知识产权战略，开展专利布局，强化知识产权信息利用，着力专利转化运用

2.2 经济营商环境分析

知识产权一头连着创新，一头连着市场，是科技创新和经济社会高质量发展的纽带与桥梁。随着我国创新驱动发展战略深入实施，专利密集型产业对经济发展的贡献率不断提高。同样，良好的经济环境、创新环境和营商环境，也为创新发展要素的加快集聚、专利密集型产业的发展提供有力支撑。欧美发达国家的发展经验表明，专利密集型产业对国家经济增长有促进和引领作用，对经济社会发展作出了重要贡献。我国专利密集型产业对GDP的贡献逐年提高，正逐步成为我国经济发展的新引擎。此外，专利密集型产业还具有带动出口的强大动能，并在推动高新技术产业集聚、促进人才就业、国家经济结构调整升级等方面作出了重要贡献。

2.2.1 四川省经济社会发展状况和营商环境水平

近年来，四川省认真落实党中央、国务院决策部署，大力推进成渝地区双城经济圈建设，深入实施"四化同步、城乡融合、五区共兴"发展战略，将21个市州根据地理位置和区位分布划分为五大经济区，即成都平原经济区、川南经济区、川东北经济区、攀西经济区、川西北生态经济区。五大经济区发展差距较大，但各有特色，协同共进，现代化产业体系建设取得积极进展，发展动能持续增强，民生保障有力有效，营商环境持续优化。

1. 四川省经济社会发展稳中有进

根据四川省统计局的最新统计核算结果显示[36]，2023年四川省地区生产总值60132.9亿元，位居全国第5位。按可比价格计算，比上年增长6.0%。其中，第一产业增加值6056.6亿元，增长4.0%；第二产业增加值21306.7亿元，增长5.0%；第三产业增加值32769.5亿元，增长7.1%。三次产业对经济增长的贡献率分别为7.6%、29.9%和62.5%。三次产业结构由上年的10.5∶36.4∶53.1调整为10.1∶35.4∶54.5。人均地区生产总值71835元，增长6.0%。

农业生产平稳运行：全年粮食总产量3593.8万吨，连续四年稳定在3500万吨以上，比上年增长2.4%。初步统计，全年蔬菜及食用菌产量比上年增长6.1%，茶叶产量增长7.9%，中草药材产量增长11.1%，水果产量增长11.5%。全年生猪出栏6662.7万头，比上年增长1.7%；牛出栏316.4万头，增长3.4%；羊出栏1767.3万只，下降1.4%；家禽出栏7.7亿只，下降2.0%。工业生产回升向好：全年全省规模以上工业增加值比上年增长6.1%，规模以上工业企业产品销售率为95.2%。分经济类型看，国有企业增加值比上年增长11.1%，集体企业增长24.0%，股份制企业增长5.9%，外商及港澳台商投资企业增长8.3%。分行业看，41个大类行业中有25个行业增加值实现增长。其中，电气机械和器材制造业比上年增长19.7%，化学原料和化学制品制造业增长13.4%，非金属矿物制品业增长10.7%，黑色金属冶炼和压延加工业增长10.0%，石油和天然气开采业增长7.9%，酒、饮料和精制茶制造业增长7.1%。从主要工业产品产量看，天然气产量比上年增长7.9%，发电量增长1.0%，单晶硅增长113.2%，多晶硅增长104.0%，新能源汽车增长87.2%，汽车用锂离子动力电池增长30.4%，发电机组增长21.7%，钢材增长15.7%，彩色电视机增长15.4%。高技术产业稳定增长。规模以上高技术制造业增加值比上年增长5.4%。其中，航空、航天器及设备制造业增长12.4%，电子及通信设备制造业增长7.3%，医药制造业增长5.5%。1~11月，规模以上工业企业实现营业收入44120.0亿元，同比增长1.5%；实现利润总额3989.5亿元，同比增长4.6%。服务业加快增长：全年第三产业增加值比上年增长7.1%。其中，批发和零售业增加值增长8.5%，交通运输、仓储和邮政业增长12.8%，住宿和餐饮业增长12.2%，金融业增长6.2%，信息传输、软件和信息技术服务业增长6.9%，租赁和商务服务业增长11.4%。

全年居民消费价格与上年持平，其中，医疗保健类上涨0.6%，居住类上涨0.4%，教育文化和娱乐类上涨2.5%，食品烟酒类下降0.2%。工业生产者出厂价格比上年下降2.4%，其中生产资料价格下降3.0%，生活资料价格下降0.6%；工业生产者购进价格比上年下降2.9%。

2. 四川省营商环境持续优化

世界银行报告表明，良好的营商环境会使投资率增长0.3%、GDP增长率提高0.36%，四川省正在积极营造良好营商环境，推动经济高质量发展。2024年一季度，四川省民营经营主体占全部经营主体比重达97.2%，民营经济增加值同比增长6.7%、高于地区生产总值增速0.7个百分点，2021年底以来首次超过地区生产总值增速。2023年，新登记各类经营主体149.6万户、同比增长20.9%。目前，全省实有经营主体总量突破900万户，数量居西部第一位。

四川省持续深化营商环境对标创新行动，启动民营企业营商环境提升行动，开展全省年度营商环境评价。强化对市场主体特别是民营企业和中小微企业的财税、金融等政策支持力度，落实减税降费优惠政策，推广"制惠贷""园保贷""天府科创贷"，拓宽市场主体融资渠道。积极认定省级"创业孵化基地"，命名"天府微创园"，健全完善五级创业平台体系，扶持更多小微企业成长发展。制定《四川省省级公共信用信息细目（2023年版）》，全面推广信用承诺制和告知承诺制，完善全国中小微企业融资综合信用服务平台四川省站建设，深入推进"信易贷"工作。全面推广数字化电子发票，逐步取消增值税发票税控设备。开展"12345"政务服务热线助企纾困专项行动。特别是，2024年4月30日出台的《中共四川省委 四川省人民政府关于以控制成本为核心优化营商环境的意见》（以下简称《意见》），围绕经济高质量发展，营造开放包容的创新环境，在推动经营主体科技创新和成果转化上精准发力，提出提高企业科技创新能力、加快培育科技创新企业、提升科技成果转化质效、强化知识产权保护和运用等4条措施，推动企业提升发展质量、提高生产效率，更大力度激发经营主体动力活力和创新创造能力。

四川省全面落实《中华人民共和国反垄断法》和《四川省反不正当竞争条例》，加强对妨碍统一市场、不正当竞争等问题的整治，完善常态化监管机制。严格落实"全国一张清单"管理要求，建立违背市场准入负面清单案例归集和通报制度，持续清理和废止含市场准入限制和阻碍参与公平竞争的政策规定。加快省政府采购一体化平台推广应用，逐步实现政府采购预算、执行、交易、支付全流程电子化。依托"12345""12315"等平台渠道，及时处理回应涉公平竞争问题的投诉举报。《意见》提出常态化开展惠企政策"直达快享"专项行动，招投标全面推广应用电子保函（保险）、推动综合费率降低至5‰以内。探索"见担即贷"业务模式，将小微企业、"三农"主体业务融资担保费率降至 1% 以下。对吸纳高校毕业生、脱贫人口等给予吸纳就业补贴和社保补贴，探索建立补充工伤保险"四川省模式"。支持长期租赁、先租后让、弹性年期出让等供地模式。推动小微企业用水用电用气户外接入"零投资""零成本"等。

四川省深入开展外商投资服务专项行动，优化省、市、县三级协调服务长效机制，进一步加大统筹协调解决企业困难诉求力度。开展外资企业营商环境评价，编制评价结果（中文＋英文）专册。将办理正常出口退税的平均时间压缩至 5 个工作日以内，增值税增量留抵退税审核平均时间压缩至 3 个工作日以内，持续优化跨境电商出口海外仓退税模式。出台航空、水运、铁路口岸外贸进出口货物标准作业程序参考和规范，持续提高通关效率。四川省各项政务服务改革创新和政策加持下，经营主体呈现良好发展势头。2024 年一季度，四川省民间投资中项目投资增长 13.8%，高于固定资产投资 8.6 个百分点。目前，在川世界 500 强企业达到 381 家。

2.2.2　经济营商环境对专利密集型产业的影响

专利密集型产业依靠知识产权参与市场竞争，通过其高成长性和创新性，对推动经济发展方式转变、提升国家科技和经济竞争力等具有重要意义。为深入贯彻新发展理念，推动高质量发展，在培育发展专利密集型产业过程中需要密切关注经济营商环境，特别是市场、资金、人才等资源要素的影响。

1. 市场需求对专利密集型产业的影响

市场需求是企业生存和发展的重要动力。为了在激烈的市场竞争中脱颖而出，企业需要依靠技术创新来开拓市场，提供独特的产品和服务。专利技术的应用能够帮助企业保护其创新成果，确保竞争优势和市场份额。当前，在"构建以国内大循环为主体、国内国际双循环相互促进的新发展格局"的大背景下，中国大规模的市场和不断增长的经济总量为专利密集型产业提供了广阔的市场空间和消费需求。市场需求的不断扩大刺激了企业加大技术投入和创新活动，从而提高了全要素生产率。市场竞争和合作对于专利密集型产业的全要素生产率增长有着双重作用。竞争促使企业加大创新活动和技术进步，增加了全要素生产率。而合作则能促进技术转移和知识共享，进一步提高全要素生产率。因此，通过调研、分析来了解市场需求，在技术研发过程中注重市场导向，将市场需求纳入技术创新的考量因素，是专利密集型企业应该重视和推进的。这能帮助企业将专利技术和市场需求进行有效对接，更好地满足消费者对技术和服务的需求，提高产品的市场竞争力。

2. 研发投入对专利密集型产业的影响

在技术经济时代，信息越来越公开透明，企业之间的竞争已经不再是价格战的竞争，而是新技术之间的竞争，当企业拥有了先进的技术后就会在市场中占据主动位置。新增长理论认为，技术创新通常来源于所开展研发活动的质量和数量，开展研发活动必然离不开研发经费和研发人员的支持。研发经费可以为研发团队提供良好的物质基础，包括研发设备、实验耗材、基础数据等，提高实验的容错率，优化研发流程，拓宽知识领域。2015 年美国民间智库 DNP Analytics 发布的研究报告《知识产权密集型制造产业：促进美国经济增长》显示，知识产权密集型制造产业平均每人每年研发投入是非知识产权密集型制造产业的 12.2 倍。除了经费投入，人力的投入也会对企业专利产出和技术进步产生重要影响。优秀的研发人员是研发团队的核心力量，为新技术的产生提供先进的思想和智力，在资金保障和技术设备完善的情况下，研发人员将现有的经验、设备、技术和管理方式相融合，形成新技术和新产品。充足的经费和人员可以帮助企业获取更多的信息，同时也能帮助企业快速筛选、过滤掉无关的信息，对重要信息进行再加工，扩增企业的知识存量，吸收更多的经验。企业通过研发投入改善原来的技术和流程，优化资源分配，提高创新成果产出。专利是技术价值的重要体现，是企业有效研发的结果，有效研发投入的强度越高，专利的产出水平就越高、数量就越多。

3. 人才资源对专利密集型产业的影响

人才是知识的载体，更是创新的主体。伴随着人工智能、先进计算、新能源、新材料等领域产品不断迭代，产业新引擎持续呈现，发展新赛道加速开辟，当今发展已进入以科技创新为核心的战略竞争时代。产业强、经济强，都是建立在科技创新强的基础上。创新决定产业发展，是新质生产力的核心要素，而人才决定创新，是科技创新的核心支撑。知识产权人才是发展知识产权事业的第一资源，是知识产权强国建设的战略支撑。随着全面实施战略性专利密集型产业发展规划，大力发展新产业新业态，不断拓展专利密集型产业领域，就业岗位和潜力持续释放。截至 2023 年底，我国知识产权人才规模已从"十三五"末的 69 万人增长至 86 万人，助力知识产权保护水平稳步提升。专利密集型产业对人才的依赖度大，高层次复合型人才集聚于此。《中国专利密集型产业统计监测报告（2022）》显示，企业开展专利产业化中面临的主要困难表现为"缺少高端专利人才"等，呼吁有关部门在知识产权专业人才培养与引进等方面加大政策支持力度。因此，吸引、培养和管理好一批高层次人才，特别是知识产权复合型人才对专利密集型产业而言是一笔巨大的无形资产，具有十分重要的意义。健全人才管理体制、完善人才激励机制、营造人才发展良好生态，有助于专利密集型产业激发人才干事创业活力，加快创新成果向现实生产力转化，切实增强人才的信任感和归属感。

2.3 科技创新环境分析

2.3.1 四川省科技创新能力与水平

当前，我国经济进入高质量发展阶段，发展新质生产力是推动高质量发展的内在要求和重要着力点。经过40多年的发展，我国已进入创新型国家行列，科技创新正从跟跑为主转向跟跑和并跑、领跑并存的新阶段，处于从量的积累向质的飞跃、从点的突破向系统能力提升的重要时期，在全球创新版图中的位势和能级明显提升。与此同时，与建设科技强国的要求相比，科技创新仍存在短板弱项，基础研究较为薄弱，原始创新能力不强，重大原创成果偏少，一些领域关键核心技术仍受制于人，迫切要求把创新放在现代化建设全局的核心地位，把科技自立自强作为国家发展的战略支撑，以科技创新推动新质生产力发展。

近年来，四川省大力实施创新驱动发展战略，以建设具有全国影响力的科技创新中心提升四川省在全国创新版图中的战略位势，各项重大决策部署逐步落实[37]。

1. 科技创新生态持续优化

"科创十条"落地有力有效。建立了科技厅牵头，省委组织部、省发展改革委、财政厅等部门协同的工作机制，细化具体任务，明确责任单位，制定113条工作举措，出台配套文件26个，以"清单制+责任制"推动，确保政策落地见效。其中，在建设创新平台方面，出台重大科技基础设施管理办法等7个配套文件；在优化创新生态方面，出台企业基础研究投入认定和后补助管理暂行办法等8个配套文件；在聚集创新人才方面，出台"天府峨眉计划""天府青城计划"前置改革和实施办法等11个配套文件。各市（州）党委、政府压实责任推动落实，结合各地特点出台创新支持政策，如，德阳率先开展科技项目揭榜挂帅，宜宾科创十条年均新增补助资金4000万元，遂宁支持首批领军型创新团队，南充首次发放创新券等，进一步放大政策效应。

加快集聚创新人才。科技厅等5部门联合印发《四川省"十四五"科技人才发展规划》，部署加快建设国家战略人才力量、培养引进用好战略科学家、打造一流科技领军人才和创新团队、造就青年科技人才队伍等重点任务。省科学技术奖设立"四川省杰出青年科学技术创新奖",首批奖励5名取得重大成果的青年科技工作者。出台《四川省自然科学工程技术人员职称申报评审基本条件(试行)》,有真才实学、成绩显著、贡献突出的科技人才可不受学历、资历限制破格申报职称。2022年新增安排博士后专项资金9940万元,总量达到1.06亿元,是2021年资金总量的15倍;新增安排"天府英才"工程专项资金2.66亿元,支持创新团队和人才队伍建设,激发创新创造内生动力。

科技体制改革向纵深推进。深入推进职务科技成果权属改革,开展"先确权后转化"、"先中试熟化再转化"、非资产化管理试点等先行先试改革,四川大学、西南交通大学等4家国家试点单位完成职务科技成果分割确权637项,新创办企业182家,带动企业投资近111.89亿元。扎实推进科技成果评价改革综合试点,成都高新区、成飞集团等40余家单位从军民两用技术成果评价、破解成果评价"四唯"问题、种业科技成果评价等9个方面开展试点,加快探索多元化科技成果评价四川省经验。同时,启动科技体制改革三年攻坚,部署实验室体系化运行、重大科技项目攻坚等12个方面攻坚任务。

2. 高质量推进战略科技创新平台建设

天府实验室建设全面推开。作为国家实验室"后备队"打造的天府兴隆湖实验室、天府永兴实验室、天府锦城实验室、天府绛溪实验室均实现实体化运行,积极创建国家战略科技创新平台。

重大科技基础设施建设有力推进。在已建和在建7个国家重大科技基础设施基础上,"十四五"期间已有电磁驱动裂变聚变混合堆(Z箍缩)、跨尺度矢量光场时空调控验证装置等3个国家重大基础设施落地,正加速形成先进核能、天文观测、深地科学、生物医学、航空风洞等5大重大科技基础设施集群。成都超算中心为国家重大科技基础设施提供数据存储和算力支撑,构建"五集群一中心"的重大创新平台布局。

多线打造重大产业创新平台。科技、发改、经信等部门对接国家创新平台体系建设,先后布局建设碳中和、稀土技术、新能源汽车先进动力等6个省级技术创新中心、3个产业创新中心和13个制造业创新中心,有3个中心分别获批建设国家技术创新中心、产业创新中心和制造业创新中心。国家川藏铁路技术创新中心已累计完成建设投资10亿余元,国家精准医学产业创新中心初期总投资10.52亿元。

3. 持续强化产业技术创新体系

关键技术攻关不断取得突破。四川省重点研发计划着力开展重大关键技术、共性技术攻关，着力解决制约产业发展的"卡脖子"和瓶颈技术问题。2022年，四川省在原创性引领性科技创新中取得重大进展，在国际上首次研究出可集成频域宣布式单光子源，实现我国量子互联网研究"从0到1"的重大突破；研制交付全国产化大型涡扇航空发动机反推装置，进入挂机验证阶段；自主研制首架交付型C919机头和全状态新构型AG600机头，实现民机机头"四川省造"；选育出"优迪899"（玉米）、"川康优6308"（水稻）等6个重大苗头品种。

大力推进科技成果转化示范。科技厅启动重大科技成果转化"聚源兴川"行动，2022年起每年投入1亿元支持中央在川高校院所重大科技成果落地转化。推动重大新药创制国家科技重大专项成果转移转化试点示范基地建设，累计引进180余个项目，总投资超1200亿元，入驻企业90多家。推进国家技术转移西南中心建设，已建成市州分中心12个、行业分中心10家。积极培育技术转移示范机构，国家和省级技术转移示范机构达到83家。

积极推进科技金融融合创新。创新创业股权投资基金、科技成果转化股权投资基金和院士科技创新股权投资基金等3支省级基金累计投资项目162个，投资金额35.63亿元，实现科技成果转化项目2000余项。开展"天府科创贷"试点工作，向735家科技企业发放贷款1028笔，累计放贷36.6亿元。推进14家科技专营机构建设，实施科技信贷、科技保险等服务，推出"创业贷""知识产权质押贷""成长贷"等40多款特色科技金融产品，扶持科技型企业创新和成果转化。

全力推动科技园区提质增效。科技厅组织实施高新区"双提双升"计划，制定实施促进高新区高质量发展政策措施，支持跨高新区公共服务平台建设，提升园区高新技术产业集聚发展水平，8个国家高新区在2021年度国家高新区评价中排位全面提升。19个省级高新区加快发展主导产业，推进科技信息服务业集聚区建设，持续提档升级争创国家高新区。2022年，高新区在稳增长中的作用不断凸显，成为稳住经济基本盘的重要支撑，上半年增加值同比增长6.8%，固定资产投资增长12.6%，均高于全省平均水平。

4. 企业创新主体地位不断提升

持续加强企业研发投入引导。实施企业研发投入后补助，2021年落实企业补助2302.3万元，撬动企业研发增量15.1亿元；市州补助2375万元，有效调动各市州推动企业增加研发投入的积极性。2022年进一步降低了企业研发后补助门槛。积极落实企业创新税收优惠政策，2021年规模以上企业落实研发费用加计扣除减免税73.5亿元、高新技术企业减免税38.6亿元，分别比上年增长

59%和45%。近十年,企业研发支出年均增长18.4%,对全省研发增长的贡献达到56.3%。

积极培育创新型企业。通过财政税收等各项政策持续引导,开展R&D活动的企业比重持续提升,企业研发投入规模和强度逐年加大。《2022年四川省科技经费投入统计公报》显示,2022年,全省共投入研究与试验发展(R&D)经费1215亿元。其中,企业研发投入占全社会研发投入比重提升至60.3%,首次突破六成。自主知识产权持续增长,创新型企业队伍不断壮大。2023年,四川省大力实施创新型企业培育强领军、强主干、强基础"三强计划",全省国家高新技术企业达1.69万家,同比增长15.2%,备案科技型中小企业达2.1万家,同比增长12.4%,瞪羚企业达264家,同比增长23.4%。依托企业搭建的科技创新平台数量增长、能级提升,共牵头建设近500个国省级创新平台,占全省总量的近60%,并建有国省级企业技术创新中心1380个。

5. 科技助力县域创新发展

创新型县(市)探索县域创新推进模式。金堂、什邡、隆昌3个首批国家级创新型县(市)建设2022年通过验收。什邡、隆昌建立了一把手抓创新的工作机制,隆昌成立了科技创新促进委员会;金堂、什邡建立了定点专人服务企业创新工作机制;隆昌与重庆荣昌共建国家畜牧科技城"双昌"示范区,积极探索经济区与行政区适度分离下的科技协同创新路径。

科技特派员助力县域创新驱动。科技厅等11部门联合印发《关于深入推行科技特派员制度的实施意见》,设立科技特派员服务与创业、在线科技服务补助等项目,加强特派员服务团队建设和激励支持。建成省市县科技特派员在线服务平台135个,"一县一团"组建科技特派员服务团,实现全省县(市、区)全覆盖。

2.3.2 科技创新环境对专利密集型产业的影响

著名经济学家熊彼特[38]对科技创新驱动产业发展进行了论述,认为通过连续不断的科技创新,打破原有产业边界,创造全新的价值空间,从而促进新兴产业的诞生和发展。吴晓波等[39]分析了科技创新对中国产业结构转变的影响机制,认为科技创新通过提升全要素生产率、促进产业链协同创新、激发新业态模式等方式,有力地促进了新兴产业的崛起。国内外相关研究表明,科技创新能够有效提升全要素生产率,加快产业规模跃升和产业结构优化升级,催生新产业、新模式、新动能。专利密集型产业是伴随着科技进步和经济转型持续优化的结果,注重专利制度在产业发展中的地位,故科技创新对专利密集型产业的升级起正向推动作用,专利密集型产业迫切需要科技创新。

1. 专利密集型产业需要且激发科技创新

科技创新在实施"硬创新"的同时也注重"软创新"的提升。所谓"硬创新"是指科技创新本身,而"软创新"则是指各类保障与辅助性制度政策。专利密集型产业的升级不仅需要科技创新这一"硬"条件,也离不开为科技创新提供保障和激励的各项创新体制、机制、管理等"软"条件的辅助,创新驱动导向下的专利密集型产业能软硬兼具,从而推动专利密集型产业的升级和健康发展。此外,专利制度在创造性转化为市场上具有竞争力的产品和服务的过程中起到激励作用。发明者知道他们可以通过专利保护他们的创新想法而获得独占的商业利益,这种激励机制鼓励他们投入时间、资金和资源来开发新技术。以华为公司为例,其密集申请专利,提前进行全方位的专利布局,保障了华为在技术研发、产品生产和市场营销等方面具有全面优势,不仅得到了国内相关机构的认可,也在国际上获得了广泛的承认,有利于提升华为在全球的声誉和影响力。作为全球领先的科技企业,华为的密集专利申请将推动整个行业的技术进步,带动和鼓励更多企业共同开展科技创新和加强知识产权保护。

2. 科技创新对专利保护产生了新挑战

随着数字化时代的到来,科技创新以惊人的速度改变着我们的生活和商业环境。数字化创新涵盖了许多领域,包括人工智能、互联网、物联网和大数据分析等,这些创新技术给专利保护和专利密集型产业带来了新的挑战[40]。例如,对于软件专利来说,关键问题是界定软件是否具有技术性和创造性。有些软件可能更倾向于算法和抽象概念,这使得它们不符合传统专利保护的要求。又如,随着互联网的普及和全球化的趋势,互联网时代对专利申请和保护提出新的挑战。互联网的快速发展使得技术的传播和创新的复制变得更加容易,这增加了专利侵权的风险。跨国专利申请和保护需要应对不同国家和地区的法律制度和规则,这增加了专利管理的复杂性和成本。再比如,随着人工智能的迅速发展,机器生成的创作作品和自主发明的概念引发了专利权归属的复杂问题。在传统的专利保护范围内,专利权通常授予人类创造者或发明家。然而,当涉及由机器生成的作品或由人工智能算法产生的发明时,确定专利权的归属变得困难。

3. 科技创新给专利保护带来了新机遇

科技创新在带来挑战的同时,也积极推动专利制度加速演进,带来新的机遇。例如,区块链技术作为一种去中心化的分布式账本系统,为专利保护和交易提供了新的创新模式。传统的专利保护和交易通常依赖于中介机构和法律程序来确保权益的认证和交易的可信性。然而，区块链技术通过去中心化和不可篡改的特性，为专利权的确认和交易提供了更加高效和安全的方式。区块链技术也可以用于确保专利权的可追溯性和可证明性，专利信息可以被记录在区块链上，确保专利权的所有权和创造性的来源，减少了专利纠纷和争议的可能性。又如，大数据分析在专利领域具有广泛的应用潜力，可以帮助专利检索和评估更加高效和准确。通过对大量的专利文献和技术信息进行自动化的分析和挖掘，大数据分析可以帮助寻找相关现有技术、技术趋势和市场需求，为专利申请者和专利评估人提供有价值的信息。

2.4　知识产权环境分析

近年来，四川省聚焦高质量发展这一首要任务，务实推进知识产权强省建设，扎实推动专利、商标、地理标志、植物新品种、著作权、商业秘密等的保护与发展工作，有力促进传统产业转型升级和新兴产业发展，在服务四川省经济社会发展大局中履职尽责，知识产权助力新质生产力发展、赋能创新驱动引领高质量发展的作用愈加凸显。

2.4.1　四川省知识产权保护与发展状况

四川省进一步打通知识产权创造、运用、保护、管理和服务全链条，务实推进知识产权强省建设。具体体现在3个方面：一是"提质扩量"。2023年，四川省新增发明专利授权3.33万件，同比增长30.96%；有效发明专利拥有量13.99万件，同比增长28.74%；每万人口高价值发明专利拥有量达到6.78件，同比增长33.99%，提前完成"十四五"规划目标。每万人口高价值发明专利拥有量是一个最重要的质量性指标，"十三五"末是2.94件，"十四五"规划目标是5.67件，2023年提前完成，正是坚持了"质量取胜"理念的结果，评选出了66个四川省专利奖专利项目，17个专利项目获评第24届中国专利奖。其他知识产权方面：新增注册商标16.32万件，有效注册商标量累计162.61万件。地理标志保护产品累计296个，保持全国第一。新增作品著作权登记29.64万件、同比增长24.10%。二是"示范引领"。新获批国家知识产权强市建设示范试点城市2个、示范试点县9个、示范优势企业130家。新培育高价值专利育成中心5个、省知识产权强企31家。成都市纳入第一批国家知识产权保护示范区建设。成都高新区、绵阳科技城新区分别被确定为国家知识产权服务业高质量集聚发展示范区和试验区。德阳市建立多层互嵌知识产权监管执法体系的做法入选国家知识产权强国建设典型案例。三是"建章立制"。聚焦重点产业、重点领域、重点主体，制定印发了加强产业园区知识产权工作、支持专精特新中小企业提升知识产权能力、推动知识产权服务业高质量发展等系列文件，打出了一套政策"组合拳"。特别是2024年5月出台的《四川省知识产权促进和保护条例》，是四川省第一部综合性的知识产权保护立法，对构建完善四川省知识产权保护与促进并重的制度体系，具有特别重大的意义。

四川省持续完善知识产权转化机制，促进知识产权高效益转化运用；持续提高知识产权政务服务质效，强化知识产权高水平服务供给。一是以赋能产业为导向，不断健全运营体系。系统推进四川省知识产权运营中心建设和运行，新支持建设18家运营分中心。新建知识产权市场化运营示范基地1家。挂牌成立四川省知识产权赋能科创型企业IPO加速孵化平台。积极探索构建知识产权金融生态，全省专利商标质押融资登记金额96.11亿元，同比增长14.29%；专利商标质押登记项目1020笔，同比增长42.86%。其中，普惠性贷款惠及企业754家，同比增长37.59%，在知识产权质押融资的方向上，高度重视对科创型中小微企业的支持，因为这些企业重资产少、融资难、融资贵的问题更加突出，积极推动金融机构与科创型中小微企业的对接，不断提升普惠性贷款的惠及面，实现了为中小微企业"雪中送炭"。探索知识产权证券化，发行西部地区首单知识产权ABS产品，帮助10家企业融资1.03亿元。二是以价值实现为目标，不断完善转化机制。启动实施专利转化运用专项行动，专利转让许可2.49万件（次）。作为国务院办公厅《专利转化运用专项行动方案（2023—2025年）》部署的重点工作之一，截至2024年6月底，四川省高校院所6.36万件存量专利已完成盘点5.43万件，盘点进度完成率超85%，全省有71家高校完成盘点，占全省95家开展盘点高校的75%左右。全面推广职务科技成果单列管理，扩大科研单位职务科技成果转化自主权，全省高校累计完成职务科技成果分割确权2084项，孵化企业558家，带动社会投资近210亿元。登记技术合同28395项，同比增长22.22%，技术合同成交金额1951.58亿元，同比增长18.29%。启动建设四川省非遗数据知识产权服务平台。三是以便民利民为宗旨，不断优化服务体系。新建6个省知识产权公共服务分平台，新认定10家省级知识产权信息公共服务网点，新增2家技术与创新支持中心。全省知识产权服务机构3090家，从业人员3.6万人，年营业收入55.6亿元。完善知识产权技术调查官制度，办理技术调查案83件。新设立2个省级知识产权远程教育分站，新增注册学员5.9万人。

全省深入落实《关于强化知识产权保护的意见》，不断完善知识产权大保护工作格局，着力提升综合保护水平，持续营造良好营商环境和创新环境。主要体现在"三个保护"：一是行政保护效能进一步提高。专利方面：查处假冒专利违法案件301件，办理专利侵权纠纷案件4251件，办案平均时间缩短至1个月内，较法定时限压缩三分之二。商标方面：查处各类商标违法案件1786件，移送司法机关55件，与贵州省、重庆市联合实施白酒品牌跨区域执法协作和知识产权保护。地理标志方面：完成493户地理标志用标企业"双随机、一公开"抽查，新启动建设1个国家级、3个省级地理标志产品保护示范区。商业秘密方面：绵阳市入选全国第二批商业秘密保护创新试点，确定第二批58个省级商业秘密保护创新试点。著作权方面：完成版权贸易合同备案登记575件，立案调查65起侵权案件。二是司法保护力度进一步加大。法院系统深入推进知识产权民事、行政、刑事案件"三合一"审判机制改革，受理各类知识产权案件23457件，审结20809件。检察机关加强产权保护刑事检察，强化涉案财产处置监督，受理侵犯知识产权审查逮捕案件180件424人，批捕123件254人。公安机关扎实开展"昆仑2023"等专项行动，共立侵犯知识产权和制售伪劣商品案件1372件，同比增长36%；移送审查起诉案件693件，同比增长51%。三是协同保护体系进一步健全。以四川省和成都市知识产权保护中心为牵引、若干分中心和工作站协同联动的快速协同保护体系基本建成。新成立2家知识产权纠纷人民调解委员会。设立7个涉外知识产权工作站。与成都大运会执委会联合设立知识产权维权保护"一站式"服务工作站。

2.4.2　知识产权环境对专利密集型产业的影响

我国知识产权制度起步较晚，且各地经济发展不平衡导致知识产权保护力度也存在较为明显的差异。专利密集型产业不仅是科技创新、知识产权应用的主体，也是市场经济的重要组成部分，加强对专利密集型产业涉及的知识产权风险防控，特别是专利风险的防控，是相关企业保持技术创新活力的重要保障。研究发现，我国专利密集型产业风险的产生，主要集中于专利运营中的创造、运用、保护和管理四大环节[41]。

我国作为专利大国，专利密集型产业面临的专利风险，也在与日俱增。依据风险来源，专利密集型产业风险可大致归结为外部因素与内部因素两方面[42]，外部因素如专利仿冒造成侵权、授权合同效力问题及遭遇海外"幽灵"公司等，在华为诉三星专利侵权案以及2017年高通诉魅族公司侵犯专利权案中，主要涉及专利侵权这一外部专利风险来源；内部因素如专利竞争策略不完善、专利收购后续运营风险、专利维权策略考虑不周及专利信息库未充分利用等。

面对无处不在的专利风险，发达国家正在积极探索自身的专利风险防控模式。比较而言，国外专利风险防控研究不但起步早，而且在实施主体上更加多样；我国的专利风险防控模式十分有限，范围定位广泛，没有根据企业特点形成个性化专利风险防控机制，专利风险防控外部环境也不够健全。

1. 国外主要专利风险防控模式

以完善司法程序为主的风险防控模式。"337 条款"是美国专利风险防控的一个代表性条款，近年来，不少中国公司都陷入了与美国"337 调查"有关的专利侵权诉讼中，包括长虹、联想、中化、福田等大型企业，但此类诉讼一般是以中国企业败诉终结。美国"337 条款"最初是《1930 年关税法》第 337 节的简称，是针对不正当贸易的调整设定的条款，"337 调查"的主要目的是保护美国国内产业，其特点是流程短、速度快，通常的调查周期仅为 6~12 个月，最长不超过 18 个月，被诉企业应对侵权诉讼的准备时间非常有限，匆忙应诉的过程不但会影响企业正常的业务运转，而且败诉的概率极高。

知识产权保险的风险防控模式。知识产权保险是发达国家知识产权战略不可忽视的一部分，在美国、英国、日本以及欧盟等国家或地区相当常见。通常来说，它分为专利、商标和版权 3 种类型，是一种由投保人向知识产权保险公司缴费，将企业内部知识产权纠纷集中交由保险公司防控，由保险公司承担因侵权纠纷可能造成的经济赔偿的风险防控模式。知识产权保险防控模式的优势比较突出，以 1997 年的丹麦为例，在投保知识产权保险前，其专利平均价值为 2700 万欧元，而在投保知识产权保险后，丹麦人的专利平均价值增长了将近 10%，达到了 2900 万欧元，欧盟的其他地区也同样保持着平均 10% 的专利价值增长率[43]。

以政府法律支援为主的风险防控模式。专利风险防控作为知识产权战略的落地石，越来越被各国重视。在韩国，政府每年都会投入超过 10 亿美元建设法律援助公司，为专利密集型企业提供专利保护法援助，主要措施包括简化各类专利审批手续、组织法律专业人士为企业提供指导建议、协助确定企业市场方向、促进企业自主科技研发，以及直接促进专利密集型企业的海外维权活动。日本政府对于专利密集型企业的法律援助更加重视，在国内，日本设立了贸易振兴机构，其国外的分支机构知识产权部主要负责针对日本的海外企业进行知识产权保护，工作内容包括调查所在国知识产权法律及相关事务，协助维权，为企业提供知识产权诉讼信息等。对于中小型企业，日本政府还特别推出了快速审查服务以及快速上诉审查服务，以切实推进中小型科技企业的快速发展。

2. 我国主要专利风险防控模式

"公共服务平台 + 专业人员审查"并存模式。该模式在北京、广东、上海、南京等地区最先出现，并快速发展。截至2024年6月，我国在建和已建成运行的国家级知识产权快速维权中心数量达44家，分布在全国13个省（自治区、直辖市），覆盖灯饰、餐饮、玩具、服装等多个行业，此类机构是集专利申请、维权援助、调解执法、司法审判于一体的一站式综合服务平台，构建了一条集快速授权、快速确权、快速维权、快速协调于一体的"绿色通道"。利用维权中心专业技术人员的技术优势和专业法律人士的知识储备，能够大大缩短在外观设计复审和专利无效诉讼案件中的审查时间，节约确权成本，使企业在专利侵权诉讼中占据有利地位，压制竞争对手。此类机构以信息集成共享与公益性服务为目的，受政府专项拨款支持，是专利密集型企业了解专利信息及行业知识产权战略预警、进行专利价值分析和企业知识产权应用的重要平台。

知识产权托管服务模式。知识产权制度庞大繁杂且随着经济、社会的发展在不断变革，专利权风险防范工作需要专业人才来运行，而企业自身往往难以招揽到合适的人才，自己培养又需要花费大量时间，知识产权托管机构为专利密集型产业提供了一条省时省力的有效途径。比较而言，科技发达国家已经基本建立起了综合协同防护网络，也就是，政府在纵向上给予政策和制度支持，社会商业机构在横向上提供专业知识产权风险防控指导，企业自身主动采取措施实时防控。诚然，我国政府投入了可观资源进行专利风险防控建设，社会商业专利托管机构也在稳步发展，但是我国专利密集型产业的专利风险防控主要依赖于政府支持，知识产权信息由政府提供、信息服务的价格由政府确定、信息服务的盈亏由政府来承担，单向性的信息供给容易导致政府信息供应与企业信息需求无法对应，企业无法及时反馈需求，也没有足够能力从政府提供的大量信息中找到与自身专利风险防控有关的有效信息，从而导致大量公共资源的浪费。

第3章 四川省专利密集型产业发展研究分析

3.1 专利密集型产业研究方法概述

根据《知识产权（专利）密集型产业统计分类（2019）》，知识产权（专利）密集型产业的范围具体包括 01 信息通信技术制造业、02 信息通信技术服务业、03 新装备制造业、04 新材料制造业、05 医药医疗产业、06 环保产业以及 07 研发、设计和技术服务业七个大类，进一步划分为 31 个中类，188 个小类，并且与《国民经济行业分类》（GB/T 4754—2017）对应[9]，前述章节已详细介绍了相关的分类方法和分类情况。根据《中共四川省委关于深入推进新型工业化加快建设现代化产业体系的决定》，四川省大力推动的现代化产业体系的重点产业包括电子信息产业、装备制造产业、食品轻纺产业、能源化工产业、先进材料产业、医药健康产业等，以上产业与专利密集型产业高度契合，涵盖了大部分专利密集型产业，本章将基于四川省上述七个大类的专利密集型产业分别展开研究，透视各产业的发展情况、发展问题，并给出发展建议。

3.1.1 研究方法

1. 整体分析方法

本章分别针对七个专利密集型产业大类展开分析，在专利数据结合各产业的市场、政策、法律法规等相关信息的基础上，分析研究产业的整体政策环境、产业链划分、市场竞争情况、技术发展情况，并结合整体多维度的专利分析，摸清产业发展现状，同时，还聚焦每个产业中类中的重点技术、重点环节等开展四川省相关产业整体情况和产业专利技术分析，最后基于每个产业大类分析发展中存在的问题及瓶颈，并给出发展建议。

进一步地，为研究地方特色专利密集型产业的号召，本章还筛选了四川省专利技术积累较好，具有专利密集型产业特征的相关产业集群进行分析研究，为建立地方特色专利密集型产业发展目录奠定基础。

2. 产业专利检索方法

本研究中给出了专利密集型产业的专利检索方法，该方法主要基于国家知识产权局发布的《国际专利分类与国民经济行业分类参照关系表（2018）》实施，本节针对本研究中采用的专利密集型产业的专利检索方法进行介绍。

目前，我国的专利密集型产业分类的小类已与国民经济行业分类一一对应，现行《国民经济行业分类》于 2017 年 6 月 30 日由原国家质检总局和国家标准委联合发布，并于 2017 年 10 月 1 日起实施，类共分为门类、大类、中类和小类四个层次，共包含门类 20 个，大类 97 个，中类 473 个和小类 1382 个。每个类别都按层次编制了代码。门类用一个英文大写字母表示（如 A、B、C、…）；大类用 2 位阿拉伯数字表示，中类用 3 位阿拉伯数字表示，前 2 位为大类代码，第 3 位为中类的本体码；小类用 4 位阿拉伯数字表示，前 3 位为中类代码，第 4 位为小类的本体码，国民经济行业分类代码举例见表 3－1[44]，而专利密集型产业的小类则大部分对应了 C 制造业门类中的小类，其余分别对应了 D 电力、热力、燃气和水生产供应业，I 信息传输、软件和信息技术服务业，以及 M 科学研究和技术服务业中的小类。

表 3－1　国民经济行业分类代码举例

代码				类别名称
门类	大类	中类	小类	
A				农、林、牧、渔业
	01			农业
		011		谷物种植
			0111	稻谷种植
			0112	小麦种植
			0113	玉米种植
			0119	其他谷物种植
……				……
B				采矿业
C				制造业
D				电力、热力、燃气及水生产和供应业
E				建筑业
F				批发和零售业
G				交通运输、仓储和邮政业

续表

代码				类别名称
门类	大类	中类	小类	
H				住宿和餐饮业
I				信息传输、软件和信息技术服务业
J				金融业
K				房地产业
L				租赁和商务服务业
M				科学研究和技术服务业
N				水利、环境和公共设施管理业
O				居民服务、修理和其他服务业
P				教育
Q				卫生和社会工作
R				文化、体育和娱乐业
S				公共管理、社会保障和社会组织
T				国际组织

专利检索则需要用到国际专利分类（International Patent Classification, IPC），IPC 分类作为使专利文献获得统一国际分类的手段，广泛用于专利检索和分析中。国际专利分类共分为 8 个部，分别用 A 至 H 中的一个大写字母表明，8 个部的类名如下：

A 人类生活必需

B 作业；运输

C 化学；冶金

D 纺织；造纸

E 固定建筑物

F 机械工程；照明；加热；武器；爆破

G 物理

H 电学

每个部又被逐级细分，层级依次为大类、小类、组，组又分为大组、小组，各个层级均包含各自的类名，用于解释说明该类的定义，一个完整的分类号由代表部、大类、小类和大组或小组的类号构成，示例如下：

H01S 3/00 激光器

H01S 3/14 ·按所用激活介质的材料区分的。[45]

通过国际专利分类,即可以对某一相关领域的专利进行检索和分析,而为了实现专利与产业的对接,进而从产业角度结合科技、经济数据开展专利统计分析,需要明确专利分类与行业分类的对照关系。国家知识产权局于2015年发布了《国际专利分类与国民经济行业分类参照关系表(试用版)》,初步建立了专利与国民经济行业的映射关系,为专利的行业分类提供了依据,主要依据的对照原则是将国际专利分类号所涵盖的技术内容与相应国民经济行业所包括的经济活动相对应,此后,国家知识产权局在2015年参照关系表的基础上,根据当时最新版的国际专利分类(IPC2018.1)和《国民经济行业分类》(GB/T 4754—2017)制定了《国际专利分类与国民经济行业分类参照关系表(2018)》,覆盖国际专利分类全部技术组,包含参照关系共21863条,涉及国民经济行业小类共821个。此版本的参照关系表包括国民经济代码及其对应的国际专利分类号和国际专利分类号类名,示例见表3-2。[46]

表3-2 国际专利分类与国民经济行业分类参照关系表(2018)举例

国民经济行业代码	国民经济行业名称	国际专利分类号（说明：标记*的对照关系是完全对应）	国际专利分类号类名
A	农、林、牧、渔业		
01	农业		
011	谷物种植		
0111	稻谷种植		
		A01C1	在播种或种植前测试或处理种子、根茎或类似物的设备或方法（所需化学药物入A01N25/00至A01N65/00）
		A01C21*	施肥方法（肥料入C05；土壤调节和土壤稳定材料入C09K17/00）
		A01D91	农产品的收获方法（要求使用专用机械的,见这类机械各相应组）
		A01G16	稻的种植（A01G9/00优先）〔3〕
		A01G22/22*	水稻〔2018.01〕

上述《国际专利分类与国民经济行业分类参照关系表(2018)》中,提供了绝大部分国民经济行业小类对应的IPC分类号,为开展国民经济行业专利分

析提供了坚实的研究基础，然而，如还需详细准确地进行四川省的专利密集型产业专利分析研究，还需在上述对应关系表的基础上进行进一步的细化和研究，主要存在以下原因：

①参照表中，只有标注*的分类号与国民经济行业分类涵盖的技术内容是一一对应的，而表中还存在未标注*的分类号。参照表中国际专利分类号一列中，标注*的国际专利分类号表示该分类号所涵盖的技术内容对应于国民经济行业小类，未标注*的分类号则表示该分类号所涵盖的技术内容对应于多个国民经济行业小类所包括的经济活动，即与相关行业小类均是部分对应关系，因此，对于对应的国际专利分类号未标注*号的小类，还需要进一步对检索要素进行细化，添加相应的关键词进行限定。

②参照表中，还有部分国民经济行业分类未给出对应的国际专利分类号。例如，属于知识产权（专利）密集型产业分类的07大类研发、设计和技术服务业下的所有小类，需构建检索式进行分析研究。

③国际专利分类号本身的局限性。国际专利分类号只是给出了一个技术领域的基本分类，随着技术的发展，其不一定能涵盖所有的技术主题，此外，国际专利分类号是基于国际的专利文献的技术主题给出的分类，不一定能完全覆盖我国的国民经济行业分类的技术内容，一般会存在交叉的情况。实际上，一般还需要基于对技术主题的理解，归纳总结相关的关键词，基于分类号和关键词的组合进行检索，才能获得符合技术主题内容的文献。

基于上述原因，如需进行不同领域的专利密集型产业的专利数据的分析研究，需基于上述参照表，配合相关的关键词组合才能准确表达涵盖该国民经济行业内容的检索式，从而尽可能获得更准确的该领域的专利文献。在本节的产业研究中，采用了如下的检索方法：

①针对参照表中带*的分类号，因为是与产业一一对应的，直接沿用。

②针对参照表中不带*的分类号，由于其可能包含其他行业小类，首先查找这些分类号与其他行业小类中的对应关系（在其他小类中一般也应为不带*号的分类号），然后根据这些分类号在其他小类中的情况，再基于对本行业的理解通过构造关键词正向筛选或反向去除的方式进一步细化，以下为示例：

行业小类代码"3421金属切削机床制造"中，其中一个不带*的分类号为B23K26，分类号类名为"用激光束加工，例如焊接，切割，打孔（激光本身入H01S3/00）〔2，3〕"，经查找发现该分类号还对应了行业小类代码"3424金属切割及焊接设备制造"，也就是说B23K26这个分类号的技术主题既包括金属切削领域，也包括金属切割和焊接领域，因此，在针对3421行业进行检索时，与"3424金属切割及焊接设备制造"领域对应的B23K26区分，筛选切削加工领域的文献，构建关键词切削、倒角、倒边、镗孔、钻孔等，与分类号 B23K26 进行组合筛选，组合成检索式即为"表达 IPC 的字段名"= B23K26 AND "表达关键词的字段名"=（切削、倒角、倒边、毛刺、镗孔、钻孔），以上表达 IPC 的字段名和表达关键词的字段名在不同的检索系统中不相同，根据各自的规定选择即可，上述方法为正向筛选。

如果反向去除的关键词更好表达，也可以根据情况进行反向去除，例如，上述 3421 行业代码对应的另一个不带 * 的分类号 B23P15，分类号名为"制造特定金属物品，采用不包含在另一个单独的小类中或该小类的一个组中的加工"，该分类号还对应"3525 模具制造"行业小类，因此，在针对 3421 进行检索时，需要去除 B23P15 中有关模具制造的内容，构造检索式"表达 IPC 的字段名"= B23P15 NOT "表达关键词的字段名"=（模具、模型、冲模、压模、型模、模板）。如果其对应了多个其他行业小类，应该去除每一个对应的行业小类代表的关键词。

③基于对 IPC 分类表的查找和其他相关技术领域的对应关系，补充其他相关的分类号。由于《国际专利分类与国民经济行业分类参照关系表（2018）》制定时间距已有 6 年，IPC 分类号已经经过了多次修改和更新。因此，还需要再补充 IPC 分类号和关键词，以准确概括范围。

④基于其他产业分类和专利分类对应的资料补充相关信息。国家知识产权局近年来一直在开展新兴技术领域的专利分析工作，梳理了一些技术领域的行业和国际专利分类以及相关关键词的对应关系，也为专利密集型产业的专利检索研究提供了有价值的参考，例如国家知识产权局于 2021 年印发了《战略性新兴产业分类与国际专利分类参照关系表（2021）（试行）》，给出了战略性新兴产业分类和国际专利分类的对应关系，以及每个细分领域的关键词概述，战略性新兴产业与专利密集型产业的分类有较多重叠产业，因此能提供很好的基础。此外，还有 2023 年发布的《绿色技术专利分类体系》和《数字经济核心产业分类与国际专利分类参照关系表（2023）》，分别给出了绿色技术专利分支名称和对应的国际专利分类以及参考关键词和检索式，以及数字经济核心产业对应的国际专利分类及关键词概述，这些研究为专利密集型产业的专利检索研究提供了重要的补充信息。

基于上述方法原则，经不断调整检索策略，且满足查全查准的要求，整理完成各产业领域小类的检索要素。

3.1.2 数据说明

由于我国专利密集型产业目录及其相关分类于 2015 年以后才逐渐形成，并建立了稳定的分类体系，因此，本章节中的专利数据范围为2015年至2023年。

由于专利在申请公开的滞后性（发明专利最迟于申请日起18个月后公开），反映到本研究中的各技术申请量年度变化的趋势图中，可能自2023年之后出现明显的下降趋势，特此说明。

专利包含发明专利、实用新型专利和外观设计专利，其中产业技术相关信息体现在发明专利和实用新型专利中，因此，本节分析的专利仅涉及发明和实用新型专利。

此外，针对相关术语说明如下：

项：在进行专利申请数量统计时，对于数据库中以一族数据的形式出现的一系列专利文献（即同族专利文献），计算为"1项"。一般情况下，专利申请的项数对应于技术的数目。

件：在进行专利申请数量统计时，例如为了分析申请人在不同国家、地区或组织所提出的专利申请的分布情况，将同族专利申请分开进行统计，所得到的结果对应于申请的件数。1项专利申请可能对应于1件或多件专利申请。

国外申请：申请人在国外范围内的各专利局的专利申请。

国内申请：申请人在国家知识产权局专利局的专利申请。

全国申请人申请：全国申请人在国家知识产权局专利局的专利申请。

国外来华申请：外国申请人在国家知识产权局专利局的专利申请。

3.2 信息通信技术制造业

在21世纪的今天，信息通信技术制造业犹如一股不可阻挡的力量，深刻改变着我们的世界。它不仅是推动全球经济一体化的重要基石，也是加速社会数字化转型的关键动力。本节将深入探讨四川省信息通信技术制造业的发展现状和创新定位情况。

3.2.1 产业的定义和特点

信息通信技术制造业，是指研制和生产通信设备、电子设备及各种电子元件、器件、仪器、仪表的工业。在专利密集型产业中，信息通信技术制造业大类包括八个中类，对应了33个国民经济行业小类，结合专利密集型产业信息通信技术制造业的分类以及对应的《国民经济行业分类》中的小类说明，给出信息通信技术制造业各小类涵盖的内容，如表3-3所示。

表3-3 信息通信技术制造业涵盖国民经济行业小类表

大类	中类	国民经济行业代码（2017）	国民经济行业名称	说明
01 信息通信技术制造业	0101 通信设备、雷达及配套设备制造	3921	通信系统设备制造	指固定或移动通信接入、传输、交换设备等通信系统建设所需设备的制造
		3922	通信终端设备制造	指固定或移动通信终端设备的制造
		3940	雷达及配套设备制造	指雷达整机及雷达配套产品的制造
	0102 计算机制造	3913	计算机外围设备制造	指计算机外围设备及附属设备的制造；包括输入设备、输出设备和外存储设备等制造
		3914	工业控制计算机及系统制造	是一种采用总线结构，对生产过程及机电设备、工艺装备进行检测与控制的工具总称
		3915	信息安全设备制造	指用于保护网络和计算机中信息和数据安全的专用设备的制造
		3919	其他计算机制造	指计算机应用电子设备，以及其他未列明计算机设备的制造
	0103 广播电视设备制造	3931	广播电视节目制作及发射设备制造	指广播电视节目制作、发射设备及器材的制造
		3932	广播电视接收设备制造	指专业广播电视接收设备的制造，但不包括家用广播电视接收设备的制造
		3933	广播电视专用配件制造	指专业用录像重放及其他配套的广播电视设备的制造，但不包括家用广播电视装置的制造
		3934	专业音响设备制造	指广播电视、影剧院、各种场地等专业用录音、音响设备及其他配套设备的制造

续表

大类	中类	国民经济行业代码（2017）	国民经济行业名称	说明
01信息通信技术制造业	0104电子器件制造	3971	电子真空器件制造	指电子热离子管、冷阴极管或光电阴极管及其他真空电子器件，以及电子管零件的制造
		3972	半导体分立器件制造	指二极管、三极管、双极型功率晶体管（GTR）、晶闸管（可控硅）、场效应晶体管（结型场效应晶体管、MOSFET）、IGBT、IGCT、发光二极管、敏感器件的制造
		3973	集成电路制造	指单片集成电路、混合式集成电路的制造
		3974	显示器件制造	指基于电子手段呈现信息供视觉感受的器件及模组的制造
		3975	半导体照明器件制造	指用于半导体照明的发光二极管（LED）、有机发光二极管（OLED）器件等制造
		3976	光电子器件制造	指利用半导体光—电子（或电—光子）转换效应制成的各种功能器件制造
		3979	其他电子器件制造	指其他未列明的电子器件的制造
	0105电子元件及电子专用材料制造	3981	电阻电容电感元件制造	指电容器（包括超级电容器）、电阻器、电位器、电感器件、电子变压器件的制造
		3982	电子电路制造	指在绝缘基材上采用印制工艺形成电气电子连接电路，以及附有无源与有源元件的制造
		3983	敏感元件及传感器制造	指按一定规律，将感受到的信息转换成为电信号或其他所需形式的信息输出的敏感元件及传感器的制造
		3984	电声器件及零件制造	指扬声器、送受话器、耳机、音箱及零件等制造

续表

大类	中类	国民经济行业代码（2017）	国民经济行业名称	说明
01 信息通信技术制造业	0105 电子元件及电子专用材料制造	3985	电子专用材料制造	指用于电子元器件、组件及系统制备的专用电子功能材料、互联与封装材料、工艺及辅助材料的制造
		3989	其他电子元件制造	指未列明的电子元件及组件的制造
	0106 电子专用设备制造	3562	半导体器件专用设备制造	指生产集成电路、二极管（含发光二极管）、三极管、太阳能电池片的设备的制造
		3563	电子元器件与机电组件设备制造	指生产电容、电阻、电感、印制电路板、电声元件、锂离子电池等电子元器件与机电组件的设备的制造
		3569	其他电子专用设备制造	指电子（气）物理设备及其他未列明的电子设备的制造
	0107 智能消费设备制造	3961	可穿戴智能设备制造	指由用户穿戴和控制，并且自然、持续地运行和交互的个人移动计算设备产品的制造，包括可穿戴运动监测设备制造
		3962	智能车载设备制造	指包含具备汽车联网、自动驾驶、车内及车际通讯、智能交通基础设施通信等功能要素，融合了传感器、雷达、卫星定位、导航、人工智能等技术，使汽车具备智能环境感知能力，自动分析汽车行驶的安全及危险状态目的的车载终端产品及相关配套设备的制造
		3963	智能无人飞行器制造	指按照国家有关安全规定标准，经允许生产并主要用于娱乐、科普等的智能无人飞行器的制造
		3964	服务消费机器人制造	指除工业和特殊作业以外的各种机器人
		3969	其他智能消费设备制造	指其他未列明的智能消费设备的制造

3.2.2 产业现状分析

1. 发展现状分析

党的十八大以来,中国信息通信技术制造业进入了创新驱动、高质量发展的新阶段。一方面,中国信息通信技术制造业在5G通信、人工智能、物联网、云计算等前沿领域取得了一系列重大突破,华为、中兴在5G技术上的领先,阿里云、腾讯云在全球云计算市场的崛起,充分展示了中国信息通信技术制造业的创新实力。另一方面,中国信息通信技术制造业更加注重绿色化、智能化、服务化转型,推动产业链向价值链高端攀升,致力于构建开放、协同、高效的全球产业生态。

电子信息制造业与信息通信技术制造业重叠度较高,其数据能在一定程度上说明信息通信技术制造业的情况。2023年,规模以上电子信息制造业增加值同比增长3.4%。2023年,主要产品中,手机产量15.7亿台,同比增长6.9%;微型计算机设备产量3.31亿台,同比下降17.4%;集成电路产量3514亿块,同比增长6.9%[47]。我国电子信息制造业生产恢复向好。

中国信息通信技术制造业的区域特色明显,形成了多个具有国际竞争力的产业集群。

珠江三角洲地区,尤其是深圳,是全球信息通信技术制造业的创新中心。这里汇集了华为、腾讯、大疆、OPPO等众多知名信息通信技术制造业企业,形成了从研发设计、生产制造到市场营销的完整产业链。

长江三角洲地区,以上海为核心,联动江苏、浙江,构建了全球领先的信息通信技术制造业产业集群。上海,作为国际大都市,拥有强大的金融和科技实力,是国内外信息通信技术制造业企业总部的首选之地。江苏的苏州、南京、无锡等地,形成了以集成电路、光电显示、通信设备为主的高端制造业基地。浙江的杭州,则凭借阿里巴巴等互联网巨头,成为电子商务和金融科技的创新高地。长江三角洲地区的信息通信技术制造业,不仅在规模上领先全国,更在产业链协同、技术创新和市场拓展等方面展现出独特优势。

环渤海地区,包括北京、天津、河北、山东等地,是中国信息通信技术制造业的又一重要增长极。北京,作为国家首都,拥有丰富的科教资源和政策优势,是信息通信技术制造业技术研发和创新的高地。中关村科技园,集聚了大量信息通信技术制造业初创企业和科技人才,孕育了百度、小米等知名科技企业。天津、山东等地,则依托港口优势和制造业基础,发展了以智能装备、新能源汽车电子为代表的信息通信技术制造业分支。

近年来，随着国家"一带一路"倡议的推进和西部大开发战略的深入实施，中西部地区成为信息通信技术制造业发展的新热土。四川、重庆、陕西等地，凭借丰富的科教资源和政策扶持，吸引了大量信息通信技术制造业企业投资建厂，形成了从芯片设计到智能终端生产的完整产业链。四川，作为西部信息通信技术制造业产业的龙头，不仅拥有京东方、英特尔、富士康等大型制造基地，更有电子科技大学等高校提供人才支撑。重庆，依托长江黄金水道和渝新欧铁路，发展了以笔记本电脑、手机为代表的信息通信技术制造业产品出口基地。

成都，作为四川的省会和西南地区的重要经济中心，无疑是信息通信技术制造业产业布局的重镇。成都高新区，汇聚了华为、腾讯、英特尔、京东方等国内外知名企业，形成了以集成电路、软件服务、新一代信息技术为代表的产业集群。绵阳依托中国工程物理研究院、中国空气动力研究与发展中心等国家级科研机构，发展了以信息安全、卫星应用、智能装备为主的信息通信技术制造业产业。绵阳的产业布局体现了军民融合的特点，将国防科技优势转化为民用技术，推动了当地经济的高质量发展。宜宾聚焦于智能终端、新能源汽车电子等领域，吸引了一大批上下游企业入驻，构建了完整的产业链条。泸州则在大数据、云计算等新兴领域发力，建立了多个产业园区，致力于打造西部地区重要的数据中心和云计算基地。广安和遂宁虽不及成都、绵阳等地的知名度高，但通过精准定位，找到了适合自身发展的信息通信技术制造业产业路径。广安依托于与重庆的紧密联系，发展了以光电显示、智能硬件为主的特色产业；遂宁则结合自身的资源优势，发展了以电子材料、精密制造为代表的高新技术产业，成为四川信息通信技术制造业产业版图上不可或缺的一环。

2. 专利分析

（1）申请趋势

全国信息通信技术制造业发明专利年度申请趋势如图3-1所示，由图可见发明专利申请量逐年上升，创新活动持续增强。2015—2019年，申请量从218298项增长至362134项，复合增长率为13.42%。在这个阶段，随着大数据、云计算、区块链、5G、物联网等技术快速发展，专利申请数量也快速增加。2020—2023年，由于疫情影响，2021年发明专利申请量有所下降，但也催生了新的技术应用场景，进一步促进了信息通信技术发展，在2022年发明专利申请量稳步上升。其中2023年申请的发明专利未完全公开，该数据不具有参考性。

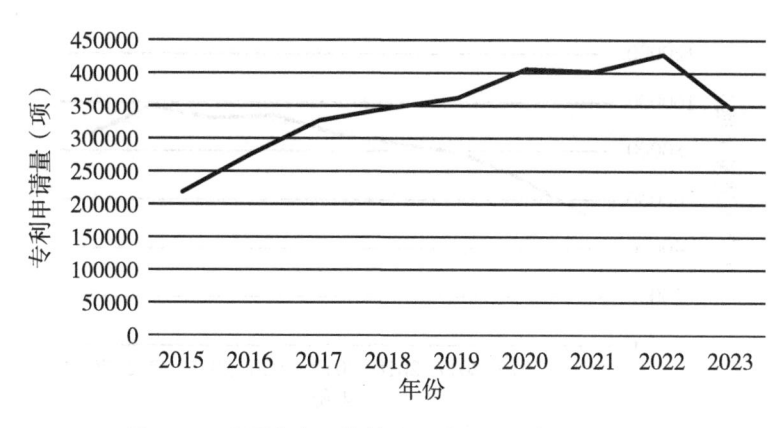

第3章　四川省专利密集型产业发展研究分析

图3-1　全国信息通信技术制造业发明专利申请趋势

在中类领域中，如图3-2所示，分为三类趋势。第一类，通信设备、雷达及配套设备制造，计算机制造，其他电子设备制造等领域，发明专利年度申请趋势与信息通信技术制造业领域一致，都呈两段性，2015—2019年快速增长，在2021年发明专利申请量略微下降，随后又继续增长。第二类，电子器件制造、电子元件及电子专用材料制造、电子专用设备制造、智能消费设备制造等领域，发明专利年度申请量持续保持增长，创新活跃程度持续增强。电子器件制造、电子元件及电子专用材料制造、电子专用设备制造领域是信息通信技术的基础核心领域，需求一直持续增长，促进创新动力保持高位。智能消费设备制造领域是新兴消费领域，应用场景不断拓展，市场需求也持续增加。第三类，广播电视设备制造领域，发明专利年度申请量在2020年达到高峰后呈下降趋势。广播电视属于传统信息获取渠道，随着智能终端的发展，信息获取渠道更多样也更便捷，尤其在疫情之后，大众对于移动通信终端的依赖度迅速提升，对广播电视的需求度逐渐下降，这也导致了创新者的创新热情降低。

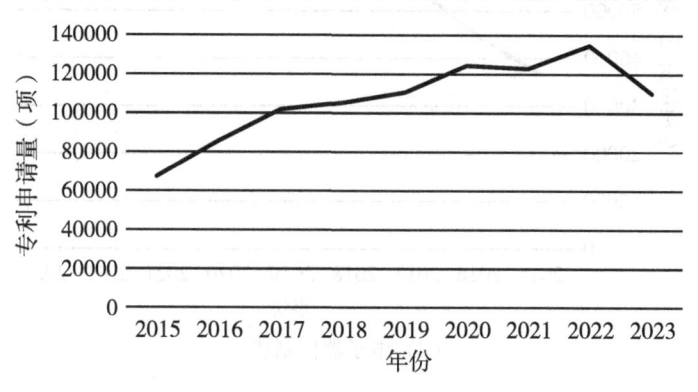

(a) 通信设备、雷达及配套设备制造

(b) 计算机制造

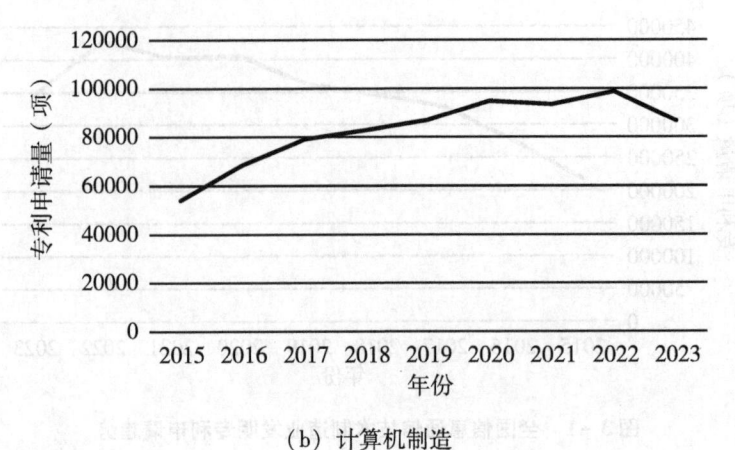

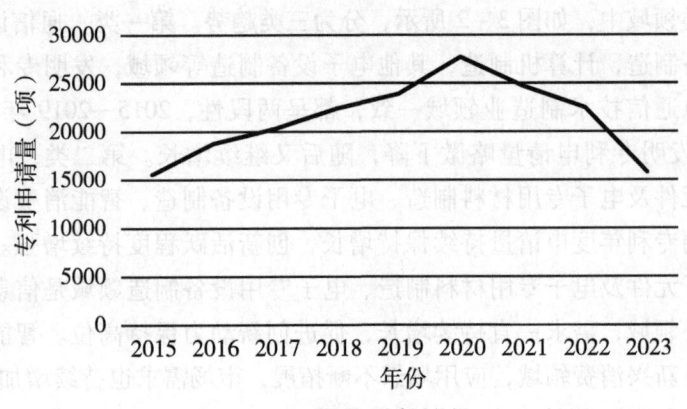

(c) 广播电视设备制造

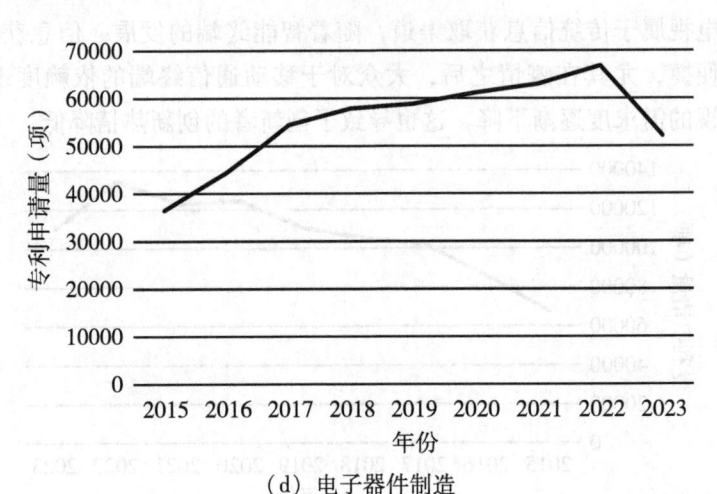

(d) 电子器件制造

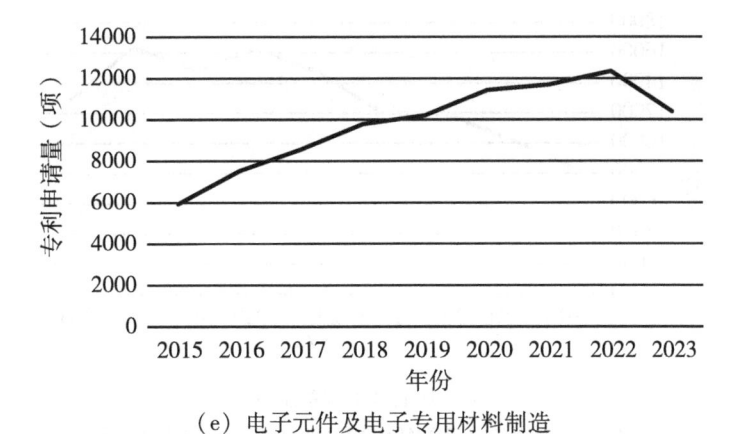

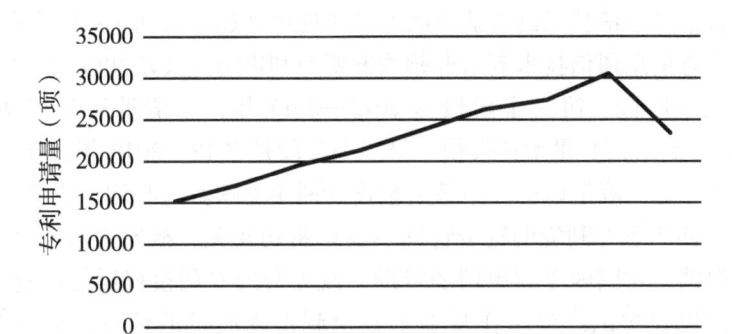

第 3 章　四川省专利密集型产业发展研究分析

（e）电子元件及电子专用材料制造

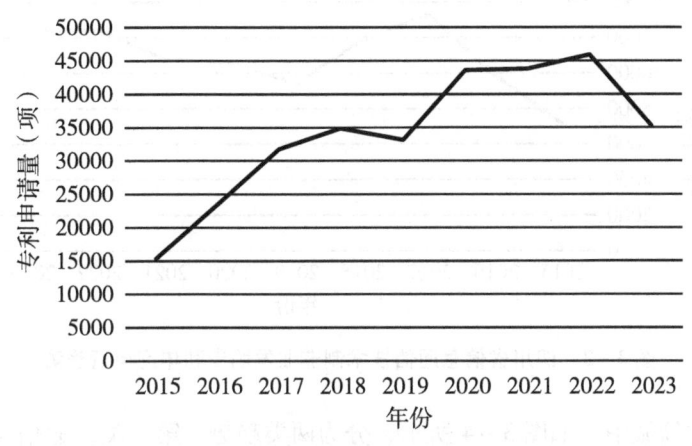

（f）电子专用设备制造

（g）智能消费设备制造

· 73 ·

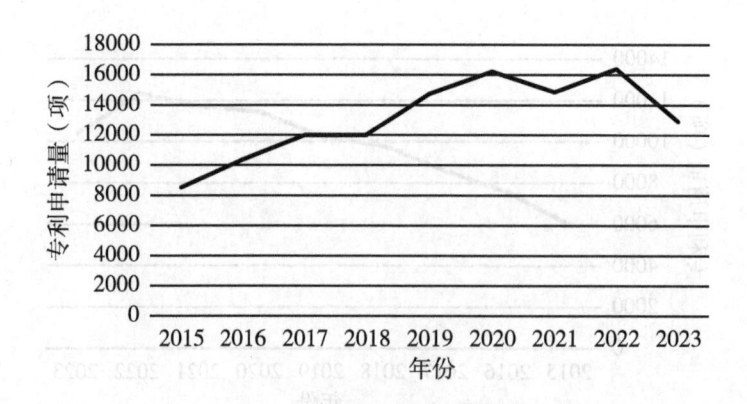

（h）其他电子设备制造

图 3-2　全国信息通信技术制造业各中类专利申请趋势

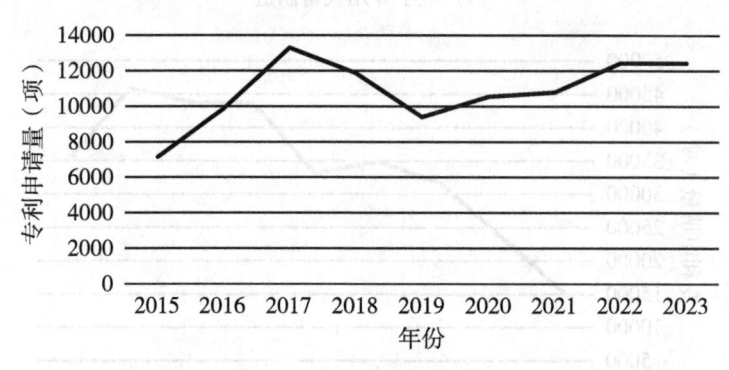

四川省信息通信技术制造业发明专利年度申请趋势如图 3-3 所示，与全国相比，四川省信息通信技术制造业领域发明专利申请量波动性较大。具体而言，可以分为三个阶段。第一个阶段是 2015—2017 年，申请量从 7145 项增长至 13298 项，专利申请数量增速较快。第二个阶段是 2018—2019 年，在 2017 年发明专利申请量达到峰值以后，申请数量连续两年下跌。这与四川省 2017 年开始实行新的《四川省专利资助资金管理办法》密切相关，相比于旧管理办法，资助的范围取消了对国内专利申请的资助，改为资助专利授权后的维持年费，这也标志着四川省知识产权工作从追求数量到追求质量的转变。第三个阶段是 2020—2023 年，专利申请量逐年上升，信息通信技术制造业的创新活跃程度持续增强。其中 2023 年的发明专利未完全公开，该数据不具有参考性。

图 3-3　四川省信息通信技术制造业发明专利年度申请趋势

在中类领域中，如图 3-4 所示，分为两类趋势。第一类，通信设备、雷达及配套设备制造，计算机制造，电子器件制造，电子元件及电子专用材料制造，电子专用设备制造，智能消费设备制造，其他电子设备制造等领域，发明专利年度申请趋势与信息通信技术制造业领域一致，都呈三段性，2015—2017年快速增长，在2017年到达峰值后发明专利申请量连续两年下降，随后又继续增长。第二类，广播电视设备制造领域，发明专利年度申请量在2015年处于高位，在2017年达到峰值后至今呈下降趋势。

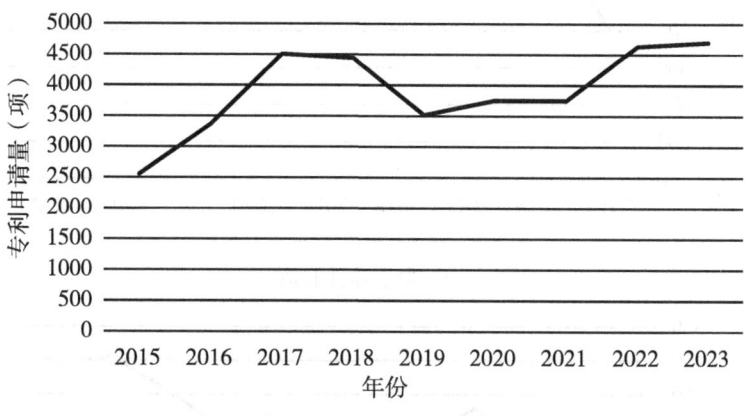

(a) 通信设备、雷达及配套设备制造

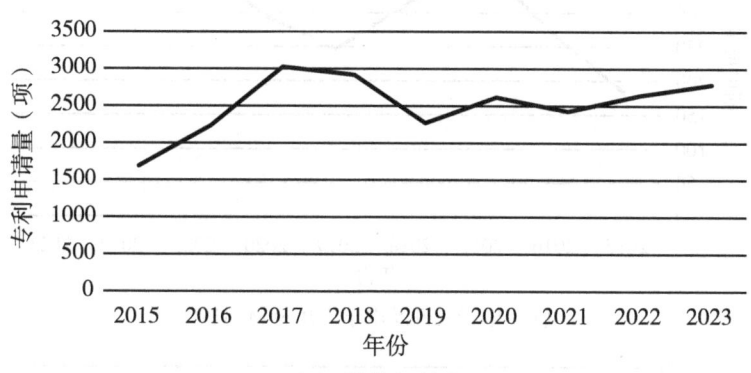

(b) 计算机制造

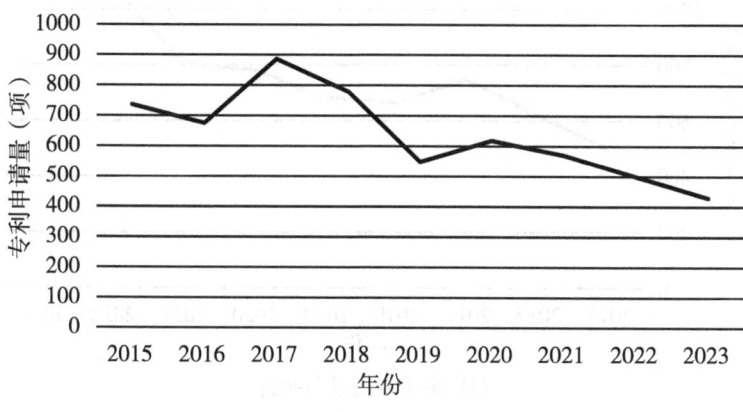

(c) 广播电视设备制造

(d) 电子器件制造

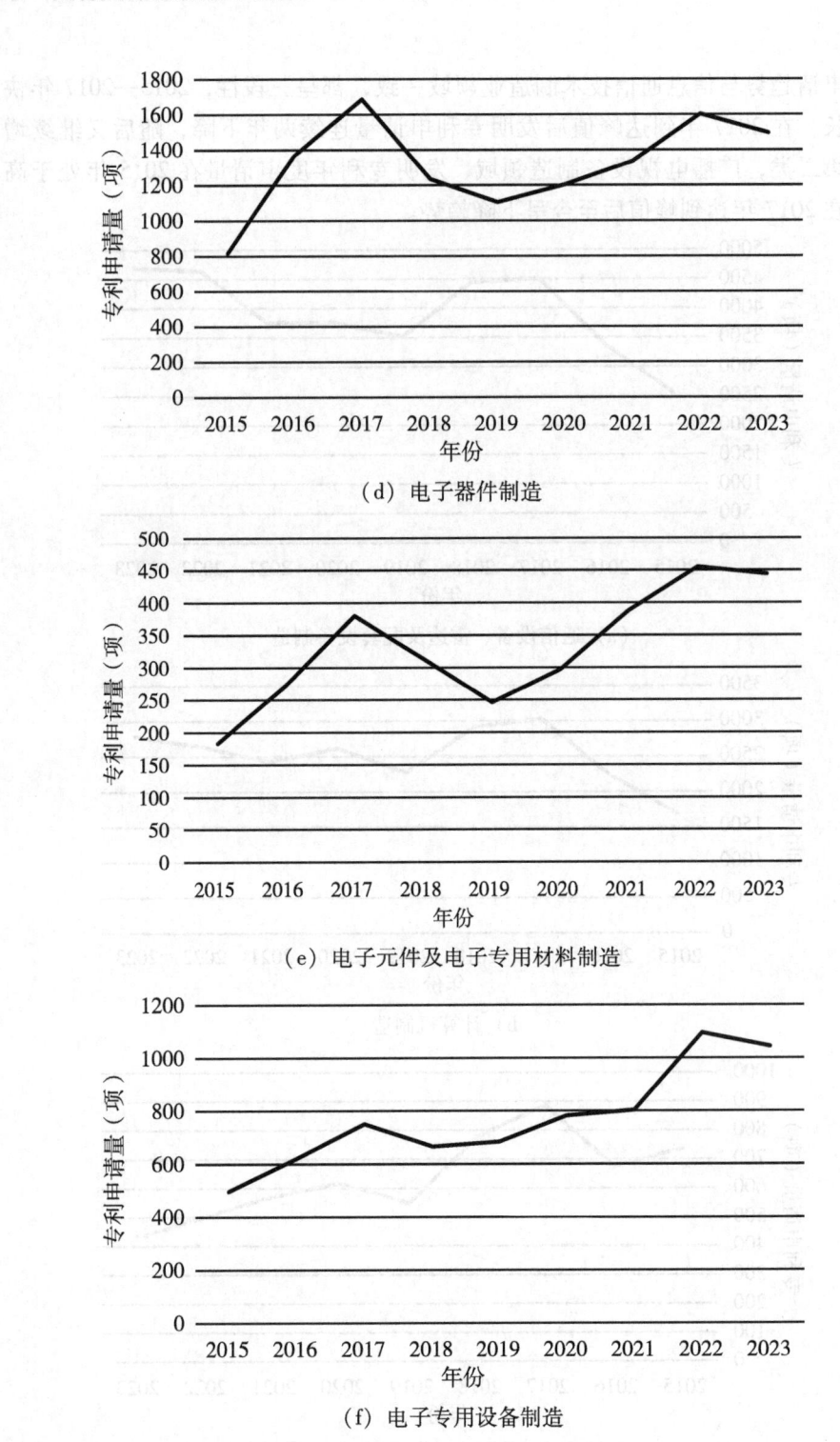

(e) 电子元件及电子专用材料制造

(f) 电子专用设备制造

(g) 智能消费设备制造

(h) 其他电子设备制造

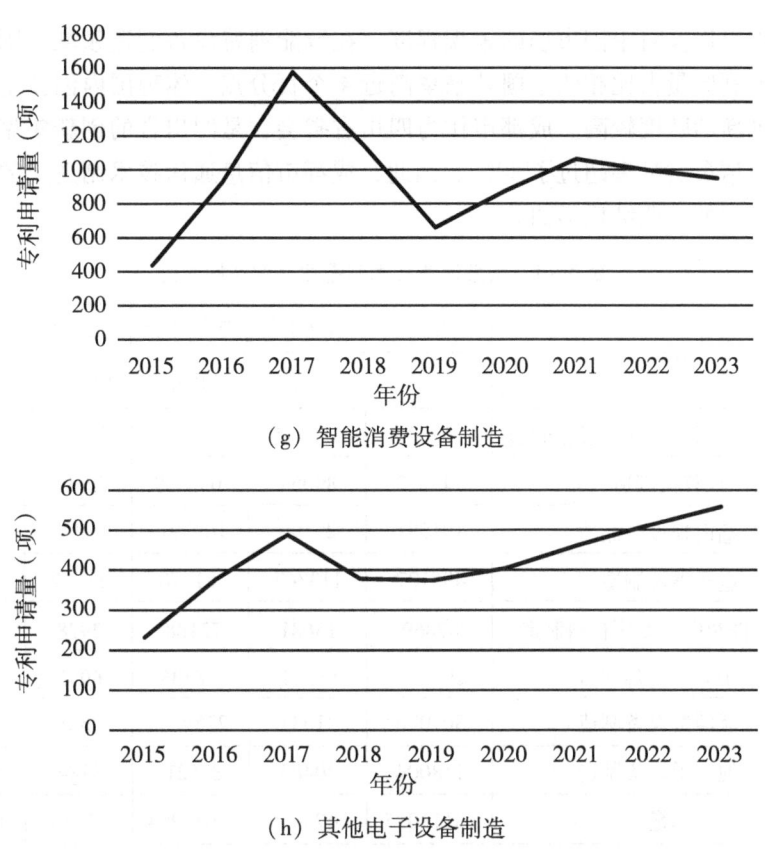

图 3-4　四川省信息通信技术制造业各中类专利申请趋势

(2) 产业结构

信息通信技术制造业与专利密切相关，技术发展往往伴随着密集的专利保护。一定地域内的各技术领域的发明专利申请量及其占比可在一定程度上反映该区域的产业结构。表 3-4 对比了四川省、成都市的信息通信技术制造业发明专利布局结构与全国该行业的专利布局结构。

如表 3-4 所示，四川省专利布局的主要中类领域为通信设备、雷达及配套设备制造，计算机制造，电子器件制造，与全国、国外来华、中国本土专利布局的主要中类领域一致。其中，通信设备、雷达及配套设备制造领域发明专利申请量占比 36.04%，高于全国约 5 个百分点，四川省在该领域的创新活跃程度相比其他领域更加突出。电子器件制造领域发明专利申请量占比 12.12%，较全国低约 4 个百分点。在电子器件制造领域及电子专用设备制造领域，国外来华的发明专利数量占比分别相较于全国、国内本土高近 10 个百分点和 5 个百分点，体现国外创新主体在电子器件制造和电子专用设备制造领域具有较高的创新活跃度，以及对中国市场的重视程度。在智能消费设备制造领域，国内本土的发明专利数量占比相较于国外来华高近4个百分点，体现国内创新主体在该领域的创新活跃度较高。成都市作为四川省省会，是四川省的创新集聚地，发明专利申请量贡献率超过了80%，因此，成都市信息通信技术制造业的产业结构与四川省的产业结构类似。

表3-4 信息通信技术制造业产业结构对比

中类	全国	国外来华	中国本土	四川省	成都市
	发明专利申请量（项）				
通信设备、雷达及配套设备制造	962936	110945	851999	35219	29511
计算机制造	745013	89054	655959	22603	19246
广播电视设备制造	191581	29190	162391	5739	4184
电子器件制造	495137	113367	381770	11842	9486
电子元件及电子专用材料制造	87869	15681	72188	2978	2081
电子专用设备制造	204449	56311	148138	6942	5911
智能消费设备制造	307026	31038	275988	8628	6425
其他电子设备制造	118004	30483	87521	3784	3185
总量	3112015	476069	2635954	97735	80029
中类	占信息通信技术制造业总量比例				
通信设备、雷达及配套设备制造	30.94%	23.30%	32.32%	36.04%	36.88%
计算机制造	23.94%	18.71%	24.89%	23.13%	24.05%
广播电视设备制造	6.16%	6.13%	6.16%	5.87%	5.23%
电子器件制造	15.91%	23.81%	14.48%	12.12%	11.85%
电子元件及电子专用材料制造	2.82%	3.29%	2.74%	3.05%	2.60%
电子专用设备制造	6.57%	11.83%	5.62%	7.10%	7.39%
智能消费设备制造	9.87%	6.52%	10.47%	8.83%	8.03%
其他电子设备制造	3.79%	6.40%	3.32%	3.87%	3.98%

从四川省申请人各中类领域的发明专利申请量在中国本土创新中的占比可以看出，四川并没有严重的"偏科"现象，如表3-5所示。其中，通信设备、雷达及配套设备制造，电子专用设备制造，电子元件及电子专用材料制造，其他电子设备制造等领域发明专利申请量占中国本土的比例超过了4%，相比其

他领域具有较强的创新活跃度。

表 3-5　信息通信技术制造业四川省、成都市各中类领域专利申请在中国本土创新中的占比

四川省、成都市各中类领域专利申请在中国本土创新中的占比			
中类	国外来华申请占中国的比例	四川省申请占中国本土的比例	成都市申请占中国本土的比例
通信设备、雷达及配套设备制造	11.52%	4.13%	3.46%
计算机制造	11.95%	3.45%	2.93%
广播电视设备制造	15.24%	3.53%	2.58%
电子器件制造	22.90%	3.10%	2.48%
电子元件及电子专用材料制造	17.85%	4.13%	2.88%
电子专用设备制造	27.54%	4.69%	3.99%
智能消费设备制造	10.11%	3.13%	2.33%
其他电子设备制造	25.83%	4.32%	3.64%

(3) 创新主体实力定位

从图 3-5 所示的各中类领域全国发明专利主要申请人来看,申请量排名前 10 位的申请人中中国申请人占据主要地位。在通信设备、雷达及配套设备制造领域,中国申请人占据前十的八席,华为、中兴、OPPO 排名前三,国外申请人为高通和三星。华为在该领域具有技术统治地位,发明专利申请量遥遥领先,是第二位中兴的 2.5 倍。在计算机制造领域,华为、腾讯、浪潮占据前三甲,主要涉及工业控制计算机及系统制造、信息安全设备制造领域,国外申请人仅三星一家。在广播电视设备制造领域,华为、腾讯仍位列第一、第二位,三星和佳能位列第五、第六位。在电子器件制造领域,京东方位列第一,具有约 2.7 万项发明专利,创新活跃度高,技术储备丰富。该领域国外申请人三星显示、三星电子、乐金显示具有较强技术实力,发明专利申请量位列第二、第三和第六位。在电子元件及电子专用材料制造领域,日韩申请人表现突出,村田、三星电机、TDK 位列前三位,四川申请人电子科技大学位列第五位。在电子专用设备制造领域,以半导体制造厂商为主,京东方、台积电、中芯国际位列前三,四川申请人电子科技大学位列第八位。在智能消费设备制造领域,以智能家电厂商为主,海尔智家、珠海格力、海尔洗衣机占据前三甲。在其他电子设备制造领域,国外申请人三星电子、美光、SK 海力士位列前三。

在上述领域,四川及成都本土申请人电子科技大学在电子元件及电子专用材料制造、电子专用设备制造领域,创新活跃度较高,技术储备较强。但是,四川及成都本土申请人在其他领域排位缺失,同时缺乏本土龙头企业。

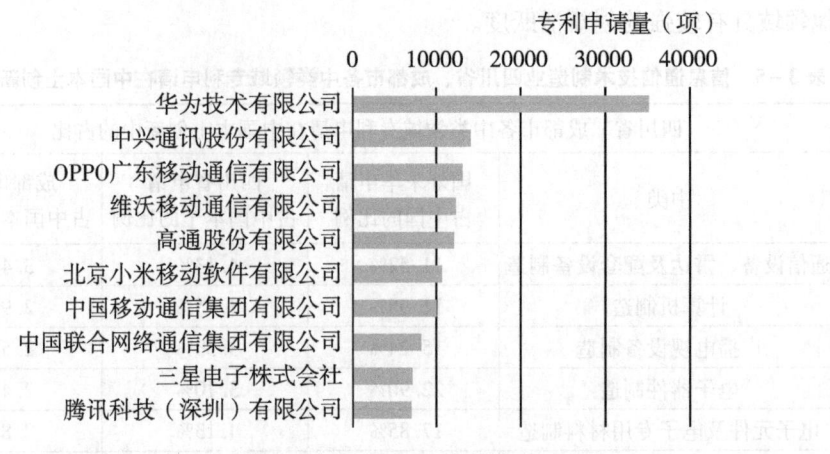

(a) 通信设备、雷达及配套设备制造

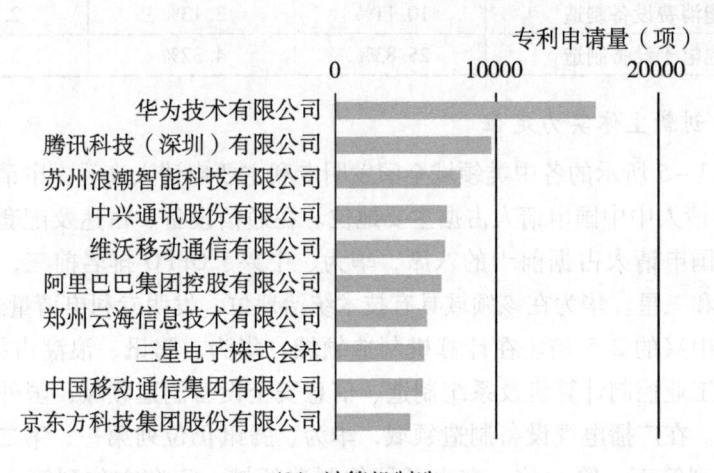

(b) 计算机制造

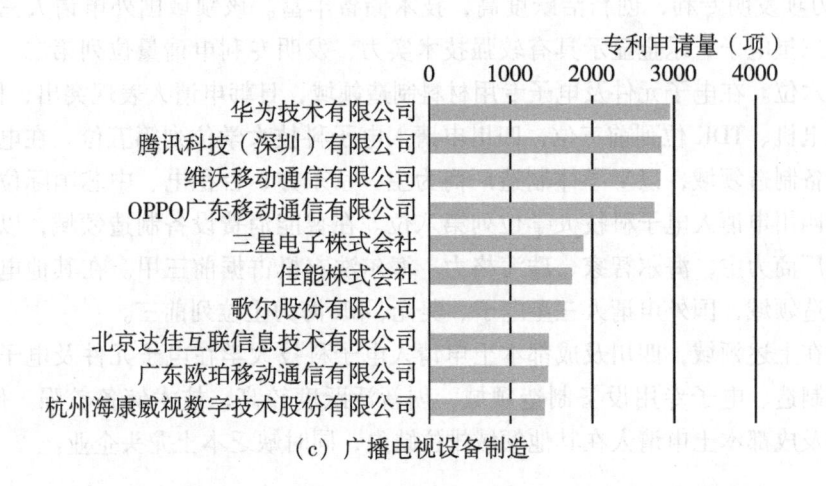

(c) 广播电视设备制造

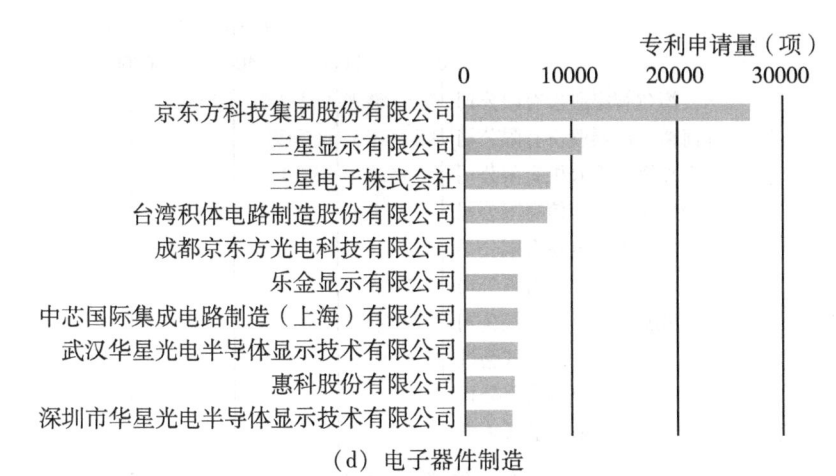

第 3 章　四川省专利密集型产业发展研究分析

专利申请量（项）

京东方科技集团股份有限公司
三星显示有限公司
三星电子株式会社
台湾积体电路制造股份有限公司
成都京东方光电科技有限公司
乐金显示有限公司
中芯国际集成电路制造（上海）有限公司
武汉华星光电半导体显示技术有限公司
惠科股份有限公司
深圳市华星光电半导体显示技术有限公司

（d）电子器件制造

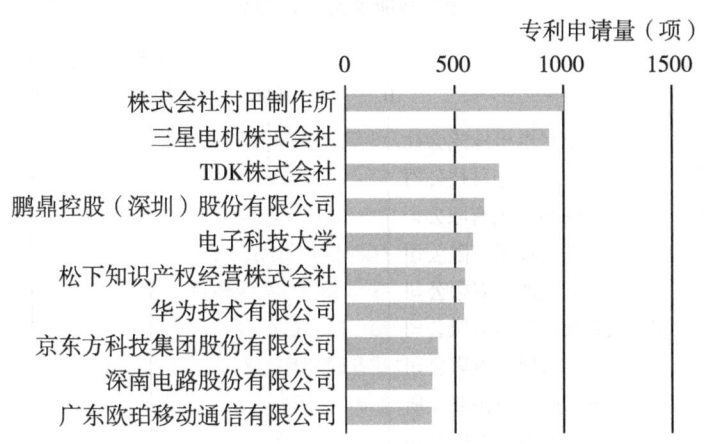

专利申请量（项）

株式会社村田制作所
三星电机株式会社
TDK株式会社
鹏鼎控股（深圳）股份有限公司
电子科技大学
松下知识产权经营株式会社
华为技术有限公司
京东方科技集团股份有限公司
深南电路股份有限公司
广东欧珀移动通信有限公司

（e）电子元件及电子专用材料制造

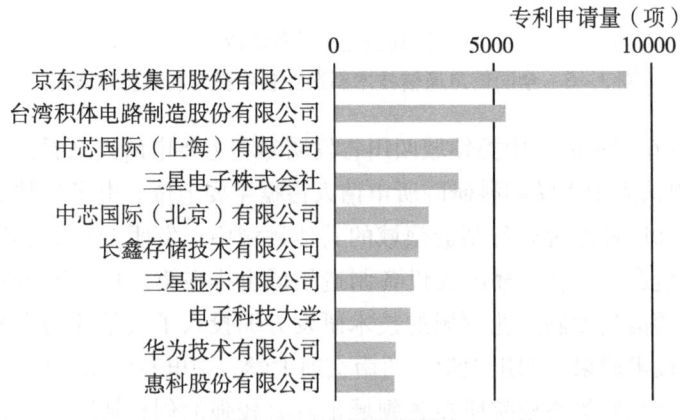

专利申请量（项）

京东方科技集团股份有限公司
台湾积体电路制造股份有限公司
中芯国际（上海）有限公司
三星电子株式会社
中芯国际（北京）有限公司
长鑫存储技术有限公司
三星显示有限公司
电子科技大学
华为技术有限公司
惠科股份有限公司

（f）电子专用设备制造

· 81 ·

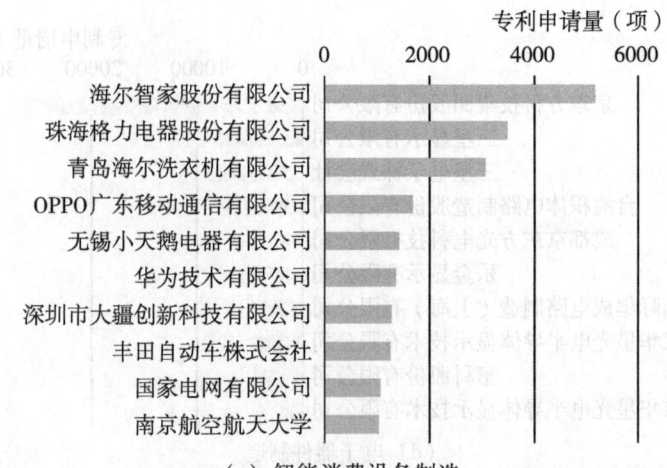

（g）智能消费设备制造

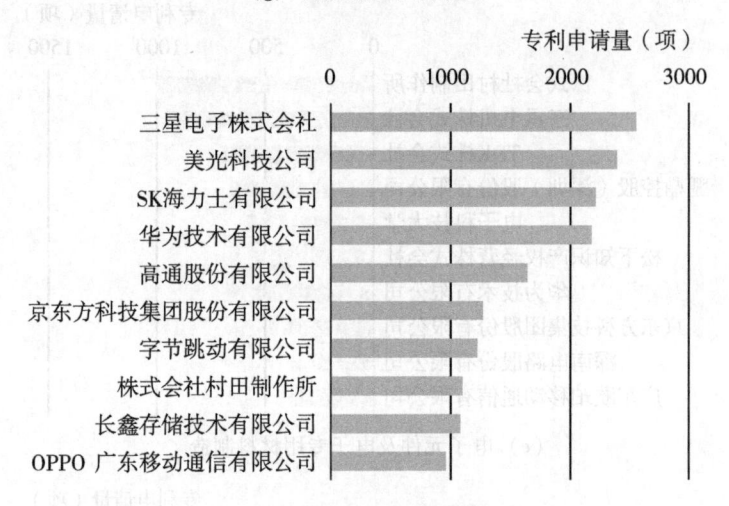

（h）其他电子设备制造

图 3-5　全国信息通信技术制造业各中类专利重要申请人

从图 3-6 所示的各中类领域四川省发明专利主要申请人来看，申请量排名前 10 位的申请人中大学和科研院所申请人占据主要地位。电子科技大学的申请量最多，在除广播电视设备制造领域的其他领域中，发明专利申请量都排在第一位，且数量庞大，在广播电视设备制造领域也排在第二位，这表明电子科技大学在信息通信技术制造业领域的技术研发方面投入了大量的精力和资源，积累了较多的技术成果。四川大学、西南交通大学、中电科集团下属在川研究所、中物院下属研究所等高校院所在各领域也具有较强的创新活跃度，积累了一大批技术成果。

第3章 四川省专利密集型产业发展研究分析

（a）通信设备、雷达及配套设备制造

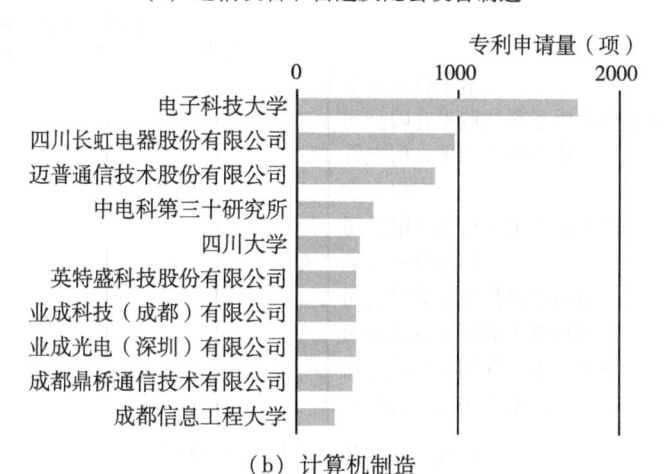

专利申请量（项）：0, 2000, 4000, 6000

- 电子科技大学
- 成都鼎桥通信技术有限公司
- 迈普通信技术股份有限公司
- 四川长虹电器股份有限公司
- 西南交通大学
- 中电科第二十九研究所
- 四川大学
- 中电科第十研究所
- 西南电子技术研究所
- 中电科第三十研究所

（b）计算机制造

专利申请量（项）：0, 1000, 2000

- 电子科技大学
- 四川长虹电器股份有限公司
- 迈普通信技术股份有限公司
- 中电科第三十研究所
- 四川大学
- 英特盛科技股份有限公司
- 业成科技（成都）有限公司
- 业成光电（深圳）有限公司
- 成都鼎桥通信技术有限公司
- 成都信息工程大学

（c）广播电视设备制造

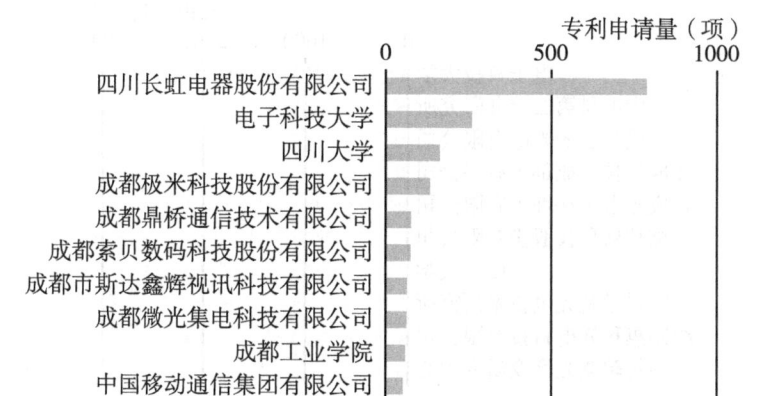

专利申请量（项）：0, 500, 1000

- 四川长虹电器股份有限公司
- 电子科技大学
- 四川大学
- 成都极米科技股份有限公司
- 成都鼎桥通信技术有限公司
- 成都索贝数码科技股份有限公司
- 成都市斯达鑫辉视讯科技有限公司
- 成都微光集电科技有限公司
- 成都工业学院
- 中国移动通信集团有限公司

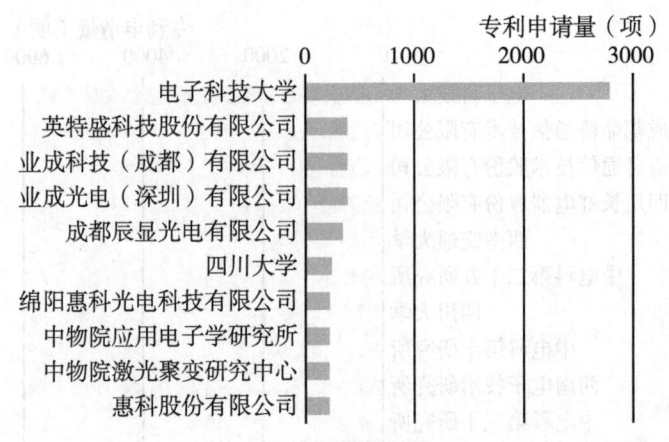

| 专利申请量（项） |
| 0　　　1000　　　2000　　　3000 |

- 电子科技大学
- 英特盛科技股份有限公司
- 业成科技（成都）有限公司
- 业成光电（深圳）有限公司
- 成都辰显光电有限公司
- 四川大学
- 绵阳惠科光电科技有限公司
- 中物院应用电子学研究所
- 中物院激光聚变研究中心
- 惠科股份有限公司

(d) 电子器件制造

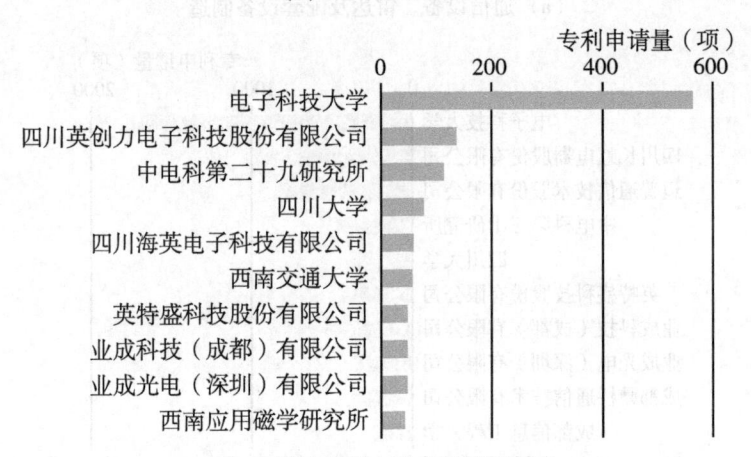

| 专利申请量（项） |
| 0　　200　　400　　600 |

- 电子科技大学
- 四川英创力电子科技股份有限公司
- 中电科第二十九研究所
- 四川大学
- 四川海英电子科技有限公司
- 西南交通大学
- 英特盛科技股份有限公司
- 业成科技（成都）有限公司
- 业成光电（深圳）有限公司
- 西南应用磁学研究所

(e) 电子元件及电子专用材料制造

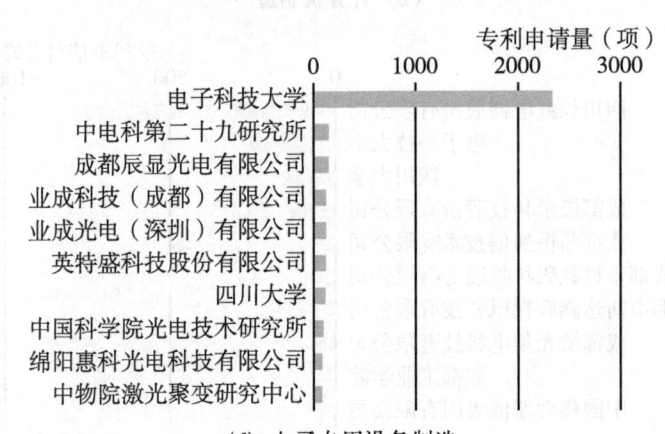

| 专利申请量（项） |
| 0　　　1000　　　2000　　　3000 |

- 电子科技大学
- 中电科第二十九研究所
- 成都辰显光电有限公司
- 业成科技（成都）有限公司
- 业成光电（深圳）有限公司
- 英特盛科技股份有限公司
- 四川大学
- 中国科学院光电技术研究所
- 绵阳惠科光电科技有限公司
- 中物院激光聚变研究中心

(f) 电子专用设备制造

第 3 章　四川省专利密集型产业发展研究分析

专利申请量（项）

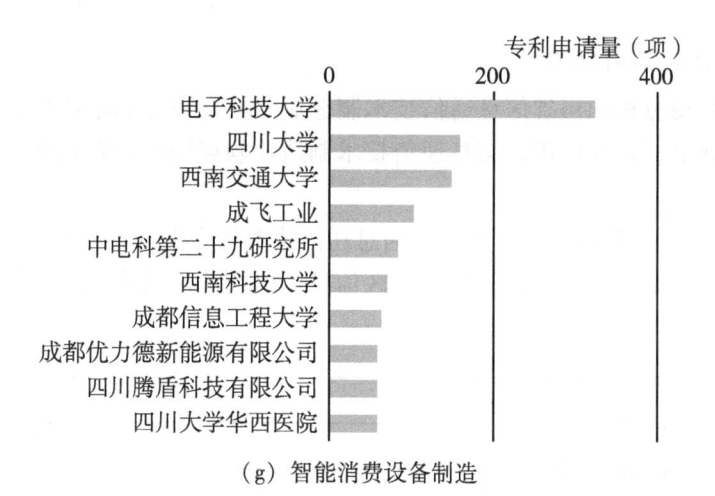

- 电子科技大学
- 四川大学
- 西南交通大学
- 成飞工业
- 中电科第二十九研究所
- 西南科技大学
- 成都信息工程大学
- 成都优力德新能源有限公司
- 四川腾盾科技有限公司
- 四川大学华西医院

（g）智能消费设备制造

专利申请量（项）

- 电子科技大学
- 四川大学
- 成都极米科技股份有限公司
- 四川长虹电器股份有限公司
- 中国科学院光电技术研究所
- 西南交通大学
- 成都频岢微电子有限公司
- 成都凯天电子股份有限公司
- 中物院激光聚变研究中心
- 西南石油大学

（h）其他电子设备制造

图 3-6　四川省信息通信技术制造业各中类专利重要申请人

企业方面，四川长虹在广播电视设备制造领域表现突出，是四川省申请量最多的申请人，这表明它在这个领域的技术和产品开发方面具有较强的竞争力，在通信设备、雷达及配套设备制造，计算机制造，其他电子设备制造领域分别排名第四、第二、第四位。成都鼎桥通信在多个领域排名靠前，在通信设备、雷达及配套设备制造领域位列第二位，在计算机制造领域位列第九位，在广播电视设备制造领域位列第五位。迈普通信、极米科技、英特盛科技等企业在某些中类领域中创新活跃度较高。

四川引进的企业科技实力也较强，成都京东方创新活跃度较高，由于其申请专利是与集团共同申请，申请人地址为北京，因此，在四川申请人排名中未显示。此类引进企业如华为也是同样情况。

(4) 区域创新能力定位

本节主要分析四川省信息通信技术制造业领域发明专利申请数量在我国各省市中的排名，以及四川省信息通信技术制造业领域协同创新程度与全国对比情况。

省市排名情况如图3-7所示，信息通信技术制造业领域发明专利数量排名前列的都是东部地区，这源于东部地区信息通信技术制造业发展较早且产业区集中。

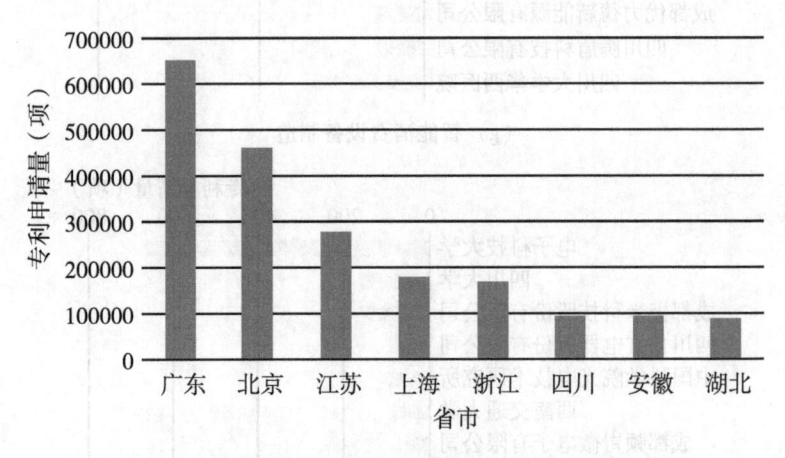

图3-7 我国信息通信技术制造业专利申请省市前10名

各省份排名中，广东省申请量最高，达到65万余项，广东省在地域上属于我国信息通信技术制造业集中的珠江三角洲，该区域是国内率先承接国际信息通信技术制造业转移的地区，是中国大陆规模最大、发展最快、产品出口比重最高的电子信息产品加工密集地区，信息通信技术制造业产值占全国半壁江山。北京和江苏位居第二、三位。四川省在地域上属于中西部信息通信技术制造业优势区，该区域是在承接我国东部信息通信技术制造业转移的基础上发展起来的。四川省在全国省市中排名第六位，是中国西部省市中排名最靠前的省份，总申请量达到97735项，这显示了四川省的电子信息产业在中国西部地区的领先优势。但与排名第一位的广东省相比还有不小的差距。

在信息通信技术制造业各中类领域，如图3-8所示，四川省发明专利申请量在中国省市排名中占据第六至十位，位于全国省市排名中上水平。在通信设备、雷达及配套设备制造和电子元件及电子专用材料制造领域，四川省发明专利申请量位于第六位，排在四川之前的省市都是东部发达省市。在计算机制造、广播电视设备制造领域，四川省发明专利申请量位于第七位。在电子专用设备制造、智能消费设备制造、其他电子设备制造领域，四川省发明专利申请量位

· 86 ·

于第八位。在电子器件制造领域,四川省发明专利申请量位于第十位。

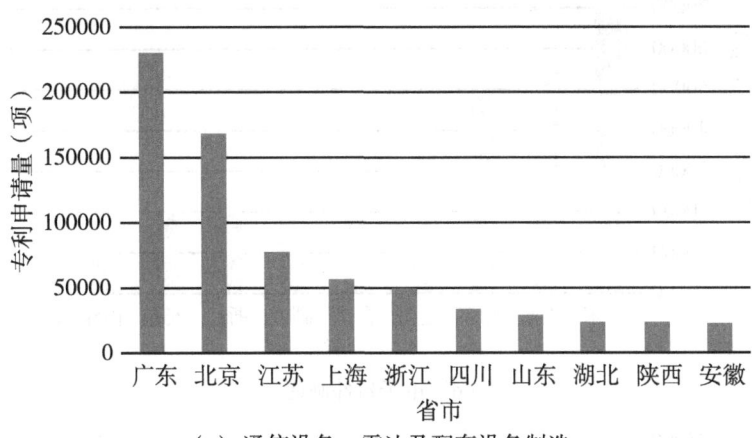

(a)通信设备、雷达及配套设备制造

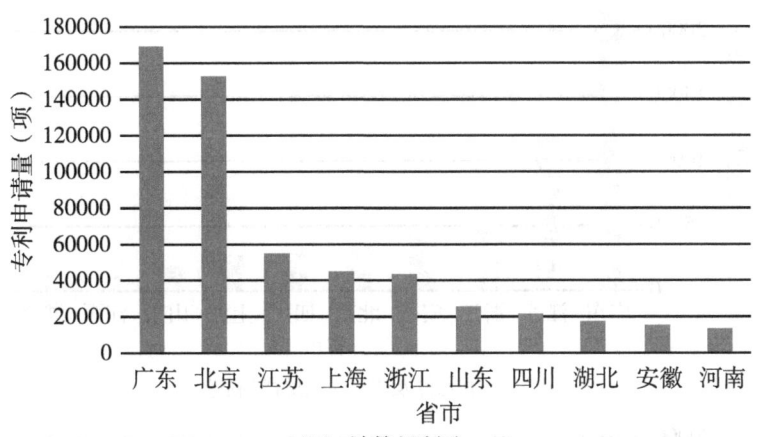

(b)计算机制造

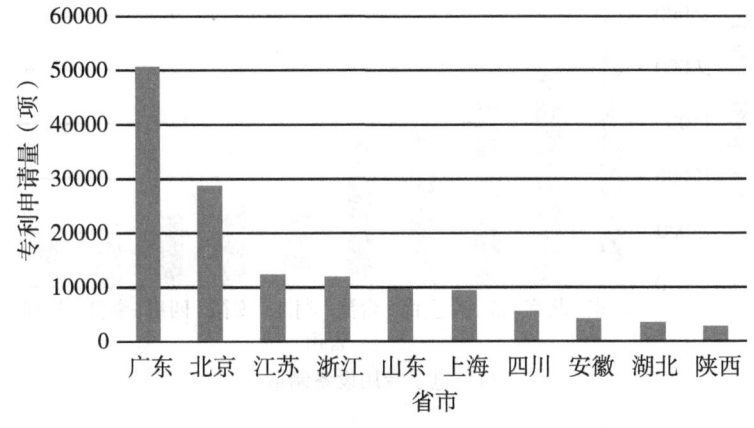

(c)广播电视设备制造

(d) 电子器件制造

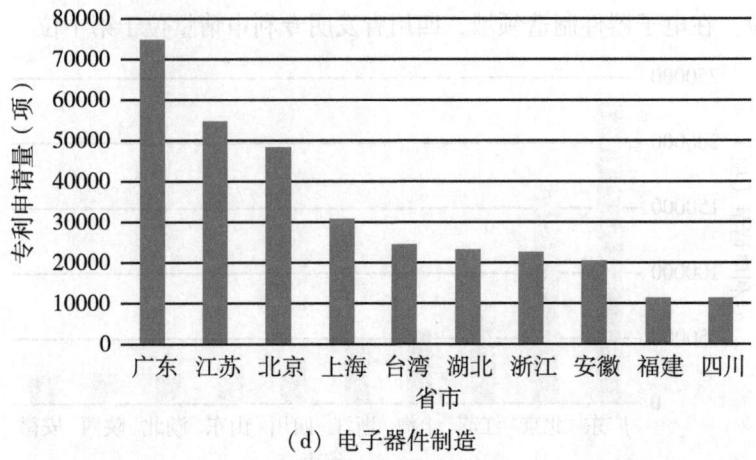

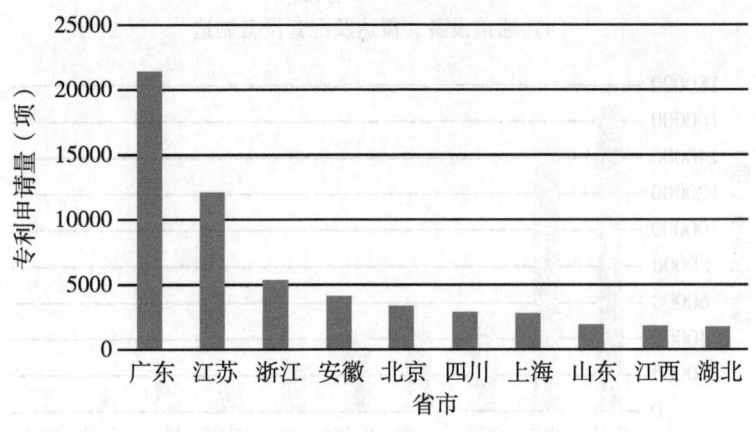

(e) 电子元件及电子专用材料制造

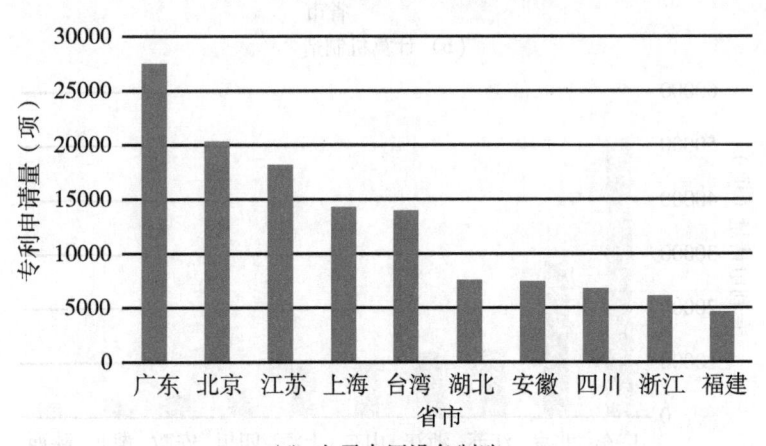

(f) 电子专用设备制造

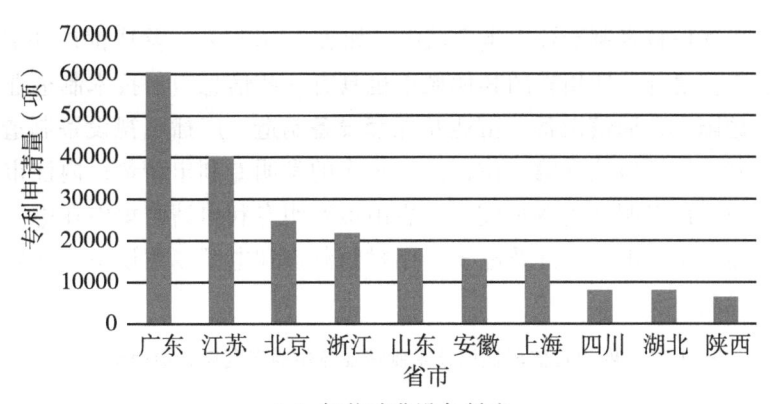

(g）智能消费设备制造

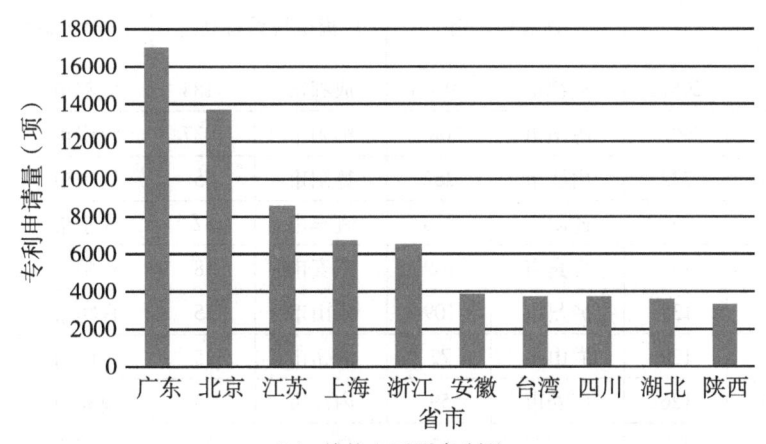

(h）其他电子设备制造

图 3-8　我国信息通信技术制造业各中类专利申请省市前 10 名

四川省内发明专利申请量地市分布较为集中，如图 3-9 所示，成都市发明专利申请量位列全省第一，占全省总量的 82%，绵阳市发明专利申请量位列全省第二，占全省总量的 9%。成都市和绵阳市发明专利申请总量占全省总量的九成有余，表明四川省信息通信技术制造业领域科技创新成果在地域上十分集中。

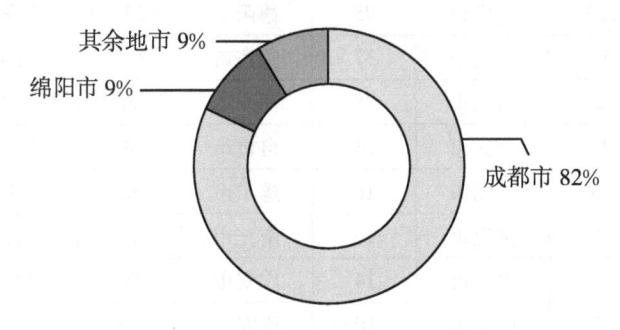

图 3-9　四川省信息通信技术制造业专利申请地市分布

在信息通信技术制造业中类领域中,如表3-6所示,除成都市和绵阳市位列第一、二位之外,四川省的其他城市也具有一些信息通信技术制造业优势领域,例如德阳市在通信设备、雷达及配套设备制造,广播电视设备制造,智能消费设备制造等领域位列第三位,具有较多的发明专利申请量;内江市在计算机制造领域申请发明专利数量较多;眉山市发明专利申请则集中在电子器件制造领域;遂宁市在电子元件及电子专用材料制造和电子专用设备制造领域布局较多发明专利。

表3-6 四川省信息通信技术制造业各中类专利申请量地市分布

(单位:件)

通信设备、雷达及配套设备制造		计算机制造		广播电视设备制造		电子器件制造	
成都市	29511	成都市	19246	成都市	4184	成都市	9486
绵阳市	2801	绵阳市	2080	绵阳市	1037	绵阳市	1328
德阳市	332	内江市	262	德阳市	65	眉山市	234
宜宾市	259	德阳市	228	宜宾市	52	遂宁市	177
泸州市	149	宜宾市	109	广安市	38	德阳市	113
广安市	138	泸州市	109	乐山市	25	宜宾市	93
自贡市	129	眉山市	72	泸州市	25	乐山市	67
内江市	126	广安市	59	内江市	23	南充市	50
雅安市	88	遂宁市	57	自贡市	23	广安市	49
眉山市	83	自贡市	51	眉山市	15	自贡市	43
电子元件及电子专用材料制造		电子专用设备制造		智能消费设备制造		其他电子设备制造	
成都市	2081	成都市	5911	成都市	6425	成都市	3185
绵阳市	324	绵阳市	660	绵阳市	645	绵阳市	429
遂宁市	283	遂宁市	95	德阳市	278	宜宾市	36
宜宾市	33	眉山市	37	宜宾市	121	德阳市	30
广安市	25	乐山市	28	泸州市	97	广安市	18
南充市	24	宜宾市	23	自贡市	89	泸州市	18
自贡市	23	德阳市	18	遂宁市	81	乐山市	11
德阳市	22	南充市	16	南充市	75	内江市	8
眉山市	18	内江市	14	广安市	69	自贡市	7
内江市	15	广安市	10	雅安市	49	雅安市	7

(5) 专利运营实力定位

专利运营主要包括专利转让、许可、质押融资等活动。本部分主要通过将四川/成都信息通信技术制造业各中类领域发明专利申请权或专利权转移、专利许可、专利质押等情况与中国进行对比，进而对四川/成都电子信息产业专利运营情况进行定位。

在信息通信技术制造业领域，如表3-7所示，四川省发生运营活动发明专利数量为5931件，占全省发明专利数量的比例为6.07%，比全国发生运营活动发明专利数量平均占比低0.27个百分点，差距较小。

表3-7 四川省信息通信技术制造业发生运营活动发明专利数量与全国对比情况

地区	发生运营活动发明专利数量（件）	占比（%）
全国	197186	6.34
四川	5931	6.07

从运营类型来看，如表3-8所示，四川省发生转让的发明专利数量占发生运营活动发明专利数量的比例为85.58%，比全国平均水平低3个百分点，发生质押的发明专利数量占比为11.03%，比全国平均水平高了近4个百分点。

表3-8 四川省信息通信技术制造业不同类型运营活动发明专利数量与全国对比情况

运营类型		发明专利数量（件）	占比（%）
全国	转让	174661	88.58
	许可	8109	4.11
	质押	14416	7.31
四川	转让	5076	85.58
	许可	201	3.39
	质押	654	11.03

3.2.3 电子元件及电子专用材料制造产业分析

1. 产业现状

作为世界电子信息制造业大国，我国已经形成了世界上产销规模最大、门类基本齐全、产业链较为完善的电子元件及电子专用材料制造工业体系。近年来，在复杂的国内外经济形势和疫情的双重影响下，我国电子元件及电子专用材料制造产业整体上仍旧呈现出良好的发展态势。

  2022年全国电子元件及电子专用材料制造产业规模以上企业有9163个，较上年增加1228个，增长率达到15.5%。如图3-10所示，2022年全国电子元件及电子专用材料制造产业营业收入达到34875.5亿元，较上年增长65.7%。如图3-11所示，电子元件及电子专用材料制造产业利润总额达到2852.6亿元，较上年增长93.3%。随着我国消费电子、通信设备、汽车电子等下游应用领域的飞速发展和新能源汽车、物联网等新兴领域的兴起，国内对电子元件及电子专用材料的需求不断增加，带动电子元件及电子专用材料制造产业迅速扩大，电子元件及电子专用材料制造产业营业收入和利润总额也将继续保持上涨。

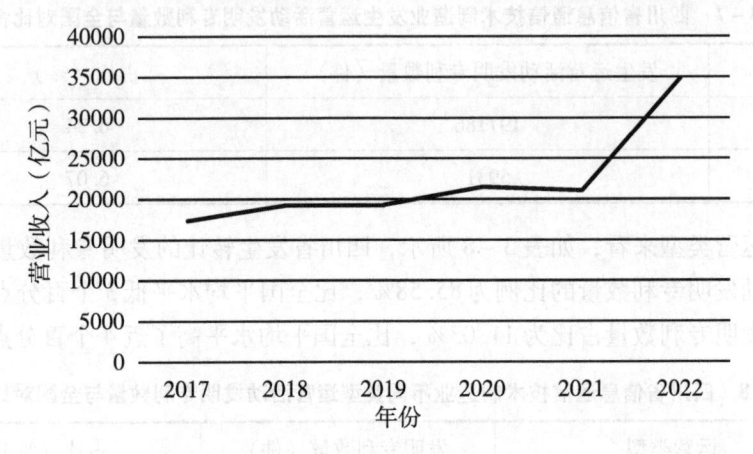

图3-10 2017—2022年电子元件及电子专用材料制造产业营业收入统计
（数据来源：工信部）

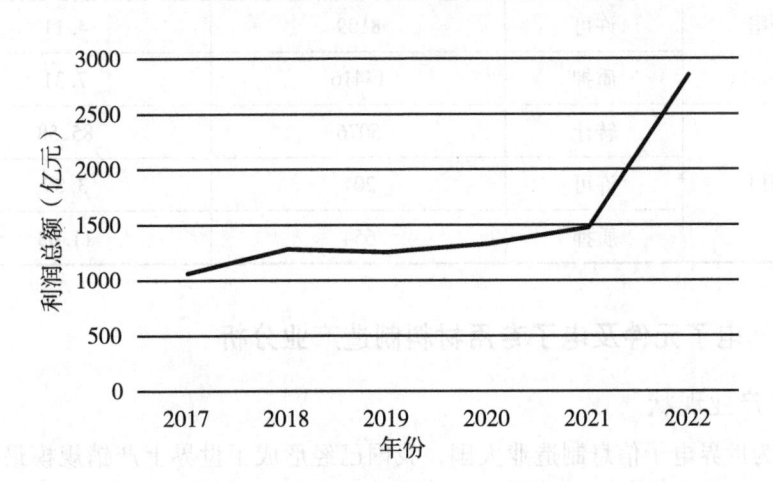

图3-11 2017—2022年电子元件及电子专用材料制造产业利润总额统计
（数据来源：工信部）

如图 3-12 所示，广东、浙江、江苏企业数量较多，已经形成产业规模。广东省电子元件及电子专用材料制造产业中正常经营的企业有 13090 个，占全国企业总数的 30.1%。江苏省电子元件及电子专用材料制造产业中正常经营的企业有 5901 个，占全国企业总数的 13.6%，形成了多个产业集群。

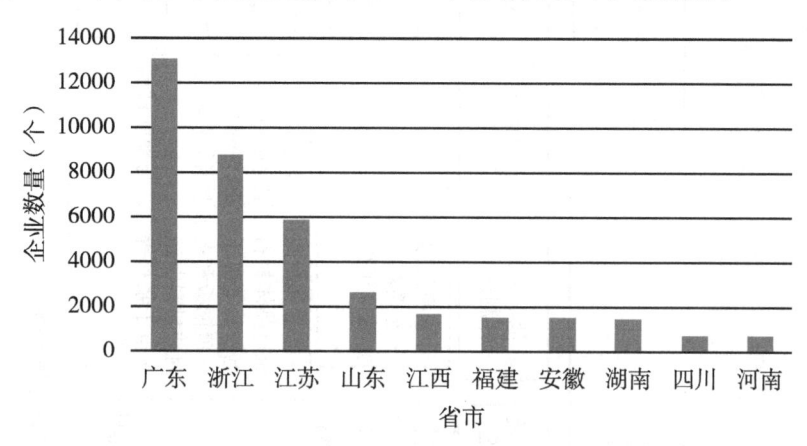

图 3-12　全国电子元件及电子专用材料制造产业企业分布

四川省是全国四大电子信息产业基地之一，电子信息产业也是当前四川省的第一支柱产业。2022 年 10 月，工业和信息化部批复建设全国首个跨省域国家级先进制造业集群"成渝地区电子信息先进制造集群"，成渝地区电子信息制造门类齐全，5 个大类、21 个中类覆盖率 100%，是中国大陆第三、全球前十的电子信息制造业聚集地。目前，四川省集聚着华为、京东方、英特尔等一批具有全球影响力的电子信息产业龙头企业，吸引了上下游众多中小企业，带动了电子信息产业链龙头及配套企业共同发展。

电子元件及电子专用材料制造包括电阻电容电感元件制造、电子电路制造、敏感元件及传感器制造、电声器件及零件制造、其他电子元件制造、电子专用材料制造。整个电子元件及电子专用材料制造产业链可以大致分为上中下游三部分，包括上游原材料、中游电子元件及电子专用材料制造、下游应用，如图 3-13 所示。

2. 政策环境分析

（1）国家级

2015 年 5 月，国务院发布《中国制造 2025》，把核心基础零部件（元器件）、先进基础工艺、关键基础材料和产业技术基础（统称"四基"）作为着力破解的发展瓶颈。

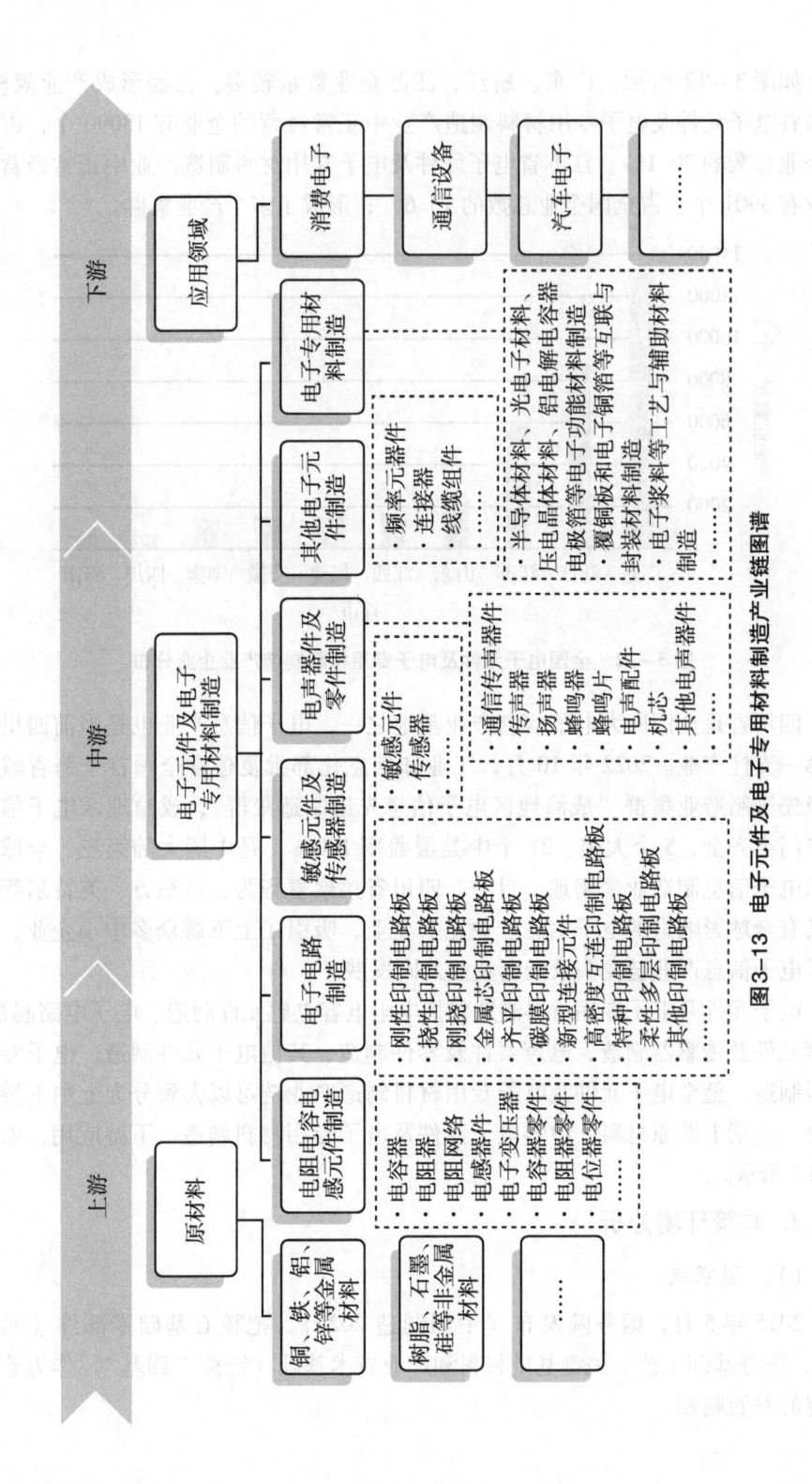

图3-13 电子元件及电子专用材料制造产业链图谱

2023年2月，中共中央、国务院印发《质量强国建设纲要》，提出强化产业基础质量支撑，其中就包括关键基础材料、基础零部件及元器件。

2023年7月，工业和信息化部等五部门联合印发《制造业可靠性提升实施意见》，意见提出聚焦机械、电子、汽车等行业，实施基础产品可靠性"筑基"工程，筑牢核心基础零部件、核心基础元器件、关键基础软件、关键基础材料及先进基础工艺的可靠性水平。

（2）省级

2021年2月2日，四川省第十三届人民代表大会第四次会议表决通过《四川省国民经济和社会发展第十四个五年规划和二〇三五年远景目标纲要》，纲要中提出构建世界级电子信息产业集群，形成全国重要的先进材料产业集群，发展核心电子元器件和先进材料。

2023年6月，四川省质量强省工作领导小组印发《四川省进一步提升产品、工程和服务质量行动实施方案（2023—2025年）》，方案提出实施产业质量强基工程，编制产业基础领域关键技术（工艺、产品）清单目录，聚焦基础零部件、基础元器件、基础材料、基础软件、基础工艺、产业技术基础等薄弱环节自主创新突破。

3. 专利分析

从专利申请来看，如图3-14所示，2015年以来，四川省电子元件及电子专用材料制造行业专利申请量为5549项，占全国申请总量的3.9%，在各省份中列第六位，具有较好的科技创新基础。历年来的专利申请量整体呈现出浮动上涨的趋势，其中，2022年的专利申请量相比于2015年增加了81.7%，年平均复合增长率为8.9%，产业发展稳定向好。

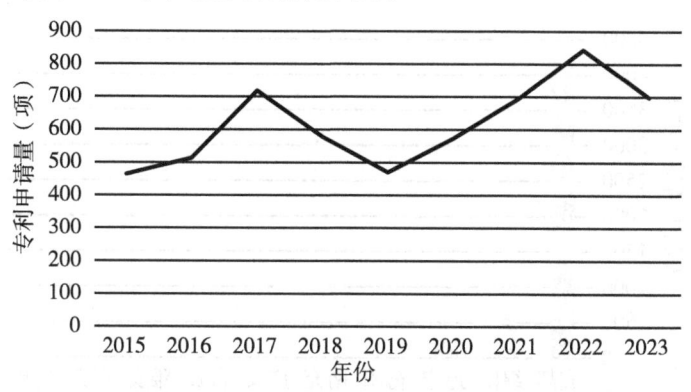

图3-14 四川省电子元件及专用材料制造行业专利申请趋势

如图3-15所示，2015年以来，国内电子元件及电子专用材料制造行业专利申请主要集中在广东、江苏两个经济发达省份，分别占据全国申请总量的19.4%和14.4%，稳居第一和第二位。广东、江苏是国内电子元件及电子专用材料制造产业的领头羊，已经形成了比较完整的产业体系。四川专利申请量位于全国第六位，创新活跃度与北京相当，超越了上海，在中西部位列第一。

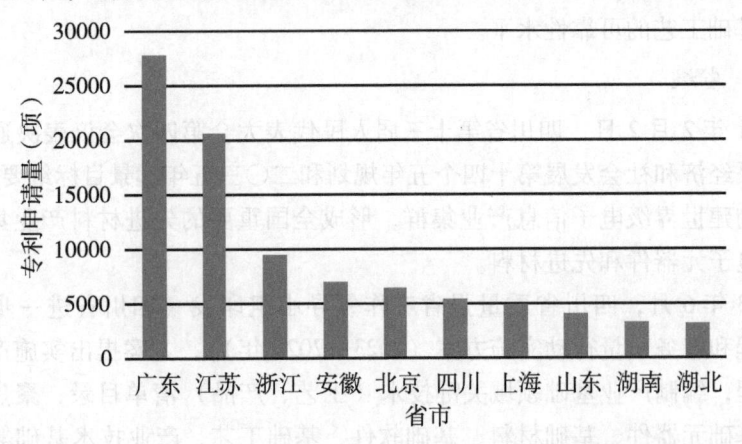

图3-15 全国电子元件及电子专用材料制造行业专利申请量省市前10名

四川省电子元件及电子专用材料制造产业在空间布局上呈现高度集中性，成都市"一家独大"，绵阳市凭借长虹、九州等一批本土骨干企业，也有不错表现。如图3-16所示，电子元件及电子专用材料制造行业专利申请主要集中在成都市，高达4205项，占全省专利申请总量的75.8%。绵阳市和遂宁市以603项和292项位列全省第二和第三位，其余地市的专利申请总量仅占全省的8.1%。

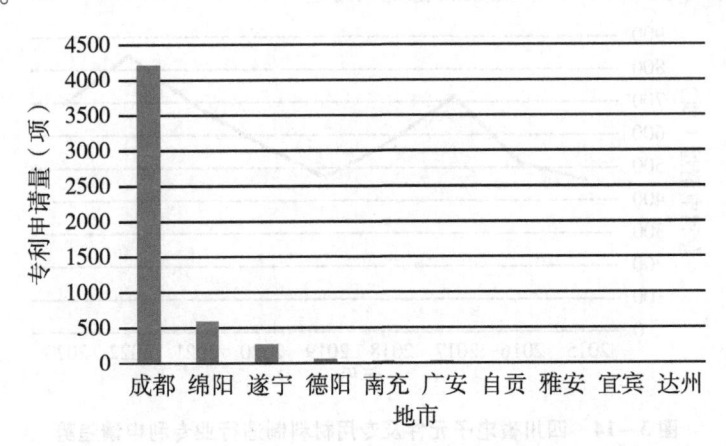

图3-16 四川省电子元件及电子专用材料制造行业专利申请量地市前10名

第3章 四川省专利密集型产业发展研究分析

如图3-17所示,从企业所在地市来看,四川省电子元件及电子专用材料制造企业主要集中在成都市和绵阳市,分别占据全省企业总量的27.3%和16.5%。

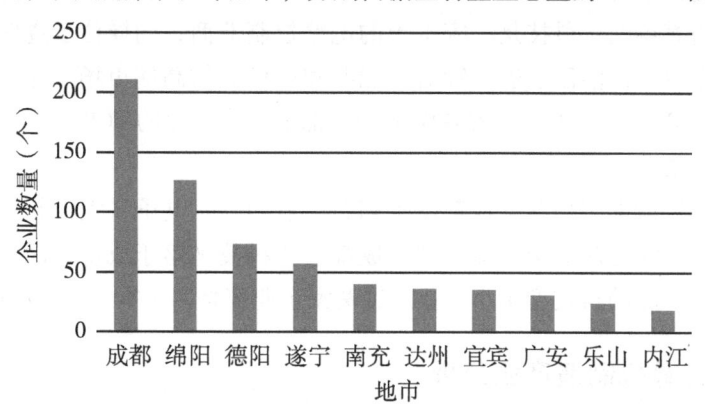

图3-17 四川省电子元件及电子专用材料制造企业地市分布

各地市的企业数量和专利申请量进一步证实了四川省电子元件及电子专用制造产业主要集中在成都市和绵阳市,电子信息产业龙头企业如京东方在成都和绵阳的率先落地以及两地的高校、科研院所集聚可能是造成这一现象的主要因素。

如图3-18所示,电子科技大学是四川省最主要的专利申请人,其专利申请量为1196项,占全省申请总量的21.6%。四川大学和西南交通大学是两所国家级重点高校,中电科第二十九研究所、西南应用磁学研究所(中电科第九研究所)、西南电子技术研究所(中电科第十研究所)是四川省重要的科研单位,都是省内电子元件及电子专用材料制造产业的重要专利申请人。其中,西南应用磁学研究所(中电科第九研究所)是全国唯一的综合性应用磁学研究机构,位于我国磁性材料技术发源地——绵阳,绵阳市如今已经汇聚了西磁科技、东辰磁材、钐钴永磁、巨星永磁等行业内领先的企业。

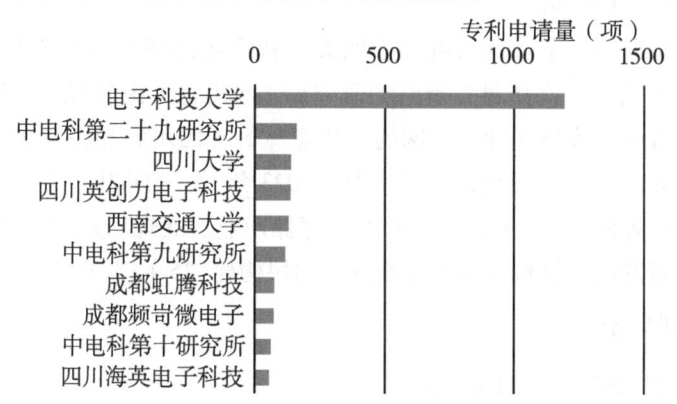

图3-18 四川省电子元件及电子专用材料制造行业重要专利申请人

四川英创力电子科技股份有限公司作为于2011年引进至遂宁的一家行业内领先的线路板制造企业，目前已经是西南地区PCB龙头企业，PCB产能居西部第一。四川海英电子科技是一家本土的电路板制造商，同样位于遂宁市，是一家科技型企业，目前已经进入针对新能源和通信类的高端市场。遂宁市依托英创力等优秀PCB制造商，已经逐渐成为西部地区最重要的PCB生产基地，号称"西部PCB之城"。

成都频岢微电子坐落于成都电子创新产业园——电子科大菁蓉逆向创新孵化基地，是一家无晶圆半导体公司。成都虹腾科技坐落于成都市高新区，是一家经营电子产品的科技型中小企业。这两家企业都是四川本土的专利申请人。

3.2.4 计算机制造产业分析

1. 产业现状

截至2022年，我国计算机制造业规模以上工业企业有2955家，营业收入达26710亿元，平均用工人数有130.2万人。计算机制造作为知识产权（专利）密集型产业，主要涵盖信息安全设备制造、工业控制计算机及系统制造、外围设备制造等产业。

四川省信息安全产业规模已突破660多亿元，相比2015年产业规模扩大了3倍，年平均增长率约为24.7%，位居全国前列。其中，信息安全软件与信息服务业收入约为100亿元，同比增加10.56%，占全国总量的7.14%，工控安全方面收入8603万元，同比增加322.14%，密码芯片、特色集成电路、安全可靠终端等安全硬件实现收入560亿元，占全省电子信息制造业比重从2015年的5.46%上升到2020年的7.46%。

2. 政策环境分析

四川省研究制定了《四川省"十四五"数字经济发展规划》《四川省电子信息产业"十四五"高质量发展路径研究》《四川省人民政府关于深化"互联网+先进制造业"发展工业互联网的实施意见》《四川省加快发展工业互联网推动制造业数字化转型行动计划（2021—2023年）》《四川省"十四五"信息安全产业发展规划》《四川省"十四五"存储产业发展规划》等相关政策文件，鼓励加速创新发展计算机设备制造产业，加快构建"5+1"现代产业体系。

3. 专利分析

（1）信息安全设备制造产业

根据图3-19所示的我国信息安全设备制造产业专利申请量排名前10省市

第3章 四川省专利密集型产业发展研究分析

分布情况，我国信息安全设备制造产业专利申请主要来自经济和技术较为发达的地域，其中北京、广东申请量分别位于第一、第二位，四川省申请量排名第七。

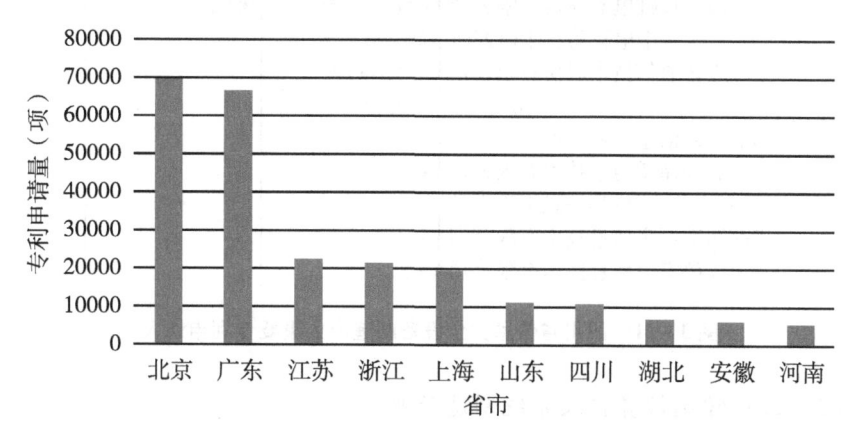

图 3-19 全国信息安全设备制造产业专利申请量前 10 名

如图 3-20 所示，2015 年至今，四川省信息安全设备制造产业专利年申请量始终保持 800 项以上高位，单年最高申请量近 1700 项。从 2021 年开始申请量逐渐下滑，创新活跃度降低。

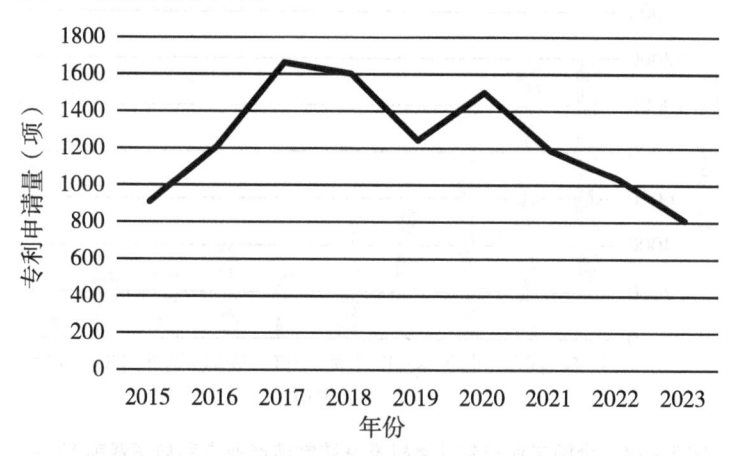

图 3-20 四川省信息安全设备制造产业专利申请趋势

相比于其他省份，四川省头部创新主体的专利申请集中度较高，地位较为凸显，如图 3-21 所示，如卫士通等企业，电子科技大学、四川大学等高校，中电科第三十研究所等科研单位，在几乎每个主要技术分支中均有技术储备。同时，也有多个技术集中度高的专精特新型创新主体已经具有相当技术储备。

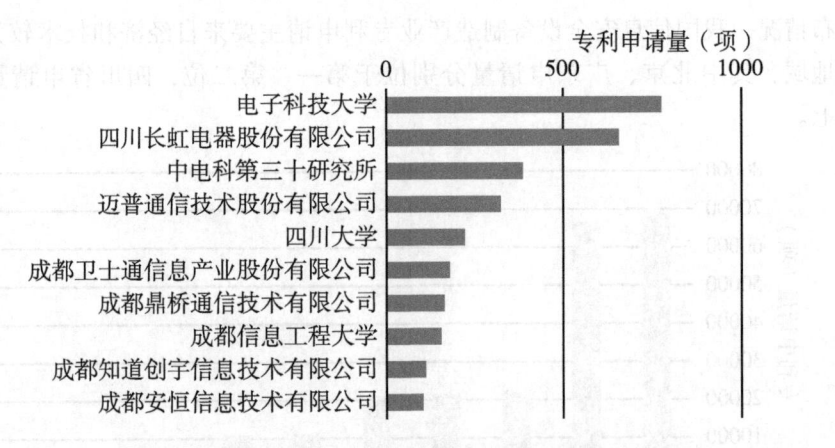

图3-21 四川省信息安全设备制造产业重要专利申请人

(2) 工业控制计算机及系统制造产业

根据图3-22所示的我国工业控制计算机及系统制造产业专利申请量排名前10省市分布情况，我国工业控制计算机及系统制造产业主要分为三个层次，第一个层次有广东、江苏、北京，申请量分别位于前三位，浙江、上海、山东属于第二个层次，四川省申请量排名第九，位于第三个层次。

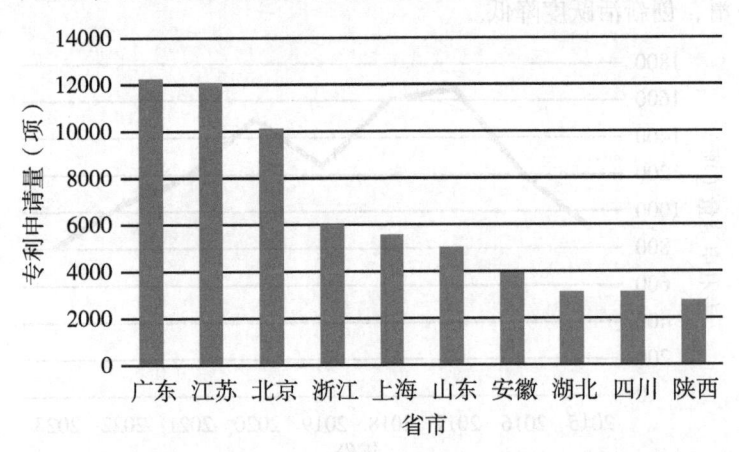

图3-22 全国工业控制计算机及系统制造产业专利申请量前10名

如图3-23所示，2015年至今，四川省工业控制计算机及系统制造产业专利申请量呈现出两个周期，其中2015—2019年为第一个周期，2020—2023年为第二个周期，这也与工控行业平均3~4年的周期性相契合。

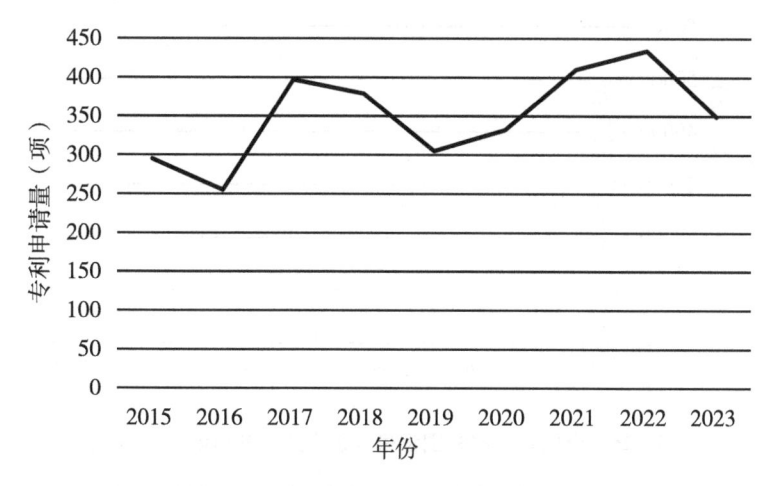

图 3-23　四川省工业控制计算机及系统制造产业专利申请趋势

如图 3-24 所示，四川省工业控制计算机及系统制造产业头部创新主体的专利申请集中度较高，地位较为凸显，如成飞集团等企业，西南交通大学、四川大学、电子科技大学等高校，中国核动力研究设计院等科研院所。同时，也有多个技术集中度高的专精型创新主体如成都阿普奇科技等已经具有相当技术储备。因此，整体来看，四川省工业控制计算机及系统制造产业形成了产学研深度融合、科技型中小企业辅助的互融互促创新发展格局。

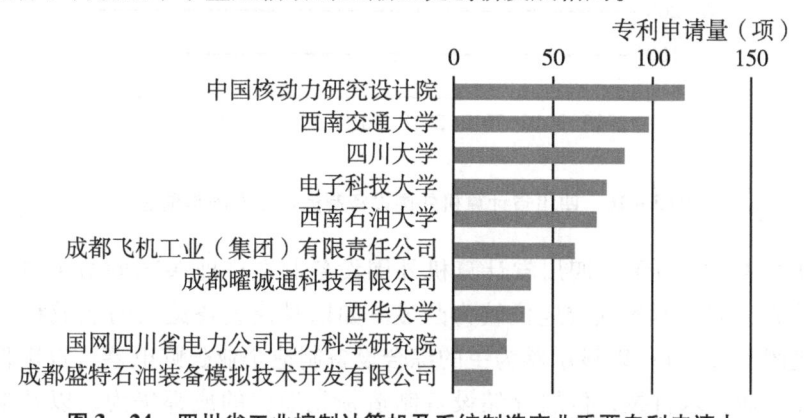

图 3-24　四川省工业控制计算机及系统制造产业重要专利申请人

(3) 计算机外围设备制造产业

根据图 3-25 所示的我国计算机外围设备制造产业专利申请量排名前 10 省市分布情况，我国计算机外围设备制造技术专利申请区域集中度较为明显，广东申请量遥遥领先，其次是北京，都远高于其他省市地区，四川省申请量排名第九，申请量仅 3000 余项。

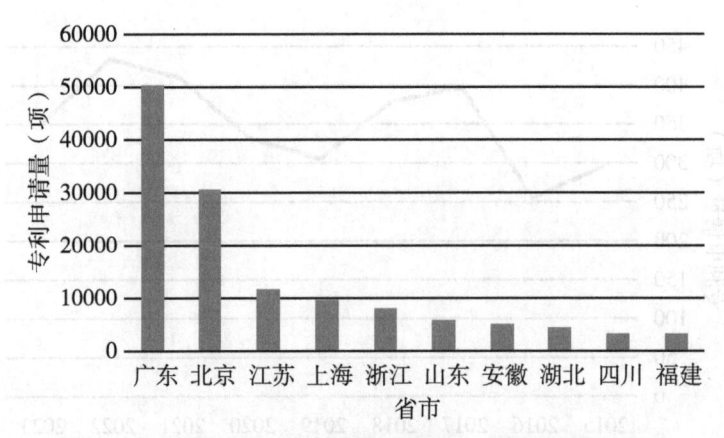

图 3-25　全国计算机外围设备制造产业专利申请量前 10 名

如图 3-26 所示，2015 年至今，四川省计算机外围设备制造产业专利申请量呈平稳状态，在 2017 年出现高峰后，申请量波动较小，维持在 400 项左右。

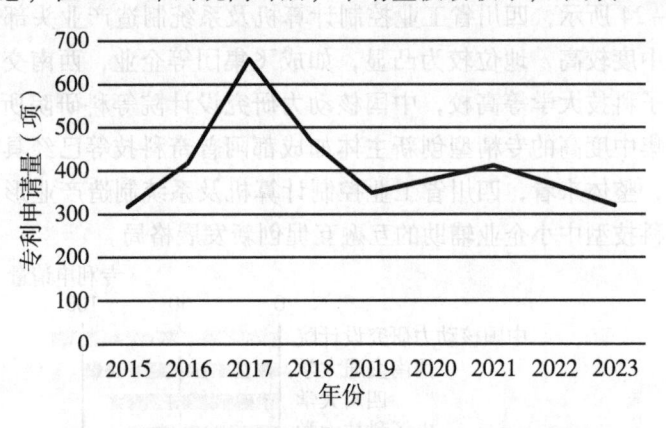

图 3-26　四川省计算机外围设备制造产业专利申请趋势

如图 3-27 所示，四川省计算机外围设备制造产业头部创新主体的专利申请较为分散，但各领域地位较为凸显。如以触控设备见长的业成科技（富士康集团子公司）；以显示器为主的综合设备制造企业长虹电器；投影仪领域的领先企业极米科技；位居存储设备制造领先地位的成都华为，以及电子科技大学、四川大学等一流高校。同时，也有多个技术集中度高的专精型创新主体，如成都菲斯特科技，作为激光及投影显示行业重要的上游企业，跻身国家专精特新"小巨人"企业。因此，整体来看，四川省计算机外围设备制造产业形成了各领域百花齐放、科技型中小企业蓬勃发展的互融互促创新发展格局。

第 3 章　四川省专利密集型产业发展研究分析

专利申请量（项）

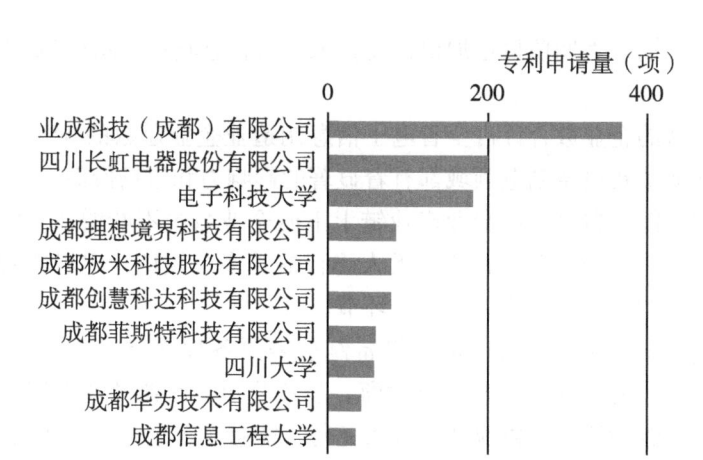

业成科技（成都）有限公司
四川长虹电器股份有限公司
电子科技大学
成都理想境界科技有限公司
成都极米科技股份有限公司
成都创慧科达科技有限公司
成都菲斯特科技有限公司
四川大学
成都华为技术有限公司
成都信息工程大学

图 3-27　四川省计算机外围设备制造产业重要专利申请人

3.2.5　智能消费设备制造产业分析

1. 产业现状

智能消费设备制造产业规模不断扩大，涵盖了可穿戴智能设备、智能车载设备、智能无人飞行器和服务消费机器人等机器人制造相关的多个领域。

近年来，中国智能消费设备制造产业的市场规模持续扩大。中国智能消费设备的市场规模在过去的五年中保持了年均 20% 以上的增速。

中国智能车载设备行业的市场规模已经达到 3400 亿元，并且呈现不断增长的趋势。根据 Mordor Intelligence 的数据，2021 年中国的智能无人飞行器市场规模约为 27 亿美元，预计到 2026 年将增长至 70 亿美元。

根据中国电子协会的数据，2022 年中国服务机器人产品市场规模达到 41.6 亿美元，预计到 2025 年将达到 63.5 亿美元。据统计，2021 年中国服务机器人产量累计达 921.44 万套，累计同比增长 48.9%。

中国智能消费设备制造产业的品牌影响力不断增强，部分国内企业已经树立了良好的品牌形象，成为全球智能消费设备市场的领导者。

四川省的智能消费设备制造产业中，企业主要集中在以下几个地区：

成都：成都是四川省的电子信息制造业的核心。成都市已经集聚了华为、微软、IBM、德州仪器等一批具有全球影响力的龙头企业，培育壮大了长虹、九洲等一批本土骨干企业。

绵阳：绵阳市的二重大型轧钢设备产量已居国内第一，具备百万千瓦级核电、火电和 70 万千瓦级水电机组大型铸锻件及大型航空模锻件成套批量生产能力。

宜宾：宜宾是宁德时代的西部基地，一期项目已建成投产，形成 15GW·h

· 103 ·

生产能力；二期至六期项目正加快建设，未来将在宜宾形成总计90GW·h的生产能力。

以上地区的企业数合计占全省电子信息制造业企业总数的64%。这些地区的企业在智能消费设备制造领域都有着显著的影响力和市场份额。

四川省智能消费设备制造业产业链上下游企业数量不断增加，涵盖了智能家居、智能穿戴、智能车载和智能无人飞行器等多个领域。四川省智能消费设备制造产业链构成主要包括以下几个环节：

上游为原材料供应：智能消费设备制造需要各种原材料，如电子元器件、塑料、金属等，还包括操作系统开发商、芯片公司、元器件及零组件等原材料供应商。四川省的原材料供应环节较为完善，能够满足企业生产所需。

中游为零部件制造：智能消费设备制造需要大量的零部件，如显示屏、电路板、电池等；此外，智能硬件的分类也包括工业级智能硬件、消费级智能硬件、商业级智能硬件。四川省的零部件制造环节较为发达，拥有较多的零部件制造企业，能够提供高品质的零部件。

下游为智能终端产品生产、软件开发设计及服务供应：智能消费设备制造的核心环节是智能终端产品的生产，包括智能手机、智能手表、智能无人飞行器和智能服务机器人等。四川省的智能终端产品生产环节较为成熟，拥有大量的生产企业和品牌。同时，智能消费设备需要搭载各种软件和应用，因此软件开发与设计也是智能消费设备制造产业链的重要环节。

2021年四川省智能消费设备制造产业规模达到约1500亿元，同比增长10%以上。四川省智能消费设备制造产业吸引了越来越多的投资。据四川省发展和改革委员会发布的数据，2021年四川省智能消费设备制造领域共吸引投资超过100亿元，其中外商投资额达到30亿元以上。这些投资主要用于技术研发、产品创新和市场拓展等方面。

2. 专利分析

根据图3-28所示的我国智能消费设备制造产业专利申请量排名前10省市分布情况，我国智能消费设备制造产业专利申请主要集中在广东和江苏，四川省申请量排名第八，位于中西部第一位。

从创新主体来看，如图3-29所示，国内智能消费设备制造技术领域创新主体主要包括：海尔智家、珠海格力电器、青岛海尔洗衣机、OPPO广东移动通信、深圳大疆创新科技、华为、丰田自动车、青岛海尔滚筒洗衣机、无锡小天鹅电器和南京航空航天大学。

如图3-30所示，在智能消费设备制造领域，企业为主要的创新主体，占比约73%，其次为大专院校，占比约14%。

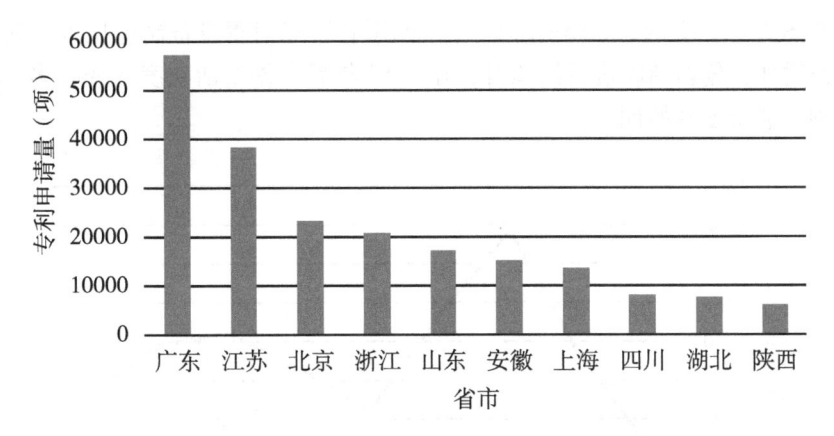

图3-28　全国智能消费设备制造产业专利申请量前10名

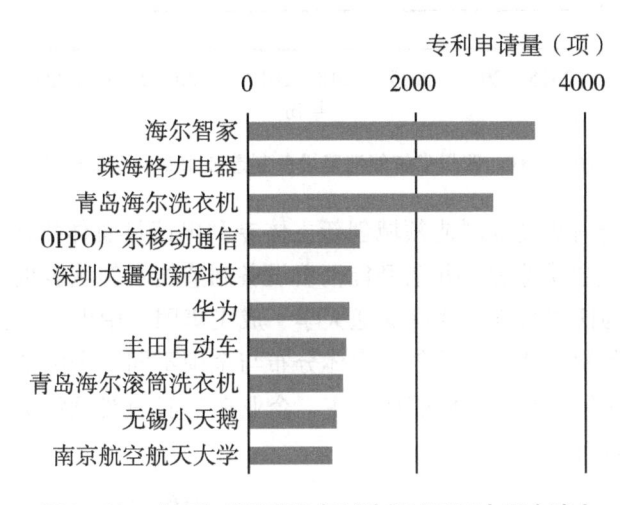

图3-29　全国智能消费设备制造领域重要专利申请人

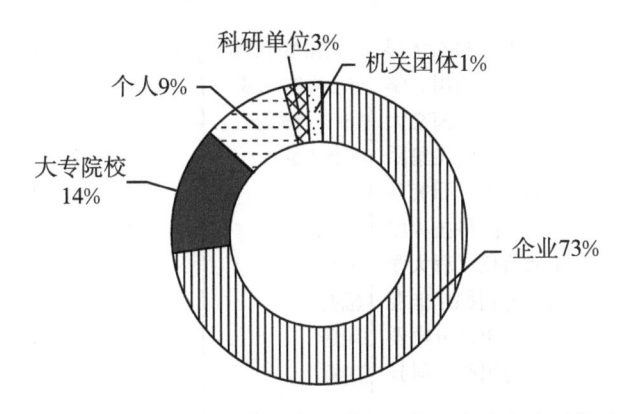

图3-30　全国智能消费设备制造领域专利申请人类型构成

如图 3-31 所示，2015—2017 年，四川省智能消费设备制造技术专利申请量迅速增加，创新活跃度持续攀升，在 2017 年后，创新活跃度下降较多，2019 年后创新活跃度开始回升。

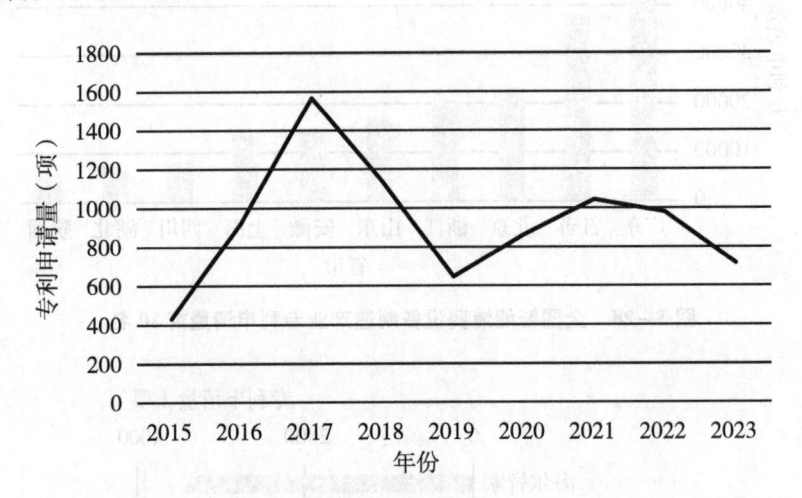

图 3-31 四川省智能消费设备制造技术专利申请趋势

四川省智能消费设备制造领域创新主体专利申请量总体排名情况如图 3-32 所示。电子科技大学是四川省智能消费设备制造技术领域表现最为突出的创新主体，随后为四川大学、西南交通大学、成飞集团、中电二十九所等。四川省智能消费设备制造技术领域创新主体分布与全国不同，全国整体是以企业创新为主，四川是以高校和科研院所为主，企业在智能消费设备制造产业创新活跃度整体还需提升。

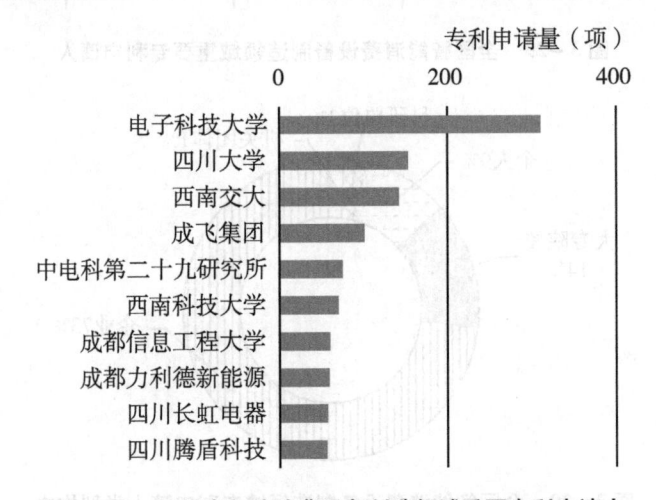

图 3-32 四川省智能消费设备制造领域重要专利申请人

在智能消费设备制造产业细分领域，四川省聚集了一批创新主体，整体还是以高校和科研院所为主，企业创新活跃度相对较低。

在可穿戴智能设备制造产业领域，四川省近年来呈现出蓬勃发展的态势。受益于技术进步、政策支持和市场需求增长，四川省的可穿戴智能设备制造企业数量和规模不断扩大，成为推动区域经济增长的重要力量。四川省的可穿戴智能设备制造产业链较为完善，同样涵盖了上游原材料供应、零部件制造、中游设备组装、下游软件开发与测试等环节。在原材料供应方面，四川省的电子元器件、塑料等原材料供应充足，能够满足企业的生产需求。在零部件制造方面，四川省拥有大量的零部件制造企业，能够提供高品质的零部件。在设备组装方面，四川省的组装工艺和技术水平不断提高，产品品质得到保障。在软件开发与测试方面，四川省的软件开发企业数量较多，能够提供专业的软件解决方案和测试服务。四川省可穿戴设备制造产业主要创新主体如图3-33所示，电子科技大学在该细分领域表现较为突出。

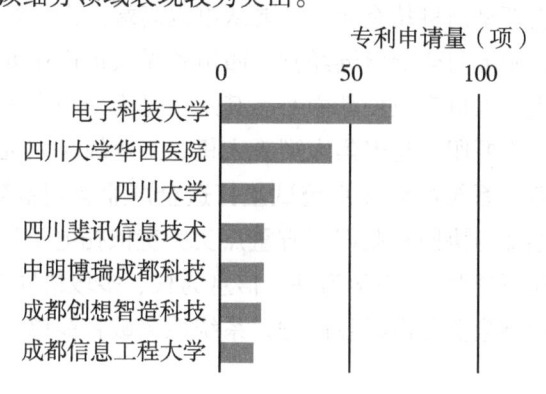

图3-33 四川省可穿戴智能设备制造产业重要专利申请人

四川省的智能车载设备制造产业链较为完善，涵盖了硬件设计、软件开发、生产制造、测试验证等环节。在硬件设计方面，四川省的电子元器件、芯片等关键零部件供应充足，能够满足企业的生产需求。在软件开发方面，四川省拥有大量的软件开发企业，能够提供专业的车载软件解决方案，例如，成都秦川物联网科技股份有限公司、成都赛力斯科技有限公司等。在生产制造方面，四川省的汽车零部件制造企业数量较多，能够提供高品质的车载设备零部件，如四川长虹电器股份有限公司。在测试验证方面，四川省的企业具备了完善的测试验证体系，能够保证产品的可靠性和稳定性。上述企业比较注重科技创新，专利申请量排名位居前列，如图3-34所示。

```
                              专利申请量（项）
              0      20     40     60
成都秦川物联网科技股份有限公司 ████████████
成都赛力斯科技有限公司       ███████████
电子科技大学             █████████
西南交通大学             █████████
四川长虹电器股份有限公司     ███████
成都信息工程大学          ██████
宜宾凯翼汽车有限公司        █████
```

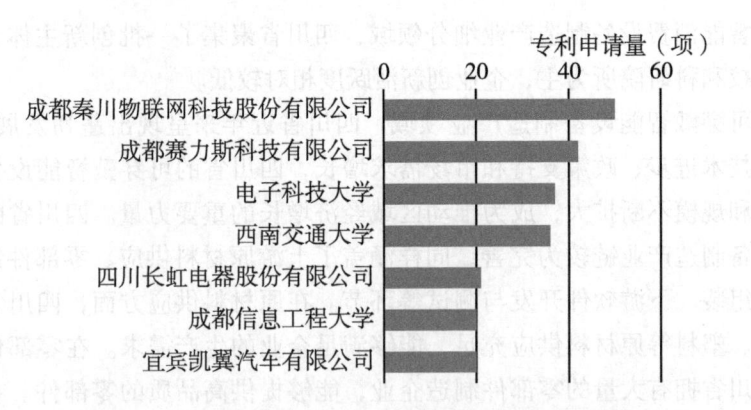

图 3-34　四川省智能车载设备制造领域重要专利申请人

如图 3-35 所示，四川省在智能无人飞行器制造技术领域表现突出的创新主体主要包括四川腾盾科技有限公司，该公司是一家以航空技术专家人才为核心的军民融合、创新型高科技企业，主要从事以高端无人飞行器为代表的智能装备研发、制造、服务与全价值链经营。四川省无人机产业创新中心是国内首个获批设立的省级无人机产业创新中心。其定位是为四川省无人机产业做大做强提供技术支撑。主要职责是聚焦大型无人机、工业级无人机中高端领域的装备研发、智能制造、系统配套和系统试验打造全产业链创新高地和产业集群。飞行器集群智能感知与协同控制四川省重点实验室依托电子科技大学建设，整合省内航空航天科研资源，"力学为基、信息为核、多域协同"，集中优势科研力量聚焦无人飞行器集群前沿科技问题，系统性突破智能感知与协同控制共性关键技术。

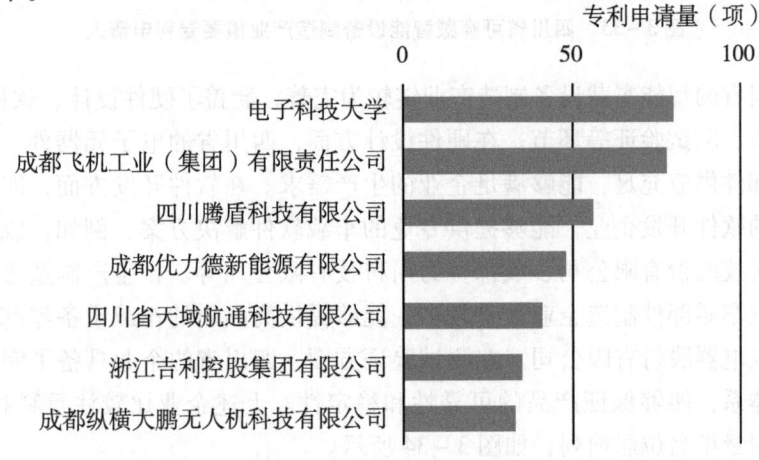

```
                              专利申请量（项）
              0         50        100
电子科技大学              █████████████████
成都飞机工业（集团）有限责任公司 █████████████████
四川腾盾科技有限公司         ████████████
成都优力德新能源有限公司      ███████████
四川省天域航通科技有限公司    ██████████
浙江吉利控股集团有限公司      █████████
成都纵横大鹏无人机科技有限公司  █████████
```

图 3-35　四川省智能无人飞行器制造领域重要专利申请人

四川省的服务消费机器人制造企业在技术创新方面表现突出，不断推出具有竞争力的产品。在硬件设计、软件开发、算法优化等方面，四川省的企业具备了较强的技术实力。此外，四川省还拥有一批专业的研发团队和人才，为产业的持续创新提供了源源不断的动力。主要创新主体如图3-36所示。

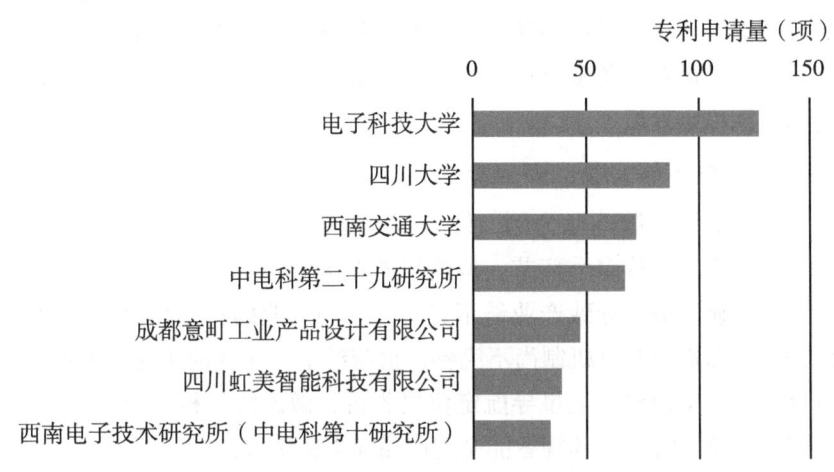

申请人	专利申请量（项）
电子科技大学	~130
四川大学	~90
西南交通大学	~75
中电科第二十九研究所	~70
成都意町工业产品设计有限公司	~50
四川虹美智能科技有限公司	~45
西南电子技术研究所（中电科第十研究所）	~40

图3-36 四川省服务消费机器人制造领域重要专利申请人

3.2.6 产业发展问题和建议

1. 存在的问题

（1）区域发展不平衡，产业布局亟待优化

从产业地区分布来看，四川省信息通信技术制造业主要集中在成都、绵阳等地，产业集聚效应过于明显，辐射带动周边发展的作用仍显不足。信息通信技术制造业各细分产业在其他市州虽有分布，但区域发展差距明显，基础相对薄弱，产业规模偏小，仍处于产业链、价值链中低端位置。随着部分区域在能源、劳动力、土地等方面的要素成本优势逐渐弱化，地区间"数字鸿沟"进一步扩大。从企业来看，四川目前缺少能提供整体解决方案的产业巨头，"双跨"平台、"链主企业""单项冠军""灯塔工厂"等数量相对较少。企业存在"各自为政"的现象，资源共享和整合能力不够。

（2）部分产业技术创新能力不足，"卡脖子"问题仍然存在

一方面，关键芯片、操作系统、基础软件等关键产业的基础研发能力偏弱，自主可控程度不高，关键核心领域受制于人，存在不同程度的"卡脖子"风险。以电子器件制造产业为例，目前，全省电子信息制造业所需的制造设备对

外依存度为70%，高端通用芯片领域对外依存度达90%，绝大部分高端芯片、集成电路设计软件、操作系统等核心基础零部件（元器件）以及产业技术基础几乎完全依赖进口。2021年以来，全球"缺芯"问题愈演愈烈，部分企业前期备货不多，生产所需的主要材料面临断供的巨大风险。

另一方面，数字技术应用转化能力有待提升，制造企业对新一代信息技术的应用大部分停留在模仿复制阶段，原始创新资源投入相对较少，不利于新型工业化的长期稳定发展。

（3）产业链不够完整，部分智能制造缺失

以智能消费设备制造业为例，作为高度复杂的产业链，涵盖了硬件设计、软件开发、生产制造等多个环节。但四川省在关键零部件制造、高端软件开发等环节存在明显短板，导致产业链不完整，影响产业的持续发展。同时，企业间的协同创新和资源共享机制尚不完善，也制约了产业链的优化和升级。目前，四川省存在程控交换机、卫星导航定位接收机、微波终端机、半导体存储器播放器、智能音箱、智能手环等智能制造产品缺失的情况。

（4）产学研深度融合不足

从专利申请量来看，以电子科技大学为代表的科研院所占据四川省信息通信制造业的半壁江山，但从成果转化来看，高校的科研还不能很好地匹配企业研发需求，创新链、产业链、资金链、政策链协同贯穿不够，科技成果转化不充分，高校科研成果离产业化应用还存在距离。四川省具有丰富的科技创新资源，只有科技成果转化为产业生产力，才能够实现将创新资源优势转化为高质量发展优势。目前四川省的科技成果转化尚显不足，科研机构与企业在关键核心技术攻关、创新人才培养等方面的合作水平有待提升。

（5）缺乏本土知名企业，品牌影响力不强

四川省信息通信技术制造产业虽然已经培育了大量企业，但以中小企业为主，整体实力较弱，且大多没有形成业内广为认可的品牌。即使是本土最为知名的极米、长虹、九州等，其在国内和国际上的品牌影响力也有限，这有碍于四川省由制造大省向制造强省转变。

（6）数字人才体系有待完善

目前四川省正处于制造业数字化转型、推进新型工业化发展的关键时期，人才是第一资源。制造业数字化转型是一项长期性、复杂性工程，需要大量既懂信息技术又懂操作技术的复合型人才，此类人才培养时间长、教育成本高。作为内陆地区，四川在产业发展、研发投入、营商环境等方面，与沿海省份相比，对高端人才的吸引力相对不足，数字人才结构性短缺的情况比较突出。

(7) 区域开放合作力度不够

四川省与重庆市通过"搭平台、促合作、延链条、育集群"，已经建成了成渝地区电子信息先进制造集群，但无论是从集群规模还是科技创新实力等方面来看，距离建设世界级集群的目标定位还有一定距离，并且集群对于省内其他地市的辐射程度低。四川省与国内京津冀、长三角、珠三角等地区以及国际地区的合作广度和深度都有待加强，特别是引入的龙头企业在四川的创新研究成果较少。

2. 发展建议

(1) 产业一体化布局，培育特色产业集群

坚持整体规划、错位发展、因地制宜，推动省内各地市建设形成高效分工、特色鲜明、优势互补、良性互动的区域产业结构。推动成都和绵阳依托科技资源和产业基础，大力创新，攻克关键和高端电子元件及电子专用材料市场。推动攀西等自然资源丰富地区依托当地矿产资源，培育做强优势领域。推动川南、川东北等人力资源丰富、区位交通便利地区引进就业需求量大的龙头企业，如电子产品加工行业的立讯精密，并以引进的龙头企业作为"链主"，吸引和培育上下游中小企业，逐渐形成特色产业集群。

继续坚持以成都为核心，形成产业集聚效应的同时，进一步辐射带动周边发展。依托重点高校和重点企业推动省内信息通信技术制造产业集聚发展，结合不同区域特点和信息通信制造产业发展定位，建成川东、川南、川西、川北产业集群，形成信息通信制造产业集聚发展格局。进一步完善"芯—屏—存—软—智—网—端"细分行业产业链，紧紧抓住"成渝地区双城经济圈建设""新时代推进西部大开发""国家数字经济创新发展试验区"等国家战略带来的机遇，助推信息通信技术产业高质量发展再提速。

(2) 坚持创新引领，提高产业链竞争力

建立需求驱动的协同创新链，实现基础研究、技术研发、工程应用及产业化整体创新的无缝衔接，提升集成电路等"卡脖子"产业的核心竞争力。第一，加强基础研究，提升原始创新。引导企业面向长远发展，提出前瞻性布局的基础研究课题，鼓励企业与高校和科研院所紧密合作，重视企业内部创新环境建设以及支持企业和高校、科研院所联合承担重大科研项目。第二，聚力核心技术攻关创新。要解决省内"卡脖子"问题，从中长期来看，需围绕未来发展进行整体策划、统一布局，在尽可能短的时间内，抢占技术制高点。第三，

以市场需求为引导，打通创新链与应用链。以市场需求为导向，引导企业提升信息化与工业化深度融合的创新水平，健全技术转移和产业孵化体系，推动形成"政产学研金服用"协同创新的良好氛围。此外，健全体制机制：集聚优势创新资源，构建研发与成果转化的新型研发机构和产学研平台，激发单位和科技人员的创新活力。推动关键企业主导组建新型研发机构，具体可分为两类：第一类以研发为主体，聚焦创新链上下游技术研究和应用能力等功能；第二类以平台为主体，集聚创新链中下游的科技转化和资源对接等功能。创新新型研发机构运作模式：建立市场导向的企业家、科学家联合研发、共同转化的合作机制，探索大型企业面向中小型企业的资源开放、能力共享的协同机制，促进大中小企业融通发展，以及承担与国际接轨的大科学项目和国家重大科研项目。最后，夯实人才根基，打造既有很强创新能力，又懂市场运作的集成电路等"卡脖子"产业领军人才团队，促进四川省重大工程的建设和产业迈向价值链中高端。

(3) 完善产业链条，促进产业链优化升级

提高基础设施的保障和支撑能力，从顶层设计上对新兴产业链条建设进行前瞻性指导，制定专项细分规划统筹协调，夯实制造业基础，着力拉长板和补短板。省内应加强产业链上下游企业的合作与配套，提升整体竞争力。政府出台相关政策措施，鼓励企业加大投入，提升关键零部件制造和高端软件开发能力。加强企业间的协同创新和资源共享机制建设，促进产业链的优化和升级。在人才配置上给予大力支持，为智能消费设备制造产业的发展提供智力支撑。通过政府产业投资基金引导、提供财税优惠和信贷支持、建立孵化园区等方式为智能消费设备制造产业的发展提供资金和场地资源。加强宣传推广，提升产品在国内的知名度和影响力，扩大市场份额。

(4) 强化产学研融合，推动创新驱动发展

梳理盘活高校和科研机构存量专利，建立市场导向的存量专利筛选评价、供需对接、推广应用、跟踪反馈机制。由高校、科研机构组织筛选具有潜在市场价值的专利，依托全国知识产权运营服务平台体系统一线上登记入库。有效运用大数据、人工智能等新技术，按产业细分领域向企业匹配推送，促成供需对接。基于企业对专利产业化前景评价、专利技术改进需求和产学研合作意愿的反馈情况，识别存量专利产业化潜力，分层构建可转化的专利资源库。加强政府部门、产业园区、行业协会和全国知识产权运营服务平台体系等各方协同，根据存量专利分层情况，采取差异化推广措施。针对高价值存量专利，匹配政策、服务、资本等优质资源，推动实现快速转化。在盘活存量专利的同时，引导高校、科研机构在科研活动中精准对接市场需求，积极与企业联合攻关，形

成更多符合产业需要的高价值专利。

依托电子科大科技园（天府园）等产学研融合平台，持续推进校企和校地合作深度，促进高校和科研院所的科技创新成果转化落地，引领企业提升自主创新能力，攻克核心关键技术，助力培养高水平创新人才。推动高校和科研院所与各地市的产业园区展开更多合作，例如建立创新创业基地，为校企和校地联合提供沟通平台，促进创新资源和人才向技术缺乏的地市转移，推动四川省产业培育和发展。

（5）培育领军企业，打造四川名片

支持本土骨干企业如长虹、九州做大做强，提升企业国际化经营水平，建立适合中小企业的官方宣传平台，充分发挥本省知识产权资源优势，全方位推进品牌培育、品牌建设、品牌保护和品牌传播，大力提升四川品牌的知名度和影响力。

以本土骨干企业和引进的行业龙头企业如京东方为核心，发挥其作为"链主"企业的引领作用，有效集聚上下游中小微企业，推动形成大中小企业创新协同、产能共享、供应链互通的融通发展模式。鼓励中小企业加强科技创新、提高研发投入、专注细分市场，形成专精特新企业集群，实现补链、强链。

加快培育、引进和形成一批掌握关键核心技术、创新能力突出、品牌知名度高、具有国际竞争力的信息安全龙头领军大企业大集团。鼓励信息安全龙头企业和上市公司通过增资扩股、兼并重组、股权置换、股权转让、混改等形式引进战略投资者，实现资源整合有效利用，迅速提升企业规模。推动龙头企业发挥自身研发、资本、技术、市场等优势资源，吸引和聚集中小企业围绕新业务新产业开展联合创新，延伸产业链、创新新模式、开发新业态，补齐发展短板，打通内循环，提升价值链水平，形成以龙头企业引领和带动，加快骨干企业和发展型企业发展新格局。

（6）加强人才培养和引进

针对人才短缺问题，四川省应加强人才培养和引进工作。一方面，通过高校和培训机构加强信息通信技术制造相关专业的教育和培训，培养高素质人才，通过加强与高等院校和科研机构合作，培养一批具有专业技能和创新精神的人才，为信息通信技术制造产业的发展提供人才支持；另一方面，加大引进国内外优秀人才的力度，吸引更多高素质人才流入四川。同时，完善人才激励机制和服务体系，留住和吸引更多优秀人才为产业发展贡献力量。

（7）加快区域融合发展，拓展合作新空间

深化川渝合作，做强成渝发展主轴，促进"成渝地区电子信息先进制造集群"建设，带动绵阳等川内其他地市协同配套发展。利用四川省的要素成本和市场等优势，响应国家关于承接制造业有序转移的政策，积极承接东部沿海地区甚至是日韩等国的产业转移。扩大与京津冀、长三角、长江中游城市群及其周边地区的合作，实现协同联动、错位发展。主动争取以江苏和广东为代表的华东和华南地区的先进科技创新成果在川孵化转移。发挥中欧班列及成都双机场优势，积极融入"一带一路"国家产业合作。

3.3 信息通信技术服务业

3.3.1 产业的定义和特点

在专利密集型产业中，信息通信技术服务业大类包括 0201 通信和卫星传输、0202 互联网服务、0203 软件开发、0204 信息技术服务四个中类，对应了 21 个国民经济行业小类，表 3-9 结合专利密集型产业信息通信技术制造业的分类以及对应的国民经济行业分类（GB/T 4754—2017）中的小类说明，给出信息通信技术制造业各小类涵盖的内容。

表 3-9 信息通信技术制造业涵盖国民经济行业小类

大类	中类	国民经济行业代码（2017）	国民经济行业名称	说明
02 信息通信技术服务业	0201 通信和卫星传输	6312	移动电信服务	指从事移动通信业务活动
		6331	广播电视卫星传输服务	指通过轨道上的卫星来提供电视和广播节目的传输服务
		6339	其他卫星传输服务	指如卫星导航服务、卫星遥感服务、卫星宽带服务等
	0202 互联网服务	6421	互联网搜索服务	指通过互联网提供的信息检索服务
		6422	互联网游戏服务	含互联网电子竞技服务
		6429	互联网其他信息服务	除互联网搜索、互联网游戏服务之外的其他服务

续表

大类	中类	国民经济行业代码（2017）	国民经济行业名称	说明
02 信息通信技术服务业	0202 互联网服务	6431	互联网生产服务平台	指专门为生产服务提供第三方服务平台的互联网活动，包括互联网大宗商品交易平台、互联网货物运输平台等
		6432	互联网生活服务平台	指专门为居民生活服务提供第三方服务平台的互联网活动，包括互联网销售平台、互联网约车服务平台、互联网旅游出行服务平台、互联网体育平台等
		6433	互联网科技创新平台	指专门为科技创新、创业等提供第三方服务平台的互联网活动，包括网络众创平台、网络众包平台、网络众扶平台、技术创新网络平台、技术交易网络平台、科技成果网络推广平台、知识产权交易平台、开源社区平台等
		6434	互联网公共服务平台	指专门为公共服务提供第三方服务平台的互联网活动
		6439	其他互联网平台	上述除外的其他互联网平台
		6440	互联网安全服务	包括网络安全监控，以及网络服务质量、可信度和安全等评估测评活动
		6450	互联网数据服务	指以互联网技术为基础的大数据处理、云存储、云计算、云加工等服务
	0203 软件开发	6511	基础软件开发	指能够对硬件资源进行调度和管理、为应用软件提供运行支撑的软件，包括操作系统、数据库、中间件、各类固件等
		6512	支撑软件开发	指软件开发过程中使用到的支撑软件开发的工具和集成环境、测试工具软件等
		6513	应用软件开发	指独立销售的面向应用需求的软件和解决方案软件等，包括通用软件、工业软件、行业软件、嵌入式应用软件等
		6519	其他软件开发	指未列明的软件开发，如平台软件、信息安全软件等

续表

大类	中类	国民经济行业代码（2017）	国民经济行业名称	说明
02信息通信技术服务业	0204信息技术服务	6550	信息处理和存储支持服务	指供方向需方提供的信息和数据的分析、整理、计算、编辑、存储等加工处理服务，以及应用软件、信息系统基础设施等租用服务；包括在线企业资源规划（ERP）、在线杀毒、服务器托管、虚拟主机等
		6571	地理遥感信息服务	指互联网地图服务软件、地理信息系统软件、测绘软件、遥感软件、导航与位置服务软件、地图制图软件等，以及地理信息加工处理（包括导航电子地图制作、遥感影像处理等）、地理信息系统工程服务、导航及位置服务等
		6572	动漫、游戏数字内容服务	指通过数字技术提供的动画、漫画以及电子游戏等内容的服务
		6579	其他数字内容服务	含数字文化和数字体育内容服务

3.3.2 产业现状分析

1. 发展现状分析

（1）产业基础

2022 年全国专利密集型产业增加值为 153176 亿元，其中，信息通信技术服务业增加值为 33888 亿元，所占比重为 22.1%，排名第二，增速为 10.6%，排名第三，可见信息通信技术服务业正处于蓬勃发展、快速增长的态势[48]。具体到各中类产业：

对于通信和卫星传输产业，2022 年，我国卫星通信产业市场规模达到 798 亿元。2023 年，数据中心、云计算、大数据、物联网等新兴业务快速发展，2023 年共完成业务收入 3564 亿元，比上年增长 19.1%，在电信业务收入中的占比由 2022 年的 19.4% 提升至 21.2%，拉动电信业务收入增长 3.6 个百分点，这些新兴业务的发展也间接推动了通信和卫星传输产业的增长。2024 年 1~5 月，通信行业呈现平稳运行态势，电信业务量收保持增长，5G、千兆光网等新型基础设施网络建设和应用不断推进，网络连接用户规模稳步增加。

对于互联网服务产业，2022年，我国规模以上互联网和相关服务企业完成互联网业务收入14590亿元，同比下降1.1%。尽管总收入有所下降，但考虑到基数较大，这一规模仍然相当可观。而据中国互联网络信息中心发布的《中国互联网络发展状况统计报告》显示，2023年我国规模以上互联网企业完成互联网业务收入17483亿元，同比增长6.8%。这表明在经历了2022年的小幅下降后，我国互联网服务业在2023年实现了稳健增长。2024年1~5月，我国规模以上互联网和相关服务企业完成互联网业务收入6861亿元，同比增长5%，增速较1~4月提高1.3个百分点，互联网业务收入保持增长态势，利润总额降幅收窄，研发经费实现正增长。

对于软件开发产业，我国该产业业务收入于2022年跃上10万亿元台阶，达到108126亿元，同比增长11.2%，并在2023年继续保持稳健增长，累计完成软件业务收入123258亿元，同比增长13.4%，增速较上年同期提高2.2个百分点。2024年1~5月，我国软件开发产业运行态势良好，软件业务收入和利润均保持两位数增长，工业软件、基础软件等重点软件产品增速提升，云计算、大数据、集成电路设计等信息技术服务领域增长较快。

对于信息技术服务产业，根据统计数据，2022年我国该产业收入70128亿元，同比增长11.7%，高出全行业整体水平0.5个百分点。2023年，信息技术服务收入约为81226.2亿元，同比增长14.7%。以上数据表明，即使在面临全球经济不确定性的情况下，我国信息技术服务业仍保持了稳健的增长。

接下来，随着技术的不断进步和应用的不断拓展，能够预期，信息通信技术服务业在未来将继续保持快速增长态势。

着眼于四川省，截至2020年底，四川省电信业务总量达到7525.9亿元（2015年不变单价），超过"十二五"末的6倍。另一方面，两化融合效果日益显现，制造业与互联网融合发展，基于互联网的融合发展新业态不断涌现，制造业智能化水平迈上新台阶，互联网作为各行业的颠覆性力量，极大地促进了产业融合发展和经济转型升级。

"十四五"时期开启后，四川省的通信和卫星传输行业通过大规模的基础设施建设和技术指标提升，为数字经济发展提供了有力支撑，互联网服务行业通过推动数字经济总量增长和技术创新应用，加速了产业的数字化进程，软件开发行业通过加强新兴产业发展和智能化改造，促进了产业的转型升级，信息技术服务行业着力推动技术创新和应用、培育新兴产业。总的来说，四川省的信息通信技术服务业各分支行业的发展共同推动了全省数字经济的高质量发展。

(2) 政策环境

1) 国家级政策

近年来，国家发展改革委、财政部、国务院等多部门都陆续印发了规范、引导、鼓励、规划信息通信技术服务业的发展政策，这些政策涵盖了网络提速降费、宽带接入网业务开放、网络安全保障、信息化规划等多个方面，为信息通信技术服务业的健康发展提供了有力支持。具体地，2021年，工业和信息化部印发《"十四五"信息通信行业发展规划》，确立了以下发展目标：到2025年，信息通信行业整体规模进一步壮大，发展质量显著提升，基本建成高速泛在、集成互联、智能绿色、安全可靠的新型数字基础设施，创新能力大幅增强，新兴业态蓬勃发展，赋能经济社会数字化转型升级的能力全面提升，成为建设制造强国、网络强国、数字中国的坚强柱石。其中，网络和信息服务也从电信服务、互联网信息服务、物联网服务、卫星通信服务、云计算及大数据等面向政企和公众用户开展的各类服务，向工业云服务、智慧医疗、智能交通等数字化生产和数字化治理服务新业态扩展。此外，《"十四五"软件和信息技术服务业发展规划》中则提及，到2025年工业App突破100万个，规模以上企业软件业务收入突破14万亿元，年均增长12%以上。仅2023年前三个季度，工业和信息化部等多个部门就对信息通信技术服务业陆续发布了十余项重点政策，内容涉及数据安全产业、移动互联网应用服务、生成式人工智能服务等。

2) 省级政策

四川省委、省政府印发的《四川省知识产权强省建设纲要（2022—2035年)》的总体要求中提出，发展目标包括：到2025年，专利密集型产业增加值占地区生产总值比重达到13%，并具体提出要做大做强专利密集型产业。信息通信技术服务业作为专利密集型产业的重要组成部分，更是受到了省委、省政府的高度重视。2021年9月，省通信管理局向社会正式发布《四川省信息通信行业发展规划（2021—2025年)》，即四川省信息通信行业"十四五"发展规划，聚焦新基建、数字经济、区域协调发展等重点，组织编制了四川省信息通信行业省级总规和5个经济区分册，谋划一批重大任务、重大工程、重大政策。2024年5月，四川省发布了《关于推动卫星网络产业发展的实施意见》，该意见旨在抢抓卫星网络产业发展的战略机遇，发挥四川省的技术、产业和场景优势，推动卫星网络产业高质量发展，主要措施包括巩固提升关键优势领域（如载荷、测控、通信、时钟等）、做优做强基础扎实领域（如软件、安全等）、培育壮大短板潜力领域（如卫星制造、应用、监测等），并明确了到2027年全省卫星网络及相关产业规模达到千亿级的目标。

综上所述，近年来，四川省通过发布多项省级政策，积极鼓励和支持信息通信技术服务业的发展。这些政策不仅为产业发展提供了政策保障和资金支持，还明确了发展目标和发展方向，有力推动了四川省数字经济和信息技术的快速发展。

(3) 产业布局

1) 创新能力建设

我国在信息通信技术服务业拥有多个国家级科技创新平台、重点实验室，这些平台和实验室在推动我国信息通信技术服务业的发展中发挥着重要作用。例如通信和卫星传输产业方面，我国拥有的无线移动通信国家重点实验室依托电信科学技术研究院（大唐电信科技产业集团）成立，是国内该领域唯一依托企业建立的国家级实验室，用于开展共性和关键技术研究，主导国际标准制定，为提升我国在无线移动通信技术与标准领域的国际竞争力做出了重大贡献；此外，还有以北京航空航天大学为依托的卫星导航与移动通信融合技术实验室，其致力于卫星导航与移动通信技术的融合研究。软件开发产业方面，隶属于中国科学院软件研究所的基础软件与系统重点实验室致力于计算机科学理论和软件高新技术的研究与发展，特别是在软件原理与形式化方法、软件高效开发与高可信保障技术、核心基础软件系统等方面具有显著优势。信息技术服务产业方面，科技部批复了国家新一代人工智能公共算力开放创新平台，旨在推动人工智能技术的发展和应用，国家超级计算长沙中心、武汉人工智能计算中心等都是首批获批平台，位于四川省的成都智算中心虽不在首批获批平台名单中，但也包括在该开放创新平台之内。成都智算中心是"东数西算"国家一体化大数据中心成渝枢纽节点的样板工程，总投资109亿元，项目包含"一中心、三平台"，"一中心"即"国家一体化大数据中心成渝Ⅰ类节点"，将结合成都在西部的经济、科技中心地位，承接国家重要需求、科研创新和战略落地；"三平台"即为城市管理和决策提供智能化支持的城市智脑平台、算力达到300 PFLOPS FP16的全球领先人工智能算力平台、专注于智能数据存储和机器视觉领域的科研创新的全球智能数据存储与机器视觉科研创新平台，作为西南地区最大的人工智能计算中心，成都智算中心将在推动人工智能产业发展、科研创新和技术应用等方面发挥着重要作用。

2) 资金支持

为了支持信息通信技术服务业的发展，我国还设立了多个产业基金。这些产业基金通过投资信息通信技术企业、支持技术研发和产业化项目等方式，为信息通信技术服务业的发展提供了重要的资金支持。例如中国互联网投资基金，其是由中央网信办和财政部共同发起成立的国家级政府产业投资基金，旨在服务网络强国建设，推动互联网服务产业的发展。该基金聚焦核心技术突破，引导资金投向网信事业发展的重要领域和薄弱环节，为我国互联网服务产业的创新发展提供了资金支持。

四川省同样通过设立产业基金等方式支持信息通信技术服务业的发展，其中最具代表性的是四川产业振兴发展投资基金，其围绕基金投资、科创产业和资产管理三大业务板块，构建"基金—科技—产业"良性循环、三角互动的发展格局，在成都市锦江区设立了"产业创新中心"重大投资项目，该项目总投资约30亿元，旨在促进科研、产业和资本的有机结合，推动创新链、产业链、资金链、人才链的深度融合。同时，该项目还于2023年成立了"四川振兴产业技术研究院"，并引入行业领军人才和下属投资公司，以加速科技成果的转化和应用。

3）园区建设

有报告显示，我国通信和卫星传输产业相关的产业园区数量众多，共有133个，多个省市均有分布。其中，河北、陕西、北京三个省市分布数量最多，分别达到16个、15个、14个。河南、江苏、湖北、四川等地卫星产业园区数量也均在6个以上，四川省有代表性的园区包括中国西部卫星产业园，其位于天府新区眉山片区，将在2024年9月交付使用，产业园正筹备设立总规模20亿元的卫星产业子基金，为卫星产业发展"定桩筑基"，并争取高分辨率对地观测系统四川中心眉山分中心、西部卫星应用产业研究院、四川省卫星应用技术中心眉山分中心入驻，搭建从研发到成果孵化、转化、产业化的高标准平台。

在互联网服务、软件开发及信息技术服务方面，信息技术产业园区作为一种以信息技术为核心，集研发、生产、销售和服务于一体的综合性产业园区，在我国信息技术服务业的发展中扮演了重要角色。如北京中关村科技园、上海张江高科技园区等，都是该产业的代表性园区，聚集了众多国内外知名的软件企业和研发机构，形成了完整的软件产业链和生态体系，推动了信息技术服务业的集聚发展和创新能力的提升。近年来，四川省大力发展互联网服务、软件开发及信息技术服务业，涉及上述产业的主题园区已形成了以成都为中心辐射周边地市的基础布局。其中，位于成都市的天府软件园入选"中国软件名园试点园区"；锦江软件园锚定人工智能行业创新应用相关领域，绘就"一道九园"AI＋产业图景；四川省信创产业园打造四川省信息技术应用创新产业联盟，聚集相关会员单位200余家；国家特色化示范性软件学院电子科技大学信息与软件工程学院牵头建设工业软件孵化中心大楼。周边地市中，中国（绵阳）科技城软件产业园瞄准智能机器人及无人机等新赛道产业，依托园区企业服务平台助力企业加快发展，着力打造产业链生态集群；德阳天府数谷抢抓"数字中国"建设和"东数西算"重要发展机遇，助力加快建设国家数字经济创新发展试验区（四川）先行区、"5G＋工业互联网"融合发展先导区，建成云上天府智算中心并投入使用；还包括宜宾市信息技术服务产业园和内江软件与信息技

第 3 章　四川省专利密集型产业发展研究分析

术服务外包产业园等大型产业园区。

2. 专利分析

（1）申请趋势

全国信息通信技术服务业发明专利申请趋势如图 3-37 所示，由图可见发明专利申请量逐年上升，反映该领域的创新活跃度持续增强。2015 年信息通信技术服务业领域发明专利申请量为 224587 项，到 2022 年增长至 825386 项，复合增长率达到 16.5%。

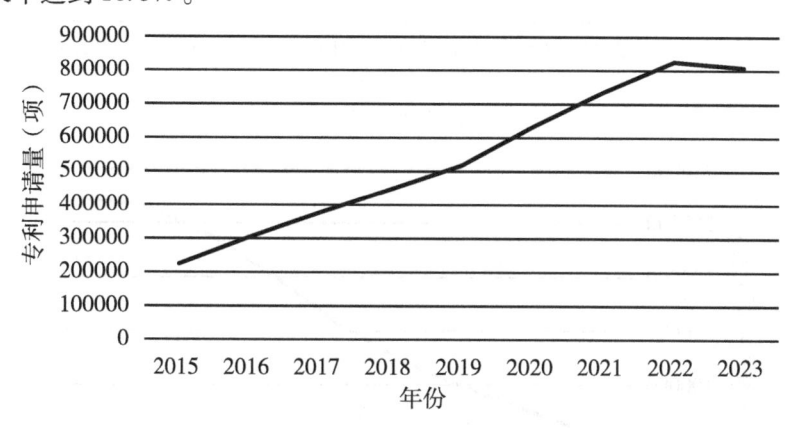

图 3-37　全国信息通信技术服务业发明专利申请趋势

在中类领域中，如图 3-38 所示，互联网服务、软件开发、信息技术服务等领域，发明专利年度申请趋势与信息通信技术服务业领域一致，在 2015—2022 年快速增长。软件开发和信息技术服务领域复合增长率远远高于信息通信技术服务业，创新活跃度增长明显。通信和卫星传输领域发明专利年度申请量在 2017 年达到高峰后呈下降趋势，2021 年发明专利申请量开始正向增长。由于 2023 年的发明专利申请还未完全公开，该年申请数据不具有参考性。

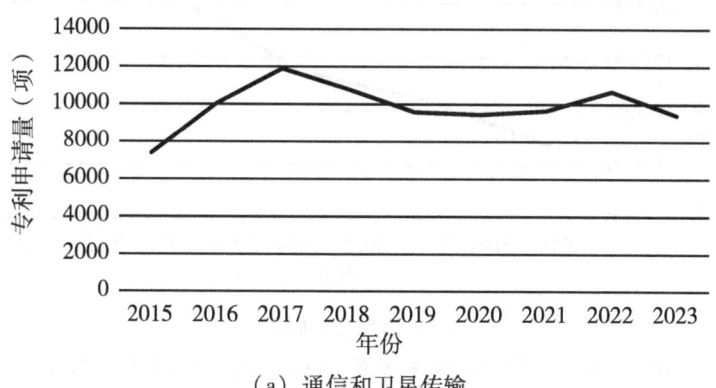

（a）通信和卫星传输

(b) 互联网服务

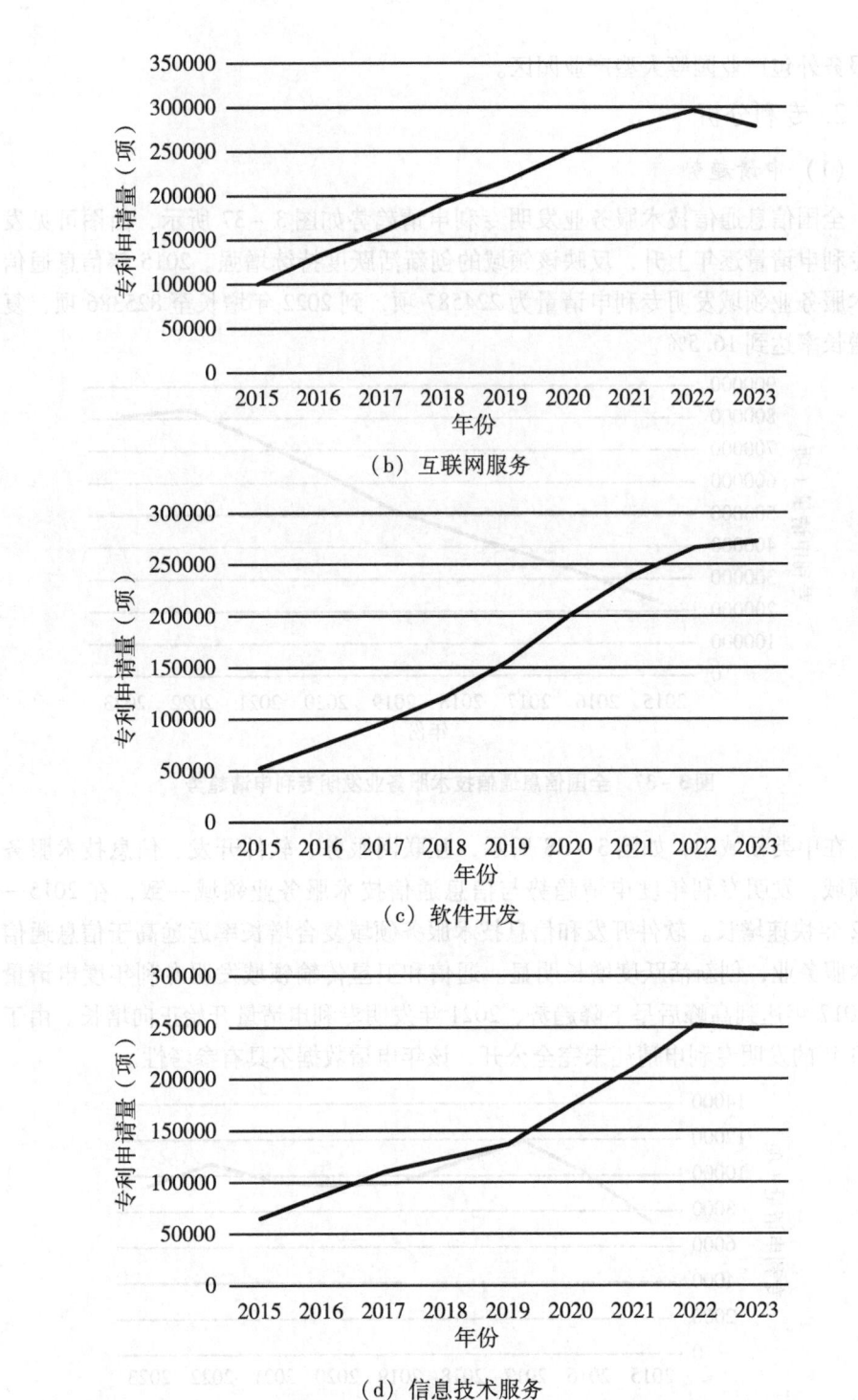

(c) 软件开发

(d) 信息技术服务

图 3-38 全国信息通信技术服务业各中类领域专利申请趋势

四川省信息通信技术服务业发明专利申请趋势如图3-39所示，由图可见，发明专利年度申请趋势与我国发明专利年度申请趋势具有整体一致性，但2019年相比2018年发明专利申请数量有所降低，在2020年开始继续增长。由于2023年的发明专利还未完全公开，该年申请数据不具有参考性。

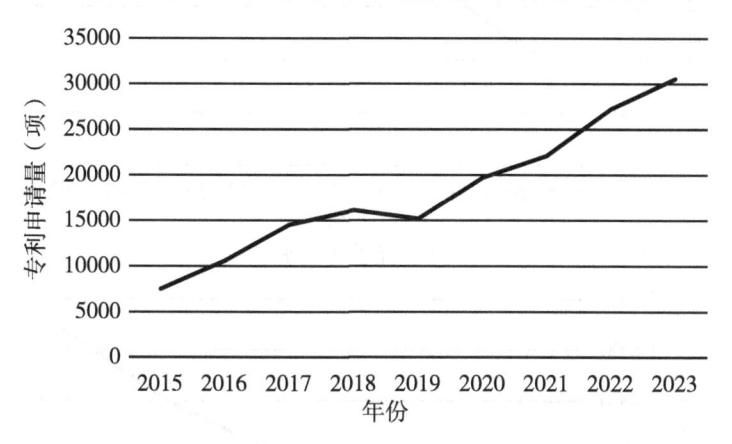

图3-39　四川省信息通信技术服务业发明专利申请趋势

在中类领域中，如图3-40所示，分为三类趋势。第一类，通信和卫星传输领域，发明专利年度申请趋势与该领域全国趋势一致，2015—2018年呈正增长，在2019年发明专利申请量明显下降，2020年开始缓慢上升。第二类，互联网服务和信息技术服务，与信息通信技术服务业发明专利年度申请量趋势一致，在2019年申请量有回落，随后又快速增长。第三类，软件开发领域，2015—2022年持续增长，创新活跃度不断增强。由于2023年的发明专利未完全公开，该年申请数据不具有参考性。

（a）通信和卫星传输

（b）互联网服务

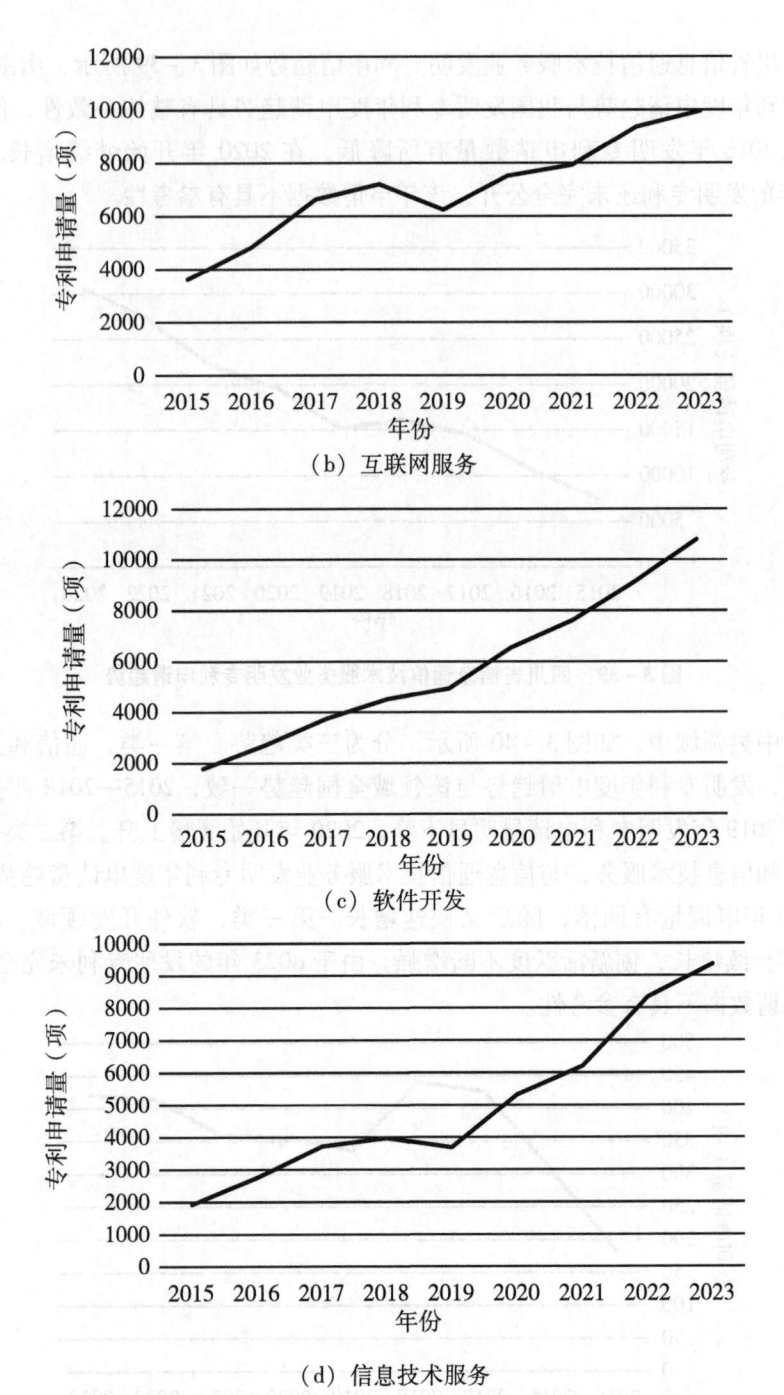

（c）软件开发

（d）信息技术服务

图 3-40　四川省信息通信技术服务业各中类领域专利申请趋势

(2) 产业结构

信息通信技术服务业与专利密切相关，技术发展往往伴随着密集的专利保护。一定地域内的各技术领域的发明专利申请量及其占比可在一定程度上反映该区域的产业结构。表3-10对比了四川省、成都市的信息通信技术服务业发明专利布局结构与全国该行业的专利布局结构。

如表3-10所示，四川省在各个中类领域上均有布局，且布局比重与全国、国外来华、中国本土发明专利布局中类领域比重均高度近似，四川省申请人关注互联网服务、软件开发、信息技术服务，发明专利申请量占比分别为38.68%、31.66%、27.68%，是信息通信技术服务业主要的产业创新领域。国外申请人在中国更加关注互联网服务领域，发明专利所占比例超过了四成，信息技术服务领域排在第二位，软件开发领域排在第三位。成都市信息通信技术服务业的产业结构与四川省的产业结构基本一致。

表3-10 信息通信技术服务业产业结构对比

中类	全国	国外来华	中国本土	四川省	成都市
	发明专利申请量（项）				
通信和卫星传输	88904	7255	81649	3242	2660
互联网服务	1898421	136056	1762365	63246	52093
软件开发	1478733	90663	1388070	51767	43435
信息技术服务	1407178	101286	1305892	45260	37616
总量	4873236	335260	4537976	163515	135804
中类	占信息通信技术服务业总量比例				
通信和卫星传输	1.82%	2.16%	1.80%	1.98%	1.96%
互联网服务	38.96%	40.58%	38.84%	38.68%	38.36%
软件开发	30.34%	27.04%	30.59%	31.66%	31.98%
信息技术服务	28.88%	30.21%	28.78%	27.68%	27.70%

四川省在各中类领域的发明专利申请量在中国本土创新中的占比见表3-11，通信和卫星传输领域高于其他领域，但总量较小，在信息通信技术服务业中的占比较低，专利控制力仍然不足，软件开发领域高于信息通信技术服务业平均水平，四川省在该领域的创新能力相比其他领域具有较强的优势。国外来华在通信和卫星传输、信息技术服务、互联网服务领域优于平均水平，而软件开发的创新活跃度低于平均水平。

表 3-11　信息通信技术服务业四川省、成都市各中类领域
发明专利申请在中国本土创新中的占比

中类	国外来华占中国	四川省占中国本土	成都市占中国本土
通信和卫星传输	8.16%	3.97%	3.26%
互联网服务	7.17%	3.59%	2.96%
软件开发	6.13%	3.73%	3.13%
信息技术服务	7.20%	3.47%	2.88%
总量	6.88%	3.60%	2.99%

(3) 创新主体实力定位

从图 3-41 所示的全国信息通信技术服务业各中类领域重要专利申请人来看，申请量排名前 10 位的申请人中中国申请人占据主要地位。在通信和卫星传输领域，主要以移动通信公司为主，努比亚、维沃、广东欧珀排名前三，中电科第五十四研究所列第六位，是唯一一家上榜的研究所，国外申请人为高通和三星。在互联网服务领域，腾讯、华为、国家电网占据前三甲，国外申请人并未上榜，中国申请人在该领域具有较强的专利控制力。在软件开发领域，腾讯、华为仍列第一、第二位，浙江大学和清华大学列第七、第十位。在信息技术服务领域，腾讯仍然位列第一。

在上述领域，四川及成都本土申请人未有上榜者，在信息通信技术服务领域本土龙头企业缺失。但是，四川及成都近年来引进了较多的榜上企业，如腾讯、华为、阿里巴巴等，在本地已经建立起信息技术服务产业集聚区。

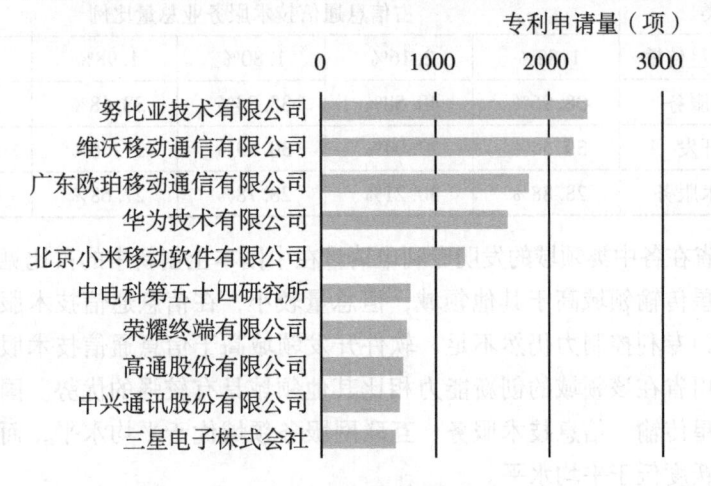

(a) 通信和卫星传输

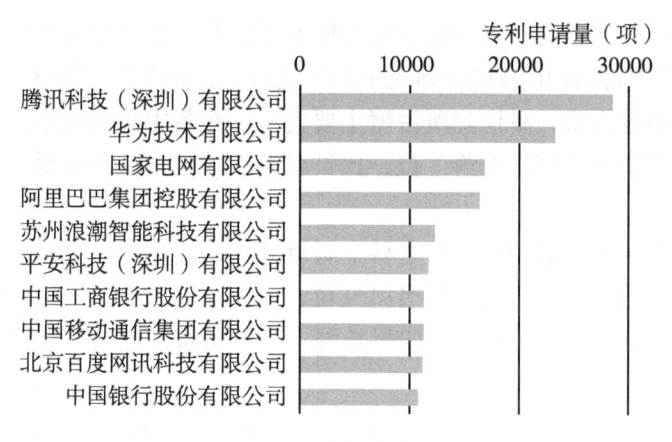

（b）互联网服务

排名（从上至下）：
腾讯科技（深圳）有限公司
华为技术有限公司
国家电网有限公司
阿里巴巴集团控股有限公司
苏州浪潮智能科技有限公司
平安科技（深圳）有限公司
中国工商银行股份有限公司
中国移动通信集团有限公司
北京百度网讯科技有限公司
中国银行股份有限公司

（c）软件开发

排名（从上至下）：
腾讯科技（深圳）有限公司
华为技术有限公司
国家电网有限公司
北京百度网讯科技有限公司
阿里巴巴集团控股有限公司
平安科技（深圳）有限公司
浙江大学
中国工商银行股份有限公司
中国移动通信集团有限公司
清华大学

（d）信息技术服务

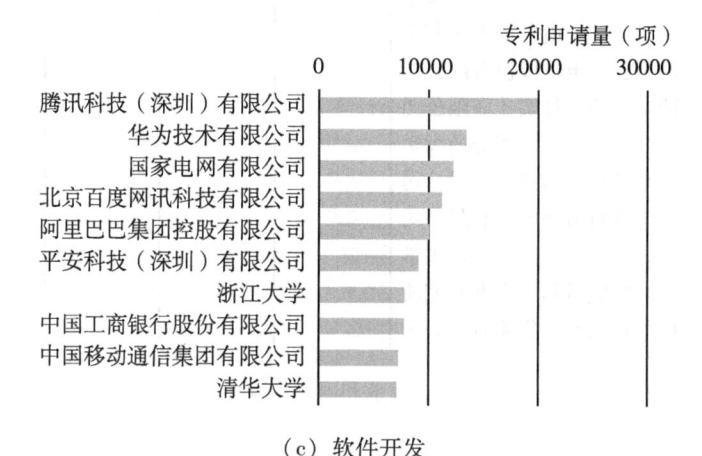

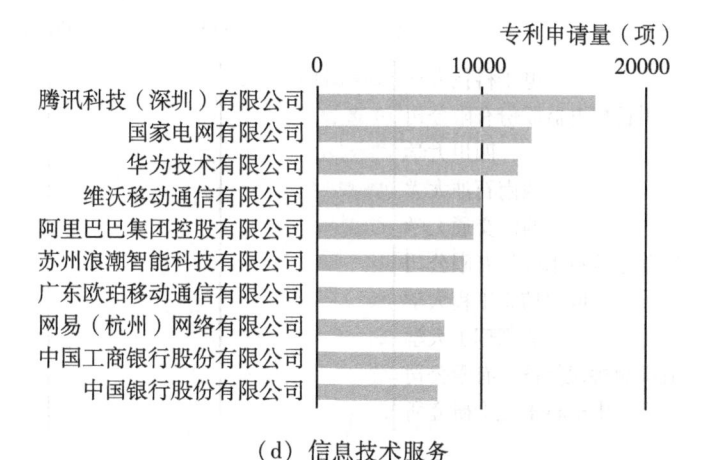

排名（从上至下）：
腾讯科技（深圳）有限公司
国家电网有限公司
华为技术有限公司
维沃移动通信有限公司
阿里巴巴集团控股有限公司
苏州浪潮智能科技有限公司
广东欧珀移动通信有限公司
网易（杭州）网络有限公司
中国工商银行股份有限公司
中国银行股份有限公司

图 3-41　全国信息通信技术服务业各中类领域重要专利申请人

从图 3-42 所示的四川省信息通信技术服务业各中类领域重要专利申请人来看，申请量排名前 10 位的申请人中高校院所与企业申请人数量相当，但从拥有发明专利数量来看，高校院所占据主要优势。在各中类领域中，电子科技大学的发明专利申请量都排在第一位，比排名第二的申请人高出很多，技术成果储备丰富。

在通信和卫星传输领域，中电科下属研究所创新活跃，中电科第十研究所排名第二位，第二十九研究所排名第九位，西南交通大学、四川大学也表现出较高的创新活跃度，安迪科技、四川长虹、中电科航空电子、鼎桥通信等企业

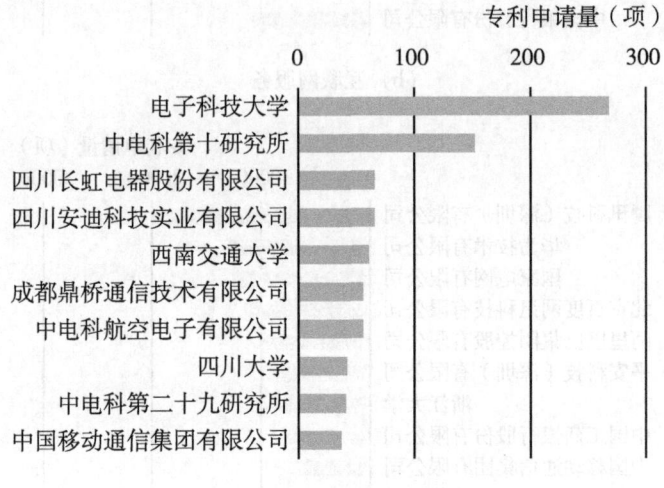

(a) 通信和卫星传输

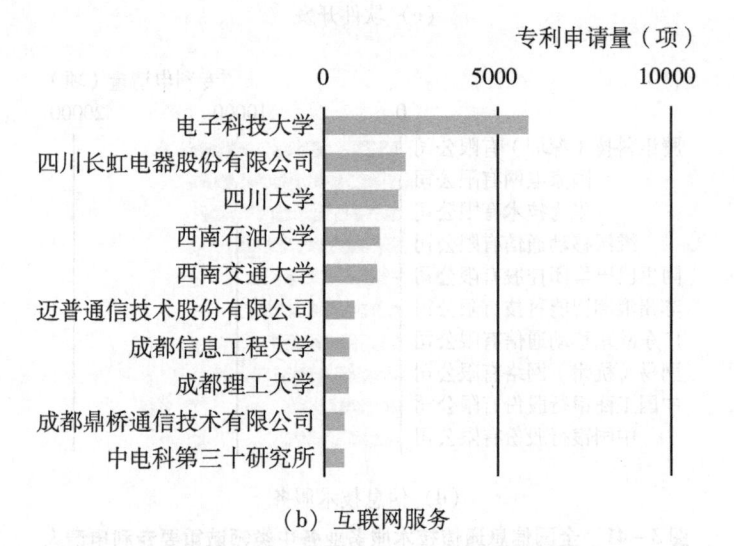

(b) 互联网服务

第3章 四川省专利密集型产业发展研究分析

（c）软件开发

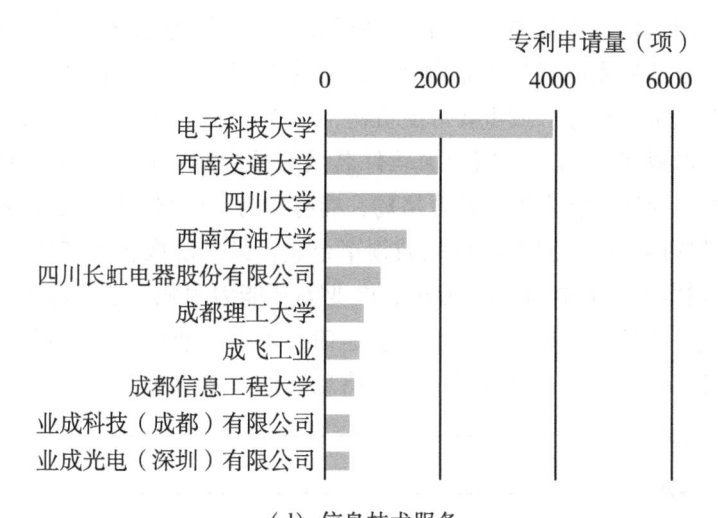

（d）信息技术服务

图 3-42 四川省信息通信技术服务业各中类领域重要专利申请人

具有一定技术成果储备，创新能力相对高校院所还有待加强。在互联网服务领域，高校占据主要地位，除电子科技大学以外，四川大学、西南石油大学、西南交通大学、成都信息工程大学、成都理工大学都名列榜单，且拥有的发明专利数量都高于500项，四川长虹作为企业代表排在第二位，在该领域表现突出。在软件开发、信息技术服务领域，仍以电子科技大学为首的大学团为主，高校创新能力强，储备技术成果较多。

(4) 技术创新能力定位

本节主要分析四川省信息通信技术服务业领域发明专利申请数量在我国各省市中的排名,以及四川省信息通信技术服务业领域协同创新程度与全国对比情况。

省市排名情况如图 3-43 所示,东部地区在信息通信技术服务业领域发明专利数量排名前列,这也说明东部地区信息通信技术服务业创新活跃度最高。排名前 10 位的省市大致可分三个层次。北京和广东位于第一层次,发明专利数量有百万项左右,远高于其他省市。北京作为中国首都,在信息通信技术领域拥有显著的优势和地位。位于北京的中关村科技园是我国第一个国家级高新技术产业开发区、第一个国家自主创新示范区、第一个国家级人才特区,其科教智力和人才资源密集、创新资源丰富、产业集群突出、政策环境优越,且具有相当高的国际影响力,为北京市信息通信技术服务业的飞速发展奠定了坚实的基础并产生了极大的引领作用。北京聚集了大量信息通信技术服务业企业的总部,包括中国电信、中国移动和中国联通等国家主要电信运营商,以及华为、中兴通讯等全球领先的通信设备制造商,众多互联网巨头如百度、京东、字节跳动等均在北京设有总部或重要分支机构,形成了完整的信息通信技术产业链。广东省已经形成了广州、深圳中国软件名城双核引领、珠三角地区梯队协同、粤东粤西粤北地区竞相发展的产业格局,拥有华为、中兴、腾讯、网易、小米、平安等一批软件与信息服务细分领域领军企业。第二层次包含江苏、上海、浙江,发明专利数量为 30 万~50 万项,产业创新能力很强。以江苏省、上海市、浙江省为代表的长江三角洲地区的信息通信技术服务业也发展迅猛,并通过集聚效应形成了合力,有效促进了该地区信息通信技术服务业的蓬勃发展。第三

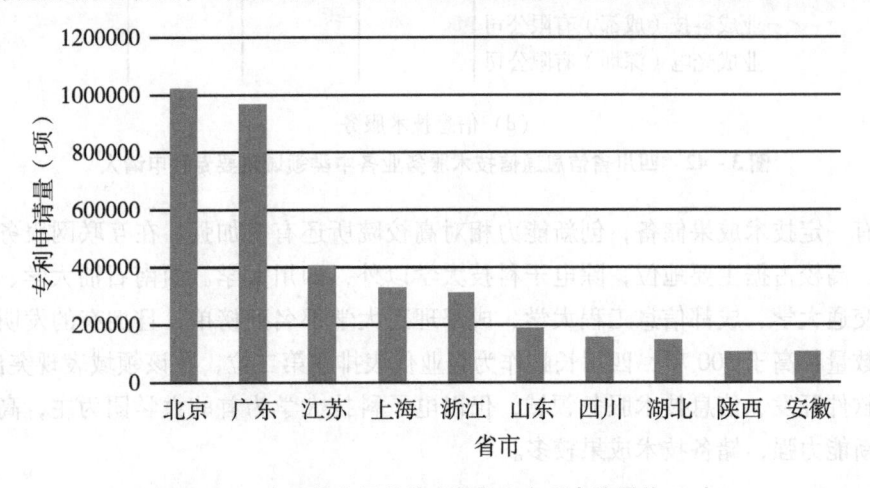

图 3-43 全国信息通信技术服务业专利申请量前 10 名

层次省市发明专利数量为 10 万~20 万项，主要以中西部省市为主。四川作为中西部核心省份，在全国省市中排名第七位，是中国西部省市中排名最靠前的省份，总申请量达到 163515 项，技术创新实力较强，但与北京、广东相比，发明专利拥有量相差很远，创新实力差距明显。

在信息通信技术服务业各中类领域，如图 3-44 所示，四川省处于中等水平，在中西部排在首位。在通信和卫星传输领域，四川省发明专利申请量排在第六位，在四川之前的省市都是东部发达省市。在互联网服务、软件开发、信息技术服务等领域，四川省发明专利申请量排在第七位。

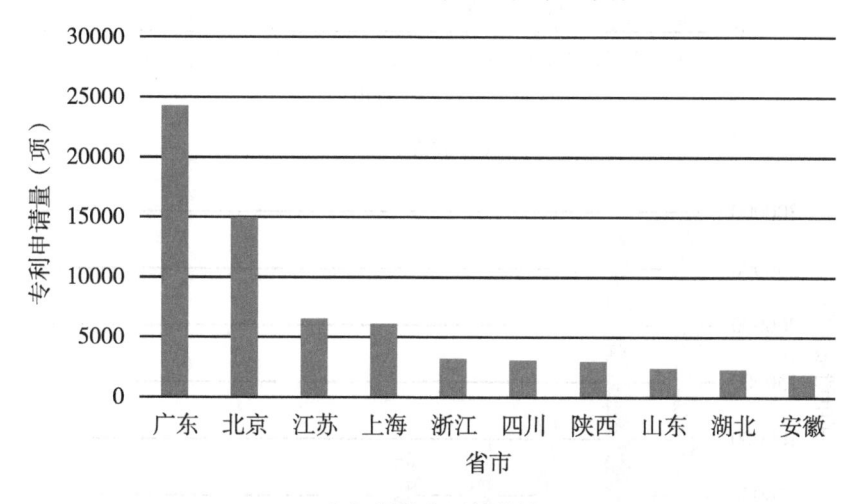

（a）通信和卫星传输

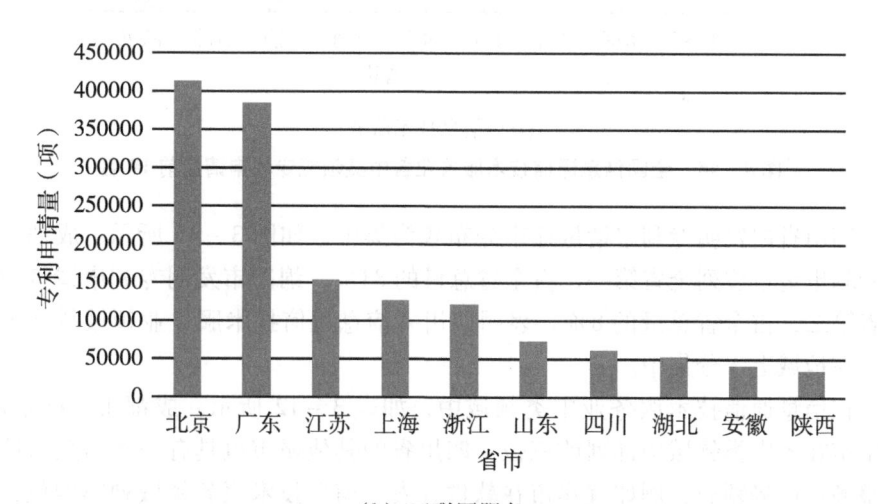

（b）互联网服务

(c) 软件开发

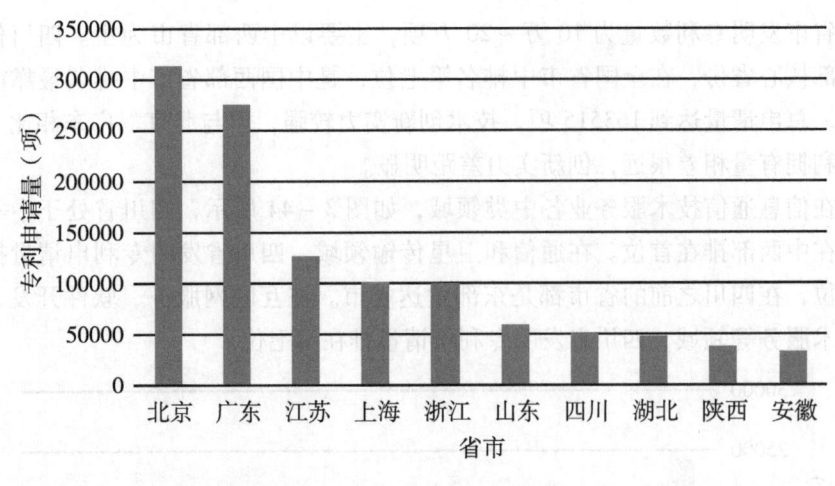

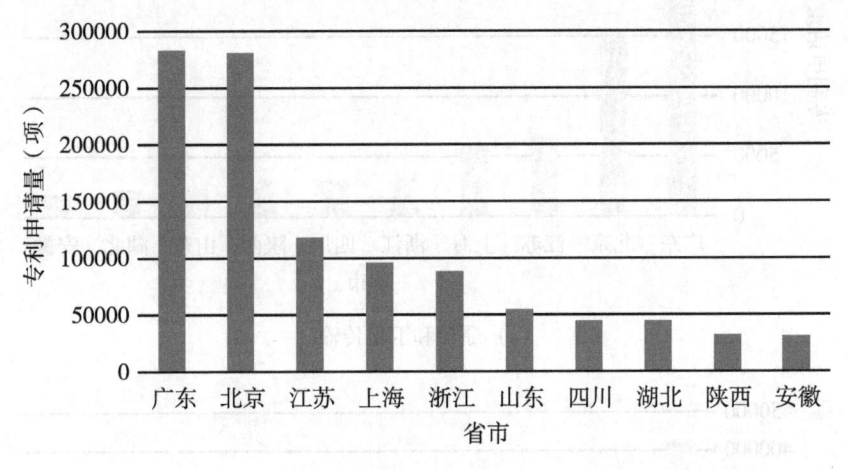

(d) 信息技术服务

图 3-44　全国信息通信技术服务业各中类领域专利申请量前 10 名

四川省内发明专利申请量地市分布较为集中，如图 3-45 所示，成都市发明专利申请量位列全省第一，占全省总量的 83%，绵阳市发明专利申请量位列全省第二，占全省总量的 8%，表明四川省信息通信技术服务业领域科技创新成果在地域上十分集中。

在信息通信技术服务业中类领域中，如表 3-12 所示，成都市、绵阳市、德阳市在各中类领域中都列前三位，四川省的其他城市也具有一些信息通信技术服务业优势领域，例如宜宾市在软件开发、信息技术服务领域列第四位；内江市在互联网服务领域申请发明专利数量较多；广安市在通信和卫星传输领域拥有一定量创新技术成果。

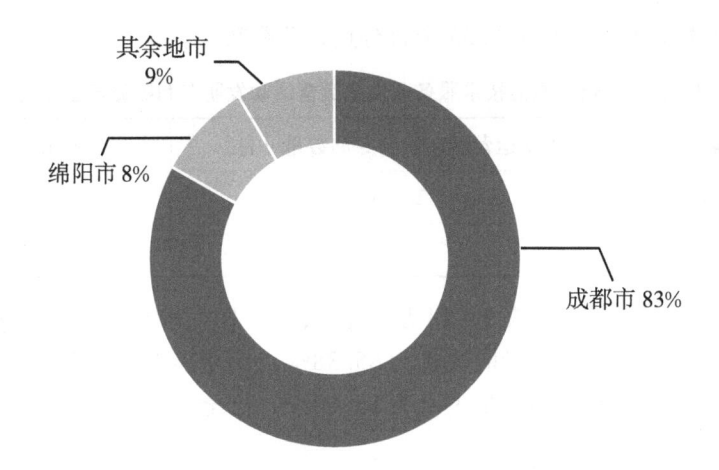

图 3-45 四川省信息通信技术服务业专利申请地市分布

表 3-12 四川省信息通信技术服务业各中类领域专利申请地市分布

(单位：项)

通信和卫星传输		互联网服务		软件开发		信息技术服务	
成都市	2660	成都市	52093	成都市	43435	成都市	37616
绵阳市	255	绵阳市	5565	绵阳市	4288	绵阳市	3579
德阳市	68	德阳市	791	德阳市	607	德阳市	648
广安市	41	内江市	442	宜宾市	347	宜宾市	309
宜宾市	39	泸州市	374	自贡市	332	泸州市	304
内江市	13	宜宾市	371	泸州市	270	内江市	298
泸州市	13	自贡市	286	内江市	266	自贡市	260
自贡市	12	乐山市	195	雅安市	171	雅安市	173
眉山市	9	雅安市	184	攀枝花市	158	眉山市	147
南充市	8	眉山市	171	乐山市	144	南充市	142

(5) 专利运营实力定位

专利运营主要包括专利转让、许可、质押融资等活动。本部分主要通过将四川/成都信息通信技术服务业各中类领域发明专利申请权或专利权转移、专利许可、专利质押等情况与中国进行对比，进而对四川/成都电子信息产业专利运营情况进行定位。

在信息通信技术服务业领域，如表 3-13 所示，四川省发生运营活动发明专利数量为 7902 件，占全省发明专利数量的比例为 4.83%，比全国发生运营活动发明专利数量平均占比低 0.55 个百分点，差距较小。

表 3-13　四川省信息通信技术服务业发生运营活动发明专利数量与全国对比情况

区域	发生运营活动发明专利数量（件）	占比（%）
全国	262151	5.38
四川	7902	4.83

从运营类型来看，如表 3-14 所示，四川省发生转让的发明专利数量占发生运营活动发明专利数量的比例为 85.38%，比全国平均水平低近 2 个百分点，发生质押的发明专利数量占比为 11.64%，比全国平均水平高了约 4 个百分点。

表 3-14　四川省信息通信技术服务业发生不同类型
运营活动发明专利数量与全国对比情况

运营类型		发明专利数量（件）	占比（%）
全国	转让	228915	87.32
	许可	13493	5.15
	质押	19743	7.53
四川	转让	6747	85.38
	许可	235	2.97
	质押	920	11.64

3.3.3　通信和卫星传输产业分析

1. 产业现状

四川省的通信和卫星传输产业已经形成了较为成熟的产业链，主要涉及元器件制造的上游链，设备制造、网络建设服务与运营的中游链，以及下游的信息通信技术服务与应用，如图 3-46 所示。

目前，四川省信息通信业整体运行良好，电信业务收入和业务总量增长平稳，5G、千兆光网等新基建稳步推进，移动互联网、物联网等用户规模加速扩大。截至 2023 年 11 月，四川省移动数据流量业务收入占比最高，三家基础电信企业完成移动数据流量业务收入 301.6 亿元，在电信业务收入中占比 40.9%。四川省卫星传输产业尚处于初步发展阶段，且发展基本都集中在成都。2022 年，成都市卫星互联网与卫星应用核心产业规模达 113.1 亿元，2023 年前三季

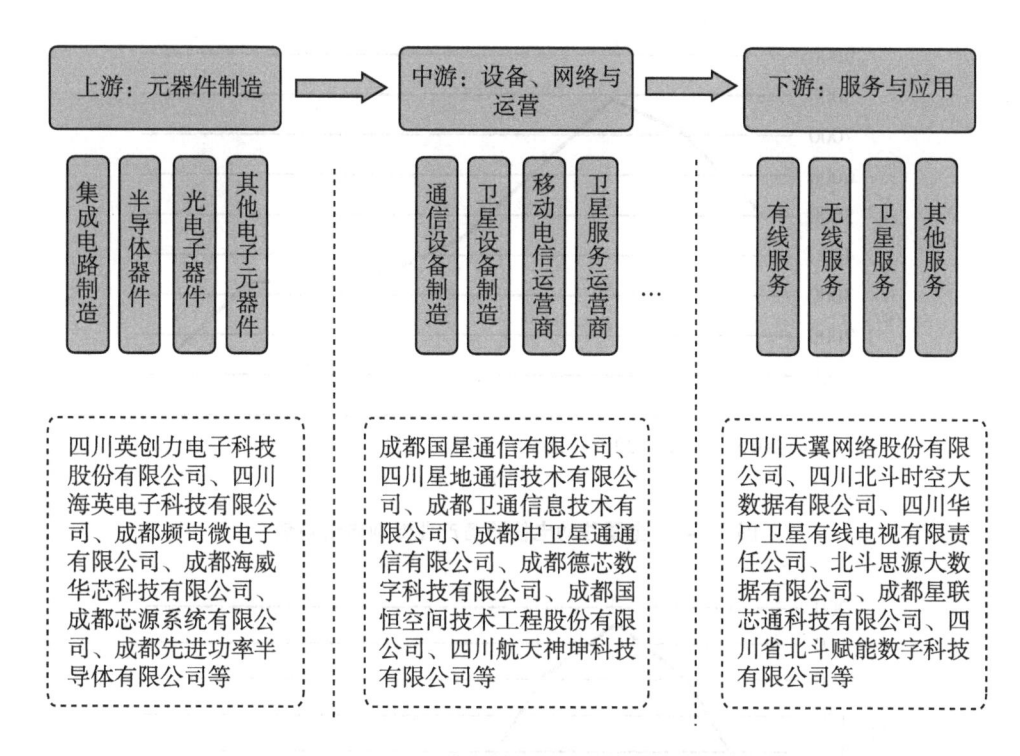

第3章 四川省专利密集型产业发展研究分析

```
┌─────────────────┐    ┌─────────────────┐    ┌─────────────────┐
│ 上游：元器件制造 │ →  │ 中游：设备、网络与│ →  │ 下游：服务与应用 │
│                 │    │       运营       │    │                 │
└─────────────────┘    └─────────────────┘    └─────────────────┘
```

上游	中游	下游
集成电路制造 / 半导体器件 / 光电子器件 / 其他电子元器件	通信设备制造 / 卫星设备制造 / 移动电信服务运营商 / 卫星服务运营商 …	有线服务 / 无线服务 / 卫星服务 / 其他服务
四川英创力电子科技股份有限公司、四川海英电子科技有限公司、成都频岢微电子有限公司、成都海威华芯科技有限公司、成都芯源系统有限公司、成都先进功率半导体有限公司等	成都国星通信有限公司、四川星地通信技术有限公司、成都卫通信息技术有限公司、成都中卫星通信有限公司、成都德芯数字科技有限公司、成都国恒空间技术工程股份有限公司、四川航天神坤科技有限公司等	四川天翼网络股份有限公司、四川北斗时空大数据有限公司、四川华广卫星有线电视有限责任公司、北斗思源大数据有限公司、成都星联芯通科技有限公司、四川省北斗赋能数字科技有限公司等

图 3-46 四川省通信和卫星传输产业链图谱

度产业规模达 130.5 亿元，增速 41.7%，已经实现从卫星制造、卫星发射、地面设备到卫星运营及服务的全产业链覆盖。

2. 专利分析

（1）移动电信服务

移动电信服务行业作为信息通信技术领域的重要组成部分，负责提供移动电话、数据业务和增值服务。

如图 3-47、图 3-48 所示，全国和四川省在移动电信服务产业的专利申请量趋势较为一致。由专利申请数据可以看出，从 2015 年开始，全国和四川省在移动电信服务产业的专利申请量整体呈上升趋势，均在 2017 年达到峰值。然而，该专利申请量又在 2018 年回落，并呈逐年下降趋势。造成上述现象的原因可能在于，随着 2013 年末 4G 牌照的发布，带动 4G 用户持续增多；在 2015 年进入了 4G 应用的爆发期，移动 App 及短视频的火爆带动了大量相关产业的发展，2017 年流量增速达到巅峰；而从 2018 年开始 4G 用户渗透率已经逐渐饱和，加之 5G 红利不及预期，共同造成专利申请量的下降。

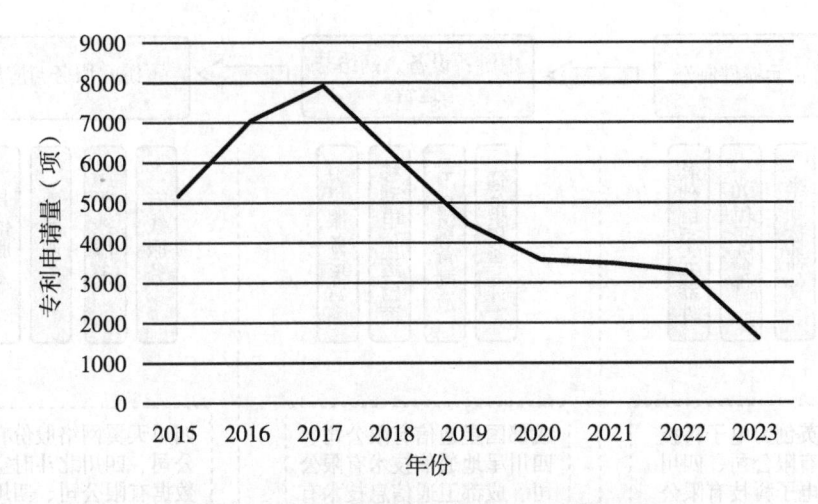

图 3-47 全国移动电信服务产业专利申请趋势

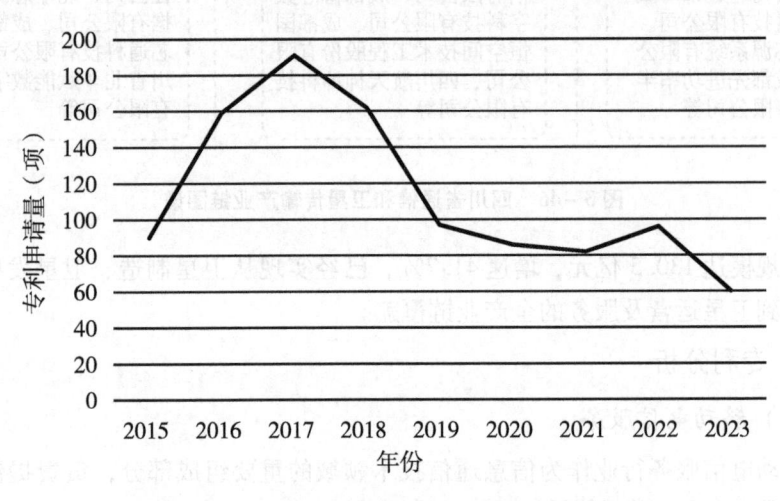

图 3-48 四川省移动电信服务产业专利申请趋势

图 3-49 显示的是相关专利申请量排名前 10 位的省市，广东省在移动电信服务产业的专利申请量居于首位，申请量为 18600 项，远远高于其他省市，其次是北京和上海，可见该领域的创新主体大多集中于一线城市。而四川省则排在第六位，申请量仅有 1023 项，与排名首位的广东差距较大。四川省虽然有四川大学、电子科技大学、西南交通大学等一批高校科研单位，但是具有强大研发实力的企业相对较少，而高校对于科技成果转化以及专利申请的需求弱于企业。

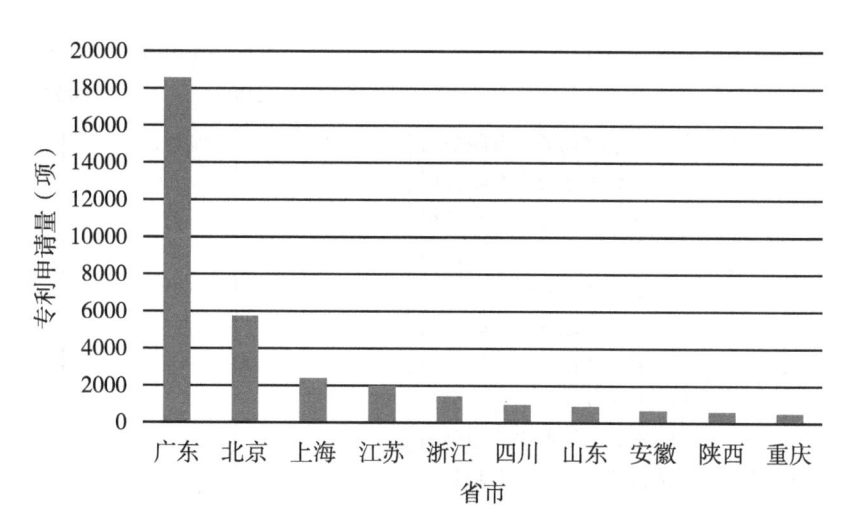

图 3-49　全国移动电信服务业专利申请量前 10 名

四川省各地市该产业的专利申请量如图 3-50 所示。从地域上看，四川移动电信服务发展以成都市为区域重点，专利申请量达 794 项，其次是绵阳市，专利申请数量为 115 项，两市的申请数量远远高于其他地市，占全省申请总量的 90%，说明产业集聚效应明显。

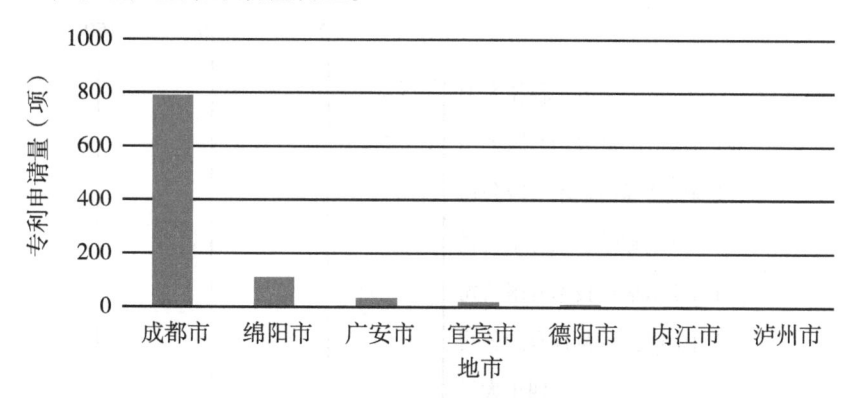

图 3-50　四川省移动电信服务业专利申请量排名

图 3-51 展示了全国移动电信服务产业专利申请人排名，与全国各省市专利申请数量排名相呼应的是，全国移动电信服务产业专利申请量排名前 10 位的均是广东和北京的企业，且只有 1 家企业位于北京，其他全部位于广东。

如图 3-52 所示，根据移动电信服务产业重点申请人统计，在该领域中四川省龙头企业以及主要研发力量包括电子科技大学、四川长虹、成都鼎桥、咪咕音乐等。而电子科技大学作为该领域主要的高校研发力量，其专利申请量位

专利申请量（项）

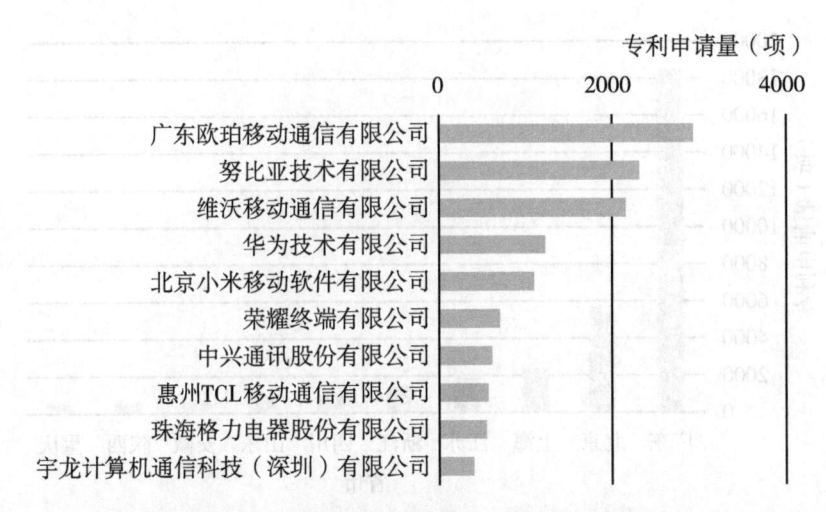

图3-51 全国移动电信服务业重要专利申请人

于首位，远超其他企事业单位，且其专利的技术分布与全国不同，重点在于G01S（无线电定向；无线电导航；采用无线电波测距或测速；采用无线电波的反射或再辐射的定位或存在检测；采用其他波的类似装置）。

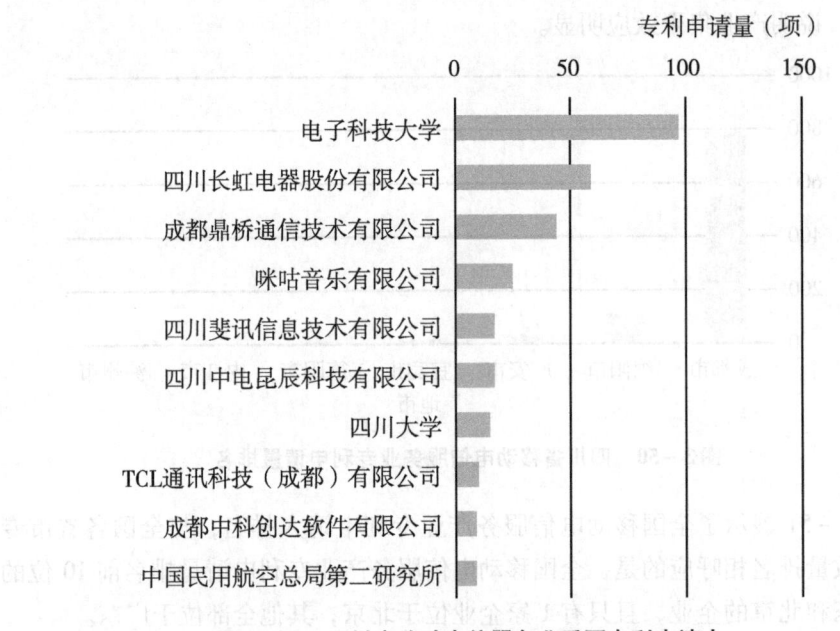

图3-52 四川省移动电信服务业重要专利申请人

在专利运营方面，如图3-53、图3-54所示，无论从我国移动电信服务产业专利申请量排名还是从专利转让量排名来看，排名靠前的申请人中均不涉及四川，且省内申请人的专利转让量都较低。可见，四川省在移动电信服务产业方面处于全国领先地位的创新主体数量不足，各类创新主体在基础研究与应用转化方面都需进一步发力。

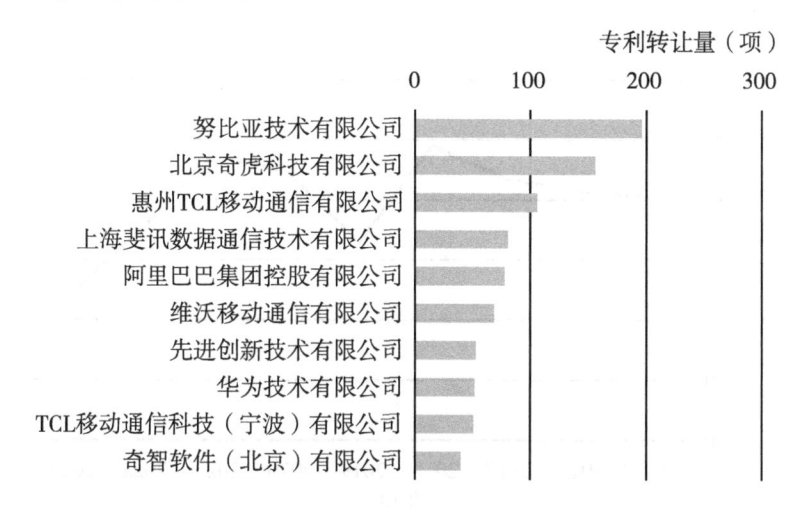

图 3-53 全国移动电信服务业专利转让量排名

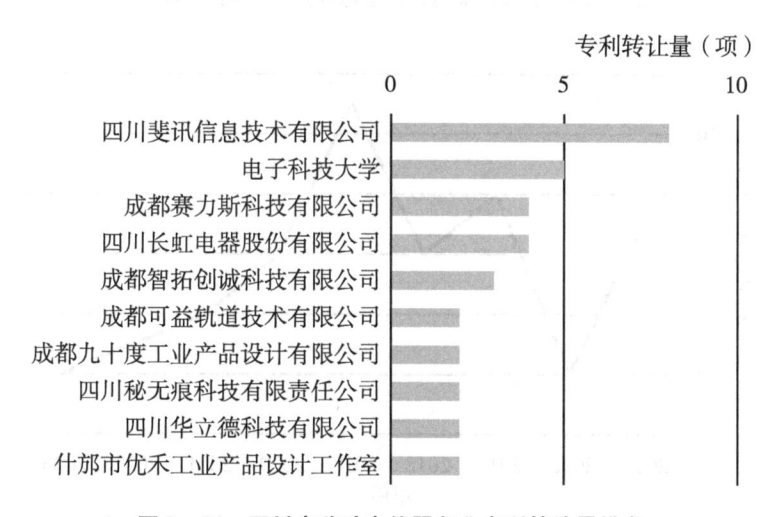

图 3-54 四川省移动电信服务业专利转让量排名

（2）广播电视卫星服务

卫星广播电视传输是一种通过卫星进行高清电视信号传输的技术手段，它具有覆盖面广、信号稳定、传输质量好等优势，被广泛应用于电视广播、电视直播、卫星电视节目传输等领域。

如图 3-55、图 3-56 所示，全国广播电视卫星服务产业的总体申请量不大，每年申请量均未超过100项，可见该领域并非研究重点。从专利申请数据可以看出，从2015年开始，每年专利申请量都维持在几十项左右，申请量总体趋势平稳。四川省每年的申请量除2019年为11项以外，其余年份均未超过10项。

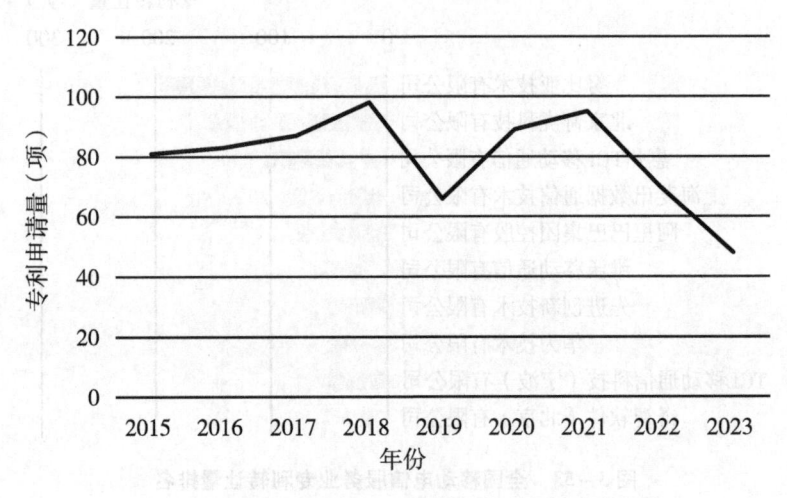

图3-55　全国广播电视卫星服务产业专利申请趋势

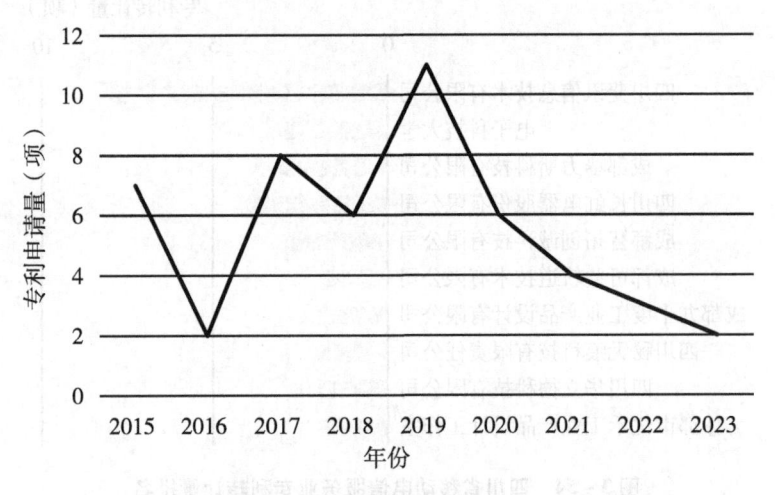

图3-56　四川省广播电视卫星服务产业专利申请趋势

图3-57所示为全国广播电视卫星专利申请量排名前10位的省市，广东省在广播电视卫星领域的专利申请量居于首位，其次是北京。而四川省则排在第四位，排名靠前，但同样也能看出，近10年各省市的专利申请量均不大，与全国专利申请趋势相呼应。

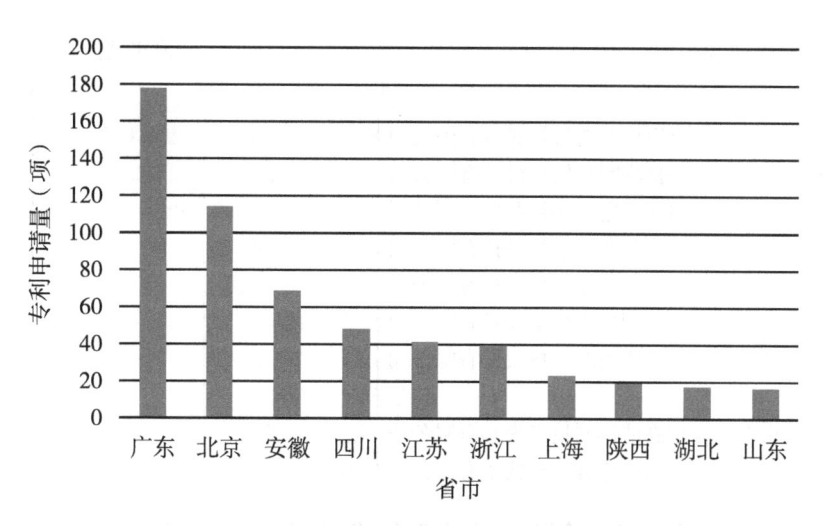

图 3-57　全国广播电视卫星专利申请量前 10 名

如图 3-58 所示，四川省广播电视卫星传输服务领域的专利申请量总体较少，仅为 49 项，涉及广播电视卫星传输服务的企业仅在成都、绵阳、德阳、眉山、泸州和广安。其中，成都市和绵阳市专利申请量分别为 27 项和 17 项，两市的申请数量远远高于其他地市，占全省申请总量的 90%。

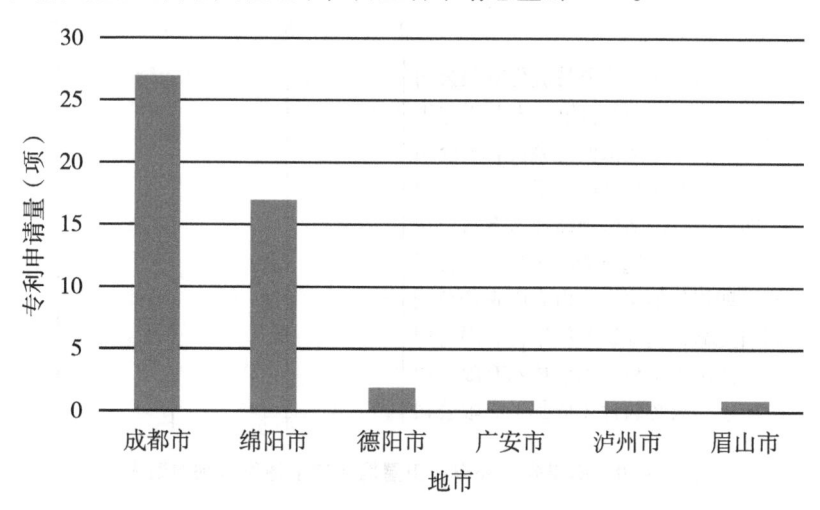

图 3-58　四川省广播电视卫星专利申请量排名

图 3-59 所示为全国广播电视卫星服务产业专利申请人排名，与全国各省市专利申请量排名相呼应的是，全国各个申请人的专利申请量也都较少，均未超过 20 项。

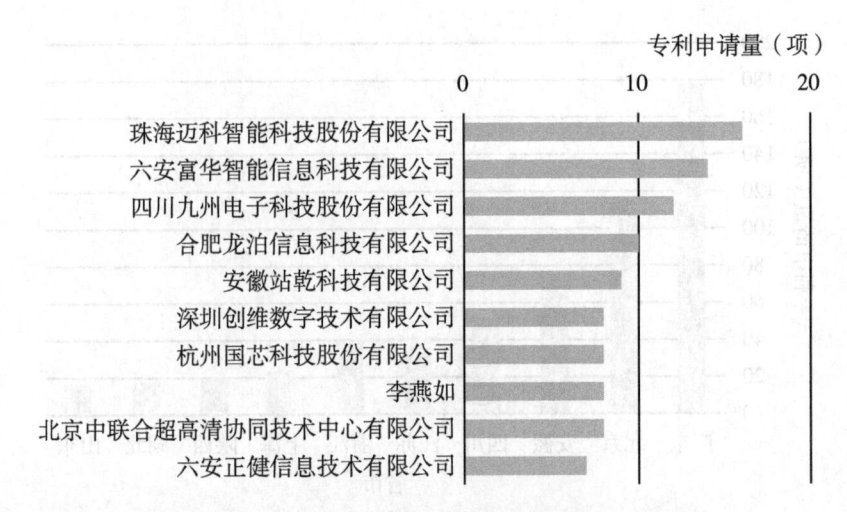

图3-59 全国广播电视卫星服务产业重要专利申请人

如图3-60所示,各地市的企业数量和专利申请量进一步证实了该领域发展已进入了平稳期,除四川九州在该领域申请达12项以外,其他申请人专利数量均为个位数。

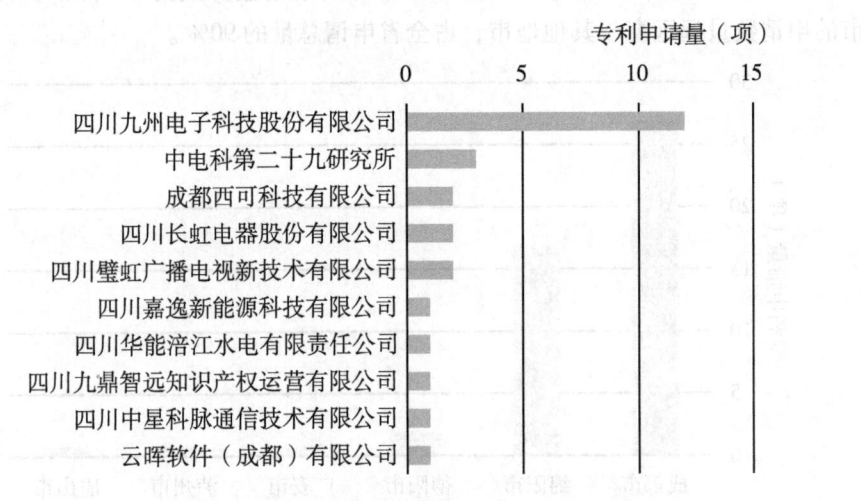

图3-60 四川省广播电视卫星服务产业重要专利申请人

如图3-61所示,在广播电视卫星服务产业,全国近10年的专利转让和许可数量都较少,且四川省不涉及专利转让和许可。可见,无论是从专利申请趋势,还是从专利转让和许可数量来看,广播电视卫星服务产业已处于平稳发展阶段。

第3章 四川省专利密集型产业发展研究分析

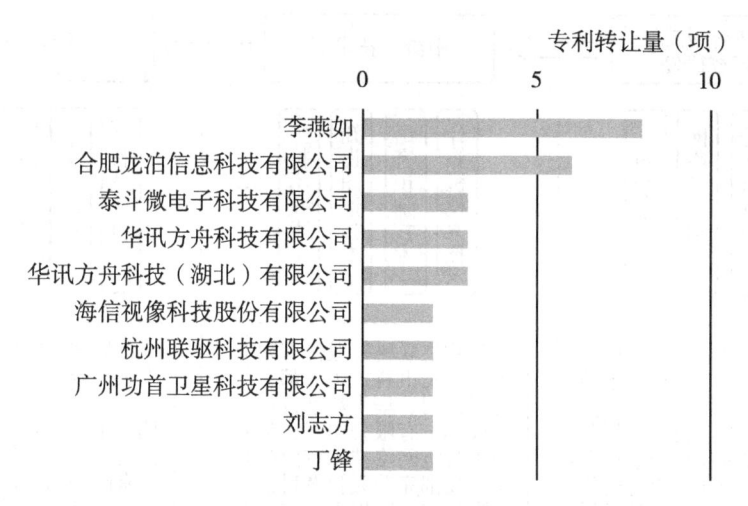

图3-61 全国广播电视卫星服务业专利转让量排名

申请人	专利转让量（项）
李燕如	~8
合肥龙泊信息科技有限公司	~6
泰斗微电子科技有限公司	~3
华讯方舟科技有限公司	~3
华讯方舟科技（湖北）有限公司	~3
海信视像科技股份有限公司	~2
杭州联驱科技有限公司	~2
广州功首卫星科技有限公司	~2
刘志方	~1
丁锋	~1

3.3.4 互联网服务业分析

1. 产业现状

互联网服务产业链上游主要为互联网产业支撑类设施建设，包括但不限于互联网产业发展硬件设施建设和互联网产业应用软件系统研发；产业中游为技术层，连接基础设备、服务与实际应用，提供技术支撑，包含计算机视觉技术、语音识别技术、知识图谱技术、自然语言处理技术、搜索技术、日志分析技术、社交网络分析技术等；产业下游主要为面向社会各界的应用主体。除此以外，在复杂的国内外互联网环境下，互联网产业安全贯穿始终，数据安全指保护数据免受未经授权访问、使用、披露、修改、破坏或丢失的风险和威胁的一系列措施和实践，确保数据的保密性、完整性和可用性。互联网服务产业链如图3-62所示。

四川省抢抓入选国家数字经济创新发展试验区、成都入选国家新一代人工智能创新发展试验区、国家人工智能创新应用先导区的机遇，持续完善工业互联网体系建设，有序推进成渝地区工业互联网一体化发展国家示范区建设，抢抓"东数西算"工程重大战略机遇，统筹构建全省一体化大数据中心体系，依托5G、大数据、云计算等现代信息技术手段，推进城市精细化管理和智慧化服务。《中国互联网发展报告2023》显示，在全国省级行政区互联网发展指数排名中，四川互联网发展水平位居全国第8位。

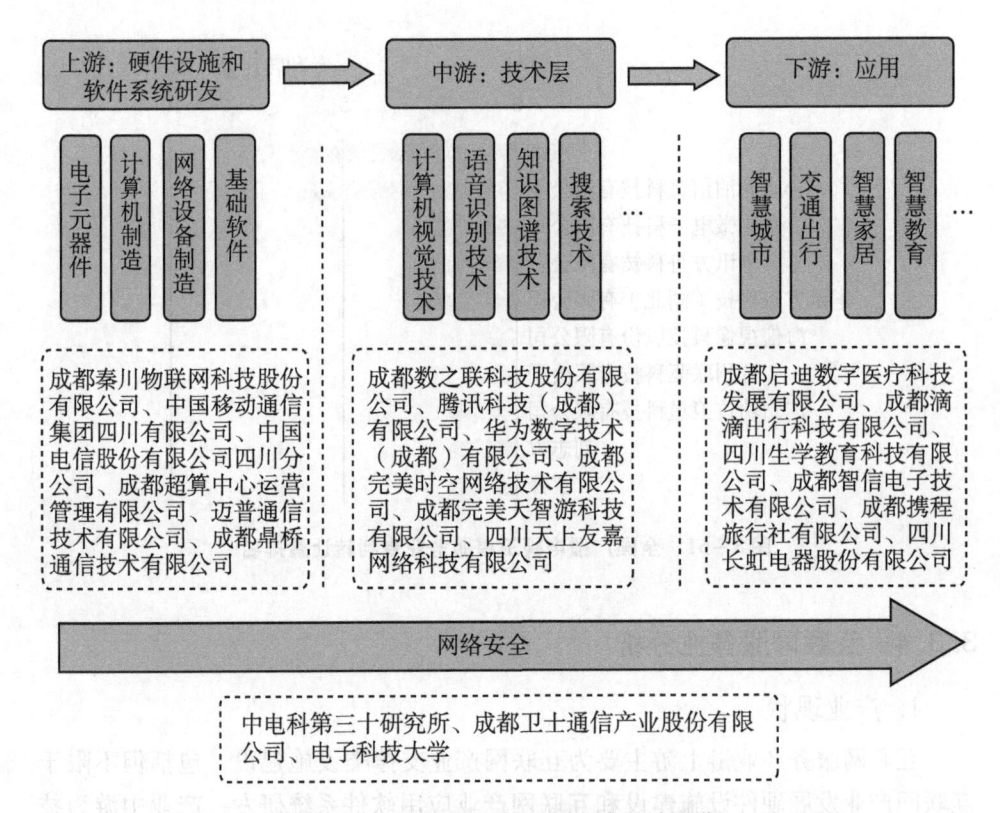

```
┌─────────────────────┐    ┌─────────────────┐    ┌─────────────┐
│ 上游：硬件设施和    │ →  │ 中游：技术层    │ →  │ 下游：应用  │
│ 软件系统研发        │    │                 │    │             │
└─────────────────────┘    └─────────────────┘    └─────────────┘
```

| 电子元器件 | 计算机制造 | 网络设备制造 | 基础软件 | | 计算机视觉技术 | 语音识别技术 | 知识图谱技术 | 搜索技术 | … | | 智慧城市 | 交通出行 | 智慧家居 | 智慧教育 | … |

成都秦川物联网科技股份有限公司、中国移动通信集团四川有限公司、中国电信股份有限公司四川分公司、成都超算中心运营管理有限公司、迈普通信技术有限公司、成都鼎桥通信技术有限公司

成都数之联科技股份有限公司、腾讯科技（成都）有限公司、华为数字技术（成都）有限公司、成都完美时空网络技术有限公司、成都完美天智游科技有限公司、四川天上友嘉网络科技有限公司

成都启迪数字医疗科技发展有限公司、成都滴滴出行科技有限公司、四川生学教育科技有限公司、成都智信电子技术有限公司、成都携程旅行社有限公司、四川长虹电器股份有限公司

→ 网络安全

中电科第三十研究所、成都卫士通信产业股份有限公司、电子科技大学

图 3-62　四川省互联网服务产业链图谱

互联网服务产业又可以细分为互联网搜索、游戏、安全、数据及其他信息服务等互联网服务，以及互联网生产、生活、科技创新、公共服务及其他互联网平台等互联网服务平台。

2. 专利分析

（1）互联网服务

从专利申请数据可以看出，如图 3-63 所示，我国互联网服务产业的专利申请量在 2015—2020 年稳步上升，2021 年和 2022 年基本与 2020 年持平，略有下降。总的来说，2018 年以来，我国的互联网服务产业年专利申请量处于小幅波动、整体稳定在 30 万余项的水平。从专利申请量可看出，互联网服务产业专利申请量巨大，说明当前我国互联网服务产业正处于蓬勃发展期。

四川省互联网服务业专利申请趋势如图 3-64 所示，能够看出其专利申请量整体呈增长趋势，2022 年达到峰值。四川省互联网服务产业专利申请量处于较高水平，说明在数字化、网络化、智能化的深入推进下，四川省互联网服务产业保持了快速增长的态势。

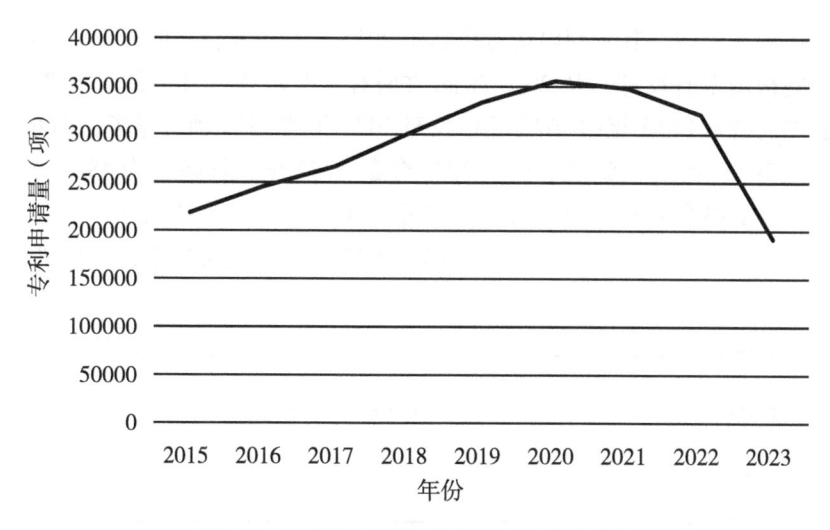

图 3－63　全国互联网服务业专利申请趋势

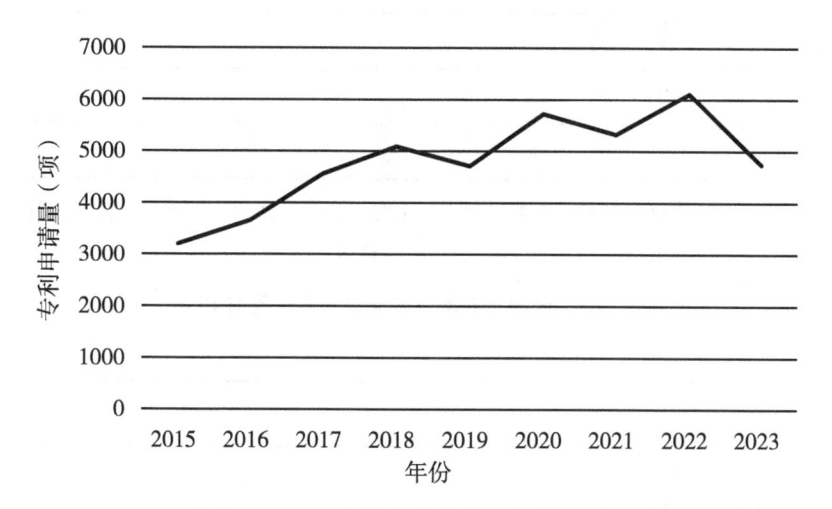

图 3－64　四川省互联网服务业专利申请趋势

如图 3－65 所示，从全国互联网服务业专利申请量排名可看出，北京和广东分别处于第一和第二的位置，且遥遥领先，申请量远高于第三名的江苏，这主要是因为北京和广东聚集了互联网产业的重要申请人，如北京的百度、联想、小米、滴滴、新浪、网易等，广东的华为、OPPO、中兴、腾讯等。

从时间维度分析，对比图 3－66 示出的 2015 年与 2023 年的省级行政区专利申请量排名可见，北京和广东持续处于遥遥领先的地位；江苏、上海和浙江这三个经济强省或直辖市处于领先水平。山东省互联网服务产业专利申请量实现翻倍，超越了四川省。

具体到四川省，其专利申请量排名由2015年的第6位下降至2023年的第7位，中间被山东省反超。从2023年的数据看，四川省与其后的湖北省差距甚微，且湖北省从2015年的1625项增长至2023年的4325项，增幅达166%，而四川省从2015年的3202项增长至2023年的4737项，增幅仅为48%，由此可推算四川省有被湖北省反超的可能。对此，四川省可借鉴其他省市经验，多措并举，激发创新主体创新活力，增强创新主体知识产权保护意识，促进互联网服务产业高速增长。

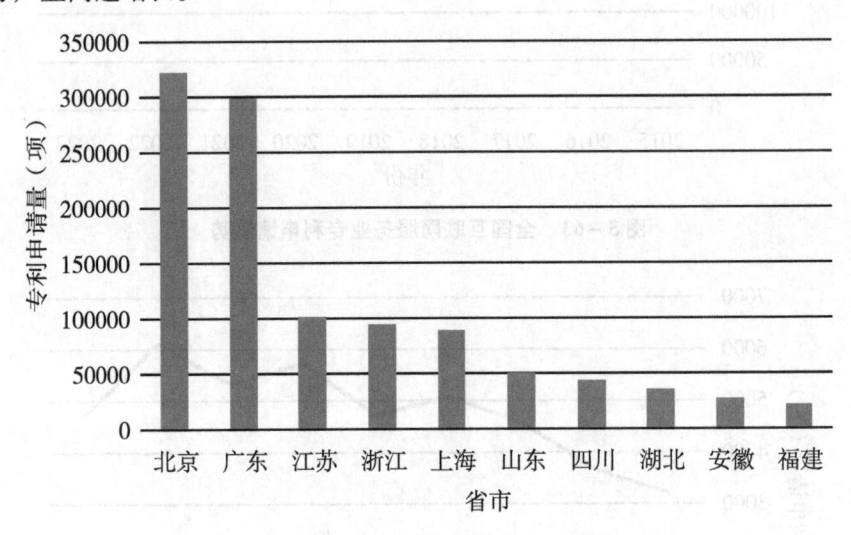

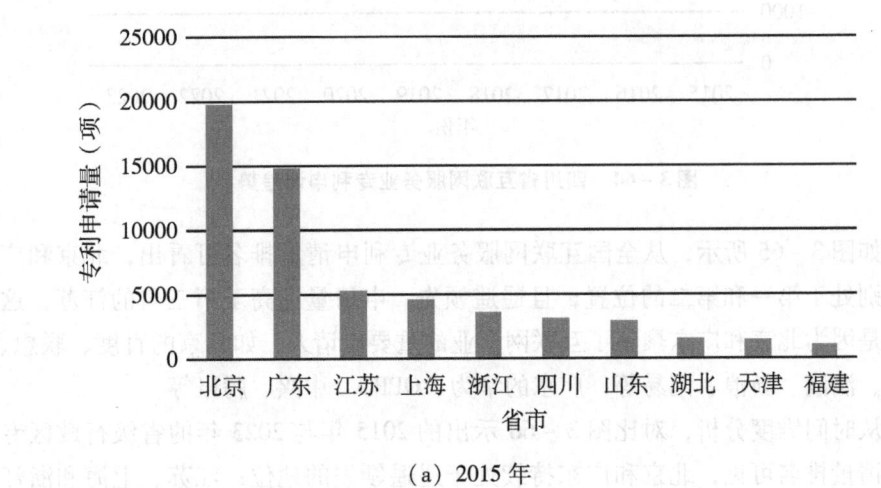

图3-65　全国互联网服务业专利申请量前10名

(a) 2015年

(b) 2023 年

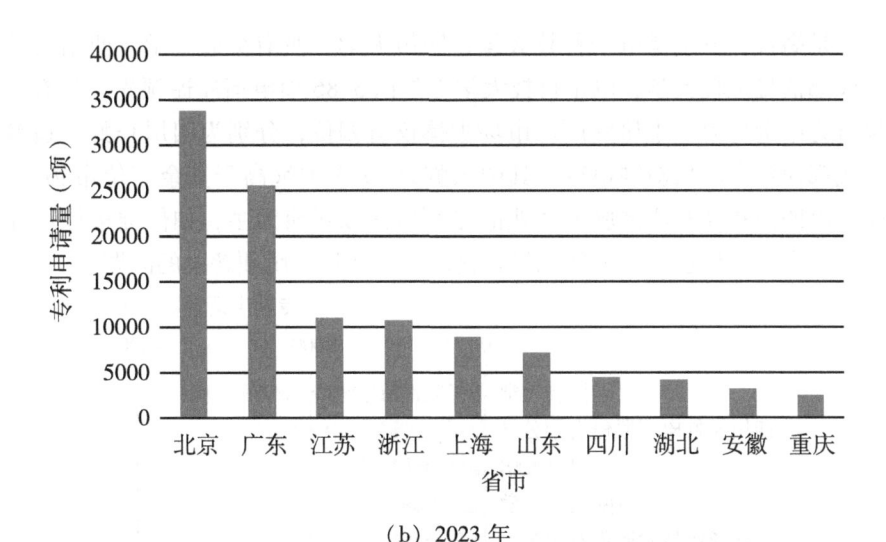

图 3-66　全国互联服务业专利申请量不同年份的排名

图 3-67 所示为我国互联网服务产业专利申请量重要申请人，可以看出互联网服务产业重要申请人为通信、互联网行业的巨头公司，如华为、腾讯、阿里巴巴、中兴等；同时，国外巨头公司如 IBM、三星、微软、高通均在中国布局了大量专利布局。说明当前互联网服务产业不仅在中国乃至全球均处于高速发展阶段。

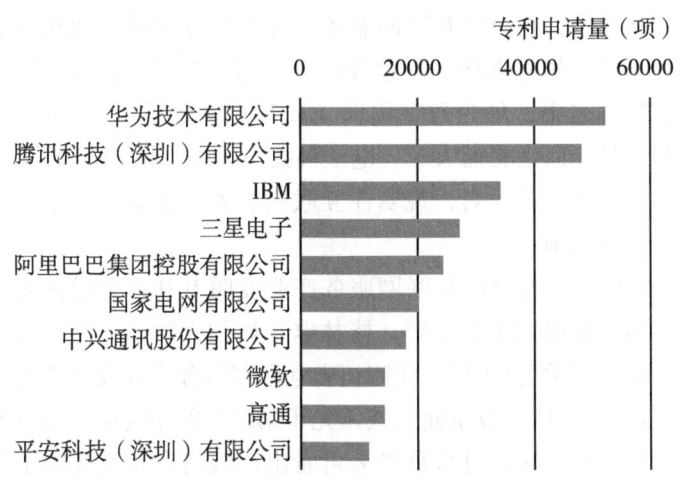

图 3-67　全国互联网服务业重要专利申请人

图 3-68 所示为四川省互联网服务产业专利申请量前 10 位的重要申请人，可以看出四川省内该产业重要申请人以高校和科研院所为主，前 10 位申请人中

有五位是高校，分别是电子科技大学、四川大学、西南交通大学、西南石油大学、成都信息工程大学，电子科技大学更是以 3486 项申请遥遥领先，另有一科研院所为中电科第三十研究所。市场主体仅有四位，分别为四川长虹、迈普通信、成都鼎桥和四川新网银行，其中长虹以 2293 项远高于其余三位市场主体。由此看出四川省在互联网服务产业的专利申请以科研为主，如何促进该产业的产学研合作，以促进科技创新成果转化落地是四川省亟须解决的问题。

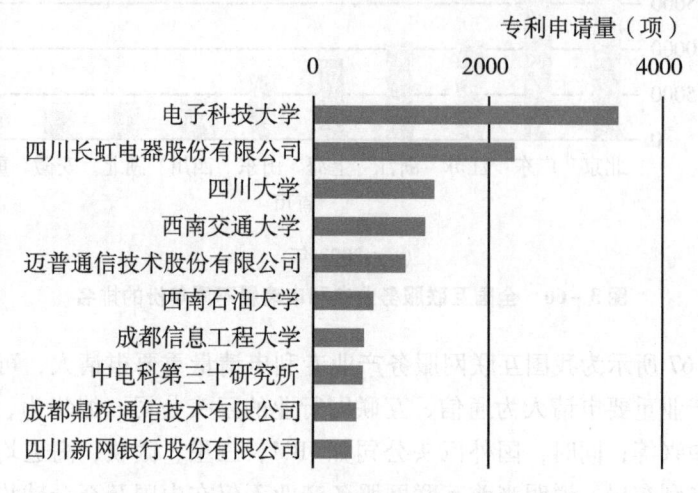

图 3-68　四川省互联网服务业重要专利申请人

如图 3-69 所示，在全国互联网服务产业发明专利转让数量排名中，排在前列的是阿里巴巴、先进创新、谷歌等巨头公司。在四川省互联网服务产业发明专利转让数量排名中，华为数字技术（成都）有限公司以 116 项位于榜首；成都信息工程大学、西南交通大学、电子科技大学分别以 108 项、84 项、62 项位列第二名、第四名、第六名，说明在互联网服务产业高校注重通过专利转让促进技术成果转化落地。

如图 3-70 所示，在全国互联网服务产业发明专利许可量排名中，主要以高校为主，如南京邮电大学 272 项，桂林电子科技大学 201 项，杭州电子科技大学 104 项，淮阴工学院 92 项。在四川省互联网服务产业发明专利许可数量排名中，四川长虹以 78 项的数量断崖式领先于第二位的中建电子商务有限责任公司，位居全国第 8 位。从许可数量排名可看出，四川省在互联网服务产业专利许可以企业为主，企业通过专利许可在收取专利许可费的同时，促进了科技创新成果的转化应用。四川高校与全国高校相比，在专利许可方面则存在明显不足，西华大学仅 3 项，四川轻化工大学 2 项，成都信息工程大学 2 项；电子科技大学与南京邮电大学、桂林电子科技大学、杭州电子科技大学，均是以电子

第3章 四川省专利密集型产业发展研究分析

专利转让量（项）

阿里巴巴集团控股有限公司
先进创新技术有限公司
谷歌
微软
华为技术有限公司
IBM
摩根大通银行
北京奇虎科技有限公司
奇智软件（北京）有限公司

（a）全国

专利转让量（项）

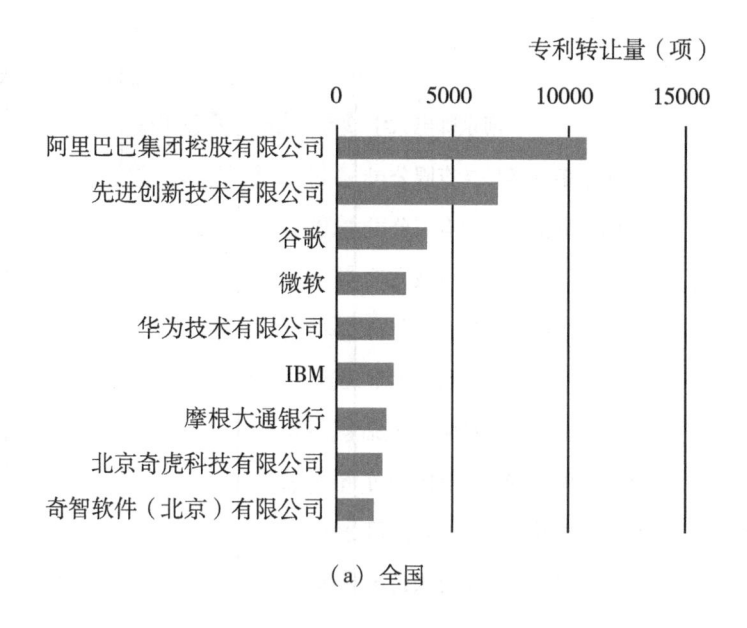

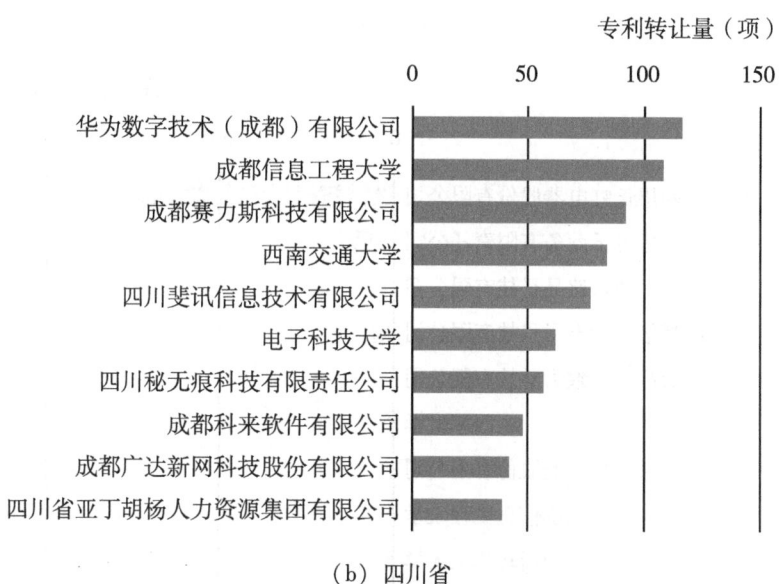

华为数字技术（成都）有限公司
成都信息工程大学
成都赛力斯科技有限公司
西南交通大学
四川斐讯信息技术有限公司
电子科技大学
四川秘无痕科技有限责任公司
成都科来软件有限公司
成都广达新网科技股份有限公司
四川省亚丁胡杨人力资源集团有限公司

（b）四川省

图 3-69 全国和四川省互联网服务业专利转让量排名

信息科学技术为主的高校，然而在专利许可数量上电子科技大学数量则远远落后于这三所高校。通过专利转让和专利许可的对比可看出，四川高校更倾向于通过专利转让来促进成果转化应用；但从全国范围看，四川高校在专利转让和许可方面较弱，说明四川高校在成果转移转化方面有待加强。

四川省专利密集型产业研究

专利许可量（项）

```
              0    100   200   300
南京邮电大学 ████████████████████
广州华多网络科技有限公司 ███████████████████
广州方硅信息技术有限公司 ██████████████████
桂林电子科技大学 █████████████████
中国电信股份有限公司 ██████
杭州电子科技大学 █████
淮阴工学院 █████
四川长虹电器股份有限公司 ████
胜斗士（上海）科技技术发展有限公司 ████
元心信息科技集团有限公司 ███
```

（a）全国

专利许可量（项）

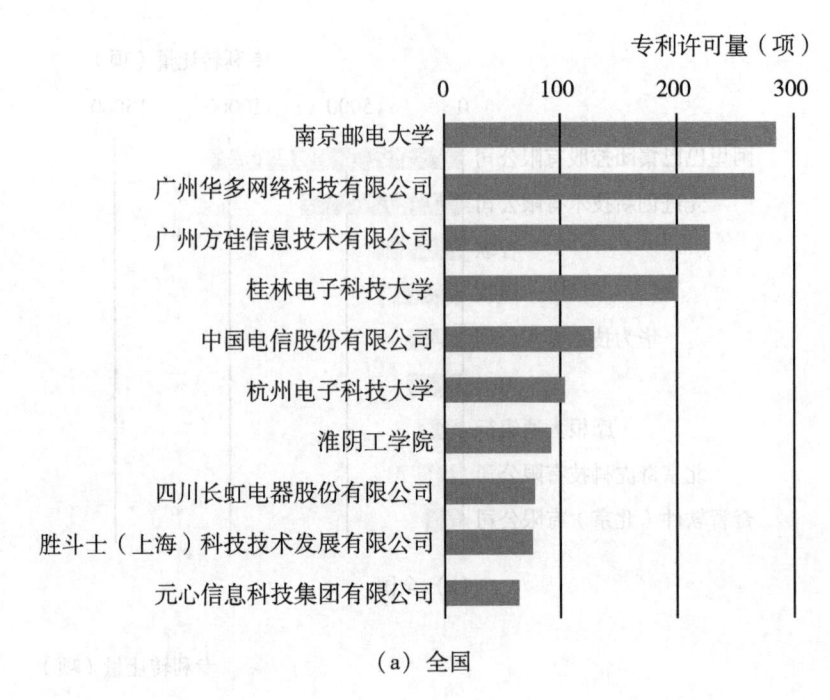

```
              0    50    100
四川长虹电器股份有限公司 ███████████████████
中建电子商务有限责任公司 ██
成都数联铭品科技有限公司 █
成都亿佰特电子科技有限公司 █
成都云格致力科技有限公司 █
西华大学 ▌
成都卫士通信息产业股份有限公司 ▌
成都信息工程大学 ▌
四川轻化工大学 ▌
四川物联亿达科技有限公司 ▌
```

（b）四川省

图 3-70 全国和四川省互联网服务业专利许可量排名

（2）互联网服务平台

互联网服务平台产业具体包括互联网生产服务平台、互联网生活服务平台、互联网科技创新平台、互联网公共服务平台及其他互联网平台等 5 个细分产业。

第3章 四川省专利密集型产业发展研究分析

如图3-71所示,从该产业在全国的申请量变化趋势来看,该产业自2015年以来长期处于稳定增长期,每年的增长速度较为一致,该产业的全国申请量于2017年突破10万项,在2021年则达到了峰值,突破20万项,2022年的申请总量与2021年基本持平。

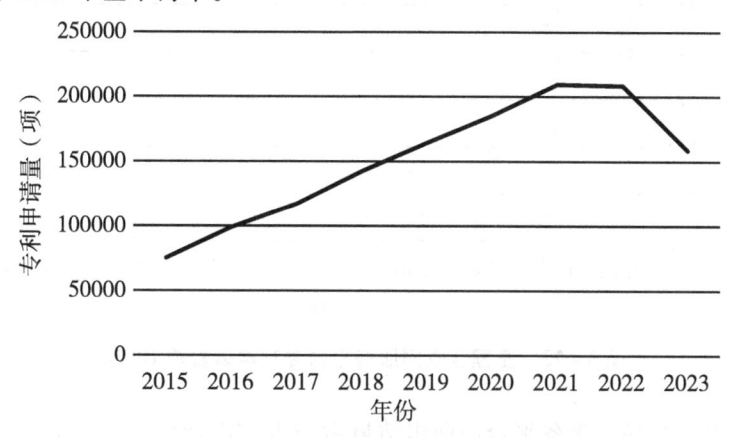

图3-71 全国互联网服务平台专利申请趋势

四川省互联网服务平台专利申请趋势如图3-72所示,与全国相比,虽然同样自2015年以来整体呈较为快速的上升趋势,但在2019年出现了小幅下降,后又呈较为平缓的上升趋势。

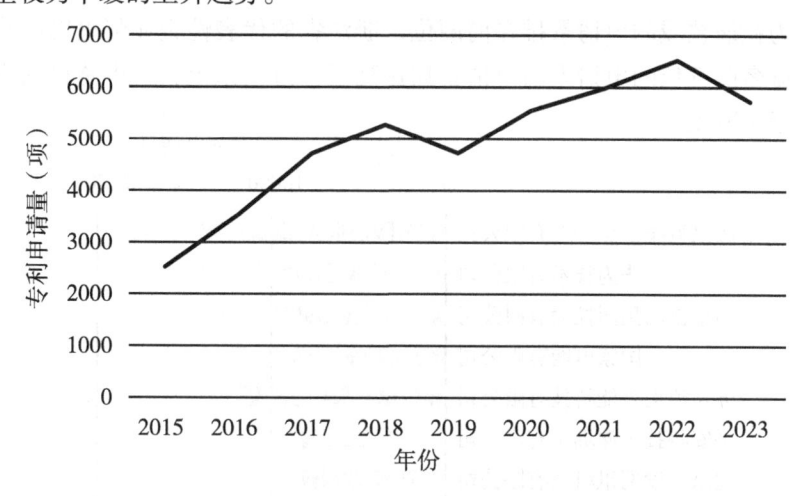

图3-72 四川省互联网服务平台专利申请趋势

如图3-73所示,从互联网服务平台产业的全国地域分布来看,北京市、广东省处于领跑地位,这些地区不仅拥有百度、腾讯等龙头企业,还因产业园区的发展时机、政策优惠等因素同时拥有大量深耕细分领域的企业以及诸多的初创型企业。四川省的专利申请量在全国排在第7位。

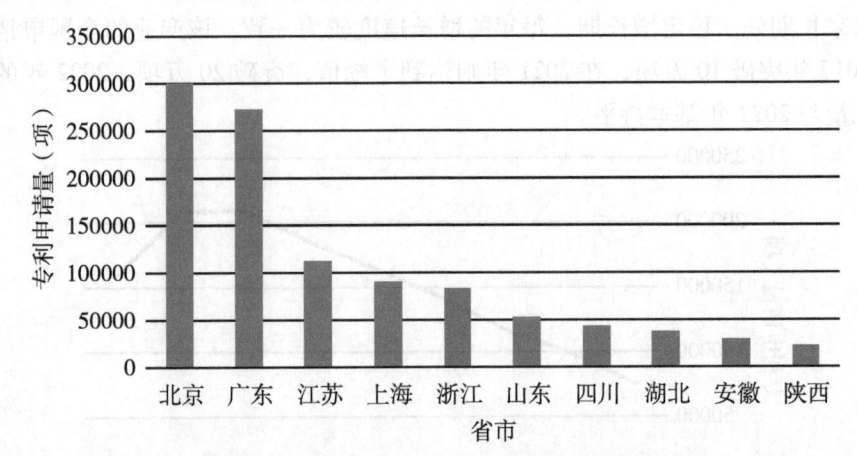

图 3-73 全国互联网服务平台专利申请量前 10 名

成都市的互联网服务平台产业申请量占全省该产业申请量的 85%。绵阳市因有部分大型企业及科研院所等，申请量虽远不及成都市，但也远高于省内其他地市。成都市和绵阳市专利申请量占全省的 94%，集中度很高。

全国互联网服务平台重要专利申请人如图 3-74 所示，申请量排名前列的申请人大多集中于北京市、广东省、江苏省、浙江省等地市，其中广东省的腾讯、华为在该领域的申请量排在前两位，浙江省的代表性企业阿里巴巴排名第三位。排名前五位的申请人的申请量均达到了一万项以上，其中腾讯的申请量更是接近两万项。

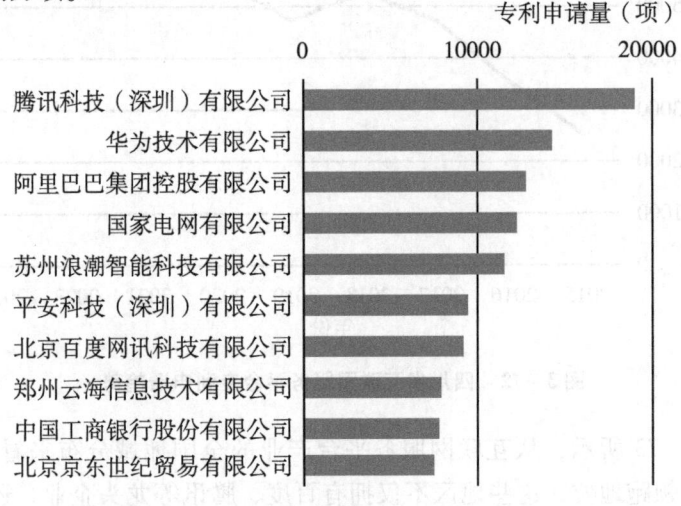

图 3-74 全国互联网服务平台重要专利申请人

四川省互联网服务平台重要专利申请人如图 3-75 所示，研发实力较强的电子科技大学依然位列第一位，且其申请量远高于其他申请人。然而，与全国排名靠前的申请人相比，电子科技大学的申请量与之仍有明显差距，这意味着包括其在内的四川省各申请人仍需在研发上进一步发力，并对研发成果及时申请知识产权保护。此外，四川省内的前 10 位申请人仍呈现高校占比大的特点，在相关产业有所表现的长虹、迈普在该产业也能够排在前列。

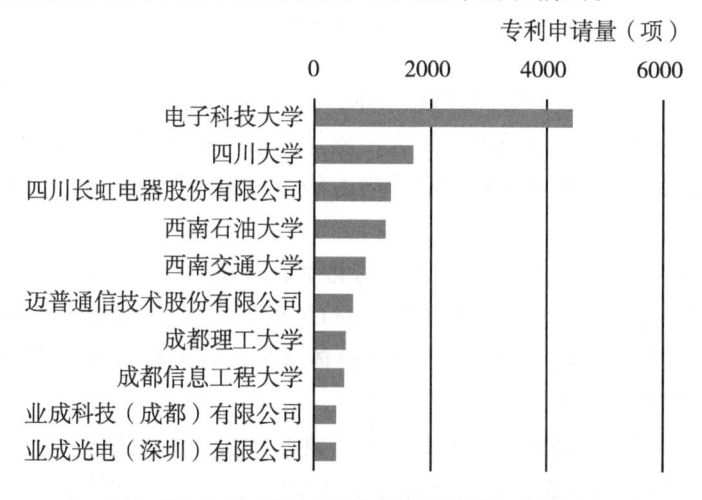

图 3-75 四川省互联网服务平台重要专利申请人

3.3.5 软件开发产业分析

1. 产业现状

软件开发是信息通信技术服务业中至关重要的一环，包括基础软件开发、支撑软件开发、应用软件开发及其他软件开发。

如图 3-76 所示，在软件开发产业中，上游通常包括硬件制造商、芯片设计厂商等，它们提供的产品和技术是软件开发的基础和前提。基础软件开发、支撑软件开发属于信息软件开发产业的中游，负责将硬件和基础设施转化为具有特定功能和应用价值的软件产品，如操作系统、数据库、云服务、浏览器、运维系统等。应用软件开发及其他软件开发属于软件开发产业的下游，为消费者或企业提供最终的服务，通常由软件服务提供商、互联网公司、电子商务平台等实施，它们利用软件开发的成果提供各种在线服务和应用程序。

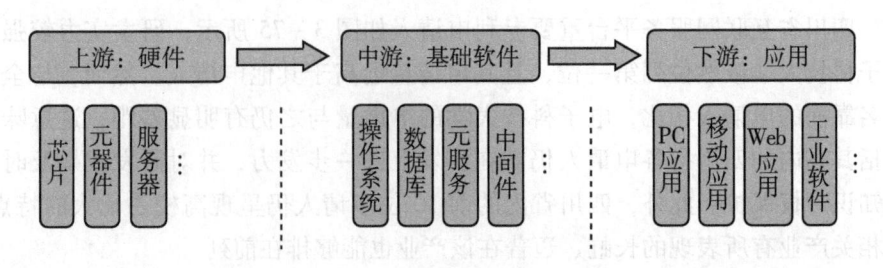

```
上游：硬件  →  中游：基础软件  →  下游：应用
  芯片           操作系统            PC应用
  元器件         数据库              移动应用
  服务器         元服务              Web应用
  ⋮              中间件              工业软件
                 ⋮                  ⋮
```

图 3-76　软件开发产业链图谱

截至 2022 年，全国软件和信息技术服务业规模以上企业超 3.5 万家，优势企业的实力不断增强，规模不断扩大，软件和信息技术服务行业整体市场集中度进一步加强，行业市场结构逐渐转向由华为和腾讯所引领的寡头垄断市场格局发展。

2022 年，软件业务收入居前 5 名的北京、广东、江苏、山东、浙江，共完成收入 74537 亿元，占全国软件业收入的 68.9%，占比较 2021 年同期提高 2.9 个百分点。软件业务收入增速高于全国整体水平的省市有 12 个，其中增速高于 20% 的省份集中在中西部地区，包括贵州、广西、湖北等。

来自成都市经信局市新经济委的统计数据显示，2023 年 1—11 月，成都市软件产业规模达 6164.3 亿元，同比增长 14.6%；其中，软件业务收入 4548.6 亿元，同比增长 13.7%，从业人员超过 63 万人。成都市的信息技术服务发展迅猛，进入软件业务收入城市十强。

2. 专利分析

（1）基础软件开发

基础软件开发指的是开发用于支撑其他软件应用的基础性软件。这些软件通常不直接面向最终用户，而是为其他软件提供基本的功能和服务。基础软件开发包括但不限于操作系统、数据库管理系统、网络通信协议、编程语言和开发工具等。

从图 3-77、图 3-78 可以看出，在基础软件开发领域，四川省专利申请趋势和全国的专利申请趋势较为一致，整体呈现稳定上升的趋势。图 3-77 显示，全国专利申请量经历了显著增长阶段，这一显著增长趋势表明，全国范围内对基础软件领域的重视程度不断提高。据《2024 年中国信创产业研究报告》，中国政府在信息技术创新方面给予了大量支持，这极大地推动了基础软件的研发和创新。图 3-78 显示，四川省基础软件专利申请量同样表现出逐年增长的趋势，这种一致的增长趋势表明，四川省在基础软件开发方面也投入了大量资源和精力。根据未来智库的《2024 年中国软件国际研究报告》，包括四川省在内的各地方政府都在积极推动本地软件企业的发展，鼓励自主研发和技术创新。

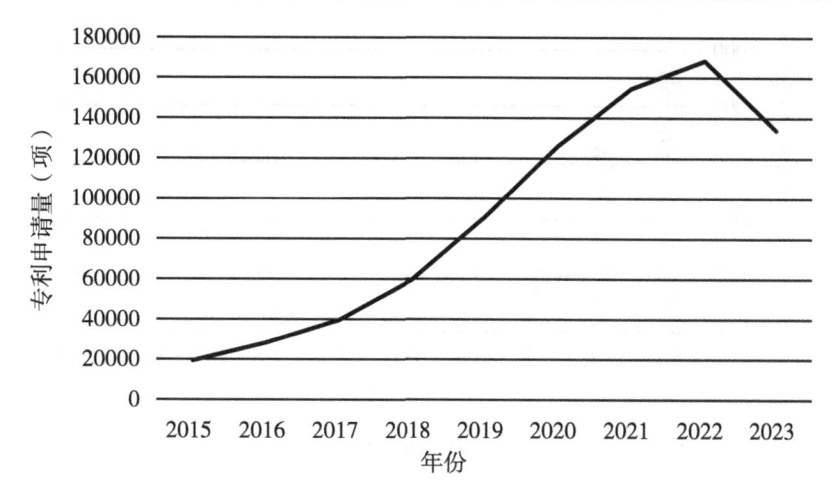

图 3-77　全国基础软件开发领域专利申请趋势

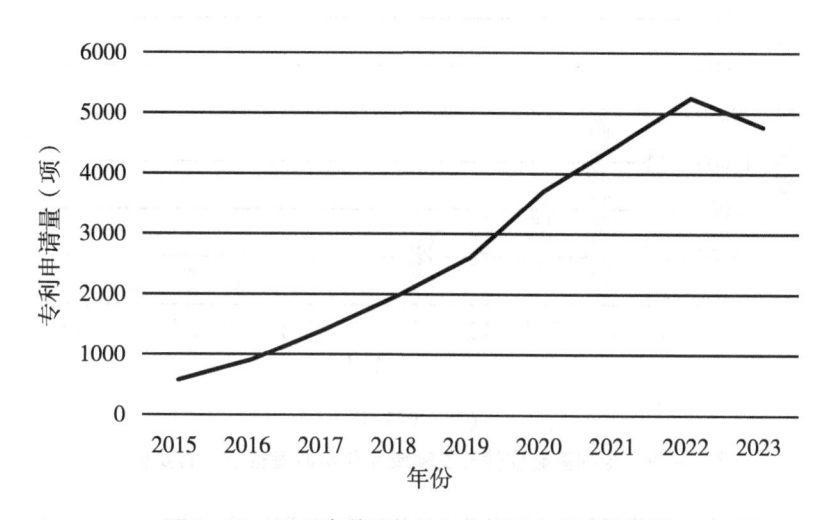

图 3-78　四川省基础软件开发领域专利申请趋势

尽管四川省在基础软件领域的专利申请量较全国专利申请总量而言仍然较低，占比约为全国的 3.4%，但这也意味着该领域在省内具有较大的发展空间和潜力。随着国家对信息技术和基础软件的重视程度不断提高，以及市场需求的不断增加，四川省内企业可以抓住这一机遇，加大研发投入，提升技术创新能力，从而在该领域取得更大的突破和发展。从图 3-79 可以看出，尽管四川省在基础软件领域的专利申请量有所增加，但与位于第一梯队的省份相比，仍存在较大差距。这表明四川省在这一领域还有很大的提升空间和发展潜力。

(a) 2015 年

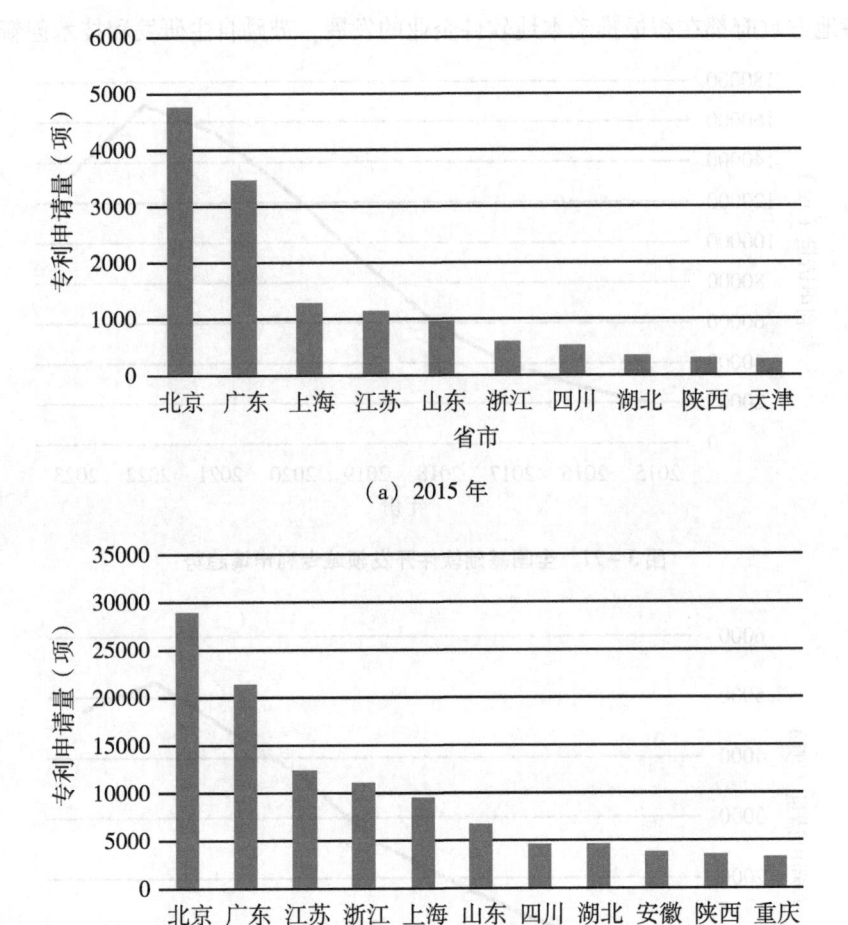

(b) 2023 年

图 3-79　全国基础软件开发领域专利申请量省市排名变化

在全国范围内，如图 3-80 所示，基础软件开发领域专利申请人中，企业占据了大部分席位。大型科技企业如华为、阿里巴巴、百度、腾讯等在专利申请量上表现突出。这些企业拥有强大的研发能力和资源，能够在基础软件领域进行大规模的技术创新和专利布局。

与全国不同，如图 3-81 所示，四川省内基础软件专利申请人中，高校占据了更多的席位。例如，电子科技大学和四川大学在省内排名前列，显示出其在基础软件研究方面的强大实力。高校作为科研的重要基地，拥有雄厚的科研实力和丰富的科研资源，能够在基础软件领域进行长期深入的研究，推动技术创新和发展。省内企业在基础软件领域的专利申请数量相对较少，多数企业的专利申请量仅为个位数。这表明省内企业在基础软件领域的技术积累相对薄弱，缺乏核心技术和自主知识产权。这使得企业在市场竞争中处于不利地位，难以与全国第一梯队的企业抗衡。

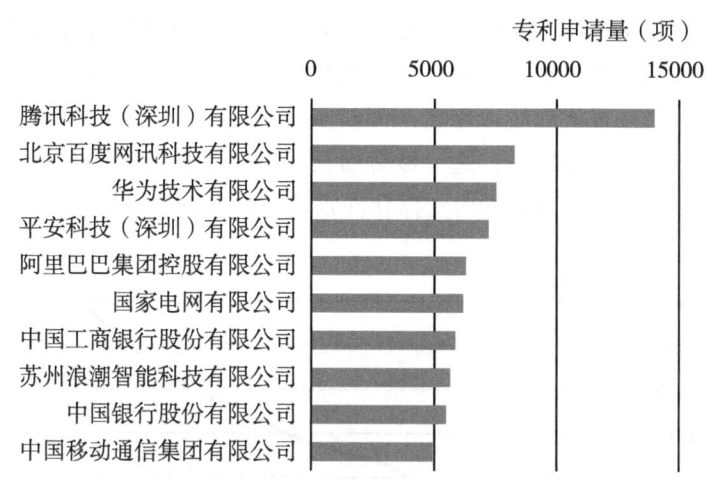

图 3-80　全国基础软件开发重要专利申请人

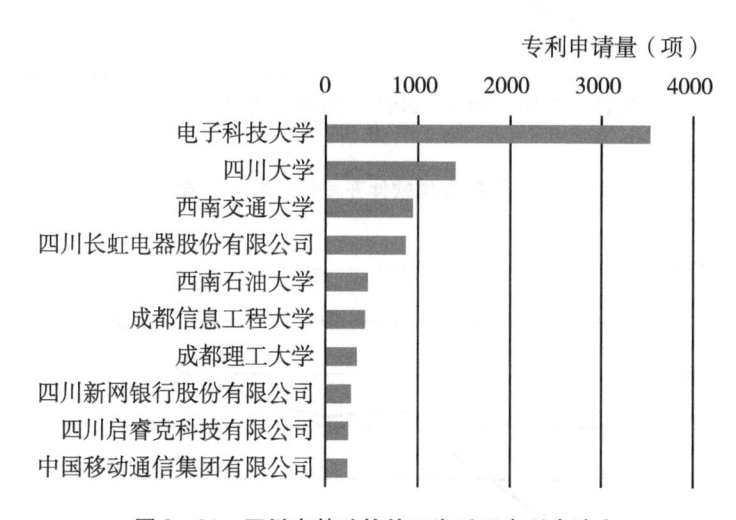

图 3-81　四川省基础软件开发重要专利申请人

（2）支撑软件开发

支撑软件包括需求分析软件、建模软件、集成开发环境、测试软件、环境数据库软件等。支撑软件开发是指为软件开发提供必要的技术、工具、资源和环境，以支持软件开发人员完成其工作并提高软件开发效率、质量和可靠性的各种手段和措施。支撑软件包括集成开发环境（IDE）、版本控制系统、调试器、测试工具等,这些工具和环境可以帮助开发人员进行代码编写、调试、测试和管理等工作。

从图3-82、图3-83可以看出,支撑软件开发的专利申请呈上涨趋势,支撑软件用于支持信息产业的实施。2015—2023年,全国和四川省内的支撑软件专利申请量均呈现显著增长趋势。这一趋势表明,在支撑软件领域,全国范围都在不断加大研发投入和技术创新,创新主体的创新活跃度不断增强。全国支撑软件专利申请量逐年增加,这一显著增长受到国家政策和企业研发投入的极大影响,两者是推动全国范围内支撑软件领域专利申请量增长的主要驱动力。

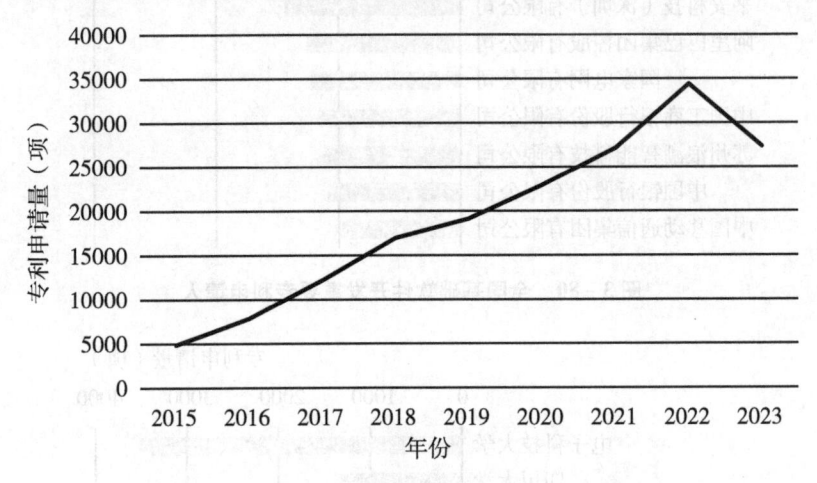

图3-82 全国支撑软件开发领域专利申请趋势

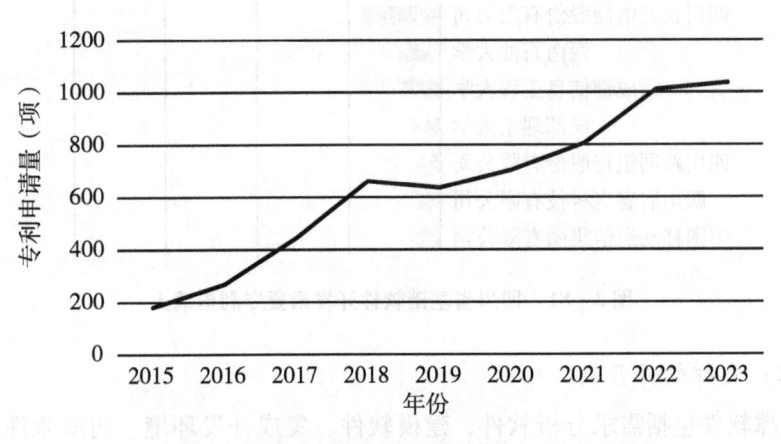

图3-83 四川省支撑软件开发领域专利申请趋势

尽管四川省内的申请量逐年增加,但与全国范围相比,其增长速度和总量仍相对较低,说明四川省在支撑软件领域的技术研发和创新能力尚需提升。

从图 3-84 可以看出，全国主要省市在支撑软件领域的专利申请量都显著增长，特别是北京市和广东省，增长幅度最大。北京市和广东省在 2015 年和 2023 年均占据领先地位，显示出这两个地区在支撑软件领域的强大研发实力和创新能力。四川省的排名从 2015 年的第 7 位降至 2023 年的第 8 位，尽管总申请量显著增加，但相对全国其他主要省市，增长速度较慢。支撑软件领域的专利申请量持续增长，显示出技术创新活跃度和市场需求的增加。

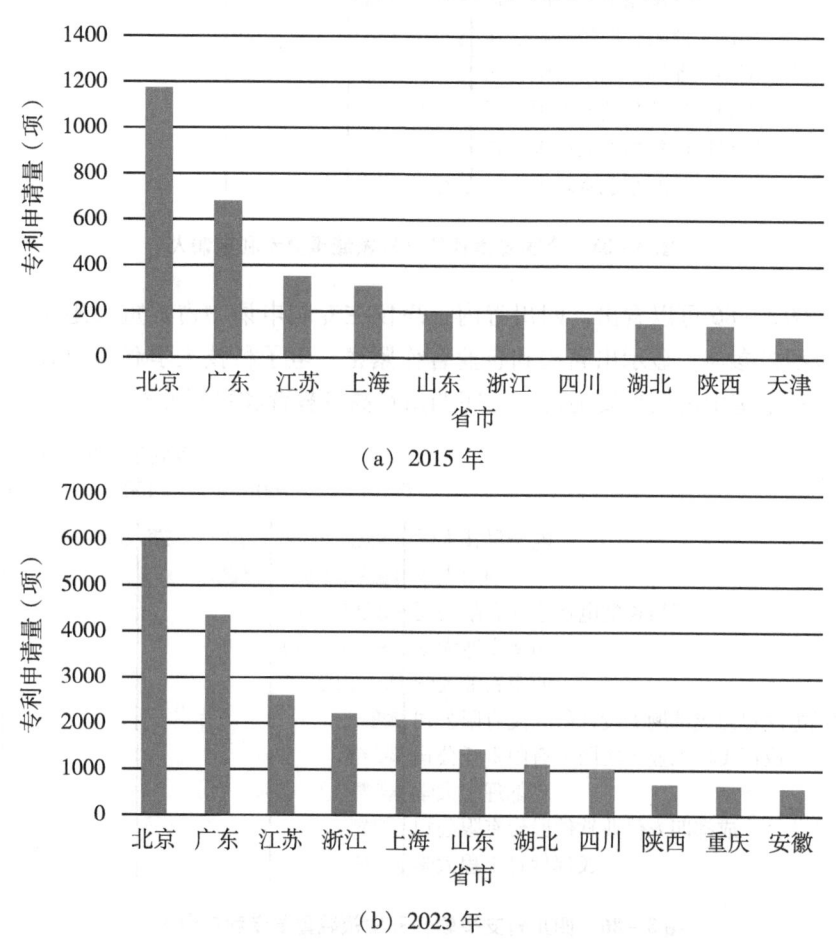

(a) 2015 年

(b) 2023 年

图 3-84　全国支撑软件开发领域专利申请量省市排名变化

从图 3-85 可以看出，全国范围内，支撑软件开发领域的创新主体包括大型科技公司、国有企业和高校，显示出多样化的创新生态系统。腾讯、华为、百度等大型科技公司在专利申请量上占据优势，显示出强大的研发能力和市场竞争力。

专利申请量（项）
0　　1000　　2000　　3000

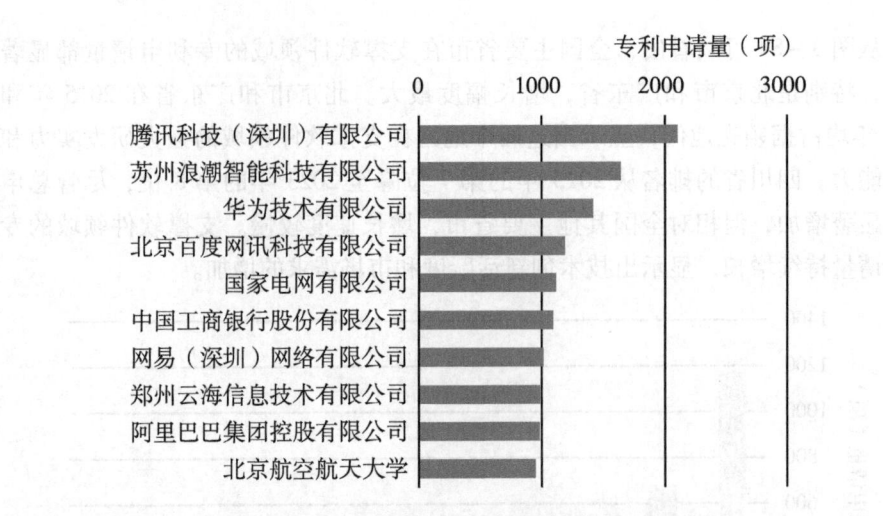

腾讯科技（深圳）有限公司
苏州浪潮智能科技有限公司
华为技术有限公司
北京百度网讯科技有限公司
国家电网有限公司
中国工商银行股份有限公司
网易（深圳）网络有限公司
郑州云海信息技术有限公司
阿里巴巴集团控股有限公司
北京航空航天大学

图3-85　全国支撑软件开发领域重要专利申请人

从图3-86可以看出，四川省内，高校在专利申请中占据重要地位，同时企业也积极参与，显示出高校和企业合作紧密。电子科技大学和四川大学等高校在专利申请中占据重要地位，表明四川在高等教育和科研方面具有优势。

专利申请量（项）
0　　200　　400　　600

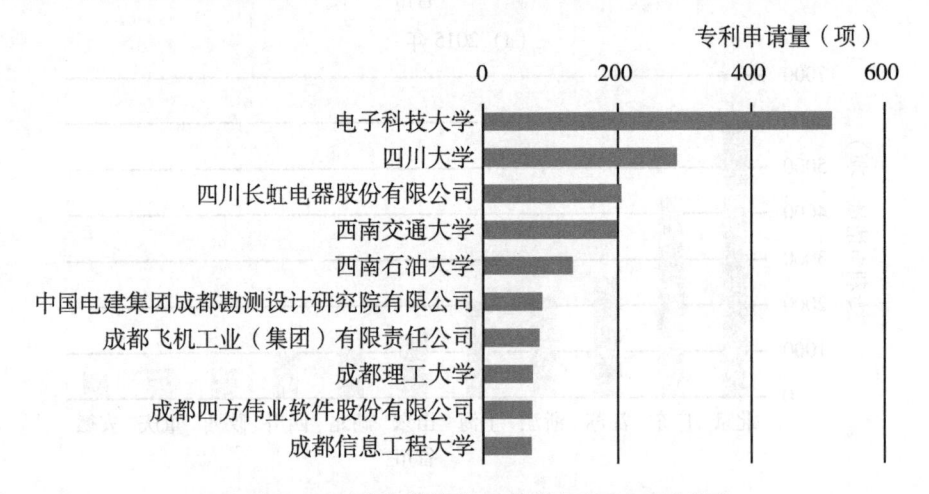

电子科技大学
四川大学
四川长虹电器股份有限公司
西南交通大学
西南石油大学
中国电建集团成都勘测设计研究院有限公司
成都飞机工业（集团）有限责任公司
成都理工大学
成都四方伟业软件股份有限公司
成都信息工程大学

图3-86　四川省支撑软件开发领域重要专利申请人

（3）应用软件开发

应用软件主要包括通用软件、工业软件、嵌入式应用软件等；面向政务、金融、通信、交通运输、能源、医疗、教育、新闻等领域的行业应用软件。应用软件更加直接地面向用户，提供各种功能和服务，以解决用户在日常生活和工作中遇到的问题和需求。

第3章 四川省专利密集型产业发展研究分析

从图3-87、图3-88可以看出，四川省和全国在应用软件开发领域的专利申请整体均呈现稳定上升的趋势。2015—2022年，全国应用软件领域的专利申请量从39499项增长到141660项，增长了约259%。这一时期，应用软件技术日新月异，特别是移动互联网和智能设备的普及，激发了大量创新和专利申请。四川省在应用软件领域专利申请量从2015年的1422项增加到2022年的5412项，增长了约281%。这一增长速度与全国相当，显示出四川在该领域的创新活力和潜力。然而，四川省的专利申请量占全国专利申请总量的比例相对较低，约为3.4%。随着国家对科技创新的持续支持和市场需求的不断增长，四川省在应用软件领域有望取得更大的突破。

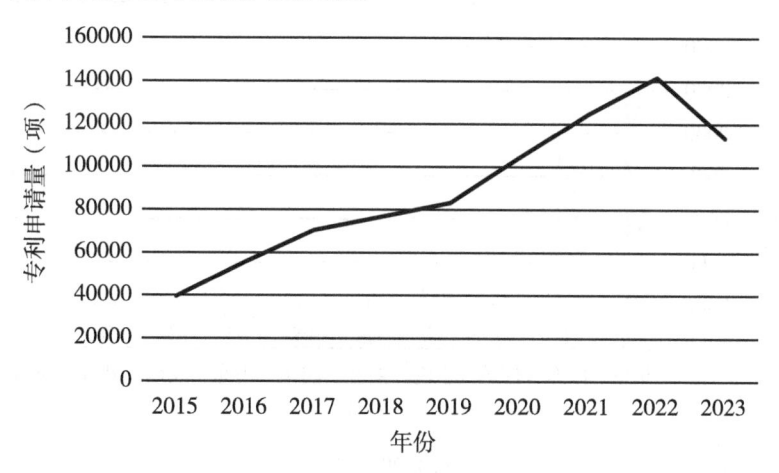

图3-87　全国应用软件开发领域专利申请趋势

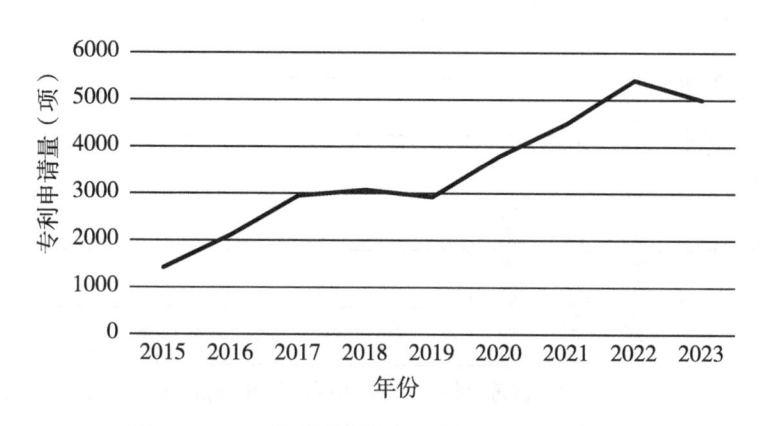

图3-88　四川省应用软件开发领域专利申请趋势

如图3-89所示，2015年，四川省在应用软件领域的专利申请量排名第六。这一排名显示出四川在全国范围内具有一定的竞争力，但与排名靠前的省市相比仍存在明显差距。作为西部地区的重要省份，四川在应用软件领域的表现优于许多中西部省份，具有较强的科技创新和产业基础。2023年，四川省的应用软件领域专利申请量增至6462项，排名第七。尽管申请量有所增加，但全国排名下降了一位，增速不及山东省。四川省在应用软件领域的全国地位虽有所波动，但总体上呈现出稳定增长的趋势。随着专利申请量的增加和技术创新能力的提升，四川省在该领域的表现不断改善。未来，通过政策支持、产业升级和人才引进等措施，通过持续的努力和投入，四川省在未来将取得更大的突破和进步。

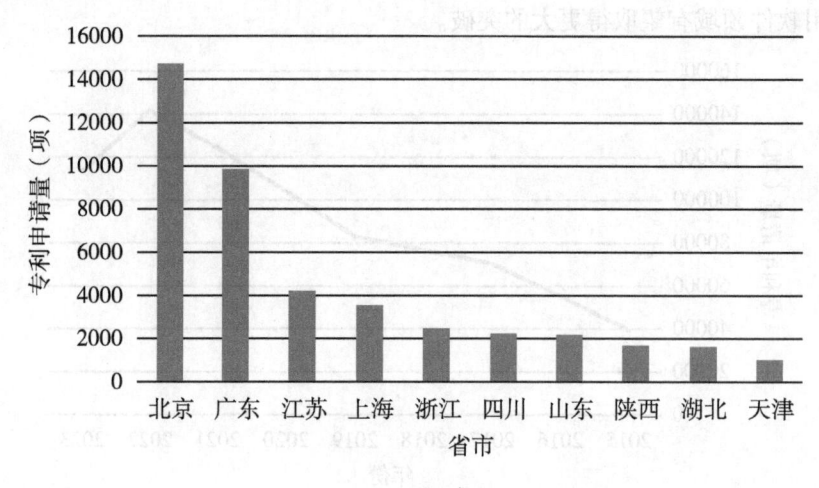

(a) 2015年

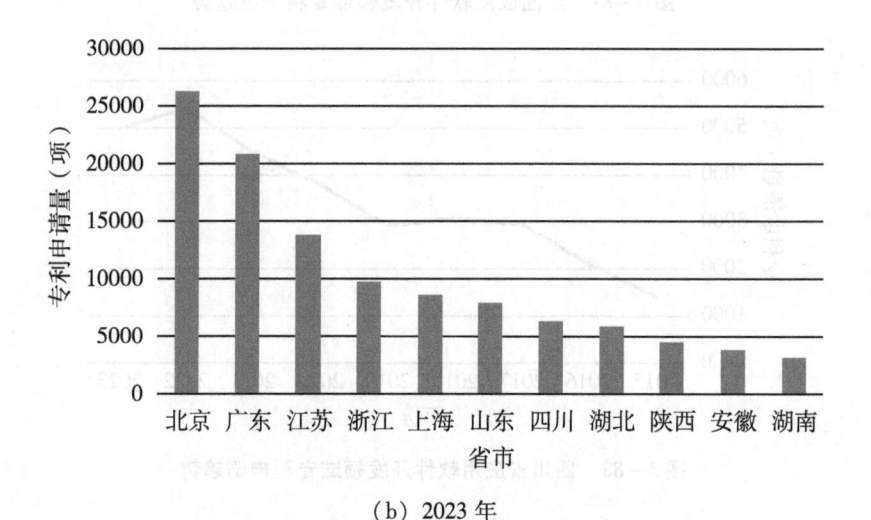

(b) 2023年

图3-89 全国应用软件开发领域专利申请量省市排名变化

第3章 四川省专利密集型产业发展研究分析

如图3-90、图3-91所示，在应用软件领域，四川和全国的申请人主体有较大的差异。全国申请人中以腾讯、华为、阿里等大型公司为主，而四川则是电子科技大学、西南交通大学、四川大学等高校申请量遥遥领先。

在全国范围内，大型科技企业如腾讯、华为、阿里巴巴、百度等在应用软件领域的专利申请量居于前列，显示出其强大的技术研发能力和市场竞争力。而在四川省，企业的专利申请量相对较少，这表明四川省内企业在应用软件领域的技术积累相对薄弱。相比全国范围内的大型科技企业，四川省内企业在应用软件领域的专利申请量较少，在技术积累和市场竞争中存在劣势。

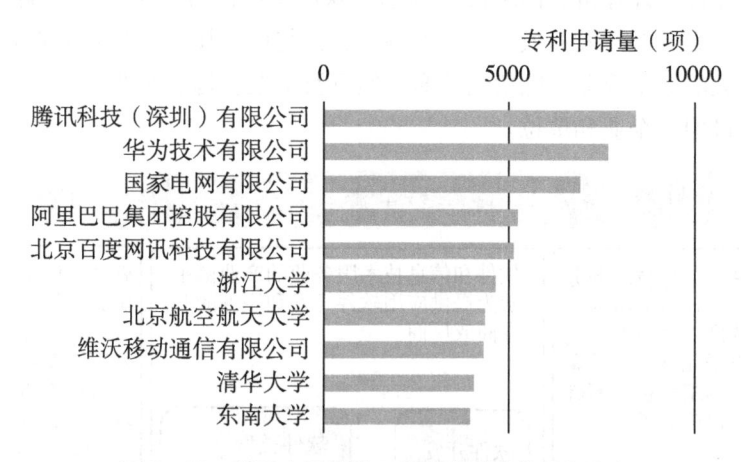

图3-90 全国应用软件开发领域重要专利申请人

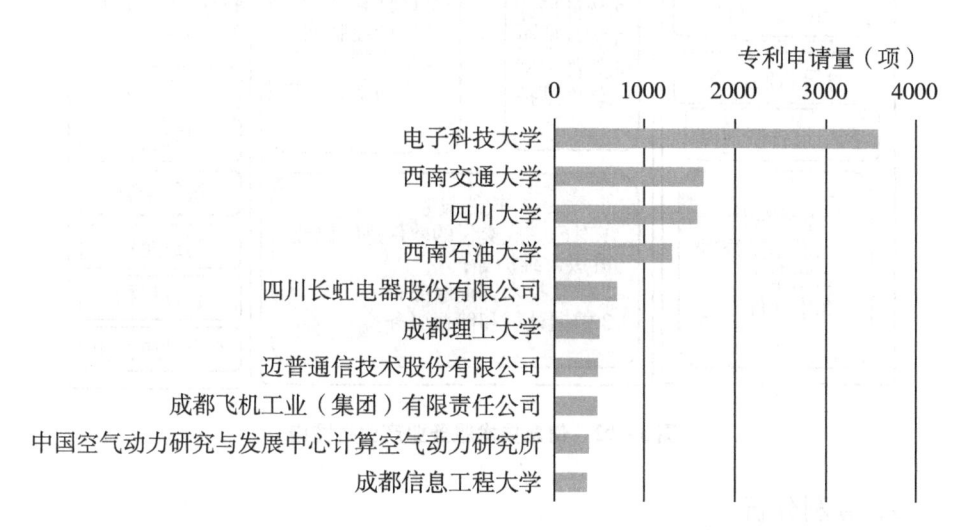

图3-91 四川省应用软件开发领域重要专利申请人

3.3.6 信息技术服务业分析

1. 产业现状

信息技术服务业是引领科技创新、驱动经济社会转型发展的核心力量，是建设制造强国和网络强国的核心支撑，也是世界各国构建全球竞争新优势、抢占新工业革命制高点的必然选择。

如图 3-92 所示，信息技术股务业的产业链上游为各类软硬件供应商，包括电子元器件、计算机、网络设备和基础软件供应商等。中游为各类提供应用软件开发和服务的开发商或厂商。下游为软件与信息技术服务的主要应用领域，如政府机关的电子政务、电信运营商、银行及金融机构、制造企业、教育机构、医疗健康机构等企业和单位。

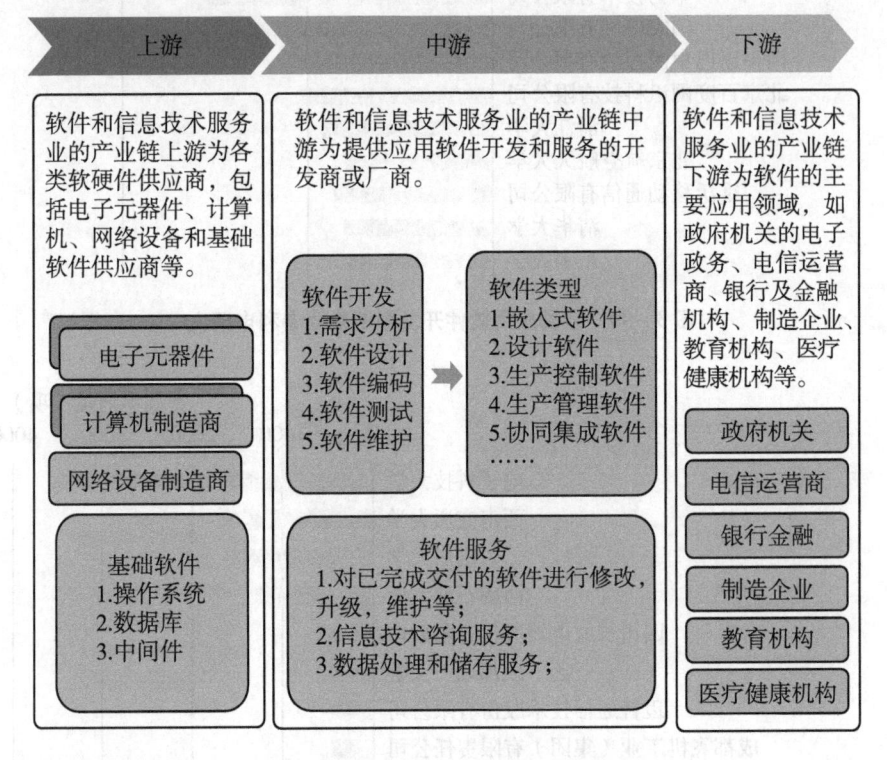

图 3-92 信息技术服务业产业链图谱

2. 专利分析

（1）产业结构

信息技术服务领域根据国民经济分类，包括信息处理和存储支持服务，地

第3章 四川省专利密集型产业发展研究分析

理遥感信息服务,动漫、游戏数字内容服务以及其他数字内容服务业。

由图3-93可知,信息技术服务业中,信息处理和存储支持以及地理遥感信息服务领域是全球、中国、四川三级的重点专利申请领域,动漫、游戏数字内容服务,以及其他数据内容服务包括农业数字化、文化数字化、体育数字化等数字化内容服务占比较少。与全国和全球产业结构不同的是,四川省在地理遥感信息服务领域的专利申请占比更高,是省内信息技术服务产业的突出领域。

	信息技术 服务	信息处理和存储 支持服务	地理遥感信息 服务	动漫、游戏数字 内容服务	其他数字内容 服务
全球	408860	207205	155601	43725	13718
中国	151500	66916	72847	10846	4019
四川	5559	2587	2682	291	138

图3-93 信息技术服务业各领域专利申请情况(单位:项)

(2)全国专利情况

由图3-94可知,2019年以来,信息技术服务业相关专利申请量增速较快,信息技术服务行业受到国家政策的大力支持。近年来,发展改革委、财政部等多部门陆续印发了规范、引导、鼓励、规划软件与信息技术服务行业的发展政策,内容涉及软件与信息技术行业规范、软件开发方向等内容。例如《"十四五"软件和信息技术服务业发展规划》和《"十四五"国家信息化规划》等。《"十四五"软件和信息技术服务业发展规划》提出,到2025年工业App突破100万个,规模以上企业软件业务收入突破14万亿元,年均增长12%以上。

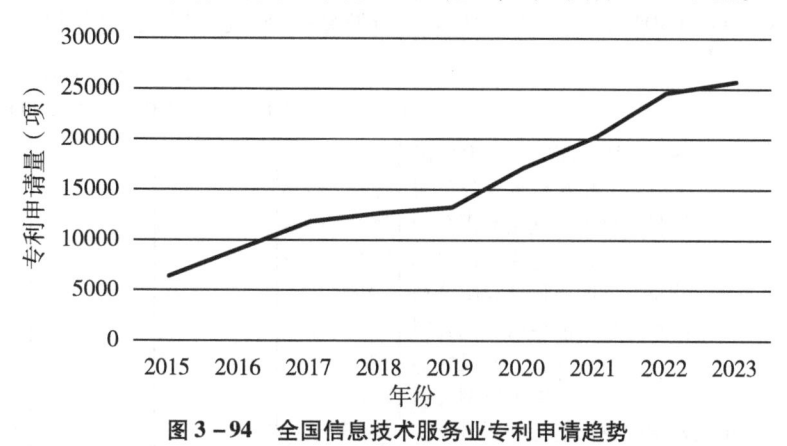

图3-94 全国信息技术服务业专利申请趋势

由图3-95可知,在信息技术服务业领域,全国各省市发展不一,北京市以及广东省、江苏省等地,信息技术服务业发展较为迅速,头部城市与尾部城市差距日益扩大，政治位置与资源优势对于产业发展所起的作用正在弱化，市场内在驱动力更加显著。就区域而言，信息技术服务业集中分布在沿海、沿江和中西部一些产业基础比较好的地区，区域化特征十分明显，已形成珠三角、长三角、环渤海和中西部四大产业集聚区。

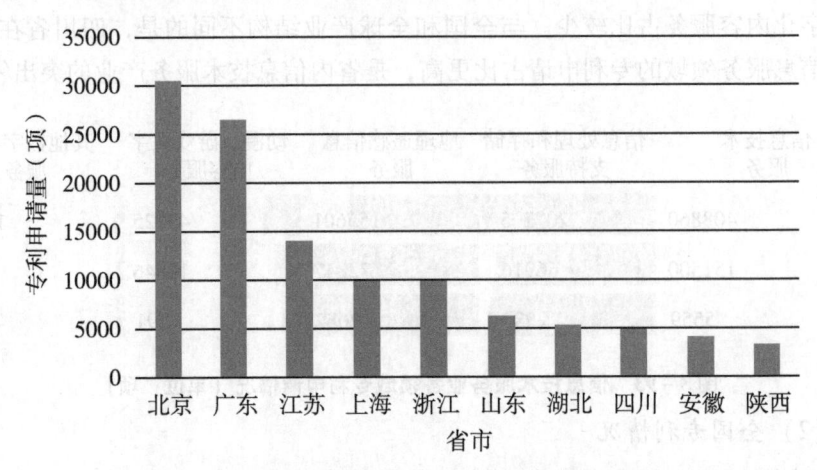

图 3-95 全国信息技术服务业专利申请量前 10 名

截至 2022 年，全国信息技术服务业规模以上企业超 3.5 万家，优势企业的实力不断增强，规模不断扩大，软件和信息技术服务行业整体市场集中度进一步加强，行业市场结构逐渐转向由华为和腾讯所引领的寡头垄断市场格局发展。图 3-96 所示的信息技术服务产业的重要专利申请人排名也证实了这一点，由图可见大型科技型技术企业占比较多，腾讯、华为和网易的专利申请量几乎占相关专利申请的 40%，这反映了大型创新型寡头企业已进行全面专利布局。

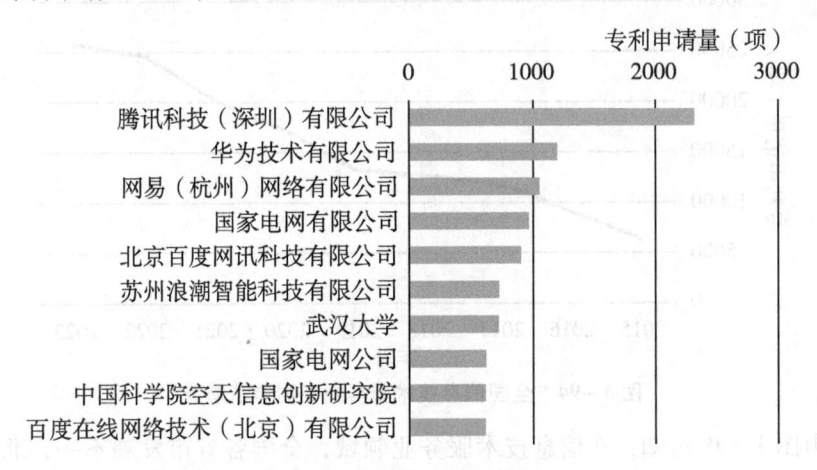

图 3-96 全国信息技术服务业重要专利申请人

第3章 四川省专利密集型产业发展研究分析

(3) 四川省专利情况

在信息技术服务领域专利申请量全国省市排名中，如图3-97所示，四川省排名第七，信息技术服务业是四川省经济社会的支柱型产业，全省软件服务业创新能力不断增强，产业实力稳步提高。四川省坚持走特色产业集群之路，主动引导和推动差异化发展，挖掘特色产业，培养特色产业集群。例如，以高新区为例的天府软件园，集聚了腾讯、IBM等具有较强实力的软件服务企业，涵盖了信息传输服务、信息技术服务、数字内容服务等业务领域。如图3-97所示，从2021年到2023年四川省专利申请量快速增长，仅用两年时间即实现信息技术服务产业专利申请量增加50%，这与该段时间四川省在信息技术发展行业给予了政策和资金方面的大力推动密切相关。

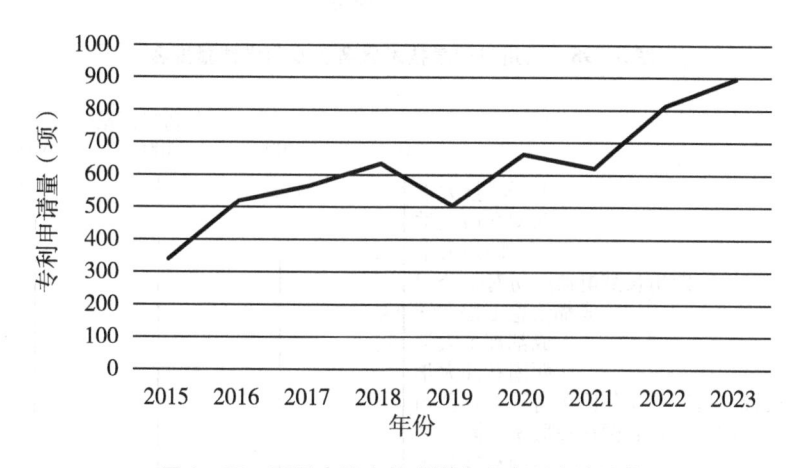

图3-97 四川省信息技术服务业专利申请趋势

图3-98所示，四川省信息技术服务业专利申请绝大部分集中于成都，从一定程度上来讲，成都信息技术服务水平基本上代表四川在该领域的水平。成都市作为四川省在该领域发明专利申请量最多的城市，其申请量几乎达到排在第二位的绵阳市的10倍，而绵阳市在该领域发明专利申请量则达到排在第三位的地市相应数据的5倍左右。可见，四川省在该领域的专利申请量在地市分布方面存在明显的集聚效应。

具体到申请人类型，如图3-99所示，在四川省重要专利申请人排名中，成都市各高校占据半数以上，且均排名前列，电子科技大学、西南交通大学、四川大学分列第一、二、三位，也体现了省内重点科研院所的科研能力和创新影响力。四川长虹电器股份有限公司、成都飞机工业（集团）有限责任公司等企事业单位则在各细分领域榜上有名。

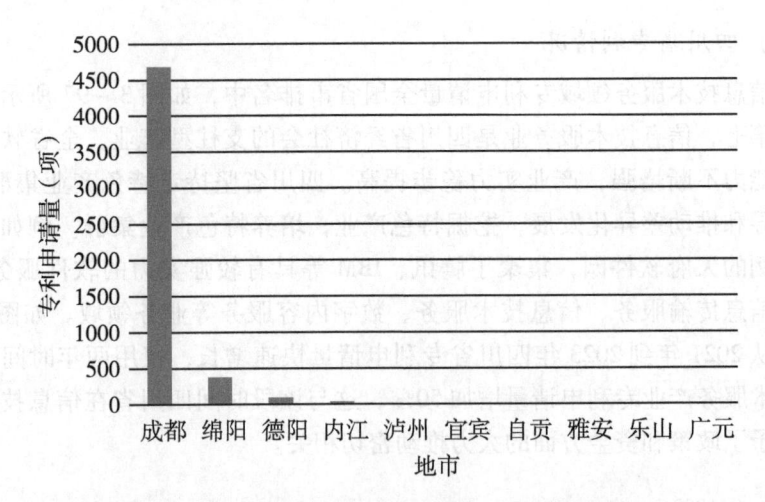

图 3-98　四川省信息技术服务业专利申请量排名

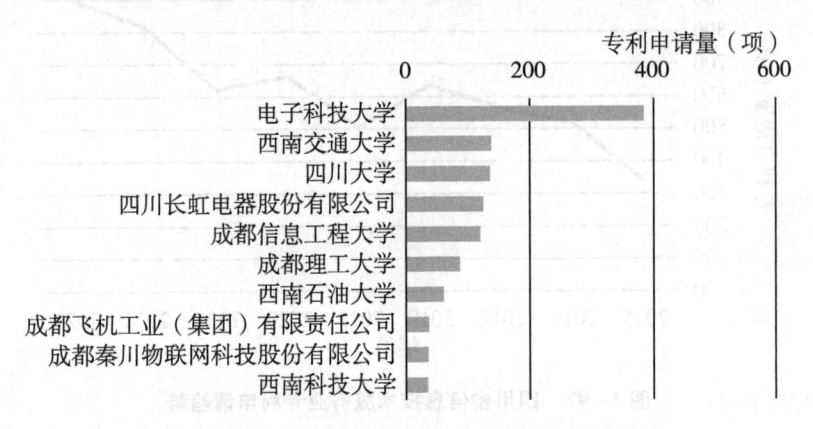

图 3-99　四川省信息技术服务业重要专利申请人

3.3.7　产业发展问题和建议

1. 存在的问题

①产业集聚效应过于明显，辐射带动周边发展的作用仍显不足。从各地市的专利申请量来看，成都市专利申请量远超其他地市。从产业发展的角度，各分支技术的主要龙头企业也均位于成都，少数位于绵阳，在全省其他地市少有产业链链主企业。由此可见，信息通信技术服务业主体集中在成都，其他地市虽有分布，但区域发展差距明显，基础相对薄弱，产业规模偏小。

②四川省信息通信技术服务业的企业分布呈现"头重脚轻"的现象。与国内发展更早、根基更稳的省市相比，四川省信息通信技术服务业中各企业的发

展站在巨人的肩膀上，致使其更擅长在已有成熟的基础与技术上解决企业与行业痛点，针对具体化问题开发定制化应用，而非从底层开始研制服务器、架设厂房等。以软件开发产业为例，高端工业软件等"卡脖子"领域基础薄弱，研发设计短板尤为明显，相关企业自研软件仅服务内部产线，未形成具备外部服务辐射能力的软件产品，金融服务对关键软件产业支撑有限，产业化进程滞后。

③高校创新活跃度高，未凸显企业创新主体地位。高校专利申请过多，同时高校的专利维护年限短，高校的多数专利无法有效地转化为实际的技术成果和产品，就无法为社会和经济发展带来实际的价值。相比之下，公司专利申请不足，而专利是一种重要的知识产权形式，对于公司来说，专利申请不足可能意味着对知识产权保护的重视程度不够，存在知识产权风险。

④产学研深度融合不足。从各细分领域均存在的高校的申请量远超企业的申请量的情况来看，四川省具有丰富的科技创新资源，但只有科技成果转化为现实生产力，才能够实现将创新资源优势转化为高质量发展优势，而目前四川省的企业与高校和研究所交流、协同创新不足，科研机构与企业在关键核心技术攻关、创新人才培养等方面的合作水平也有待提升。同时，企业创新能力不足，不能向更底层、更源头的方向延伸。

⑤发展模式有待更新，同浙江、广东等地区相比，企业运营方式与管理水平有待加强，软件开发方面，省内尚未建成成熟的软件开源社区，相关企业开源项目贡献率不高，软件开源环境待完善，人才存在结构性短缺，工业互联网和工业云平台对外开放程度不高，未发挥平台集聚效应。

2. 发展建议

继续坚持以成都为核心，形成产业集聚效应的同时，进一步辐射带动周边发展。通信和卫星传输服务业方面，依托重点高校和重点企业推动通信和卫星传输产业集聚发展，结合不同区域特点和发展定位，因地制宜，错位发展，推动省内各地市建设形成高效分工、特色鲜明、优势互补、良性互动的区域产业结构。互联网服务业方面，发挥成都互联网服务产业的领先优势，以成都为核心，辐射带动周边发展，持续打造川东（达州）、川南（宜宾、泸州）、川西（雅安、乐山）、川北（德阳、绵阳）互联网服务产业集群。

四川省内企业和科研机构应加大研发投入，提升技术创新能力。引进和培养高端人才，增强技术研发实力。地方政府应继续加强政策支持，提供资金和资源，鼓励技术创新和专利申请。建立完善的创新生态系统，推动技术成果转化。加强与全国领先企业和科研机构的合作，学习先进经验和技术。通过协同创新，提升整体技术水平和市场竞争力。

切实推动产学研结合，成都拥有多所重点高校，这些高校在软件开发领域具有丰富的研究资源和人才储备。同时，成都拥有一批知名的软件开发企业，这些企业在技术研发、市场推广和人才培养等方面具有丰富的经验和资源。但企业专利申请量不足，容易出现知识产权风险，需要引导企业将研发过程中的技术成果积极地转化为专利，为企业的发展保驾护航。为此，可以通过与企业的合作，共享科研成果，将更多的高校专利转化为产品。在省内的主要申请主体中，电子科技大学作为各领域主要的高校研发力量，其专利申请量在诸多细分领域均位于首位，并且其申请量远远高于其他企事业单位。以电子科技大学为龙头的高校相关研究较多，后续可进一步挖掘高校优秀研发团队，提供合作平台。还可依托如电子科大科技园（天府园）等产学研融合成果，持续推进校企和校地合作深度，促进高校和科研院所的科技创新成果转化落地，引领企业提升自主创新能力，攻克核心关键技术，助力培养高水平创新人才。推动高校和科研院所与各地市的产业园区展开更多合作，例如建立创新创业基地，为校企和校地联合提供沟通平台，促进创新资源和人才向技术缺乏的地市转移，推动当地产业培育和发展。

推动重大载体平台建设，促进应用创新规模效应。聚焦重点产业研发创新需要，探索重点领域区块链、人工智能创新平台，探索"AIGC 模型＋算力"的四川模式，加快 GPT 等人工智能新技术场景应用。加快雅安经开区国家新型工业化产业示范基地（数据中心）、德阳天府数谷产业园区等重点产业载体建设。加快培育工业互联网平台，推动企业上云。加强重点实验室、技术创新中心、工程（技术）研究中心等创新平台建设。重点强化自主基础软硬件的底层支撑能力，全面提升市场培育能力，推动大数据、区块链、边缘计算等新一代信息技术集成创新。

打造特色数字产业集群，助力成渝双城协同发展，全面贯彻《成渝地区双城经济圈建设规划纲要》，立足成都、重庆互联网服务产业发展实际和资源禀赋，加强统筹布局和协同创新，打造成渝双城经济圈互联网服务产业集群，加快基础设施一体化建设，做强做优大数据、5G、智能终端、北斗导航、虚拟现实等重点产品产业化，逐步拓展教育、医疗、养老等领域应用空间。共建共享共用中新（重庆）国际互联网数据专用通道，建设川渝国际数据门户。组织川内大数据企业赴重庆考察，联合开发互联网服务产业团体标准，推动川渝贯标和互认。推动成德眉资、川南渝西互联网服务产业协同发展，主动承接东部地区互联网服务产业向四川省转移。

加强产业生态联盟建设，扩大开放合作力度深度。推进校企和校地合作，促进高校和科研院所的科技创新成果转化落地，引领企业提升自主创新能力，攻克核心关键技术，助力培养高水平创新人才。推动高校和科研院所与各地市的产业园区开展更多合作，例如建立创新创业基地，为校企和校地联合提供沟通平台，促进创新资源和人才向技术缺乏的地市转移，推动当地产业培育和发展。开展互联网服务创新交流、产学研用招商对接等活动，主动承接东部、中部互联网相关产业转移和产业要素溢出红利，推动建立与先进、优势园区合作的机制和平台，以领军企业为主体开展重大合作示范项目建设。

3.4 新装备制造业

3.4.1 产业的定义和特点

1. 产业定义

装备制造业是我国独有的概念，1998年中央经济工作会议明确提出"要大力发展装备制造业"，揭开了我国装备制造业发展的新篇章，《国务院关于加快振兴装备制造业的若干意见》将装备制造业作为国民经济发展和国防建设提供技术装备的基础性产业。

装备制造业是为国民经济各部门和国家安全提供技术装备的产业总称，它是"生产机器的机器制造业"，为国民经济的简单再生产和扩大再生产提供必要的生产技术装备[49]，其产业范围包括机械工业和电子工业中的投资类产品，包括通用设备制造业、专用设备制造业、航空航天器制造业、铁路运输设备制造业、交通器材及其他交通运输设备制造业、电气机械及器材制造业、通信设备计算机及其他电子设备制造业、仪器仪表及文化办公用品制造业等。装备制造业覆盖范围广泛，是国民经济和国防建设的物质技术基础。

根据工业和信息化部2012年5月印发的《高端装备制造业"十二五"发展规划》，高端装备制造业是装备制造业中的高技术、高附加值部分，以高新技术为引领，处于价值链高端和产业链核心环节，主要包括：传统产业转型升级所需的高技术装备，战略性新兴产业发展所需的高附加值装备等[50]。高端装备制造业是强国之基，为加快发展新质生产力、落实制造强国战略、建设现代化产业体系提供重要支撑，决定着整个产业链的综合竞争力，是现代产业体系的脊梁和推动工业转型升级的引擎。根据国家统计局的分类，高端装备制造业包括智能制造装备、航空装备、卫星及应用、轨道交通装备、海洋工程装备等产业。

智能制造业是制造业与新一代信息技术深度融合的产物，是制造业数字化、网络化、智能化的集中体现[51]。其特点包括：利用物联网、大数据、人工智能等技术，实现生产过程的智能化；强调生产设备的自感知、自学习、自决策、自执行、自适应；追求生产过程的高效率、高质量、高灵活性和低成本；注重产品全生命周期的智能化管理；促进制造模式由大规模生产向大规模定制转变等。智能制造业是新装备制造业的重要组成部分，也是高端装备制造业的发展方向，不仅包括智能制造装备的生产，还包括传统制造业向智能化转型的过程和结果。

新装备制造业是相对于传统装备制造业而言的概念，强调技术先进性和创新性[52]。其特点包括：以新技术、新工艺、新材料为基础，通过创新和研发生产高技术含量、高附加值、高性能的新型装备，具有数字化、智能化、网络化和绿色化等特征，技术知识密集、附加值高、成长性好、关联性强、带动性大。新装备制造业的核心在于通过技术创新提高装备制造的技术水平和生产效率，满足市场对高端装备的需求，推动其他产业的升级和现代化。近年来，我国新装备制造业不断输出先进生产力，以"新"赋能千行百业，推动我国工业制造向"新"发力。

上述定义综合了各类信息和行业标准，清晰地区分了装备制造业、高端装备制造业、智能制造业、新装备制造业等概念，同时突出它们之间的联系和各自的特点。其中："装备制造业"作为最基础的概念，强调了其在国民经济中的重要地位；"高端装备制造业"突出了其在产业链中的核心地位和对产业升级的推动作用；"智能制造业"则重点描述了其与信息技术的深度融合，以及对制造模式的革新；"新装备制造业"强调了其创新性和先进性，并与专利密集型产业分类相结合。

在专利密集型产业分类中[53]，新装备制造业包括通用设备制造，专用设备制造，航空、航天器及设备制造，汽车与轨道设备制造，电气设备制造，仪器仪表设备制造，其他装备制造等七个中类，对应了81个国民经济行业小类。表3-15结合专利密集型产业新装备制造业的分类以及对应的国民经济行业分类中的小类说明，给出新装备制造业各小类涵盖的内容。

表3-15 新装备制造业涵盖国民经济行业小类

大类	中类	国民经济行业代码	国民经济行业名称	说明
03 新装备制造业	0301 通用设备制造	3411	锅炉及辅助设备制造	指各种蒸汽锅炉、汽化锅炉，以及除同位素分离器以外的各种核反应堆的制造
		3412	内燃机及配件制造	指用于移动或固定用途的往复式、旋转式、火花点火式或压燃式内燃机及配件的制造，但不包括飞机、汽车和摩托车发动机的制造

续表

大类	中类	国民经济行业代码	国民经济行业名称	说明
03 新装备制造业	0301 通用设备制造	3419	其他原动设备制造	指除内燃机、锅炉等主要原动设备以外的其他类型原动设备的制造
		3421	金属切削机床制造	指用于加工金属的各种切削加工数控机床及普通机床的制造
		3422	金属成形机床制造	指以锻压、锤击和模压方式加工金属的机床，或以弯曲、折叠、矫直、剪切、冲压、开槽、拉丝等方式加工金属的数控机床及普通机床的制造
		3423	铸造机械制造	指金属铸件（机械零件毛坯件）铸造用专用设备及其专门配套件的制造，普通铸造设备、制芯设备、砂处理设备、清理设备和特种铸造设备等制造
		3424	金属切割及焊接设备制造	指将电能及其他形式的能量转换为切割、焊接能量对金属进行切割、焊接设备的制造
		3425	机床功能部件及附件制造	指实现机床核心功能的零件和部件的制造，以及扩大机床加工性能和使用范围的附属装置的制造
		3429	其他金属加工机械制造	指除金属切削机床、金属成形机床、铸造机械、金属切割及焊接设备等主要金属加工机械以外的其他类型金属加工机械的制造
		3431	轻小型起重设备制造	指结构轻巧、动作简单、可在狭小场地升降或移动重物的简易起重设备及器具的制造；包括起重滑车、手动葫芦、电动葫芦、普通卷扬机、千斤顶、汽车举升机、单轨小车等制造
		3432	生产专用起重机制造	指具有起升、行走等主要工作机构的各种起重机及其专门配套件的制造
		3434	连续搬运设备制造	指在同一方向上，按照规定的线路连续或间歇地运送或装卸散状物料和成件物品的搬运设备及其专门配套件的制造；包括输送机械、装卸机械、给料机械等三类产品及其专门配套件的制造

续表

大类	中类	国民经济行业代码	国民经济行业名称	说明
03 新装备制造业	0301 通用设备制造	3441	泵及真空设备制造	指用以输送各种液体、液固混合体、液气混合体及其增压、循环、真空等用途的设备制造
		3442	气体压缩机械制造	指对气体进行压缩，使其压力提高到340kPa以上的压缩机械的制造
		3443	阀门和旋塞制造	指通过改变其流道面积的大小，用以控制流体流量、压力和流向的装置制造
		3444	液压动力机械及元件制造	指以液体为工作介质，依靠液体压力能，来进行能量转换、传递、控制和分配的元件和装置制造
		3445	液力动力机械及元件制造	指以液体为工作介质，依靠液体动量矩，来进行能量转换、传递、控制和分配的元件和装置制造
		3446	气压动力机械及元件制造	指以气体为工作介质，靠气压动力来传送能量的装置制造
		3459	其他传动部件制造	指除齿轮及齿轮减、变速箱以外的其他相关传动装置制造；包括链传动、带传动、离合器、联轴节、制动器、平衡系统及其配套件制造
		3461	烘炉、熔炉及电炉制造	指使用液体燃料、粉状固体燃料（焚化炉）或气体燃料，进行煅烧、熔化或其他热处理用的非电力熔炉、窑炉和烘炉等燃烧器的制造，以及工业或实验室用电炉及零件的制造
		3463	气体、液体分离及纯净设备制造	指对气体进行杂质的去除，提高气体的纯度的气体净化设备制造；仅对气、液混合物进行分离，不改变气体、液体性质的气、液分离设备制造；对各种混合气体进行分离及液化的气体分离成套设备制造
		3464	制冷、空调设备制造	指用于专业生产、商业经营等方面的制冷设备和空调设备的制造，但不包括家用空调设备的制造

续表

大类	中类	国民经济行业代码	国民经济行业名称	说明
03 新装备制造业	0301 通用设备制造	3466	喷枪及类似器具制造	指用于喷射、雾化、涂布液体或其他流体的设备和工具的制造
		3467	包装专用设备制造	指对瓶、桶、箱、袋或其他容器的洗涤、干燥、装填、密封和贴标签等专用包装机械的制造
		3474	复印和胶印设备制造	指各种用途的复印设备和集复印、打印、扫描、传真为一体的多功能一体机的制造;以及主要用于办公室的胶印设备、文字处理设备及零件的制造
		3491	工业机器人制造	指用于工业自动化领域的工业机器人的制造
		3492	特殊作业机器人制造	指用于特殊性作业的机器人制造,如水下、危险环境、高空作业、国防、科考、特殊搬运、农业等特殊作业机器人制造
		3493	增材制造装备制造	指以增材制造技术进行加工的设备制造和零部件制造
		3499	其他未列明通用设备制造业	指通用设备制造业中未被具体列出的其他种类通用设备的制造,包括不能归类到该分类的已有具体类别中的通用设备制造
	0302 专用设备制造	3511	矿山机械制造	指用于各种固体矿物及石料的开采和洗选的机械设备及其专门配套设备的制造;包括建井设备,采掘、凿岩设备,矿山提升设备,矿物破碎、粉磨设备,矿物筛分、洗选设备,矿用牵引车及矿车等产品及其专用配套件的制造
		3515	建筑材料生产专用机械制造	指生产水泥、水泥制品、玻璃及玻璃纤维、建筑陶瓷、砖瓦等建筑材料所使用的各种生产、搅拌成型机械的制造
		3516	冶金专用设备制造	指金属冶炼、锭坯铸造、轧制及其专用配套设备等生产专用设备的制造
		3521	炼油、化工生产专用设备制造	指炼油、化学工业生产专用设备的制造,但不包括包装机械等通用设备的制造

续表

大类	中类	国民经济行业代码	国民经济行业名称	说明
03 新装备制造业	0302 专用设备制造	3523	塑料加工专用设备制造	指塑料加工工业中所使用的各类专用机械和装置的制造
		3529	其他非金属加工专用设备制造	指除塑料加工专用设备等主要非金属加工设备以外的其他类型非金属加工专用设备的制造
		3531	食品、酒、饮料及茶生产专用设备制造	指主要用于食品、酒、饮料生产及茶制品加工等专用设备的制造
		3532	农副食品加工专用设备制造	指对谷物、干豆类等农作物的筛选、碾磨、储存等专用机械，糖料和油料作物加工机械，畜禽屠宰、水产品加工及盐加工机械的制造
		3542	印刷专用设备制造	指使用印刷或其他方式将图文信息转移到承印物上的专用生产设备的制造
		3544	制药专用设备制造	指化学原料药和药剂、中药饮片及中成药专用生产设备的制造
		3551	纺织专用设备制造	指纺织纤维预处理、纺纱、织造和针织机械的制造
		3572	机械化农业及园艺机具制造	指用于土壤处理，作物种植或施肥，种植物收割的农业、园艺或其他机械的制造
		3596	交通安全、管制及类似专用设备制造	指除铁路运输以外的道路运输、水上运输及航空运输等有关的管理、安全、控制专用设备的制造；不包括电气照明设备、信号设备的制造
		3597	水资源专用机械制造	指水利工程管理、节水工程及水的生产、供应专用设备的制造
		3599	其他专用设备制造	指上述类别中未列明的其他专用设备的制造，包括同位素设备的制造

续表

大类	中类	国民经济行业代码	国民经济行业名称	说明
03 新装备制造业	0303 航空、航天器及设备制造	3741	飞机制造	指设计、生产和组装各种类型飞机及其主要部件的制造
		3742	航天器及运载火箭制造	指设计、生产和组装用于进入和在外层空间运行的航天器、人造卫星、空间站及其发射系统的制造
		3743	航天相关设备制造	包括航天试验专用设备设施（宇航模拟设备、航天风洞、电磁、真空专用设备设施、其他航天试验专用设备设施）和总装调试测试设备（航天器总装调试测试设备、运载火箭总装调试测试设备）等专用设备、设施的制造
		3744	航空相关设备制造	指设计、生产和组装用于支持飞行器运行、维护、训练和安全的各种辅助设备和系统的制造
		3749	其他航空航天器制造	指除飞机、航天器及运载火箭、航天相关设备、航空相关设备等主要航空航天器以外的其他类型航空航天器的制造
	0304 汽车与轨道设备制造	3630	改装汽车制造	指利用外购汽车底盘改装各类汽车的制造
		3670	汽车零部件及配件制造	指机动车辆及其车身的各种零配件的制造
		3714	高铁设备、配件制造	指为高速铁路系统设计和生产各种设备和配件的制造
		3716	铁路专用设备及器材、配件制造	指铁路安全或交通控制设备的制造，以及其他铁路专用设备及器材、配件的制造
	0305 电气设备制造	3812	电动机制造	指交流或直流电动机及零件的制造
		3821	变压器、整流器和电感器制造	指变压器、静止式变流器等电力电子设备和互感器的制造

续表

大类	中类	国民经济行业代码	国民经济行业名称	说明
03 新装备制造业	0305 电气设备制造	3823	配电开关控制设备制造	指用于电压超过1000V的，诸如一般在配电系统中使用的接通及断开或保护电路的电器，以及用于电压不超过1000V的，如在住房、工业设备或家用电器中使用的配电开关控制设备及其零件的制造
		3824	电力电子元器件制造	指用于电能变换和控制（从而实现运动控制）的电子元器件的制造
		3825	光伏设备及元器件制造	指太阳能组件（太阳能电池）、控制设备及其他太阳能设备和元器件制造；不包括太阳能用蓄电池制造
		3829	其他输配电及控制设备制造	指开关设备和控制设备内部的元器件之间，以及与外部电路之间的电连接所需用的器件和配件的制造
		3832	光纤制造	指将电的信号变成光的信号，进行声音、文字、图像等信息传输的光纤的制造
		3833	光缆制造	指利用置于包覆套中的一根或多根光纤作为传输媒质并可以单独或成组使用的光缆的制造
		3841	锂离子电池制造	指以锂离子嵌入化合物为正极材料电池的制造
		3844	锌锰电池制造	指以二氧化锰为正极，锌为负极的原电池的制造
		3849	其他电池制造	指除锂离子电池、锌锰电池等主要电池类型以外的其他种类电池的制造
		3871	电光源制造	指将电能转变为光的器件的制造，按发光原理可分为白炽灯（指对灯丝通电加热到白炽状态，利用热辐射发出可见光的电光源）；气体放电灯（指通过气体放电将电能转换为光的一种电光源）；半导体照明等固态光源（通过半导体芯片作为发光材料，将电能转换为光的一种电光源）

· 178 ·

续表

大类	中类	国民经济行业代码	国民经济行业名称	说明
03 新装备制造业	0305 电气设备制造	3874	智能照明器具制造	指利用计算机、无线通讯数据传输、扩频电力载波通讯技术、计算机智能化信息处理及节能型电器控制等技术组成的分布式无线遥测、遥控、遥讯控制系统，具有灯光亮度的强弱调节、灯光软启动、定时控制、场景设置等功能的照明器具制造
		3879	灯用电器附件及其他照明器具制造	指用于生产各种电光源用电器附件以及为各类电光源配套的灯座及其他照明器具的制造
		3891	电气信号设备装置制造	指交通运输工具（如机动车、船舶、铁道车辆等）专用信号装置及各种电气音响或视觉报警、警告、指示装置的制造，以及其他电气声像信号装置的制造
	0306 仪器仪表设备制造	4011	工业自动控制系统装置制造	指用于连续或断续生产制造过程中，测量和控制生产制造过程的温度、压力、流量、物位等变量或者物体位置、倾斜、旋转等参数的工业用计算机控制系统、检测仪表、执行机构和装置的制造
		4012	电工仪器仪表制造	指用于电压、电流、电阻、功率等电磁量的测量、计量、采集、监测、分析、处理、检验与控制用仪器仪表及系统装置的制造
		4013	绘图、计算及测量仪器制造	指供设计、制图、绘图、计算、测量，以及学习或办公、教学等使用的测量和绘图用具、器具及量仪的制造
		4014	实验分析仪器制造	指利用物质的物理、化学、电学等性能对物质进行定性、定量分析和结构分析，以及湿度、黏度、质量、比重等性能测定所使用的仪器的制造；用于对各种物体在温度、湿度、光照、辐射等环境变化后适应能力的实验装置的制造；各种物体物化特性参数测量的仪器、实验装置及相关器具的制造
		4015	试验机制造	指测试、评定和研究材料、零部件及其制成品的物理性能、机械（力学）性能、工艺性能、安全性能、舒适性能的实验仪器和设备的制造

续表

大类	中类	国民经济行业代码	国民经济行业名称	说明
03 新装备制造业	0306 仪器仪表设备制造	4023	导航、测绘、气象及海洋专用仪器制造	指用于气象、海洋、水文、天文、航海、航空等方面的导航、测绘、制导、测量仪器和仪表及类似装置的制造
		4025	地质勘探和地震专用仪器制造	指地质勘探、钻采、地震等地球物理专用仪器、仪表及类似装置的制造
		4026	教学专用仪器制造	指专供教学示范或展览,而无其他用途的专用仪器的制造
		4028	电子测量仪器制造	指用电子技术实现对被测对象(电子产品)的电参数定量检测装置的制造
		4029	其他专用仪器制造	指用于纺织、电站热工仪表等其他未列明的专用仪器的制造
		4040	光学仪器制造	指用玻璃或其他材料(如石英、萤石、塑料或金属)制作的光学配件、装配好的光学元件、组合式光学显微镜,以及军用望远镜等光学仪器的制造
	0307 其他装备制造	3351	建筑、家具用金属配件制造	指用于建筑物、家具、交通工具或其他场所和用具的金属装置、锁及其金属配件的制造
		3737	海洋工程装备制造	指海上工程、海底工程、近海工程的专用设备制造,不含港口工程设备以及船舶、潜水、救捞等设备制造

2. 产业特点

新装备制造业具有高技术含量、高附加值、跨学科融合、市场需求驱动、高投入高风险等主要特点。伴随着战略性新兴产业的发展,新装备制造业已成为我国制造强国建设的重要一环。通过技术创新和产业升级,新装备制造业在产业链中占据核心地位,其发展水平直接决定了产业链的整体竞争力。大力发展新装备制造业,对于加快转变经济发展方式、实现由制造大国向制造强国转变具有重要的战略意义[54]。通过不断的技术创新和政策扶持,新装备制造业将在提升我国制造业核心竞争力、实现产业升级和经济转型中发挥重要作用[55]。

(1) 高技术含量和创新性

新装备制造业的核心在于高技术含量和创新性[56]，装备制造业正逐渐从传统的机械制造向智能化、自动化、数字化方向转变。新技术的引入，如人工智能、物联网、大数据分析、云计算等，不仅能够提升设备的性能，还能提高生产效率和产品质量，从而满足市场对高端装备的需求。《中国制造2025》战略任务和重点中大力推动重点领域突破发展，其中高技术含量方面，新装备制造业通常涉及先进的工艺技术和新材料的应用[57]。而创新性[58]体现在两个方面：产品创新和工艺创新。产品创新通过技术研发和设计改进，推出具有更高性能、更高附加值的新产品。工艺创新则通过改进生产工艺，提高生产效率，降低生产成本。

(2) 高附加值

新装备制造业以其高技术含量和先进工艺，实现了高附加值。不仅体现在产品的市场售价上，更体现在其对用户和整个产业链的增值贡献上[59]，通常具备高精度、高效率、高可靠性的特点，其市场需求和竞争力较强，从而能够实现较高的市场价格。高附加值还体现在产品的多功能性和定制化服务上[60]。新装备制造业通过先进的制造技术和灵活的生产模式，能够根据客户的特殊需求，提供量身定制的产品和服务，不仅能够满足不同客户的需求，还能够通过提供增值服务，进一步提高产品的附加值。高附加值还来源于产品生命周期管理。新装备制造业企业通常会通过全生命周期的管理，为客户提供全面的技术支持和服务，包括设备的安装调试、培训、售后服务等，不仅提升了客户的满意度，也为企业带来了持续的收入来源。

(3) 跨学科融合

新装备制造业的一个显著特点是跨学科融合。装备制造业的复杂性和多样性决定了其发展离不开多学科的协同合作。机械工程、电子工程、计算机科学、材料科学等多个学科的交叉融合，促进了新装备制造业的技术创新和产品升级[61]。机械工程方面，高精度加工和复杂结构的设计制造是新装备制造的基础[62]。而电子工程则为装备制造业提供了智能控制系统和传感器技术，通过电子元器件的应用，实现设备的自动化和智能化。现代装备制造业广泛应用计算机辅助设计（CAD）、计算机辅助制造（CAM）和计算机集成制造系统（CIMS）等技术，通过数字化设计和生产，提升了产品的设计效率和生产精度。同时，物联网、大数据、云计算等新兴信息技术的应用，使得装备制造业的智能化水平不断提升，实现了设备的实时监控和远程维护。另外，材料科学的进步也为新装备制造业提供了新的发展动力[63]。新材料的应用，如复合材料、超导材料、高温合金等，不仅提高了装备的性能，还拓展了其应用领域。

(4) 市场需求驱动

新装备制造业的发展高度依赖市场需求的驱动。市场需求的变化直接影响着新装备制造业的技术研发方向和产品更新换代的速度[64]。市场需求驱动主要体现在两个方面：一是特定行业的需求，二是市场趋势和消费者需求的变化。制造业需要高精度的数控机床和自动化生产线，汽车工业需要高性能的生产设备和检测设备，航空航天需要高可靠性的飞行器制造设备，这些特定行业的需求直接推动了新装备制造业的发展。市场趋势和消费者需求的变化也是新装备制造业的重要驱动力[65]。市场对智能化、环保化、高效化装备的需求越来越强烈，促使新装备制造企业不断进行技术创新和产品升级，以满足市场的新要求。此外，国际市场的需求也对新装备制造业产生了重要影响，国内外市场的相互融合，为新装备制造业提供了更广阔的市场空间。通过出口高端装备和引进国外先进技术，新装备制造业能够在国际市场上占据重要地位，实现更快的发展。

(5) 高投入和高风险

新装备制造业具有高投入和高风险的特点。产业需要大量的研发投入、长时间的技术开发周期以及不确定的市场前景，高投入和高风险也给企业带来了巨大的挑战[66]。首先，新装备制造业需要大量的资金投入，包括研发投入、设备投入和生产投入。研发投入主要用于新技术的开发和新产品的设计，这需要大量的人力、物力和财力支持。设备投入则是指生产设备的购买和升级，这些高端设备的价格通常非常高。生产投入包括生产原材料的采购、生产线的建设和运营成本等。其次，新装备制造业的技术开发周期较长。从技术研发到产品投产，通常需要包括技术研究、样品试制、小批量生产、市场推广等多个阶段。市场风险也是新装备制造业面临的一个重要问题。由于市场需求的变化和技术的不断更新，新装备制造业的产品可能面临市场竞争激烈、产品更新换代快等问题。

3.4.2 产业现状分析

党和国家历年来都高度重视装备制造业的发展，习近平总书记多次强调，装备制造业是国之重器，要加强原创性、引领性科技攻关，把装备制造牢牢抓在自己手里。新装备制造业作为专利密集型产业的重要组成部分，一直是我国专利密集型产业中规模最大、占比最重的行业。根据《中国专利密集型产业统计监测报告（2022）》，2021年我国新装备制造业增加值为38452亿元，占专利密集型产业增加值的26.89%。新装备制造业具有以下特点。

1. 国家政策环境

新装备制造业的发展离不开政府的政策支持和导向[67],政府通过制定相关政策、提供资金支持、营造良好的市场环境,促进新装备制造业的技术创新和产业升级[68]。以下是国家层面在新装备制造业方面的相关政策。

(1)《中国制造2025》(2015年5月)

提升制造业创新能力,实现智能制造、绿色制造和服务型制造的全面发展。到2025年进入制造强国行列,到2035年整体达到世界制造强国阵营中等水平。重点领域:高端数控机床和机器人、航空航天装备、海洋工程装备和高技术船舶、先进轨道交通装备、节能与新能源汽车、电力装备、新材料、农机装备、现代服务业、金融服务等。

(2)《"十三五"国家战略性新兴产业发展规划》(2016年11月)

提升高端装备制造业自主创新能力,推动产业结构升级,满足国内外市场需求。发展智能制造装备、增材制造(3D打印)、航空装备、卫星及应用产业、高速铁路装备、海洋工程装备、节能环保装备等。加大研发投入,支持企业进行技术创新和装备升级。推动产业集群发展,打造高端装备制造业示范基地。加强国际合作,提升我国高端装备制造业的全球竞争力。

(3)《关于加快推动制造服务业高质量发展的指导意见》(2021年3月)

促进制造业与服务业深度融合,提升服务型制造和制造服务业的发展水平。支持企业开展智能化改造,推动制造服务业模式创新。强化政策引导和财税支持,促进制造服务业的快速发展。提供专项资金,支持制造业企业在服务化转型中的技术创新和业务模式创新。

(4)《中华人民共和国国民经济和社会发展第十四个五年规划和2035年远景目标纲要》(2021年3月)

明确我国未来十五年的发展方向,强调制造业作为经济发展的基石。智能制造和绿色制造成为重点发展领域,旨在通过技术创新和结构优化提升制造业的整体竞争力。通过降低企业成本、推动国际投资,促进制造业与服务业的深度融合,推动我国制造业向高质量发展转型。

促进先进制造业和现代服务业深度融合,构建现代产业体系,推动制造业高质量发展,保持制造业比重基本稳定,增强制造业竞争优势。重点领域:智能制造、绿色制造、高端装备制造、传统产业升级,包括集成电路、航空航天、船舶与海洋工程装备、机器人等。

(5)《"十四五"信息化和工业化深度融合发展规划》(2021年11月)

我国制造业在新发展阶段要实现数字化、网络化、智能化,明确信息化与工业化交汇与创新的两化深度融合概念,体现中国特色新型工业化道路,信息化不仅是发展的手段,也是目的,与工业化的融合加速了工业化进程,并促进了信息技术的发展。要顺应信息世界与物理世界深度融合的全球趋势,推动制造业在企业形态、生产方式、业务模式和就业方式上的变革,加速数字化转型、培育新产品新模式新业态、推进行业领域数字化转型、实施制造业数字化转型行动等,激发企业创新活力,打造现代化产业体系。

(6)《"十四五"智能制造发展规划》(2021年12月)

智能制造被视为制造强国建设的主攻方向,重点在于提升制造业的智能化水平。规划提出通过科技创新和标准体系建设,推动制造业的数字化、网络化、智能化转型。支持中小企业的数字化改造,促进区域协调发展,并通过国际合作提升智能制造的全球竞争力。

推动智能制造的发展,数字化转型、网络化协同、智能化变革,提升我国制造业质量水平[69]。重点领域:智能制造、先进制造技术、工业软件等,包括新一代信息技术、生物、新材料、新能源等与制造技术的融合[70]。加强科技创新,突破关键核心技术,推动跨学科、跨领域融合创新,增强融合发展新动能。推动智能制造标准体系建设[71]。提升智能制造装备和软件开发水平,支持智能制造系统解决方案供应商与用户联合创新。推广智能制造示范工厂和新模式,深化推广应用,开拓转型升级新路径。支持中小企业数字化转型,推动区域智能制造发展。

2. 四川省政策环境

党的二十大对推进新型工业化和建设现代化产业体系作出战略部署,习近平总书记对四川产业发展寄予殷切期望、提出明确要求。深入推进新型工业化、加快建设现代化产业体系,是推动高质量发展、写好中国式现代化四川篇章的重大任务。

(1)政策导向

1)突出发展优势产业,加快构建新兴产业

2019年发布《关于加快成都市高端装备制造业发展的若干意见》,指出要打造全国重要的高端装备制造基地,重点发展智能制造装备、新能源装备、轨道交通装备、航空装备等领域。通过提供专项资金支持,鼓励企业技术改造和创新,支持企业参与国际竞争,加强品牌建设和市场开拓。

2021年2月《四川省"十四五"规划和2035年远景目标纲要》指出，要锚定航空航天、能源装备、燃气轮机、数控机床、工业机器人等重点领域，打造世界级装备制造产业集群，提升区域协调发展水平；要以智能网联和新能源为主攻方向，建设高水平汽车产业集群；要做强战略性新兴产业集群，壮大轨道交通装备产业规模集群，培育打造核能与核技术、高端装备制造、新材料等特色优势产业集群。深化拓展"一干多支"发展战略，构建"一轴两翼三带"区域经济布局，引导重大基础设施、重大生产力和公共资源优化配置，提升全省区域协调发展水平；要支持企业开展协同创新，支持行业领军企业牵头建立创新联合体，支持企业与科研院所、高校共建高水平研发机构和成果转化基地，促进创新成果转化。

2021年12月《四川省"十四五"装备制造业发展规划》指出，要打造具有国际竞争力的现代装备制造产业体系。重点任务是推动智能制造、高端制造、绿色制造的发展，重点支持航空航天装备、轨道交通装备、节能环保装备等领域。实施重大技术攻关项目，推进产业集群建设。增强创新平台和公共服务能力，支持企业技术创新。

2）培育优质创新主体，促进成果转化运营

2022年1月《增强协同创新发展能力行动方案》指出，提升四川省制造业企业的协同创新能力，促进创新成果的转化和应用，聚焦核能、航空航天、智能制造等战略性领域，打造重大科技基础设施和研究基地集群，围绕航空与燃机、轨道交通、智能装备等重大科技需求开展关键技术攻关。建设重大科技基础设施和研究基地集群，支持企业与高校、科研院所共建高水平研发机构，推动四川省制造业的技术进步和产业升级。建好成德绵国家科技成果转移转化示范区，加快建设跨高校院所新型中试研发平台，尽快提升概念验证、中试熟化、企业孵化能力。

3）优化空间功能布局，推进产业协同发展

2023年1月《关于加快推进四川省战略性新兴产业集群建设的通知》指出，推动四川省内各大新兴产业集群的发展，通过资金支持、创新平台建设等措施，促进各地产业集群的形成和壮大，提升全省的产业竞争力和区域经济协调发展水平。推进四川省战略性新兴产业集群建设，提升区域经济协调发展水平。

2023年6月《中共四川省委关于深入推进新型工业化加快建设现代化产业体系的决定》指出，四川省在装备制造产业方面的政策重点是打造具有国际竞争力的产业集群，特别是在清洁能源、航空航天、动力电池和轨道交通装备等领域。通过实施重大技术装备攻关工程和加快新能源汽车制造布局，提升四川省装备制造产业的技术水平和市场竞争力。提升优势产业，构建新兴产业，实现装备制造产业的高质量发展，打造世界级装备制造产业集群。

（2）政策实例

1）财政和税收优惠政策

高新技术企业税收优惠：根据《中华人民共和国企业所得税法》（2007年修订），高新技术企业可以享受15%的企业所得税优惠税率。

研发费用加计扣除：根据《财政部、国家税务总局关于完善研究开发费用税前加计扣除政策的通知》（2018年发布），企业用于研发活动的费用可以按照175%进行加计扣除。

2）专项资金支持

科技创新基金：如《成都市科技创新专项资金管理办法》（2020年发布），支持企业进行技术研发和创新，提供无偿资助、贷款贴息等形式的资金支持。

产业发展基金：如《四川省产业发展基金管理办法》（2019年发布），针对重点产业和重大项目，提供股权投资、贷款担保等资金支持。

3）人才引进和培养政策

人才培养计划：如《四川省"天府英才"计划》（2019年发布），通过企业与高校、科研机构合作，培养高技能人才和创新型人才。

通过各项政策的出台与实施，我国和四川省在新装备制造业方面致力于推动智能制造、绿色制造和高端装备制造的发展，通过制定和落实一系列政策措施，促进制造业的技术创新、结构优化和高质量发展，提升产业的创新能力和制造业的国际竞争力，为我国经济的高质量发展提供有力支撑。未来，随着这些政策的深入实施，我国的新装备制造业有望实现更大的发展，助力我国成为制造强国。

3.4.3 通用设备制造产业分析

作为国民经济的重要支柱产业之一，我国通用设备制造业在近年来取得了显著进步，呈现出稳健发展态势，在多个细分领域已形成较强的国际竞争力。

1. 产业发展现状

产业规模持续扩大。根据国家统计局数据，2022年我国通用设备制造业规模以上企业实现营业收入约4.79万亿元，利润总额同比增长0.4%。2023年，全国通用设备制造业规模以上工业增加值同比增长2.0%。

产业布局逐步优化。我国通用设备制造业已形成区域协同发展格局。根据中国机械工业联合会数据，长三角地区以上海、苏州、杭州为中心，在高端数控机床、工业机器人等领域优势明显；珠三角地区以广州、深圳为代表，在智能制造装备方面实力突出；京津冀地区在重型机械和工程机械领域具有传统优势；东北地区依托装备制造业基础，在大型成套设备制造方面形成特色。

技术创新能力不断提升[72]。我国拥有中国机械科学研究总院、哈尔滨工业大学等国家级科研机构和知名高校，为通用设备制造业提供了强大的技术支撑。近年来，我国通用设备制造企业在高端数控机床、智能制造装备、节能环保设备等前沿领域取得多项突破性成果，部分技术已达到国际先进水平[73]。

2. 产业专利技术情况

（1）申请趋势分析

如图3-100所示，2015—2023年，通用设备制造领域的专利申请量整体呈现上升趋势。2015年申请量为20.7万项，到2022年达到峰值40.4万项，增长了近95%。四川省的专利申请量呈现波动上升趋势，从2015年的6000多项增长到2023年的1万项，2017年达到阶段性高峰1.3万项，之后经历了一段调整期。从2020年开始，四川省的专利申请量逐年稳步增长，显示出该领域在四川的持续发展。通用设备制造领域的专利申请在全国和四川省都呈现出增长态势，反映了行业的创新活力和技术进步，尽管存在短期波动，但长期趋势仍然向好，表明通用设备制造领域仍有较大的发展潜力。

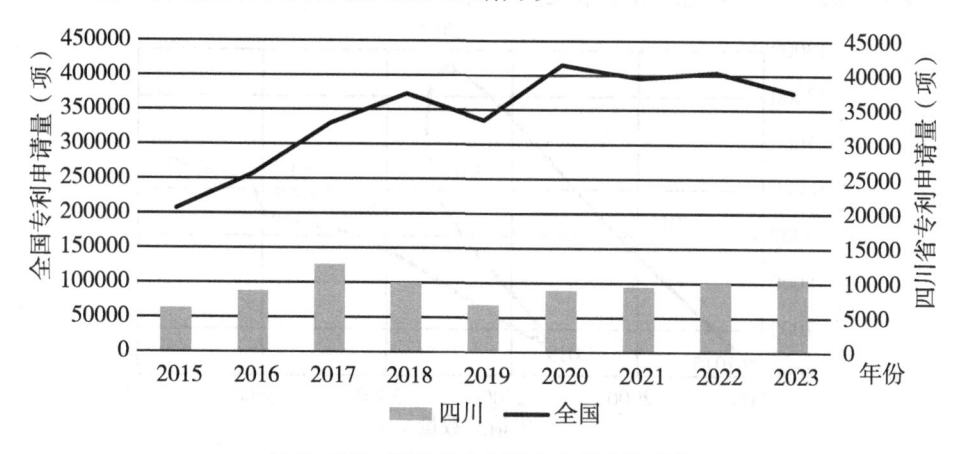

图3-100 通用设备制造业专利申请趋势

专利生命周期方面，如图3-101、图3-102所示，全国范围内，申请人数量从2015年的5.3万个增长到2023年的近13万个。四川省的申请人数量从1500多个增长到接近4000个。全国专利数量从2015年的20.9万项增长到2023年的37.7万项，增长了80%。四川省的专利数量从6000多项增长到10000多项，增长了67%。根据申请人数量和专利数量的持续增长，可以判断通用设备制造领域仍处于成长期向成熟期过渡的阶段。申请人数量的增长速度快于专利

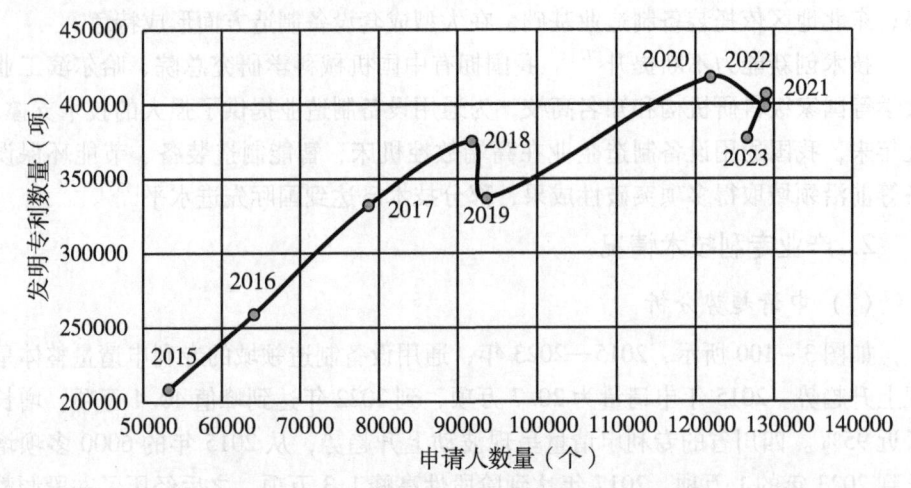

数量的增长速度，表明该领域正吸引更多的参与者，竞争可能正在加剧。

图 3-101 全国通用设备制造业专利生命周期

通用设备制造领域目前处于一个创新活跃、参与度高的阶段，但增长速度的放缓表明它可能正在向成熟期过渡。未来的发展可能更多地依赖于质量提升和技术突破，而非单纯的数量增长。

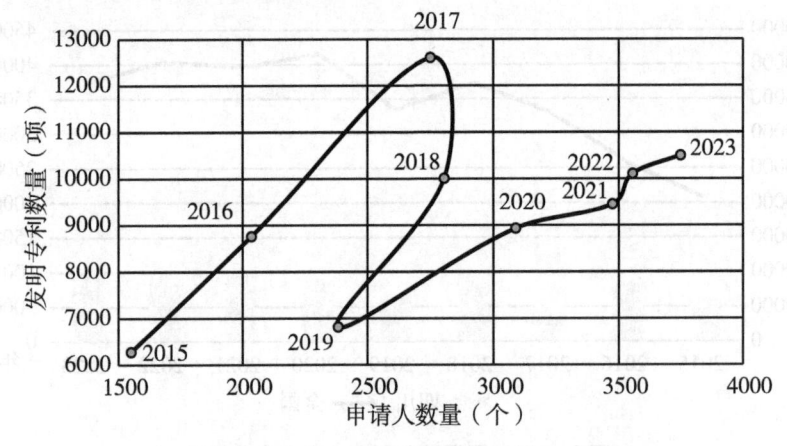

图 3-102 四川省通用设备制造业专利生命周期

（2）申请人分析

全国范围内，如图 3-103 所示，制冷、空调设备制造企业占据了主导地位，如格力、美的、海尔等。电子制造业（如京东方）和半导体产业（如台积电）也在通用设备制造领域有显著表现。高校（如西安交通大学）在该领域也发挥了重要作用，体现了产学研结合的趋势。

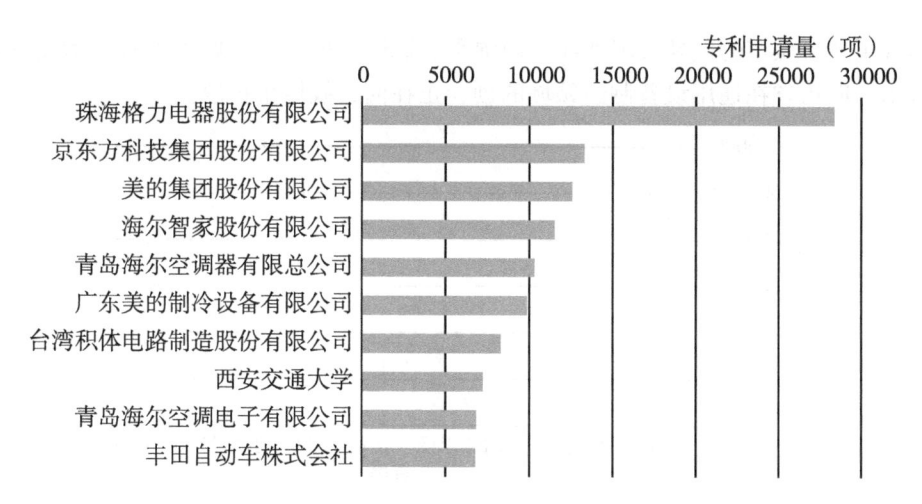

第3章 四川省专利密集型产业发展研究分析

图3-103 全国通用设备制造业重要专利申请人

四川省申请人以高校和研究机构为主,如图3-104所示,如电子科技大学、四川大学等,显示了四川在该领域的学术实力。四川省的企业申请人多集中在特色行业,如核动力、航空、化工等领域。

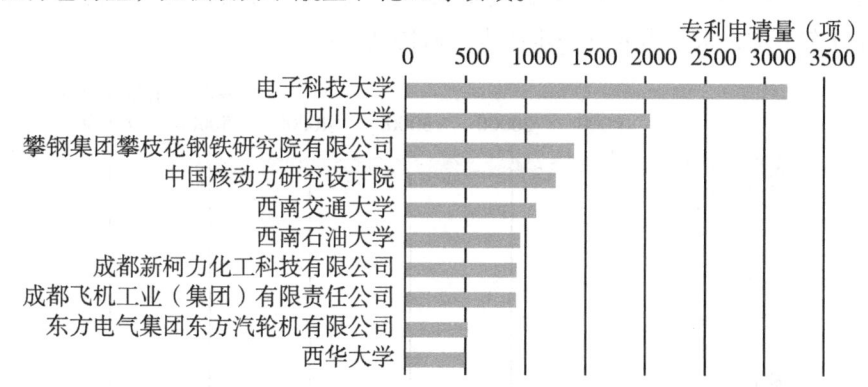

图3-104 四川省通用设备制造业重要专利申请人

通用设备制造领域的创新主体呈现多元化特征,大型制造企业、高校和研究机构都是重要的创新力量。四川省在该领域的创新以高校和特色产业为主导,具有明显的地方特色。

(3) 区域分析

通用设备制造领域的专利申请主要集中在东部沿海省份,如图3-105所示,江苏、广东、浙江位居前三。中部省份如安徽、湖北、湖南也表现突出,显示了产业转移的趋势。四川省位列全国第9位,是西部地区表现最为突出的省份。在四川省内,成都市的专利申请量遥遥领先,占全省总量的65%以上,体现了省会城市的创新集聚效应。而绵阳、德阳、攀枝花等城市也有不错表现，显示了四川省在通用设备制造领域的创新正在向二线城市扩散。

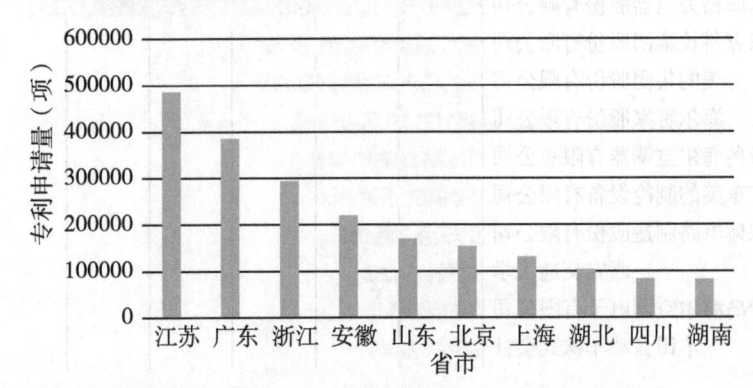

图3-105 全国通用设备制造业专利申请量省市排名

通用设备制造领域的创新活动呈现出明显的区域集中特征，东部沿海地区仍然是主要创新中心，但中西部地区也在快速追赶。四川省作为西部创新高地，如图3-106所示（横坐标为对数刻度），在该领域具有较强实力，但省内创新资源分布不均，未来需要进一步促进区域协调发展。

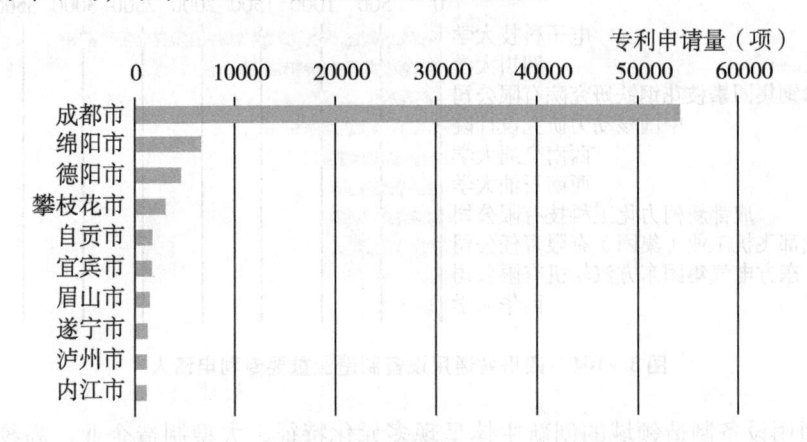

图3-106 四川省通用设备制造业专利申请量地市排名

通用设备制造领域在中国呈现出蓬勃发展的态势，专利申请量持续增长，创新主体日益多元化，区域分布逐步优化。通用设备制造领域正处于从快速增长向成熟稳定过渡的阶段，未来的发展重点可能会从数量增长转向质量提升和技术突破。四川省在这一领域具有较强的创新实力，尤其是在高校和特色产业方面，但仍需进一步加强产学研合作，促进创新资源的均衡分布，以充分发挥其在西部地区的引领作用。

3. 产业链情况

我国通用设备制造产业链已形成"核心零部件—整机设备—系统集成与服务"的完整体系，如图3-107所示。

产业链上游核心零部件，包括轴承、齿轮、液压件、气动元件等，我国已培育出一批核心零部件供应商。

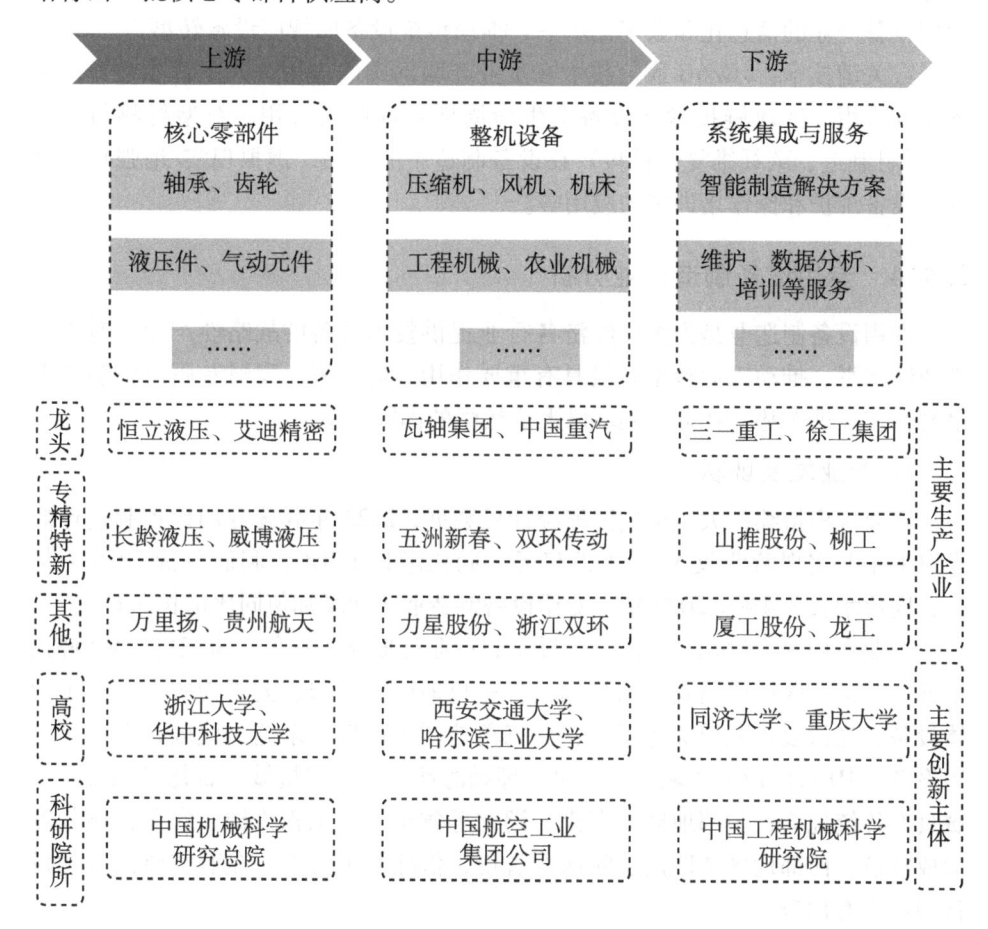

	上游	中游	下游	
	核心零部件 轴承、齿轮 液压件、气动元件 ……	整机设备 压缩机、风机、机床 工程机械、农业机械 ……	系统集成与服务 智能制造解决方案 维护、数据分析、培训等服务 ……	
龙头	恒立液压、艾迪精密	瓦轴集团、中国重汽	三一重工、徐工集团	主要生产企业
专精特新	长龄液压、威博液压	五洲新春、双环传动	山推股份、柳工	
其他	万里扬、贵州航天	力星股份、浙江双环	厦工股份、龙工	
高校	浙江大学、 华中科技大学	西安交通大学、 哈尔滨工业大学	同济大学、重庆大学	主要创新主体
科研院所	中国机械科学研究总院	中国航空工业集团公司	中国工程机械科学研究院	

图3-107 通用设备制造产业链图谱

产业链中游整机设备，涵盖泵、阀门、压缩机、风机、机床、工程机械、农业机械等，我国拥有三一重工、徐工集团、中联重科等龙头企业，覆盖工程机械、农业机械等多个细分领域。

产业链下游系统集成与服务，包括智能制造解决方案、维护服务、数据分析服务和培训服务，我国培育了一批系统集成和服务型企业，如华中数控、沈阳机床等，能够为用户提供全面的通用设备系统解决方案和增值服务。

4. 产业重点技术发展方向

通用设备制造产业重点技术发展方向包括：提升高端装备的自主研发和制造能力，重点突破高档数控机床、大型成套设备等关键技术；推动通用设备向智能化、网络化、绿色化方向发展；加强通用设备在新能源、新材料、航空航天等战略性新兴产业中的应用；发展面向工业互联网的智能装备和系统；提升通用设备产业的信息化和数字化水平，推动传统设备向智能设备转型[74]。未来热点或关键技术：5G/6G通信技术在工业互联网中的应用、人工智能在智能装备中的应用、区块链技术在设备全生命周期管理中的应用、新型材料与工艺（如增材制造、碳纤维复合材料）在设备制造中的应用、虚拟现实/增强现实技术在设备维护和操作培训中的应用等。

3.4.4 专用设备制造产业分析

专用设备制造业是为国民经济各行业提供技术装备的战略性产业，对提升产业链水平、推动工业转型升级具有重要作用。近年来，我国专用设备制造业呈现快速发展态势，在多个领域已形成较强的国际竞争力。

1. 产业发展现状

产业规模持续扩大。根据国家统计局数据，2022年我国专用设备制造业规模以上企业实现营业收入3.81万亿元，同比增长1.8%，利润总额3056.4亿元，同比增长3.4%。2023年，专用设备制造业工业增加值同比增长3.6%。

产业布局逐步优化。我国专用设备制造业已形成长三角、珠三角、环渤海、中部、西部等区域协同发展的格局：长三角地区以苏州、无锡为中心，在半导体设备、光伏设备领域优势明显；珠三角地区以深圳、东莞为代表，在电子专用设备、3D打印设备领域实力突出；环渤海地区在重型机械、石化专用设备领域具有传统优势；中部地区如湖南、湖北等省份，在工程机械、农业机械领域形成特色；西部地区如四川、陕西等省份，依托军工背景，在航空航天专用设备领域具有优势。

技术创新能力不断提升。我国拥有中国机械科学研究总院、中国电子科技集团等国家级科研机构，以及清华大学、浙江大学等知名高校，为专用设备制造业提供了强大的技术支撑。近年来，我国企业在高端数控机床、半导体装备、新能源设备等领域取得多项突破性成果。

2. 产业专利技术情况

（1）申请趋势分析

专用设备制造领域的专利申请量呈现波动上升趋势，如图3-108所示，从

2015年的22.7万项增长到2022年的30.2万项，年均复合增长率约为4.2%。2019年出现了一次明显的下降，2020年后申请量迅速回升，2021年达到32.8万项的高点，随后有所回落。四川省的专利申请量增长更为显著，从2015年的8000多项增长到2023年的1.3万项，年均复合增长率约为6.3%，高于全国平均水平。

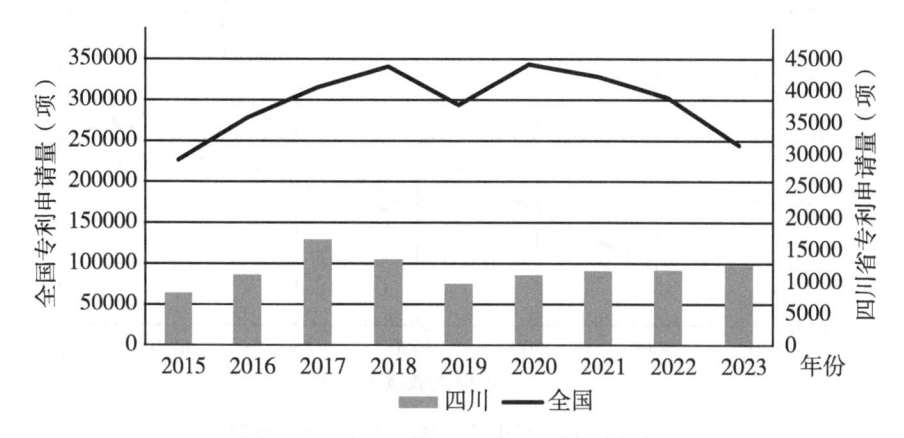

图3-108 专用设备制造业专利申请趋势

专利申请人数量与专利数量的变化反映了行业的创新活跃度和成熟度，如图3-109所示，从2015年到2020年，全国申请人数量和专利数量总体呈上升趋势，表明行业处于快速发展期。2021年起，申请人数量和专利数量开始小幅下降，意味着行业进入成熟期，创新重点从数量转向质量。

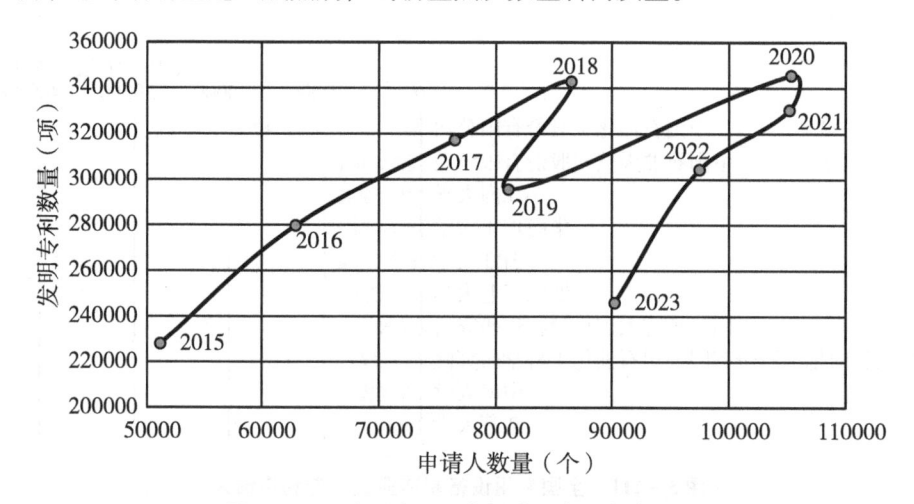

图3-109 全国专用设备制造业专利生命周期

四川省的数据显示，如图3-110所示，申请人数量持续增加，从2015年的2000多个增长到2023年的4000多个，增长率达100%，表明四川省在专用设备制造领域的创新主体不断扩大。

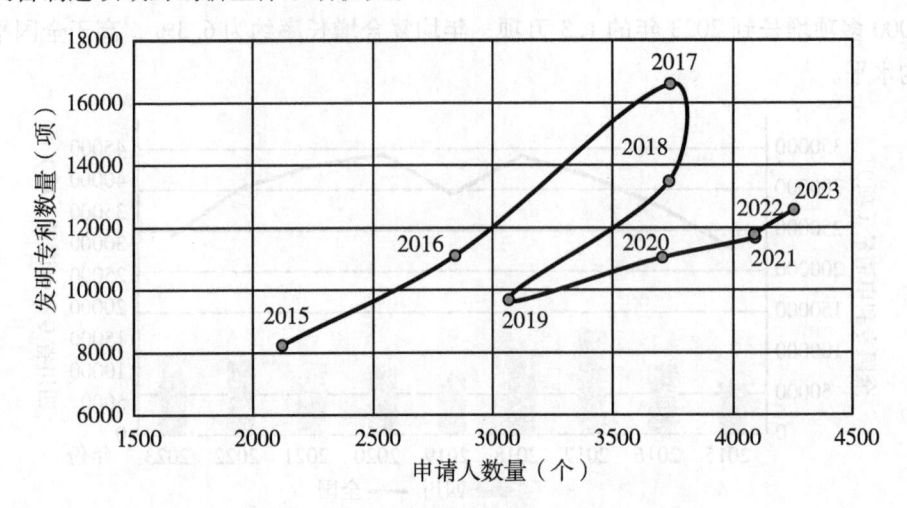

图3-110 四川省专用设备制造业专利生命周期

(2) 申请人分析

如图3-111所示，中国石油化工股份有限公司以3.4万项专利领先，显示其在炼油、化工生产专用设备制造领域的强大创新能力。高校，如江南大学、华南理工大学和浙江大学也表现突出，反映了产学研结合的创新模式在该领域的重要性。

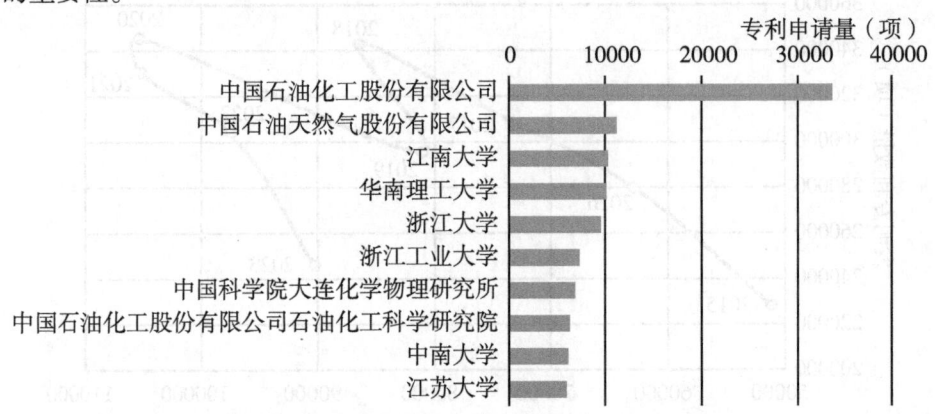

图3-111 全国专用设备制造业重要专利申请人

四川省申请人中，如图3-112所示，高校占据主导地位。四川大学和西南石油大学分别以 5000 多项和接近 5000 项专利领先,体现了高校在区域创新中的核心作用。攀钢集团攀枝花钢铁研究院有限公司作为企业代表,以 2000 多项专利位列第三,显示了企业研究院在专用设备制造创新中的重要地位。

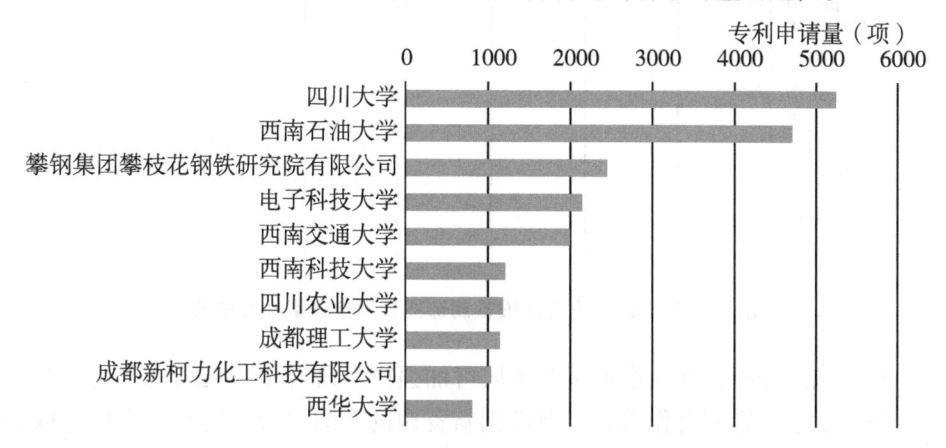

图 3-112　四川省专用设备制造业重要专利申请人

(3) 区域分析

全国范围内,如图 3-113 所示,江苏、广东、浙江三省位居前三,专利申请量分别为 37.5 万项、26.8 万项和 23.8 万项,反映了这些经济发达地区在专用设备制造创新中的领先地位。四川省以 8.9 万项专利位列第九,显示出其在西部地区的创新优势。如图 3-114 所示,成都市以 6.8 万项专利遥遥领先,占全省总量的 76.4%,凸显了省会城市的创新集聚效应。绵阳市和攀枝花市分别以 7000 多项和接近 5000 项位列第二、三位,体现了这些城市在特定专用设备领域的优势。

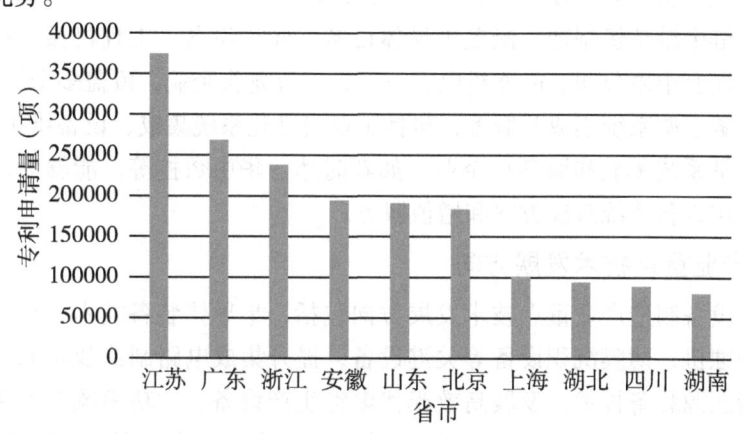

图 3-113　全国专用设备制造业专利申请量省市排名

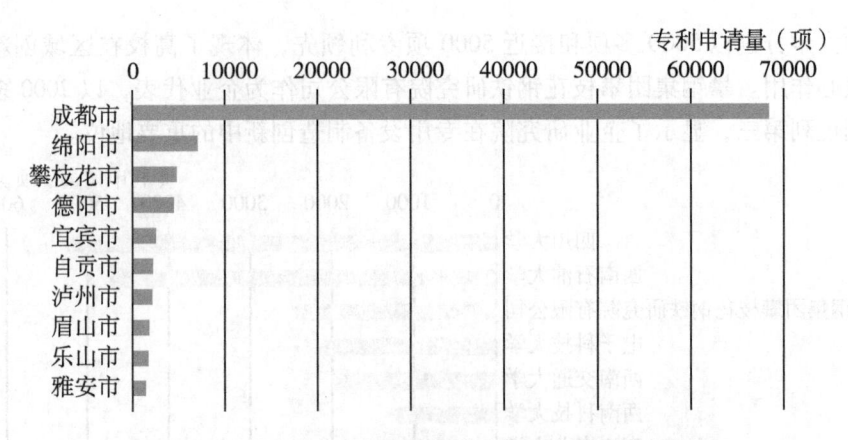

专利申请量（项）
0　　10000　20000　30000　40000　50000　60000　70000

成都市
绵阳市
攀枝花市
德阳市
宜宾市
自贡市
泸州市
眉山市
乐山市
雅安市

图 3-114　四川省专用设备制造业专利申请量地市排名

根据以上分析，专用设备制造领域可加强产学研合作，鼓励更多企业与高校、研究院建立紧密合作关系，促进创新资源的有效整合。同时，优化区域创新布局，在保持成都创新中心地位的同时，加强其他城市的创新能力建设，形成多点支撑的创新格局。随着行业进入成熟期，将重点从专利数量转向专利质量和转化效率的提升。鼓励专用设备制造与信息技术、新材料等领域的交叉创新，培育新的增长点。

3. 产业链情况

我国专用设备制造产业链已形成"核心零部件—整机制造—系统集成与服务"的完整体系，如图 3-115 所示。

产业链上游核心零部件，包括控制系统、传动系统、液压系统等，已培育出一批核心零部件供应商。如汇川技术在工业自动化控制系统领域、恒立液压在高端液压件领域等，逐步突破了一些关键技术瓶颈。

产业链中游整机制造，涵盖半导体设备、光伏设备、工程机械、智能制造装备等，拥有中微公司、晶盛机电、三一重工等龙头企业，覆盖多个细分领域。

产业链下游系统集成与服务，包括工业自动化系统集成、设备维护保养等，培育了一批系统集成和服务型企业，如新时达、华中数控等，能够为用户提供全面的专用设备系统解决方案和增值服务。

4. 产业重点技术发展方向

专用设备制造产业重点技术发展方向包括：半导体装备技术，重点发展光刻机、刻蚀机、薄膜沉积设备等关键设备，提升集成电路制造装备的自主可控水平；新能源装备技术，发展高效光伏电池生产设备、大功率风电设备制造技术，支撑新能源产业发展；智能制造装备技术，研发工业机器人、智能生产线、

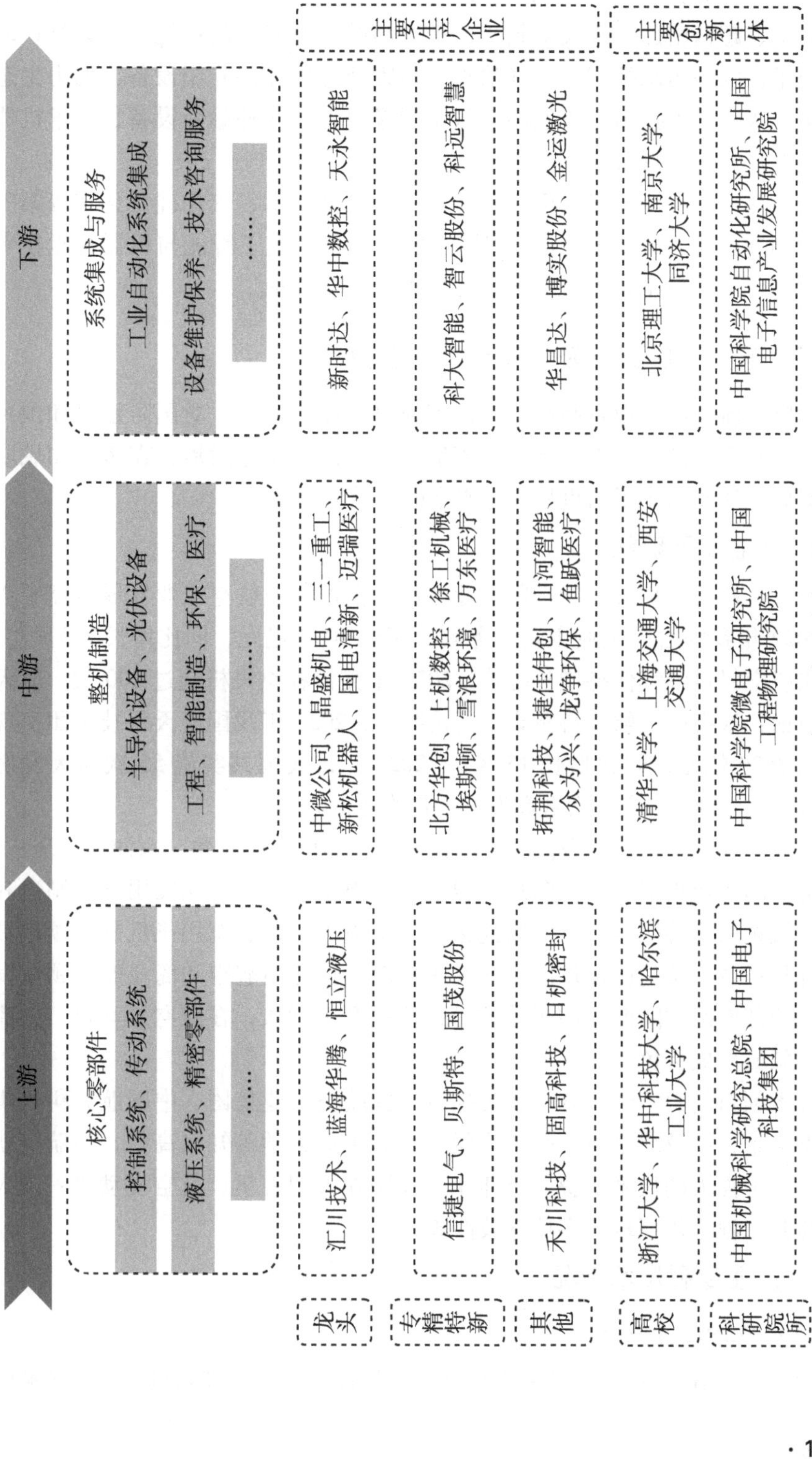

第3章 四川省专利密集型产业发展研究分析

	上游	中游	下游
	核心零部件	整机制造	系统集成与服务
	控制系统、传动系统 液压系统、精密零部件 ……	半导体设备、光伏设备 工程、智能制造、环保、医疗 ……	工业自动化系统集成 设备维护保养、技术咨询服务 ……
龙头	汇川技术、蓝海华腾、恒立液压	中微公司、晶盛机电、三一重工、新松机器人、埃斯顿、迈瑞医疗	新时达、华中数控、天永智能	主要生产企业
专精特新	信捷电气、贝斯特、国茂股份	北方华创、上机数控、雪浪环境、国电清新	科大智能、智云股份、科远智慧
其他	禾川科技、固高科技、日机密封	拓荆科技、捷佳伟创、山河智能、众为兴、龙净环保、鱼跃医疗	华昌达、博实股份、金运激光
高校	浙江大学、华中科技大学、哈尔滨工业大学	清华大学、上海交通大学、西安交通大学	北京理工大学、南京大学、同济大学	主要创新主体
科研院所	中国机械科学研究总院、中国电子科技集团	中国科学院微电子研究所、中国工程物理研究院	中国科学院自动化研究所、中国电子信息产业发展研究院

图3-115 专用设备制造产业链图谱

· 197 ·

柔性制造系统等智能装备，推动制造业数字化转型；高端数控机床技术，突破五轴联动、超精密加工等关键技术，提升高端数控机床的性能和可靠性；环保装备技术，发展污水处理、大气治理、固废处理等环保专用设备，助力生态环境保护；医疗设备技术，研发高端医学影像设备、体外诊断设备、手术机器人等先进医疗装备，提升医疗服务水平。

未来热点或关键技术：极紫外（EUV）光刻技术、碳化硅氮化镓等第三代半导体制造装备、异质结电池（HJT）生产设备、人工智能与机器视觉在专用设备中的应用、数字孪生技术在装备制造中的应用等。

3.4.5 航空、航天器及设备制造产业分析

航空、航天器及设备制造业是国家战略性新兴产业，对国防建设和国民经济发展具有重要意义。近年来，我国航空航天产业快速发展，在多个领域取得重大突破，逐步缩小了与世界先进水平的差距。

1. 产业发展现状

产业规模持续扩大。航空制造业方面：根据中国航空工业发展研究中心数据，2022 年我国航空工业主营业务收入超过 6000 亿元，同比增长 7.5% 左右。民用飞机交付量继续保持增长态势，2022 年交付各类民机超过 200 架。航天制造业方面：根据中国航天科技集团公司数据，2022 年我国航天科技集团实现营业收入 3679 亿元，同比增长 15.8%。2023 年，我国共实施 55 次航天发射任务，成功率 100%，发射次数和发射重量均居世界第二。

产业布局逐步优化。我国航空航天产业已形成以长三角、京津冀、珠三角、西部为主的产业集群：长三角地区以上海、南京为中心，在民用飞机制造和航空发动机领域优势明显；京津冀地区在航空航天科研、军用飞机制造领域具有传统优势；珠三角地区以珠海、深圳为代表，在通用航空和商业航天领域发展迅速；西部地区如陕西、四川等省份，依托军工背景，在航空发动机、火箭发动机等领域形成特色。

技术创新能力不断提升。我国拥有中国航空工业集团、中国航天科技集团等大型央企，以及北京航空航天大学、西北工业大学等知名高校，为航空航天产业提供了强大的技术支撑。近年来，我国在大型客机、航空发动机、载人航天、探月工程等领域取得多项突破性成果。

2. 产业专利技术情况

（1）申请趋势分析

如图 3-116 所示，2015—2023 年，中国航空、航天器及设备制造领域的专

利申请量呈现持续增长趋势,从2015年的1.5万项增长到2023年的4.6万项,9年间增长了207%。表明该领域的创新活动正在快速发展。四川省在该领域的专利申请量同样呈现显著增长趋势。从2015年的接近700项增至2023年的3000多项,9年间增长了362%,高于全国平均水平,表明四川省在航空、航天器及设备制造领域的创新能力正在快速提升。

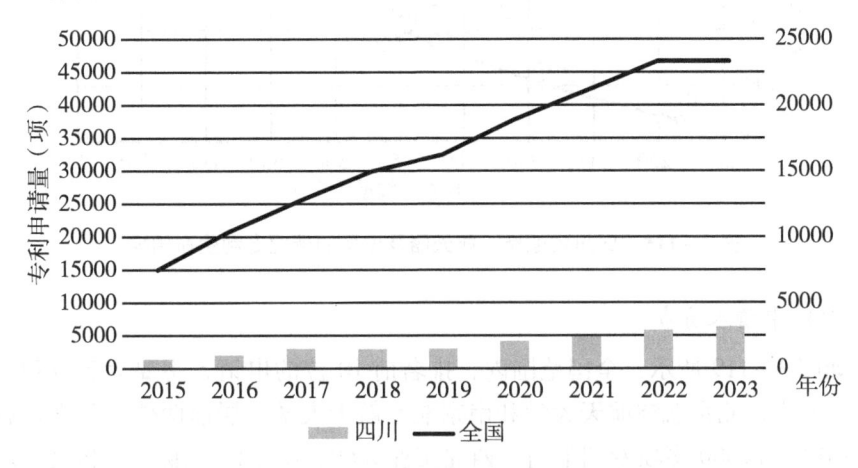

图3-116 航空、航天器及设备制造业专利申请趋势

根据专利申请量和申请人数量的变化,如图3-117、图3-118所示,2015—2018年专利申请量和申请人数量都呈现快速增长趋势,2019年后增长速度略有放缓,但仍保持稳定增长,2022年后专利申请量增长趋于平缓,申请人数量在2023年出现小幅下降,预示着行业创新重心开始从量的扩张转向质的提升。

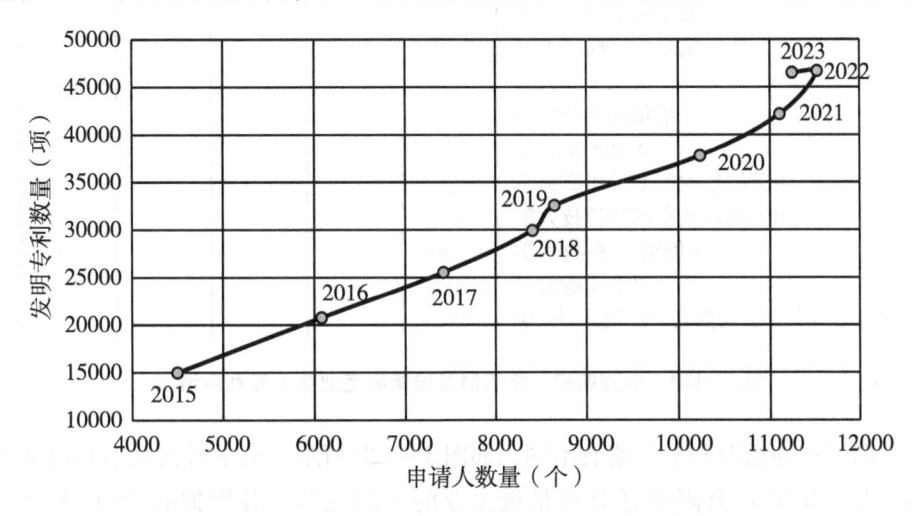

图3-117 全国航空、航天器及设备制造业专利生命周期

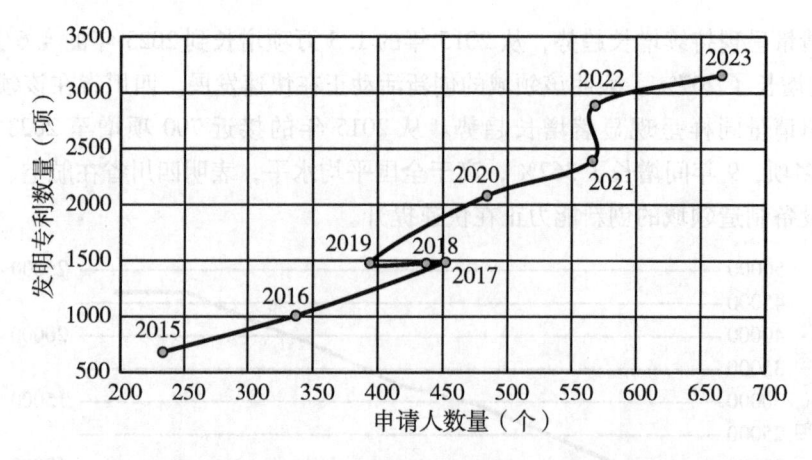

图 3-118 四川省航空、航天器及设备制造业专利生命周期

(2) 申请人分析

如图 3-119 所示，全国范围内，排名前 10 位的申请人主要为高校和研究机构，其中，北京航空航天大学和南京航空航天大学位居前两位，分别拥有接近 8000 项和 7000 多项专利申请。西北工业大学、哈尔滨工业大学和北京理工大学紧随其后。中国航发沈阳发动机研究所是排名前 10 位的一家企业性质的申请人。表明中国航空、航天器及设备制造领域的创新主要由高校和科研院所驱动，产学研结合的创新模式在该领域得到了很好的体现。

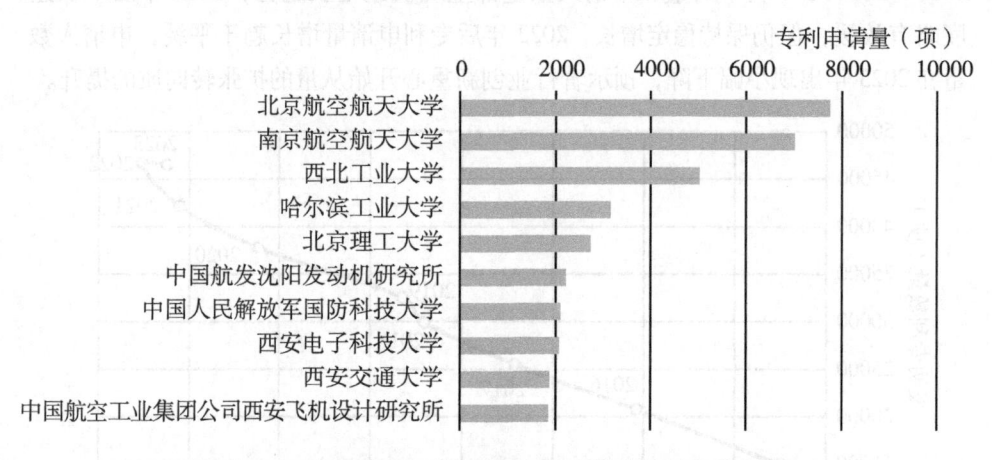

图 3-119 全国航空、航天器及设备制造业重要专利申请人

四川省的情况与全国略有不同，如图 3-120 所示，电子科技大学和成都飞机工业（集团）有限责任公司是最主要的创新主体，分别拥有 1500 多项和 1100 多项专利申请。中国航发四川燃气涡轮研究院和中国空气动力研究与发展

中心的多个研究所也表现突出。显示出四川省在该领域的创新既有高校的参与，也有企业和专业研究机构的重要贡献，形成了较为均衡的创新生态系统。

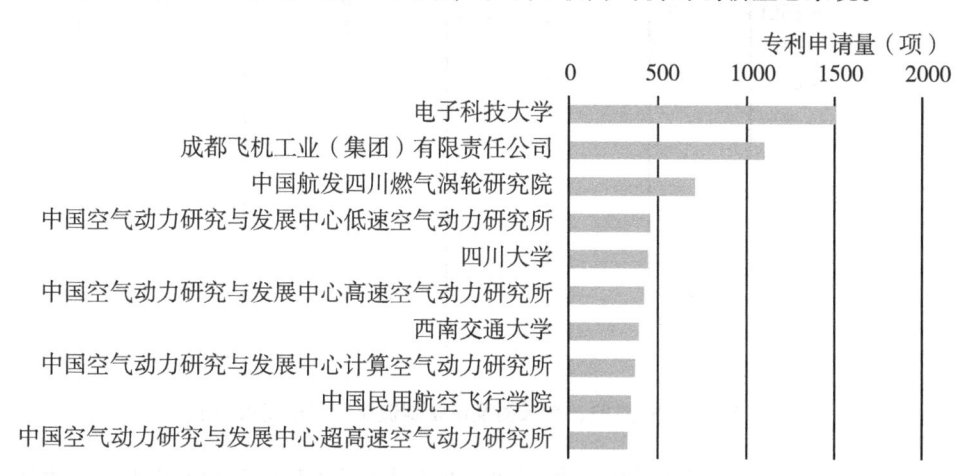

图 3-120　四川省航空、航天器及设备制造业重要专利申请人

（3）区域分析

全国范围内，如图 3-121 所示，北京、江苏、广东、陕西和上海是专利申请量最多的五个省市，反映出这些地区在航空、航天器及设备制造领域具有较强的创新实力。四川省以 1.7 万项专利申请位列第六，表明其在全国范围内具有较高的创新地位。如图 3-122 所示，成都市以 1.2 万项专利申请位居四川省第一，占全省申请量的 74%，是四川省航空、航天器及设备制造创新的绝对中心。绵阳市以 3000 多项专利申请位居第二，德阳市以 600 多项位列第三。以上分布模式反映出四川省航空、航天器及设备制造领域的创新活动高度集中在成都-绵阳-德阳构成的创新带上，形成了明显的区域创新集群效应。

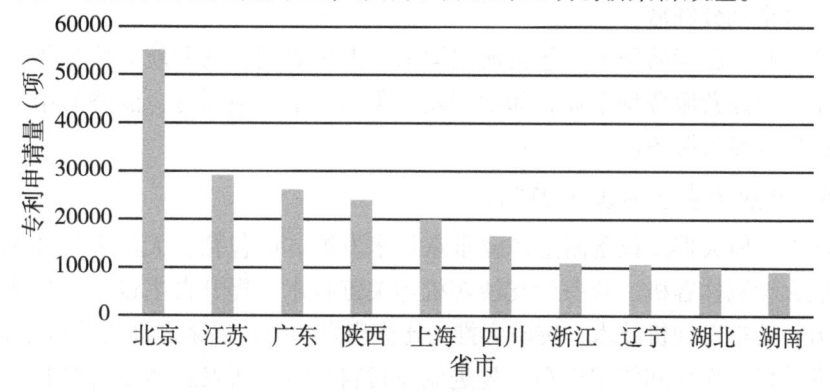

图 3-121　全国航空、航天器及设备制造业专利申请量省市排名

专利申请量（项）

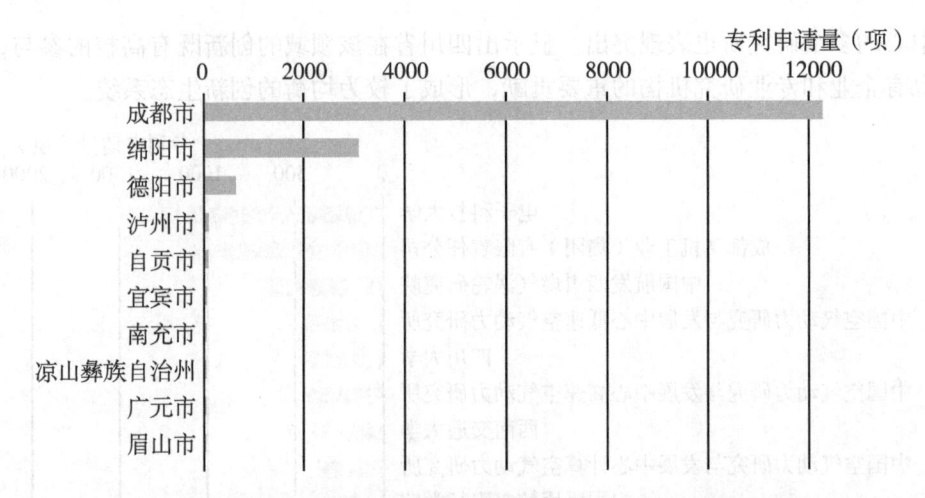

```
           0    2000   4000   6000   8000  10000  12000
成都市
绵阳市
德阳市
泸州市
自贡市
宜宾市
南充市
凉山彝族自治州
广元市
眉山市
```

图 3-122　四川省航空、航天器及设备制造业专利申请量地市排名

中国航空、航天器及设备制造领域，在过去 9 年间呈现出快速且持续的创新增长态势，目前正处于创新成熟期。高校和科研院所是主要的创新主体，但企业的作用也不容忽视。

3. 产业链情况

我国航空航天产业链已形成"核心零部件—整机制造—运营服务"的完整体系，如图 3-123 所示。

产业链上游核心零部件，包括航空发动机、航天发动机、航电系统等，我国已培育出一批核心零部件供应商。如中国航发在航空发动机领域、中航机电在航空机电系统领域等，逐步突破了一些关键技术瓶颈。

产业链中游整机制造，涵盖军用飞机、民用飞机、运载火箭、卫星等，我国拥有中国商飞、中航工业、中国航天科技集团等龙头企业，覆盖航空和航天装备等多个细分领域。

产业链下游运营服务，包括航空运输、卫星应用、商业航天服务等，我国培育了一批运营服务型企业，如中国航空集团、中国卫通等，能够为用户提供全面的航空航天服务。

4. 产业重点技术发展方向

航空、航天器及设备制造产业重点技术发展方向包括：大型客机技术，重点发展大型宽体客机、新一代支线客机等关键技术，提升自主设计、制造和集成能力；航空发动机技术，突破大推力比涡扇发动机、涡桨发动机等核心技术，提高发动机可靠性和使用寿命；先进航空材料技术，研发新型复合材料、高温合金等先进航空材料，提高飞机性能和使用寿命；重型运载火箭技术，发展大

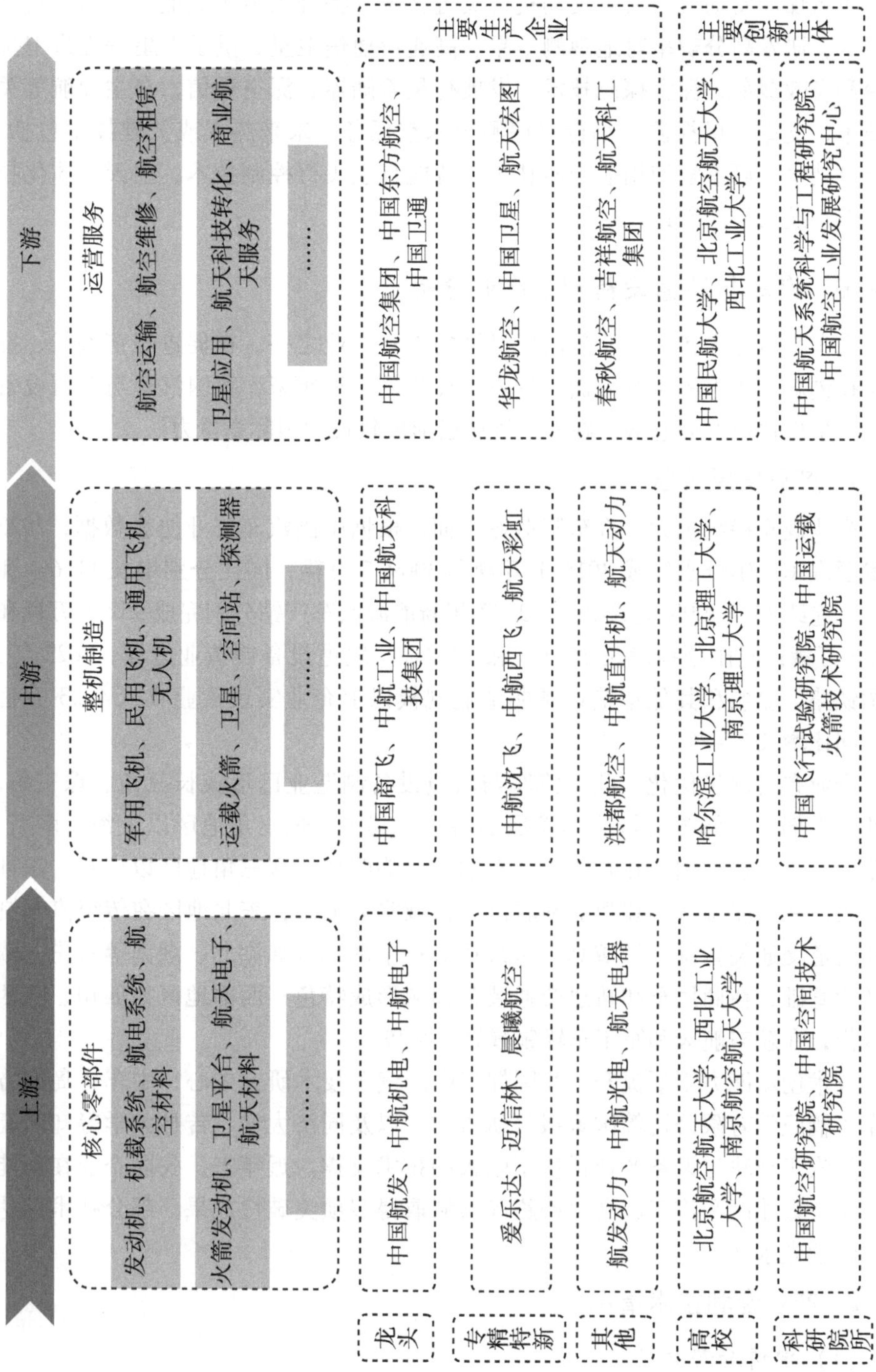

第 3 章 四川省专利密集型产业发展研究分析

环节	上游	中游	下游
类别	核心零部件	整机制造	运营服务
产品/服务	发动机、机载系统、航电系统、航天电子、火箭发动机、卫星平台、航天材料……	军用飞机、民用飞机、通用飞机、无人机、运载火箭、卫星、空间站、探测器……	航空运输、航空维修、航空租赁、卫星应用、航天科技转化、商业航天服务……

类型	上游	中游	下游
龙头（主要生产企业）	中国航发、中航机电、中航电子	中国商飞、中航工业、中国航天科技集团	中国航空集团、中国东方航空、中国卫通
专精特新	爱乐达、迈信林、晨曦航空	中航沈飞、中航西飞、航天彩虹	华龙航空、中国卫星、航天宏图
其他	航发动力、中航光电、航天电器	洪都航空、中航直升机、航天动力	春秋航空、吉祥航空、航天科工集团
高校（主要创新主体）	北京航空航天大学、西北工业大学、南京航空航天大学	哈尔滨工业大学、北京理工大学、南京理工大学	中国民航大学、北京航空航天大学、西北工业大学
科研院所	中国航空研究院、中国空间技术研究院	中国飞行试验研究院、中国运载火箭技术研究院	中国航天系统科学与工程研究院、中国航空工业发展研究中心

图 3-123 航空、航天器及设备制造产业链图谱

· 203 ·

推力液氧煤油发动机、氢氧发动机等关键技术，提升火箭运载能力；新一代卫星技术，研发高分辨率对地观测卫星、高通量通信卫星、量子卫星等先进卫星平台和有效载荷；深空探测技术，发展行星着陆器、深空通信、自主导航等关键技术，支撑火星探测、小行星探测等深空任务。未来热点或关键技术包括：电推进技术、可重复使用航天器技术、智能自主飞行控制技术、空天一体化技术、航空航天智能制造技术等。

3.4.6 汽车与轨道设备制造产业分析

汽车与轨道设备制造业是国民经济的支柱产业之一，在促进经济增长、推动科技创新和改善民生等方面发挥着重要作用。近年来，我国汽车与轨道设备制造业呈现快速发展态势，在多个领域已形成较强的国际竞争力。

1. 产业发展现状

产业规模持续扩大。汽车制造业方面，根据中国汽车工业协会数据，2023年我国汽车产销分别完成3016.1万辆和3009.5万辆，同比分别增长11.6%和12%，连续15年蝉联全球第一。2023年新能源汽车产销分别完成952.5万辆和947.6万辆，同比分别增长36.3%和37.9%。轨道设备制造业方面，2022年，我国铁路、船舶和其他运输设备制造业规模以上企业实现营业收入4.23万亿元，同比增长2.4%。

产业布局逐步优化。我国汽车与轨道设备制造业已形成长三角、珠三角、东北、中部、西部等区域协同发展的格局。其中：长三角地区以上海、南京、合肥为中心，在乘用车和新能源汽车领域优势明显；珠三角地区以广州、深圳为代表，在新能源汽车和智能网联汽车领域实力突出；东北地区在传统汽车制造和轨道交通装备制造领域具有传统优势；中部地区如湖北、湖南等省份，依托产业基础，在商用车和轨道交通装备领域形成特色；西部地区如四川、陕西等省份，在航空航天和军工车辆领域具有优势。

技术创新能力不断提升。我国拥有中国汽车技术研究中心、中车青岛四方机车车辆股份有限公司等国家级科研机构，以及同济大学、吉林大学等知名高校，为汽车与轨道设备产业提供了强大的技术支撑。近年来，我国企业在新能源汽车、智能网联汽车、高速铁路等领域取得多项突破性成果，部分技术已达到国际领先水平。

2. 产业专利技术情况

（1）申请趋势分析

如图3-124所示，2015—2023年，汽车与轨道设备制造领域的专利申请量总体呈现上升趋势。2015年申请量为1.7万项，到2022年达到峰值3.6万项，增长了112%，表明该领域的创新活动持续活跃，技术研发投入不断增加。2019年出现了小幅下滑，可能与当年汽车行业整体销量下滑有关。2020年疫情期间申请量不降反升，反映出该行业的韧性。四川省的申请趋势波动较大，2017年达到峰值800多项，此后出现明显下滑，2020年开始，申请量逐年回升，2023年达到600项左右，表明区域创新活力逐渐恢复。

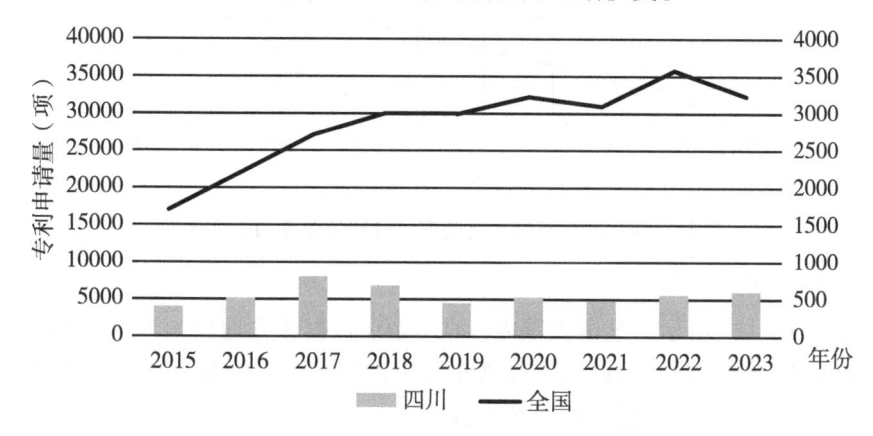

图3-124 汽车与轨道设备制造业专利申请趋势

专利生命周期方面，如图3-125、图3-126所示，全国范围内，申请人数量从2015年的5000多个增长到2020年的1万多个，增长率为80.6%，表明越来越多的企业和机构进入该领域。每个申请人的平均专利申请量从2015年的2.96项上升到2023年的3.67项，表明申请人的创新能力不断提升。近年来申请人数量增速放缓，但专利申请量仍保持增长，说明市场逐渐成熟，领先企业的技术优势开始显现。

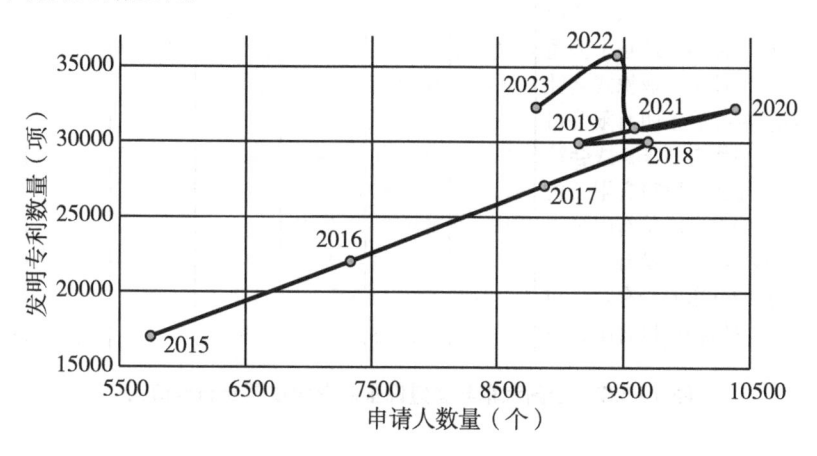

图3-125 全国汽车与轨道设备制造业专利生命周期

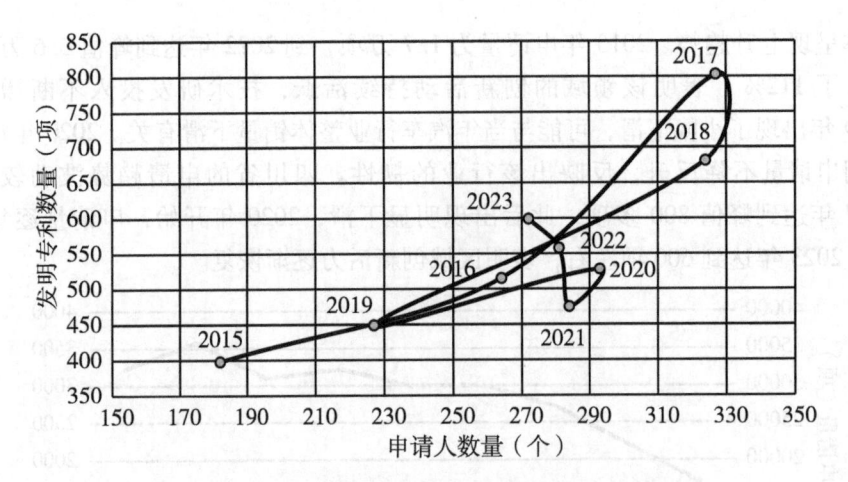

图3-126 四川省汽车与轨道设备制造业专利生命周期

(2) 申请人分析

如图3-127所示,全国范围内,日本企业占据领先地位,丰田、本田、现代等企业专利申请量位居前列,反映出日本汽车制造业的技术优势。中国本土企业如吉利、比亚迪、长安汽车等表现突出,说明国内汽车制造业创新能力不断提升。福特等国际汽车巨头也在中国市场积极布局,专利申请量位居前列。如图3-128所示,四川省方面,高校和科研院所是主要创新主体,如西南交通大学、西华大学等。中铁二院等传统轨道交通领域企业表现突出,体现了四川在轨道交通装备制造方面的优势。新兴汽车企业如成都赛力斯、宜宾凯翼等也开始崭露头角,显示出四川汽车产业的发展潜力。

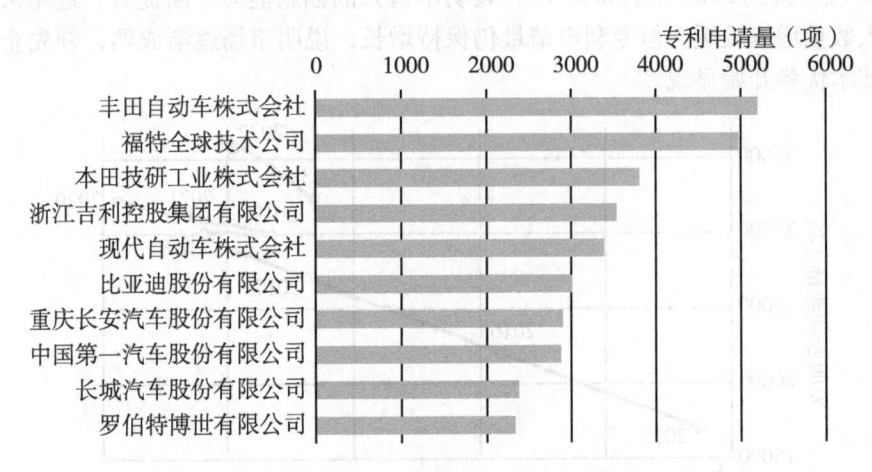

图3-127 全国汽车与轨道设备制造业重要专利申请人

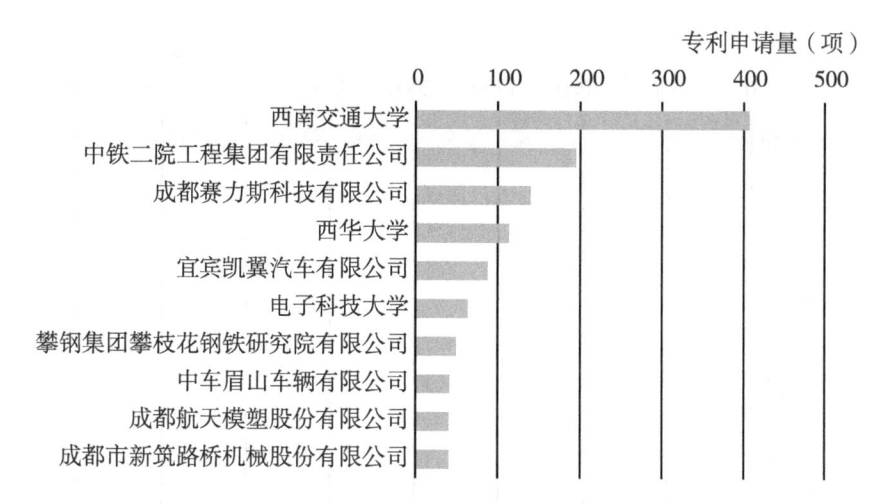

第 3 章　四川省专利密集型产业发展研究分析

图 3-128　四川省汽车与轨道设备制造业重要专利申请人

（3）区域分析

全国分布方面，如图 3-129 所示，江苏、广东、北京、浙江、安徽位居前五，地区汽车产业集群效应明显，创新资源丰富。传统汽车产业基地如上海、湖北、吉林等地区也表现突出。四川省排在第 13 位，专利申请量接近 5000 项，在全国处于中等水平，还有较大的发展空间，如图 3-130 所示。成都市以接近 4000 项专利申请量领先，是省内汽车与轨道设备制造创新的核心。绵阳、宜宾、攀枝花、眉山等城市形成第二梯队，各有特色。如宜宾在新能源汽车领域有所突破，眉山在轨道交通装备制造方面有优势。

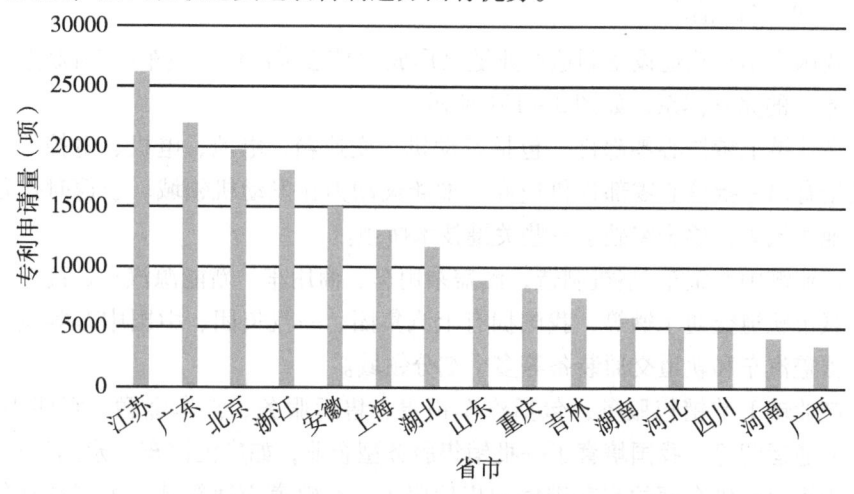

图 3-129　全国汽车与轨道设备制造业专利申请量省市排名

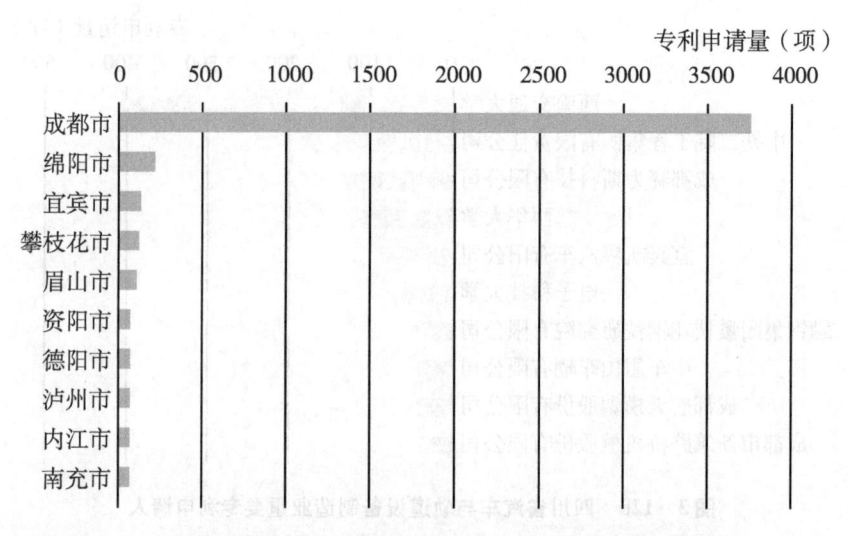

图3-130　四川省汽车与轨道设备制造业专利申请量地市排名

根据申请人和区域分布情况，可以推断以下领域是汽车与轨道设备制造的创新热点。新能源汽车技术方面，比亚迪、吉利等企业大量专利申请集中在此领域。智能网联汽车方面，传统车企和科技公司都在积极布局。轨道交通装备方面，四川省在这一领域具有传统优势，专利申请较为集中。汽车电子和智能化方面，博世等零部件供应商的大量专利与此相关。新材料应用方面，是提升汽车性能和效率的重要方向。四川省作为新兴的汽车产业基地，在轨道交通装备制造方面具有优势，同时在新能源汽车等新兴领域也在快速追赶。

3. 产业链情况

我国汽车与轨道设备制造产业链已形成"核心零部件—整车/整机制造—销售服务"的完整体系，如图3-131所示。

产业链上游核心零部件，包括发动机、变速箱、电池、电机、电控等，我国已培育出一批核心零部件供应商。如潍柴动力在发动机领域、宁德时代在动力电池领域等，逐步突破了一些关键技术瓶颈。

产业链中游整车/整机制造，涵盖乘用车、商用车、新能源汽车、高速动车组、城市轨道交通车辆等，我国拥有上汽集团、一汽集团、中国中车等龙头企业，覆盖汽车和轨道交通装备等多个细分领域。

产业链下游销售服务，包括汽车销售、售后服务、汽车金融、智能出行、轨道交通运营等，我国培育了一批销售服务型企业，如广汇汽车、永达汽车等，能够为用户提供全面的汽车销售和售后服务。在轨道交通领域，中国铁路集团负责全国铁路的运营和管理。

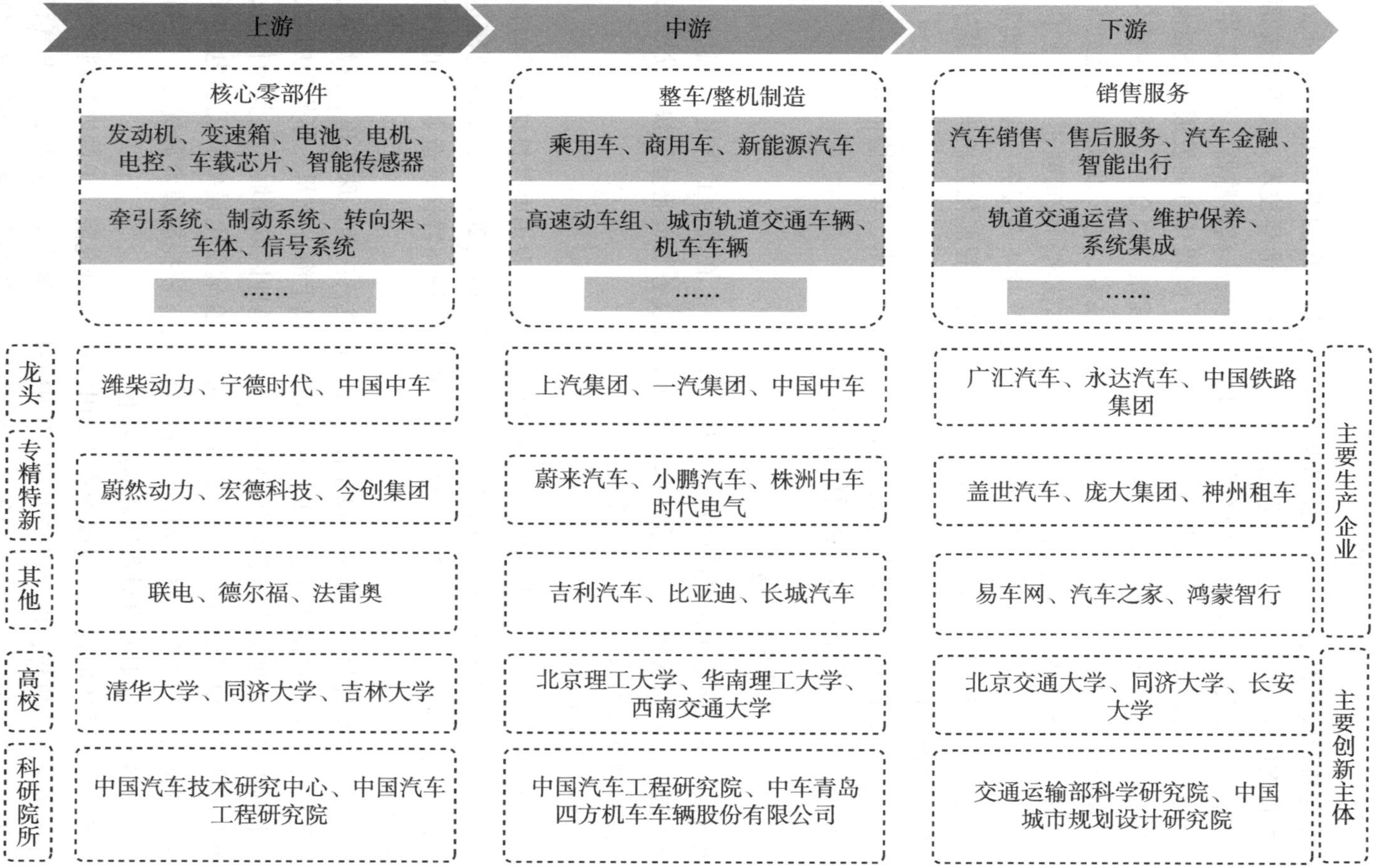

第 3 章　四川省专利密集型产业发展研究分析

产业链	上游	中游	下游
环节	核心零部件	整车整机制造	销售服务
主要内容	发动机、变速箱、电机、电池、电控、车载芯片、智能传感器、牵引系统、制动系统、转向架、车体、信号系统……	乘用车、商用车、新能源汽车、高速动车组、城市轨道交通车辆、机车车辆……	汽车销售、售后服务、汽车金融、智能出行、轨道交通运营、维护保养、系统集成……
龙头（主要生产企业）	潍柴动力、宁德时代、中国中车	上汽集团、一汽集团、中国中车	广汇汽车、永达汽车、中国铁路集团
专精特新	蔚然动力、宏德科技、今创集团	蔚来汽车、小鹏汽车、株洲中车时代电气	盖世汽车、庞大集团、神州租车
其他	联电、德尔福、法雷奥	吉利汽车、比亚迪、长城汽车	易车网、汽车之家、鸿蒙智行
高校（主要创新主体）	清华大学、同济大学、吉林大学	北京理工大学、华南理工大学、西南交通大学	北京交通大学、同济大学、长安大学
科研院所	中国汽车技术研究中心、中国汽车工程研究院	中国汽车工程研究院、中车青岛四方机车车辆股份有限公司	交通运输部科学研究院、中国城市规划设计研究院

图3-131　汽车与轨道设备制造产业链图谱

· 209 ·

4. 产业重点技术发展方向

汽车与轨道设备制造产业重点技术发展方向包括：新能源汽车技术，重点发展高能量密度动力电池、高效电驱动系统、氢燃料电池等技术，提升新能源汽车的续航里程和使用性能；智能网联汽车技术，发展车载传感器、车载芯片、智能驾驶系统、车联网等技术，推动汽车向智能化、网联化方向发展；轻量化技术，研发新型轻量化材料及其应用技术，如高强度钢、铝合金、碳纤维复合材料等，降低车辆重量，提高能源效率；高速铁路技术，进一步提升高速列车的速度、安全性和舒适性，研发新一代高速磁浮列车技术；城市轨道交通技术，发展智能化、自动化的城市轨道交通系统，提高运营效率和服务质量；智能制造技术，推动汽车与轨道设备制造向数字化、网络化、智能化方向发展，提升生产效率和产品质量。

未来热点或关键技术：固态电池技术、自动驾驶技术、车路协同技术、新一代高速磁浮技术、智能化轨道交通信号系统等。

3.4.7 电气设备制造产业分析

电气设备制造业是国民经济的重要支柱产业之一，在推动工业化、信息化、智能化发展中发挥着关键作用。近年来，我国电气设备制造业呈现快速发展态势，在多个领域已形成较强的国际竞争力。

1. 产业发展现状

产业规模持续扩大。根据国家统计局数据，2022年我国电气机械和器材制造业规模以上企业实现营业收入10.37万亿元，同比增长20.7%，利润总额达到5915.6亿元，同比增长31.2%。2023年，电气机械和器材制造业增加值同比增长12.9%。

产业布局逐步优化。我国电气设备制造业已形成长三角、珠三角、京津冀、中西部等区域协同发展的格局。其中：长三角地区以上海、杭州、苏州为中心，在智能电网设备和新能源设备领域优势明显；珠三角地区以深圳、东莞为代表，在电力电子和消费电子领域实力突出；京津冀地区在输配电设备和工业电气领域具有传统优势；中西部地区如四川、湖北等省份，依托能源资源优势，在特高压输电设备和新能源发电设备领域形成特色。

技术创新能力不断提升。我国拥有中国电力科学研究院、中国电器科学研究院等国家级科研机构，以及清华大学、华中科技大学等知名高校，为电气设备产业提供了强大的技术支撑。近年来，我国电气设备企业在特高压输电、智能电网、新能源发电设备等领域取得多项突破性成果，部分技术已达到国际领先水平。例如，国家电网公司在特高压输电技术方面的创新成果显著。

2. 产业专利技术情况

（1）申请趋势分析

如图3-132所示，2015—2023年，全国电气设备制造领域的专利申请量呈现整体上升趋势，反映了该行业的持续创新和技术进步。2015—2018年，申请量快速增长，年均增长率约14.5%，2019年出现小幅下降，2020—2022年，申请量再次攀升，并在2022年达到峰值11.2万项。四川省的申请趋势波动较大，但整体呈上升趋势，2015—2017年快速增长，2018—2020年经历了下降和回升，2021—2023年持续增长，2023年达到观察期内的最高值3000多项，虽然波动较大，持续增长也表明四川省在电气设备制造领域的创新能力正在提升。

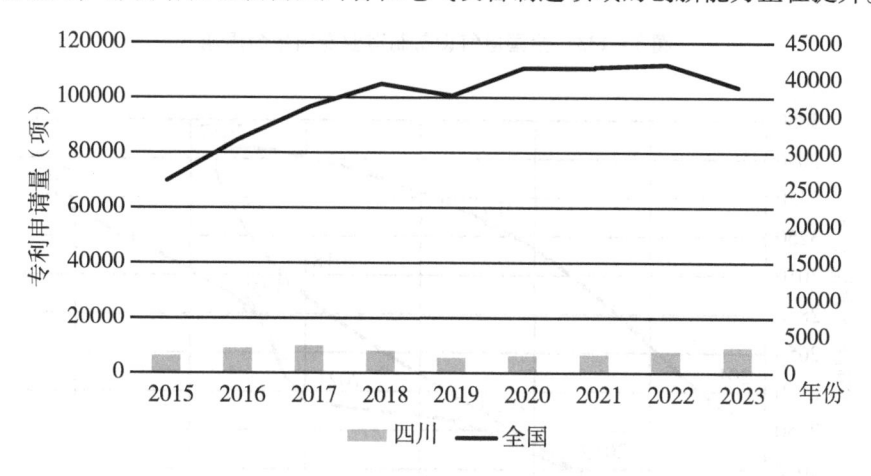

图3-132 电气设备制造业专利申请趋势

专利生命周期方面，全国层面，如图3-133所示，可将电气设备制造行业的专利生命周期划分为以下阶段：成长期（2015—2018年）：申请人数量和专利数量快速增长；成熟期（2019—2023年）：增长速度放缓，但仍保持高位。四川省方面，电气设备制造行业的专利生命周期可分为：成长期（2015—2017年），申请人数量和专利数量快速增长；调整期（2018—2020年），出现波动，产业结构调整；新一轮成长期（2021—2023年），申请人数量和专利数量再次呈现快速增长趋势，如图3-134所示。电气设备制造行业整体处于成熟期，但仍有持续创新的动力，四川省在经历调整后进入新一轮成长阶段，显示出良好的发展潜力。

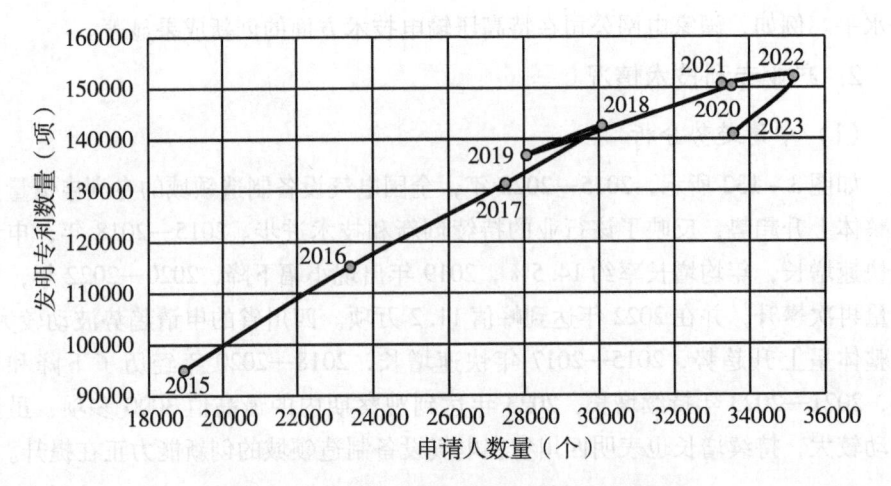

图 3-133　全国电气设备制造业专利生命周期

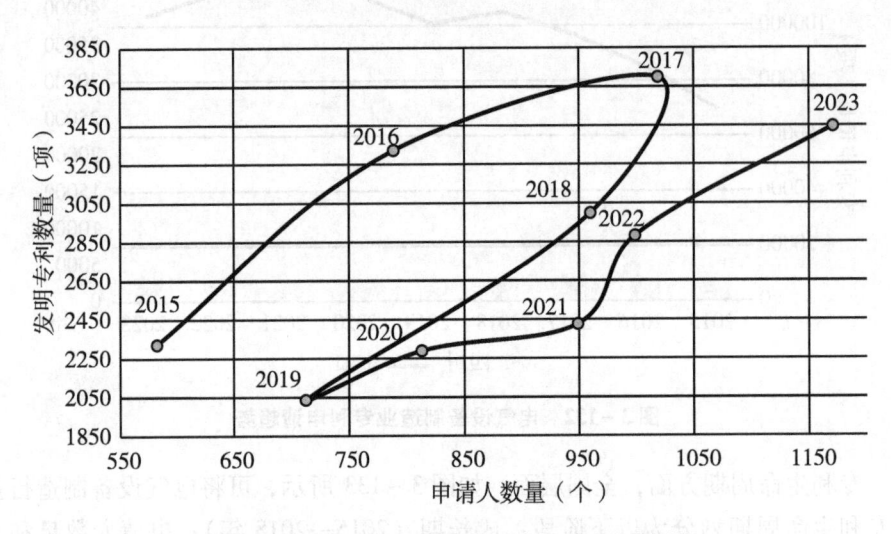

图 3-134　四川省电气设备制造业专利生命周期

（2）申请人分析

全国范围内，如图 3-135 所示，国家电网位居前列，体现了电网企业在电气设备制造领域的创新主导地位。台湾积体电路制造股份有限公司、三星电子等半导体企业的高排名反映了电气设备制造与半导体产业的密切关联。宁德时代新能源科技排在第七位，表明新能源领域在电气设备制造中的重要性日益凸显。高校如清华大学的上榜显示了产学研结合在推动行业创新中的重要作用。国有企业、高新技术企业和高校是推动创新的主要力量。

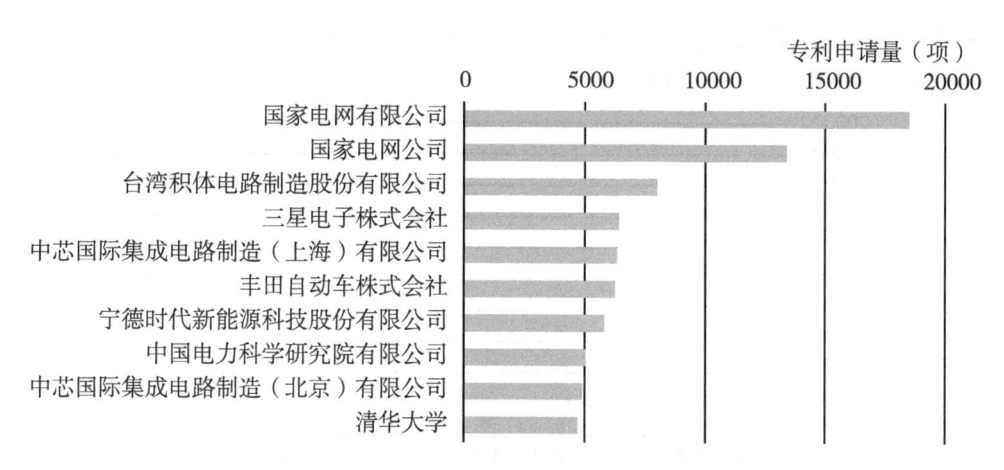

第3章 四川省专利密集型产业发展研究分析

图 3-135 全国电气设备制造业重要专利申请人

四川省方面,如图 3-136 所示,电子科技大学、西南交通大学、四川大学等高校占据前三位,体现了四川省在电气设备制造领域的创新主要依靠高校力量。成都新柯力化工科技、成都芯源系统等企业的上榜,显示了四川省在特定细分领域的创新实力。

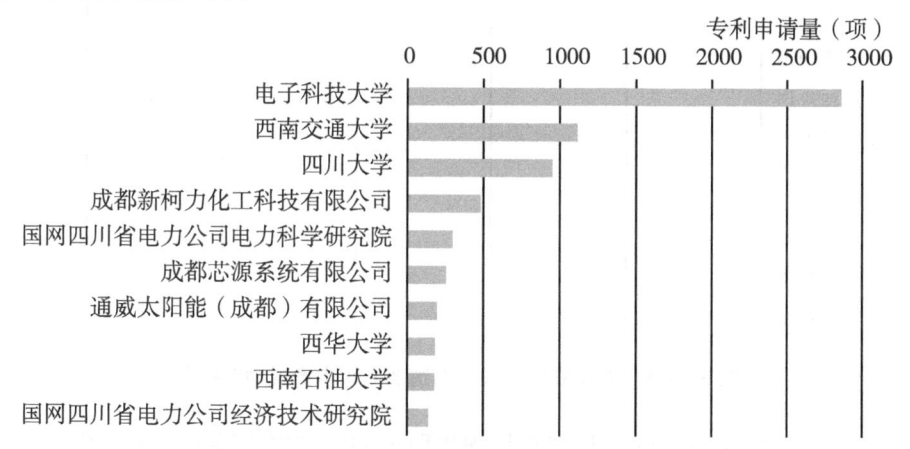

图 3-136 四川省电气设备制造业重要专利申请人

(3) 区域分析

全国分布方面,如图 3-137 所示,区域分布上呈现东部沿海集中、中西部重点突破的特点,广东、江苏、浙江、北京、上海位居前五,是中国经济最发达的区域,也是电气设备制造业创新的主要集中地。四川省排名第九,专利数量为 3.3 万项,显示出其在电气设备制造领域的重要地位。如图 3-138 所示,成都市以 2.0 万项专利领先,占全省总量的 60% 以上,是四川省电气设备制造创新的核心。绵阳市和德阳市分列第二、三位，与成都市共同构成了四川省电气设备制造创新的"金三角"。

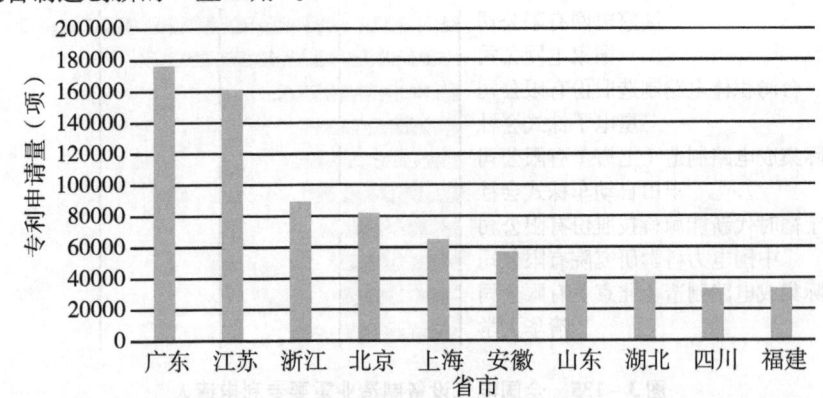

图 3-137 全国电气设备制造业专利申请量省市排名

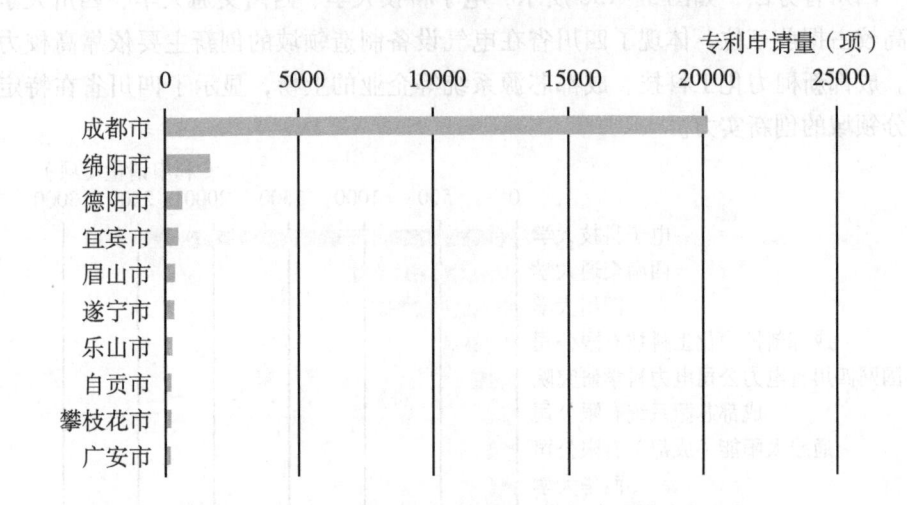

图 3-138 四川省电气设备制造业专利申请量地市排名

电气设备制造领域的专利创新呈现出明显的区域集中特征，主要集中在经济发达地区和科技创新中心。四川省作为西部地区的代表，在全国范围内具有相当强的竞争力，而省内则呈现出以成都为中心，辐射周边城市的创新格局。未来，随着新能源、智能电网等新兴领域的发展，电气设备制造业的创新重点可能会进一步转向这些方向，为行业带来新的增长点。

3. 产业链情况

我国电气设备制造产业链已形成"核心元器件—电气设备整机—系统集成与服务"的完整体系，如图 3-139 所示。

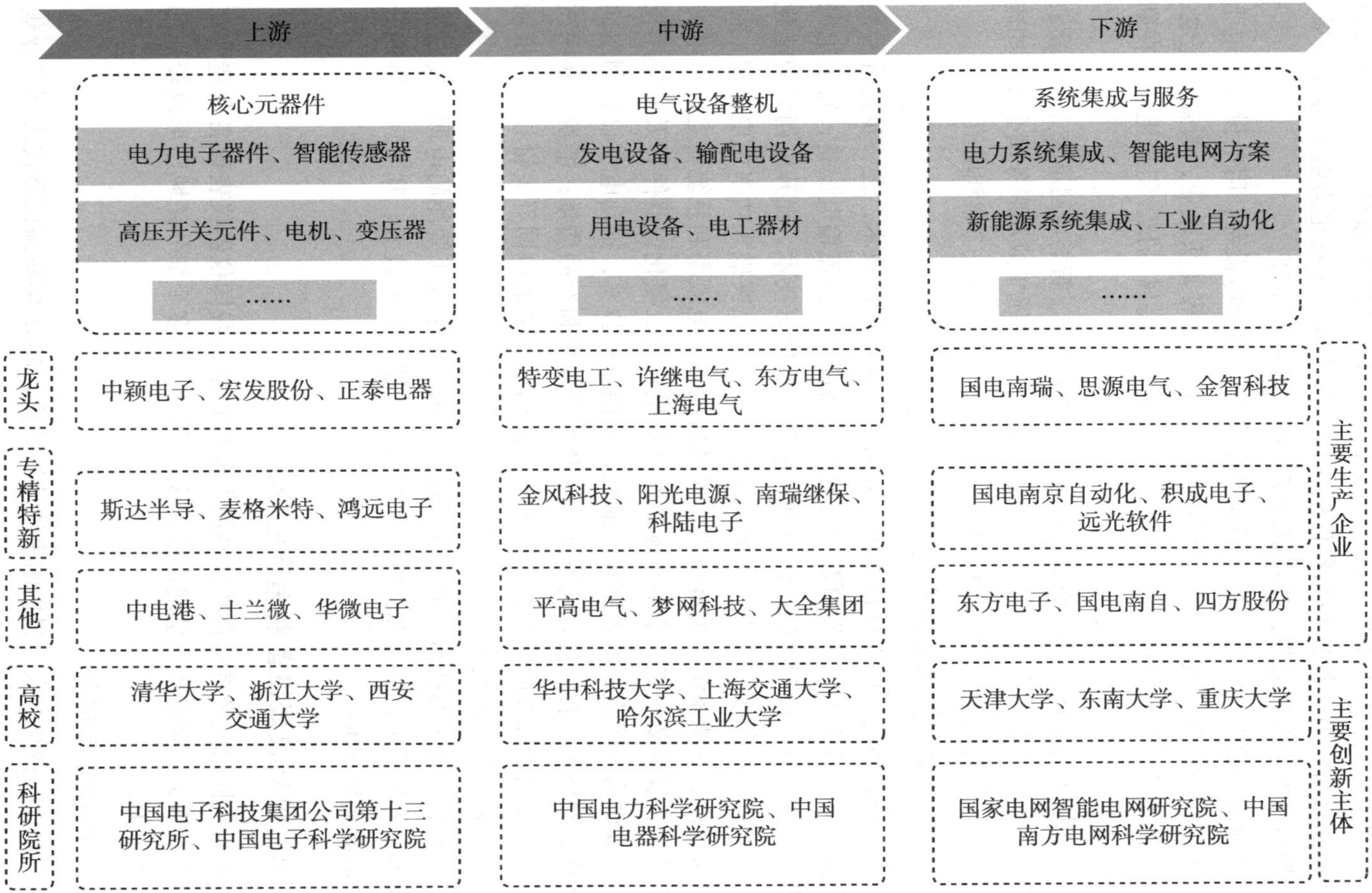

第 3 章　四川省专利密集型产业发展研究分析

层级	上游	中游	下游
环节	核心元器件 电力电子器件、智能传感器、 高压开关元件、电机、变压器	电气设备整机 发电设备、输配电设备、 用电设备、电工器材	系统集成与服务 电力系统集成、智能电网方案、 新能源系统集成、工业自动化
龙头（主要生产企业）	中颖电子、宏发股份、正泰电器	特变电工、许继电气、东方电气、上海电气	国电南瑞、思源电气、金智科技
专精特新	斯达半导、麦格米特、鸿远电子	金风科技、阳光电源、南瑞继保、科陆电子	国电南京自动化、积成电子、远光软件
其他	中电港、士兰微、华微电子	平高电气、梦网科技、大全集团	东方电子、国电南自、四方股份
高校（主要创新主体）	清华大学、浙江大学、西安交通大学	华中科技大学、上海交通大学、哈尔滨工业大学	天津大学、东南大学、重庆大学
科研院所	中国电子科技集团公司第十三研究所、中国电子科学研究院	中国电力科学研究院、中国电器科学研究院	国家电网智能电网研究院、中国南方电网科学研究院

图3-139　电气设备制造产业链图谱

· 215 ·

产业链上游核心元器件，包括电力电子器件、智能传感器、高压开关元件等，我国已培育出一批核心元器件供应商。如中颖电子在电力电子芯片领域、宏发股份在继电器领域等，逐步突破了一些关键技术瓶颈。

产业链中游电气设备整机，涵盖发电设备、输配电设备、用电设备和电工器材等，我国拥有特变电工、许继电气、东方电气等龙头企业，覆盖输配电、发电设备等多个细分领域。同时，一些新兴企业如金风科技、阳光电源等在新能源发电设备领域快速崛起。

产业链下游系统集成与服务，包括电力系统集成、智能电网解决方案、新能源系统集成和工业自动化系统等，我国培育了一批系统集成和服务型企业，如国电南瑞、思源电气等，能够为用户提供全面的电气系统解决方案和增值服务。

4. 产业重点技术发展方向

电气设备制造产业重点技术发展方向：特高压输电技术，进一步提升特高压直流输电技术水平，研发更高电压等级的特高压交直流输电设备；智能电网技术，重点发展智能配电网、微电网、能源互联网等技术，提升电网的智能化水平和可再生能源接入能力；新能源发电设备，重点突破大功率风电机组、高效光伏组件、储能系统等关键技术，提升新能源发电效率和系统稳定性；电力电子技术，发展新一代功率半导体器件（如碳化硅、氮化镓器件）及其应用技术，提高电力电子设备的效率和可靠性；智能制造技术，推动电气设备制造向数字化、网络化、智能化方向发展，提升生产效率和产品质量；能源互联网技术，发展面向能源互联网的智能感知、能源路由、多能协同等关键技术，推动能源生产和消费模式变革。

未来热点或关键技术：柔性直流输电技术、基于人工智能的电网调度与控制技术、大规模可再生能源并网与消纳技术、超导输电技术、基于区块链的分布式能源交易技术。

3.4.8 仪器仪表设备制造产业分析

作为支撑国民经济和科技发展的基础性产业，我国仪器仪表设备制造业在近年来取得了显著进步，呈现出快速发展态势，在多个细分领域已形成较强的国际竞争力。

1. 产业发展现状

产业规模持续扩大。根据国家统计局数据，2022年我国仪器仪表制造业规模以上企业实现营业收入9835.4亿元，同比增长4.2%，利润总额1017.6亿元，同比增长4.3%。

产业布局逐步优化。我国仪器仪表设备制造业已形成长三角、珠三角、京津冀、中西部等区域协同发展的格局。其中，长三角地区以上海、杭州、宁波为中心，在智能仪表和精密测量仪器领域优势明显；珠三角地区以深圳、东莞为代表，在电子测量仪器方面实力突出；京津冀地区在工业自动化仪表和科学仪器领域具有传统优势；中西部地区如四川、陕西等省份，依托军工背景，在特种仪器仪表领域形成特色。

技术创新能力不断提升。我国拥有中国计量科学研究院、中国电子科技集团公司等国家级科研机构，以及清华大学、浙江大学等知名高校，为仪器仪表产业提供了强大的技术支撑。近年来，我国仪器仪表企业在智能传感器、量子精密测量、工业互联网等前沿领域取得多项突破性成果，部分技术已达到国际先进水平。

2. 产业专利技术情况

（1）申请趋势分析

如图 3-140 所示，2015—2023 年，仪器仪表设备制造领域的发明专利申请量呈现持续增长趋势。2015 年申请量为 18.2 万项，2022 年达到峰值 38.7 万项，增长了 113%，表明该领域的创新活动非常活跃，技术发展迅速。四川省的申请量虽然规模较小，但增长势头更为强劲。从 2015 年的 5000 多项增长到 2023 年的 1.1 万项，增幅达 99%。特别是 2021 年以来，四川省的申请量持续攀升，显示出该省在仪器仪表设备制造领域的创新实力正在快速提升。

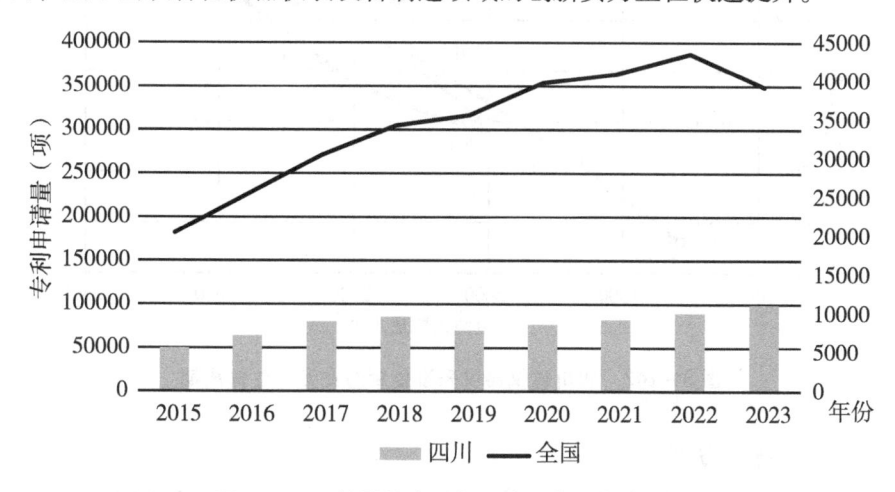

图 3-140 仪器仪表设备制造业专利申请趋势

从申请人数量和专利数量变化的生命周期来看，如图 3-141 所示，仪器仪表设备制造领域整体处于成长阶段，申请人数量从 2015 年的 4.0 万个增长到

2022 年的 8.9 万个。专利数量也从 18.3 万项增长到 2022 年的 39.1 万项。表明行业参与者和创新活动都在快速增加。四川省情况类似，如图 3-142 所示，申请人数量从 2015 年的 1200 多个增长到 2023 年的 3000 多个。专利数量从 5000 多项增长到 1.1 万项。

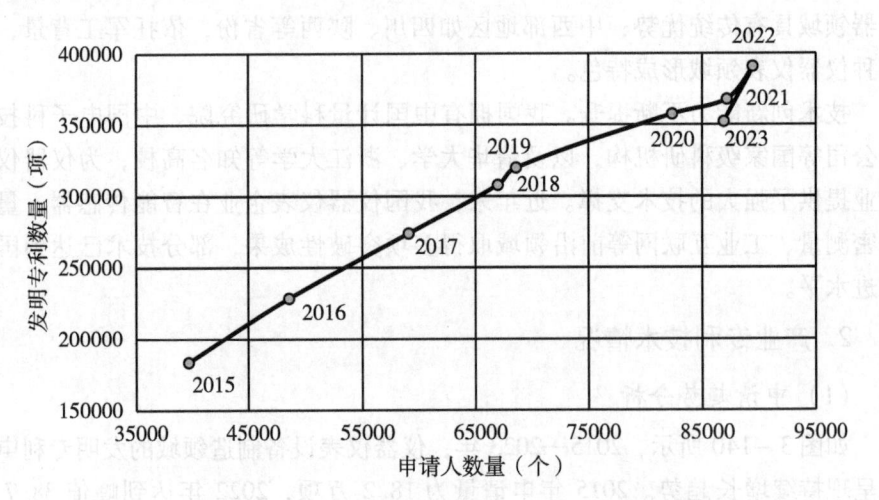

图 3-141 全国仪器仪表设备制造业专利生命周期

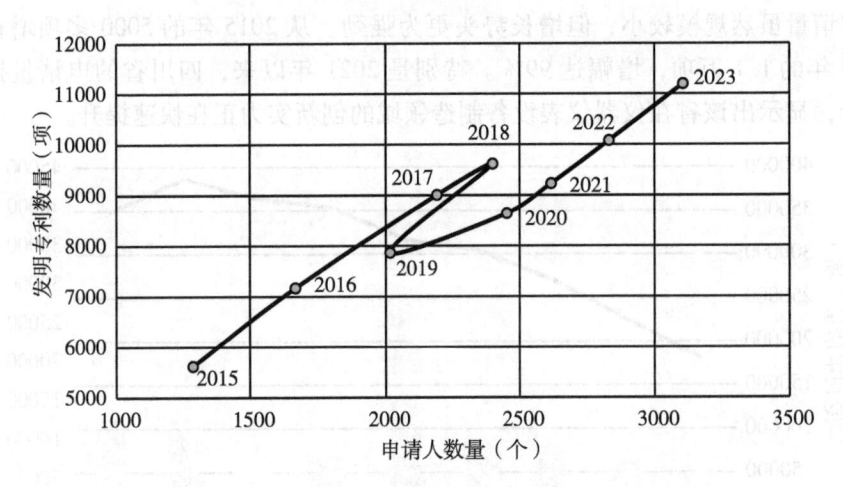

图 3-142 四川省仪器仪表设备制造业专利生命周期

（2）申请人分析

重要申请人方面，全国层面，如图 3-143 所示，华为技术有限公司以 3.0 万项专利位居榜首，显示出其在仪器仪表设备制造领域的强大研发实力。京东方科技集团股份有限公司（2.7 万项）和国家电网有限公司（1.6 万项）紧随其后，表明显示技术和仪器仪表设备制造领域的创新活跃度较高。高校如浙江大学（1.1万项）和电子科技大学（9000多项）也进入前十，体现了产学研结合的创新模式在该领域的重要性。

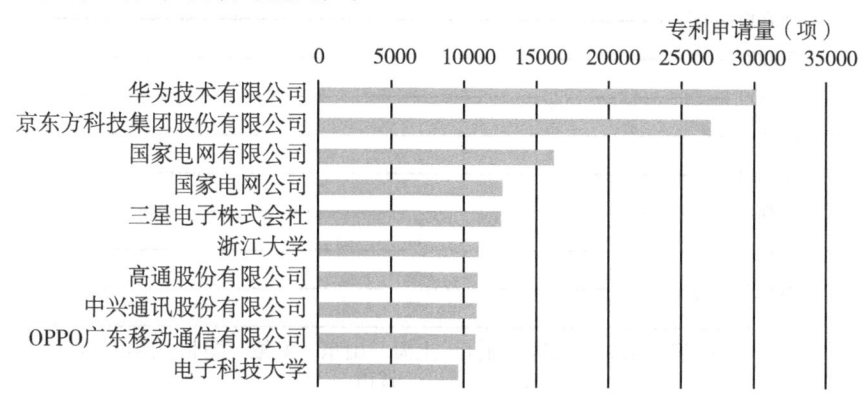

图 3-143　全国仪器仪表设备制造业重要专利申请人

四川省方面，如图 3-144 所示，电子科技大学以 6000 多项专利排在首位，展现了其在仪器仪表设备制造领域的学术和研发优势。西南石油大学（3000 多项）和西南交通大学（接近 3000 项）分列第二、三位，反映出四川省在石油和交通领域的仪器仪表设备研发方面实力较强。企业如四川长虹电器股份有限公司（700 多项）和成都飞机工业（集团）有限责任公司（接近 800 项）也进入前 10 位，显示了四川省较强的创新能力。

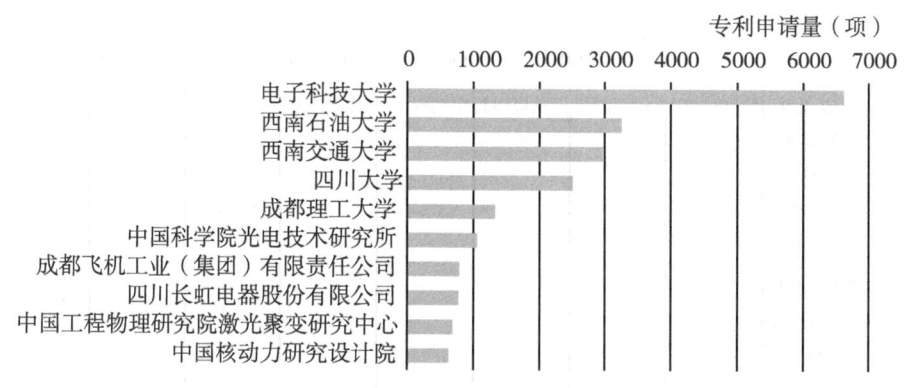

图 3-144　四川省仪器仪表设备制造业重要专利申请人

（3）区域分析

全国范围内，如图 3-145 所示，广东（41.5 万项）、北京（31.8 万项）和江苏（31.1 万项）位居前三，三省市在仪器仪表设备制造领域的创新实力遥遥领先。浙江、上海、山东等省市紧随其后，形成了以长三角和珠三角为核心的创新集群。

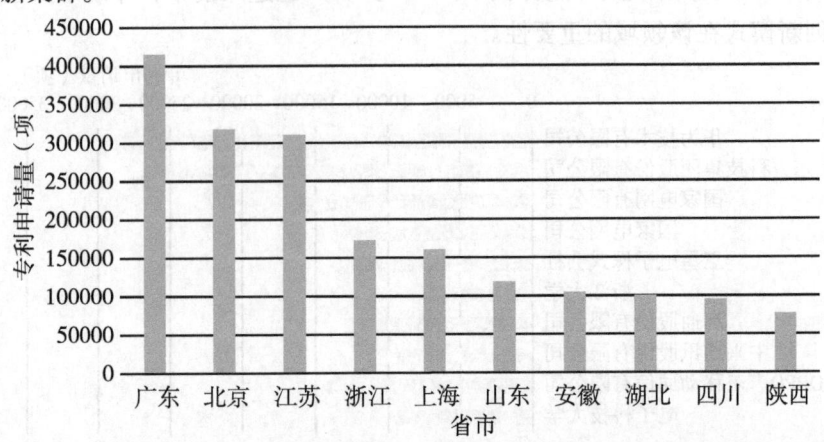

图 3-145　全国仪器仪表设备制造业专利申请量省市排名

四川省以9.5万项专利排名第9位，显示出其作为西部地区创新高地的地位。成都市以6.1万项专利领先，如图3-146所示，占全省总量的64%，是四川省仪器仪表设备制造创新的绝对中心。绵阳市（8000多项）和德阳市（1700多项）分列第二、三位，与成都市共同构成了四川省仪器仪表设备制造创新的"金三角"。东部地区城市如宜宾、自贡、泸州等也有不错的表现，显示出创新活动在省内的梯度分布特征。

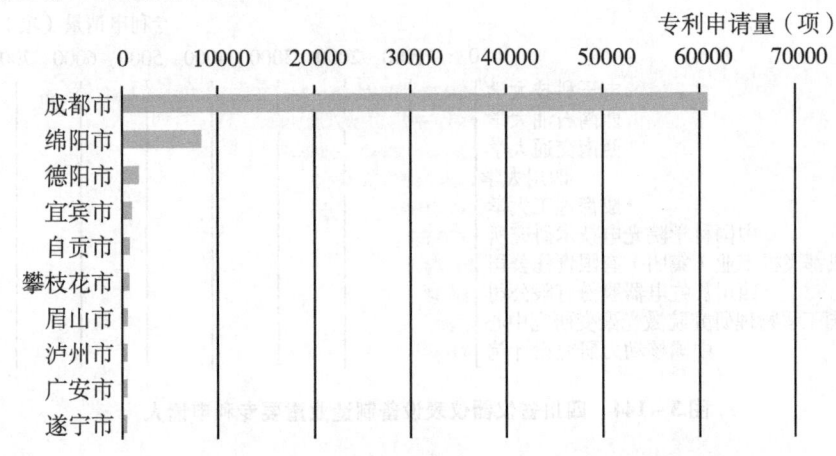

图 3-146　四川省仪器仪表设备制造业专利申请量地市分布

仪器仪表设备制造领域在全国范围内呈现快速发展态势，创新活动日益活跃。四川省在该领域表现出强劲的增长势头，行业创新主体呈现多元化特征，包括领先企业、高校和研究机构。区域分布上，呈现出东部沿海地区领先、中西部地区快速追赶的格局。四川省作为西部创新高地，在仪器仪表设备制造领域展现出良好的发展潜力，尤其是以成都为中心的创新集群效应正在形成。

3. 产业链情况

我国仪器仪表设备制造产业链已形成"核心元器件—仪器仪表整机—系统集成与服务"的完整体系，如图3-147所示。

产业链上游核心元器件，包括传感器、时频器件、精密测量芯片和光电元件，我国已培育出一批核心元器件供应商，如歌尔股份、汉威科技等在传感器领域，中电科技集团重庆声光电有限公司在时频器件领域等，逐步突破了一些关键技术瓶颈。

产业链中游仪器仪表整机，涵盖工业自动化仪表、电工仪器仪表、环保监测仪器、电子测量仪器、分析仪器和医疗仪器，我国拥有宁波水表、汉威科技、三花智控等龙头企业，覆盖工业自动化仪表、电工仪器仪表、环保监测仪器等多个细分领域。同时，一些新兴企业如华盛昌、鼎阳科技等在电子测量仪器领域快速崛起。

下游系统集成与服务，包括系统解决方案、维护服务、数据分析服务和校准服务，我国培育了一批系统集成和服务型企业，如和利时、中控技术等，能够为用户提供全面的仪器仪表系统解决方案和增值服务。

4. 产业重点技术发展方向

仪器仪表设备制造产业重点技术发展方向包括：提升高端仪器仪表的自主研发和制造能力，重点突破精密测量、在线监测等关键技术；推动仪器仪表产业向智能化、网络化、集成化方向发展；加强仪器仪表在新能源、新材料、生物医药等战略性新兴产业中的应用；发展面向工业互联网的智能传感器和仪器仪表系统；提升仪器仪表产业的信息化和数字化水平，推动传统仪表向智能仪表转型等。未来热点或关键技术：5G/6G通信技术在仪器仪表中的应用、边缘计算在智能仪表中的应用、区块链技术在计量数据安全和溯源中的应用、新型传感材料与器件（如石墨烯传感器）、柔性电子技术在可穿戴测量设备中的应用等。

四川省特别强调，依托军民融合优势，发展特种仪器仪表和测试设备；结合成都、绵阳等地的电子信息产业基础，发展智能传感器和新型测量仪器；推动仪器仪表产业与大数据、人工智能等新兴技术的深度融合。引导仪器仪表设备制造产业向更高端、更智能、更集成的方向发展，提升产业的整体竞争力和国际影响力。

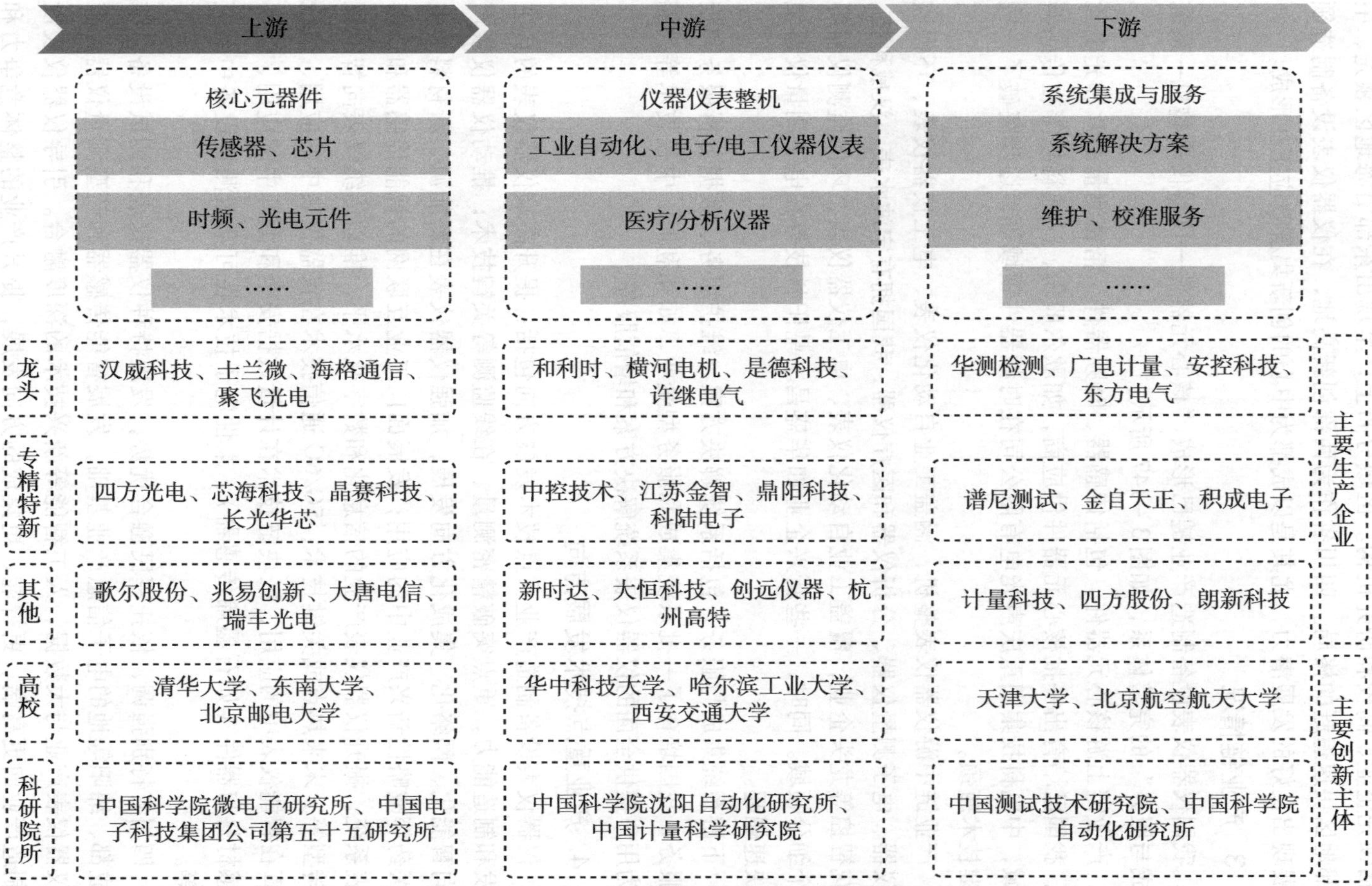

	上游	中游	下游
	核心元器件 传感器、芯片 时频、光电元件 ……	仪器仪表整机 工业自动化、电子/电工仪器仪表 医疗分析仪器 ……	系统集成与服务 系统解决方案 维护、校准服务 ……
龙头（主要生产企业）	汉威科技、士兰微、海格通信、聚飞光电	利利时、横河电机、昱德科技、许继电气	华测检测、广电计量、安控科技、东方电气
专精特新	四方光电、芯海科技、晶赛科技、长光华芯	中控技术、江苏金智、鼎阳科技、科陆电子	谱尼测试、金自天正、积成电子
其他	歌尔股份、兆易创新、大唐电信、瑞丰光电	新时达、大恒科技、创远仪器、杭州高特	计量科技、四方股份、朗新科技
高校（主要创新主体）	清华大学、东南大学、北京邮电大学	华中科技大学、哈尔滨工业大学、西安交通大学	天津大学、北京航空航天大学
科研院所	中国科学院微电子研究所、中国电子科技集团公司第五十五研究所	中国科学院沈阳自动化研究所、中国计量科学研究院	中国测试技术研究院、中国科学院自动化研究所

图3-147 仪器仪表设备制造产业链图谱

3.4.9 其他装备制造产业分析

作为专利密集型产业中新装备制造业的重要组成部分，其他装备制造业，特别是建筑、家具用金属配件制造和海洋工程装备制造等领域，在近年来呈现出快速发展态势，对国民经济的贡献日益显著。

1. 产业发展现状

建筑、家具用金属配件制造方面，产业规模持续扩大，行业保持稳定增长，产业集群效应明显。我国建筑、家具用金属配件制造业已形成以广东中山、浙江永康、江苏常熟等为代表的产业集群。技术创新能力不断提升。我国建筑、家具用金属配件制造企业在智能锁具、新型建筑五金材料等领域取得了显著进步。例如，广东省科学院智能制造研究所与多家企业合作，开发出了基于物联网技术的智能门锁系统，大幅提升了产品的安全性和便利性。

海洋工程装备制造方面，产业规模快速增长。2023年，海洋工程装备制造业发展良好，国际市场份额继续保持全球领先，全年实现增加值872亿元，比上年增长5.9%，我国已成为全球重要的海洋工程装备制造基地。技术创新取得突破，我国在深水半潜式钻井平台、浮式生产储卸油装置（FPSO）等高端海洋工程装备制造领域取得重大突破。

2. 产业专利技术情况

（1）申请趋势分析

如图3-148所示，其他装备制造业的专利申请2015—2022年呈现总体上升趋势，年均增长率约8.02%，在2018年和2020年出现两个显著高峰，分别较2015年基准增长89.42%和90.33%，行业在此期间经历了显著的成长期。2021—2022年行业创新动力有所减弱，可能需要政策支持和产业升级来重振创新活力。2023年专利申请未全部公开，数据仅供参考。

结合生命周期图，如图3-149所示，2015—2018年为成长期，该阶段专利申请量和申请人数量均呈现快速增长趋势，行业吸引了大量新进入者，创新活动活跃，可能伴随着技术突破和市场扩张。2019—2020年为成熟期，申请量增速放缓但保持高位，行业的技术和市场趋于稳定，竞争加剧导致企业加大创新投入以维持竞争优势。2021—2023年为转型期，专利申请量和申请人数量开始下降，行业可能进入重大转型调整阶段，也可能反映了市场饱和、技术瓶颈或外部环境变化（如经济下行、产业政策调整）的影响。当然，申请人数量相对稳定，表明行业可能正在经历结构性调整，创新主体更加多元化，为下一轮创新周期做准备。

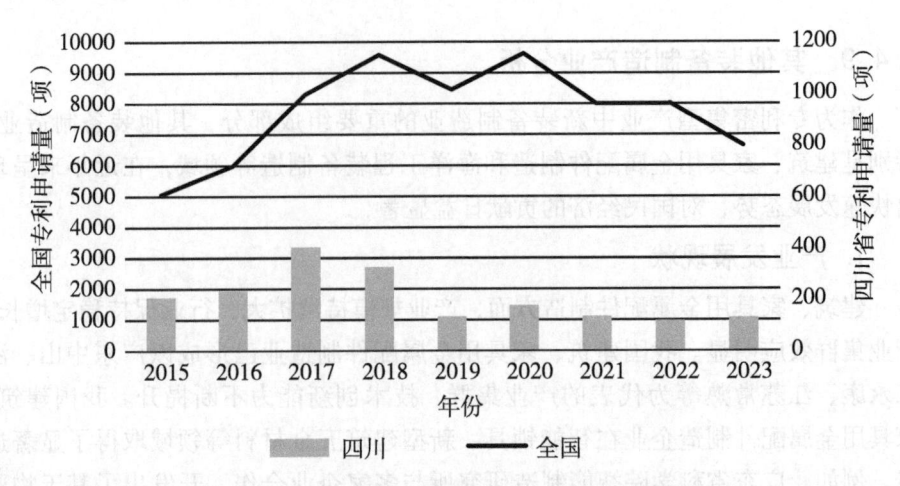

图3-148 其他装备制造业专利申请趋势

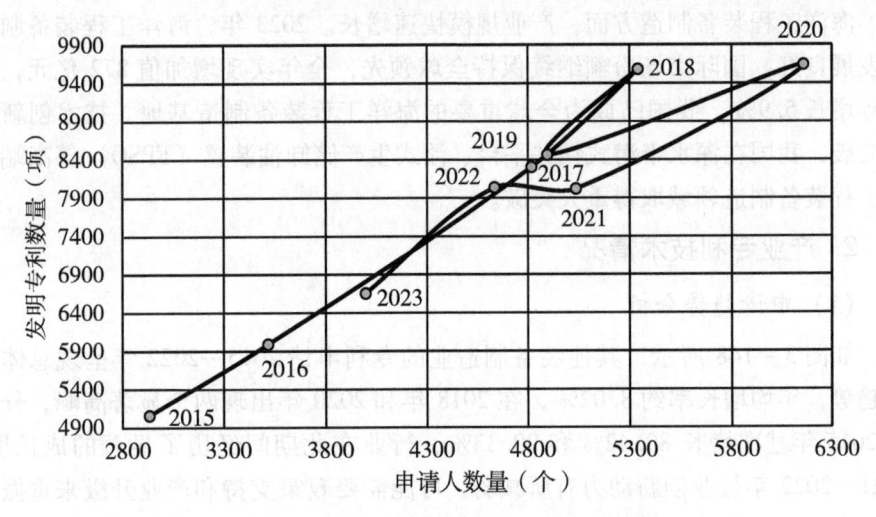

图3-149 其他装备制造业专利生命周期

(2) 申请人分析

从申请人分布来看，如图3-150所示，排名前10位的企业多集中在家电制造领域，占一半，体现了细分行业在其他装备制造业中的创新主导地位。其中，海尔智家股份有限公司专利申请接近500项，展现出其在行业创新中的领先地位。四川省申请人在全国排名中未能进入前10位，反映出省内企业在其他装备制造业创新方面与全国领先企业存在差距。

第3章 四川省专利密集型产业发展研究分析

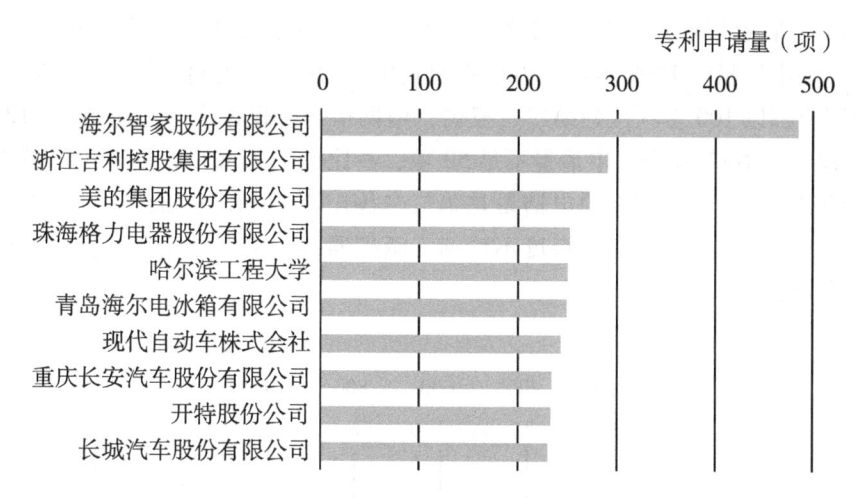

图 3-150 其他装备制造业重要专利申请人

（3）区域分析

区域分布方面，如图 3-151 所示，广东、浙江、江苏三省合计申请量为 3.0 万项，占全国总量的 49.38%，凸显了东部沿海地区在该产业创新中的主导地位。广东省以 1.2 万项的申请量位居首位，占全国总量的 20.10%，彰显了其核心地位。排名靠后的省份如青海、西藏、宁夏的申请量均不足 100 项，反映出我国其他装备制造业创新的区域发展不平衡问题仍然突出。这种不平衡源于经济发展水平、产业基础、人才聚集等多方面因素的差异。

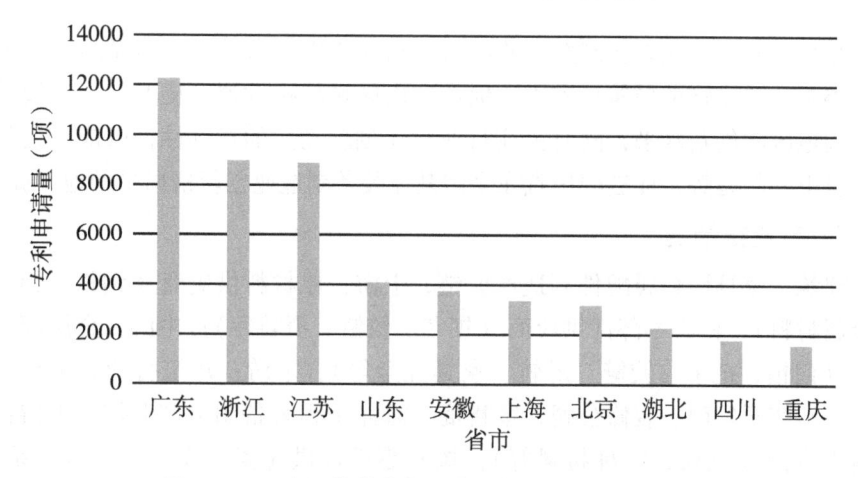

图 3-151 全国其他装备制造业专利申请量省市排名

四川省内区域分布方面，如图3-152所示，创新资源呈现高度集中态势。成都市的申请量达1200多项，占全省总量的69.64%，远超其他城市。德阳市和绵阳市都以100多项位列第二、三名，但两市合计仅占全省总量的12.12%，20个地级市中有16个的申请量不足50项，占比低于2.80%，反映出区域创新能力的显著差异。成都市的申请量是第二名德阳市的11.28倍，这种巨大差距反映出省内创新资源分布的极度不均衡，亟须通过政策引导和资源优化来促进区域协调发展。

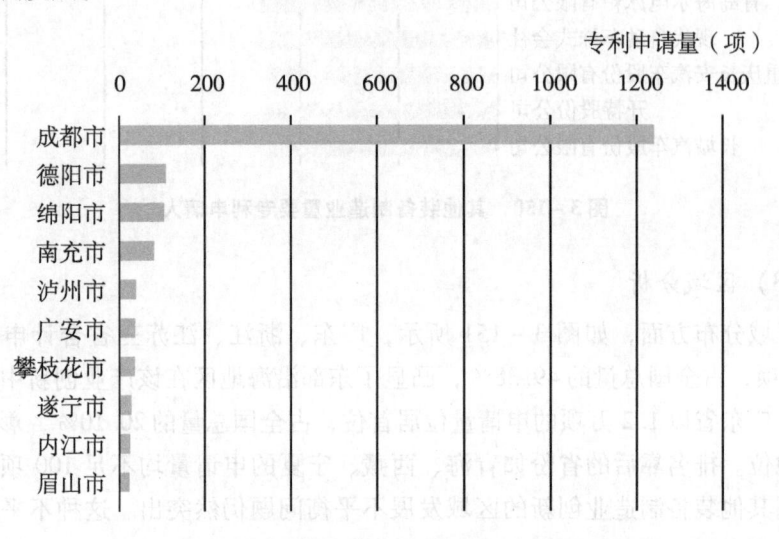

图3-152 四川省其他装备制造业专利申请量地市排名

综合来看，其他装备制造业的创新活动在四川省内呈现出明显的"一城独大"格局，未来产业政策可着力于促进省内区域均衡发展，提升二、三线城市和偏远地区的创新水平，同时关注行业整体创新动力的持续性，以应对近年来申请量下降的趋势，促进四川省在全国其他装备制造业创新格局中的地位提升。

3. 产业链情况

建筑、家具用金属配件制造产业链，上游：原材料供应商（钢铁、铝、铜等金属材料），核心零部件供应商（锁芯、铰链、滑轨等）；中游：金属配件制造商（门锁、把手、铰链、滑轨、家具五金等）；下游：建筑行业、家具制造业、房地产开发商、装修公司、零售商。海洋工程装备制造产业链，上游：原材料供应商（钢材、特种材料等），核心零部件供应商（发动机、电控系统、液压系统等）；中游：海洋工程装备制造商（钻井平台、FPSO、海上风电设备等）；下游：海洋油气开发公司、海上风电运营商、海洋科考机构。其他装备制造产业链参见图3-153。

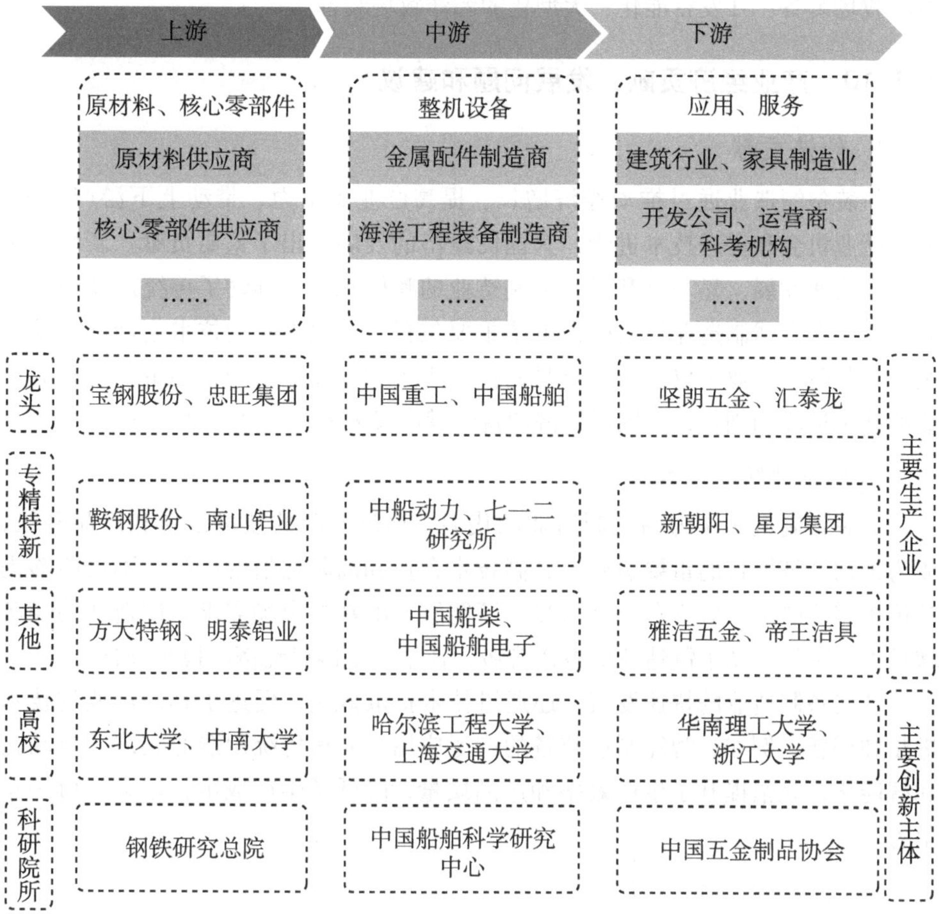

第3章 四川省专利密集型产业发展研究分析

	上游	中游	下游	
	原材料、核心零部件 原材料供应商 核心零部件供应商 ……	整机设备 金属配件制造商 海洋工程装备制造商 ……	应用、服务 建筑行业、家具制造业 开发公司、运营商、科考机构 ……	
龙头	宝钢股份、忠旺集团	中国重工、中国船舶	坚朗五金、汇泰龙	主要生产企业
专精特新	鞍钢股份、南山铝业	中船动力、七一二研究所	新朝阳、星月集团	
其他	方大特钢、明泰铝业	中国船柴、中国船舶电子	雅洁五金、帝王洁具	
高校	东北大学、中南大学	哈尔滨工程大学、上海交通大学	华南理工大学、浙江大学	主要创新主体
科研院所	钢铁研究总院	中国船舶科学研究中心	中国五金制品协会	

图3-153 其他装备制造产业链图谱

4. 产业重点技术发展方向

建筑、家具用金属配件制造方面，智能化：开发集成物联网、人工智能技术的智能门锁、智能家具配件等产品；新材料应用：研发应用纳米材料、复合材料等新型材料，提高产品性能和寿命；绿色制造：推广低碳、节能、环保的生产工艺和材料；个性化定制：利用3D打印、柔性制造等技术，实现金属配件的个性化定制。

海洋工程装备制造方面，深海和极地装备：开发适应深海和极地环境的海洋工程装备；海上可再生能源装备：研发大功率海上风电、波浪能、潮汐能等可再生能源开发装备；智能化和自动化：推进海洋工程装备的智能化、无人化操作；模块化设计：提高海洋工程装备的标准化、模块化水平，缩短建造周期；

海洋牧场装备：开发智能化、大型化的海洋牧场装备。

3.4.10 产业经济贡献、发展问题和建议

1. 经济贡献

新装备制造业通过推动经济增长、提高产业竞争力、带动上下游产业链、增加就业机会和促进技术进步，为国民经济的发展做出了重要贡献。新装备制造业的快速发展，显著提升了我国制造业的整体水平，推动了传统产业的转型升级，并在全球制造业格局中占据了重要位置。通过不断的技术创新和产品升级，新装备制造业不仅提升了自身的技术水平和市场竞争力，还带动了相关产业的技术进步和创新，为国民经济的持续健康发展提供了强大动力。

（1）推动经济增长

新装备制造业作为高端制造业的代表，通过不断的技术创新和产品升级，成为推动经济增长的重要引擎。其高技术含量和高附加值的产品，不仅能够提升传统产业的生产效率和产品质量，还能够开辟新的市场需求，创造新的经济增长点，不仅带动了制造业的整体升级，还推动了国民经济的稳步增长。

新装备制造业的快速发展，还通过技术扩散效应，促进了其他产业的技术进步和创新。例如，智能制造装备的广泛应用，使得传统制造业实现了自动化和智能化，大幅提升了生产效率和产品质量，降低了生产成本，增强了市场竞争力。

（2）提高产业竞争力

新装备制造业的快速发展，通过提升装备的技术水平和性能，提高了产业的竞争力。高端装备的应用，不仅提升了生产效率和产品质量，还优化了生产流程、降低了生产成本、增强了企业的市场竞争力。

高端装备制造业的发展，还通过技术创新和产品升级，推动了产业结构的优化和升级。

新装备制造业的发展，还通过促进产学研合作，推动了技术的快速转化和应用。通过与高校和科研院所的合作，企业能够快速获取最新的科研成果，提升技术创新能力，推动产品升级。

（3）带动上下游产业链

新装备制造业的快速发展，通过对高性能材料、先进电子元器件和高精度机械零部件的需求，带动了上下游产业链的协同发展。高端装备制造业的快速增长，使得上游原材料供应商、零部件制造商和相关服务提供商都受益匪浅。

例如，高性能材料的需求推动了新材料产业的发展，先进电子元器件的需求推动了电子产业的发展，高精度机械零部件的需求推动了机械制造产业的发展。

新装备制造业的发展，还通过提升产业链的整体技术水平和竞争力，形成了良性的产业生态圈。通过与上下游企业的紧密合作，新装备制造企业能够实现资源的高效配置和技术的快速转化，提升产业链的整体效率和竞争力。

新装备制造业的发展进一步推动上下游产业链的技术进步和创新。通过与上下游企业的技术合作和交流，新装备制造企业能够将最新的技术和工艺扩散到上下游企业，提升产业链的整体技术水平。

(4) 增加就业机会

新装备制造业的快速发展，创造了大量的就业机会。从研发设计到生产制造，再到销售服务，每一个环节都需要大量的人才。不仅包括高技术人才，也包括大量的技术工人和管理人员。新装备制造业的快速增长，为社会提供了大量的就业岗位，提升了社会整体就业水平。

研发设计环节，新装备制造企业需要大量的高技术人才和工程师，不仅需要掌握最新的技术和工艺，还需要具备创新能力和解决问题的能力。

生产制造环节，新装备制造企业需要大量的技术工人和操作人员，不仅需要掌握先进的生产技术和工艺，还需要具备操作复杂设备和解决生产问题的能力。

销售服务环节，新装备制造企业需要大量的市场营销和售后服务人员，不仅需要了解产品的技术和性能，还需要具备市场推广和客户服务的能力。

(5) 促进技术进步

新装备制造业通过持续的研发投入和技术创新，推动了科学技术的进步。先进的制造工艺和技术标准不仅在国内推广应用，也逐渐走向国际市场，提升了我国在全球装备制造领域的技术影响力。新装备制造业的技术进步，不仅提升了产品的性能和质量，还推动了相关产业的技术进步和创新。

2. 发展问题

新装备制造业作为现代制造业的重要组成部分，在推动经济增长和产业升级方面发挥着关键作用。尽管近年来取得了显著进步，但在发展过程中仍面临诸多挑战。

(1) 整体发展问题

1) 核心技术不足

尽管新装备制造业在过去数年中取得了显著的进步，但在一些关键核心技术领域仍然存在不足，包括高精度加工技术、智能控制技术、高性能材料技术等，技术的缺失限制了我国新装备制造业的自主创新能力和国际竞争力。

2）研发投入不足

新装备制造业的发展高度依赖持续的研发投入，需要大量的资金投入，从基础研究到技术开发，再到产品测试和市场推广，每一个环节都需要充足的资金支持。同时，新装备制造业的研发需要大量的技术资源，包括高水平的研发人员、先进的研发设备和实验室等。

3）人才短缺

新装备制造业的快速发展，对专业技术人才的需求量大，但目前我国在高端装备制造领域的专业技术人才储备不足，特别是在高级研发和设计人才方面存在较大的缺口，影响了新装备制造业的技术创新和发展速度，制约了产业的进一步升级和国际竞争力的提升。

4）标准体系不完善

新装备制造业的标准体系尚未完全建立，导致产品质量参差不齐，制约了行业的健康发展。标准化不足还影响了产品的互通性和兼容性，增加了产业链的协调难度，影响了整个行业的整体效率和竞争力。

5）市场竞争激烈

新装备制造业市场竞争激烈，尤其是在国际市场上，面对来自发达国家的技术和品牌优势，我国企业在市场拓展和品牌建设方面面临较大的挑战。激烈的市场竞争，迫使企业不断进行技术创新和产品升级，但也给企业带来了较大的压力和风险。

(2) 细分领域发展问题

1）通用设备制造业发展问题

高端核心技术依赖进口，自主创新能力有待提升。产业结构有待优化，存在低端产能过剩、高端供给不足的结构性矛盾。智能制造水平需要提高，与德国、日本等制造强国相比仍有差距。国际化程度不足，企业的国际市场份额和品牌影响力仍需提升。绿色制造水平有待提高，在节能环保、资源循环利用等方面与国际先进水平仍存在差距。

2）专用设备制造业发展问题

与发达国家相比，核心技术仍有差距，特别是在高端半导体装备、精密加工设备等领域。产业链协同不足，部分关键零部件和核心材料依赖进口。创新能力有待增强，部分领域仍以引进、消化、吸收再创新为主。产品可靠性和稳定性需提升，部分高端专用设备与国际先进水平相比还有差距。国际市场竞争力不足，企业在国际市场的品牌影响力和市场份额还需提升。

3）航空、航天器及设备制造业发展问题

与发达国家相比，核心技术仍有差距，特别是在航空发动机、航电系统、航天电子等关键领域。产业链协同不足，部分核心零部件依赖进口。国际竞争压力增大，全球航空航天产业格局正在重塑。人才储备不足，高端复合型人才和创新型人才相对缺乏。资金投入压力大，研发周期长、投入大，需要持续的资金支持。

4）汽车与轨道设备制造业发展问题

与发达国家相比，核心技术仍有差距，特别是在高端芯片、操作系统、新材料等关键领域。产业结构需要优化，传统燃油车产能过剩，新能源汽车产业链协同发展不足。国际竞争压力增大，全球汽车产业格局正在重塑。环保要求日益严格，汽车产业需要加快转型升级。人才储备不足，高端复合型人才和创新型人才相对缺乏。

5）电气设备制造业发展问题

与国外发达国家相比，核心技术仍有差距，特别是在特种电机、高端传感器等高端电气设备和关键元器件领域。产业结构需要优化，部分领域产能过剩，低端产品同质化竞争严重，高端市场占有率不高。国际化程度有待提高，与欧美日等发达国家相比，企业的国际化程度和品牌影响力还有待提升。绿色低碳转型压力，在全球碳中和背景下，面临节能减排和绿色制造的转型压力。人才储备不足，高端复合型人才和创新型人才相对缺乏。

6）仪器仪表设备制造业发展问题

高端仪器仪表依赖进口，特别是在科学仪器、高端工业自动化仪表等领域。产业集中度不高，国际影响力有限，缺乏具有全球竞争力的大型跨国公司。核心技术储备不足，原始创新能力待增强，特别是在量子精密测量、高端芯片等前沿技术领域。

7）其他装备制造产业

建筑、家具用金属配件制造方面：产业集中度低，企业规模普遍偏小；自主创新能力不足，高端产品仍依赖进口；同质化竞争严重，产品附加值低；原材料价格波动对企业盈利能力影响较大；国际贸易壁垒增加，出口面临挑战。

海洋工程装备制造方面：核心技术和关键设备仍有不足，部分高端装备依赖进口；产业链配套能力需要进一步提升；国际市场竞争激烈，市场份额有待进一步扩大；海洋环境保护要求日益严格，对装备设计和制造提出更高要求；高端人才短缺，特别是跨学科复合型人才缺乏。

新装备制造业在技术创新、资金投入、人才培养、标准体系和市场竞争等方面存在的问题，政府、企业和科研机构需共同努力，完善政策支持和激励机制，增强企业自主创新能力，提高研发投入和人才培养水平，推动标准化建设，提升产业整体竞争力。

3. 发展建议

新装备制造业作为国家经济发展的重要支柱产业，其技术水平和创新能力直接关系到产业的竞争力和可持续发展。为推动新装备制造业的高质量发展，从整体产业和七个细分领域两个层面提出发展建议。

（1）整体发展建议

1）加大研发投入

政府设立专项研发基金，提供税收优惠和融资支持。企业优化内部资源配置，提高资金使用效率。重点投入智能制造设备、高性能材料、高端数控机床等领域研发。

2）加强人才培养

加强高校与企业合作，建立多层次人才培养体系。企业加大对员工的培训力度，提升现有员工的技能水平。提供良好的工作环境和发展空间，吸引和留住高水平人才。

3）完善标准体系

政府和行业协会加快制定和完善标准体系。企业加强标准化生产和质量控制。提升产品的互通性和兼容性，增强市场竞争力。

4）加强国际合作

引进和吸收国外先进技术和管理经验。加强国际市场的开拓和品牌建设。推动产业的国际化发展，提升国际影响力。

5）优化产业结构

政府制定和实施产业发展规划，引导企业优化资源配置。企业通过技术创新和产品升级，提升产业链整体技术水平。推动产业链协同和优化，实现高质量发展。

（2）细分领域发展建议

1）通用设备制造业发展建议

加大核心技术攻关力度，重点突破高端数控系统、精密轴承等关键技术。推动产业转型升级，鼓励企业应用工业互联网、人工智能等新技术。培育世界级企业，支持3~5家具有全球竞争力的大型企业集团。加强人才培养和引进，完善专业人才培养体系。推动绿色制造，鼓励企业采用节能环保技术和工艺。完善标准体系，提升国际话语权。深化国际合作，支持企业参与"一带一路"建设。

2）专用设备制造业发展建议

加大核心技术攻关力度，重点突破半导体装备、高端数控机床等关键技术。推动产业链协同发展，提升产业链本地化水平。加强创新体系建设，完善以企业为主体的技术创新体系。

提升产品质量和可靠性，加强全生命周期质量管理。加快国际化步伐，支持优势企业"走出去"。完善人才培养体系，推动产学研合作。加大金融支持力度，发挥国家产业投资基金作用。

3）航空、航天器及设备制造业发展建议

加大核心技术攻关力度，重点突破航空发动机、航天电子等关键技术。推动产业链协同发展，提升产业链本地化水平。加快国际化步伐，支持优势企业"走出去"。完善人才培养体系，建立国际化人才培养基地。加大金融支持力度，吸引社会资本参与航空航天产业投资。促进军民融合发展，推动军用技术向民用领域转化。培育商业航天市场，鼓励社会资本进入商业航天领域。

4）汽车与轨道设备制造业发展建议

加大核心技术攻关力度，重点突破新能源汽车、智能网联汽车、高速铁路等关键技术。推动产业结构优化升级，支持新能源汽车、智能网联汽车等新兴领域发展。加快国际化步伐，支持优势企业通过海外并购等方式提升国际影响力。推进绿色低碳发展，鼓励开发节能环保型产品。加强人才培养和引进，完善相关专业人才培养体系。促进产业链协同创新，推动整车/整机制造商与零部件供应商、互联网企业等多方合作。培育新兴应用市场，加快发展智能网联汽车、智能轨道交通等新兴领域。

5）电气设备制造业发展建议

加大核心技术攻关力度，重点突破特高压、智能电网、新能源发电等关键技术。推动产业结构优化升级，支持龙头企业通过并购重组做大做强。加快国际化步伐，支持优势企业通过海外并购、建立研发中心等方式提升国际影响力。推进绿色低碳发展，支持发展智能电网、新能源发电等绿色低碳技术。加强人才培养和引进，完善电气工程专业人才培养体系。促进产业链协同创新，建立产学研用协同创新平台。培育新兴应用市场，加快发展智能电网、能源互联网等新兴领域。

6）仪器仪表设备制造业发展建议

加大核心技术攻关力度，重点突破高端科学仪器、核心传感器等关键技术。推动产业整合，培育3~5家具有全球竞争力的大型企业集团。加强人才培养和引进，完善仪器仪表专业人才培养体系。深化军民融合发展，推动军用仪器仪表技术向民用领域转化。完善标准体系，提升国际话语权。培育新兴应用市场，加快发展智能传感器、工业互联网等新兴领域。

7）其他装备制造业发展建议

加大技术创新投入，支持建筑、家具用金属配件和海洋工程装备领域的技术创新。推动产业升级，引导企业应用智能制造、绿色制造等先进技术。培育龙头企业，鼓励行业整合，培育具有国际竞争力的大型企业集团。完善产业链，加强上下游协同创新，提升产业链整体竞争力。加强人才培养，建立专业人才培养基地。推动绿色发展，鼓励企业开发绿色、节能产品，推广清洁生产技术。

新装备制造业的发展需要政府和企业的共同努力，通过加大研发投入、加强人才培养、完善标准体系、加强国际合作和优化产业结构等多方面的举措，提升技术水平和市场竞争力，推动产业的高质量发展。政府应制定并实施有针对性的政策措施，支持企业的技术创新和发展，推动产业链的协同和优化。企业则应不断提升自身的技术创新能力和市场竞争力，积极参与国际合作和市场竞争，推动产业的健康发展和国际化进程。未来，通过这些综合措施的实施，新装备制造业将能够实现更高质量的发展，提升在国际市场的竞争力和影响力，助力国家经济的可持续发展和产业的升级转型。

3.5 新材料制造业

3.5.1 产业的定义和特点

根据工业和信息化部等四部委2016年印发的《新材料产业发展指南》，新材料是指新出现的具有优异性能或特殊功能的材料，或是传统材料改进后性能明显提高或产生新功能的材料，并将发展的新材料分为先进基础材料、关键战略材料和前沿新材料。新材料可以从结构组成、功能和应用领域等多种角度分类，不同分类之间可能相互交叉和嵌套，从组成上一般可分为金属材料、无机非金属材料、有机高分子材料和先进复合材料四大类，从性能上可分为结构材料和功能材料。国家统计局印发的《战略性新兴产业分类》中，将新材料产业细分为先进钢铁材料、先进有色金属材料、先进石化化工新材料、先进无机非金属材料、高性能纤维及制品和复合材料、前沿新材料、新材料相关服务。在专利密集型产业中，新材料制造业大类包括0401金属材料制造、0402非金属材料制造、0403化学原料及化学制品制造以及0404化学纤维制造四个种类，对应了22个国民经济行业小类，表3-16结合专利密集型产业新材料制造业的分类以及对应的国民经济行业分类中的小类说明，给出新材料制造业各小类涵盖的内容。

表 3-16　新材料制造业涵盖国民经济行业小类

大类	中类	国民经济行业代码（2017）	国民经济行业名称	说明
04 新材料制造业	0401 金属材料制造	3240	有色金属合金制造	指以有色金属为基体，加入一种或几种其他元素所构成的合金生产活动
	0402 非金属材料制造	3051	技术玻璃制品制造	指用于建筑、工业生产的技术玻璃制品的制造
		3073	特种陶瓷制品制造	指专为工业、农业、实验室等领域的各种特定用途和要求，采用特殊生产工艺制造陶瓷制品的生产活动
	0403 化学原料及化学制品制造	2612	无机碱制造	指烧碱、纯碱等生产活动
		2613	无机盐制造	
		2614	有机化学原料制造	
		2619	其他基础化学原料制造	
		2624	复混肥料制造	指经过化学或物理方法加工制成的，含有两种以上作物所需主要营养元素（氮、磷、钾）的化肥的生产活动；包括通用型复混肥料和专用型复混肥料
		2631	化学农药制造	指化学农药原药，以及经过机械粉碎、混合或稀释制成粉状、乳状和水状的化学农药制剂的生产活动
		2632	生物化学农药及微生物农药制造	指由细菌、真菌、病毒和原生动物或基因修饰的微生物等自然产生，以及由植物提取的防治病、虫、草、鼠和其他有害生物的农药制剂生产活动

· 235 ·

续表

大类	中类	国民经济行业代码（2017）	国民经济行业名称	说明
04 新材料制造业	0403 化学原料及化学制品制造	2641	涂料制造	指在天然树脂或合成树脂中加入颜料、溶剂和辅助材料，经加工后制成的覆盖材料的生产活动
		2642	油墨及类似产品制造	指由颜料、联接料（植物油、矿物油、树脂、溶剂）和填充料经过混合、研磨调制而成，用于印刷的有色胶浆状物质，以及用于计算机打印、复印机用墨等生产活动
		2645	染料制造	指有机合成、植物性或动物性色料，以及有机颜料的生产活动
		2651	初级形态塑料及合成树脂制造	也称初级塑料或原状塑料的生产活动，包括通用塑料、工程塑料、功能高分子塑料的制造
		2659	其他合成材料制造	指陶瓷纤维等特种纤维及其增强的复合材料的生产活动；其他专用合成材料的制造
		2661	化学试剂和助剂制造	指各种化学试剂、催化剂及专用助剂的生产活动
		2662	专项化学用品制造	指水处理化学品、造纸化学品、皮革化学品、油脂化学品、油田化学品、生物工程化学品、日化产品专用化学品等产品的生产活动
		2663	林产化学产品制造	指以林产品为原料，经过化学和物理加工方法生产产品的活动，包括木炭、竹炭生产活动
		2669	其他专用化学产品制造	指其他各种用途的专用化学用品的制造
		2682	化妆品制造	指以涂抹、喷洒或者其他类似方法，撒布于人体表面任何部位（皮肤、毛发、指甲、口唇等），以达到清洁、消除不良味、护肤、美容和修饰目的的日用化学工业产品的制造

续表

大类	中类	国民经济行业代码（2017）	国民经济行业名称	说明
04 新材料制造业	0403 化学原料及化学制品制造	2684	香料、香精制造	指具有香气和香味，用于调配香精的物质——香料的生产，以及以多种天然香料和合成香料为主要原料，并与其他辅料一起按合理的配方和工艺调配制得的具有一定香型的复杂混合物，主要用于各类加香产品中的香精的生产活动
	0404 化学纤维制造	2829	其他合成纤维制造	

3.5.2 产业现状分析

自古以来，人类就通过加工天然物质来制造工具和生活用品，这可以视为新材料应用的雏形。真正意义上的新材料制造产业则是在近现代科学技术飞速发展的背景下逐渐形成的，特别是在20世纪中叶以后，随着物理学、化学、材料科学等基础学科的突破，以及工业化进程的加速，新材料制造产业迎来了前所未有的发展机遇。中国的新材料产业起步于1996年，随着"中国制造2025"计划的推进，新材料产业被定位为中国七大战略性新兴产业之一。2016年，工业和信息化部等四部门联合印发了《新材料产业发展指南》，为我国新材料产业发展提供了指引，我国新材料产业创新能力不断提高，产业链不断完善。当前，新兴产业高速发展，诸如航空航天、电子信息、人工智能、医疗器械、汽车制造等产业急需技术革新，对创新材料的需求日益增长，在产业需求的驱动下，新材料研究与开发的投入逐步增加，新材料技术发展将进一步推动产业的发展。

1. 政策环境

（1）国家相关政策

新材料作为国民经济先导性产业和高端制造及国防工业等的关键保障，是各国战略竞争的焦点。国家发展新材料产业的核心目标是：提升新材料的基础支撑能力，实现我国从材料大国到材料强国的转变；具体从关键战略材料、先进基础材料和前沿新材料三个重点方向展开。

作为国务院圈定重点发展的七大战略性新兴产业之一，早在1996年"九五"计划时，新材料就被列入高技术产业化发展的重要远景目标，"十一五"规划正式提出建立和完善新材料创新体系的产业发展战略规划；2012年，工业和信息化部发布了我国首部新材料产业规划——《新材料产业"十二五"规划》，之后国家又陆续出台《中国制造2025》《国家创新驱动发展战略纲要》《"十三五"国家战略性新兴产业发展规划》《新材料产业发展指南》《"十四五"原材料工业发展规划》等系列政策性文件；2022年，党的二十大报告中也再次强调，要加快构建新发展格局，着力推动高质量发展，并提出推动战略性新兴产业融合集群发展，构建包含新材料在内的一批新的增长引擎等一系列现代化产业体系建设目标。表3-17列出了国家新材料制造产业主要相关政策。

表3-17 近年来国家新材料制造产业重要政策

政策名称	发布机关	发布时间	政策要点
《"十三五"国家战略性新兴产业发展规划》	国务院	2016年	1. 新材料 （1）新材料产业提质增效：高强轻合金、高性能纤维、特种合金、先进无机非金属材料、高品质特殊钢、新型显示材料、动力电池材料、绿色印刷材料； （2）特色资源新材料可持续发展：稀土、钨钼、钒钛、锂、石墨等高质化利用； （3）前瞻布局前沿新材料：突破石墨烯产业化，拓展纳米材料应用范围，开发智能材料、仿生材料、超材料、低成本增材制造材料和新型超导材料； （4）建设具有全球竞争力的动力电池产业链电池材料技术突破性发展。 2. 新材料相关服务和标准建立 （1）构建新材料标准体系，推进标准体系国际化进程； （2）建立新材料技术成熟度评价体系，研究建立新材料首批次应用保险补偿机制； （3）组建新材料性能测试评价中心； （4）细化完善新材料产品统计分类

续表

政策名称	发布机关	发布时间	政策要点
《新材料产业发展指南》	工业和信息化部、发展改革委、科技部、财政部	2017年	1. 先进基础材料 先进钢铁材料，先进有色金属材料，先进化工材料，先进建筑材料、先进轻纺材料，优化品种结构，提高质量稳定性和服役寿命，降低生产成本，提高国际竞争力。 2. 关键战略材料 高端装备用特种合金，高性能分离膜材料，高性能纤维及复合材料，稀土功能材料，半导体材料和新型显示材料，新型能源材料、生物医用材料，突破材料及器件的技术关和市场关，实现产业化和规模化应用。 3. 前沿新材料 石墨烯，增材制造材料，形状记忆合金，自修复材料，智能仿生与超材料，液态金属、超导材料，注重原始创新，积极做好知识产权布局，扩大前沿新材料应用领域
《中华人民共和国国民经济和社会发展第十四个五年规划和2035年远景目标纲要》	中共中央	2020年	发展战略性新兴产业。壮大新一代信息技术、生物技术、新能源、新材料、高端装备、新能源汽车、绿色环保以及航空航天、海洋装备等产业
《"十四五"原材料工业发展规划》	工业和信息化部、科技部、自然资源部	2021年	1. 半导体及显示材料、集成电路关键材料、生物基材料、碳基材料、生物医用材料； 2. 零部件用钢、高强铝合金、稀有稀贵金属材料、特种工程塑料、高性能膜材料、纤维新材料、复合材料； 3. 超导材料、智能仿生、增材制造材料； 4. 材料基因工程计划； 5. 新材料首批次应用保险补偿机制

续表

政策名称	发布机关	发布时间	政策要点
《前沿材料产业化重点发展指导目录（第一批）》	工业和信息化部、国务院国资委	2023年	已有相应研究成果，具备工程化产业化基础，有望率先批量产业化的前沿材料共15种：超材料、超导材料、单/双壁碳纳米管、二维半导体材料、负膨胀合金材料、高熵合金、钙钛矿材料、高性能气凝胶隔热材料、金属有机氢化物、金属基单原子合金催化材料、量子点材料、石墨烯、先进光学晶体材料、先进3D打印材料、液态金属
《2024—2025年节能降碳行动方案》	国务院	2024年	1. 非化石能源消费提升：推动分布式新能源开发利用，统筹推进氢能发展； 2. 工艺和生产线节能降碳改造和产能控制：涉及钢铁、化工、有色金属、建材、建筑等行业； 3. 产品结构和类目调整：调整钢铁产品结构、合理布局硅、锂、镁等行业新增产能、严格新增有色金属项目准入、新建多晶硅、锂电池正负极项目能效须达到行业先进水平、大力发展绿色建材、建筑光伏一体化建设

（2）四川省相关政策

先进材料产业是四川省重点发展的六大优势产业之一，四川省结合自身产业基础和发展阶段，相继出台了各项支持政策，助力省市材料产业的快速发展。2021年《中共四川省委关于以发展新质生产力为重要着力点扎实推进高质量发展的决定》指出以创新为主导加快发展新质生产力，实施先进材料重大科技专项。加快有色金属、化工及功能高分子、无机非金属等基础材料升级。2022年1月，四川省人民政府办公厅在《关于加快发展新经济培育壮大新动能的实施意见》中，将重点发展高性能纤维材料等产业发展急需、市场潜力大、产业基础好的关键材料，打造特色优势新材料产业基地作为重要举措，助力抢抓新一轮西部大开发、成渝地区双城经济圈建设和"十四五"规划开局重大战略机遇。2022年，《四川省重点新材料首批次生产应用支持参考目录（2022年版）》发布，指明了先进金属材料、先进化工新材料、无机非金属材料、关键战略材料、新型显示材料、集成电路、其他前沿新材料方向首批次生产应用支持参考目录。2024年，《四川省制造业创新中心建设重点领域（2024版）》印发，指出加强对省级制造业创新中心培育工作的支持，将创新资源进一步向先进材料等领域聚集。

2. 产业链划分

如图3-154所示，新材料产业链主要包括上游原材料，涉及钢铁、有色金属、化学纤维等；中游制造环节，涉及材料合成、加工、改性等相关工艺，按照不同材料类型分为先进基础材料、关键战略材料和前沿新材料；下游具体应用，涉及生产经营的各个方面，如新能源汽车、电子信息、航空航天、医疗器械、建筑化工等领域。

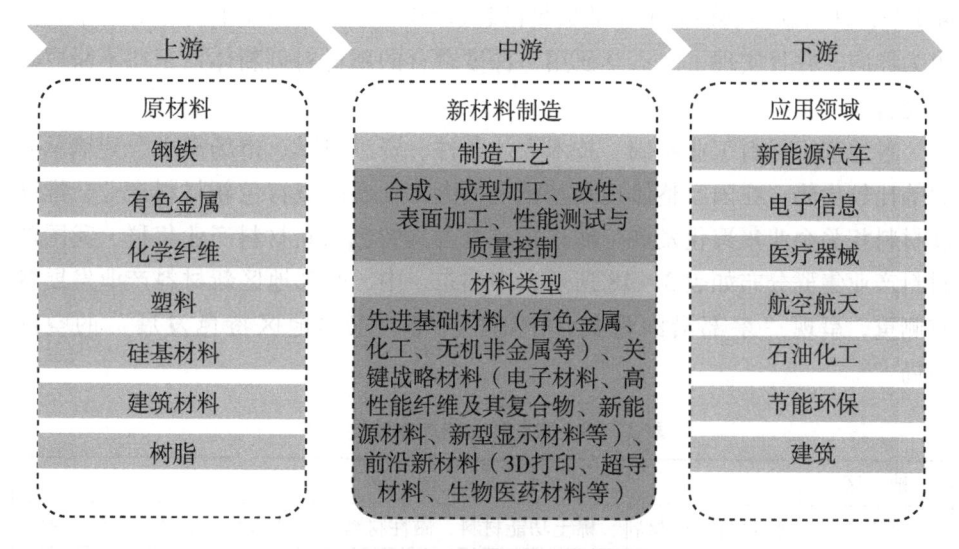

图3-154 新材料制造产业链图谱

上游——原材料：钢铁、有色金属、化学纤维、塑料、硅基材料、建筑材料、树脂

中游——新材料制造：
- 制造工艺：合成、成型加工、改性、表面加工、性能测试与质量控制
- 材料类型：先进基础材料（有色金属、化工、无机非金属等）、关键战略材料（电子材料、高性能纤维及其复合物、新能源材料、新型显示材料等）、前沿新材料（3D打印、超导材料、生物医药材料等）

下游——应用领域：新能源汽车、电子信息、医疗器械、航空航天、石油化工、节能环保、建筑

3. 产业市场规模

近年来，全球新材料产业产值规模保持正增长态势。数据显示，我国新材料产业产值从2011年的0.8万亿元增至2019年的4.5万亿元，2023年总产值达到8.2亿元。根据工业和信息化部的预测，到2025年，新材料产业的产值有望突破10万亿元。"十四五"开局以来，高新技术产业不断壮大，拉动新材料需求增长，新材料持续升级，又拓展更多产业应用，新材料产业正形成需求牵引供给、供给创造需求的更高水平动态平衡[75]。国家知识产权局和国家统计局共同发布的2022年全国专利密集型产业增值数据公告显示，新材料制造业在2022年的增加值增长速度最快，增速为12.8%。

从产业布局的角度来看，我国在新材料领域的产业链已经相当全面，构建了一个全球范围内种类最丰富、规模最大的产业体系，覆盖了包括钢铁、有色金属、稀土资源、水泥、玻璃制品以及化学纤维在内的多个关键行业。在诸如先进储能材料、新能源材料、有机硅材料、超硬材料以及特种不锈钢等特定材料的生产方面,我国在全球市场上占据着领先地位。

就创新方面而言,我国在新材料领域的创新实力正持续提升。目前,国内已经拥有208个材料科学与工程领域的学位授权点,32所高校的材料学科被认定为国家一流学科建设的重点。在新材料行业的技术创新基础设施建设方面,发展速度也在加快,包括新材料行业的技术创新中心、国家级重点实验室、国家工程(技术)研究中心、产业化基地和专业化园区等创新平台,数量已接近400个,从事新材料研发的企业数量已超过6000余家。以企业为主导、市场需求为导向,并且实现了"产学研用"深度融合的新材料创新体系正在不断成熟和完善。

各地基于材料工业基础、技术人才条件、资源禀赋、市场需求、环境承载力等比较优势,在国家整体规划基础上,大力发展区域特色新材料产业,推动新材料相关企业集聚化发展,涌现出一批各具特色的新材料产业集群。我国新材料产业集群分布如表3-18所示,中国东、中、西部地区新材料产业发展各有侧重,呈现"东部沿海聚集,中部、西部、东北地区特色发展"的空间布局[76]。

表3-18 我国新材料产业集群分布

地 区	材 料
京津冀	膜材料、硅材料、稀土功能材料、磁性材料、高技术陶瓷、特种纤维材料
长三角	航天航空材料、电子信息材料、新能源材料、新型化工材料
珠三角	生物医用材料、改性工程材料、先进陶瓷材料、新能源材料
东北地区	高端金属结构材料、先进高分子材料
中部地区	钢铁材料、有色金属材料、化工材料、建筑材料
西部地区	新型轻合金、稀有金属材料、新能源材料

可以看出,我国东部沿海地区新兴产业聚集,形成高端新材料产业基地,这些地区凭借其坚实的经济实力、卓越的科技创新能力和沿海地区的开放合作优势,已经成功构建了成熟的新兴产业集群。而中西部、东北以传统新材料为主导,正在向高端新材料产业迈进,为了提升区域竞争力和整体战略地位,这些地区均已着手布局其他高端新材料产业,并致力于通过积极的产业发展策略,推动高端新材料产业的快速成长。

4. 市场竞争情况

经过长时间的竞争角逐,全球新材料产业供给已经形成了三级梯队,美国、日本和欧洲等发达国家和地区构成了第一梯队,它们在经济实力、核心技术、研发能力和市场占有率等方面拥有显著优势。美国在新材料领域处于全球领先地位，其产业在五大湖区和太平洋沿岸地区表现突出，拥有宣伟、陶氏、杜邦、PPG等领先企业。欧洲新材料产业主要集中在德国、英国和法国等国家，其中德国的巴斯夫公司为全球第一的化工材料企业。日本在电子材料、陶瓷材料和碳纤维等领域占据领先地位，其发展目标是保持产品的国际竞争力，并在尖端领域追赶欧美，拥有东丽、东邦、日立化学等领先企业。第二梯队包括韩国、俄罗斯和中国等国家，该梯队国家的新材料产业正处于快速发展阶段。韩国将材料科技视为确保2025年国家核心竞争力的关键技术之一，其新材料领先企业有三星、LG化学和SK化学等。俄罗斯在航天航空、能源材料和化工新材料等领域具有全球领先优势，其发展目标是保持这些领域的全球领先地位，并推动对国民经济和国防实力有重大影响的新材料的发展。第三梯队则由巴西、印度等国家组成，这些国家正努力追赶新材料产业的发展步伐。

中国在稀土功能材料和玻璃纤维材料领域拥有较为明显的全球领先优势。然而，这些材料主要应用于相对低端的工业领域，而在高端工业所需的新材料方面，中国所占的比重相对较小，这表明中国在新材料产业的高端领域仍有较大的发展空间。

近年来，全球新材料产业龙头企业依托其技术与规模优势，在高技术含量和高附加值的新材料产品市场中保持主导地位，并通过并购、重组等方式不断扩张，在全球产业链中处于主导地位，高端材料全球垄断局面进一步加剧。例如，日本、德国4家企业占据全球90%以上半绝缘砷化镓市场份额。在高性能工程塑料领域，以美国、德国企业为主；特种橡胶领域，日本、美国企业占据较大的市场份额；在碳纤维领域，日本、美国、德国企业占据主要的市场份额；在半导体材料领域，美国、日本和韩国企业占据主导地位。在全球材料化工领域综合实力排名前10位的企业中没有中国企业。此外，高端材料的"卡脖子"问题将严重制约我国产业基础高级化和产业链现代化水平的提升。自2018年以来，美国在半导体、生物医药、基础软件和精密元件等方面对我国高新产业实施多轮技术封锁。在美国的干预下，欧盟、日韩等领先国家和地区也加入对我国高新技术产业的围堵，表3-19是我国部分关键材料进口依赖清单[77]。

表3-19　部分关键材料进口依赖清单

主要领域	进口依赖清单
半导体材料	大尺寸硅材料、大尺寸碳化硅单晶、高饱和度光刻胶、高性能靶材、电子特种气体、湿电子化学品、氮化镓单晶/氮化镓单晶衬底、化学机械抛光（CMP）材料、封装基板、高密度陶瓷材料等

续表

主要领域	进口依赖清单
显示材料	OLED 发光材料、超薄玻璃、高世代线玻璃基板、精细金属掩模板（FMM）、光学膜、柔性 PI 膜、偏光片、高性能水汽阻隔膜、异方性导电胶膜（ACF）、特种光学聚酯膜（PET）、OCA 光学胶、微球、抗指纹涂层（AFC）涂料等
生物医药材料	医用级钛粉与镍钛合金粉、苯乙烯类热塑性弹性体、医用级聚乳酸、磷锌镉晶体、人工晶状体等
新能源材料	硅碳负极材料、电解液添加剂、铝塑膜、质子交换膜、氢燃料电池催化剂、气体扩散层材料等
高性能纤维	高性能碳纤维及其复合材料、高性能对位芳纶纤维及其复合材料、超高分子量聚乙烯纤维、碳纤维等
高端膜材料	海水淡化反渗透膜、陶瓷膜、离子交换膜、中空纤维膜、高导热石墨膜等
先进高分子材料	聚苯硫醚（PPS）、聚砜（PSF）、聚醚醚酮（PEEK）、聚偏氟乙烯（PVDF）、聚甲醛（POM）、有机硅等

5. 技术发展情况

新材料产业发展通常会经历由实验室阶段逐步过渡到可以大规模生产并广泛应用于工业的各个阶段。从全球新材料整体发展情况来看，目前多晶硅材料、稀土荧光材料等新材料技术已经成熟，技术进一步突破空间较小。半导体材料、玻璃纤维等新材料技术相对成熟，OLED 显示材料、锂电池材料、光固化材料、碳纤维等新材料技术近年来不断实现突破，目前处在成长期。生物材料、超导材料、3D 打印材料等新材料技术处在导入期。而自修复材料、记忆合金等新材料技术目前处在概念期。

近年来，我国新材料产业的发展重心还面临以下两个方面的需求导向：

环保绿色升级导向：为了对应全球气候变化问题，落实可持续发展目标，优先推进可持续的新型能源产业发展，例如光伏、氢能、锂电等，既是立足中国能源发展国情、助力能源转型的核心战略，也是应对气候变化、实现"双碳"承诺的主要途径。同时，轻量化材料，如高强度轻质合金、复合材料、纳米材料等，这些材料在提高产品性能的同时，也有助于减少碳排放。

战略性新兴产业发展重要支撑导向：电子信息、人工智能、低空经济、新能源汽车、生物医疗等这类新兴技术的发展壮大离不开高端新材料产业的支撑。因此，强化新兴产业急需新材料的战略定位，如电子信息材料、3D 打印材料、轻量化纤维及复合材料、新能源材料等，有助于从源头提升我国高端新材料应用规模以及为新兴产业参与国际竞争保驾护航。

为加快前沿材料产业化创新发展,引导形成发展合力,工业和信息化部、国务院国资委聚焦已有相应研究成果,且具备工程化产业化基础,有望率先批量产业化的前沿材料,组织编制了《前沿材料产业化重点发展指导目录(第一批)》,发布了第一批15个重点发展的前沿材料,包括超材料、超导材料、单/双壁碳纳米管、二维半导体材料等,这些材料能广泛应用于新一代信息技术、航空航天、医疗装备、新能源汽车、核工程、智能机器人、精密光学、节能环保等多个领域,是新质生产力发展必不可少的重点方向。

6. 四川省新材料制造产业基础

先进材料产业是四川省重点发展的六大重点产业之一,2022年,四川省先进材料产业营收超8500亿元,计划在2025年实现万亿元产值的目标。整体来看,四川省全面布局新材料产业,对于其传统优势材料,进行强化和战略升级,同时进一步布局了电子信息、生物医用材料、新能源等关键战略材料和前沿新材料,以实现先进基础材料的转型升级、稳步发展关键战略型材料、突破发展前沿新材料,而在各地差异性发展特色产业基础上,不排斥某些区域产业发展方向重叠和竞争,鼓励跨区域的产业竞争和协同发展,带动整体高质发展。

目前四川省以成都、绵阳、德阳、眉山、攀枝花等地开发区为重点,已建成材料领域国家级创新平台25家、省级创新平台63家,全省共80多个园区将先进材料作为主导产业,大力发展锂电材料、晶硅光伏材料、先进钒钛钢铁材料、高性能纤维、稀土功能材料及铝基材料等产业[78]。

(1) 锂电产业规模全国领先

四川省锂资源禀赋在全国具有优势,锂储量占全国锂储量的29%以上。四川省目前已基本形成"锂矿资源开发利用、锂电池材料生产、锂电池生产、锂电池回收利用"全生命周期产业链生态圈。聚集了盛新锂能、川能动力、华鼎国联、天齐锂业等锂电行业优秀企业,同时全国龙头企业宁德时代、中创新航、蜂巢能源、亿纬锂能、欣旺达等大规模锂离子电池项目相继落地。目前四川内形成了以宜宾、遂宁、成都、眉山、德阳等为主要集聚区的锂电产业集群。四川省委提出支持建设宜宾"动力电池之都",遂宁加快建设"锂电之都",未来四川省锂电产业规模将进一步扩大。

(2) 钒钛产业优势明显

四川省钒钛产业优势明显,攀西地区钒钛磁铁矿资源丰富,以攀钢集团、龙蟒佰利联集团等龙头企业为主导,建立了从钒钛磁铁矿到钒氧化物、钒铁、钒氮合金、钒铝合金的全系列钒制品产业链。

（3）高性能纤维战略布局

依托于成都高性能纤维材料产业功能区，聚焦高性能纤维及复合材料，聚集了以四川省高性能高分子研究中心为代表的高性能纤维研发创新机构，以及台嘉玻纤、丽雅纤维、玉龙化工等为代表的高性能纤维材料龙头企业。

整体上，四川省内全面布局新材料产业，对于其传统优势材料，进行强化和战略升级，同时进一步布局了关键战略材料和前沿新材料，以图实现先进基础材料的转型升级、稳步发展关键战略型材料、突破发展前沿新材料。

7. 四川省新材料制造业整体专利分析

图3-155展示了近10年四川省新材料制造业专利数据变化情况。四川省专利申请总体上呈上升趋势，尤其是2016—2017年增速最快，2019年专利申请量略有回落，但后续依然保持了增长的趋势。为了贯彻实施制造强国战略，2016年12月国务院办公厅发布了关于成立国家新材料产业发展领导小组的通知，致力于加快推进新材料产业发展。这一系列举措促进了我国制造业的蓬勃发展，从专利申请态势看，2015年以后四川省新材料产业专利申请明显进入增长期，直到2017年达到最高值。2018年7月开始，中美贸易战拉开序幕，此后，叠加英国脱欧、新冠疫情等国际政治、经济因素影响，制造业增长放缓，四川省新材料相关专利申请量也受到影响，2019年申请量达到最低值。2022年，四川省发布了《四川省重点新材料首批次应用示范指导目录（2022年版）》，指明了先进金属材料、先进化工新材料、无机非金属材料、关键战略材料、新型显示材料、集成电路、其他前沿新材料方向首批次应用示范指导目录。2024年，印发了《四川省制造业创新中心建设重点领域（2024版）》，指出加强对省级制造业创新中心培育工作的支持，将创新资源进一步向先进材料等领域聚集，因此，四川省总体专利申请又进入快速增长期。

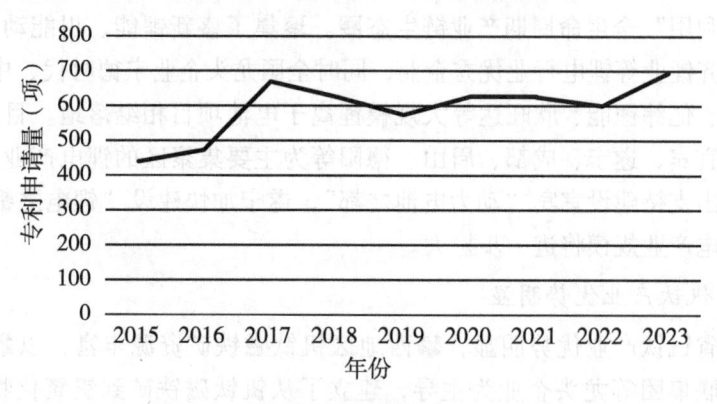

图3-155 四川省新材料制造业专利申请趋势

图 3-156 展示了四川省新材料制造业部分重点技术小类或分支的专利申请分布，从图中可以看出，四川省在有色金属合金制造方向占据突出优势，四川省作为全国知名的矿产资源大省，有色金属矿产品种齐全，储量丰富，钛矿、钒矿居全国第一，锂矿居全国第二，铍矿、铂族贵金属、轻稀土矿、镁矿、镉矿等也居全国前五，丰富的矿产资源使四川省在有色金属产业的发展上具有得天独厚的优势，在钒钛有色金属产业造就了诸如攀枝花钒钛产业园、西昌钒钛产业园为核心的钒钛产业集群，聚集了相关企业百余家，锂矿产业也形成了以甘孜州、阿坝州为代表的产业基地。按照《攀枝花市"十四五"工业发展规划》，到 2025 年钒钛磁铁矿资源综合利用水平大幅提升，基本建成世界级钒钛产业基地，钛白粉、海绵钛及钛锭、钛材和钒制品产能分别达到 100 万吨、10 万吨、1 万吨和 6 万吨，工业总产值达到 2600 亿元。

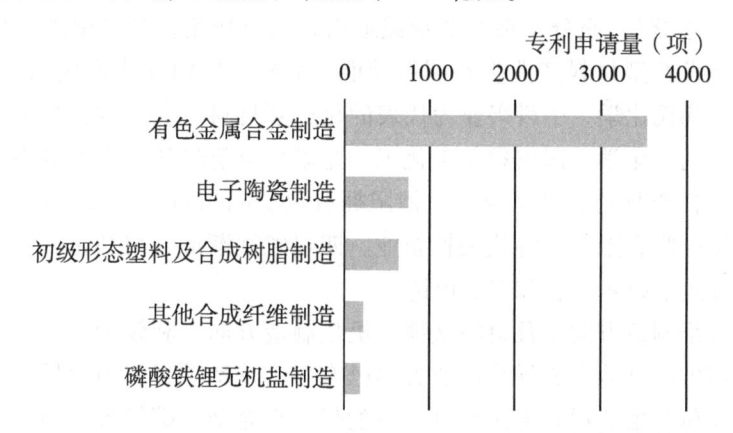

图 3-156　四川省新材料制造业部分重点小类或分支专利分布情况

除有色金属合金制造方向外，其他分支领域的申请量均低于 1000 项，其中较为靠前的是电子陶瓷制造，电子陶瓷是四川省重点发展的产业之一，是推动四川省电子信息产业发展的先导性基础产业。近年来随着半导体产业、5G、智能汽车、智能家电、物联网等多个领域的快速发展，电子陶瓷需求不断增长，四川省电子陶瓷制造方向也正在转型升级。《四川省重点新材料首批次应用示范指导目录（2022 年版）》中明确将氧化铍陶瓷粉体、氮化铝陶瓷粉体及基板、DBC 基板（覆铜陶瓷基板）等纳入其中，《四川省制造业创新中心建设重点领域（2024 版）》指出，将围绕电子信息产业多层（积层，叠层）片式陶瓷电容器（MLCC）、低温共烧陶瓷（LTCC）、高温共烧陶瓷（HTCC）等高性能陶瓷材料、电子浆料及元器件整体需求，重点突破铜基反铁电 MLCC 材料的研制与应用技术、介电常数 6 至 10 系列化 LTCC 材料的研制与应用技术、HTCC 集成电路封装外壳材料的研制及应用技术、高质量 LTCC/HTCC 电子浆料以及厚膜混合集成电路用电子浆料配方设计及制备技术等关键技术，解决我国高性能电子材料及核心元器件多项"卡脖子"及国产替代问题，整体技术水平达到国内领先、国际先进水平，政策的扶持不断助力四川省电子产业的快速发展。

初级形态塑料及合成树脂方向紧随其后，近几年，四川省化学原料和化学制品制造业的工业增加值稳定增长，据统计，2020—2023年，全省化学原料和化学制品制造业依次增长4.5%、8.3%、12.0%、13.4%。全省存续、在业的合成树脂与塑料产业相关企业共43189家，其中有专利信息的企业共计1841家，高新技术企业613家。成都具有金发科技新材料有限公司、成都晨光博达新材料股份有限公司等代表性企业，成都彭州市还建成了成都市唯一的省级化工园区——成都新材料产业化工园区，积极布局高附加值的石化下游产业，聚力发展工程塑料、功能高分子材料、精细及专用化学品等细分领域，做强新型材料产业"极核"，充分发挥主要承载地引领示范作用，打造中国有机新材高地，催化激发新型材料产业生态圈新动能。另外，眉山逐步形成以万华化学、金象赛瑞、陶氏化学、中科兴业为代表的化工新材料产业集群。绵阳拥有以四川省东材、利尔化学、四川省美丰化工、龙华相位新材料、绵阳富临精工等为代表的新材料产业龙头骨干企业。德阳拥有包括四川省汉江新材料有限公司、四川省金路树脂有限公司等代表性企业。四川省逐渐形成精细化工、新材料产业集群，促进了技术创新和专利申请。

其他纤维制造方向以及磷酸铁锂无机盐制造方向专利较少，但其未来前景较好。四川省在其他合成纤维产业方面已有多个落地项目，中蓝晨光、四川省辉腾科技股份有限公司是芳纶纤维产业的代表性企业。碳纤维方面，四川省内最大的碳纤维生产基地是位于乐山市夹江县经济开发区（省级开发区）的碳纤维应用产业园项目，产业园内已建成以四川省新万兴碳纤维复合材料有限公司为龙头的西部规模最大高性能复合材料生产基地。此外，四川省还拥有雅安市雨城区的吾一碳纤维产业园，该产业园与上海大学绍兴研究院科学家团队平台企业合作，在碳纤维预制体复合工艺及其关键装备项目等方面取得显著成果。PBO纤维产业方面，四川省具有成都新晨新材科技有限公司、中蓝晨光代表性企业，深圳市新纶科技股份有限公司投资建设的30亿PBO高性能纤维项目于2016年在四川省新津区开工，新纶科技还有意在天府新区成都直管区设立区域总部及与四川大学合作建立高分子材料研究院，推动产研结合。四川省科学技术厅2022年印发《四川省"十四五"高新技术产业发展规划（2021—2025年）》，其中将碳纤维作为先进材料中的关键战略材料，并要发展其在航空航天和重大装备制造等高端产业中的应用关键技术，可以预见碳纤维将是其他纤维制造发展的重点方向，专利申请量有望出现快速增长。

对于磷酸铁锂无机盐方向，在新能源领域，无机盐材料如磷酸铁锂已经成为电池材料的重要组成部分，对于推动新能源汽车等产业的快速发展起到了关键作用。近年来，随着新能源汽车、太阳能等产业的不断发展壮大，对于高性能、高安全性的无机盐材料的需求将不断增加。四川省作为全国领先的锂电产业基地，锂系列产品综合产能居全国第一，锂矿资源储量全国第一。四川省是磷酸铁锂产能集中度最大的地区。2022 年 3 月，四川省人民政府办公厅印发《"电动四川"行动计划（2022—2025 年）》，提出加快发展锂电材料产业。支持行业龙头企业与甘孜州、阿坝州等资源地深化合作，坚持生态环境保护优先，有序、高效、清洁开发锂矿资源，促进优势资源尽快转化形成实际产能。支持市（州）锂电产业发展，推动相关市（州）共建"锂资源精深加工园区"，促进锂电材料全产业链协同发展，增强对动力电池产业发展的支撑能力。2023 年 9 月，四川省经济和信息化厅等 7 部门联合印发了《促进锂电产业高质量发展的实施意见》，立足将四川省锂资源优势充分转化为发展优势、经济优势，巩固提升四川省锂电产业在全国的领先地位。到 2027 年，构建形成"锂资源开发—锂电材料—电池制造—系统集成—终端应用—废旧电池梯级开发及综合回收利用"的全生命周期产业集群和生态体系，全产业链产值规模超过 8000 亿元，建成世界级锂电产业基地，实现"四川省锂电"供全国销全球。可见，该领域展现出非常好的前景，拥有良好的增长空间。

图 3-157 为四川省新材料制造业专利申请地市排名，可以看出，四川省新材料形成了以成都为核心，攀枝花、绵阳、眉山、德阳、乐山等多维分布的态势，成都聚集了高校、科研机构以及各企业，占据明显优势。成都市专利申请量最大，在有色金属制造方向申请量较大，主要来源于攀钢集团，另外，四川大学以及其他科研院所、其他企业也分布在该领域。攀枝花市专利申请量排第二，其中大部分涉及有色金属制造，四川省钒钛产业主要分布在以攀枝花为主的攀西地区，目前已建成世界第一钒制品生产基地、全国最大钛精矿生产基地、全国最大含钒钛钢铁生产基地，攀钢集团拥有国内唯一的全流程钛产业基地和全国最完善的钒钛资源开发体系。

绵阳拥有绵阳经济技术开发区、绵阳高新技术产业开发区等国家级产业园区，在新材料产业的研发、生产等环节实力雄厚，目前已形成 800 亿级的先进材料产业集群。眉山市形成了以四川省启明星等两家铝冶炼企业为龙头的铝及铝合金产业链，其所属行业企业数量占产业整体企业总量接近一半，眉山还有一批正在建设和即将引进落地的重大项目，例如亚洲铝业西南产业基地、万华化学年产 25 万吨高性能改性树脂，位于德阳罗江的经济开发区以先进材料为主导产业，全力推进前沿先进材料企业集群发展。值得注意的是凉山彝族自治州

（简称凉山州）也进入前10位，主要是由于该地区拥有以西昌钒钛产业园为核心的钒钛产业集群，在钒钛有色金属制造方面具有一定基础。

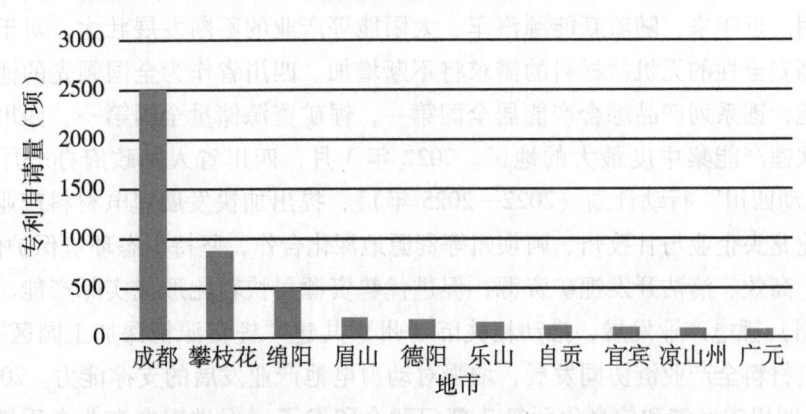

图 3-157　四川省新材料制造业专利申请地市排名

3.5.3　金属材料制造产业分析

金属材料制造是新材料制造业中的一个中类，其仅包含有色金属合金制造这一小类，本节重点针对有色金属合金制造产业进行分析。

1. 产业整体情况

有色金属合金是制造业最重要的基础材料之一，是实现制造强国的重要保障。有色金属合金制造产业属于典型的资源密集型产业，四川省是国内知名矿产大省，主要有色金属矿产资源种类如图 3-158 所示。

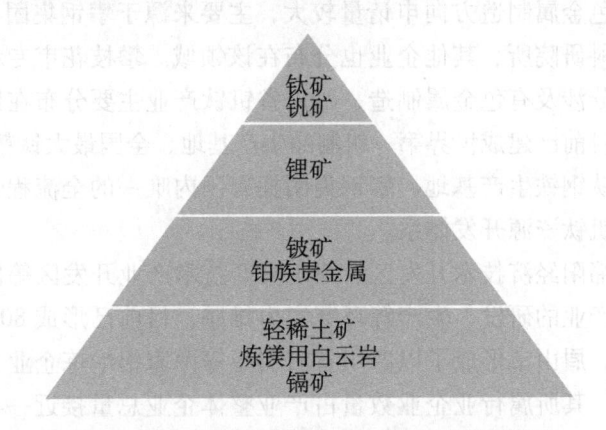

图 3-158　四川省主要有色金属矿产资源种类

有色金属产业大致可分采矿、冶炼以及加工三个环节。国家统计局数据如

图 3-159 所示，2023 年我国有色金属产业中冶炼企业利润占比最大，利润增长率与产业整体相当，加工企业的利润增长率最高，矿产销售企业利润增长率最低，这表明高端加工制造才能带来高额回报。

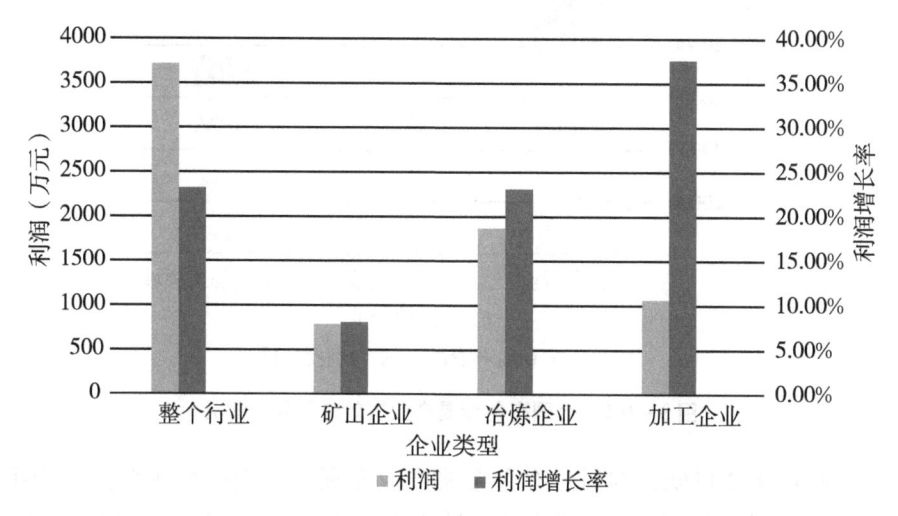

图 3-159　2023 年有色金属产业利润及增长率分布情况

2. 产业专利技术情况

由图 3-160 可知，我国有色金属产业近几年专利申请量呈明显递增态势，反映出该产业技术产出增多、专利保护意识增强。结合图 3-161 可知，该产业无论是专利申请量还是授权量，产品及加工领域均高于冶金领域，这反映出该产业中技术起点高、收益多的产品制备和加工领域研发热情更高，新技术产出更多。

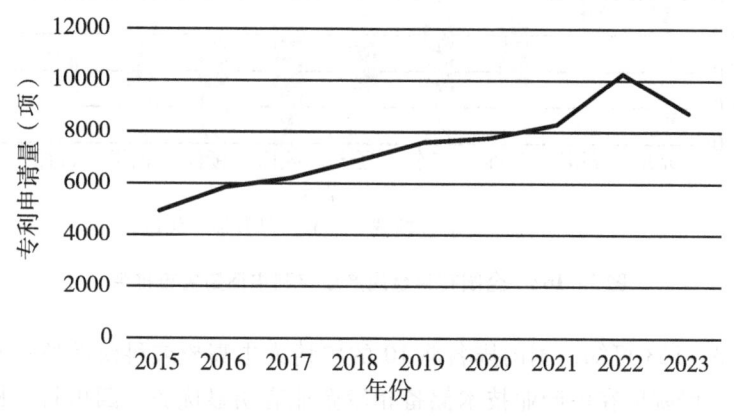

图 3-160　全国有色金属产业专利申请趋势

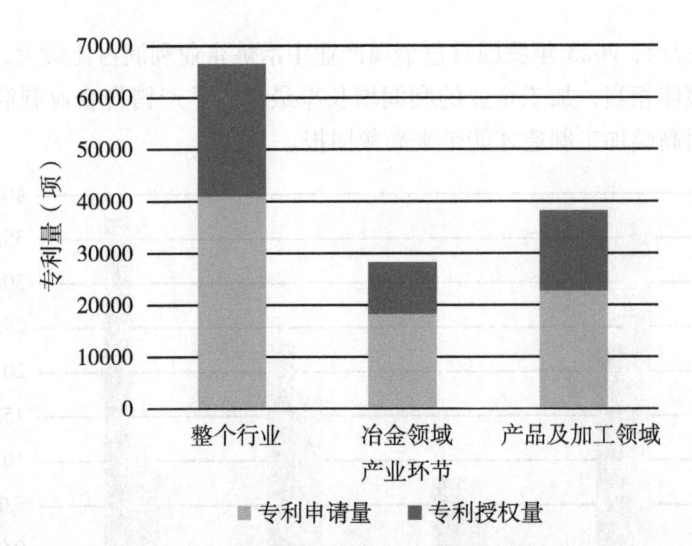

图 3-161　全国有色金属产业有效专利分布情况

由图 3-162 可知，四川省有色金属产业专利申请量排名在全国位于第 8 位，占全国总量的 4.3%。除湖南外，排在前 7 位的省市在产品及加工领域的专利申请量明显高于冶金领域，尤其是陕西、浙江、江苏。而四川、江西和云南等省专利申请量稍稍落后，而且更多专利集中在冶金领域，在产品及加工等高技术含量、高收益的领域占比较低。

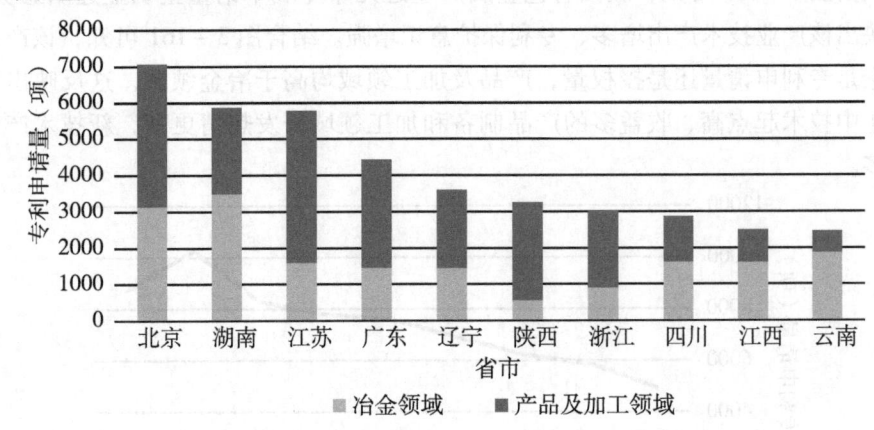

图 3-162　全国有色金属产业专利申请量省市排名

由图 3-163 可知，国内排名前 10 的申请人中高校或科研院所占 9 席，说明高校或科研院所在该产业技术储备相较企业有明显优势。四川省上榜申请人仅攀钢集团及下属公司，排名第 5，专利量 948 项。结合图 3-164 所示的四川省主要申请人可以看出，除攀钢集团及下属公司外，四川省主要申请人也是高校、科研院所。此外，结合攀钢集团的产品种类可知，目前四川省钒钛产业技术优势明显，其他有色合金产业技术优势并不明显。

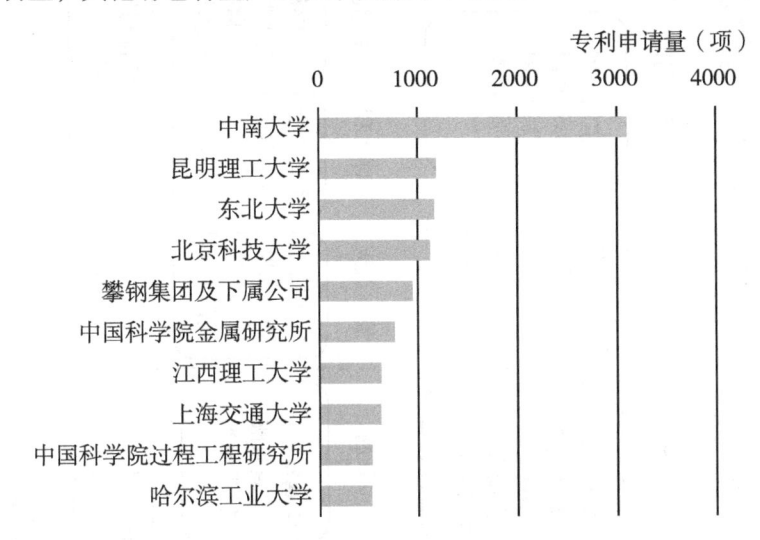

图3-163 全国有色金属产业重要专利申请人

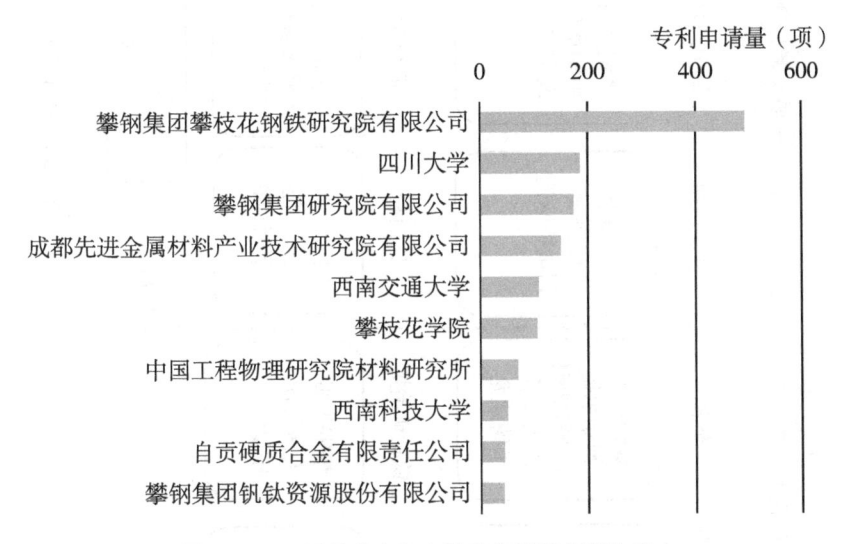

图3-164 四川省有色金属产业重要专利申请人

3. 优势产业分析

目前在金属材料制造产业中，四川省的钒钛产业技术优势明显，进一步对四川省的钒钛优势产业进行分析，由图3-165所示的四川省钒钛产业链图谱可知，四川省在钒钛产业链的上、中、下游都有企业分布，但大多集中在上游和

· 253 ·

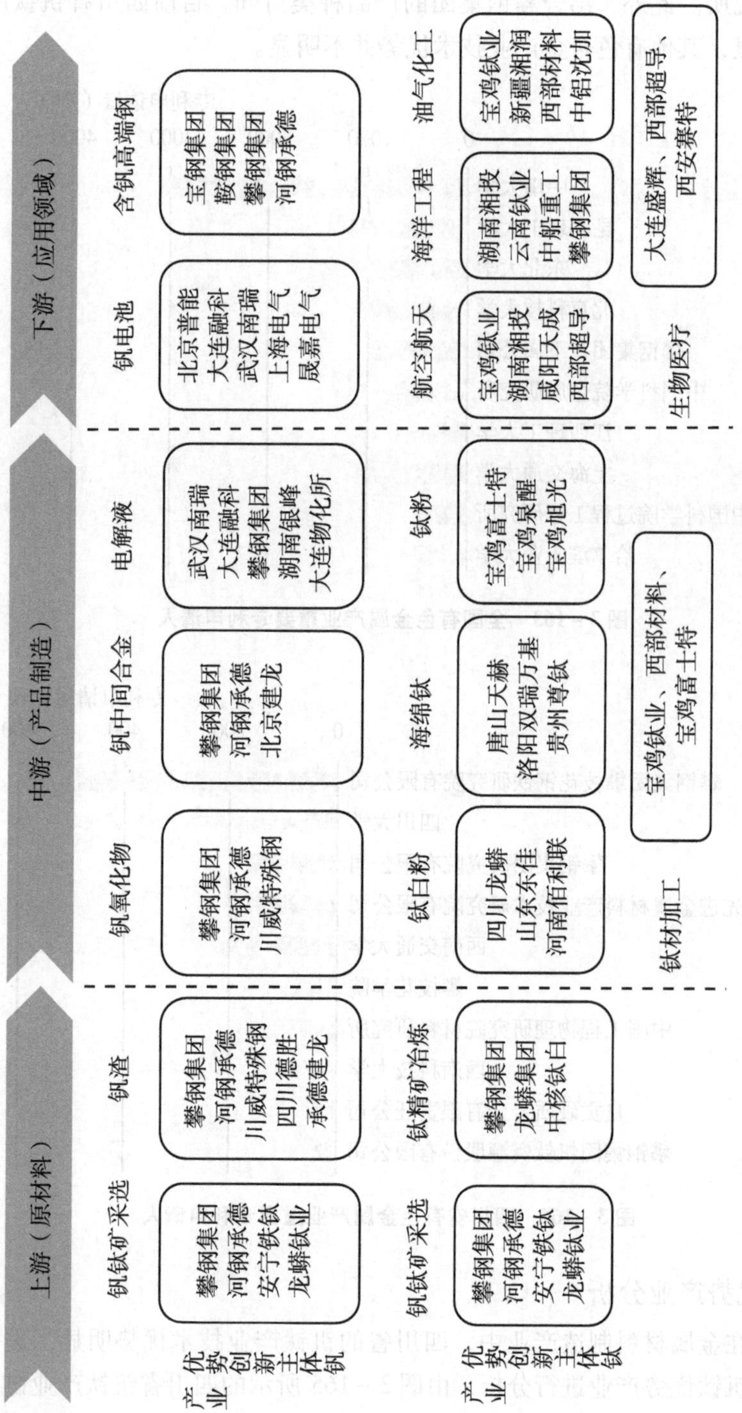

四川省专利密集型产业研究

上游（原材料）

产业优势创新主体 钒：
- 钒钛矿采选：攀钢集团、河钢承德、安宁铁钛、龙蟒铁钛钛业
- 钒渣：攀钢集团、河钢承德、川威特殊钢、四川德胜、承德建龙

产业优势创新主体 钛：
- 钒钛矿采选：攀钢集团、河钢承德、安宁铁钛、龙蟒铁钛钛业
- 钛精矿冶炼：攀钢集团、龙蟒集团、中核钛白

中游（产品制造）

- 钒氧化物：攀钢集团、河钢承德、川威特殊钢
- 钒中间合金：攀钢集团、河钢承德、北京建龙
- 电解液：武汉南瑞、大连融科、攀钢集团银峰、湖南银峰、大连物化所

- 钛白粉：四川龙蟒、山东东佳、河南佰利联
- 海绵钛：唐山天赫、洛阳双瑞万基、贵州遵钛
- 钛粉：宝鸡富士特、宝鸡泉醒、宝鸡旭光

钛材加工：宝鸡钛业、西部材料、宝鸡富士特

下游（应用领域）

- 钒电池：北京普能、大连融科、武汉南瑞、上海电气、成嘉电气
- 含钒高端钢：宝钢集团、鞍钢集团、攀钢集团、河钢承德

- 航空航天：宝鸡钛业、湖南湘投、咸阳天成、西部超导
- 海洋工程：湖南湘投、云南钛业、中船重工、攀钢集团
- 油气化工：宝鸡钛业、新疆湘润、西部材料、中信沈加

生物医疗：大连盛辉、西部超导、西安赛特

图3-165 四川省钒钛产业链图谱

· 254 ·

中游，下游企业也主要是将钒钛作为原料用于高端钢铁生产，钒钛本身作为高端产品以及在其他高端的应用中占比不高。

(1) 产业链上游

四川省钒产业上游主要涉及钒钛磁铁矿，通过采选矿得到钒铁铁精矿和钒渣，钛产业上游主要涉及采选矿得到钛精矿和四氯化钛。

四川省攀西地区钒钛磁铁矿储量居全国第一，钛资源占全国90.5%，钒资源占全国52%。但攀西地区钛磁铁矿伴生元素多，开采难度大，攀钢集团、安宁股份等企业在钒钛磁铁矿采选有所突破，但省内富钛高炉渣的提取利用技术不足，资源利用率不高，钛综合利用率仅29%左右。此外，攀西地区原煤使用占比高，而对于碳排放量低的氢冶金技术储备不足。

(2) 产业链中游

钒钛产业中游产品主要有钛白粉、海绵钛、氧化钒、钒中间合金和钒电解液等。四川省钛白粉、工业级氧化钒、钒氮合金产量居全国第一，海绵钛产量居全国第二。钒氮合金生产技术国际领先，但选用硫酸法制备钛白粉以及萃取法制备高纯氧化钒相较于更先进的氯化法和梯级离子置换工艺而言存在多种不足。海绵钛品级可满足超软海绵钛和航空航天钛材的小粒度海绵钛，但要求更高的航空发动机转子级海绵钛技术掌握明显不足。四川省对于钒电解液领域具备一定技术积累，但对于航空航天用高纯度钒铝中间合金技术储备不足，攀钢的产量也仅占全国市场的1%。

(3) 产业链下游

钒钛产业下游产品主要涉及航空航天、海洋工程、油气化工、生物医药等的高附加值钛材、钒材和钢材等。四川省航空航天、军工、汽车、知名医药企业等对于高端钛材需求高的企业和单位较多。虽然四川省目前初步具备钛产品全产业链的生产条件，但还无法满足区域内高端钛产品的需求。同时，四川省钒资源用于钢材生产的占比为96%，其他高附加值领域应用尚处于起步探索阶段。

3.5.4 非金属材料制造产业分析

非金属材料制造包含技术玻璃制品制造和特种陶瓷制品制造两个小类。其中，根据四川省经济和信息化厅《四川省重点新材料首批次应用示范指导目录（2022年版）》和《四川省制造业创新中心建设重点领域（2024版）》，特种陶瓷是四川省非金属材料制造产业中的重点发展方向。其中电子陶瓷是先进陶瓷中技术发展最为成熟的领域，占先进陶瓷市场半壁江山，我国特种陶瓷主要以电子陶瓷发展为主，本节主要针对四川省的电子陶瓷产业进行分析。

1. 产业整体情况

电子陶瓷产业链覆盖范围广泛，如图3-166所示，涉及上游粉体等原料和生产设备、中游陶瓷基片基板等、下游具体应用三个环节。电子陶瓷产业链的上游主要包括原材料的供应商及生产设备的供应商；电子陶瓷产业链的中游是电子陶瓷产品，主要包括陶瓷基片、陶瓷基板、MLCC陶瓷、微波介质陶瓷以及压电陶瓷，电子陶瓷产业链的下游主要是电子元器件的终端企业。整个产业链有如下特点：

（1）上游瓷粉集中度高，日本、德国、美国、韩国占据优势，国内电子陶瓷粉料进口依赖度高

制备陶瓷基板的陶瓷粉体方面，整体上看，日本、德国、美国、韩国占据优势，对于细分领域，氧化铝粉体已经实现国产替代，国内公司与国外公司差距较小，天马新材等企业可批量出货，但高纯氧化铝粉体仍需要依赖进口。国内虽有部分厂商具备氮化铝和氮化硅粉体的商业化生产能力，但产能普遍较小，且多为自用不对外出售，进口依赖度高，日本德山在氮化铝粉体方面一家独大，占据全球75%市场。国内厦门钜瓷科技、艾森达（宁夏）、中铝山东、福建臻璟、宁夏时星、海古德极布局氮化铝粉体产业，厦门钜瓷科技生产出了性能优异的氮化铝粉体，处于国内领先水平，而对于氮化硅粉体，日本UBE、电气化学走在前列，日本UBE占据全球领先优势，其是全球唯一掌握硅亚胺热解法商业化生产氮化硅粉体的企业，能够生产高质量氮化硅粉体，市场份额占比高。国内青岛瓷兴、河北高富是生产氮化硅粉体的代表性企业。国内主要采用成本较低的高温自蔓延法，虽有部分厂商具备氮化硅的商业化生产能力，但粉体质量和稳定性无法媲美国际顶尖水平。MLCC钛酸钡陶瓷粉体方面，超过75%的瓷粉由日商供应，2018年全球外销陶瓷粉体前7大厂商有5家来自日本。国瓷材料是国内首家、全球第二家成功运用水热工艺批量生产纳米钛酸钡粉体的厂家，也是中国大陆规模最大的批量生产并外销瓷粉的厂家，市占率为10%。国内厂商比如风华高科正加快建设国家重点实验室，BT01瓷粉性能达到国际先进水平。

（2）中游中国台湾地区领跑DPC，DBC、AMB、LTCC/HTCC日本、德国、美国、韩国占据优势

目前我国台湾地区对DPC核心技术处于垄断地位，全球产品市场占有率为

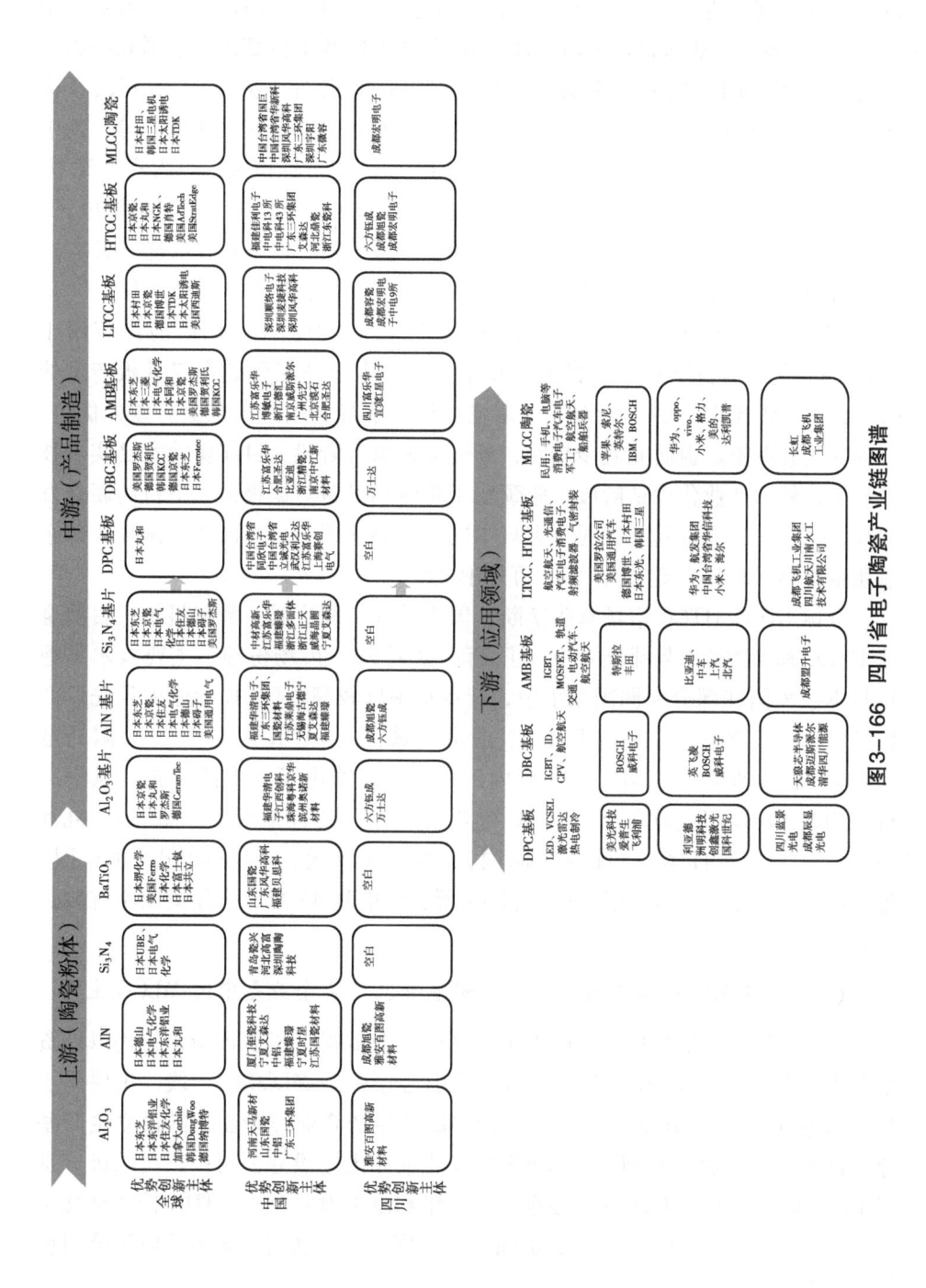

第 3 章 四川省专利密集型产业发展研究分析

图3-166 四川省电子陶瓷产业链图谱

80%，主要企业包括同欣电子（中国台湾地区）、立诚光电（中国台湾地区），除此之外，利之达（武汉）、富乐华、赛创电气（上海）、浙江精瓷、博敏电子（广东）等多家企业深耕该领域。而 DBC 全球市场基本由德国、中国和韩国厂商主导，全球 DBC 陶瓷基板头部厂商主要包括罗杰斯（美国）、贺利氏（德国）、KCC（韩国）、京瓷（日本）、东芝（日本）、Ferrotec（日本）等，其中美国罗杰斯和韩国 KCC 两家占据全世界超出 70% 的市场份额，国内在 DBC 方向加速布局，富乐华、合肥圣达、比亚迪、南京中江新材料、福建华清电子、四川省万士达在该领域进行布局。AMB 陶瓷基板的核心生产商有东芝（日本）、三菱（日本）、电气化学（日本）、同和（日本）、京瓷（日本）和日立（日本）、罗杰斯（美国）、贺利氏（德国）、KCC（韩国），全球最前沿应用于 AMB 的氮化硅陶瓷基板市场目前由日本主导，占全球氮化硅陶瓷基板产量的 60%，美国占比 15% 以上，东芝和京瓷在材料系统和生产工艺上有领先优势。国内氮化硅陶瓷基板研究起步较晚，处于加速追赶阶段，目前实验室已实现技术突破，处于产业化中试阶段，瓶颈在于粉体和设备。据报道，中材高新开发的高导热氮化硅陶瓷基板性能达到日本同类产品水平，产品已通过国际头部企业质量检测，2023 年建成年产 70 万片中试线。

全球 LTCC/HTCC 市场寡头垄断，国产替代空间广阔。数据显示，目前全球 HTCC 和 LTCC 市场排名前 9 的厂商占据近 90% 市场份额，主要技术掌握在日本、美国和部分欧洲国家手中，产业集中度较高。LTCC 行业内领先厂商包括村田（日本）、京瓷（日本）、博世（德国）、TDK（日本）、太阳诱电（日本）和西迪斯（美国）等。国内厂商中，顺络电子、麦捷科技、风华高科等均在 LTCC 产业有布局。HTCC 行业内领先厂商包括京瓷（日本）、丸和（日本）、NGK（日本）、肖特（德国）、AdTech（美国）、StratEdge（美国）等。国内厂商中，佳利电子、中电科 13 所、中电科 43 所、三环集团具有较强实力。

(3) 中游 MLCC 陶瓷日韩厂商优势显著，外资企业是中国 MLCC 主力

经过近四十年的发展，中国本土 MLCC 产业取得了显著进步，但仍以外资企业为主力。20 世纪 80 年代，我国开始引进第一条 MLCC 生产线，主要用于生产彩色电视机用 MLCC。国外著名的 MLCC 生产企业纷纷在我国设立生产基地。日本村田分别于 1994 年和 1995 年在北京和无锡设立公司；三星电机分别于 1992 年、1993 年和 2009 年在东莞、天津和昆山设立公司；TDK 株式会社于 1995 年在厦门设立公司。此外，美国基美、国巨、华新科、太阳诱电等公司也纷纷在中国内地设厂。

整体上，日韩厂商MLCC产品类型丰富，在技术和规模上均占据绝对优势。MLCC主要厂家有村田（日本）、三星电机（韩国）、太阳诱电（日本）、TDK（日本）等。中国厂商主要包括国巨（中国台湾地区）、华新科（中国台湾地区）、风华高科（广东）、三环集团（广东）、深圳宇阳、广东微容，其中，风华高科、三环集团、广东微容、深圳宇阳为代表性内资企业。根据ECIA数据，2019年全球前9大MLCC厂商中，有3家为日系厂商，合计市占率超过53%；中国台湾双雄国巨、华新科合计市占率约7.6%；大陆代表企业宇阳、风华高科、三环集团合计市占率为7.5%。

（4）四川省具有良好的发展基础，正积极布局AMB基板重方向，Si_3N_4基片方向布局有待加强

经过多年的发展，四川省涌现出一批在全国具有竞争力的企业，例如宜宾红星电子率先攻克了氧化铍陶瓷配方、制备、烧成技术，氧化铍陶瓷金属化技术等关键技术和工艺问题，雅安百图高新材料球形氧化铝领域的全球市场占有率约为15%，出货量全国第一，全球第二，六方钰成公司研发了996氧化铝陶瓷基板和99HTCC多层布线基板两款产品，是全国为数不多可量产的企业。成都宏明电子股份有限公司（国营第七一五厂）是具有60多年从事电子元器件科研生产历史的单位，在军工MLCC领域，成都宏明与鸿远电子和火炬电子三分天下。

另外，四川省基于良好的营商环境、产业基础、激励措施，吸引了大量投资，例如2022年潮州三环（集团）股份有限公司在成都投资设立全资子公司成都三环科技有限公司，将在成都金牛区投资建设成都研究院和新产品新材料研发制造项目，打造集科技研发、高端制造、技术支持、培训展示等于一体的研发中心和人才中心，成为三环集团在西南地区的电子元件研发智造产业新高地。2023年7月，四川省富乐华功率半导体陶瓷基板项目在内江经开区竣工投产，建成中国内陆规模最大的功率半导体陶瓷基板生产基地，填补了国内高端功率半导体陶瓷基板技术空白。

2. 产业专利技术情况

图3-167展示了四川省电子陶瓷产业专利申请趋势，四川省涉及电子陶瓷的专利共计750项，从图中可以看出，2021年前申请量处于比较稳定的态势，2021年后，尤其是2022年后，专利申请量急速增加。分析其原因，一方面源于政策的激励作用，2021年四川省持续出台了相关政策，大力支持电子陶瓷的发展。另一方面源于市场需求的增加，近年来，新能源与电动车爆发式增长，智能手机升级换代加快，下游应用刺激MLCC、IGBT陶瓷基板相关产品的市场规

模逐渐扩大，企业研发积极性和创新力度增大。此外，更多的企业在川布局，企业知识产权保护意识不断增强。

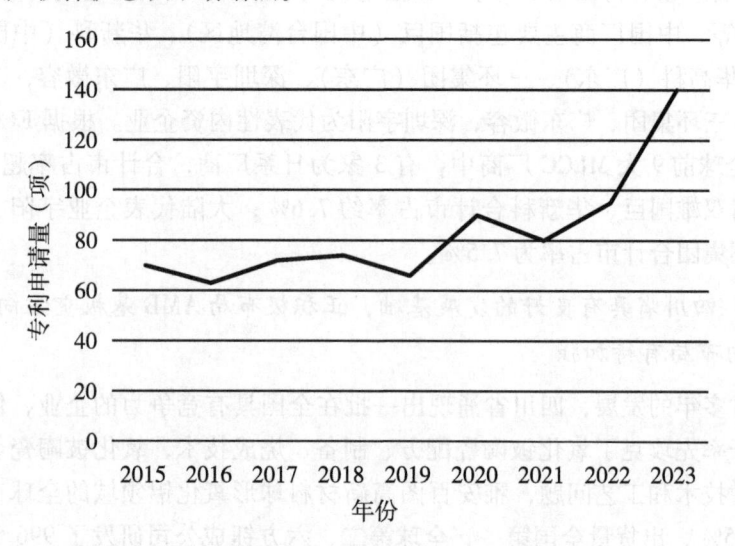

图 3-167　四川省电子陶瓷产业专利申请趋势

图 3-168 为四川省电子陶瓷产业专利申请量地市排名，从图中可以看出，四川省电子陶瓷形成了以成都为核心，向绵阳、宜宾、南充、德阳、雅安、内江等周边分布的态势。

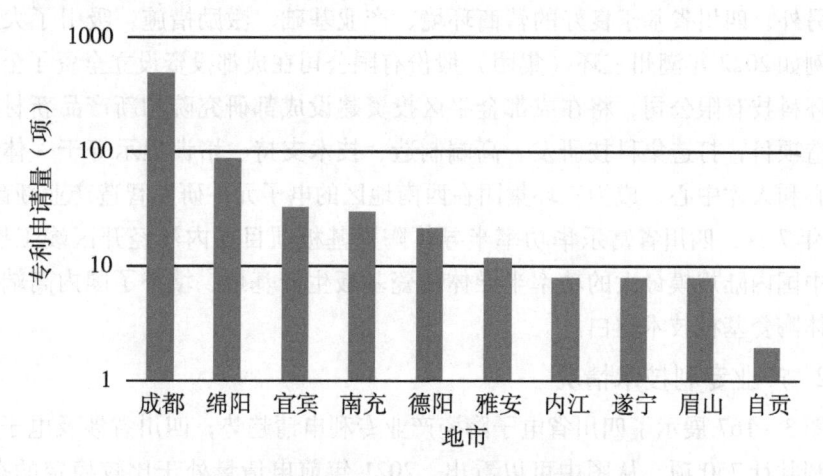

图 3-168　四川省电子陶瓷产业专利申请量地市排名

图 3-169 为四川省电子陶瓷重要专利申请人，可以看出高校、科研机构、企业三分天下，其中电子科技大学以明显的优势排名第一，除此之外，四川省其他的高校如四川大学、西南科技大学、西南交通大学也进入前 15 名。2023

年，江油市人民政府、中物院材料研究所、长虹控股集团及其下属的红星电子高导热氮化硅陶瓷基板及覆铜板签约仪式在绵阳江油举行，有望成为国内最大的氮化硅载板生产企业。

另外，中国电子科技集团公司、宜宾红星电子、成都宏科、三环集团、中物院成都科学技术发展中心、成都万士达、成都新柯力，雅安百图高新材料、四川富乐华、成都赛力康也进入前15，上述企业也是电子陶瓷领域市场调研中知名的企业。但值得注意的是在市场中具备一定影响力的六方钰成、成都旭瓷等企业，在专利方面并未体现出优势，未来需提高知识产权意识，让专利助力其参与市场竞争。

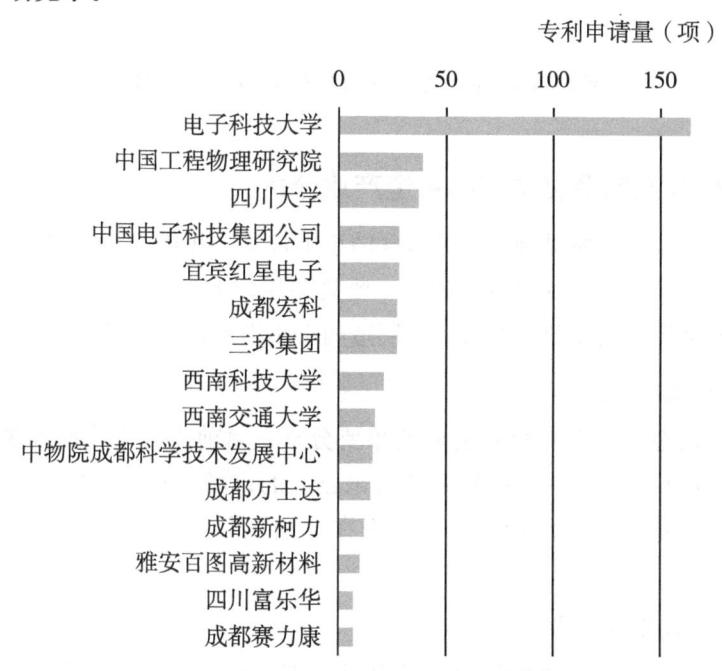

图 3-169　四川省电子陶瓷产业重要专利申请人

知识产权转化运用活动能体现产业技术创新实力，其中专利的转让情况能反映该技术在行业中的重要性。图 3-170 展示了四川省电子陶瓷产业的专利转化趋势，包括专利转让、专利质押，从图中可以看出 2023 年专利转让数量达到最高值，这一方面体现了市场对电子陶瓷的需求增长，另一方面也与近年来我国颁布多项促进技术成果转化的政策相关，例如 2023 年国务院办公厅印发《专利转化运用专项行动方案（2023—2025 年）》。

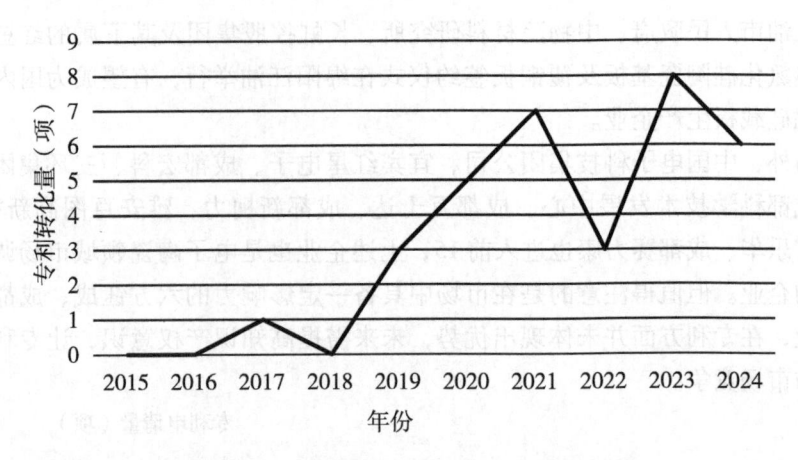

图 3-170　四川省电子陶瓷产业专利转化趋势

3.5.5　化学原料及化学制品制造产业分析

化学原料及化学制品制造，其包含的小类较多，共有18个，本节根据四川省相关产业的情况，选择了发展较好、政策关注较多且产业应用前景较广的无机盐制造和初级形态塑料及合成树脂制造两个小类进行重点分析。

1. 无机盐制造

无机盐制造作为新材料制造业的重要分支，目前正处于快速发展的阶段。新能源领域的快速发展为无机盐制造带来巨大的市场需求。磷酸铁锂作为无机盐类新材料制造业中的佼佼者，近年来在全国尤其是四川省得到高度重视与发展。

（1）产业整体情况

四川省作为全国领先的锂电产业基地，锂系列产品综合产能居全国第一，锂矿资源储量全国第一，同时也是磷酸铁锂产能集中度最大的地区。目前，四川省磷酸铁锂产能50%以上在遂宁地区，生产基地正由遂宁逐渐向成都、雅安、眉山、乐山、宜宾等地区扩散，未来还将形成德阳、内江、攀枝花等生产基地。

图3-171为四川省磷酸铁锂制造产业链图谱。四川省以丰富的矿产资源、水电资源为基础，产业上游聚集了天齐锂业、雅化集团等行业龙头企业，相关企业已进行全球化布局，综合产能表现强劲。中游磷酸铁锂生产基地聚集了裕能、德方纳米、龙蟠科技、富临精工、厦钨新能、万华化学、川发龙蟒、宁德时代、四川协鑫等实力型龙头上市企业。下游导入宁德时代、中航锂电、蜂巢

能源等中游头部动力电池企业,进而吸引电池配件、制造设备等配套企业落户四川省,已形成成都、川南(宜宾)、川东北(遂宁)三大动力电池产业集群。此外,大众、丰田、沃尔沃、现代、吉利、珠海银隆等20余家车企在川建厂,构建动力电池全产业链发展格局,已经形成了(上游)锂矿资源——(中游)磷酸铁锂等核心关键材料——(下游)锂离子电池制造、新能源车与电池回收等一整条相对完善的产业链条。

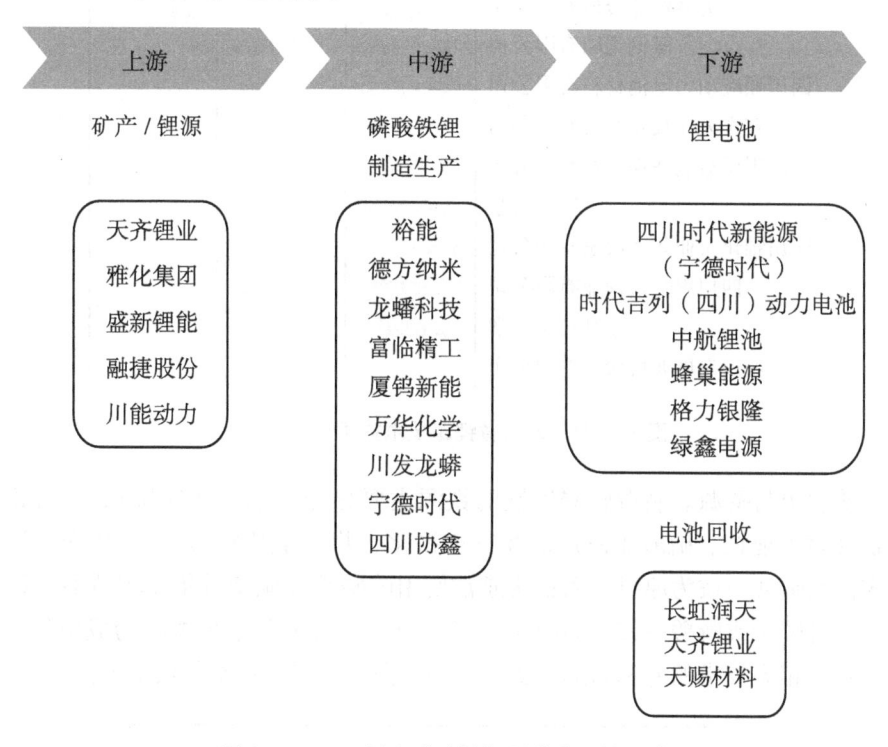

上游	中游	下游
矿产/锂源	磷酸铁锂制造生产	锂电池
天齐锂业 雅化集团 盛新锂能 融捷股份 川能动力	裕能 德方纳米 龙蟠科技 富临精工 厦钨新能 万华化学 川发龙蟒 宁德时代 四川协鑫	四川时代新能源 (宁德时代) 时代吉列(四川)动力电池 中航锂池 蜂巢能源 格力银隆 绿鑫电源
		电池回收
		长虹润天 天齐锂业 天赐材料

图3-171　四川省磷酸铁锂制造产业链图谱

(2)产业专利技术情况

1)产业链上游

①锂源。锂矿被誉为"白色石油"。四川省矿石锂资源占世界矿石锂的6.1%,占全国的57%。四川省的锂矿,不仅多而且质量高,产出质量最高的锂辉石资源集中在四川省。同时,磷矿、钛资源也具有优势。四川省锂材料生产产业链完善,已经拥有天齐锂业、天宜锂业等锂前驱体材料生产企业,且矿石提锂工艺成熟,制备高端产品优势大。当前主流工艺路线的锂源为碳酸锂,小部分为氢氧化锂,也有新路线提出采用更低成本的磷酸锂和硝酸锂。

图3-172为四川省锂源技术重要专利申请人,"川籍"企业天齐锂业是国

内正极前驱体材料龙头企业，锂源技术相关专利申请人排名第一，其拥有国内锂辉石矿与海外优质锂矿资源。天齐锂业目前碳酸锂和氢氧化锂产能高，且还在进一步扩建，具有较强的技术竞争优势。

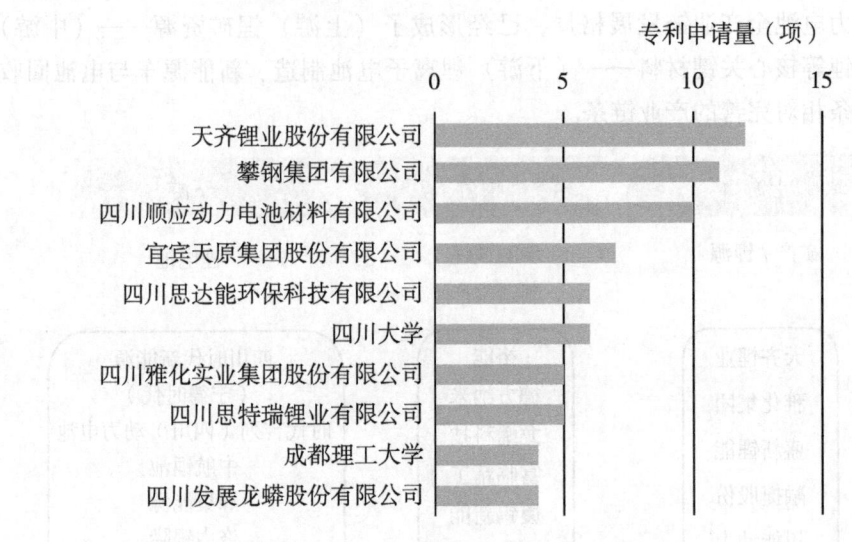

图 3-172 四川省锂源技术重要专利申请人

②铁源与磷源。制造磷酸铁锂的铁源主要分为铁单质（铁块）、二价铁化合物（草酸亚铁、硫酸亚铁）以及三价铁化合物（氧化铁）。对于磷源，液相法多使用磷酸一铵为原料。固相法通常使用磷酸铁（湖南升华使用磷酸一铵），间接来自磷酸或磷酸一铵。如图 3-173 所示，由于铁源、磷源均为成熟的大宗化工品，相关技术的专利布局极少，川内企业每年专利申请仅数十项。

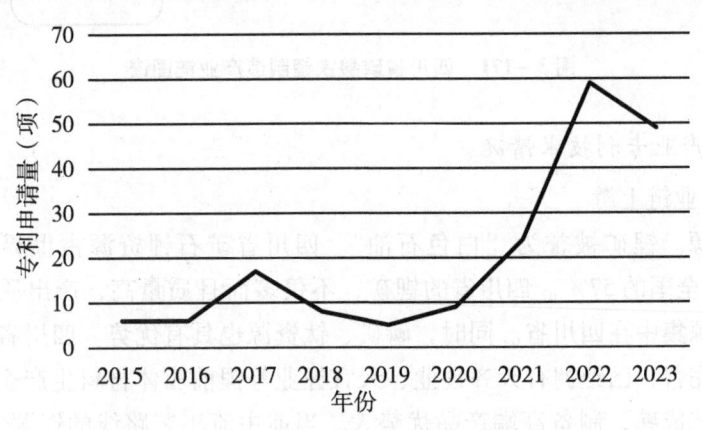

图 3-173 四川省铁源、磷源技术专利申请趋势

2）产业链中游

磷酸铁锂正极材料的性能与合成方法密切相关。目前常用的合成方法主要分为固相法和液相法。固相法是目前最为成熟且大规模商业化应用的方法，根据关键原材料不同可分为草酸亚铁、磷酸铁（钠法）和磷酸铁（氨法）三大类。液相法是将锂源、铁源、碳源等原料溶解于超纯水、乙醇、苯、有机胺等单一溶剂或混合溶剂中，通过研磨、干燥、烧结、粉碎、除铁等工序反应制成磷酸铁锂的方法，其具有高能量密度、安全性、循环性等优点。

图3-174为四川省磷酸铁锂制备重要专利申请人，专利申请量排名前10的申请人中有9家为企业，唯一入选的四川大学作为综合性高校在相关领域有较深厚积累，未来校企合作、专利转化有较大空间。值得注意的是，"入川"企业湖南裕能在磷酸铁锂材料市场占有率居全国第一，但其制备专利申请量在省内未进入前10。

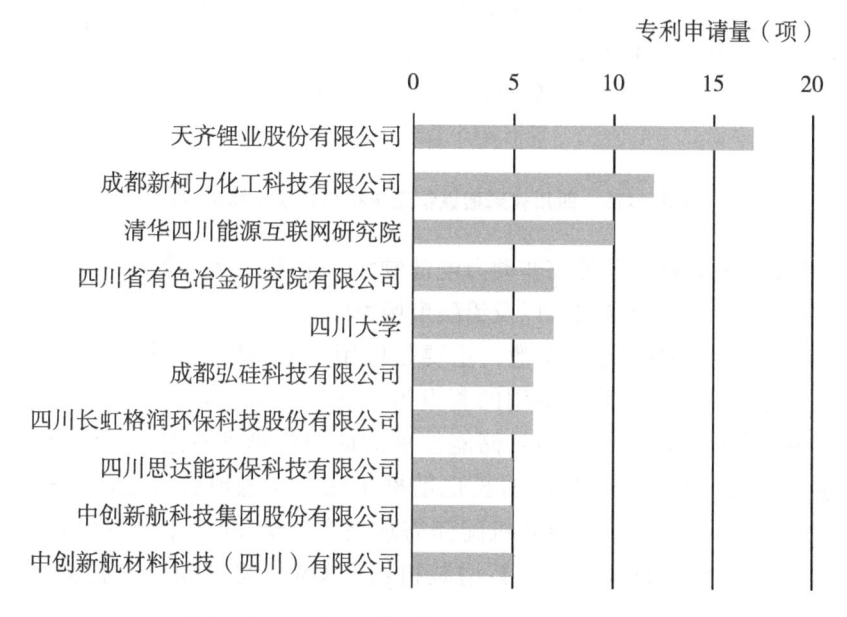

图3-174 四川省磷酸铁锂制备重要专利申请人

3）产业链下游

①正极材料。新能源汽车是磷酸铁锂最主要的下游需求市场，近年来，在政策和市场的双重作用下，我国新能源汽车产业逐步进入全面市场化拓展期，渗透率快速提升。根据中国汽车工业协会发布的数据，2023年我国新能源汽车产量为958.7万辆，同比增长935.8%；销量为949.5万辆，同比增长37.9%。2023年我国锂电池正极材料出货量为248万吨左右，同比增长30.8%。其中磷

酸铁锂正极材料出货量占比最高,为66.53%。正极材料是锂电池的关键材料之一,其特性直接影响锂电池的能量密度、安全性能、循环寿命等,且在锂电池材料成本中占比最高。图3-175为四川省磷酸铁锂正极材料重要专利申请人,省内正极材料相关专利申请量最大的天原集团为西南最大的氯碱企业。

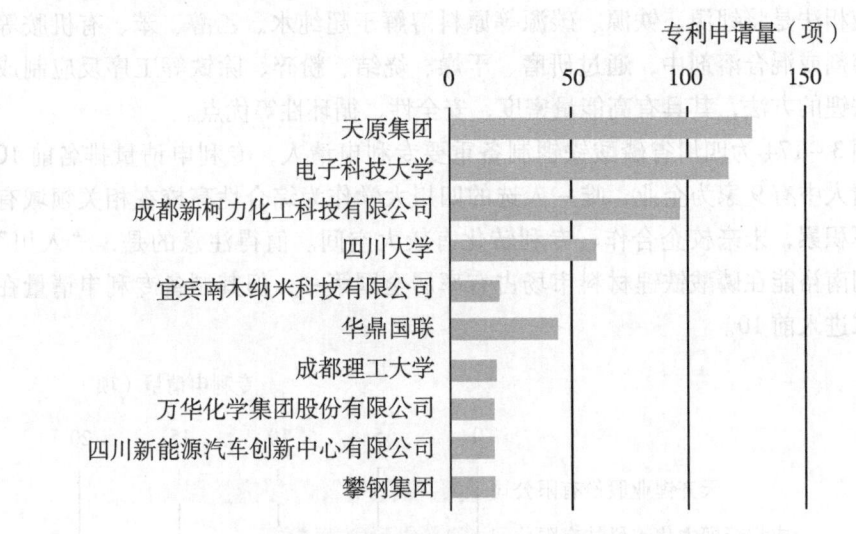

图3-175 四川省磷酸铁锂正极材料重要专利申请人

②储能材料。磷酸铁锂在非动力电池领域,主要涉及三个方向的应用:5G基站储能、新能源发电端储能以及铅酸市场替代。

储能电池通常指储能蓄电池,主要是应用于太阳能发电设备和风力发电设备以及可再生能源储蓄能源用的蓄电池。随着风电、光伏等新能源发电在能源结构中占比不断提升,高效储能技术的应用将越来越迫切,同时电网储能和通信储能下游需求的快速增长也助推了储能锂电池装机量的逐年增长。EESA数据显示,随着新能源装机配储需求提升,至2025年全球电化学储能累计规模有望达到233GW,年新增装机约77GW,将带动碳酸锂需求约10万吨。

③电池回收与利用。在电池回收领域,川内企业尚未形成完善的动力电池梯次利用、材料回收体系。梯次利用主要涉及电池评估、筛选、均衡等技术。材料回收主要涉及锂、钴等有价金属的回收或再利用技术,图3-176为四川省锂离子电池回收重要专利申请人,天齐锂业依托其本身的锂提取技术在动力电池正极材料的回收方向具有较强的技术储备,另外四川大学、清华四川省能源互联网研究院在该领域也具有一定的研究基础。

第3章 四川省专利密集型产业发展研究分析

专利申请量（项）

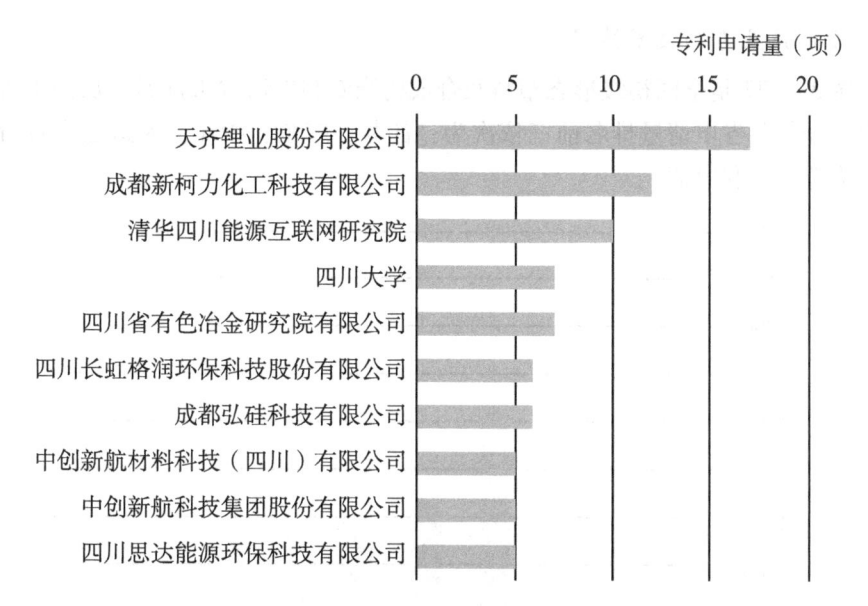

天齐锂业股份有限公司	~17
成都新柯力化工科技有限公司	~12
清华四川能源互联网研究院	~10
四川大学	~7
四川省有色冶金研究院有限公司	~7
四川长虹格润环保科技股份有限公司	~6
成都弘硅科技有限公司	~6
中创新航材料科技（四川）有限公司	~5
中创新航科技集团股份有限公司	~5
四川思达能源环保科技有限公司	~5

图3-176 四川省锂离子电池回收重要专利申请人

2. 初级形态塑料及合成树脂制造

（1）产业整体情况

成都的合成树脂及塑料相关企业主要集中在双流区和彭州市。双流区主要有成都金发科技新材料有限公司、成都晨光博达新材料股份有限公司、成都鲁晨新材料，均为树脂及其复合材料制品生产企业。成都彭州市拥有西南地区最大的石油炼化一体化项目——四川省石化，每年可生产线性低密度聚乙烯、聚丙烯以及各类小分子化学品等十个系列产品。包括四川省石化在内，彭州地区入驻的合成树脂与塑料相关企业达到52家，主要是上游原料提供商。例如，四川省奥克石达化学股份有限公司、成都晟源石化、成都昱泰新材料、佳华化学等。此外还有成都天顺保利新材料，该企业主营聚醚酮、聚醚砜、聚醚砜酮等高性能树脂的生产研发。

绵阳市有以四川省东材、利尔化学、四川省美丰化工、龙华相位新材料、绵阳富临精工等为代表的新材料产业龙头骨干企业。

眉山聚集的合成树脂与塑料相关企业多达131家，以万华化学、金象赛瑞、陶氏化学、中科兴业为代表的化工新材料产业集群使眉山打造了全省一流的化工新材料产业基地。

除此之外，遂宁、内江、自贡、宜宾和泸州有少量树脂生产及应用企业，如内江市集中了多家生产塑料管材的企业。

(2) 产业专利技术情况

图 3-177 是全国初级形态塑料及合成树脂专利申请省市排名。从图中可以看出，全国各省申请量排名前三依次为：江苏、广东、浙江，为这三个省份贡献了大量的专利申请。

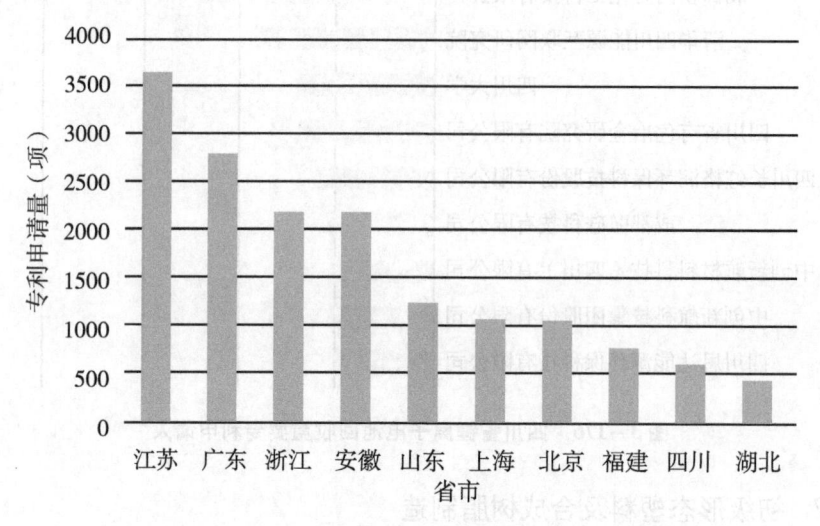

图 3-177　全国初级形态塑料及合成树脂专利申请省市排名

图 3-178 是四川省初级形态塑料及合成树脂制造产业的专利申请趋势，从图中可以看出，相关专利申请量 2015—2020 年总体呈现出增长趋势，但先后在 2016 年和 2019 年呈现出阶段性下滑，2020 年之后呈下降趋势。原因可能在于四川省的产业政策激励，2012 年四川省经济和信息化厅发布了《四川省"十二五"油气化工产业发展规划》，该规划指出要做大尼龙、热塑性聚酯、聚芳醚醚腈、聚甲醛产业，做强聚苯硫醚、氟材料产业，实现聚碳酸酯等产业化。而从 2020 年开始申请量出现下降，可能是由于国家对环境保护的政策逐渐加强，四川省于 2020 年发布了《四川省进一步加强塑料污染治理实施办法》，限制了合成树脂及塑料产业的发展，特别是产业中应用广泛的民用塑料的生产和使用，合成树脂及塑料产业需要加强对绿色可降解塑料方向的科研创新，而传统塑料通常不具有生物可降解性能，合成树脂及塑料的专利申请量从 2020 年呈现下降趋势。

图 3-179 显示了四川省初级形态塑料及合成树脂制造产业专利申请量排名。由图可见，成都市的创新主体研发活力显著高于四川省其他地区，成都集中了四川省大部分高校和研究机构，因此，四川省各地区申请量呈现出断崖式分化。

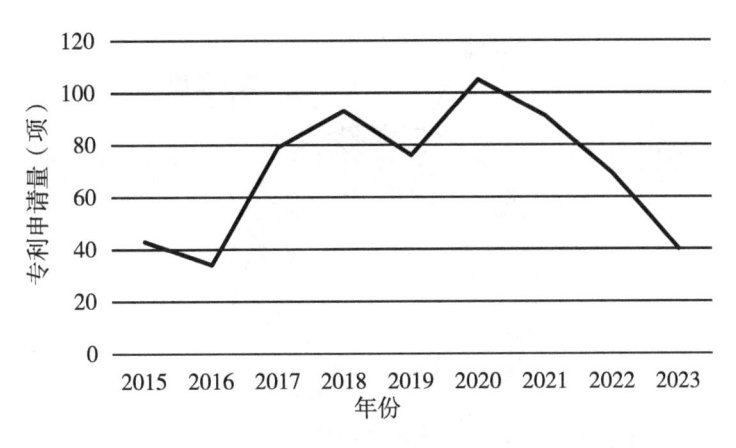

图3-178 四川省初级形态塑料及合成树脂制造产业专利申请趋势

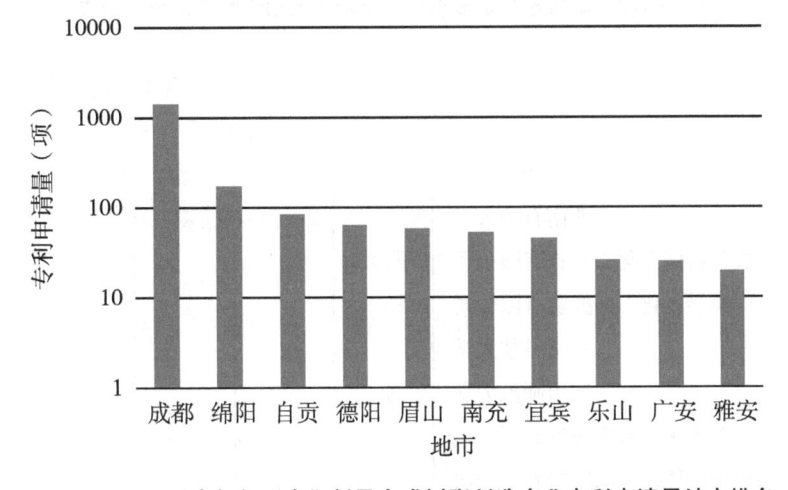

图3-179 四川省初级形态塑料及合成树脂制造产业专利申请量地市排名

图3-180展示了四川省初级形态塑料及合成树脂相关专利申请的技术构成。可以看出，树脂的制备和改性占绝大部分，占总量比重分别为42%、27%，其次是树脂成型加工26%，而工艺设备和废物处理仅占4%和1%，这说明四川省的合成树脂及塑料产业的技术研发主要集中在塑料制品本身的制备工艺和改性上，并且大部分集中在树脂的化学合成和共混改性，其次是采用成品树脂进行的成型加工。

图3-181展示了四川省初级形态塑料及合成树脂领域的重要专利申请人。由图可以看出，企业和高校是该领域的主要创新主体。经统计，高校专利申请量占比为68%，较企业专利申请量占比更高。

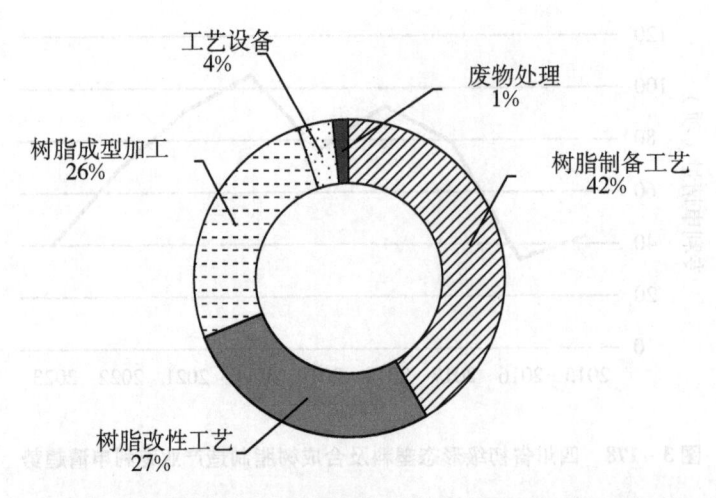

图3-180　四川省初级形态塑料及合成树脂专利申请技术构成

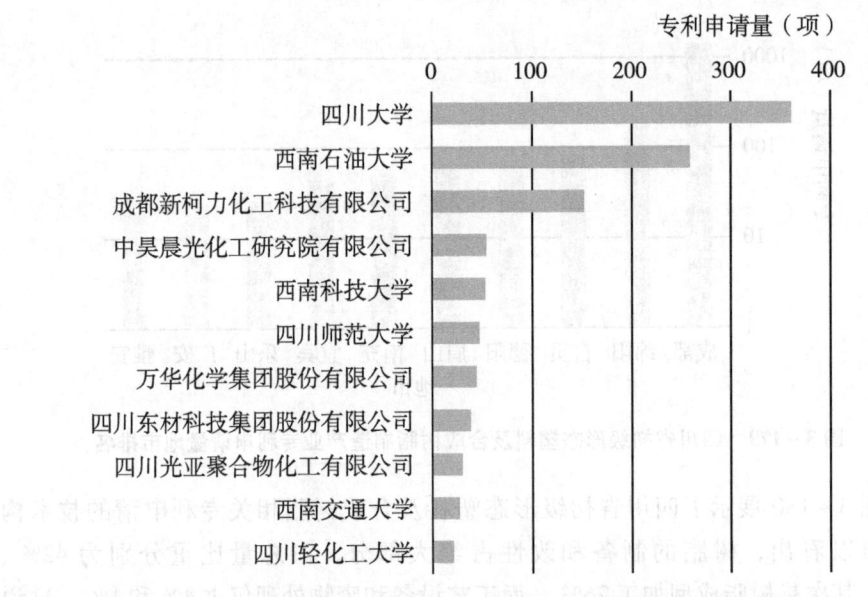

（饼图数据：树脂制备工艺 42%，树脂改性工艺 27%，树脂成型加工 26%，工艺设备 4%，废物处理 1%）

图3-181　四川省初级形态塑料及合成树脂领域的重要专利申请人

（柱状图申请人：四川大学、西南石油大学、成都新柯力化工科技有限公司、中昊晨光化工研究院有限公司、西南科技大学、四川师范大学、万华化学集团股份有限公司、四川东材科技集团股份有限公司、四川光亚聚合物化工有限公司、西南交通大学、四川轻化工大学）

高价值发明专利的统计分析将有效引导创新主体和市场主体更加注重专利质量。高价值发明专利主要是指符合国家重点产业发展方向、专利质量较高、价值较高的有效发明专利，主要包括5种情况：一是战略性新兴产业的发明专利，二是在海外有同族专利权的发明专利，三是维持年限超过10年的发明专利，四是实现较高质押融资金额的发明专利，五是获得国家科学技术奖或中国专利奖的发明专利。

针对四川省相关企业的专利申请进行高价值专利情况分析，企业申请总量为45476项，如表3-20所示，可以看出，初级形态塑料及合成树脂相关专利大部分都属于战略性新兴产业，但海外有同族的专利和维持10年以上的更具价值的专利申请量仅占申请总量的6.71%。

表3-20 四川省初级形态塑料及合成树脂领域企业高价值专利申请量分布

专利类型	专利数量（项）	占比（%）
战略性新兴产业	16818	37.11
海外同族专利	2351	5.17
维持10年以上专利	701	1.54
高价值专利	19930	43.83

表3-21展示了四川省合成树脂及塑料领域相关专利的运用情况，其中，存在转让的专利有42项，而存在质押、许可的专利数量占比仅为1.3%、0.2%，可见，四川省合成树脂及塑料领域相关专利的运用程度非常低，高校、科研院所的专利需要盘活。

表3-21 四川省合成树脂及塑料领域相关专利的运用情况

运用类型	专利数量（项）	百分比（%）
转让	42	6.7
质押	8	1.3
许可	1	0.2
诉讼	0	0

3.5.6 化学纤维制造产业分析

新材料制造业的最后一个中类为化学纤维制造，仅涉及其他合成纤维制造这一小类。其他合成纤维类型众多，包含芳纶纤维、碳纤维等，本节选取四川省发展较好，具有优势的几种纤维制造产业进行重点分析。

1. 产业整体情况

四川省在其他合成纤维产业方面已有多个落地项目，这些项目主要集中在技术创新、产业化和应用拓展等方面。

（1）芳纶纤维产业

芳纶全称为芳香族聚酰胺纤维，属于高强、高模、耐高温的高性能纤维，主要产品有对位芳纶（芳纶1414）、间位芳纶（芳纶1313）和聚对苯甲酰胺纤维（芳纶14）。四川省芳纶纤维产业主要集中在自贡市，较为重要的创新主体包括中蓝晨光和辉腾科技等。

(2) 碳纤维产业

吾一碳纤维产业园位于雅安市雨城区，与上海大学绍兴研究院科学家团队平台企业合作，在碳纤维预制体复合工艺及其关键装备项目等方面取得显著成果。项目建成后，将引入碳纤维上下游相关加工企业，对碳纤维复合材料生产线进行扩建以及建设碳纤维轻纺专用设备生产线等。

四川省新万兴碳纤维复合材料有限公司与清华大学合作，在碳纤维高性能织物纤维预浸料的关键技术上取得了重大进展，并实现了产业化。

四川省众能新材料技术开发有限公司是四川省能投控股子公司，依托山东大学科研技术实力，坚持以碳纤维复合材料制品制备研发为核心，为电力、能源行业持续提供具有自主知识产权的综合解决方案。

(3) PBO 纤维产业

成都新晨新材科技有限公司位于新津工业园区，利用自主知识产权的连续法制备 PBO 生产工艺，实现工业化量产。2019 年，该公司投资 5 亿元建设的 380 吨/年高性能 PBO 纤维生产装置投产成功，打破了国外公司的技术垄断，使我国成为继日本东洋纺公司之后全球第二个能大批量生产 PBO 超级纤维的国家。

深圳市新纶科技股份有限公司投资 30 亿元建设的 PBO 高性能纤维项目于 2016 年在新津区开工。新纶科技有意在天府新区成都直管区设立区域总部及与四川大学合作建立高分子材料研究院，推动产研结合。

中蓝晨光通过近十年的开发，突破了 PBO 纤维的多项关键技术，建成一条 10 吨级 PBO 纤维中试生产实验线，纤维性能接近日本东洋纺公司的产品水平。

成都市高性能纤维材料产业功能区是国家高性能纤维高新技术产业基地，其与四川大学等高校及科研院所深度合作，共同建立了四川省高性能高分子研究中心等高水平研发机构。该功能区已拥有各类企业 2200 余家，涵盖高性能纤维材料、新能源装备、绿色建筑材料等多个领域，形成了较为完整的产业链。

2. 产业专利技术情况

图 3-182 展示了四川省其他合成纤维的专利申请趋势。四川省在该领域的专利申请量于 2017 年前后得到快速增长，随后趋于平稳。原因可能有两点：一是 2015—2017 年，四川省出台一系列对于高性能特种纤维的相关利好政策，为创新主体营造了良好的发展空间；二是部分企业由于战略定位，在 2017 年前后集中开展相关专利布局，导致专利申请量增长明显。

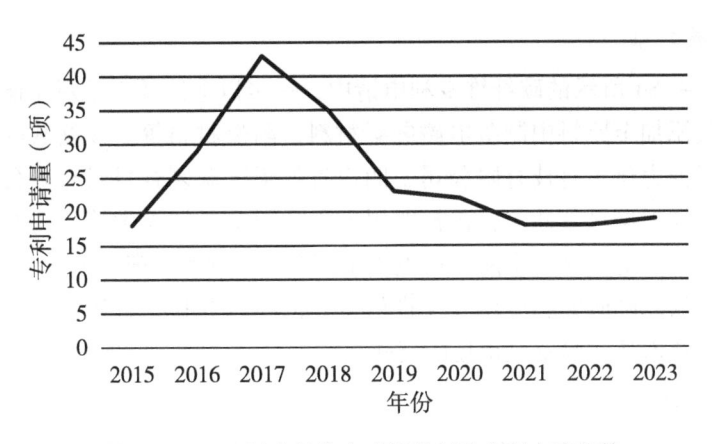

图 3-182　四川省其他合成纤维制造专利申请趋势

图 3-183 展示了四川省其他合成纤维产业链相关专利申请情况。从图上可以看出，四川省在该产业链的研发重点在于中游，其中对于中游工艺的研发也明显多于中游设备。中游工艺是纤维生产的核心环节，设备是支撑工艺的重要基础设施，二者的改进直接关系到纤维的生产质量和效率。上游和下游的专利数量相对较少。对此，可加强产学研合作，进一步拓展原料性能和应用领域。

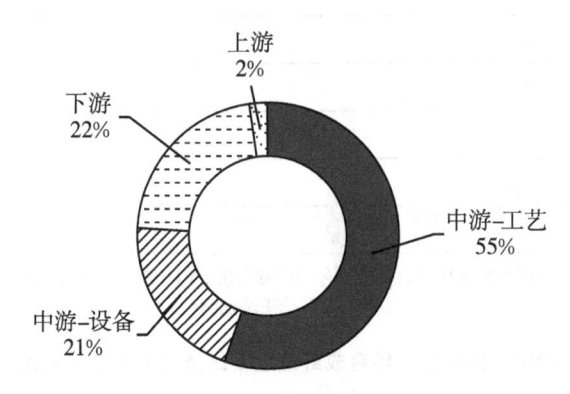

图 3-183　四川省其他合成纤维专利申请产业链分布

图 3-184 展示了四川省其他合成纤维领域不同纤维种类的专利申请情况。

（1）芳纶

四川省芳纶相关的专利申请量较高，每年均能保持一定的申请量，反映出相关产业一直保持着稳定的研发活跃度，并且注重将研发成果转化为知识产权资产，相关专利主要涉及中游对芳纶制备方法、纺丝工艺及设备的改进等。

(2) 碳纤维

在图3-184所示的碳纤维专利申请中,一半以上涉及下游对于碳纤维的应用,如将其添加至原料中制备电磁屏蔽材料、阻燃材料等。该领域的主要申请人除成都新柯力化工科技有限公司、四川省航天五源复合材料有限公司等企业外,高校同样占据显著地位,包括四川大学、西南科技大学等,还有1项高校与企业的联合申请。这说明高校在该领域拥有较为强大的研发团队和科研实力,能为碳纤维的基础研究和应用开发提供良好的技术支持,且注重通过产学研项目共同推进技术从实验室到市场的转化。

(3) PBO 纤维

图3-184所示的PBO纤维专利申请主要涉及对中游工艺的改进,一是通过制备方法的优化来进一步提高纤维的特异性,如耐湿性、耐紫外、热稳定性、易染性等;二是通过生产异形纤维、复合纤维、混纺纤维等差别化纤维,实现在更多领域的推广应用;三是通过工艺控制和设备的优化,实现生产过程的工业适用性。PBO纤维作为一种高性能特种纤维,制造技术要求较高,存在国外长期的封锁和限制,因此门槛较高。

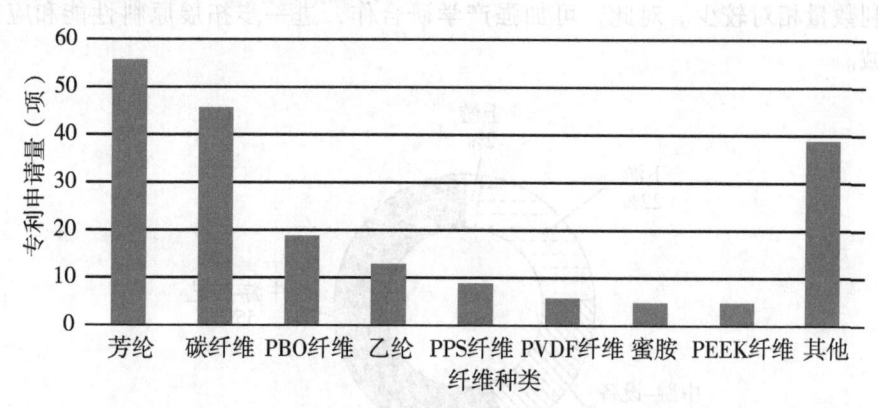

图3-184 四川省其他合成纤维主要纤维种类的专利申请分布

除上述纤维外,四川省还有诸多其他种类的合成纤维的专利申请,数量虽少但种类多样,表明四川省正在探索高性能纤维的前沿技术,尝试开发具有特殊性能的新材料,反映省内创新主体对市场细分的重视,以及对特定应用领域专业化的追求。

图3-185展示了四川省其他合成纤维领域的重点申请人排名。可以看出,重点申请人中企业和高校平分秋色,其中龙头企业中蓝晨光专利数量最多,而高校在相关领域也有较多专利积累。

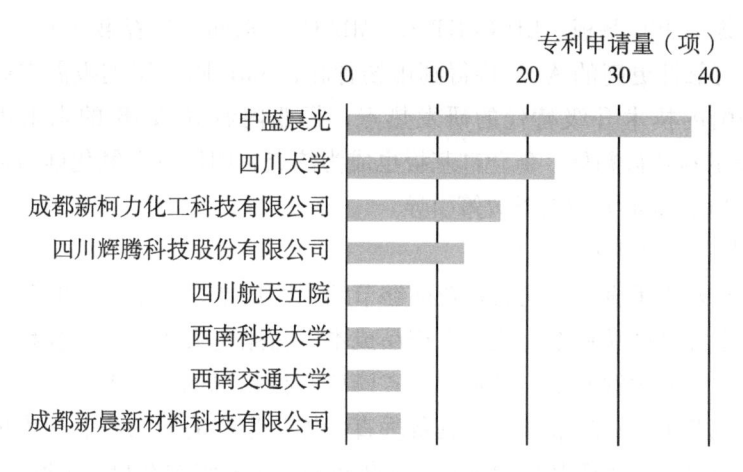

第3章 四川省专利密集型产业发展研究分析

```
                            专利申请量（项）
                0    10    20    30    40
   中蓝晨光      |████████████████████|
   四川大学      |████████████|
成都新柯力化工科技有限公司 |█████████|
四川辉腾科技股份有限公司  |███████|
   四川航天五院  |████|
   西南科技大学  |███|
   西南交通大学  |██|
成都新晨新材料科技有限公司 |█|
```

图3-185　四川省其他合成纤维领域重点申请人排名

3.5.7 产业发展问题和建议

1. 产业发展问题

（1）金属材料制造产业

1）矿产资源分布与专利量不对等

四川省多种矿产资源储量及产量居全国前列，但专利申请中，仅钒钛产业名列前茅，其他产业未见明显优势。

2）上游产品占比高，产能过剩

上游原矿开发、冶炼企业多，技术参差不齐，造成上游产品产能过剩，原料回收利用率低。

3）先进产能及下游产品产能不足

四川省钛产业中游有多个产品产量排全国第一，同质竞争现象严重。钛白粉虽产能第一，但制备技术与国内外先进技术有较大差距。下游的高端精深加工产品产能低，无法满足省内需求。

4）钒产业中游产品先进产能欠缺，下游钒资源延链应用拓展不足

四川省高纯氧化钒采用萃取法制备，工艺烦琐、参数调控困难；高纯度钒铝中间合金市场占有率不足1%。钒资源延链仅涉及重轨钢和钒电池领域，其他应用拓展不足。

（2）非金属材料制造产业

1）热点方向缺乏政策引导

近年来，四川省政策明确重点发展方向为"氧化铍陶瓷粉体、氮化铝陶瓷

· 275 ·

粉体及基板、DBC 基板、LTCC/HTCC、MLCC"，然而，随着第三代半导体的快速发展，可靠性更高的 AMB 将得到市场青睐，AMB 陶瓷覆铜板需求进入爆发期，成为国内技术升级替代的研发热点，行业内看好 AMB 的未来市场，与 AMB 配套的氮化硅粉体、氮化硅基板也成为热点，四川省在氮化硅粉体、氮化硅基板、AMB 基板方向缺乏政策引导。

2）上下产业链不够完善

粉体到基板垂直一体化的企业能够节约采购成本，对于工艺的深刻理解也能从根本上提高产品良率，从而在产品成本上占据更大优势，更容易在竞争中保证利润水平并脱颖而出。纵观四川省陶瓷基板领域现状，大多数企业均从粉体、裸片或基板单一环节切入，具备垂直一体化生产能力的企业较为稀缺，未打通从陶瓷粉体到陶瓷基板的垂直一体化布局，下游终端客户认可度壁垒较大。

3）未形成产业协同效应

尽管四川省电子陶瓷行业近几年得到了快速发展，现已形成一定的规模，但分布较为分散，缺乏集群效应，除少数国企外，民营企业呈现小而散的状态，缺乏龙头效应，由于起步较晚，产品质量一致性、批量生产能力等方面都与国际知名企业存在一定差距，品牌效应不明显，知名度和认可度需要提升。

(3) 化学原料及化学制品制造产业

1）科研创新能力不足

创新能力方面，以"川籍"企业天齐锂业为首的一众锂矿石开采与锂材料生产的技术优势明显，而在产业链的其他环节，川内企业创新能力明显不足，新兴技术的研发仍以电子科技大学、四川大学等高校为主，产业化前景尚不明确。尽管四川省已引进了多个大型生产企业落户各地区，但这些生产企业仍然属于要素增长型产业，即依赖大规模生产提高产值和利润，在产品的科研创新、降本增效方面还存在较大的提升空间。究其原因，主要还是在于企业的创新不足，四川省在化工新材料领域的创新能力明显落后于广东、浙江等东部沿海地区。

2）产业链不完整

产业链不完整。例如动力电池方面，四川省已经形成了锂矿资源—核心关键材料—动力电池制造—新能源整车的完善产业链条，产业总体成熟度较高，但是，在产业链下游，动力电池制造项目大部分均为在建或拟建项目，产能未完全释放。此外，新能源汽车制造项目主要以商用车为主，乘用车项目产能不够，且动力电池回收企业未形成规模。例如高性能材料方面，彭州地区的相关产业链尽管具备了较为完整的上游原料产业，但中游的高性能材料制备和下游的应用拓展还未形成产业集群,具有带头和领军作用的"链主"企业较少。产业延伸发展水平不足。

3) 未形成产业协同效应

例如合成树脂制造方面,四川省各区域只有德阳新市化工园、眉山彭山区化工园、遂宁大英化工园和泸州合江化工园涉及合成树脂及塑料,使得各地区的合成树脂及塑料产业存在地域上的分散,可能导致各自独立发展的情形,未形成产业协同效应。

(4) 其他纤维制造产业

1) 原材料依赖进口

四川省其他合成纤维产业链上游的原材料环节中,部分关键原材料仍依赖进口,如对二甲苯、己内酰胺、丙烯腈等,这增加了供应链的不稳定性和成本。

2) 高端领域创新能力不足

相对于行业内的领先企业,四川省的其他合成纤维企业在高端产品和前沿技术的研发能力上仍有差距,特别是在高附加值产品的开发和生产工艺的优化方面。

3) 产业配套不完善

虽然四川省已经形成了较为完整的其他合成纤维产业链,但在助剂、设备制造等配套产业方面还存在不足,限制了其他合成纤维产业的整体竞争力。

4) 人才流失严重

高端技术和管理人才的培养与稳固是一个挑战,尤其是与东部沿海地区相比,四川省在吸引和留住顶尖人才方面可能处于不利地位。

2. 产业发展建议

(1) 金属材料制造产业

1) 加强产业规划及专利布局,保障产量和专利量协同并进

鼓励锂矿、铍矿、铂族贵金属、轻稀土矿、镁矿、镉矿等省内优势资源产业进行技术研发和专利布局,打造多领域产业技术集群和专利密集型产业。

2) 调整产业链各环节占比,进行产业链的升级转型,提高钒、钛资源利用率,强化伴生稀贵资源提取技术

重新划分产业链产能占比,提高准入门槛,鼓励优势企业兼并低资质企业,进行行业资源整合重组及产业链的升级转型;优化采选技术,提高资源回收利用率,攻关低品位矿源分选和利用技术。引进国内外成熟的伴生稀贵资源提取技术。

3）降低能耗、实现绿色清洁生产

提高清洁燃料氢气使用比重和推进低碳短流程非高炉冶炼工艺，可考虑通过技术引进等方式引进日本和德国的氢冶金技术生产线和非高炉冶炼生产线。

4）钛白粉制备工艺转型，突破或引进高精尖海绵钛生产技术

增加氯化法在制备钛白粉中的占比。可以考虑引进日本、美国、俄罗斯等航空发动机转子级海绵钛生产技术。

5）做强全流程钛产业基地，大力发展钛深加工产品

弥补钛产品空白，提升钛产品档次，招引龙头企业落户，加强与传统优势科研院所合作，打造四川省特色钛材精深加工产业群。

6）巩固钒电池电解液技术优势，完善钒电池产业集群

与国内领先企业合作，强化钒电池电极、隔膜和双极板等材料的研发和生产，积极扩大钒电池储能项目示范应用，抓住新型储能风口，提升装机规模，做大钒材料延链拓展应用产业规模。

7）加强与高校和科研院所的合作，促进专利的转化运用

高校和科研院所专利储备多，研发能力强，可以基于产品需求寻求与高校或科研院所的深度合作或定向研发，力争将更多的先进技术产业化。

(2) 非金属材料制造产业

1）热点方向加强政策引导和招商力度

近年来，四川省政策明确了重点发展方向为"氧化铍陶瓷粉体、氮化铝陶瓷粉体及基板、DBC 基板、LTCC/HTCC、MLCC"，然而氧化铍粉体因具有剧毒性逐步退出舞台，随着第三代半导体的快速发展，可靠性更高的 AMB 将得到市场青睐，行业内看好 AMB 的未来市场，四川省应加强政策引导，促进技术升级迭代。未来要充分发挥四川省的优势，抓好关键材料、关键技术"卡脖子"项目和行业领军企业、头部企业招商，补齐产业链缺失环节，提升产业链水平，由于电子陶瓷领域的下游客户认可壁垒较高，要加强下游应用端创新主体的引入。

2）加快重点企业培育壮大

四川省电子陶瓷整体呈现较为分散的态势，缺乏集群效应，另外，除少数国企外，民营企业小而散，产品质量一致性、批量生产能力等方面都与国际知名企业存在一定差距，品牌效应不明显，知名度和认可度需要提升，未来需要加快重点企业引入，培育壮大龙头企业，要充分发挥头部企业的带动作用，以"头部企业＋产业集群"模式壮大形成具有市场竞争力、行业影响力的企业，建设国内领先的先进陶瓷材料研发制造高地。

3）建立产学研合作机制

四川省高校院所已经体现出较好的技术积累，也形成了特色，未来应继续深化利用高校和研究院所科研水平较强的优势，建立产学研一体化的产业联盟，增加产学研结合部的联合强度和深度，为电子陶瓷创立发展平台，形成成果共享、风险共担、效益共赢的机制，构建"一批大学+一批研究院+核心产业链"的产业生态。

4）加强知识产权保护和管理

除个别高校外，创新主体的专利申请量均较低，市场中具备一定影响力的企业在专利方面并未体现出优势，目前虽然电子陶瓷领域方向均有专利转让，但是数量偏少。因此建议未来加强对知识产权的保护和管理，加强高校存量入库，拟制知识产权支持中小企业成长计划，围绕四川省高校重大研发项目和创新成果，加强项目对接，尽快把专利技术应用到产品上推向市场。

（3）化学原料及化学制品制造产业

1）产业链部分环节补强

相对全球，国内锂资源占比不高，且主要以卤水锂为主，锂矿石占比相对不高，并且钴镍资源缺乏，建议以龙头企业为依托，支持布局国内盐湖资源、国外锂、钴、镍矿产资源，重点支持矿石提锂技术、盐湖提锂技术的研发，同时引进和培育动力电池回收企业，支持回收技术研发和形成成熟的商业模式，促进资源闭环。在产业链下游，以"入川"企业为主，保证产能稳步释放，打开四川省制造动力电池市场，培育"川籍"企业在细分方向上发展，与"入川"企业形成互补融合的格局。此外，重点招引新能源造车头部企业和"小而美"的新兴造车势力，制定一企一策，增强产业链下游实力。

2）培育本土优势技术

从技术上看，建议在正极材料领域，发挥"入川"企业优势，支持企业与高校研究机构在性能优化方向上合作研发，引导技术进入四川省本地。

3）培育高价值专利，促进专利转化运用

四川省在合成树脂及塑料领域专利申请主要集中在高校，并且，这些专利的转化运用比例较低，另外，初级化学品及化学制品产业的企业所申请的专利中高价值专利比例相对较低。综合来看，四川省在合成树脂及塑料领域需要加强高价值专利的培育，盘活高校在此领域的存量专利，提升专利转化运用。

4）统筹各地区产业发展，形成区域竞合

建议将各园区企业统筹整合起来，规划制定符合各区域自身条件及情况的发展重心，由此构成产业既有合作又有竞争的区域竞合格局，促进整体产业发展。

（4）化学纤维制造产业

1）优化产业结构

一是全面提升高性能纤维的稳定性和应用性能，着力提升重点品种技术成熟度，提高纤维的性能指标稳定性，实现高性能纤维及其制品的低成本和高附加值。二是提升差别化、多功能纤维品质，如近年来得以迅速发展的智能纤维。三是提升高性能纤维制造的绿色环保化，推进产品全生命周期的低碳排放，可降解合成纤维的研发与应用、废旧纤维的再利用等将成为行业未来转型升级的重要方向。四是以自动化、信息化为核心的智能化制造将成为合成纤维行业的重要发展方向，行业龙头企业已开始数字化建设探索之路。

2）强化产业支撑

一是深化产学研合作，充分利用高校科研资源，建立产学研一体化平台，促进科研成果向产业转化。二是发挥集群效应，强化成都、自贡、雅安、新津等地的产业集聚，吸引上下游企业入驻，形成成熟完整的产业链。三是政策引导与扶持，政府出台更多扶持政策，尤其加大对环保型、高附加值合成纤维的支持力度。

3）积极弥补劣势

一是巩固本土企业根基，引进外来优质企业。继续加大力度培育和支持本土企业，同时积极引进外省优质企业，促进资源优化配置。近年不断有东部相关企业入驻西部，四川省可抓住东西部协作机遇，完善沟通机制与政策支持，为企业打造产业发展平台，优化投资环境，吸引意向企业入驻，并加强本土企业与外来企业的交流合作。二是推动国际化进程，支持企业参与国际竞争与合作，开拓海外市场，同时借鉴国际先进经验，促进自身技术水平的提升，同时做好"产品出海，专利先行"。

3.6 医药医疗产业

3.6.1 产业的定义和特点

医药医疗产业大类包括0501医药制造业和0502医疗设备制造两个中类，对应了14个小类，医药医疗产业整体属于健康产业。而针对健康产业，国家统计局在2019年给出了健康产业统计分类（2019），包含上述13个小类（不含2750兽用药品制造），健康产业是指以医疗卫生和生物技术、生命科学为基础，以维护、改善和促进人民群众健康为目的，为社会公众提供与健康直接或密切相关的产品（货物和服务）的生产活动集合。医药医疗产业属于健康产业中最核心的产业，关系国计民生、经济发展和国家安全，表3-22结合专利密集型产业医药医疗产业的分类以及对应的国民经济行业分类中的小类说明，给出医药医疗产业各小类涵盖的内容。

表3-22 医药医疗产业涵盖国民经济行业小类

大类	中类	国民经济行业代码（2017）	国民经济行业名称	说明
05 医药医疗产业	0501 医药制造业	2710	化学药品原料药制造	指供进一步加工化学药品制剂、生物药品制剂所需的原料药生产活动
		2720	化学药品制剂制造	指直接用于人体疾病防治、诊断的化学药品制剂的制造
		2730	中药饮片加工	指对采集的天然或人工种植、养殖的动物、植物和矿物的药材部位进行加工、炮制，使其符合中药处方调剂或中成药生产使用的活动
		2740	中成药生产	以中药为原料，在中医药理论指导下，为了预防及治疗疾病的需要，按规定的处方和制剂工艺将其加工制成一定剂型的中药制品的生产活动
		2750	兽用药品制造	指用于动物疾病防治医药的制造
		2761	生物药品制造	指利用生物技术生产生物化学药品的生产活动
		2762	基因工程药物和疫苗制造	
		2770	卫生材料及医药用品制造	指卫生材料、外科敷料以及其他内、外科用医药制品的制造
		2780	药用辅料及包装材料制造	指药品用辅料和包装材料等制造

续表

大类	中类	国民经济行业代码（2017）	国民经济行业名称	说明
05 医药医疗产业	0502 医疗设备制造	3581	医疗诊断、监护及治疗设备制造	指用于内科、外科、眼科、妇产科等医疗专用诊断、监护、治疗等方面的设备制造
		3584	医疗、外科及兽医用器械制造	指各种手术室、急救室、诊疗室等医疗专用及兽医用手术器械、医疗诊断用品和医疗用具的制造
		3585	机械治疗及病房护理设备制造	指各种治疗设备、病房护理及康复专用设备的制造
		3586	康复辅具制造	指用于改善、补偿、替代人体功能和辅助性治疗康复辅助器具的制造，适用于残疾人和老年人生活护理、运动康复、教育和就业辅助、残疾儿童康复等；主要包括假肢、矫形器、轮椅和助行器、助听器和人工耳蜗等产品和零部件的制造，也包括智能仿生假肢、远程康复系统、虚拟现实康复训练设备等其他康复类产品的制造
		3589	其他医疗设备及器械制造	指外科、牙科等医疗专用及兽医用家具器械的制造和人工器官及植（介）入器械制造，以及其他未列明的医疗设备及器械的制造

3.6.2 产业现状分析

如前所述，医药医疗产业包括医药制造和医疗设备制造两个细分领域，二者均为健康产业中最核心的两个产业，两者在技术研发、市场应用、监管政策、产业链构成及发展趋势上有显著的差异性和互补性。医药制造核心在于化学药品、生物制品、中药及其制剂的创新与临床应用，医疗设备制造则侧重于医疗器械、诊断设备、治疗仪器及辅助设备的研发与制造，涉及生命体征监测、辅助手术操作、进行疾病诊断等，两个产业存在明显的区别，因此，本章节对医药制造和医疗设备制造两个产业分别进行分析和研究。

1. 政策环境

(1) 国家相关政策

近年来，党中央、国务院高度重视医药医疗产业发展，特别是在多个相关"十四五"规划中，重点强调了医药医疗行业的原始创新能力和供应链保障水平。国家层面和各省市层面都出台了一系列政策来支持医药医疗行业的发展，包括行业规范、技术发展、区域规划和准入门槛等，旨在推动产业化创新和高质量发展。

《"健康中国2030"规划纲要》提出，以促进医药产业发展，加强医药技术创新为目标，进一步加强专利药、中药新药、新型制剂、高端医疗器械等创新能力建设，大力发展生物药、化学药新品种、优质中药、高性能医疗器械、新型辅料包材和制药设备，推动重大药物产业化，加快医疗器械转型升级，提高具有自主知识产权的医学诊疗设备、医用材料的国际竞争力。《"十四五"医药工业发展规划》是推动医药工业高质量发展的纲领性文件，旨在引导和促进医药工业的持续健康发展，通过创新驱动发展，推动产业结构升级，重点关注原创新药、高端医疗器械、新型疫苗等领域的研发和产业化，规划还强调了提升产业链稳定性和竞争力的重要性，具体措施包括补齐产业链短板，提升产业链优势，鼓励企业不断强化体系化制造优势，巩固原料药制造优势，打造"原料药+制剂"一体化优势，并给出了医药产业和医疗器械产业重点发展的产业化技术和关键核心技术。《"十四五"医疗装备产业发展规划》专注于医疗装备领域的技术进步和市场发展，提出要加快新产品的开发和产业化，提升行业的整体竞争力，具体围绕医疗器械、高端装备、新材料、关键零部件等重点方向，提升设计前瞻布局能力，全面提升医疗装备产业链供应链稳定性和竞争力，还强调要增加原创性新产品、研发制造所需新型关键零部件和高性能材料企业、国际知名品牌等方面的数量，以及在品质能效、产品性能、可靠性等方面达到国际先进水平的产品种类和数量，医疗设备产业应进一步补齐产业链短板、实施产业基础再造工程、加强关键数字化工具及工业软件的应用等。《"十四五"生物经济发展规划》强调生物技术在促进经济转型升级中的关键角色，特别是在健康产业中的应用，提出要推动基因检测、生物遗传等先进技术与疾病预防的深度融合，开展针对重大疾病的早期筛查，为个体化治疗提供精准解决方案和决策支持，同时，加快疫苗研发生产技术的迭代升级，开发多联多价疫苗、新型基因工程疫苗和治疗性疫苗，提高对重大烈性传染病的应对能力。近年来我国的医药医疗产业重点政策梳理情况见表3-23。

表 3-23　近年来国家医药医疗产业重点政策

政策名称	发布机关	发布时间	政策要点
《"健康中国2030"规划纲要》	中共中央、国务院	2016年10月	到2030年，建立与社会主义现代化国家相适应的健康体系，提高人均预期寿命，实现健康公平。以促进医药产业发展、加强医药技术创新为目标，进一步加强专利药、中药新药、新型制剂、高端医疗器械等创新能力建设，大力发展生物药、化学药新品种、优质中药、高性能医疗器械、新型辅料包材和制药设备，推动重大药物产业化，加快医疗器械转型升级，提高具有自主知识产权的医学诊疗设备、医用材料的国际竞争力
《关于深化审评审批制度改革鼓励药品医疗器械创新的意见》	中共中央办公厅、国务院办公厅	2017年10月	提出了一系列措施，包括优化创新药品和医疗器械的审评流程，加快产品上市速度，支持新技术应用和创新药物研发，提高药品医疗器械的质量和竞争力
《"十四五"医药工业发展规划》	工业和信息化部、国家发展和改革委员会、科学技术部、商务部、国家卫生健康委员会、应急管理部、国家医疗保障局、国家药品监督管理局、国家中医药管理局	2021年12月	明确到2025年，主要经济指标实现中高速增长，前沿领域创新成果突出，创新驱动力增强，产业链现代化水平明显提高，药械供应保障体系进一步健全，国际化全面向高端迈进。分别给出了医药制造业和医疗器械产业重点应研发的关键技术和重点产业化技术，提出通过加强创新、提升产业链稳定性和竞争力、增强供应保障能力等多方面措施，推动医药工业向创新驱动转型，并实现高质量发展
《"十四五"医疗装备产业发展规划》	工业和信息化部、国家卫生健康委员会、国家发展和改革委员会、科学技术部、财政部、国务院国有资产监督管理委员会、国家市场监督管理总局、国家医疗保障局、国家中医药管理局、国家药品监督管理局	2021年12月	提出到2025年，医疗装备产业基础高级化、产业链现代化水平明显提升，主流医疗装备基本实现有效供给，高端医疗装备产品性能和质量水平显著提升，形成对公共卫生和医疗健康需求的全面支撑能力。明确7个重点领域，包括诊断检验装备、治疗装备、监护与生命支持装备、中医诊疗装备、妇幼健康装备、保健康复装备、有源植介入器械，覆盖了从防、诊、治到康、护、养的全方位全生命周期医疗健康服务装备需求

续表

政策名称	发布机关	发布时间	政策要点
《"十四五"生物经济发展规划》	国家发展和改革委员会	2022年5月	到2035年，我国生物经济综合实力稳居国际前列，基本形成技术水平领先、产业实力雄厚、融合应用广泛、资源保障有力、安全风险可控、制度体系完备的发展新局面。强调顺应"以治病为中心"转向"以健康为中心"的新趋势，加强基础研究和提升原始创新能力是生物医药创新升级的关键，围绕生命健康重大问题和前沿生物技术开展前瞻布局。要求加快相关技术产品转化和临床应用，强化产学研用协同联动，推动生物医药产业的快速发展
《"十四五"卫生与健康科技创新专项规划》	科技部、国家卫生健康委	2022年11月	提出六大战略任务：包括应用基础研究、前沿核心技术突破、常见多发疾病防控、重大传染病应对、医药健康产品研发、新型主动健康服务等，以系统部署医药医疗产业的科技创新，规划提出重点部署基因治疗、免疫治疗等前沿技术，引领医学技术发展，针对制约我国医药健康产业发展的关键技术问题和研发链上的短板，突破重大底层基础技术，在药品、医疗器械、康复辅具、健康监测产品、生物医用材料、智慧医疗信息系统等方面加快创新产品研发

(2) 四川省相关政策

四川省高度重视医药医疗产业的发展，打出政策服务"组合拳"，以促进医药医疗产业的创新和发展。

1) 强化对医药医疗产业的扶持

四川省先后出台了《四川省人民政府办公厅关于促进医药产业健康发展的实施意见》《促进成都生物医药产业高质量发展若干政策》《关于支持医疗健康装备产业高质量发展的若干政策措施》《关于承接制造业有序转移的实施意见》《四川省创新医疗器械审查程序》《四川省第二类医疗器械优先审批程序》《四川省医疗器械快速审评审批办法》等政策，为医药医疗产业发展提供了良好的政策支撑。

同时，先后颁布实施了多项扶持措施，对 1 类生物制品、化学药品，1 类、2 类、4 类、5 类中药和天然药物，完成Ⅰ期临床试验并进入Ⅱ期临床试验每项最高资助 300 万元，完成Ⅱ期临床试验并进入Ⅲ期临床试验每项最高资助 500 万元，完成Ⅲ期临床试验并取得注册批件每项最高资助 1000 万元，单个企业（机构）每年最高资助 2000 万元。对 2~5 类生物制品，2 类化学药品，3 类、6 类中药和天然药物，完成Ⅰ期临床试验并进入Ⅱ期临床试验每项最高资助 100 万元，完成Ⅱ期临床试验并进入Ⅲ期临床试验每项最高资助 200 万元，完成Ⅲ期临床试验并取得注册批件每项最高资助 300 万元，单个企业（机构）每年最高资助 800 万元。对新获得医疗器械注册证，具有自主知识产权的第三类医疗器械最高资助 300 万元，第二类医疗器械（不含二类诊断试剂及设备零部件）最高资助 100 万元。单个企业（机构）每年最高资助 600 万元。在配套资助重大新药创制项目，加快重大项目建设、支持成果产业化、支持企业发展壮大、支持申报国家奖项等方面也均出台了大额资助和奖励措施等。

2）吸引高层次人才参与产业集群建设

出台四川省"科创 10 条""成都人才 36 条""成都人才新政 12 条"等，成都天府国际生物城聚集诺奖团队 5 个、国家级院士团队 4 个，成都医学城引进两院院士、国家和省"千人计划"专家等高层次人才 140 名。

3）重视医疗仪器设备及器械产业发展

四川省先后出台了《关于支持医疗健康装备产业高质量发展的若干政策措施》《关于承接制造业有序转移的实施意见》《四川省创新医疗器械审查程序》《四川省第二类医疗器械优先审批程序》《四川省医疗器械快速审评审批办法》等政策，为医疗仪器设备及器械产业发展提供了良好的政策支撑。

4）强化知识产权保护和应用

四川省充分发挥国家知识产权局专利局专利审查协作四川中心、成都知识产权法庭、成都知识产权保护中心等知识产权机构的作用，引导医药医疗企业加强专利布局、保护和运用。设立总规模 20 亿元的知识产权运营基金，积极引导知识产权商品化。大力推进职务科技成果权属改革，促进科技成果产业化。

2. 医药制造业

医药制造的历史由来已久，其发展历程可以追溯到上古文明时期。随着时代的进步，医药制造逐渐从传统的捣碎、煎煮等简单工艺，发展到利用化学、生物技术等手段进行精细加工和合成。近代，随着化学科学的发展，化学制药工业迅速崛起，人们开始尝试从天然药物中分离出有效成分，并通过人工合成和结构改造，开发出了许多新型化学药物，如麻醉药、抗菌药等，极大地推动了医药制造产业的发展，同时，制剂学也逐步发展成为一门独立的学科，各种新剂型和新给药系统不断涌现，进一步提高了药物的疗效和安全性。如今的医药制造行业不断融入了新的技术和研究成果，医药研发中，通过基因编辑技术、细胞治疗技术、人工智能等前沿科技在医药领域的应用，为新药研发和治疗手段的创新提供了无限可能。此外，医药制造产业正面临数字化转型，通过运用大数据、云计算、人工智能等信息技术手段，医药企业可以实现研发、生产、销售等各个环节的智能化和数字化管理，极大提高制造效率和质量。

(1) 产业链划分

如图3-186所示，医药制造业产业链上游主要涉及医药原材料的供应加工，包括基础化工材料、动植物材料、药用辅料及不同类型的包装材料等，还包括一些制药中间体；中游是医药产业链的核心环节，即药品的生产制造，包括化学药制造、生物药制造、中药制造等；产业链下游主要是医药流通和销售，包括医药批发、零售药店、医疗机构等销售渠道和药物的应用端。

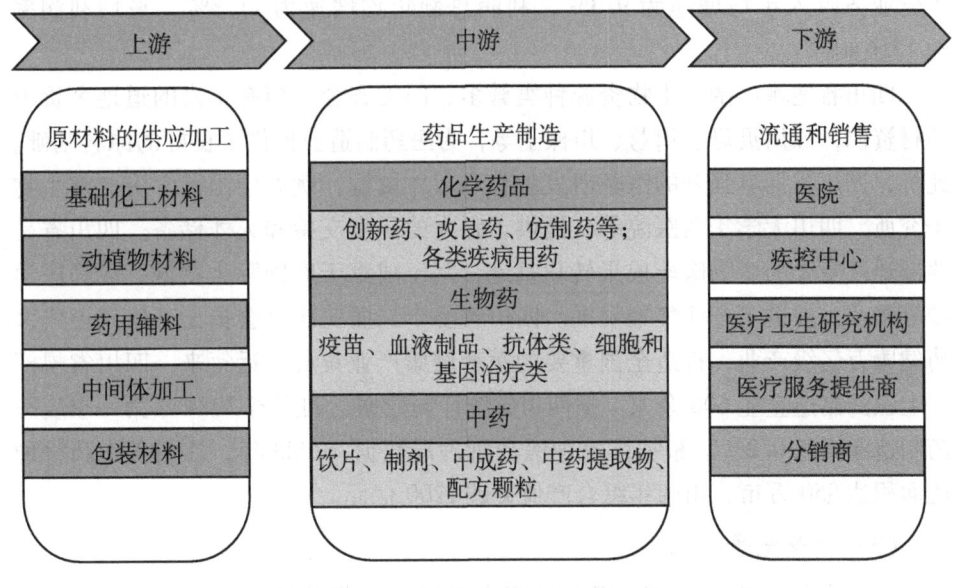

图3-186 医药制造业产业链图谱

(2) 产业市场规模

随着全球经济的不断发展和医疗科技的持续突破，以及人口总量持续增长和社会老龄化程度的提高，全球医药行业市场总规模一直保持稳定上升态势，根据IQVIA 2022年报告显示，2021年全球制药市场收入为14235亿美元，其中美国为5804亿美元，德国、法国、英国、意大利、西班牙共2095亿美元，中国 1694 亿美元[13]。此外，根据 IQVIA 预测，未来由中国、印度、巴西、俄罗斯组成的新兴医药市场将成为全球制药市场增长的主要动力，新兴医药市场 2022—2026 年增速将达到 5%~8%，显著高于发达市场的增速，2026 年医药市场规模则达到 4700 亿~5000 亿美元。

"十二五"以来，我国医药工业总产值保持高速增长，我国已经成为全球最大的新兴医药市场。根据《"十四五"医药工业发展规划》，"十三五"时期，我国规模以上医药工业增加值年均增长 9.5%，高出工业整体增速 4.2 个百分点，47 个国产创新药上市，首次上市药品超过 200 个，278 个品种 964 件药品通过仿制药质量和疗效一致性评价，出口交货值年均增加 14.8%，创新药的国际注册取得突破性进展。国家统计局的数据显示，2016—2022 年，我国医药制造业营业收入持续增加，2021 年和 2022 年分别达到 2.93 万亿元和 2.91 万亿元。2022 年我国医药制造行业资产总额为 47885.3 亿元，同比增长 9.9%。工业和信息化部公布数据显示，"十四五"以来，我国医药产业（医药制造业）主营业务收入年均增速为 9.3%，利润总额年均增速为 11.3%，平均利润率约 17.6%。

四川省地域广阔，生物资源种类繁多、门类齐全，拥有丰富的道地名贵中药材资源，如川贝母、川芎、川楝子等，为医药制造业提供了良好的原料基础。此外，四川省拥有强劲的医药研发教育和人才资源，例如中国科学院成都生物研究所、四川大学华西医院等，提供了强大的研发支持和人才储备。四川省是西部地区重要的生物医药成果转化基地，基于成都天府国际生物城、成都医学城等载体，促进了产业集聚发展。四川省委十二届三次全会提出，培育形成医药健康万亿级产业，打造全国重要的医药健康产业集群。近年来，四川省规模以上医药制造企业 600 余家，据四川省统计局数据，四川省 2024 年第一季度医药制造业增长 0.2%。根据国家中医药管理局数据，2023 年，四川省中药材种植面积达 850 万亩，川药年综合产值突破 1200 亿元。

（3）产业竞争情况

我国药企自 2019 年起，开始出现在美国《制药经理人》杂志发布的"全球制药企业 TOP50 榜单"上，2024 年，强生公司以处方药销售额 534.6 亿美元荣登榜首，其他排名前列的企业包括 AbbVie（第二位）、诺华（第三位）、默克（第四位）、罗氏（第五位）、辉瑞（第六位）等，其中也有 4 家中国药企上榜，分别为云南白药位列第 33 位，中国生物制药位列第 38 位，上海医药位列第 42 位，以及恒瑞医药位列第 48 位。尽管国际大公司在创新药物和全球市场分布上具有明显优势，但我国药企通过持续的创新和国际化努力，也在逐步扩大其全球影响力。据国家统计局数据，2022年我国医药制造行业规模以上企业数量为8814家，较2021年增加477家，同比增长5.7%。

整体而言，中国的医药制造企业在研发投入和创新能力上与美国等发达国家企业相比还存在较大差距，例如，在2024年美国《制药经理人》杂志发布的"全球制药企业TOP50榜单"中，国外企业的R&D投入占其销售收入的比重均较高，基本达到1/5，个别企业甚至超过一半，而我国上榜的几家企业中，只有恒瑞医药的R&D投入占比达到了近1/3，其他企业都不足15%，甚至更低。新药研发周期长、投入大且成功率低，这使得医药企业在研发过程中面临巨大的资金压力，然而，随着生物技术的快速发展，新药研发、基因治疗等领域的突破为医药企业带来了巨大市场机遇，同时，我国医药制造业也在不断加强技术创新，提升行业整体创新能力。

近年来，四川省生物医药产业各项主要经济指标持续稳定增长，逐步形成了以成都平原为中心的"一干多支"产业发展格局。截至2023年2月，成都市、德阳市、绵阳市、达州市、资阳市生物医药产业中，化药企业分别为119、8、5、1、3家，中药企业分别为47、13、5、4、5家，中药饮片分别为67、11、16、3、4家[79]。

（4）技术发展情况

《中国高技术产业统计年鉴》将我国医药制造业分为三大类：化学药品制造、生物药品制造和中成药制造。

医药制造业三大种类中，化学药的市场占比最多，化学药主要用于人体疾病防治、诊断，应用领域较为广泛和普及，2020年我国化学药市场规模约为709亿美元，占比49.2%。生物药凭借其药理活性高、特异性强、治疗效果好等特点，越来越受市场关注，其市场规模由2016年的184亿美元增长至2020年的349亿美元。慢性病的治疗周期较长，我国中药在慢性病的治疗中具有不可替代的作用[80]。

随着科技的不断进步和人们健康需求的不断提升，创新药物的研发依然是行业的主要方向。工业和信息化部联合多部门发布的《"十四五"医药工业发展规划》中，首次提出支持企业立足本土资源和优势，面向全球市场，紧盯新靶点、新机制药物开展研发布局，积极引领创新。我国医药企业在新兴技术、新兴靶点等方面也取得了显著进展，逐渐获得国际市场的认可。医药魔方数据显示，2022年至今中国医药海外总交易额在10亿美元以上的有10例，其中交易总额最高的公司是四川省企业科伦药业，其通过子公司科伦博泰与默沙东针对7个临床前ADC分子的转让协议，总交易额为94.75亿美元，这一交易不但在我国医药行业国际授权交易史上排名第一，而且荣登全球制药行业授权交易合作 2022 年第一位。对于跨国药企，以及海外创新药企的吸引力正在逐渐增加。

我国医药制造业今后将在技术创新、产业升级等方面持续发力。目前我国化学药仍然是市场占有主体，正处于"控成本、提质量"的关键时期，同时，创新药物的研发也在加速，以填补市场空白和应对未满足的医疗需求。《"十四五"医药工业发展规划》提出，化学药领域，重点发展针对肿瘤、自身免疫性疾病、神经退行性疾病、心血管疾病、糖尿病、肝炎、呼吸系统疾病、耐药微生物感染等重大临床需求，以及罕见病治疗需求，具有新靶点、新机制的化学新药。发展基于反义寡核苷酸、小干扰 RNA、蛋白降解技术（PROTAC）等新型技术平台的药物。根据疾病细分进展和精准医疗需求，发展针对特定疾病亚群的精准治疗药物。发展有明确临床价值的改良型新药。

我国的生物药正处于加速发展时期，今后将更多聚焦在 CAR – T、ADC、RNAi 等新结构产品，此外，细胞基因治疗（CGT）以及新兴相关技术例如基因编辑、酶促 DNA 合成、mRNA 药物、微生态疗法等，都将影响生物制药行业发展[80]。《"十四五"医药工业发展规划》提出，在抗体药物领域，重点发展针对肿瘤、免疫类疾病、病毒感染、高血脂等疾病的新型抗体药物，新一代免疫检测点调节药物、多功能抗体、G 蛋白偶联受体（GPCR）抗体、抗体偶联药物（ADC），发展抗体与其他药物的联用疗法。在疫苗领域，重点发展新型新冠病毒疫苗、疱疹疫苗、多价人乳头瘤病毒（HPV）疫苗、多联多价疫苗等产品。在重组蛋白质药物领域，重点发展新靶点创新药物，以及采用长效技术、新给药途径的已上市药物的升级换代产品。在其他领域，重点发展针对新靶点、新适应症的嵌合抗原受体 T 细胞（CAR – T）、嵌合抗原受体 NK 细胞（CAR – NK）等免疫细胞治疗、干细胞治疗、基因治疗产品和特异性免疫球蛋白等。

随着人们对健康问题的关注度的提高，中医药因其独特的疗效和保健功能受到越来越多人的青睐，尤其是年轻消费者群体对中药产品的接受度不断提高。目前，中国中药市场稳定增长，总产值超 8000 亿元[80]。国家高度重视中药行业发展，出台了一系列政策文件，旨在推动中药产业高质量发展。近年来，我国学者采用系统生物学方法完善中药复方配伍理论和应用研究，我国已建立了中药安全性、有效性评价体系，以及以化学标志物检测为核心建立了中药质量检验控制体系，极大促进了中药产业的标准化发展。此外，中药创新药和民族药也将是今后发展的重点[81]。《"十四五"医药工业发展规划》提出，中药领域以临床价值为导向，以病证结合、专病专药或证候类中药等多种方式开展中药新药研制，重点开展基于古代经典名方中药复方制剂研制，以及医疗机构中药制剂向中药新药转化；深入开展中药有效物质和药理毒理基础研究；开展中成药二次开发，发展中药大品种。

随着更多新兴技术的应用，进一步支撑了医药制造产业创新发展，例如基因测序、3D打印、人工智能、虚拟现实、生物芯片、大数据和云计算等，这些应用可以加速新药研发过程，快速建立疾病模型、寻找靶点和进行高通量筛选，提高研发效率和质量。医药制造产业的数字化转型也将是重要的趋势之一。未来，全面创新和国际化将继续成为医药制造业的主导趋势，随着各种新技术和新药物的不断出现，医药制造产业将迎来更多的发展机遇。

3. 医疗设备制造

医疗设备是医疗器械产业的重要组成部分，医疗器械大多数场景下直接指代医疗设备，本节即以医疗器械为主体进行相关分析。根据《医疗器械监督管理条例》，医疗器械，是指直接或者间接用于人体的仪器、设备、器具、体外诊断试剂及校准物、材料以及其他类似或者相关的物品，包括所需要的计算机软件；其效用主要通过物理等方式获得，不是通过药理学、免疫学或者代谢的方式获得，或者虽然有这些方式参与但是只起辅助作用；其目的是：疾病的诊断、预防、监护、治疗或者缓解；损伤的诊断、监护、治疗、缓解或者功能补偿；生理结构或者生理过程的检验、替代、调节或者支持；生命的支持或者维持；妊娠控制；通过对来自人体的样本进行检查，为医疗或者诊断目的提供信息。医疗设备包括诊断、治疗、监护、康复等各个环节的设备，整体涉及电子信息、机械、生物材料等多个领域，是现代医疗体系的核心部分。

（1）产业链

如图3-187所示，医疗设备制造的上游包括原材料和零部件制造，如电子元件、原材料、软件等。中游产业主要包括医疗设备的制造和生产。下游主要为医疗卫生行业，包括各级医院、疾控中心、医疗卫生研究机构等，这些机构是医疗设备的终端用户。

（2）产业规模

"十四五"以来，我国医疗器械行业蓬勃发展。2022年，我国医疗器械市场占全球比重稳步提升，医疗器械销售额占全球器械销售额比例从2019年的20.9%提高到2022年的27.5%[82]。截至2022年底，我国医疗器械生产企业总数达到32632家，全国医疗器械生产企业主营收入约12400亿元，占全球医疗器械市场的大约27%，尤其是核酸检测试剂、抗原检测试剂、呼吸机、制氧机、防护服与防护口罩等防疫用品，在新冠疫情防控中对国内和全球做出了重大贡献[83]。新华社数据显示，2023年，我国医学装备市场规模达1.27万亿元，同比增长10.4%，是世界第二大单体国家市场。

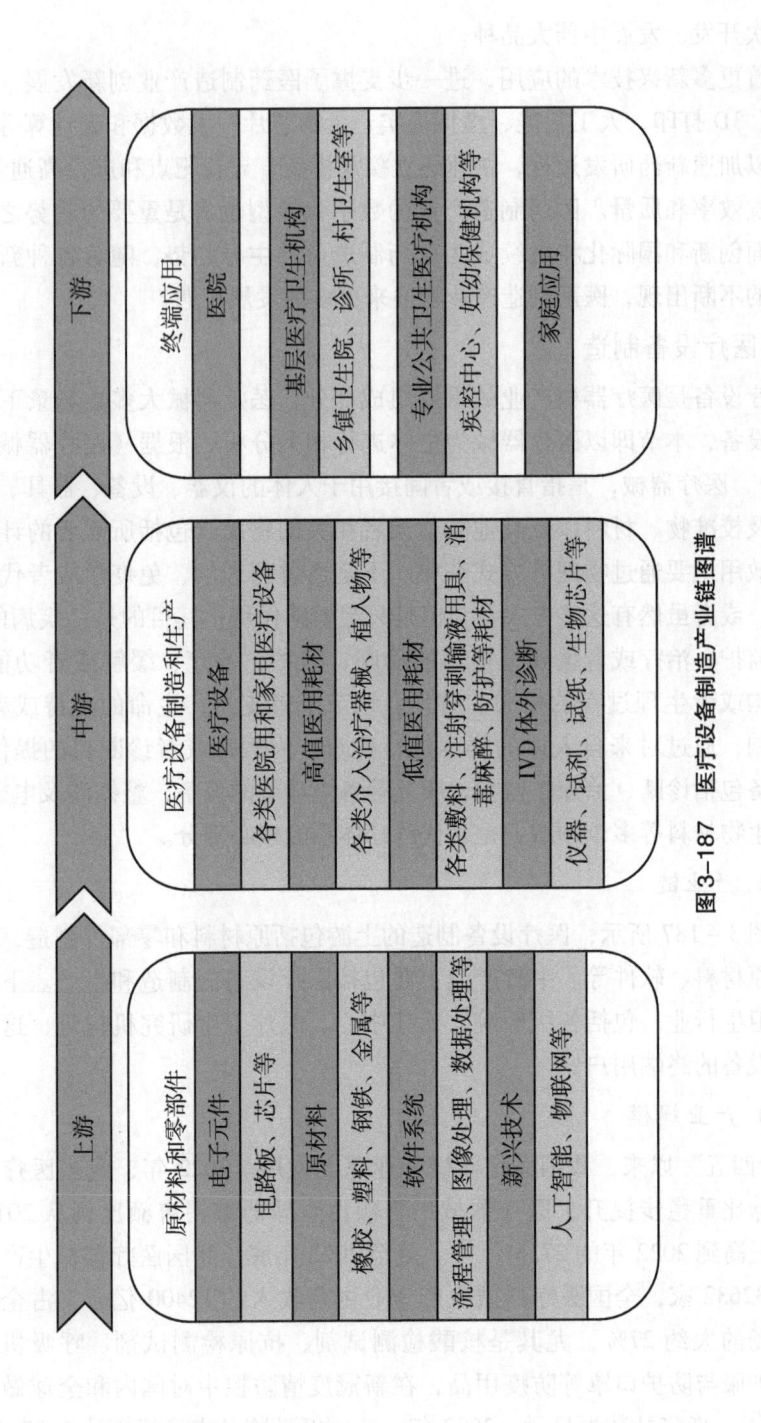

图 3-187 医疗设备制造产业链图谱

上游	中游	下游
原材料和零部件	医疗设备制造和生产	终端应用
电子元件：电路板、芯片等	医疗设备：各类医院用和家用医疗设备	医院
原材料：橡胶、塑料、钢铁、金属等	高值医用耗材：各类介入治疗器械、植入物等	基层医疗卫生机构：乡镇卫生院、诊所、村卫生室等
软件系统：流程管理、图像处理、数据处理等	低值医用耗材：各类敷料、注射穿刺输液用具、消毒麻醉、防护等耗材	专业公共卫生医疗机构：疾控中心、妇幼保健机构等
新兴技术：人工智能、物联网等	IVD体外诊断：仪器、试剂、试纸、生物芯片等	家庭应用

据众成数科（JOINCHAIN）统计，四川省2021年医疗器械产值达到222.06亿元，占全国总产值的1.92%，2017—2021年复合增长率为25.18%。地级市中，成都市医疗器械产业规模排名第一，产值达161.26亿元，2017—2021年的复合增长率为23.34%，其次是资阳市和德阳市，其2017—2021年复合增长率分别为68.32%和24.3%。

（3）产业竞争情况

医疗器械市场上，大型跨国企业强生、西门子、通用、飞利浦、美敦力等长期占据全球高端医疗设备和耗材市场前列，其产品技术含量和附加值都较高，企业创新能力卓越。而今，中国企业也正在不断努力实现医疗仪器设备的国产替代，大到CT、核磁共振仪，小到颅内取栓支架、人工晶体，越来越多的国产医学设备产品涌现。当下，迈瑞医疗、迪安诊断、达安基因、稳健医疗和乐普医疗的营业收入在上市企业中占据前五位，其中，迈瑞医疗的市场份额为3.09%[84]。2023年全球医疗装备企业100强榜单中，我国有十余家医疗装备企业上榜，且排名有所上升。

国家药品监督管理局的数据显示，截至2022年底，我国生产医疗器械产品的企业数量有32632家，主要分布在广东、江苏、山东、浙江、河北、湖北、上海、江西、安徽、河南等地。其中，广东共有4968家企业，江苏共有4814家。与沿海省份相比，四川省医疗器械产业发展相对缓慢，截至2023年2月，成都市、德阳市、绵阳市、达州市、资阳市生物医药产业中，医疗器械企业分别为445、19、29、8、33家[79]。

（4）技术发展情况

随着人口老龄化加剧，人们对健康产品更加关注，未来的医疗器械市场上，技术含量高、附加值高的高值医用耗材、医疗设备以及体外诊断相关产品将成为发展重点。我国医疗器械出口额保持增长，尤其是低值耗材、仪器设备、体外诊断产品（IVD）率先有所突破。从医疗器械获批情况看，2023年，国家药监局批准了61个创新医疗器械上市，涵盖高值耗材、医用设备、IVD试剂，涉及美敦力、华科精准、联影医疗、腾讯医疗等企业，并且多个产品为国内甚至全球首创产品。

相比发达国家，我国医疗器械行业整体起步晚、规模小、产品偏重于低端领域。低端医用耗材是指医院在开展医疗服务过程中普遍应用的价值较低的一次性医用材料，包括一次性注射器、输液器、输血器、引流袋、引流管、留置针、无菌手套、手术缝线、手术缝针、手术刀片、纱布、棉签、医用口罩等。《医疗器械行业蓝皮书 中国医疗器械行业数据报告（2023）》显示，2022年我国低值医用耗材市场规模为1216亿元，同比增长8.96%。

高端医用设备和耗材包括各类医用、家用的成像、手术和生理监护设备及其软件，以及各类手术中使用的介入类耗材，如MRI、CT、DSA、超声、心电图仪，以及各种介入导管、球囊、支架、植入物等。在高端医用设备和耗材领域，国产替代程度整体相对较低，但近年来受益于经济水平的发展，健康需求不断增加，我国高值医用耗材、高端医学装备市场也迎来了巨大的发展机遇，国产装备在医疗卫生机构的占比大幅度增加。据不完全统计，在医学影像、手术机器人、临床检验等六大重点领域，国内市场已有超四成高端医学装备为国产自主品牌。碳离子治疗系统、质子治疗系统等61个三类医疗器械创新产品获批上市，不断填补相关领域空白，我国医疗装备领域在新质生产力方面的自主创新能力显著增强。根据《医疗器械行业蓝皮书 中国医疗器械行业数据报告（2023）》数据显示，2022年我国高值医用耗材行业市场规模为1515亿元。

新冠疫情以来，体外诊断产品爆发式增长，2022年中国体外诊断（IVD）市场规模达1197亿元，同比增长14.88%。[84]随着技术的进步，高通量测序、人工智能、微流控技术等将继续推动IVD领域的发展。除了常规的新冠病毒、流感病毒检测外，更多疾病领域的扩展应用也将进一步推动体外诊断领域的发展。

《"十四五"医药工业发展规划》提出，医疗器械领域，重点发展新型医学影像、体外诊断、疾病康复、肿瘤放疗、应急救治、生命支持、可穿戴监测、中医诊疗等领域的医疗器械，疾病筛查、精准用药所需的各类分子诊断产品，支架瓣膜、心室辅助装置、颅骨材料、神经刺激器、人工关节和脊柱、运动医学软组织固定系统、人工晶体等高端植入介入产品；重组胶原蛋白类、可降解材料、组织器官诱导再生和修复材料、新型口腔材料等生物医用材料。加快人工智能等信息技术在医疗装备领域的应用。

未来医疗器械行业将继续保持快速发展的态势，技术创新、国产替代、市场需求增长、政策支持等因素将共同推动行业的进步。同时，智能化、自动化、新兴领域的发展以及国际市场的开拓也将为行业带来更多的机遇和挑战。

4. 四川省医疗医药产业创新发展基础

四川省医疗医药产业依托于其丰富的生物资源和深厚的中医药文化，其产业创新和技术进步不断得到推动。近年来，四川省政府高度重视医疗医药产业的发展，出台了一系列政策措施，加大对生物医药、中医药、医疗器械等产业的支持力度，通过优化产业结构、提升产业链水平、加强创新能力建设等举措，推动四川省医疗医药产业实现高质量发展。四川省拥有众多知名的医疗机构和医药企业，其中包括四川大学华西医院等高水平的医疗机构，以及一些在国内外享有盛誉的医药制造企业，为四川省医疗医药产业的发展提供了人才和技术支撑。此外，四川省还拥有一批国家级和省级重点实验室、工程技术研究中心等科研平台，为医疗医药产业的创新发展提供了良好的环境。在政策支持和市场需求的双重驱动下，四川省医疗医药产业正在向高质量、高效益的方向发展，为当地乃至全国的医疗卫生事业做出了重要贡献，其创新实力主要体现在如下几个方面：

(1) 依托高水平创新机构开展科技成果转化

四川省推动成都医学城、成都天府国际生物城与上海交通大学、四川大学等20所知名高校结成创新共同体，推进新药研制、安全性评价、生物治疗等创新成果转化，共建大学科技园3个、新型研发机构5个，孵化落地协同创新项目266个。

(2) 加快建设高能级创新平台

四川省在全国率先拥有生物医药领域国家级创新平台"全牌照"，以转化医学重大科技基础设施为牵引，带动国家精准医学产业创新中心、同位素及药物国家工程研究中心、生物靶向药物国家工程研究中心、西南天然药物与临床转化国家科教基础设施等高能级创新平台在成都集聚，具备从生物医药领域基础研究到中试验证再到临床应用的完整创新产业链。同时，国家精准医学产业创新中心建设已取得积极进展。

(3) 建立产业基金，赋能产业发展

四川省拥有总规模20亿元的四川省生物医药产业基金，结合成都高新区打造的总规模超80亿元"1+2+X"产业基金生态群，持续推动更多优质生物医药企业落地发展。根据火石创造产业数据中心统计，2023年1~12月，四川省完成融资项目32起，融资金额26.48亿元，排名全国第7。

(4) 国产创新药跨境交易逐步获得突破，创新项目建设稳步推进

2022年12月科伦博泰在ADC项目上与默沙东达成了里程碑款近100亿美元的合作项目。2023年2月康诺亚生物将Claudin 18.2 ADC授权给阿斯利康，潜在价值近12亿美元。2023年12月百利天恒子公司SystImmune和百时美施贵宝（BMS）宣布就HER3/EGFR双抗ADC BL-B01D1达成独家许可与合作协议，潜在总价值高达84亿美元。平台项目方面，获批国家企业技术中心2家，批准建设省级工程研究中心4家，省级企业技术中心9家。完成全国首个国家重大新药创制科技成果转移转化试点示范基地一期建设，全国唯一国家精准医

学产业创新中心和天府锦城实验室（前沿医学中心）建设工作有序推进。获批国家区域医疗建设项目4项。产业项目方面，推动成都微识医疗国内首个消化内镜AI辅助诊断产品获批上市。威斯津生物mRNA脂质体疫苗、优赛诺通用型CAR－T疗法、至善唯新rAAV基因药物3个项目获科技部全国颠覆性技术创新大赛奖项。

（5）建立主题园区，促进产业发展，提高产业综合竞争力

近年来，四川省各地通过建立医疗器械主题园区，进一步促进医疗器械产业集中化与规模化，为医疗器械产业发展打造了更为坚实的基础。截至2022年底，在四川省主题园区中西南国际医疗器械城的企业数量最多，有104家，其次是大科星创意园（55家），具体如图3－188所示。

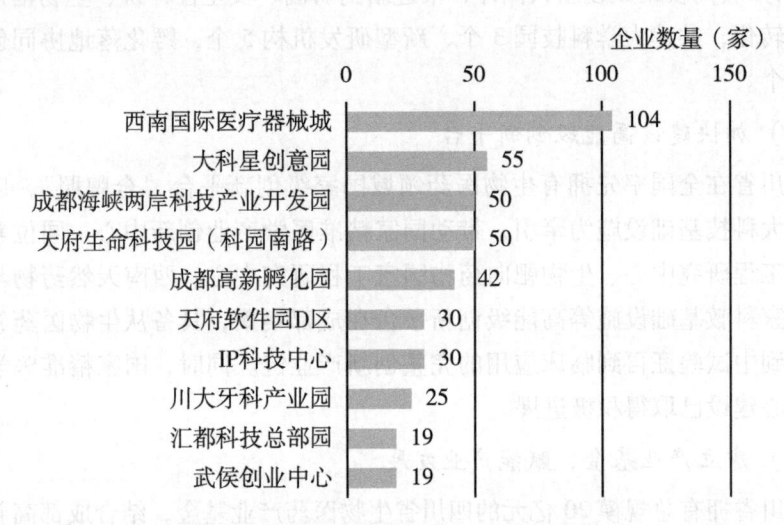

图3－188 2022年四川省各地级市主题园区械企数量分布（TOP10）

5. 四川省医药医疗产业整体专利分析

针对四川省医药医疗产业整体进行专利分析，可以直观体现产业整体发展状况。图3－189展示了四川省医药医疗产业的专利申请趋势和授权趋势，从图中可以看出，2015—2017年该领域的专利申请快速增长，仅用两年时间即实现专利申请量翻倍。2019年起，专利申请量处于稳定增长状态，四川省的医药医疗产业目前处于稳定发展状态。专利的授权率可以在一定程度上反映专利申请的总体质量，如图所示，在专利申请量成倍增长期间，专利申请的授权率显著下降，可见，在此期间提高数量的同时并未保证质量，之后受多方面因素叠加影响，虽然专利申请量增加缓慢，但是专利授权比例显著升高，2019年起，该产业专利申请的授权比例达50%以上，且持续稳步增长，这表明，四川省医药

医疗产业的创新主体从重视专利数据向重视专利质量转变，体现了该产业处于高质量、高水平的发展状态。

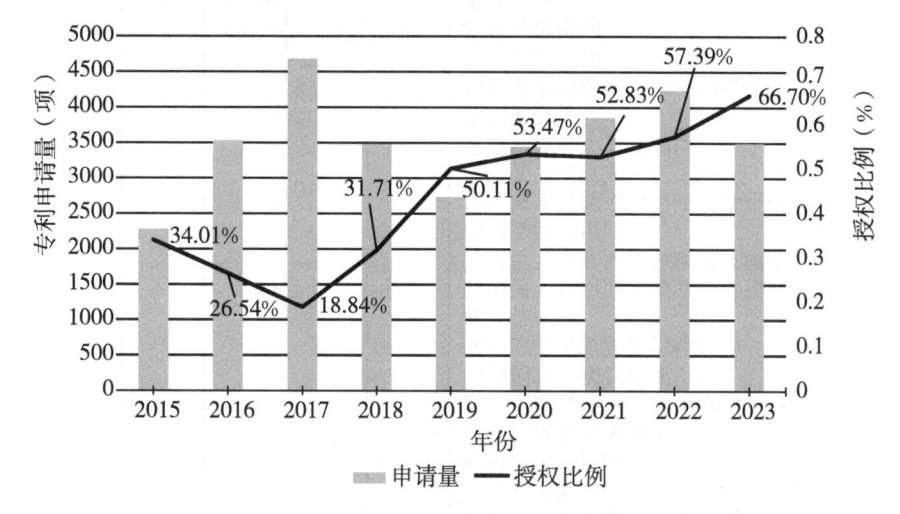

图 3-189　四川省医药医疗产业专利申请和授权百分比趋势

图 3-190 展示了四川省医药医疗产业专利申请量前 20 位的重要申请人，其中四川大学、四川农业大学和电子科技大学排名前三，且四川大学的申请量远远多于其他申请人，因为这之中也包含四川大学华西医院和四川大学华西第二医院，体现了四川大学在该行业具有深厚的研发实力。在前 20 位的重要申请人中，仅有三家企业跻身榜单，分别是四川海思科制药有限公司、四川科伦博泰生物医药股份有限公司和成都博恩思医学机器人有限公司，分列第 14 位、第 15 位和第 19 位，其中四川海思科制药有限公司、四川科伦博泰生物医药股份有限为医药企业，成都博恩思医学机器人有限公司为医疗设备企业。可见，在医药医疗产业，四川省的重要申请人主要集中在省内重点高校和科研院所。这同时也反映了，民营经济在这一领域显得较为薄弱，这与该产业"高投入、高风险"的特点密切相关。这一现状提示我们，需要进一步激发民营企业的创新活力和市场竞争力，从而为整个行业的持续进步提供更多元化的动力。

进一步分析四川省医药医疗产业专利地域分布情况，如图 3-191 所示（纵坐标为对数刻度），成都市专利申请量位居榜首，且专利申请量远超省内其余地市之和。泸州市位列第二，绵阳市排名第三，其余地市申请量均不足 500 项，可见，医药医疗产业在四川省各地市发展不均衡，成都市创新度集中较大，这与其制定多项创新研发政策、拥有众多科研机构以及较强的企业创新实力有着密不可分的关系。

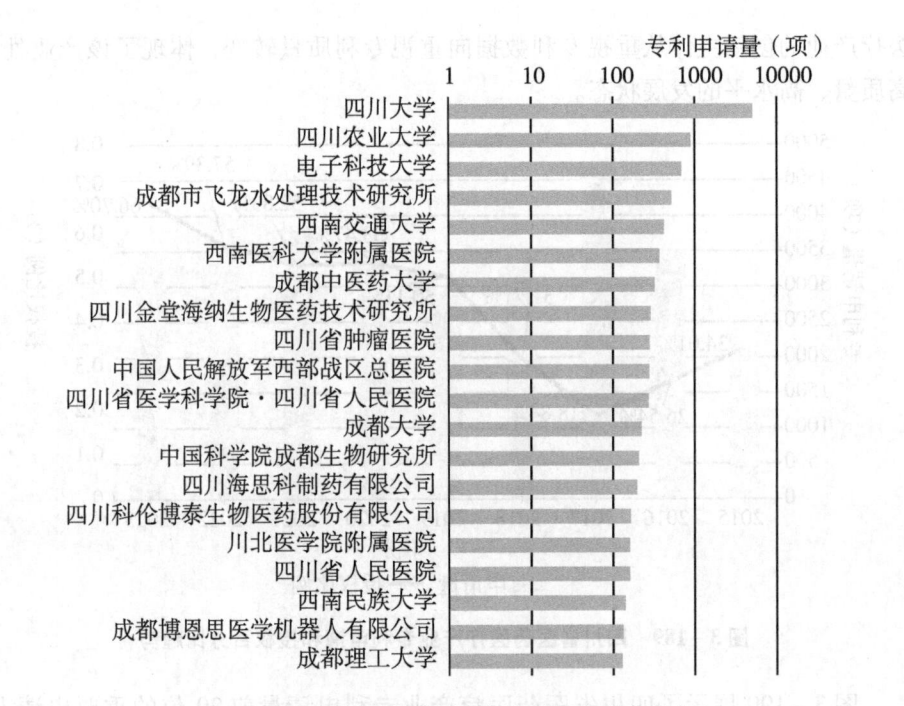

图 3-190　四川省医药医疗产业重要专利申请人

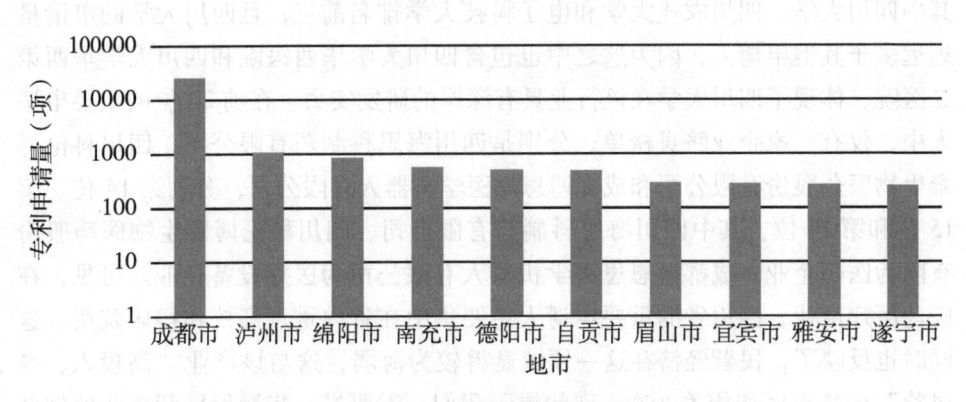

图 3-191　四川省医药医疗产业专利申请量地市排名

3.6.3　医药制造业分析

四川省高度重视创新药的发展，如图 3-192 所示，目前已拥有从上游原材料加工和生产（中药材料、化学原料药、中间体、原料药、辅料包材、生物来源原材料）、中游药物研发和生产（中药、化学药、生物药）到下游药物的流通、销售为一体的完善的产业链，可实现从新药发现、临床前研究、临床试验到产业化的全链条配套服务的覆盖，特别是以成都为中心的创新药一站式产业

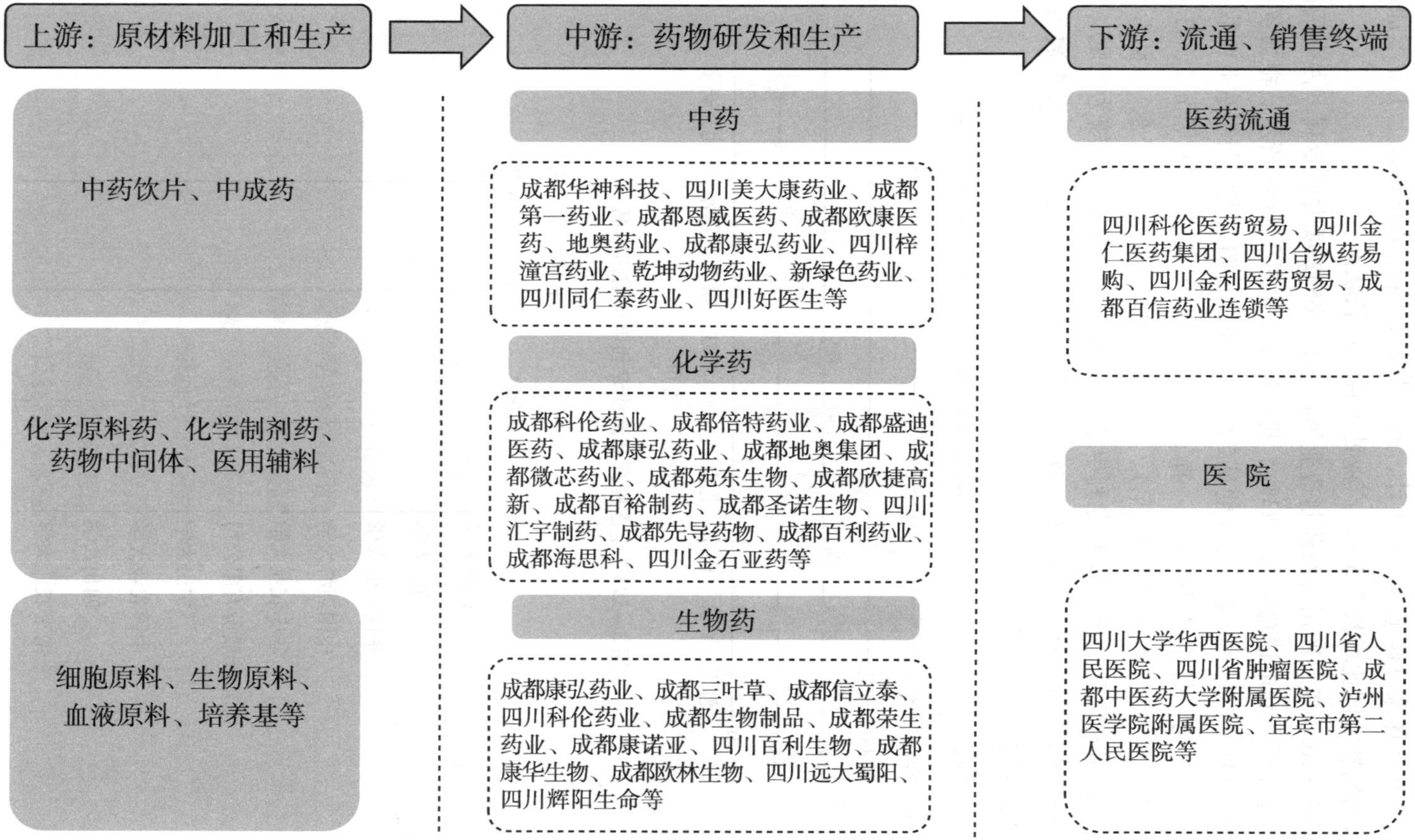

第 3 章 四川省专利密集型产业发展研究分析

上游：原材料加工和生产

- 中药饮片、中成药
- 化学原料药、化学制剂药、药物中间体、医用辅料
- 细胞原料、生物原料、血液原料、培养基等

中游：药物研发和生产

中药：成都华神科技、四川美大康药业、成都第一药业、地奥药业、成都恩威医药、成都康弘药业、成都欧康医药、四川梓潼宫药业、乾坤动物药业、新绿色药业、四川同仁泰药业、四川好医生等

化学药：成都科伦药业、成都康弘药业、成都地奥集团、成都盛迪医药、成都苑东生物、成都依科康高新、成都微芯药业、成都百裕制药、成都圣诺生物、四川汇宇制药、成都先导药物、成都百利药业、成都海思科、四川金石亚药等

生物药：成都康弘药业、成都三叶草、成都信立泰、四川科伦药业、成都生物制品、成都荣生药业、成都康诺亚、四川百利生物、成都远大蜀阳、康华生物、成都欧林生物、四川辉阳生命等

下游：流通、销售终端

医药流通：四川科伦医药贸易、四川金仁医药集团、四川合纵药易购、四川金利医药贸易、成都百信药业连锁等

医院：四川大学华西医院、四川省人民医院、四川省肿瘤医院、泸州医学院附属医院、成都中医药大学附属医院、宜宾市第二人民医院等

图3-192 四川省医药制造产业链图谱

· 299 ·

配套服务平台体系日渐形成。据统计，四川省2023年全省规模以上工业增加值中，医药制造业同比增长5.5%，产业处于稳步增长状态。

2015—2023年，四川省医药制造业累计申请16532项发明专利，占全国医药制造业发明专利申请总量的3.83%，排名第7，如图3-193所示。根据各省市发布的2022年统计年鉴（披露的是2021年数据），四川省医药制造业营收规模1558.5亿元，排名全国第6，前五名依次为北京（3670亿元）、江苏（3345.43亿元）、山东（3208亿元）、浙江（2103.9亿元）、广东（1897.35亿元），四川省医药制造业发明专利申请量排名与营收规模排名较为匹配。如图3-194所示，在中国申请专利的医药制造业重要申请人中，绝大多数为高校，其中四川大学排名第9。

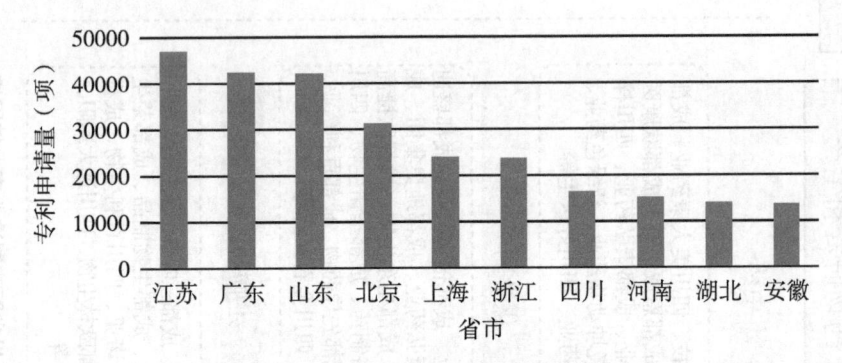

图3-193　全国医药制造业专利申请省市排名

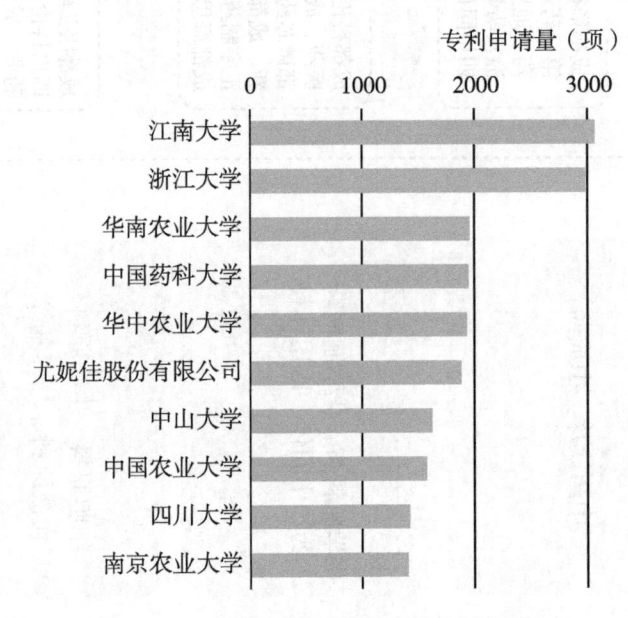

图3-194　全国医药制造业重要专利申请人

1. 产业链上游：原材料加工和生产

（1）中药产业具备良好基础

四川省是中药材资源大省，为了全面提升中药材质量，实施了川产道地药材全产业链管理规范及质量标准提升示范工程；成立省级中医药标准化技术委员会，发布29项中医药地方标准；完成省级溯源平台和中药材溯源试点县溯源体系建设，涉及中药材品种84种。同时，四川省将中医药产业纳入"六大优势产业提质倍增计划"万亿级医药健康产业进行部署，推动中医药资源优势转化为经济发展新动能。2021年1月21日，四川省政府办公厅出台的《四川省中医药强省建设行动方案（2021—2025年）》明确，要优化中药材产业布局，建设可持续、多元化、特色化的中药材产区。培育中药材大品种，重点培育全产业链年产值超50亿元的中药材大品种1~2个，达20亿元的2~3个，达10亿元的4~6个。培育龙头企业和品牌，力争打造营业收入超50亿元企业1~2家、达10亿元企业5~10家，培育区域公共品牌和企业知名品牌10~20个。大力支持中药及大健康产品开发和关键技术装备创新，支持中医药重点龙头企业培育一批高价值专利，提升川产道地药材市场竞争力，研发10~15个大健康产品获批进入市场，推动10~20项具有市场竞争力的中医药智能装备上市。四川省中药材种植面积稳定在800万亩，产业链综合产值1400亿元以上。在建设国家中医药综合改革示范区过程中，四川省建成一批国家中药种质资源库、种子种苗繁育基地、标准化种植基地，2023年全省中药材种植面积达850万亩，"川药"年综合产值突破1200亿元。四川省实施了"三个一批"建设行动，成立扶持工作专班，打造了好医生药业、新绿色药业两个超50亿元龙头企业和一批超10亿元的拳头产品。实施产业集聚融合发展行动，四川省打造了天府中药城、岳池生物医药产业园等一批优势互补、错位发展、各具特色的中医药产业园区，其中天府中药城2022年实现全产业链营收240亿元[85]。2023年四川省中成药产量达21.6万吨，同比增长20.7%。

在关于中药材饮片加工的发明专利申请中，四川省名列第二位，如图3-195所示。可见，四川省在该领域具有一定的技术优势，处于该领域的第一梯队。成都中医药大学、四川省天府神龙中药饮片有限公司和四川省新绿色药业科技发展有限公司是该领域的重要申请人，如图3-196所示。

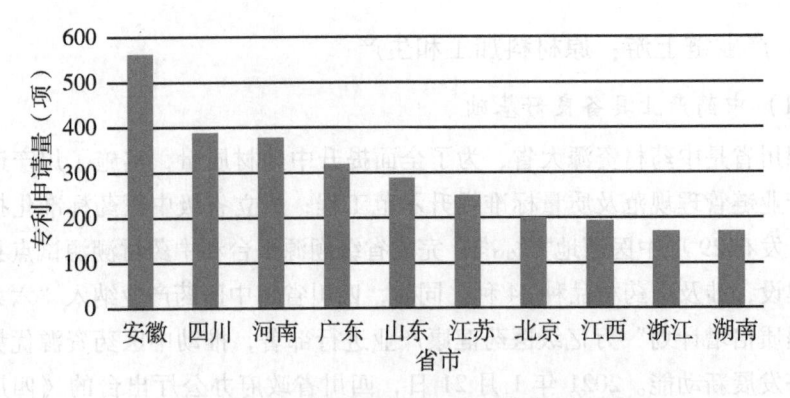

图 3-195 全国中药饮片专利申请量省市排名

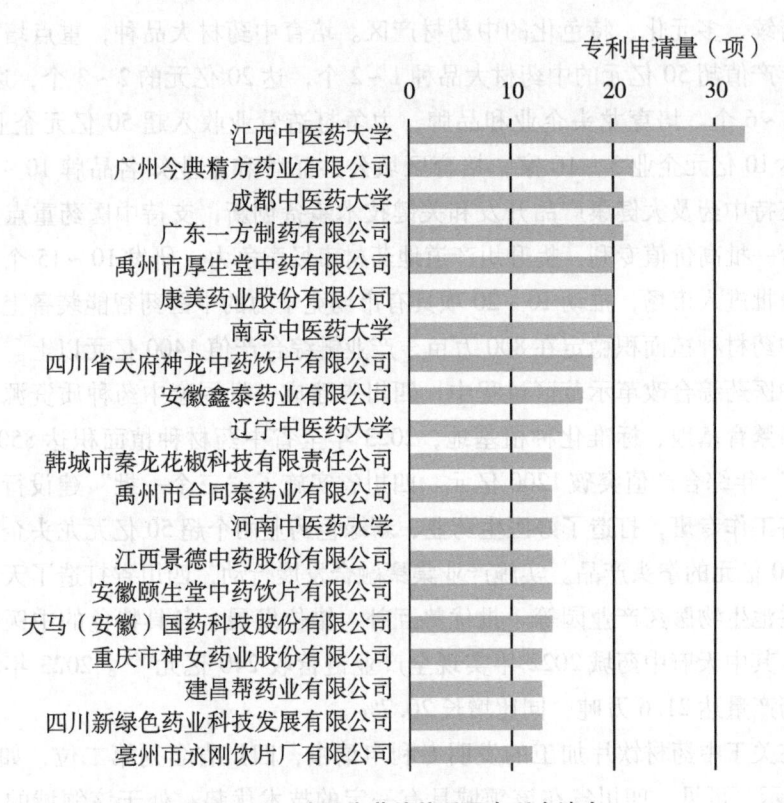

图 3-196 全国中药饮片重要专利申请人

（2）化学药品原料药制造相对薄弱

化学药品原料药，也称为活性药物成分（Active Pharmaceutical Ingredient，API），是构成药物疗效的主要成分。尽管它们对治疗至关重要，但原料药本身并不直接用于患者治疗。必须经过一系列加工步骤，包括添加辅助成分等，转化为适合患者使用的制剂。在这一转化过程中，中间体起到了至关重要的作用。它们是原料药生产过程中产生的半成品，需要经过进一步的化学反应或提纯，才能最终形成原料药。原料药主要分为三个类别：大宗原料药、特色原料药和专利原料药。大宗原料药，例如维生素和抗生素，由于已经广泛使用且不存在专利问题，我国在全球市场上占据了显著的优势地位。特色原料药则主要面向仿制药市场，它们通常是专利期满或即将到期的药物品种，开发难度较高，但因其技术含量，具有较高的附加值，如治疗慢性病、中枢神经系统疾病和肿瘤的药物。专利原料药，作为仍在专利保护期内的药物品种，主要服务于原创药企业，其研发难度极大，但相应的附加值也是最高的。

我国是原料药的生产和使用大国，全球有60%的原料药为中国生产，原料药出口规模接近全球市场份额的20%左右，产品类型主要以大宗原料药为主，在维生素C、青霉素钾盐、阿司匹林等60多个产品方面具有较强的竞争力。四川省近年来建立了多个产业园区，形成了"一核两带"聚集发展的格局，原料药发展主要集中在德阳、南充和广安市。其中，四川省广安市岳池县与成都医学城、重庆国际生物城合作共建四川省岳池绿色原料药飞地园区，创建成渝地区双城经济圈产业合作示范园区，经过十余年的发展，该县目前已经是四川省乃至西南最大的原料药生产基地。然而，四川省与原料药强省江苏省之间仍然存在差距。江苏省为原料药生产大省，其在该领域的发明专利申请量排名第一，同时其原料药品种数为1689个（截至2021年5月18日），也是拥有原料药品种最多的省份，其次是广东省和上海市，分别位列第二位和第三位，四川省位列第七，原料药品种数为598个（截至2021年5月18日）[86]。四川省原料药方面的专利申请量与江苏省存在一定差距，如图3-197所示。在四川省内，四川大学、四川海思科制药有限公司和四川科伦博泰生物医药股份有限公司在原料药的开发中占据重要地位，如图3-198所示。但是上述创新主体与全国的其他优秀创新主体相比，不论是在发明专利数量，还是技术力量和重视程度等方面仍有一定差距，如图3-199所示。

从2023年末开始，全球原料药行业经历了库存调整，印度的新增产能等短期因素对原料药板块的2023年业绩构成了压力。然而，随着制剂厂家的库存清理周期接近结束，原研药专利悬崖高峰到来，以及我国在中间体和原料药领域的成本优势和产业链完善，原料药行业有望迎来新的增长窗口。国家统计局的数据显示，2023年12月，我国化学药品原料药的产量达到了40万吨的新高，同比增长约3万吨，显示出下游制剂厂商对原料药需求的增长强烈。紧抓专利原料药专利悬崖的机遇，精准把握行业周期性变化，有望为化学原料药制药行业带来强劲的发展动力，实现突破性进展，开启新一轮的增长周期。

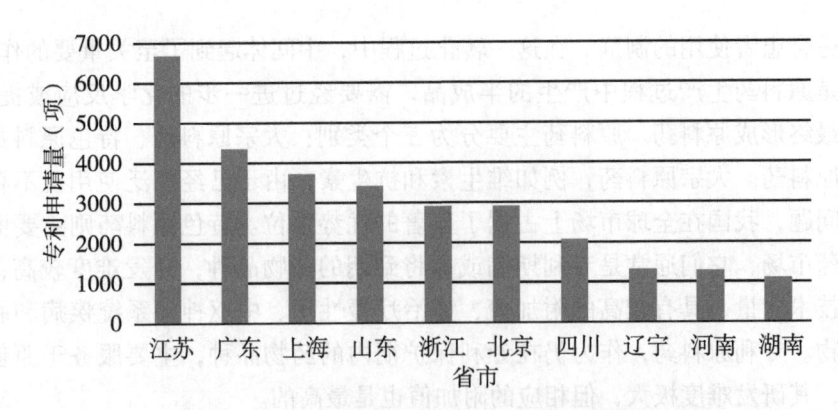

图 3-197　全国化学原料药专利申请量省市排名

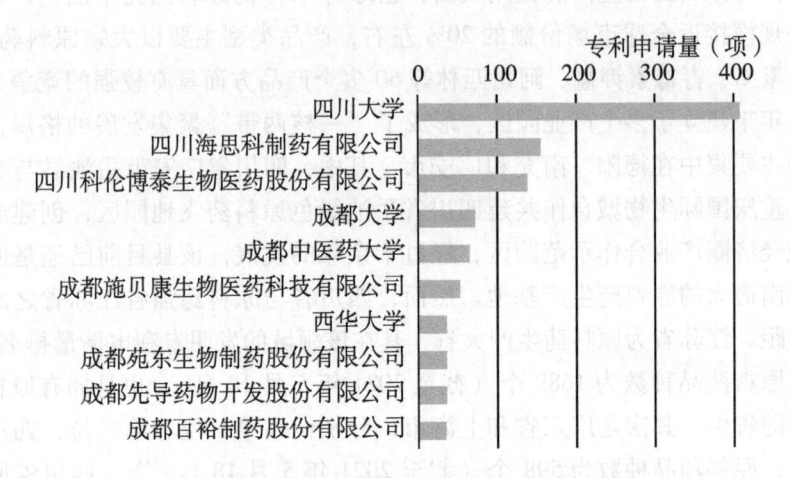

图 3-198　四川省化学原料药重要专利申请人

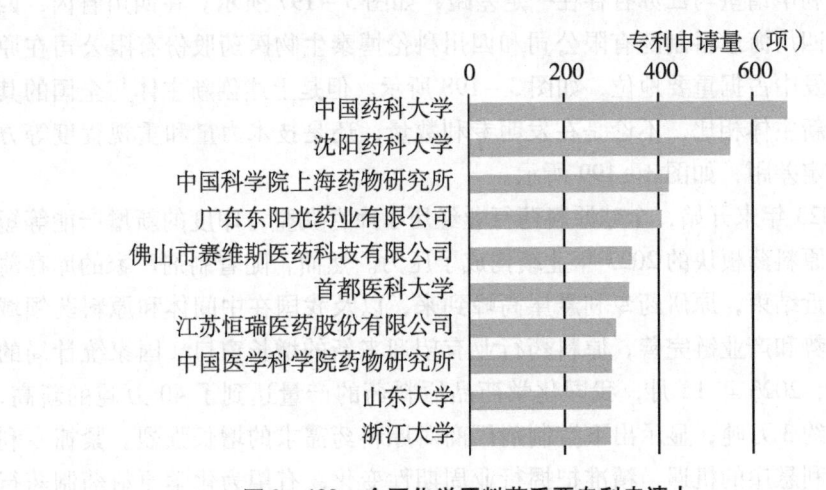

图 3-199　全国化学原料药重要专利申请人

2. 产业链中游：药物研发和生产

（1）产业营收及研发投入持续增加，但生物药和化学药技术储备相对不足

医药研发和生产环节属于产业链中游，是四川省高技术产业和战略性新兴产业的重要组成部分，也是全省重点发展产业。天眼查数据显示，2022年四川省医药制造业R&D经费46.5亿元，R&D经费投入强度3.34%。根据国家药监局发布的《2023年度药品审评报告》，2023年全年CDE（国家药品监督管理局药品审评中心）受理四川省药品申请品种共计833个，受理号1156个，同比增长89.32%，占全国受理总量的7.27%。按照审评任务类别进行统计，其中新药临床试验申请（IND）81个品种，同比增长28.57%；新药上市申请（NDA）16个品种，同比增长100%；同名同方药、仿制药、生物类似药上市许可申请313个品种，同比增长99.36%；仿制药质量和疗效一致性评价49个品种，同比增长11.36%。其中1类创新药申请68个品种，同比增加74.36%。以药品类型统计，创新中药申请2个品种，同比减少60%；创新化学药40个品种，同比增长185.71%；创新生物制品26个品种，同比增长32.20%。以注册申请审评任务分类统计，IND申请61个品种，同比增长69.44%；NDA申请8个品种，同比增长166.67%。

四川省医药制造业中游的发明专利年申请量变化如图3-200所示，2015—2023年，年专利申请量在1600项上下波动。按照国民经济行业小类进行细分，四川省医药制造业发明专利申请主要集中在生物药品制造、中成药生产和化学药品制剂制造三个细分领域，申请量均在5000项左右。对比江苏省，如图3-201所示，四川省在中成药生产方面与江苏省的发明专利申请数量相当，但在基因工程药物和疫苗制造、生物药品制造和化学药品制剂制造方面的技术储备远落后于江苏省。表现在CDE药品审评审批方面，2023年生物制品创新药获批上市有17个品种（新冠药物除外），江苏省获批4个，四川省无；化药1类创新药获批上市有16个品种，江苏省获批6个，四川省无；纳入优先审评审批程序的81个品种中，江苏省占13个，四川省7个；纳入突破性治疗药物程序的47个品种中，江苏省占12个，四川省2个。四川省化药目前仍以仿制药为主，2023年获批上市的化学药品种中，新药为9个品种，同名同方药、仿制药、生物类似药为313个品种。叠加集采竞价的推进，竞争将愈加激烈。

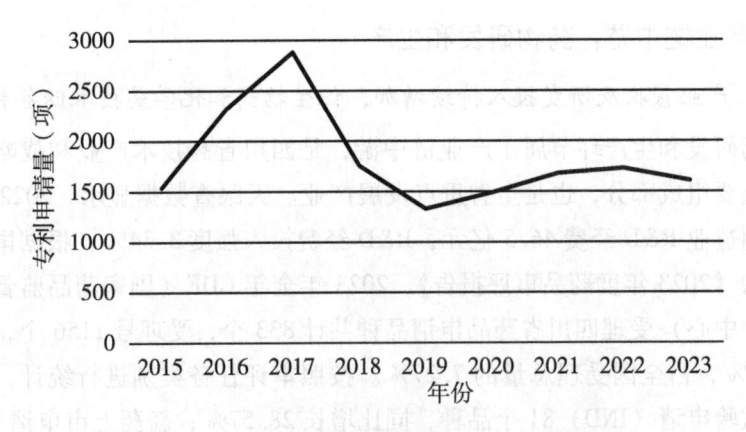

图 3-200　四川省医药制造业中游专利申请趋势

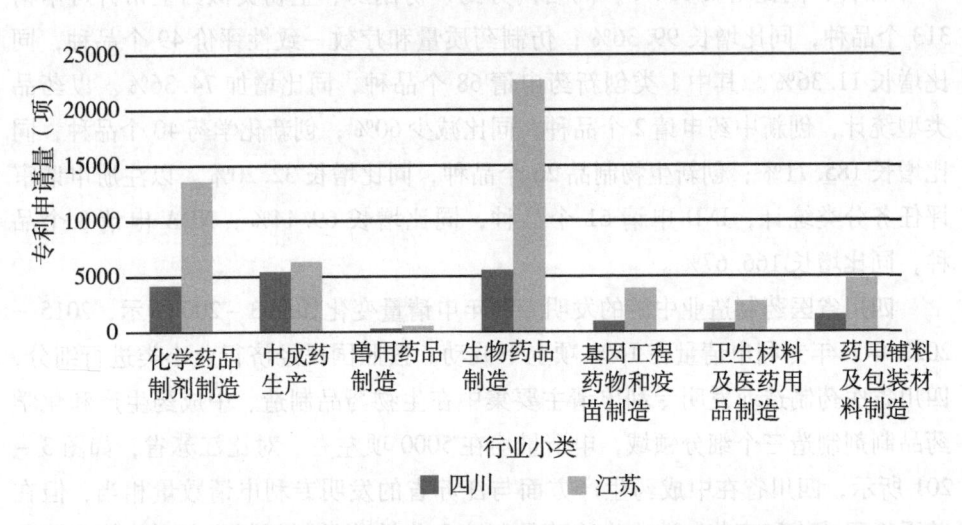

图 3-201　江苏省与四川省医药制造业行业小类专利申请分布比较

(2) 以重点区域带动产业集聚发展，但目前医药制造企业的规模相对较小

四川省形成了以成都天府国际生物城、天府中药城、成都医学城、未来医学城、华西医美健康城为主承载区的创新药产业关键要素和医药制药产业空间布局，呈现主导产业错位协同、功能配套完善专业化、差异化、高端化的发展态势。2021 年全国生物医药园区前 50 强中，成都高新天府国际生物城位列第 4 位，成都医学城位列第 16 位。同时，成都高新技术产业开发区、成都医学城均荣登中国生物医药产业发展指数 CBIB2023 重点高新区、产业园区。成都高新区作为四川省生物医药的主要承载地，产业规模已连续五年保持 20% 的增长率。

第3章 四川省专利密集型产业发展研究分析

此外，围绕创新药产业链完善创新链，成都已聚集国家级创新平台28个、GLP（药物非临床研究质量管理规范）机构4个、GCP（药物临床试验质量管理规范）机构30个，聚集了科伦药业、康弘药业、康诺亚生物、药明康德、罗欣、博奥、海思科、百裕、百利、维亚等行业领军企业。

截至2024年3月，四川省医药制造业上市企业总市值百利天恒约500亿元、科伦药业约460亿元、海思科约290亿元、康弘药业约150亿元、康诺亚约90亿元、康华生物约80亿元、苑东生物约65亿元、汇宇制药约60亿元、成都先导约57亿元、欧林生物约40亿元、金石亚药约37亿元、海创药业约36亿元、圣诺生物约34亿元、华神科技约25亿元、梓橦宫约12亿元。但是，缺少如恒瑞医药（约2900亿元）、百济神州（约1800亿元）、智飞生物（约1100亿元）等重磅的千亿级龙头企业。就医药制造业中游专利申请而言，如图3-202所示，四川省申请量排名前20的申请人中制药企业4家。与江苏省进行对比，如图3-203所示，大学和科研机构有17家上榜、企业3家上榜，均为龙头制药企业。

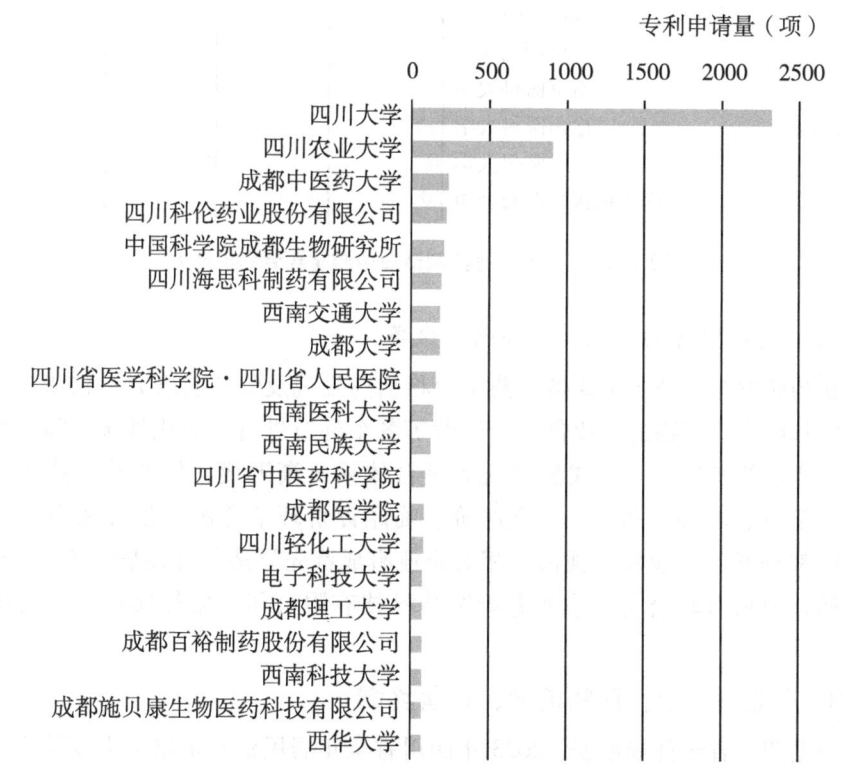

图3-202　四川省医药制造业中游重要专利申请人

专利申请量（项）

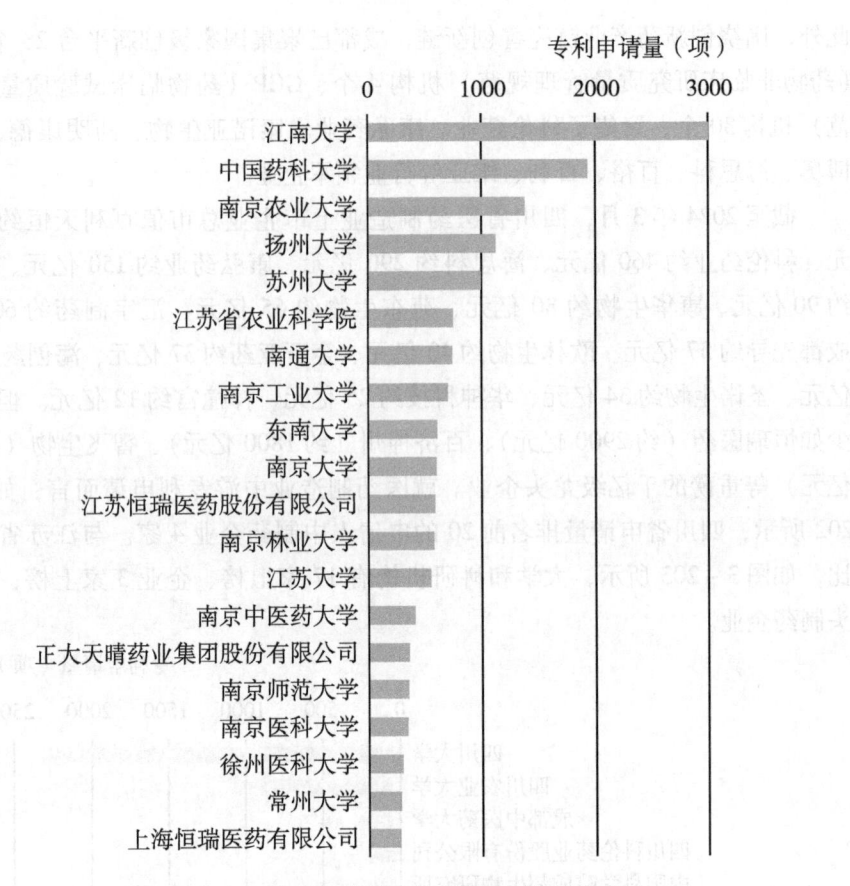

申请人	
江南大学	~3000
中国药科大学	
南京农业大学	
扬州大学	
苏州大学	
江苏省农业科学院	
南通大学	
南京工业大学	
东南大学	
南京大学	
江苏恒瑞医药股份有限公司	
南京林业大学	
江苏大学	
南京中医药大学	
正大天晴药业集团股份有限公司	
南京师范大学	
南京医科大学	
徐州医科大学	
常州大学	
上海恒瑞医药有限公司	

图 3-203 江苏省医药制造业中游重要专利申请人

(3) 具备完善的产业链配套研发服务

新药研发服务外包主要指制药企业将新药发现及临床前研究、临床阶段新药开发和已上市药物的商业化生产运营等各个环节进行专业化外包。随着成都创新药产业的发展，一站式配套服务平台体系日渐形成，如涉及新药研发的合成、筛选、药理、药效、安全评价、临床评价环节等配套研发服务，将有利于成都创新药产业建圈强链。相关企业有成都先导药物开发股份有限公司、海创药业股份有限公司、华西海圻医药科技有限公司、成都通德药业有限公司等。

3. 产业链下游：药物流通、销售终端

根据四川省统计局数据，2023 年四川省全年居民消费价格与上年持平，其中医疗保健类上涨 0.6%。根据成都海关数据，2023 年四川省主要出口商品中医药品及药材总值 411708 万元，同比增长 59.9%。四川省进出口商品中医药品进出口总值437075万元，同比增加29.5%，其中出口总值382124万元，同比增加66.7%，进口总值54951万元，同比降低49.3%。首先，药品市场竞争激烈，价格战较为常见，导致利润空间较小。其次，一些医院和诊所对于药品的采购偏好低价产品，限制了高质量产品的推广。最后，社区健康服务中心等下游机构对医药制品的需求和配送也面临一定的挑战。

3.6.4 医疗设备制造业分析

如前所述，医疗设备是医疗器械产业的重要组成部分，大多数场景下仍然以医疗器械产业进行宏观分析，本节即以医疗器械产业为主体进行相关分析。四川省医疗器械制造业已经形成了较为成熟的产业链，涉及原料及产品研发的上游链，医疗诊断监护设备、外科及兽用医疗器械等中游产品制造，以及医药卫生机构、第三方实验室等下游市场终端，图3-204为医疗设备产业链整体布局情况。

1. 产业链上游：原料及产品研发

上游包括新材料、电子元器件、产品研发三个环节，是医疗器械发展的基石，原材料的基础学科投入以及相关技术的研发投入，将直接影响医疗器械整个行业的发展与走向。近年来，四川省依托电子信息、软件、新材料等优势产业在医疗仪器设备及器械制造产业上游的各个环节均分布了较多数量的企业。其中，电子信息产业是四川省首个万亿级产业，2023年四川省电子信息产业实现营业收入超1.6万亿元，规模居中西部第一位。2023年四川省软件业务收入达到5413.3亿元，同比增长13.2%，这一数字也显示了四川省软件产业的强劲增长势头和庞大的产业规模。从专利数据上看，四川省在医疗仪器设备及器械领域涉及电子信息和软件的发明专利申请占全省发明专利申请总数的17.95%，如图3-205所示。然而，值得注意的是，尽管这一比例相对较高，但在这部分发明专利的商业化进程中，其转让次数却不超过150次，而许可次数更是低至个位数。这一数据在一定程度上揭示了尽管四川省在电子信息、软件等产业上具备显著的实力和优势，但在与医疗器械产业的深度融合和配套协作上，还存在较大的提升空间。

2. 产业链中游：产品制造

（1）生产企业保持良好增长态势，但企业规模偏小

近年来，四川省医疗设备制造生产企业和经营企业数量整体上呈现良好增长态势。根据MDCLOUD（医械数据云）数据，截至2022年底，全国医疗器械

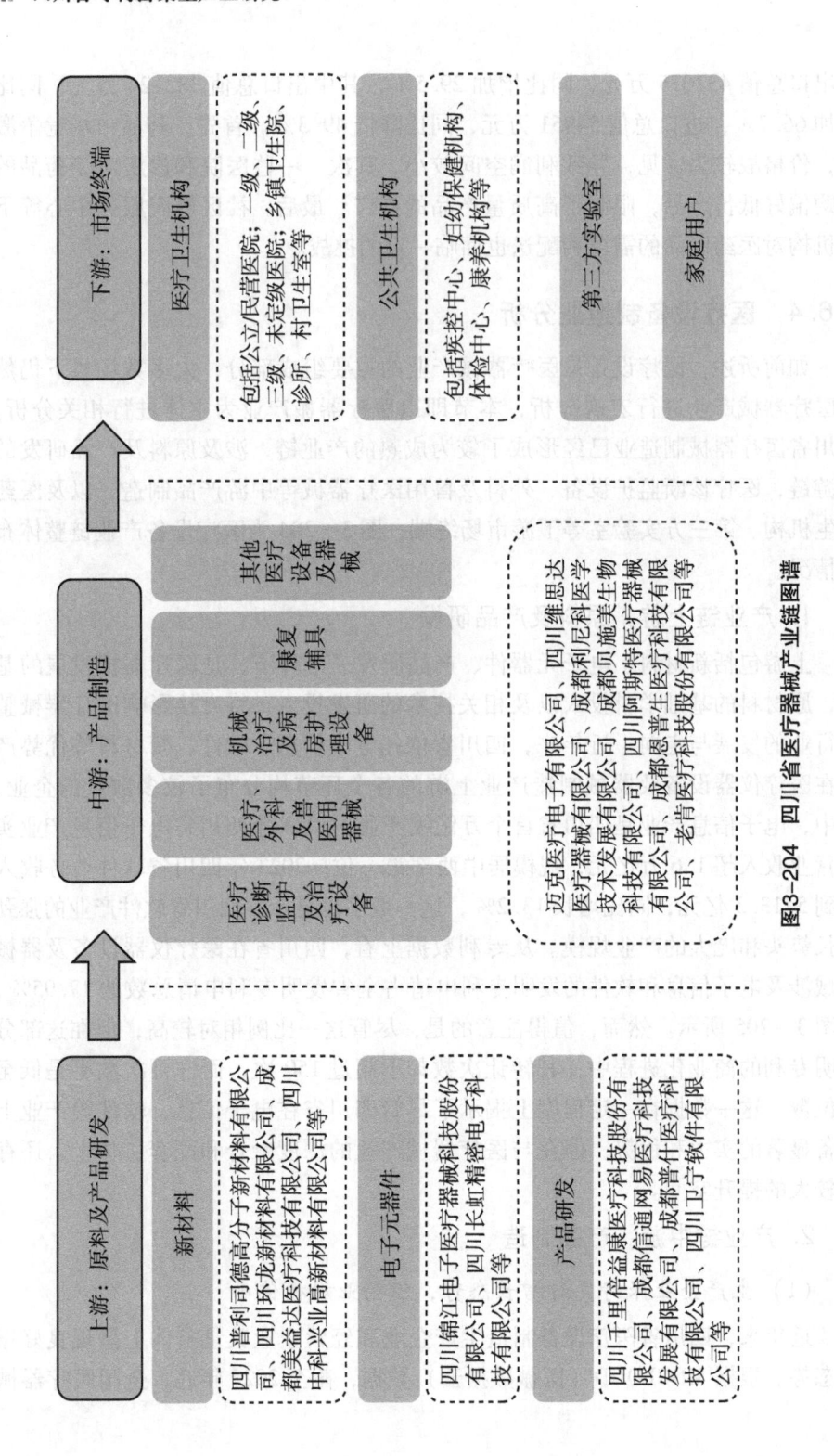

图3-204 四川省医疗器械产业链图谱

上游：原料及产品研发
- 新材料：四川普利司德高分子新材料有限公司、成都美益达医疗科技有限公司、四川环龙新材料有限公司、四川中科兴业高新材料有限公司等
- 电子元器件：四川锦江电子医疗器械科技股份有限公司、四川长虹精密电子科技有限公司等
- 产品研发：四川千里倍益康医疗科技股份有限公司、成都信通网易医疗科技发展有限公司、成都普什医疗器械有限公司、四川卫宁软件有限公司等

中游：产品制造
- 医疗诊断监护及治疗设备
- 医疗外科及兽医用器械
- 机械治疗及病房护理设备
- 康复辅具
- 其他医疗设备及器械

迈克医疗电子有限公司、四川锦江电子医疗器械科技股份有限公司、成都利尼科医学技术发展有限公司、成都易施美生物科技有限公司、四川阿斯特医疗科技有限公司、成都恩普生医疗科技股份有限公司、四川维思达医疗器械有限公司、成都贝普特医疗科技有限公司、老肯医疗科技股份有限公司等

下游：市场终端
- 医疗卫生机构：包括公立民营医院；一级、二级、三级、未定级医院；乡镇卫生院、诊所、村卫生室等
- 公共卫生机构：包括疾控中心、妇幼保健机构、体检中心、康养机构等
- 第三方实验室
- 家庭用户

· 310 ·

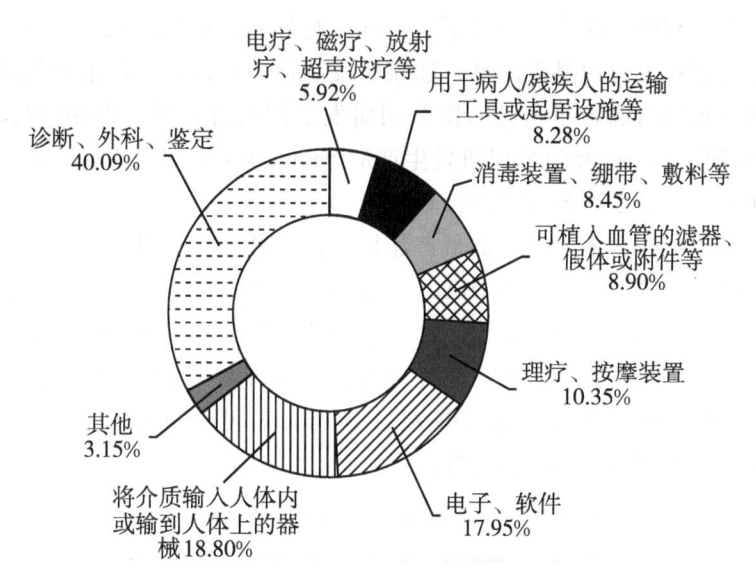

第3章 四川省专利密集型产业发展研究分析

图3-205 四川省医疗器械专利申请技术构成

- 电疗、磁疗、放射疗、超声波疗等 5.92%
- 用于病人/残疾人的运输工具或起居设施等 8.28%
- 消毒装置、绷带、敷料等 8.45%
- 可植入血管的滤器、假体或附件等 8.90%
- 理疗、按摩装置 10.35%
- 电子、软件 17.95%
- 将介质输入人体内或输到人体上的器械 18.80%
- 其他 3.15%
- 诊断、外科、鉴定 40.09%

生产企业数量排名前三的省份依次是广东省、江苏省、山东省，四川省共有634家医疗器械生产企业，占全国的比重为1.8%，远低于广东省、江苏省、山东省的占比。在医疗器械经营企业方面，截至2022年底四川省共有72071家，占全国的7%左右，可见，四川省医疗器械的经营企业的数量占比远高于生产企业的数量占比，但生产企业整体规模偏小。

（2）产品特色优势凸显，但层次偏低

截至2022年底，四川省医疗设备制造产业拥有国家级专精特新"小巨人"企业9家，省级专精特新中小企业42家。通过提高自主创新能力，四川省医疗设备制造企业致力于加速医疗仪器设备及器械国产替代，在一次性高分子材料制品及耗材、医用设备器械、体外诊断及试剂、生物医学材料等四大领域竞争优势突出，在血液治疗器械、医用康复器械等新兴领域涌现出一批优势产品，甚至在部分领域已经具备国内影响力。例如，四川省医疗器械有效产品数量方面位居榜首的迈克生物股份有限公司，其在国内率先开展体外诊断结果标准化，其产品注册总数达到405件，在2021年中国医疗器械企业100强中排名第21位。此外，四川省在输采血耗材和设备（南格尔）、血液透析产品（欧赛、威力生）、护理和防护用品领域（事丰）、心脏电生理（锦江电子）、医疗器械消毒灭菌（老肯）、医用制氧机（联帮）、物理治疗器械（千里倍益康）、医用康复器械（布法罗）等领域均涌现出一批优秀国产医疗装备和高端医疗器械产品。另外，还有部分企业在高端医疗器械市场突破了国外厂商的垄断。例如，

· 311 ·

奥泰医疗系统有限责任公司开发了首台国产超导磁共振成像系统；成都利尼科医学技术发展有限公司是我国唯一独家研发制造生产医用中高能直线加速器的厂家；四川省玖谊源粒子科技有限公司研发了国内首台国产医用回旋加速器；四川省明峰医疗科技有限公司研发生产的 ScintCare736 多排 CT 被认定为 2020 年度四川省重大技术装备省内首台套产品。

然而，虽然四川省的医疗器械产品特色优势凸显，但是从整体上看，产品的层次普遍偏低。根据 JOINCHAIN（众成数科）数据，如图 3－206 所示，2022 年四川省出口额为 22.44 亿元，同比下降 34.67%，2018—2022 年出口额复合增长率为 28.98%。在进口方面，2022 年进口额为 23.45 亿元，同比增长 5.97%，2018—2022 年复合增长率为 11.36%。可见，四川省医疗仪器设备及器械的国产化率还有待进一步提升。

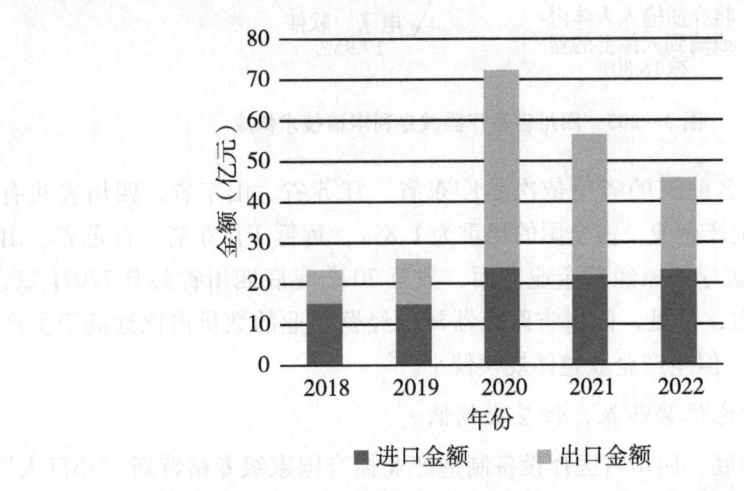

图 3－206　2018—2022 年四川省医疗器械进出口趋势

根据 JOINCHAIN（众成数科）数据，如图 3－207 所示，截至 2022 年底，四川省医疗器械产品注册备案存量有 4332 件，其中，Ⅰ类产品数量为 2171 件，产品主要集中在体外诊断试剂、注输和护理及防护器械、物理治疗器械等类别上，Ⅱ类和Ⅲ类产品数量分别为 1778 件和 383 件，产品主要集中在临床检验器械、体外诊断试剂、注输和护理及防护器械等类别上，Ⅱ类、Ⅲ类产品数量占比为 49.9%。可见，尽管四川省医疗器械产品备案数量呈现逐年上升趋势，但是Ⅱ类、Ⅲ类产品的占比却呈现出下降趋势，说明四川省相关制造企业对核心技术掌握相对薄弱，主要集聚在低值耗材和低端医疗仪器设备及器械领域。

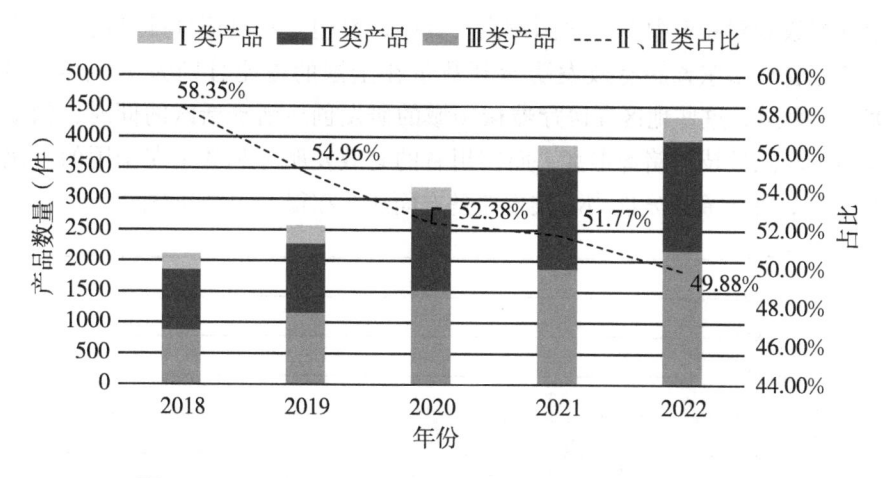

图 3-207　2018—2022 年四川省医疗器械产品注册备案情况

（3）创新资源突出，整体实力偏弱

四川省在医疗设备制造产业具有突出的创新资源，建成成都东部新区、成都高新区、温江医学城等医疗装备重点特色园区，形成了以成都为"大中心"，绵阳、资阳、内江、泸州、攀枝花等地"特色聚集"的产业布局。其中，成都医学城自 2015 年以来逐步建立国家高性能医疗器械创新中心四川省分中心、四川省药品医疗器械检验检测中心等平台，着力打造集研发、生产、流通、应用于一体的全产业链发展格局。同时，四川省的三甲医院、高等院所等临床研发资源丰富，拥有四川大学－国家生物医学材料工程研究中心等 7 个重点实验室，国家医疗器械创新四川省服务站等 7 个服务平台，以及"医用电子直线加速器应用示范基地"等 3 个国家级应用示范中心，相关从业人员超过 11 万人，生物医学材料及医用植入体、脑科学等领域技术已进入国内领先水平。此外，四川省还成功陆续引进美敦力、爱奇、卡瓦、科利耳、威高等国内外知名企业。

截至 2021 年底，四川省年产值低于 5000 万元的企业占比为 93%，而产值亿元以上的企业仅有 14 家，占 2.5%，大型和龙头企业占比相对较小，针对这些企业的培育滞后。从专利角度来看，2015—2023 年四川省相关发明专利申请数量在全国占比约为 3.43%，位居第八[87]，如图 3-208 所示，从一定程度上可以看出，广东、江苏、山东三省在医疗器械产业中占据主导地位，而四川的研发创新活动滞后于这些地区。

如图 3-209 所示，从全国主要省份在国内申请的医疗设备制造领域专利法律状态来看，已失效发明专利的失效原因均以未缴年费和撤回为主，但大部分省市的授权专利和审中专利比例较高,其中,发明专利申请量排名前三的广东省、江苏省、山东省的有效发明专利数量在全国的占比分别为7%、4.89%、3.05%,可见,这些地区在医疗器械领域的研发创新活动活跃的同时,创新研发能力也较强且技术储备丰富,而四川省的有效发明专利数量在全国的占比仅为1.71%,在创新研发能力、技术储备方面还存在很大的提升空间。

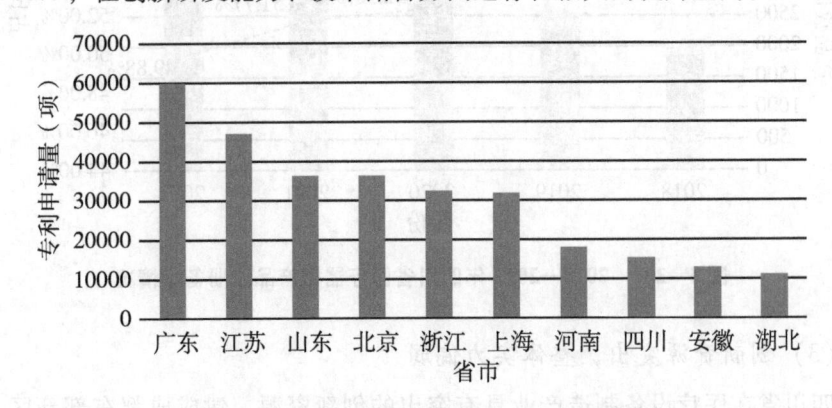

图3-208 全国医疗器械专利申请量省市排名

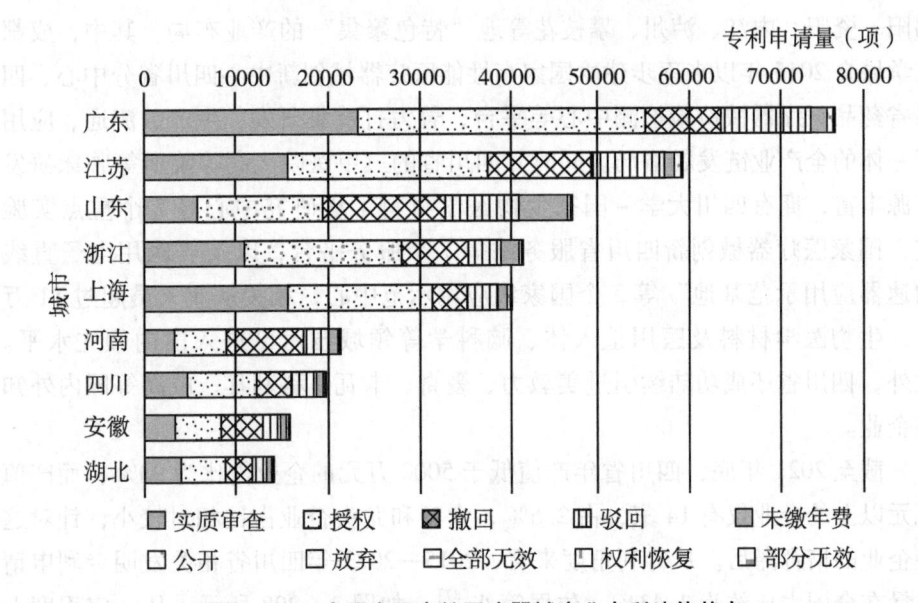

图3-209 全国主要省份医疗器械产业专利法律状态

图3-210显示了全国主要城市医疗设备制造产业的专利法律状态。在全国发明专利申请量排名前10的地市中,四川省的成都市位居第七,其中,有效发明专利数量在全国的占比为1.48%,可见,四川省的有效发明专利多数出

自成都市，为全省乃至全国的科技创新和产业升级做出了重要贡献。然而，与创新能力和科技水平处于全国领先地位的北京市、上海市、深圳市等城市相比，无论是在发明专利申请量上，还是在有效发明专利数量上都存在较大差距。

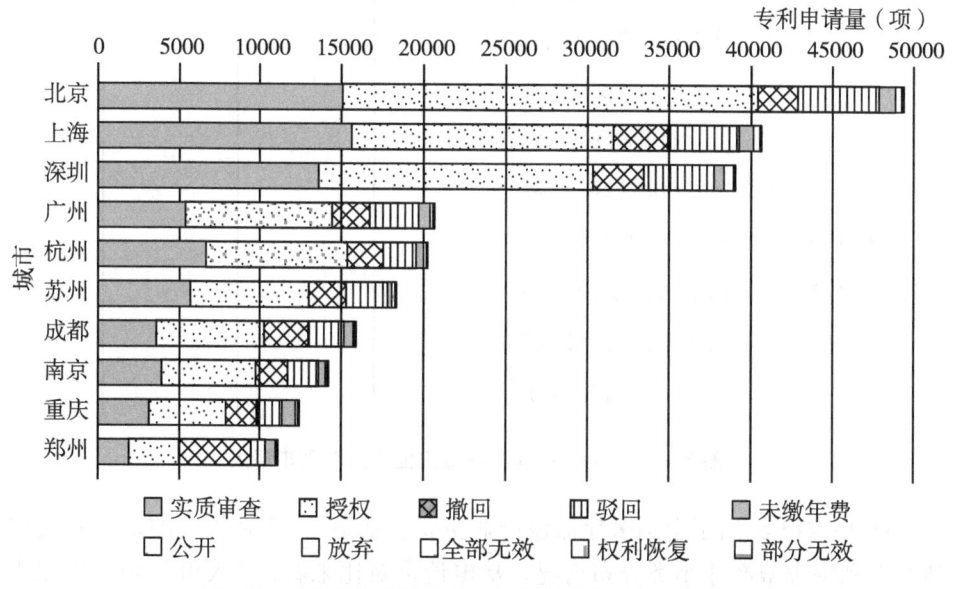

图 3-210　全国主要城市医疗设备制造产业专利法律状态

图 3-211、图 3-212 分别给出了全国、四川省医疗器械产业发明专利申请量排名前 10 位的申请主体。

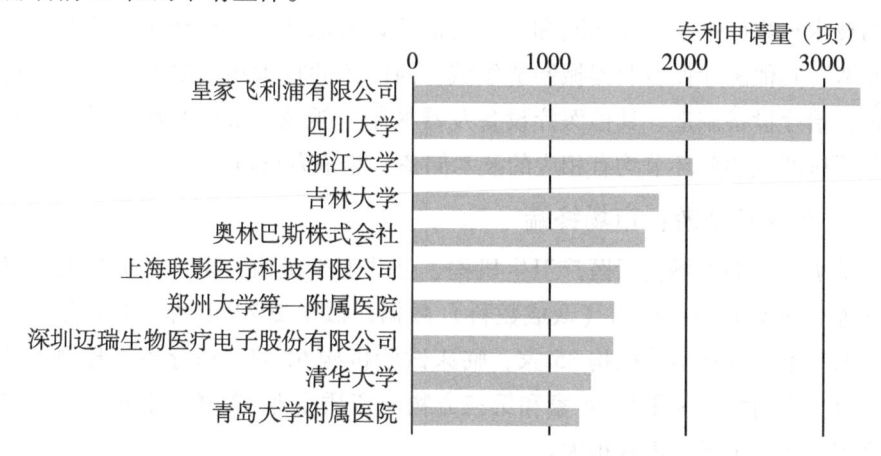

图 3-211　全国医疗器械产业重点专利申请人

四川省专利密集型产业研究

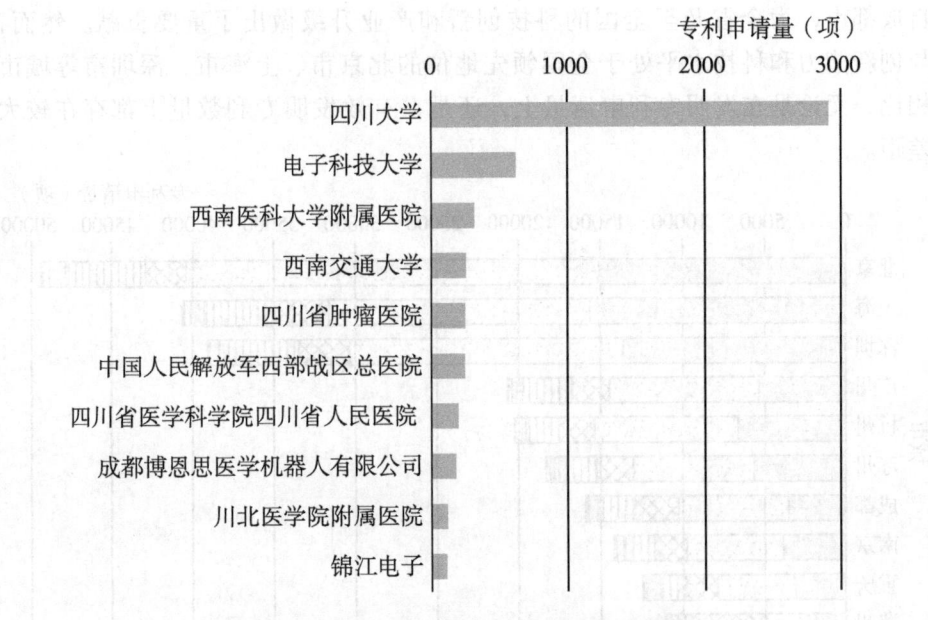

```
                                        专利申请量（项）
              0        1000      2000      3000
    四川大学 ████████████████████████████████
  电子科技大学 ██████████
西南医科大学附属医院 ██████
  西南交通大学 █████
  四川省肿瘤医院 █████
中国人民解放军西部战区总医院 ████
四川省医学科学院四川省人民医院 ████
成都博恩思医学机器人有限公司 ███
  川北医学院附属医院 ███
    锦江电子 ██
```

图 3-212　四川省医疗器械产业重点专利申请人

图 3-213 给出了全国医疗器械产业主要企业近 10 年在国内的发明专利申请在专利密集型产业小类分布情况。从申请量对比来看，"入川"企业迈瑞生物、美敦力、西门子、京东方等均具有较强的技术积累，其中，迈瑞生物在医疗诊断和监护及治疗设备制造、医疗和外科及兽医用器械制造、机械治疗及病房护理设备制造、其他医疗设备及器械制造领域均具有较好的技术积累，美敦力的技术积累侧重于医疗诊断和监护及治疗设备制造、医疗和外科及兽医用器械制造、其他医疗设备及器械制造领域，西门子的技术积累侧重于医疗诊断和监护及治疗设备制造、其他医疗设备及器械制造领域，京东方则在医疗仪器设备及器械产业的各环节均有相应的技术储备，竞争力较强。

3. 产业链下游：市场终端

下游的终端市场包括医疗卫生机构、公共卫生机构、第三方实验室、家庭用户等。根据 JOINCHAIN（众成数科）数据，截至 2022 年底，四川省有三甲医院 138 家，动物实验机构 85 家，临床试验机构 61 家，医疗器械检测机构 5 家，第三方网络交易平台 34 家和第三方物流资质企业 42 家。此外，四川省人口众多，终端市场的需求很大。

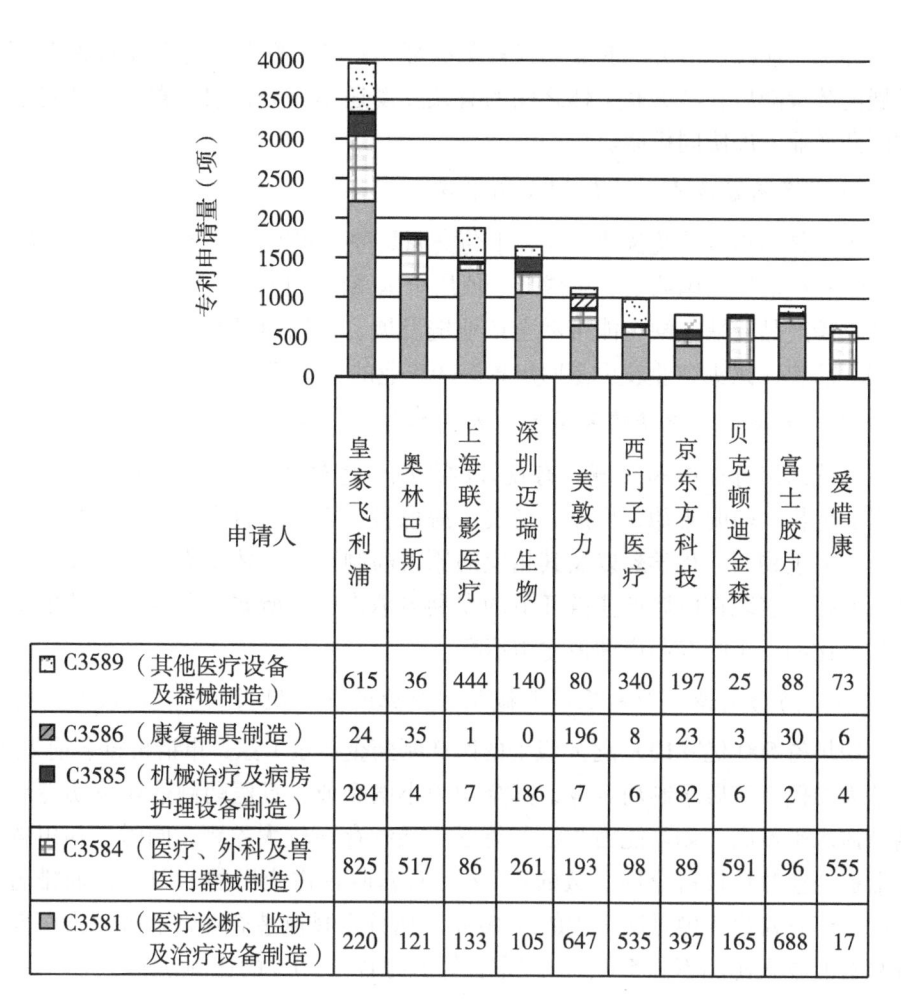

申请人	皇家飞利浦	奥林巴斯	上海联影医疗	深圳迈瑞生物	美敦力	西门子医疗	京东方科技	贝克顿迪金森	富士胶片	爱惜康
C3589（其他医疗设备及器械制造）	615	36	444	140	80	340	197	25	88	73
C3586（康复辅具制造）	24	35	1	0	196	8	23	3	30	6
C3585（机械治疗及病房护理设备制造）	284	4	7	186	7	6	82	6	2	4
C3584（医疗、外科及兽医用器械制造）	825	517	86	261	193	98	89	591	96	555
C3581（医疗诊断、监护及治疗设备制造）	220	121	133	105	647	535	397	165	688	17

图 3-213 全国医疗器械主要企业近 10 年医疗设备制造小类专利申请分布情况（单位：项）

3.6.5 产业发展问题和建议

1. 产业发展问题

（1）政策顶层设计不够

目前没有省级层面的医疗器械产业发展规划，发改、经信、科技、人社、财政、卫健等相关部门支撑医疗仪器设备及器械产业发展的政策合力没有形成，医疗器械产业的有效互动还没有建立。

（2）政策联动不够

医药医疗产业涉及发改、经信、科技、药监、医保、财政、卫健、中医药局、环保、应急、商务、农业农村等关联部门，各关联部门之间支撑医药产业发展的政策滞后，各关联主体之间的有效互动还不充分，缺乏省委省政府层面的医药产业发展协同机制。

（3）医药资源丰富，但"大而不强"

中药是四川省传统优势产业，中药资源品种数和道地药材数均居全国第一，中药饮片产值居全国第二，中成药产值居全国第四。但是，医药单品超过10亿元的重磅产品稀缺，缺少能带动全产业链发展、在国内具有巨大影响力的大品种和大品牌，龙头企业较少是四川省医药产业的突出问题。

（4）生物药和化学药等关键技术储备相对不足，创新能力仍需加强

尽管四川省在中药领域具有良好的基础，也聚集了科伦药业、康弘药业、康诺亚生物、药明康德、罗欣、博奥、海思科、百裕、百利、维亚等行业领军企业，但生物药、化学药以及其相应的原料药制造的整体实力较弱，技术创新能力不强。表现在所属产业链环节的专利申请占比、所属产业链环节的发明人数占比和近年的专利申请占比均不高。

（5）药物制造企业和医疗器械领域企业的整体规模偏小，缺乏竞争力

四川省500亿~1000亿元级别的医药制药企业仅1家，申请量排名前20的申请人中仅2家属于制药企业，其余均为小微企业，且医药制造业发明专利申请整体水平不高，创新能力与江苏等医药强省存在较大差距。同时，四川省医疗器械企业数量仅占全国总数的4.1%，总营收仅占全国的1.21%，而排名第一的江苏省营收规模是四川省的近10倍。医疗器械制造企业营业收入占医药工业总营业收入比例不到5%，与广东省等沿海省份20%的比例差距较大。

（6）医疗器械领域产品结构以低端为主

"低、小、散"特征突出，中低端产品与高端产品的比例仅为7.5∶2.5，产业配套不成熟、协作度不强，电子、软件、新材料等省内优势未有效转化。

（7）医疗器械领域企业数量多而不精

龙头企业培育滞后，93%的企业年产值低于5000万元，产值在亿元以上的企业仅有14家，占2.5%。研发创新活动滞后于长三角、粤港澳大湾区等沿海地区，成果批件总量不多、含金量不高。

2. 产业发展建议

推进四川省药物创新、高端医疗器械产业发展必须充分发挥四川省医药医疗及科技创新两大资源优势，坚持科技创新引领与产业服务助推相结合，充分调动政府、企业、高校及科研院所的积极性，找准突破口，占领制高点，实现

弯道超车。

(1) 强化政府引导，夯实支撑政策

由省发展改革委、省经济和信息化厅牵头，发改、经信、科技、人社、财政、卫健、省中医药管理局等相关部门配合，制定四川省的医药医疗产业发展规划，明确发展目标、发展重点等。发改、经信、科技、人社、财政、卫健、省中医药管理局等部门，就省内生产的创新药物、医疗仪器设备及器械在产业发展项目、科技成果转化和评奖、研发阶段资金支持、医保目录纳入、物价核定、政府采购、示范应用等方面制定相互协调的政策扶持措施。医药制造和医疗器械"产学研用"有关机构组建产业创新联盟，协同推进医药制造和医疗器械产业高质量发展。

(2) 强化顶层设计，综合做好全省园区产业布局

深入分析全省医药健康产业的当前状况，充分考虑各地市州的资源禀赋和医疗卫生基础条件，精准定制全省医药医疗产业的布局蓝图。挑选出具有显著发展潜力的地区，打造成为医药产业园的"飞地"，通过整合和共享产业链、创新链、生态链和人才链资源，逐步将这些地区培育成全省医药以医疗产业中试和生产制造的关键基地。通过实施协同发展、错位竞争和特色发展策略，使各市州能够有机地融入全省万亿级的医药医疗产业，共同推动产业的高质量发展。

(3) 提升产业链韧性，推动生物药物创新

一是支持成都向国家申请成渝地区国家药械审评分中心这样的重大平台支撑，提升产业发展能级和辐射带动能力。二是对标北京、上海（1~2天）压缩血液制品等特殊生物制品在成都通关查验时间（7~10天）。三是推进务实合作，强化"出海"服务，精准匹配政策资源，构建开放协同的产业生态。四是推动集群企业与研发外包、智慧物流、现代供应链等服务业融合发展，构建开放协同的生物医药产业生态。五是加强对基因治疗、细胞治疗等临床急需且附加值高的生物药研发，推进新型疫苗、基因检测、靶向制剂、合成生物等产品创制，力争有新的突破。

(4) 加快培育优质企业和优势品种

一是深耕优势企业，深化"壮骨健腰"，释放头部企业倍增效应，助力创新药产业规模提升。二是聚焦挖潜增效，实施"敲门"行动，启动"荐贤"计划，建立"合投"机制，多维度促进创新药链主链属项目落地。三是发掘现代中药产业特色优势，围绕现代中药关键共性技术问题开展攻关。四是学习上海、

· 319 ·

深圳出台支持创新药械入院的政策措施，统筹优化医疗机构考核机制，加快推动创新药械产品本地入院。

（5）优化中药材品种，推动中药材生产标准化，扩大市场化流通

四川省是中药材资源大省，四川省应着手构建一个高效的工作协调机制，联合相关部门、大学以及相关药企、医院和大型药房等部门、企业，加强中药材的优良品种选育，确保种植基础的质量和稳定性，推动中药材生产过程的标准化，提高产品质量和市场竞争力，优化中药材的交易和收储流程，保障供应链的顺畅和稳定，增强中药材的市场流通能力，提升其在国内外市场的流通效率，加强中药材的精深加工，提升产品附加值，增强市场竞争力。

（6）深耕细分赛道，建设高端医疗设备产业集群

一是立足四川省现有医疗器械产业发展基础，出台鼓励发展的医疗装备产品目录和产业技术路线图，持续做大做强体外诊断设备、口腔诊疗设备及材料、血液净化设备及耗材等细分领域，结合多个医院和相关院校的研发和临床试验能力，对关键核心技术进行联合攻关，加强产业链配套体系建设，做好强链延链补链工作。

二是立足四川省在核工业、电子信息、3D打印、机械加工、大数据方面的产业优势，推动产业融合发展，研制医疗健康软件、数据中心、专用集成电路、生物芯片，以及新型制药与分析检测装备、智能诊断检验装备、智能移动医疗装备、智能保健康复装备、智能穿戴装备等智能成套装备、高端核医疗设备研制以及核医疗诊治服务。

三是国产化率低＋高技术壁垒设备是当前国产医疗设备重点发力领域，应抢抓国产化替代时机，强化技术型、品牌型、辐射带动型企业的引入，尤其是对全球医疗器械销售额前20强企业持续开展定向招商，争取在国内设立或扩大生产、装配基地，从销售向上游制造衍生，将其国内的销售额转化为制造产值。

（7）深化校企合作，推动重大科研成果落地转化

四川省拥有众多高等教育机构，培养了大量的医药和化工领域的专业人才，形成了一个高端人才的聚集地，为医药健康产业的发展奠定了坚实的人才基础。同时，四川省还拥有多家医科大学和国家级及省级重点实验室，以及药学、化学等相关领域的高校和科研机构，可为医药医疗行业提供雄厚的科研保障。通过建立人才共育共享共用机制，促进关键技术的联合攻关。梳理筛选高校和科研机构存量专利，筛选具有潜在市场价值的专利，依托全国知识产权运营服务平台体系统一线上登记入库，按产业细分领域向企业匹配推送，促成供需对接，推动"产学研"转化，可推动医药科技的创新成果快速转化和技术的广泛应

用，从而促进医药健康产业实现高质量和可持续的发展。

（8）健全企业培育链条，提升市场主体水平

1）构建创新企业孵化体系

大力支持多个市州围绕细分领域创建国家级科技企业孵化器，打造"技术研发+绿色生产+创新孵化+职教合作+数字经济+公共服务"叠加协同、相互赋能的高品质科创空间。加速健全孵化服务网络，以企业需求为导向，重点强化技术研判、模式打磨、专利咨询、渠道开拓等专业服务。

2）实施创新企业培育计划

要大力培育独角兽企业、专精特新企业和创新型企业，引导企业提升研发能力，支持医药医疗行业的科技成果转化。完善精准培育服务菜单，实施专人服务、专项支持，加大在项目审批、金融投资、土地供给、人力招聘等方面的支持力度。围绕中小企业的新产品上市问题，加强与各级药监部门、检测机构的衔接，推动创新药的研发，逐步建设医疗器械检验、注册、生产、上市快速通道。

3）组建细分领域行业协会

由细分领域行业龙头企业牵头，整合全省医药医疗器械企业、平台，组建行业协会，为企业提供咨询、培训、协调、监督等产业服务。鼓励协会参与制定国家标准、行业标准、团体标准及有关政策法规，协助政府推动医疗器械产业提档升级。

3.7 环保产业

3.7.1 产业的定义和特点

环保产业，也称为环境保护产业或绿色产业，涵盖各种致力于减少环境污染、保护自然资源、提高资源效率和促进可持续发展的活动。

狭义上的环保产业主要关注于直接与环境治理相关的行业，包括：污染控制与减排，例如空气净化、水质净化和噪声控制等；污染清理，例如土壤修复、水体清理和大气污染物清除等；废弃物处理，涉及垃圾回收、废物转化、危险废物处置等。而广义的环保产业则更全面，不仅包括上述直接环保活动，还涵盖环保技术和产品的生产，如清洁能源技术、节能设备、环保监测仪器等；清洁生产，通过改进工艺和采用新技术来减少生产过程中的污染和资源浪费；资源循环利用，包括再生资源回收、再利用和循环经济模式的推广；环保服务，

如环境咨询、环保项目管理、绿色建筑和绿色金融等；以及环境监测与评估，如环境质量监测、生态评估和环境影响评价等。

根据《知识产权（专利）密集型产业统计分类（2019）》中对于环保产业的分类定义和范围，对照国民经济结构体系，环保产业主要是以防治环境污染、改善生态环境、保护自然资源为目的所进行的技术开发、产品生产、商业流通、资源利用、信息服务、工程承包、自然保护开发等活动的总称，主要包括环保机械设备制造、环境工程建设、环境保护服务等方面，涉及 3591 环境保护专用设备制造、4021 环境监测专用仪器仪表制造、2666 环境污染处理专用药剂材料制造、3360 金属表面处理及热处理加工以及 4620 污水处理及其再生利用 5 个行业小类。表 3-24 结合专利密集型产业环保产业的分类以及对应的国民经济行业分类中的小类说明，给出环保产业各小类涵盖的内容。

表 3-24 环保产业涵盖国民经济行业小类

大类	中类	国民经济行业代码	国民经济行业名称	说明
06	0601 环保专用设备仪表制造业	3591	环境保护专用设备制造	指用于大气污染防治、水污染防治、固体废弃物处理、土壤修复和抽样、噪声与振动控制、环境应急等环境污染防治专用设备制造
		4021	环境监测专用仪器仪表制造	指对环境中的污染物、噪声、放射性物质、电磁波等进行监测和监控的专用仪器仪表及系统装置的制造
	0602 环境污染处理专用药剂材料制造	2666	环境污染处理专用药剂材料制造	指对水污染、空气污染、固体废物、土壤污染等污染物处理所专用的化学药剂及材料的制造
	0603 环保相关活动	3360	金属表面处理及热处理加工	指对外来的金属物件表面进行的电镀、镀层、抛光、喷涂、着色等专业性作业加工
		4620	污水处理及其再生利用	指对污水污泥的处理和处置，及净化后的再利用活动

本节将围绕环保产业发展情况，以专利大数据视角分析四川省产业现状、发展态势、产业发展定位，在明晰产业优势、产业薄弱环节和发展瓶颈的基础上，给出切合实际的产业发展路径导航建议，为四川省发展环保产业、培育相

关专利密集型产业主体提供决策建议。

3.7.2 产业现状分析

1. 政策环境分析

2020年9月22日，习近平总书记在第七十五届联合国大会一般性辩论上宣布："中国将提高国家自主贡献力度，采取更加有力的政策和措施，二氧化碳排放力争于2030年前到峰值，努力争取2060年前实现碳中和。"碳达峰碳中和的提出和深入实施，对我国环保产业发展产生了深远的影响。

党的二十大提出：推动绿色发展，促进人与自然和谐共生。要求加快发展方式绿色转型，深入推进环境污染防治，提升生态系统多样性、稳定性、持续性，积极稳妥推进碳达峰碳中和。2023年12月27日，《中共中央、国务院关于全面推进美丽中国建设的意见》发布，意见中指出：

首先，要加快发展方式绿色转型，包括：统筹推进重点领域绿色低碳发展，推进产业数字化、智能化同绿色化深度融合，加快建设以实体经济为支撑的现代化产业体系，大力发展绿色环保产业等。大力推进传统产业工艺、技术、装备升级，实现绿色低碳转型，实施清洁生产水平提升工程。

其次，要持续深入推进污染防治攻坚，包括持续深入打好碧水保卫战，以及强化固体废物和新污染物治理。

最后，要健全美丽中国建设保障体系，包括：加强科技支撑，推进绿色低碳科技自立自强，创新生态环境科技体制机制，构建市场导向的绿色技术创新体系。把减污降碳、多污染物协同减排、新污染物治理等作为国家基础研究和科技创新的重点领域，加强关键核心技术攻关。加强企业主导的产学研深度融合，引导企业、高校、科研单位共建一批绿色低碳产业创新中心，加大高效绿色环保技术装备产品供给。实施高层次生态环境科技人才工程，培养造就一支高水平生态环境人才队伍。

以上意见涉及环保专用设备仪器制造业、环境污染处理专用药剂材料制造、环保相关活动等环保产业诸多细分领域的方方面面，为环保产业的发展提出了新任务、新机遇、新挑战。

①政策驱动下的产业升级。《中华人民共和国国民经济和社会发展第十四个五年规划和2035年远景目标纲要》中明确提出，要加快构建生态文明体系，促进经济社会发展全面绿色转型，推动绿色低碳发展，加强生态环境治理，实施可持续发展战略，为环保产业的发展指明了方向，其从国家顶层设计加大了对新能源、节能环保技术的支持力度，推动产业结构调整和升级，也促使环保产

业从传统的末端治理向源头控制和过程减排转变，推动环保技术革新和产品迭代，促进了环保产业链的整体优化和升级；同时通过发布行业排放标准、提供财政补贴、税收优惠等措施，激励企业和资本进入环保领域，促进了环保产业的快速增长。

具体到各细分产业，近年来，我国针对性地提出了一系列国家级的政策，以鼓励其发展，对于环境保护专用设备制造产业，财政部等5部门于2017年联合发布了《关于印发节能节水和环境保护专用设备企业所得税优惠目录（2017年版）通知》。该政策规定：企业购置并实际使用列入《环境保护专用设备企业所得税优惠目录（2017年版）》范围内的环境保护专用设备，其投资额的10%可以从企业当年的应纳税额中抵免；当年不足抵免的，可以在后5个纳税年度中结转抵免。这一政策旨在引导企业增加环保设备投资，促进环保产业发展。对于环境监测专用仪器仪表制造产业，生态环境部陆续印发的《生态环境监测规划纲要（2020—2035年）》《"十四五"生态环境监测规划》等文件，在监测网络、数据质量、协同程度、数据挖掘等方面对该产业的发展提供了指引，明确提出要支持监测装备自主研发以及激发产学研用创新活力。对于环境污染处理专用药剂材料制造产业以及环保相关活动产业，国家虽然没有直接针对上述细分产业的专项政策文件，但如《环境保护法》《水污染防治行动计划》等，都强调了环境污染治理的重要性，并推动了相关产业的发展。

②法规完善下的标准强化。自党的十八大以来，《长江保护法》《黄河保护法》《环境保护法》《环境保护税法》《循环经济促进法》等重要法律法规出台和完善，进一步提高了污染物排放标准和资源利用效率标准，面对更高的环保门槛，产业主体不得不重新审视自身的生产流程和技术装备，积极寻求和采纳更先进、更环保的技术解决方案，这包括但不限于升级污染控制设施，采用节能减排的生产工艺，以及引入循环利用资源的系统等，这些技术改进不仅有助于减少废气、废水及固体废物的排放，还能大幅度提升资源使用效率，减少对原生资源的依赖，从而减轻对环境的负担。

③市场需求下的快速增长。产业升级和合法合规的要求，催生了对环保技术、设备和服务的市场供给和技术创新需求，从清洁能源的应用（如风能、太阳能、水能）、节能改造、碳捕捉与封存技术，到绿色建筑、低碳交通、碳交易市场的发展，环保产业的多个细分领域均迎来前所未有的发展机遇，不仅加大了对新技术、新材料、新设备、新工艺的研发投入，还推动促进我国企业与国际同行的技术合作，部分环保技术装备的国产化进程加速，产学研合作得以进一步加强。

生态环境部公布的数据显示，2022年，我国生态环保产业营业收入约2.22

万亿元，较 2021 年增长了 1.8%，比 10 年前增长约 372.3%，年均复合增长率达 15.1%。中国环境保护产业协会预测，我国生态环保治理营业收入在"十四五"期间将保持 10% 左右的复合增长率，预计在 2025 年突破 3 万亿元。但同时我国环保产业规模呈现增长速度逐步放缓，利润空间逐渐收缩的态势，对国民经济发展的拉动作用相对较弱。

2022 年 1 月，四川省人民政府印发的《四川省"十四五"生态环境保护规划》中指出：一方面，要推动节能环保产业重大技术装备产业化、本土化，促进节能环保产业与 5G、物联网、人工智能等产业深度融合，推动产业升级。支持环保产业链上下游整合，积极发展环境服务综合体。加快培育环保产业集群，通过引资引智、兼并重组等方式，形成一批龙头企业。推动成都平原地区建设以环保技术研发、环保装备制造、节能环保等为特色的环保产业基地，攀西、川南地区建设以资源综合利用为特色的环保产业基地。另一方面，要推进环保科技成果转化。加强生态环境技术评估，筛选一批实用性强、效果好、易推广、适合解决四川突出生态环境问题的技术，发布目录并示范推广。鼓励科研机构、高校、企业、社会团体等采取联合建立创新研究开发平台、技术转化机构等方式，推动科研成果转化应用，打通"研发—工程化—产业化"创新链条。围绕长江经济带、黄河流域、成渝地区双城经济圈等区域生态环境系统治理与保护需求，开展全过程、多维度污染控制和生态保护的技术集成与应用示范，对确有需要、产业化应用前景较好的生态环境科技成果予以重点支持。

针对各细分产业，四川省也陆续出台过一些文件。以环境保护专用设备制造产业为例，省政府办公厅于 2015 年印发的《四川省节能环保装备产业发展规划（2015—2020 年）》明确了四川省几年内节能环保装备产业的发展方向，包括节能、环保和资源综合利用技术装备的研发和制造。

2. **产业发展基础**

各类高校科研院所、创新研发平台支撑技术持续创新。根据生态环境部 2019 年发布的《关于深化生态环境科技体制改革激发科技创新活力的实施意见》，我国着力通过打造高水平科技创新平台完善科技创新能力体系建设。一方面争创生态环境领域国家实验室，以现有的国家级科技创新平台为基础，进一步凝练重大创新方向和创新目标。另一方面，给予国家环境保护重点实验室、工程技术中心和科学观测研究站等部级科技创新平台稳定的运行维护支持，促进优势学科领域实现国际上的并跑领跑。数据显示，截至 2019 年，我国已验收国家环境保护重点实验室 37 个，批准建设国家环境保护重点实验室 7 个，其中就包括 2017 年批准建设的以成都理工大学为依托的国家环境保护水土污染协同控制与联合修复重点实验室。然而，四川省并无相关单位通过验收或批准建设。

根据《四川省生态环境领域科技创新专项规划》，四川省致力于发挥科技创新在生态文明建设和减污降碳协同增效中的基础性、引领性、支撑性作用，正在优化其高能级创新平台体系，包括国家实验室和重大科技基础设施集群等战略科技平台，同时依托天府峨眉计划、天府青城计划、四川科技英才培养计划、四川高端引智计划等，引育一批高层次科技人才和创新团队。例如，最早于 2000 年成立的四川省生态环境科学研究院，以及 2018 年成立的四川发展环境科学技术研究院有限公司、2021 年由四川大学创建的四川省碳中和技术创新中心、2024 年即将投用的国家环境保护机动车污染控制与模拟重点实验室（成都）基地等，均是多年来四川省不断发展环保产业创新平台体系的缩影。其中，四川省生态环境科学研究院作为四川省生态环境厅的核心智库，致力于为四川省环境管理决策提供综合性科技支撑，为解决区域重大生态环境问题和地方经济社会高质量发展需求提供全方位环境技术服务。四川省碳中和技术创新中心以碳中和产业前沿引领技术和关键共性技术的研发与应用为核心，加强应用基础研究，形成符合产业创新的重大需求。这些平台重点承担原始创新和关键核心技术攻关任务，正在为四川省环保产业的创新不断注入新的活力。

我国有多个国家级环保产业园区，这些园区在推动环保技术创新、促进产业升级和可持续发展方面发挥着重要作用。2001 年初，苏州国家环保高新技术产业园获批，作为国内首家国家级环保高新技术产业园，该园区在环保领域具有重要地位。此后，常州、华南、西安、大连、武汉青山、济南等城市或地区的国家环保产业园、环保科技产业园或环保产业基地，以及青岛国际环保产业园等陆续建立。当时，四川省的环保产业主题园区建设还处在初期阶段，发展程度与我国华东、华北、华南等地区相比明显不足。随着其他省市国家级环保产业主题园区的陆续建立，四川省在该方面也开始逐步发力。目前，四川省已开设多个环保产业主题园区，所涉园区主要集中在省会成都市各区县，并辐射了成都市的毗邻县市，具体信息如表 3 - 25 所示。

表 3 - 25　四川省环保产业主题园区

序号	主题园区	地址
1	成都高新国际低碳环保园	成都市
2	成都大爱感恩环保科技园	成都市
3	中节能金堂环保产业园	成都市
4	成都锦江现代环境服务业园区	成都市
5	成都成环低碳环保产业园	成都市

续表

序号	主题园区	地址
6	浩旺节能环保产业园	成都市
7	淮州新城环保应急产业园	成都市
8	绵阳涪城恒泰环保科技产业园	绵阳市
9	绵阳循环经济产业园	绵阳市
10	金茂源（西南·青神）表面处理循环经济产业园	眉山市
11	南充市顺庆区节能环保产业园	南充市
12	四川绿色经济产业园	遂宁市
13	武胜节能环保产业园	广安市

随着产业园区的发展壮大，逐步整合资源形成产业集群，四川省已形成成都氢能产业和节能环保产业集群、德阳清洁能源装备产业集群、乐山晶硅光伏产业集群和自贡节能环保产业集群等多个支撑清洁能源发展的产业集群。

专项产业基金助推环保产业加速发展。环保产业是典型的政策驱动型产业，围绕其进行的各项经济活动都是在政府的主导下开展。为了支持双碳目标金融化运行，2022年7月，财政部等7部门联合发布《中国清洁发展机制基金管理办法》。该项基金的宗旨在于支持国家碳达峰碳中和、应对气候变化、污染防治和生态保护等绿色低碳领域活动，在"绿水青山"中促进经济社会高质量发展。办法中明确了基金支持有偿使用的3类项目的具体活动方式：有利于实现碳达峰碳中和、产生应对气候变化效益的项目活动；落实国家有关污染防治和生态保护重大决策部署的项目活动；符合基金宗旨的其他项目活动。进一步明确了基金的使用主要采取以下方式：债权投资、股权投资、融资性担保，以及符合国家规定的其他方式。

2022年1月，总规模300亿元的四川省绿色低碳优势产业基金在成都组建并正式营运，该基金投资方向为清洁能源产业、清洁能源支撑产业、清洁能源应用产业等领域。2023年1月，为了进一步贯彻落实《中共四川省委关于以实现碳达峰碳中和目标为引领推动绿色低碳优势产业高质量发展的决定》精神，按照省政府安排部署和《四川省省级产业发展投资引导基金管理办法》规定，设立了基金总规模50亿元的四川省绿色低碳产业发展基金。该基金采取"政府引导+市场运作"模式，主要投向四川省绿色低碳产业，重点支持清洁能源、动力电池、晶硅光伏、钒钛、存储及环保科技、绿色材料、环境修复、资源再利用等产业。

碳排放权交易体系支撑双碳目标的实现。碳排放权交易体系（ETS），又称碳市场，是鼓励减少温室气体排放的一项有效政策。一般来说，政府或其他指定的权威机构决定碳市场参与者在规定时间段内的温室气体排放限额，并分配给各家公司。超过了排放配额的碳市场参与者可以向有多余配额的参与者购买排放权。相应地，排放量低于配额的公司可以在碳市场出售配额。这种限额与交易（cap–and–trade）机制提供了一种有效的财政激励，促使企业尽可能将碳排放量降至限额以下。2021年1月，生态环境部发布《碳排放权交易管理办法（试行）》，内容涉及对全国碳排放权交易配额分配和清缴，碳排放权登记、交易、结算，温室气体排放报告与核查等。其中规定：生态环境部根据国家温室气体排放控制要求，综合考虑经济增长、产业结构调整、能源结构优化、大气污染物排放协同控制等因素，制定碳排放配额总量确定与分配方案。随后我国碳排放权交易体系于2021年7月正式投入运行，这也是世界上最大的碳排放权交易系统，整个系统旨在发挥全国碳排放权交易市场引导温室气体减排的作用，防止过度投机的交易行为，维护市场健康发展。

2022年3月，四川省委省政府印发《关于完整准确全面贯彻新发展理念做好碳达峰碳中和工作的实施意见》，对发展绿色金融和支持气候投融资作出部署：要积极发展绿色金融。发挥"绿蓉融"绿色金融综合服务平台作用，加大对金融机构绿色金融的评价力度，引导银行等金融机构创新开发绿色金融、转型金融产品，为绿色低碳项目提供长周期、低利率贷款支持。支持符合条件的绿色低碳产业企业上市融资和再融资。鼓励有条件的地方、金融机构、企业设立碳基金。支持成都申建国家级绿色金融改革创新试验区。支持天府新区争取开展全国气候投融资试点。2023年2月，四川能投双碳产业发展有限公司（以下简称"双碳公司"）与新西兰一企业签订I–REC国际绿证交易合同，并完成了I–REC国际绿证的交易。此次交易是能投集团第一笔以水电发电量为标的物并直接与海外公司签订的碳交易合同，成功打通了公司国际碳交易通道，为进一步完成国际绿证的交易积累了经验。

3. 产业发展现状

环保产业的上游为原材料供应商，包括钢铁、化工、电力、电子、有色金属等产业的原材料供应商，为环保产品的生产及工程实施提供技术支持和设备保障的基础材料，其价格波动直接影响环保产业的成本，进而对细分产业的利润产生影响。环保产业的中游主要由环保设备、仪器、药剂、材料等环保产品制造商、环境咨询等环保技术服务提供商等组成。其中，环保设备制造商专注于环保设备的研发、生产和销售，这些设备包括但不限于污水处理设备、大气污染治理设备、固废处理设备等。环保技术服务提供商承接上游原材料，通过加工制造形成环保设备或提供环保技术咨询、环境评估、环境规划等服务,为下游的实际应用提供技术支持和设备保障。环保产业的下游则主要包括环保工程/设备运营商、政府部门等应用环保产品或方法的需求方。其中,环保工程/设备运营商负责将中游提供的环保设备和技术应用于实际环境中,实现环境改善和污染治理,这些项目包括市政污水处理、大气污染治理、固废处理、土壤修复、噪声与振动控制以及环境检测等。政府部门则作为环保治理的重要需求方,其需求变化和政策导向对环保产业的发展具有重要影响,能够通过政策引导、资金支持等方式推动环保产业的发展。

在当前习近平生态文明思想引领下,为适应新质生产力发展需求,环保产业的内涵从传统末端治理,转到绿色低碳循环治理。在新的形势下,环保产业的下游应用领域的业态形式,正逐步摆脱传统的先污染后治理的旧有模式,显示出模态创新的新格局,包括正加速形成生态环境导向的开发(Eco-environment-oriented Development,EOD)模式的环保产业新业态:通过推动公益性较强的生态环境治理与收益较好的关联产业有效融合、增值反哺、统筹推进、市场化运作、一体化实施、可持续运营,以生态环境治理提升关联产业经营收益,以产业增值收益反哺生态环境治理投入,实现生态环境治理外部经济性内部化的创新性项目组织实施方式。可以看出,在新的形势下,产业链的下游正处于改革发展的重大机遇期。

根据"2024中国环境技术大会"发布的产业调研报告,位于产业链不同位置的各类环保企业资产规模各异,普遍特征和核心能力不同,各有优势,如表3-26所示。民企、中小企业具有技术与服务优势,可以提供专业化技术、精细化服务、特色化产品、定制化方案;央企、地方国企自带融资与政策优势,覆盖范围广、投资规模大、相应的绩效要求标准高。各类环保企业应当结合自身优势,错位差异化发展;通过合作达到优势互补,技术、资本双轮驱动。

表3-26 产业链各位置上不同资产规模环保企业的特征和核心能力

企业类型	资产规模(亿元)	企业普遍特征	核心能力
环境产业集成化服务集团	>1000	集成化、综合性	顶层设计及集成能力;商业模式创新能力;资本实力;资源整合能力;品牌影响力
全国性环境综合服务集团	500~1000	规模化;混合所有制企业为主,国有股权占主导	资本运作能力;融资能力、融资成本低;运营管理的成本控制能力强

续表

企业类型	资产规模（亿元）	企业普遍特征	核心能力
区域环境综合服务集团	>100	综合化，当地国资委控股，丰富的运营管理经验及服务型人才；优秀的服务标准体；属地性、区域性强	较高的政策水平；紧密的当地政府关系；更专业的运营管理能力；有一定的商业模式设计能力
细分领域系统解决方案提供商	轻资产	专业化，民营企业占主导（部分企业已混改）；以技术为核心	技术创新能力；企业家精神；现代化企业治理结构，合理的商业模式
设备、材料供应商	适中	民营企业居多	技术创新；生产管理

4. 产业专利分析

（1）申请趋势分析

如图3-214所示，自2015年起，我国的环保产业年专利申请量经历了4年的上升期以及2019年的小幅下降后，在2020年达到近年来的峰值，此后呈现小幅下降趋势。总的来说，2018年来，我国的环保产业年专利申请量处于小幅波动、整体稳定在6万余项的水平。

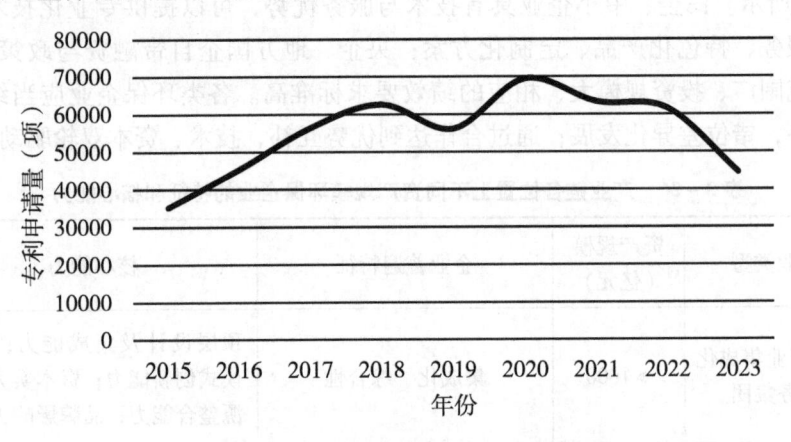

图3-214 全国环保产业专利申请趋势

如图3-215所示，对照四川省的相应专利申请数据，能够看出其申请量变化趋势与全国的数据相比有明显差异。四川省在2015—2017年经历了环保产业专利申请量的迅速增长期，并在 2017 年突破了 3000 项的大关。然而，该数据又在 2018 年回落，并自 2019 年以来保持在 2000 项以下的较低水平。这说明，四川省环保产业需进一步激发创新活力以及增强知识产权保护意识。

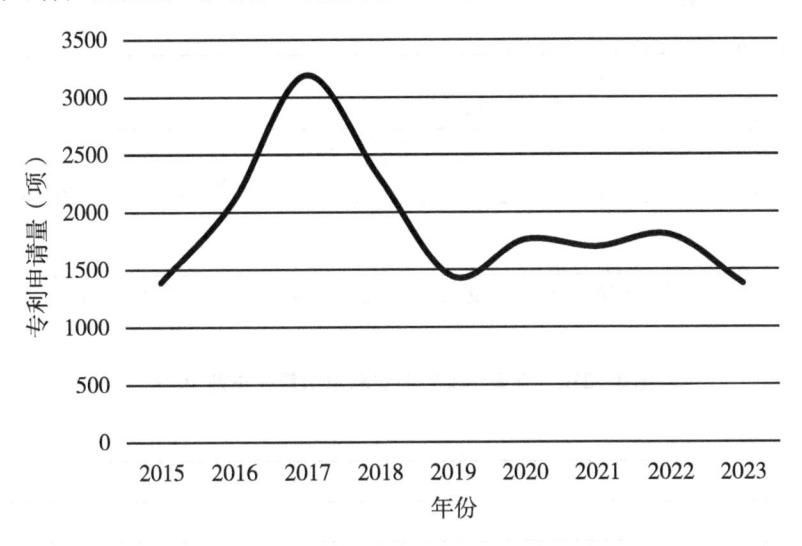

图 3-215　四川省环保产业专利申请趋势

（2）专利申请地域分析

结合图 3-216 所示的内容以及前文对于我国国家级环保产业主题园区的分布分析能够看出，江苏省的环保产业起步早、发展快、规模大、质效高，在我国环保产业中处于绝对的领先地位。进一步地，江苏省不仅在总量上占绝对优势，在各个细分领域都有一定的专利布局，在绝大部分细分领域的专利申请量同样处于全国领先水平。从时间维度分析，对比图 3-217 示出的 2015 年与 2023 年的省级行政区专利申请量排名可见，江苏省、山东省、浙江省、北京市等环保产业主题园区数量较多或规模较大的省份持续处于领先地位，而广东省则明显实现了该产业专利申请量绝对值和位次的大幅增长，于 2023 年跃居全国第二。

具体到四川省，2015 年其专利申请量排名全国第 8 位，但与第 9、10 位的湖北、湖南两省专利申请量差距不大，并且对比 2015 年与 2023 年四川省在全国省级行政区的专利申请量排名情况，其位次由 2015 年的第 8 位降至 2023 年的第 11 位，在 2015 年专利申请量明显低于四川省的湖北省、河南省、陕西省在 2023 年的专利申请量已经反超四川省，呈现较强的增长态势。

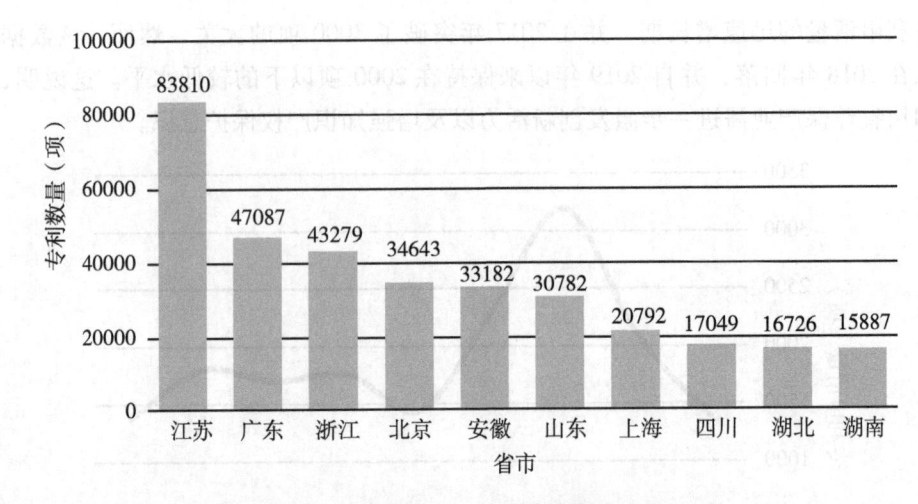

图 3-216　全国环保产业专利申请量省市前 10 名

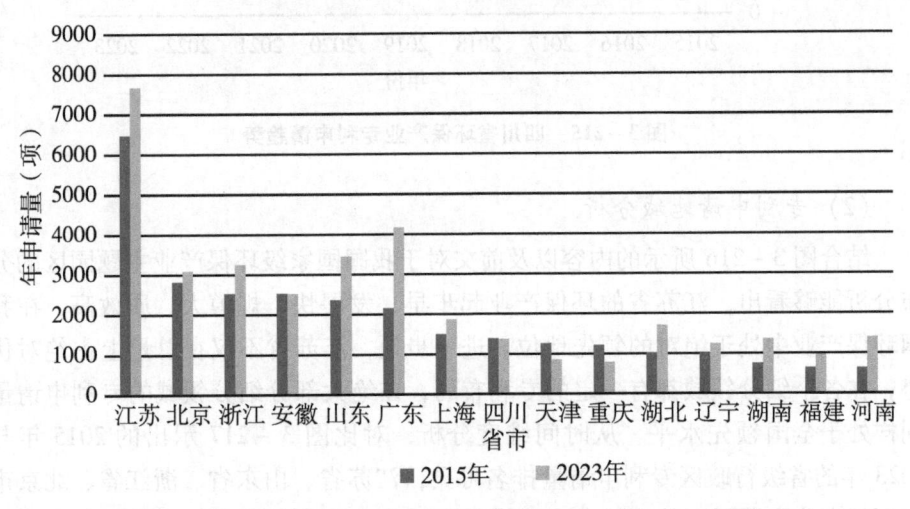

图 3-217　我国环保产业专利申请省市排名 2015 年与 2023 年对比

(3) 重点申请人分析

如图 3-218 所示，其展示了我国环保产业专利申请量前 10 位的重要申请人申请数据，可以看出，高校占其中的 80%，是我国环保产业科技创新的主要力量。同时，排名第一的中国石油化工股份有限公司的申请数量遥遥领先于排名第二的中南大学，已经达到排名第三的江苏大学的约两倍，这与其企业规模、研发投入以及企业对知识产权保护的重视程度是分不开的。此外，排名前 20 的申请人中，地处江苏的高校就占据了三个席位，结合前文能够看出，当地的高校基础研究与企业应用转化相互促进，共同推动了当地环保产业集群的蓬勃发展。

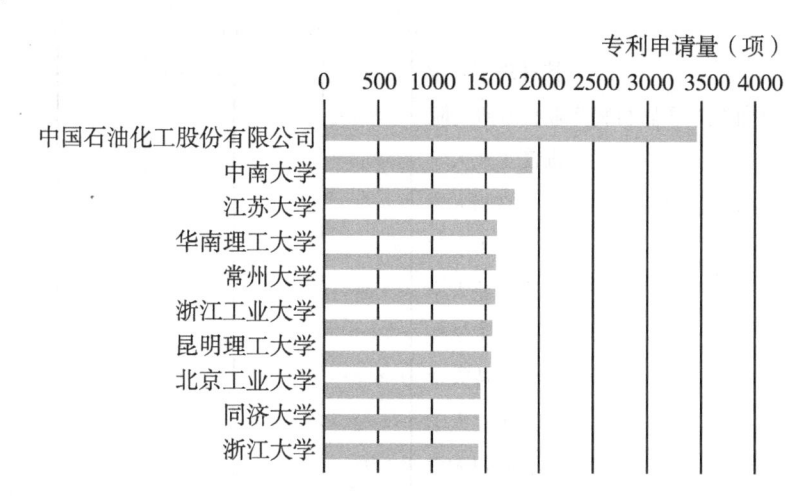

图 3-218　全国环保产业重要专利申请人

此外，从图 3-219 和图 3-220 所示的我国环保产业专利转让人、许可人排名情况可知，中国石油化工股份有限公司、江苏大学、常州大学、浙江工业大学、西安交通大学、东北大学等在专利申请量前 10 位以内的申请人，其专利转让或许可的数量也在全国名列前茅，表明了这些申请人所产出科研成果的市场价值，也印证了其在环保产业中的重要地位。

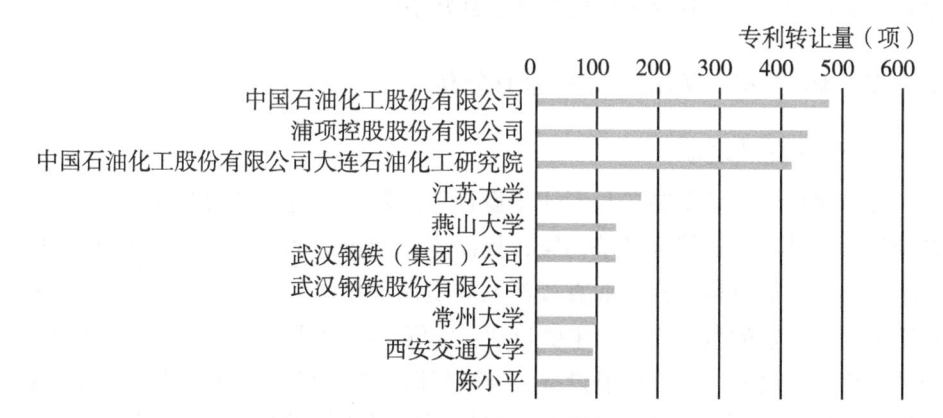

图 3-219　全国环保产业专利转让量前 10 位申请人

从我国环保产业专利申请量前 10 位或专利转让或许可数量前 10 位的重要申请人来看，四川省仅成都先进金属材料产业技术研究院在许可数量上位于全国第二位，其余榜单中均无四川省的创新主体，说明四川省在环保产业方面处于全国领先地位的创新主体数量不足，各类创新主体在基础研究与应用转化方

专利许可量（项）
0　　20　　40　　60　　80

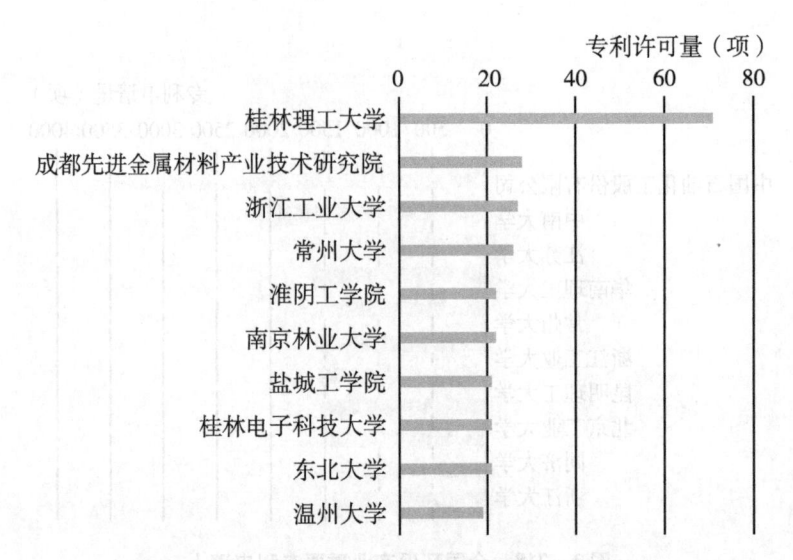

桂林理工大学
成都先进金属材料产业技术研究院
浙江工业大学
常州大学
淮阴工学院
南京林业大学
盐城工学院
桂林电子科技大学
东北大学
温州大学

图3-220　全国环保产业专利许可量前10位申请人

面都需进一步发力。唯一榜上有名的成都先进金属材料产业技术研究院创设于2017年，市场范围中与环保产业相关的包括机械装备及零部件的研发、制造、表面处理和销售、科技成果孵化转化、环境检测等，经统计，其许可的技术主要涉及金属表面处理及热处理加工，其2015—2023年在环保产业的专利申请数量达到200余项，为其成果转化打下了良好基础。

3.7.3　环境保护专用设备制造业分析

1. 产业发展现状

环境保护专用设备制造是专注于设计、研发、制造和销售各类环境保护设备的行业，其目的是减轻环境污染，提高资源使用效率，促进生态平衡，从而实现可持续发展目标，其产业直接涉及环境保护技术装备的生产。环保专用设备制造产业覆盖的范围广泛，主要包括：大气污染治理设备、水污染治理设备、固体废物处理设备、土壤修复设备、噪声与振动控制设备、资源综合利用设备、环境事故处理设备等。观研报告网发布的《中国环保设备行业发展深度分析与投资前景研究报告（2023—2030年）》显示，我国环保设备产业链较为清晰，产业上游为原材料，主要为钢材、铸件、PP塑料等；产业中游为环保设备制造企业，主要包括空气净化器、废气处理系统、除雾净化设备、脱硝设备、湿式除尘设备、污水处理设备、生活垃圾焚烧炉、土壤修复机械和化学处理设备等；下游为环保设备应用领域，主要为石油化工行业、食品加工行业、建筑行业、造纸行业。

我国环保装备制造业经历了从无到有，从小到大的艰难历程，全行业主营业务收入由1980年的7.5亿元发展到现在的9600多亿元，提高了1000倍以上。百亿级龙头企业不断涌现，环保技术装备水平显著提升，行业实现规模化发展，为构建现代产业体系奠定了良好的绿色发展基础。据统计，截至2022年，我国登记注册经营范围涵盖环保设备制造的企业约33000家，主营业务为环保设备制造的企业约13000家，从业人员200万人。

其中，中游产业链为环保专用设备制造端，目前我国环保设备已在大气污染防治设备、水污染治理设备和固体废物处理设备三大领域形成了一定的规模和体系。《2023—2028年中国环保设备市场调研及前景预测报告》显示，2022年我国环保装备制造业的产值达到了9600亿元，同比增长2%，且随着双碳行动的纵深推进，预计到2025年，还将继续保持稳定增长，产值力争达到1.3万亿元，尤其是在废气、废液和固废处理领域的设备需求将会进一步增加。以应用于工业的废气、废液和固体废物方面的环保专用设备仪器为例，有报告显示，2022年，中国工业废气、废液以及固体废物处理设备及相应的工程服务市场规模分别达到388.0亿元、1526.6亿元、796.1亿元。

下游产业为环保专用设备仪器的应用，其中，石油化工产业是重点产业之一。石油化工生产过程中产生的废气、废水和废渣中含有大量的有毒有害物质，对环境和人体健康造成严重威胁。因此，石油化工企业需要借助环保专用设备仪器来完成废气、废水和废渣的治理。近年来，我国石化产业有序发展，2022年，我国石化全产业实现营业收入16.56万亿元，同比增长14.4%，对产业链中游的环境保护专用设备制造产业起到了极大的带动作用。此外，食品加工产业、建筑产业也是环保专用设备仪器的重要应用领域之一。食品加工过程中会产生大量废水、废弃物和废气，需应用废水处理设备、厨余垃圾处理设备、油烟净化设备等环保专用设备仪器进行处理。2022年，中国农副食品加工业营业收入累计值达5.85万亿元，累计增长6.5%，一定程度上促进了环境保护专用设备制造产业的发展。而对于建筑产业，根据2022年1月发布的《"十四五"建筑业发展规划》，其将大力推行产业链现代化，初步形成绿色及低碳的生产模式，这也为产业链中游的环境保护专用设备制造产业带来了新的机遇。

2. 专利技术分析

如图3-221所示，从全国环保设备制造业领域专利申请趋势可以看出，我国环境保护专用设备制造产业的专利申请量在2015—2018年逐年升高，在2018年超过两万项。其原因可能是政策促进了专利申请量的增加。2015年，党的十八届五中全会将"绿色"列为"新发展理念"之一，2017年党的十九大报告强调加快生态文明体制改革，建设美丽中国。这让全社会广泛认识到，以牺牲环境换取经济发展的路走不通。正是国家对环境保护的重视促进了我国环境保护专用设备制造产业的快速发展，使我国环境保护专用设备制造产业专利申请量的提升成为必然趋势。此后，综合补贴滑坡以及疫情等多方面因素叠加影响，申请量在波动中有所回落。

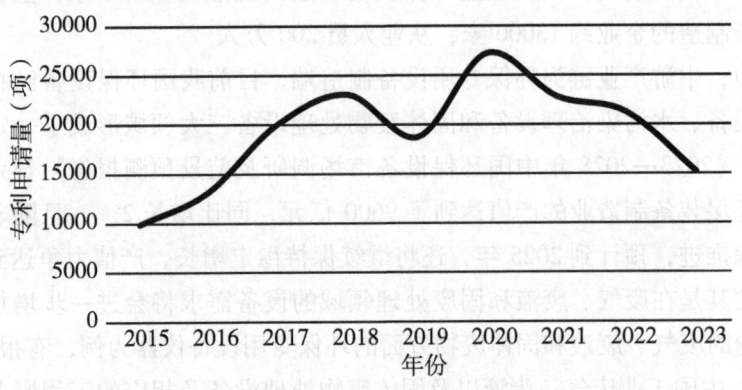

图3-221 全国环境保护专用设备制造业专利申请趋势

图3-222所示为四川省环境保护专用设备制造产业专利申请趋势，由图可以看出，从2015年开始，四川省环境保护专用设备制造产业专利申请量整体呈波动上升趋势，在2015—2017年专利申请量快速增长，仅用两年时间即实现专利申请量翻番，突破1000项，这与该段时间四川省在环境保护市场给予了政策和资金方面的大力推动密切相关。2016—2017年，四川省委、省政府先后印发了《关于推进绿色发展建设美丽四川的决定》《土壤污染防治行动计划四川省工作方案》《四川省环境污染防治"三大战役"实施方案》等多项省级文件，极大地促进了四川省环境保护专用设备制造产业的发展。该阶段，四川省涌现出一批科技型环保设备公司，并且都拥有一批核心技术。此后，在新的形势下，专利申请数量有一段时间的过渡期，至2019年略有下滑，随后呈现稳定发展的态势，在2020—2022年已恢复至年申请量550项左右的水平。

如图3-223所示，从2015年与2023年的中国省市排名对比可以看出，在环境保护专用设备制造产业领域，江苏、广东、山东、浙江长期稳居前列，且申请量有所增高。这表明这些省市在该领域具有较强的技术实力和创新能力。这些地区可能拥有较为完善的产业链、较多的科研机构和高校资源，以及政府对环保产业的支持和推动。相较来说，北京、四川等省市排名有所下降，但同时北京的申请量实质上有所增加，而四川申请量呈下降趋势。结合四川省申请总量变化趋势，可以看出各省市在环境保护专用设备制造产业领域的表现受到政策支持和市场需求的双重驱动。政府可以通过制定相关政策措施来推动环保产业的发展和技术创新，而市场需求则直接决定了企业的研发投入和专利申请方向。

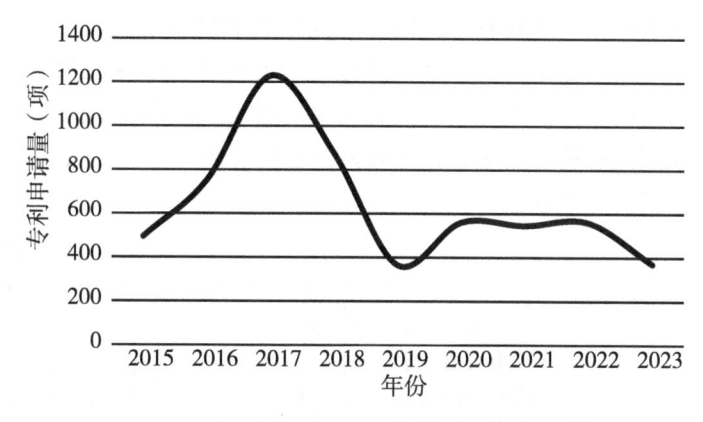

图 3-222　四川省环境保护专用设备制造业专利申请趋势

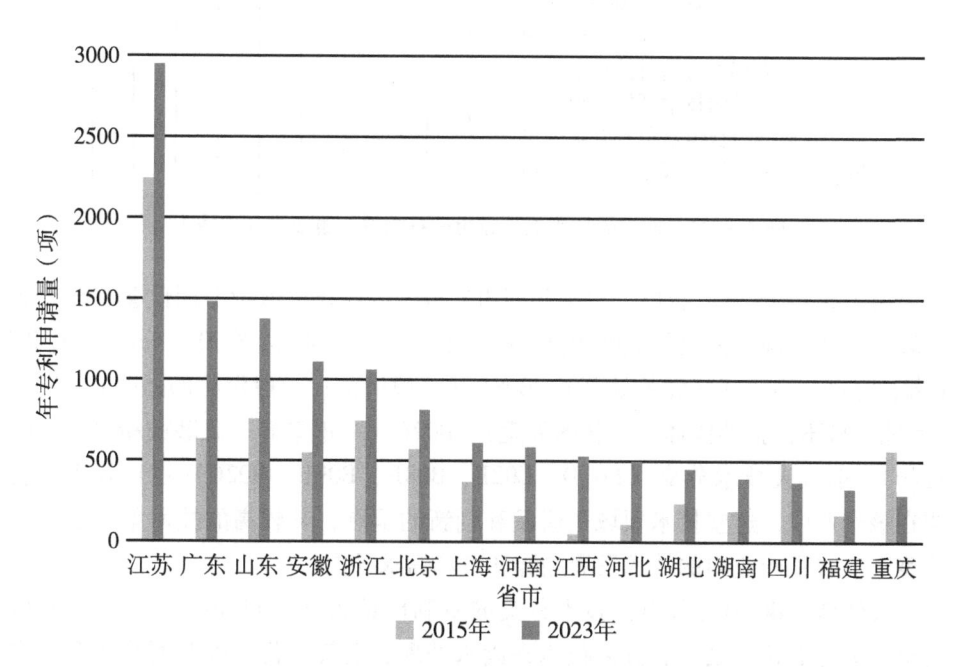

图 3-223　全国环境保护专用设备制造业主要省市专利申请量对比

如图 3-224 所示，环境保护专用设备制造产业四川省内主要创新主体中排名前列的主要为高校，包括四川大学、西南石油大学、西南科技大学，分列第

一、二、三位,也体现了省内重点科研院所的科研能力和创新影响力。排名靠前的企业有成都易态科技有限公司、保护伞环保科技成都有限公司、成都赋阳技术开发有限公司、成都尚智恒达科技有限公司等。总的来说,四川省内环境保护专用设备制造产业领域的创新体系相对完善,既包括了具有较强科研能力和创新影响力的高校,也包括了具有市场竞争力和创新能力的企业。这种多元化的创新体系有助于推动环保技术的不断进步和产业的快速发展。随着技术的不断进步和市场的不断扩大,四川省内环境保护专用设备制造产业领域有望继续保持快速发展的态势。未来,该领域内的创新主体应当继续加强产学研合作,推动科技成果的转化和应用。

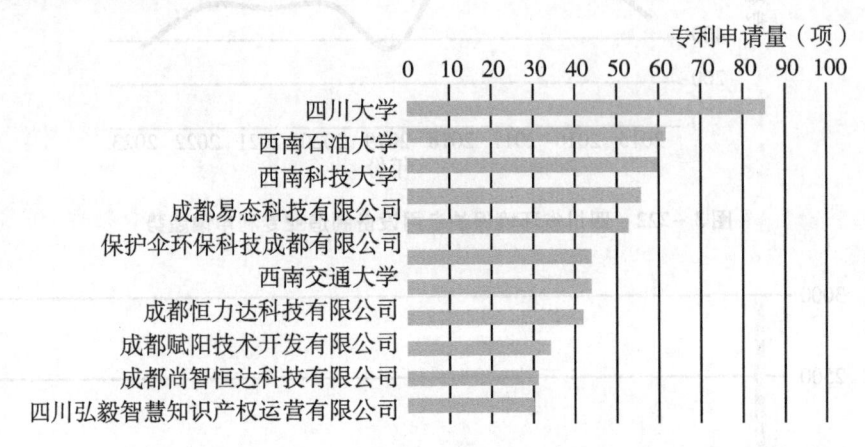

图 3-224　四川省环境保护专用设备制造业重要专利申请人

由图 3-225 可以看出,全国和四川省范围内的环境保护专用设备制造产业领域专利技术构成情况相似度较高:排在前五名的分别是 B01D(分离)、C02F(水、废水、污水或污泥的处理)、B08B(一般清洁;一般污垢的防除)、B09B(其他类目不包括的固体废弃物的处理)、B02C(一般破碎、研磨或粉碎;碾磨谷物)。前五大技术分支(B01D、C02F、B08B、B09B、B02C)占比较大,表明在该产业中,这些技术领域是研发和创新的重点,其较高的技术集中度一定程度上反映了产业内的技术发展趋势和市场需求导向。

具体地,B01D(分离)技术分支的专利申请占比超过 40%,成为该领域内最为关注的技术之一。分离技术在废水处理、空气净化、资源回收等多个方面发挥着至关重要的作用,是产业技术进步和产业升级的重要驱动力。C02F 和 B09B 的专利申请占比分别排在第二和第四位,说明水处理和固体废弃物处理是当前环保领域亟待解决的重要问题,也是技术创新的重要方向。B08B 和 B02C 分列第三和第五位,在环境保护专用设备制造产业中也扮演着重要角色。清洁技术有助于维护设备的良好运行状态,而破碎技术则在废弃物处理和资源回收过程中发挥关键作用。除了前五大技术分支,其他技术分支虽然占比均小于10%,但它们的存在表明了环境保护专用设备制造产业技术领域的广泛性和多样性。

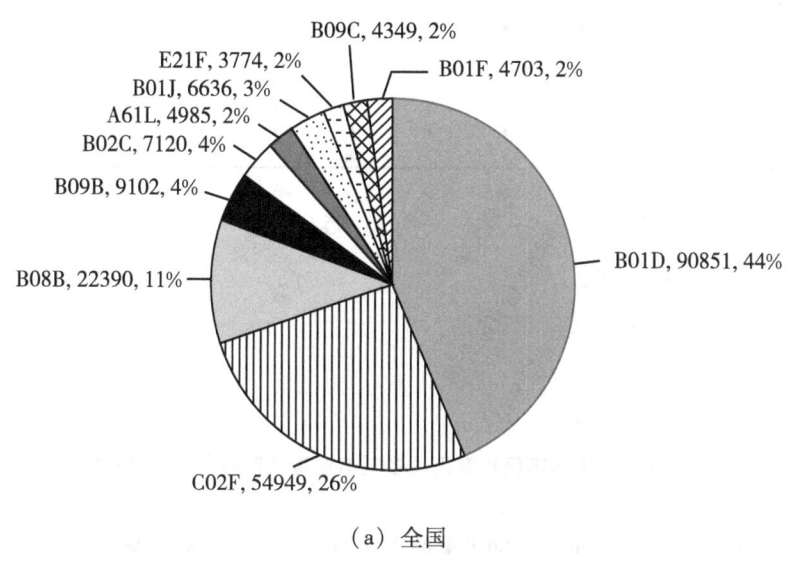

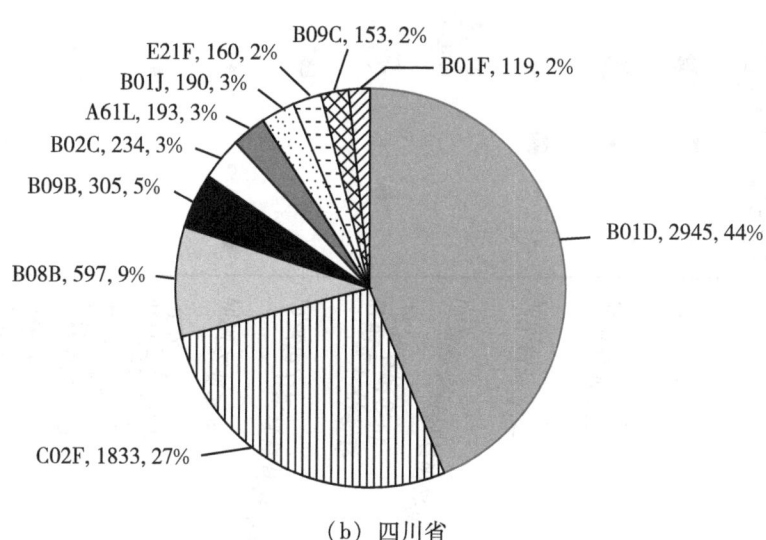

图3-225 全国和四川省环境保护专用设备制造业专利技术构成(单位:项)

由图3-226和图3-227所示的全国和四川省环境保护专用设备制造业重要专利申请人技术构成可以看出,全国重点申请人的专利申请技术构成分布较为规律,而四川省内申请人的技术构成各自展现不同的特点。西南科技大学、

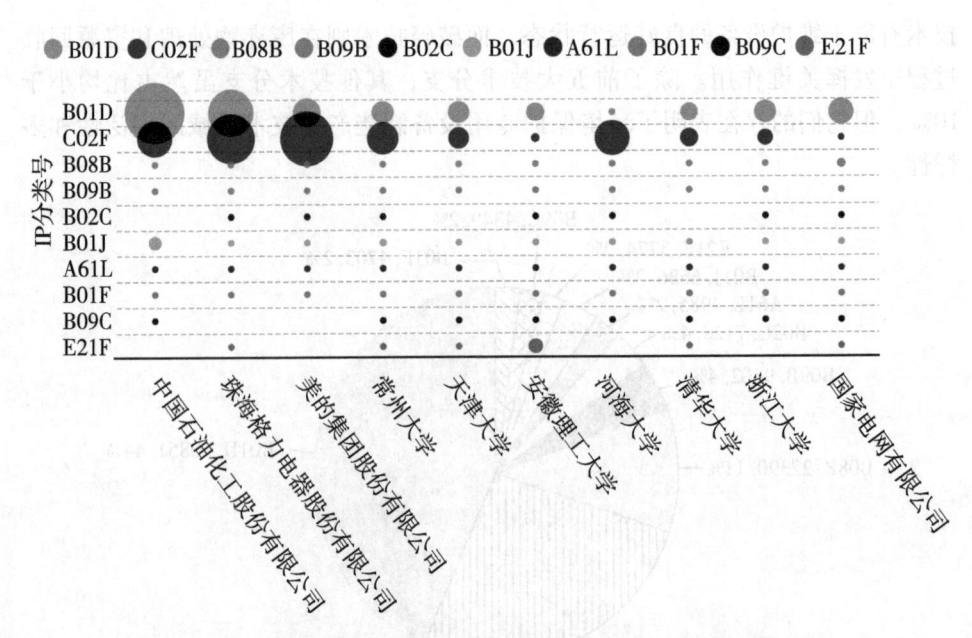

图 3-226　全国环境保护专用设备制造业重要专利申请人技术构成

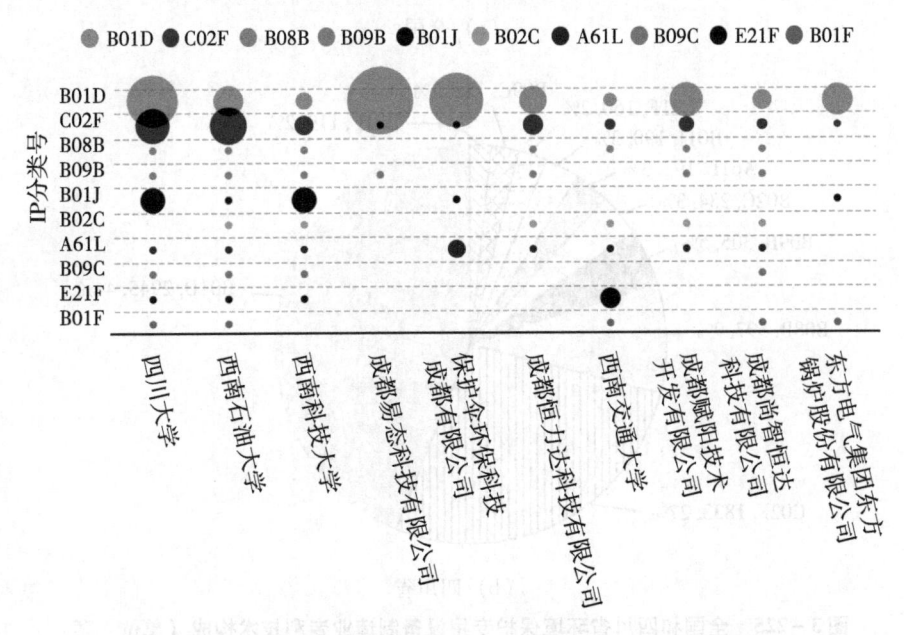

图 3-227　四川省环境保护专用设备制造业重要专利申请人技术构成

四川大学在 B01J（涵盖了"化学或物理过程，例如催化作用；其所需的装置"）有一定量的专利布局，这表明它们在环境保护专用设备制造方面的研究不仅限于传统的分离和处理技术，还深入到化学反应过程和催化剂的专用设备仪器制造等前沿领域，体现了较高的科研水平和创新能力。西南交通大学则在 E21F（矿井通风；矿井中的气体或粉尘的清除或控制；矿井中的安全设备；矿井救援）分支有所涉及，反映了该校在特定领域（如地下工程、隧道施工等）的技术实力和专业特色，相关技术在未来也有望被应用于更广泛的环保场合。保护伞环保科技成都有限公司在 A61L（用于外科、医学、牙科或兽医用的灭菌设备；医疗器械、用具或用品的消毒）分支有所布局，可能与其在医疗废水处理、医院废弃物处理等场景的特定应用有关，这也展示了企业在细分市场中的技术定位和市场策略。

3.7.4 环境监测专用仪器仪表制造业分析

1. 产业发展现状

随着全球各国逐步加强环保力度，对环境监测的需求持续扩大，环境监测专用仪器仪表作为环境监测的重要设备，其产业发展前景也被广泛地看好。图 3-228 所示为环境监测专用仪器仪表制造产业链分布情况，环境监测专用仪器仪表产业链上游为传感器及模组、电子器件及模块等零部件，主要产品包括传感器及模组和电子元器件及模块，部分产品有一定的技术壁垒，但产业内优势企业逐渐向上游进行了业务延伸，提高了核心零部件内部供给能力。整体来看，上游是一个充分竞争产业，本产业对上游议价能力较强，本产业企业可以选择并比较不同供应商来满足业主的多层次需求，对上游供应商不存在依赖。国内环境监测专用仪器仪表产业上游零部件制造企业主要有汉威科技、四方光电等。产业中游为各类环境监测仪器的生产和制造，包括空气环境、水环境和声环境等环境质量检测及废气、废水和噪声等污染源监测。中游环境监测仪器制造代表企业有聚光科技、先河环保、艾默生、雪迪龙、赛默飞、天瑞仪器等。下游环境监测服务代表企业有谱尼测试、安车检测等，大多为兼顾多种检测场景的综合企业。产业下游为环境监测运营和第三方监测服务及各类环保组织等。整体来看，下游市场的集中度较低，竞争较为激烈。近年来，产业内优势企业逐渐浮现，并形成一定的规模及品牌效应，但中小企业通过细分领域的深耕可掌控一定的市场份额。下游的直接使用部门代表有生态环境部、中国环境监测总站等。

```
┌─ 上游 ─┐  ┌────── 中游 ──────┐  ┌─── 下游 ───┐
```

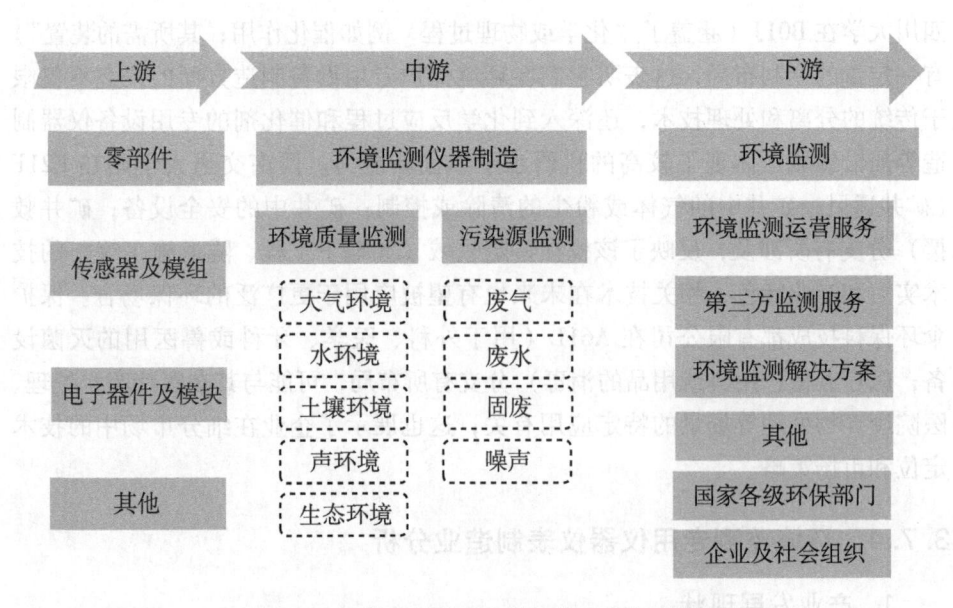

上游	中游	下游
零部件	环境监测仪器制造	环境监测
传感器及模组	环境质量监测 / 污染源监测	环境监测运营服务
	大气环境 / 废气	第三方监测服务
电子器件及模块	水环境 / 废水	环境监测解决方案
	土壤环境 / 固废	其他
其他	声环境 / 噪声	国家各级环保部门
	生态环境	企业及社会组织

图 3-228　环境监测专用仪器仪表制造产业链图谱

产业市场规模方面，随着国家对环境保护的重视程度不断加深，我国的环境监测技术和能力有了长足的发展，环境监测专用仪器仪表制造企业营业收入进一步增长。2021 年中国环境监测专用仪器仪表制造业营业收入 243.8 亿元，同比增长 9.69%，2021 年中国环境监测专用仪器仪表制造企业数量从 2019 年的 134 家增加到 215 家。

产业发展态势方面，2022 年 7 月，工业和信息化部、科学技术部、生态环境部三部门联合印发《环保装备制造业高质量发展行动计划（2022—2025 年）》，提出到 2025 年环保装备制造业产值力争达到 1.3 万亿元。其中，环境监测专用仪器仪表被多次提及，指出加强关键核心技术攻关，聚焦"十四五"期间环境治理新需求，围绕减污降碳协同增效、细颗粒物（$PM_{2.5}$）和臭氧协同控制、非电产业多污染物处置、海洋污染治理、有毒有害污染物识别和检测以及生态环境应急等领域，开展重大技术装备联合攻关，推动在线监控系统应用；加快先进装备推广，重点提升高端环境监测仪器仪表的自主创新供给能力；推动数字化智能化转型，鼓励和支持环境监测仪器仪表等产业基础较好的细分领域，加快工业互联网平台建设，鼓励龙头企业面向产业开放共享业务系统，带动产业链上下游企业开展协同设计和数字化供应链管理。同时，出于"碳达峰、碳中和"目标落实和绿色低碳发展需要，"十四五"期间国家将系统谋划覆盖点源、城市、区域等不同尺度的碳监测评估业务，提升碳监测技术水平，逐步纳入常规监测体系筹实施。根据《生态环境监测规划纲要（2020—2035

年)》,"十四五"期间,将调整扩展大气环境监测国控城市站点,覆盖全部地级及以上城市和国家级新区,大气环境监测国控点位数量将从1436个增加至2000个,非国控点数量将从1924个增加至3500个以上,这将极大地提升大气监测组分站建设需求,从而带动大气监测设备业务的增长。在上述国家规划、政策性驱动以及切实市场需求等因素影响下,环境监测专用仪器仪表产业拥有广阔的发展前景。

同时,随着物联网技术、遥感监测技术、大数据技术、网络技术、纳米技术、激光技术和生物技术等高新技术的迅猛发展,环境监测产业正在进行革命性的发展,向着微型化、智能化、网络化、协同化的方向迅速迈进,具体包括:

①智能化、网格化。2020年3月,生态环境部《关于推进生态环境监测体系与监测能力现代化的若干意见(征求意见稿)》中提出要发展智慧监测,推动物联网、传感器、区块链、人工智能等新技术在监测监控业务中的应用。

自生态环境部于2018年启动"千里眼计划"以来,各地积极推动大气环境监测网格化管理,积极建设空气质量网格化监测系统。空气质量网格化监测系统以"全面布点、全面联网"为宗旨,通过点、线、面的大范围、高密度"网格组合布点",将城市空气监测作为一个整体化实现空气质量数据在线监测、收集。该系统主要面向环境管理部门,旨在帮助并解决区域内环境空气质量监测的难题,准确实时地提供大气污染的监测信息与分析评价,帮助用户掌握区域内的环境空气质量,发现污染特征状况,为大气污染的防治提供技术上的支持。

②多功能、小型化、智能化。随着科技水平的发展,微处理器和人工智能等技术在本产业逐步得到应用,环境监测仪器产品体积缩小,智能化水平提高,应用功能得到进一步丰富。

2021年9月,生态环境部颁布《物联网新型基础设施建设三年行动计划(2021—2023年)》,指出围绕水环境、海洋环境、大气环境、土壤环境、固体、核与辐射安全、碳排放等方面,推动低功耗、小型化、智能化生态环境感知终端的应用部署。建设生态环境综合管理和数据共享平台,打造污染源管理、生态环境监测、生态保护、监督执法等典型应用,提升生态环境感知能力和管理决策智能化水平。

③整体协同化。目前,我国已初步建成的覆盖全国的生态环境监测网络,仍存在部门间环境监测网络规划布局不统一、技术规范及评价方法不统一、数据缺乏可比性等问题,严重制约着我国生态文明的建设。为此,国家有关部门发布了一系列政策,加快推进"十四五"期间生态环境监测网络建设。2021年3月,生态环境部颁布《关于统筹和加强应对气候变化与生态环境保护相关工作的指导意见》,指出在统一政策规划标准制定、统一监测评估、统一监督执

法、统一督察问责等方面取得关键进展。

2021年12月,生态环境部在《"十四五"生态环境监测规划》中提出:建设科学独立权威高效的监测体系,从环保"小监测"向全社会"大监测"拓展,从数量规模型向质量效能型跨越提升,打破均质化扩张的路径依赖,注重规模、质量、效益协调发展,注重发挥国家、地方、企业、社会各方积极性。

④向生态监测转型。生态监测指在现有大气、水质、噪声等环境要素监测基础上,引入现代生态学理念,拓展监测范围,完善监测手段,通过运用在线自动监测、3S宏观监测等先进技术,弥补原有要素监测手段的不足,由原来单纯针对环境要素的环境监测,转变为针对城市区域生态系统功能结构的生态监测,全面系统地监测和评估城市的生态环境质量。生态监测系统能对生态环境的演化趋势、特点进行动态监测与预警,为生态城市建设提供连续、准确、实时的科学依据。

2020年6月,生态环境部发布了《生态环境监测规划纲要(2020—2035年)》,提出2020—2035年,环境监测将在全面深化环境质量和污染源监测的基础上,逐步向生态状况监测和环境风险预警拓展,构建生态环境状况综合评估体系。监测指标从常规理化指标向有毒有害物质和生物、生态指标拓展,从浓度监测、通量监测向成因机理解析拓展;监测点位从均质化、规模化扩张向差异化、综合化布局转变;监测领域从陆地向海洋、从地上向地下、从水里向岸上、从城镇向农村、从全国向全球拓展;监测手段从传统手工监测向天地一体、自动智能、科学精细、集成联动的方向发展;监测业务从现状监测向预测预报和风险评估拓展、从环境质量评价向生态健康评价拓展。

2. 专利技术分析

如图3-229和图3-230所示,国内和四川省在环境监测专用仪器仪表制造产业专利申请趋势较为一致,整体呈现波折中稳定上升的趋势,原因在于,随着中国经济的持续快速发展,城市化进程和工业化进程的不断加快,国家对环保的重视程度也越来越高。近年来,由于国家加大了环保基础设施的建设投资,有力拉动了相关产业的市场需求,环保产业总体规模迅速扩大,产业领域不断拓展,产业结构逐步调整,产业水平明显提升。表明无论是从全国还是省内来看,该产业都在持续发展,技术创新和研发投入在不断增加。而四川省内该领域申请量较低,总申请量约占全国的3.4%;意味着该领域在省内具有较大的发展空间和潜力。随着国家对环境保护的重视程度不断提高,以及环境监测需求的不断增加,四川省内企业可以抓住机遇,加大研发投入,提升技术创新能力,从而在该领域取得更大的突破和发展。

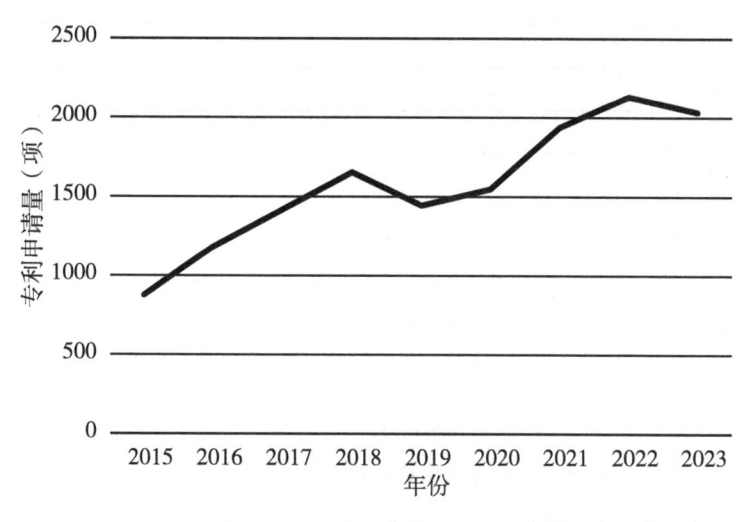

图3-229　全国环境监测专用仪器仪表制造专利申请趋势

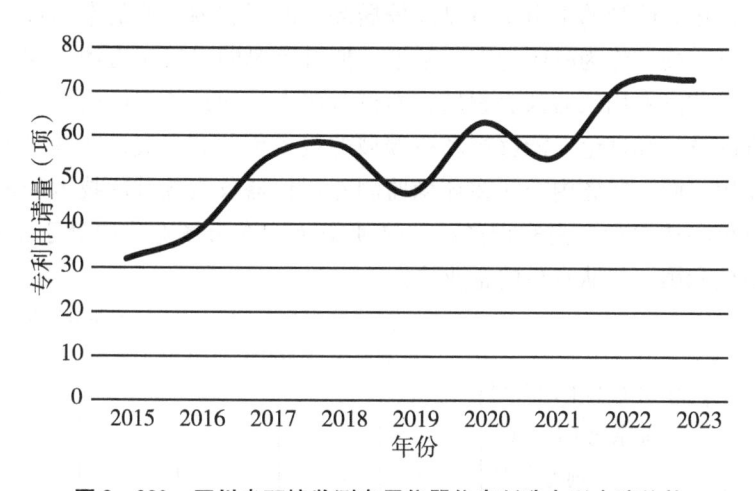

图3-230　四川省环境监测专用仪器仪表制造专利申请趋势

图3-231所示为2015年和2023年环境监测专用仪器仪表制造产业主要省市申请量对比，四川的申请量虽然自2015年到2023年有所提升（从32项提升至73项），但在全国排名从第8名跌至第10名，且始终与第一梯队省市具有较大差距。可见，随着国家对环境保护的重视程度不断加深，环境监测专用仪器仪表的市场需求持续增长，吸引了众多企业进入该领域。这导致市场竞争愈发激烈，各省市都在加大研发力度，提升技术水平，以抢占市场份额。

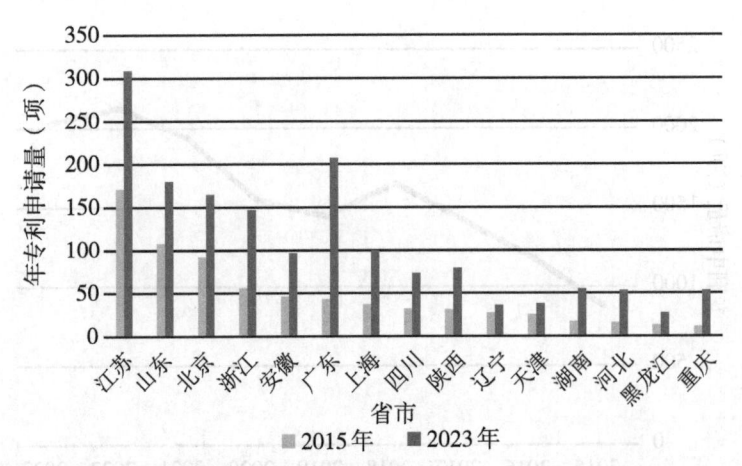

图 3-231 全国环境监测专用仪器仪表制造产业专利申请量省市排名对比

图 3-232 和图 3-233 所示为全国和四川省仪器仪表制造产业重要申请人，由图可知，排名前列的申请主体以高校居多，四川省内企业的专利数量仅为个位数。可见，高校作为科研的重要基地，拥有雄厚的科研实力和丰富的科研资源。在环境监测专用仪器仪表领域，高校科研人员通过长期的研究和积累，掌握了先进的技术和理论，能够推动该领域的技术创新和发展，在技术创新中具有主导作用。而一些省内企业在环境监测专用仪器仪表领域的技术积累相对薄弱，缺乏核心技术和自主知识产权。这使得企业在市场竞争中处于不利地位，难以与高校和第一梯队省份的企业抗衡。

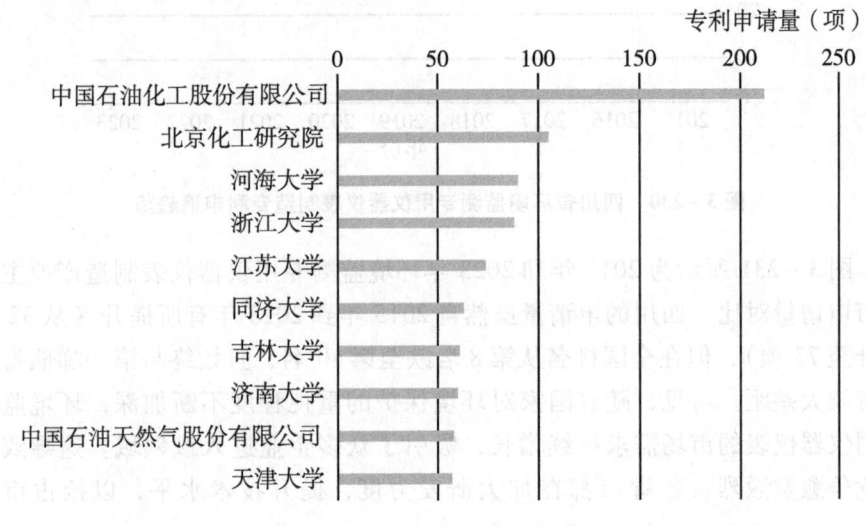

图 3-232 全国环境监测专用仪器仪表制造产业重要专利申请人

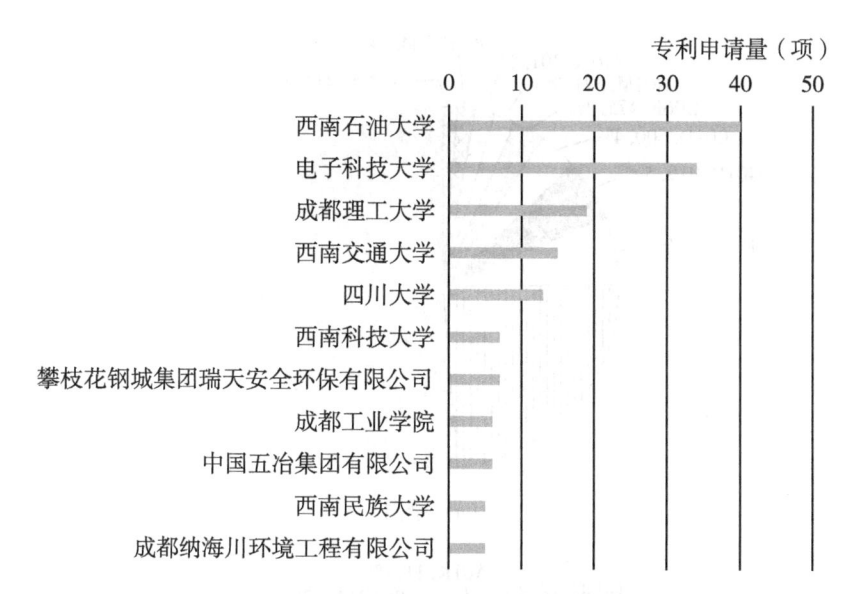

专利申请人	专利申请量（项）
西南石油大学	~40
电子科技大学	~33
成都理工大学	~18
西南交通大学	~15
四川大学	~13
西南科技大学	~7
攀枝花钢城集团瑞天安全环保有限公司	~5
成都工业学院	~5
中国五冶集团有限公司	~5
西南民族大学	~4
成都纳海川环境工程有限公司	~4

图 3-233 四川省环境监测专用仪器仪表制造产业重要专利申请人

图 3-234 所示为环境监测专用仪器仪表制造产业全国和四川省专利技术构成对比，国内主要技术分支和四川省既有共性又有一定的差异。这种技术分支的分布情况不仅揭示了产业的主要技术方向，也反映了不同地区在技术创新和研发重点上的细微差别。首先，四川省内和国内的技术分支前四位一致，分别是 C02F、G01N、G01H 和 G01D，并且上述四个技术分支的占比之和超出 60%，这表明在环境监测专用仪器仪表制造产业中，无论是在全国范围还是四川省内，都集中在这些核心技术领域进行研发和创新。这些技术分支通常与水质处理（C02F）、分析测试（G01N）、声学测量（G01H）和测量仪器（G01D）紧密相关，是环境监测仪器不可或缺的关键技术。全国范围内排在第 5 位和第 6 位的是 B01D（分离或纯化设备或方法）和 G06F（电数字数据处理），而四川省内则是 G06F 和 G06N（人工智能或机器学习）。这种差异可能反映了不同地区在技术创新和研发策略上的不同侧重。相较而言，全国范围内该领域可能普遍更注重分离纯化技术和数据处理技术的结合，以提升环境监测仪器的性能和效率；而四川省内的创新主体则更加关注人工智能和机器学习在环境监测中的应用，希望通过技术创新来推动产业的智能化发展。无论是全国还是四川省内，技术创新的重点都集中在提升环境监测仪器的精度、效率和智能化水平。随着科技的不断进步和环保需求的不断增加，环境监测技术将不断向更高层次发展。

四川省专利密集型产业研究

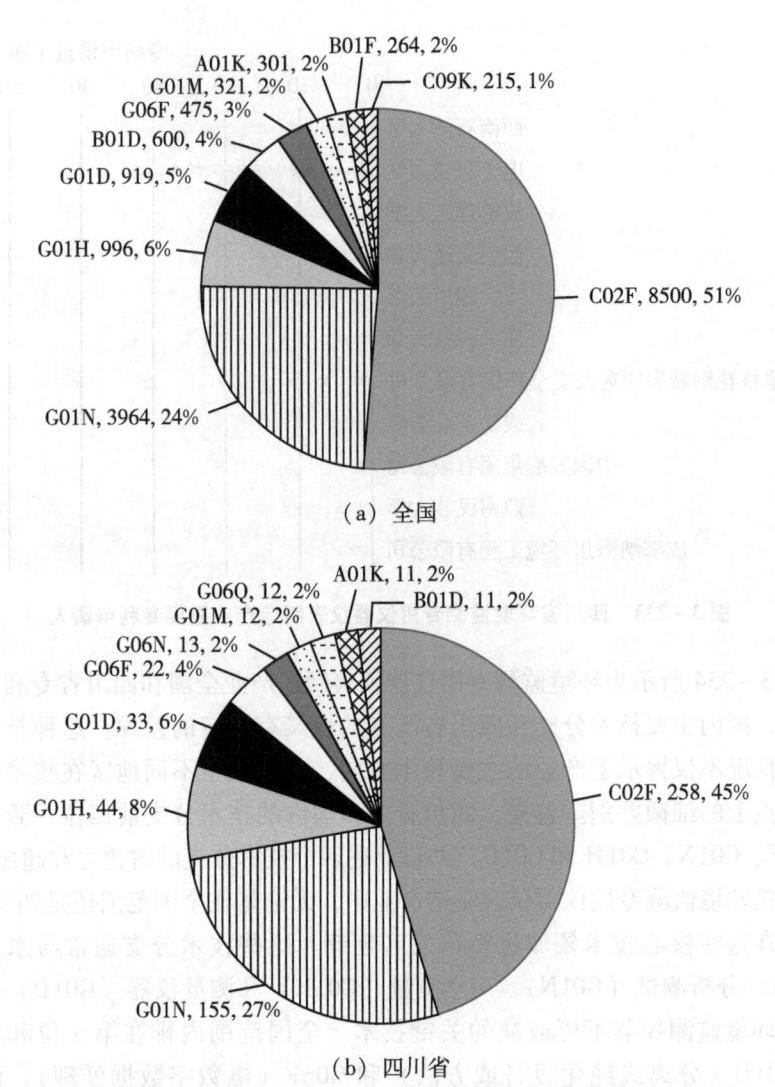

(a) 全国

(b) 四川省

图 3-234 全国和四川省环境监测专用仪器仪表制造专利技术构成对比

图 3-235 和图 3-236 所示为环境监测专用仪器仪表制造产业全国和四川省申请人技术构成情况，相对于国内重要申请人在 C02F 分支的大量布局，四川省内申请人在 G01N 分支的布局更具数量优势，并且四川省内申请人的技术分支分布情况更加集中。可见，四川省内申请人之间可能存在一定的协同效应，通过合作和共享资源，共同推动在 G01N 分支的技术创新和发展，这种协同效应有助于提升四川省内申请人在该分支的整体竞争力。

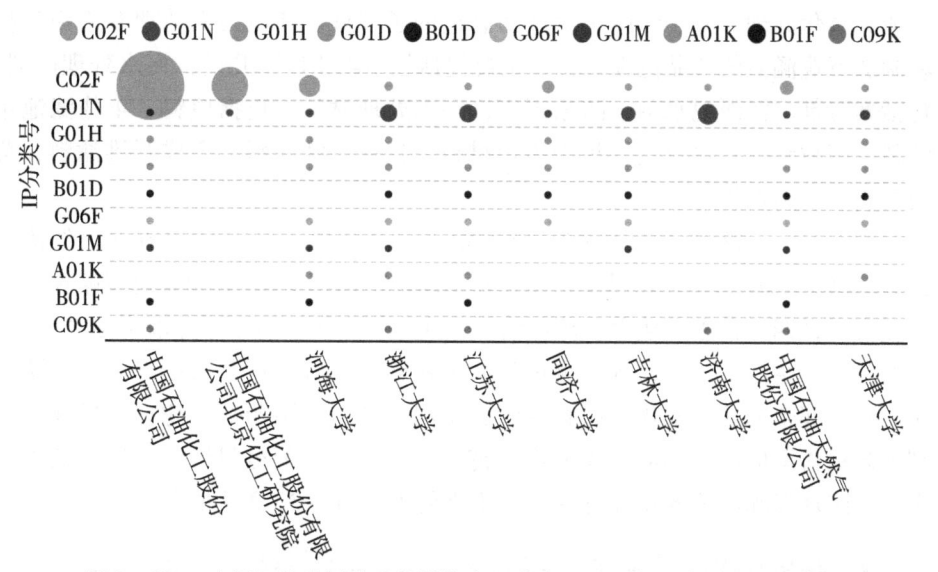

图 3-235　全国环境监测专用仪器仪表制造产业重要专利申请人技术构成

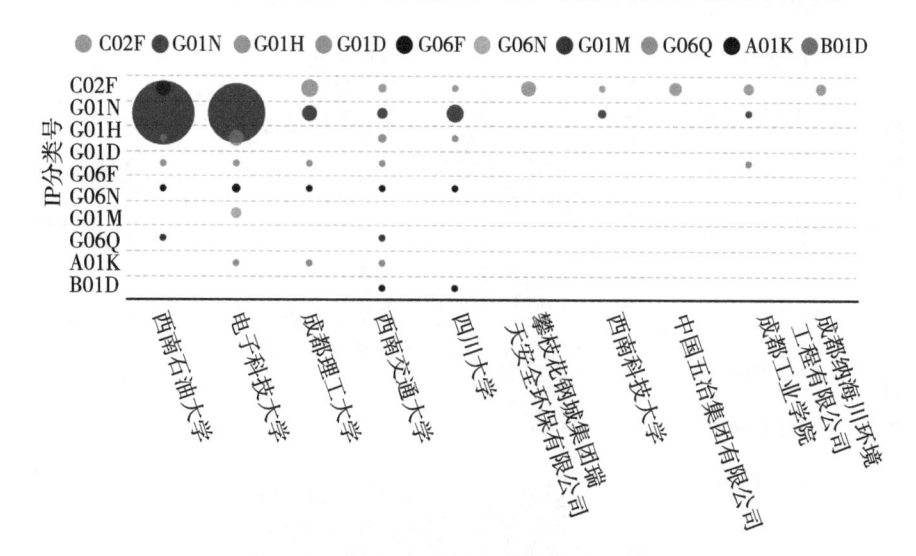

图 3-236　四川省环境监测专用仪器仪表制造产业重要专利申请人技术构成

3.7.5　环境污染处理专用药剂材料制造业分析

1. 产业发展现状

环境污染处理专用药剂材料制造是指专门生产用于控制、减轻和消除各种环境污染的化学药剂和物理材料的工业活动。这类药剂和材料主要用于水污染、空气污染、土壤污染和固体废物处理等领域，以实现污染物的去除、转化、分离或无害化处理，属于专用化学产品制造的子领域。环境污染处理专用药剂材料制造行业涵盖的产品范围广泛，主要包括但不限于以下几类：污水处理药剂，包括絮凝剂、污泥脱水剂、防垢剂等；污水处理材料，包括填料、生物滤池用滤料、膜材料等；以及空气污染治理材料，包括玻纤滤料、合成纤维滤料、覆膜滤料、脱硫剂等。

为了进一步落实"中国制造2025四川行动计划"和《四川省国民经济和社会发展第十四个五年规划和二〇三五年远景目标纲要》，大力推进战略性新兴产业发展，四川在生态建设和环境治理方面进行了积极的布局并取得显著成就，生产方式和生活方式向低碳、绿色方向加快转变，这得益于依托丰富的科研院所而建立起来的从上游化学原料及配套材料制造、中游药剂及滤材研发和生产到下游销售至应用市场的完善的产业链，可实现从药剂材料研发、生产试验和产业化到环保和经济效益提升的全产业化覆盖，如图3-237所示。

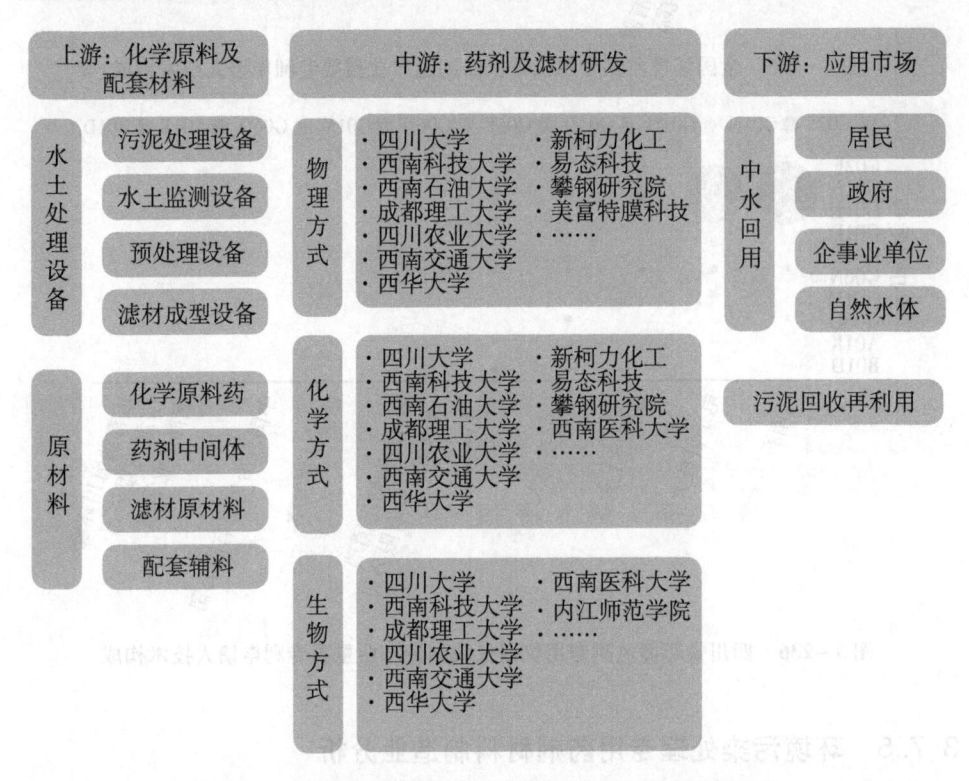

图3-237 四川省环境污染处理专用药剂制造产业链图谱

如图3-237所示，从产业链上游来看，关键性的化学原料及配套材料是制备性能良好的环境污染处理药剂的重要保障。产业链上游的原材料种类繁多，常见的主要包括无机盐类的铜、铁、铝、锌等原材料，以及天然或者合成类聚合物、多孔材料等非金属类原材料。而立足于地区丰富的自然资源，四川省有众多优秀的矿产及原材料企业，诸如攀钢集团、四川华南无机盐有限公司、四川千业环保产业发展有限公司、四川清泉碧水蓝天环保科技有限公司。

可以看出，四川省环境污染处理专用药剂制造产业链在地域上呈现高度集中的特点，即成都市"一家独大"，绵阳市凭借西南科技大学、中国工程院和中国科学院的研究所以及一批本土小微企业，位居第二。说明在省内，该产业高度依赖高校科研院所，集聚效应明显。成都作为四川省的省会，汇集了四川大学、电子科技大学、西南交通大学、成都理工大学、中国科学院成都分院等大量高校科研院所，并形成了围绕上述高校科研院所而建立的一批科技转化技术公司，拥有强大的科研背景的同时可以针对四川省特定的工业发展和居民生活习惯针对性地研发相关环境污染处理专用药剂。

四川省环境污染处理专用药剂的制造主要应用于电力、石化、冶金、矿业、造纸、印染、纺织、污水污泥处理等领域。截至2021年末，四川省净水药剂销量接近45万吨，同比增长约3%。由于受到了各地区市政水处理总量、人口数量、经济发展水平等综合因素的影响，其中销量最高的地区是川西，销量占比达55%左右；其次是川南和川东地区，占比分别为21%和13%，销量最小的地区是川北地区，占比为11%左右。

2. 专利技术分析

图3-238所示为全国环境污染处理专用药剂专利申请趋势，2015—2023年，全国环境污染处理专用药剂专利申请大致呈现先缓慢增长后缓慢下降的态势，主要分为两个阶段。

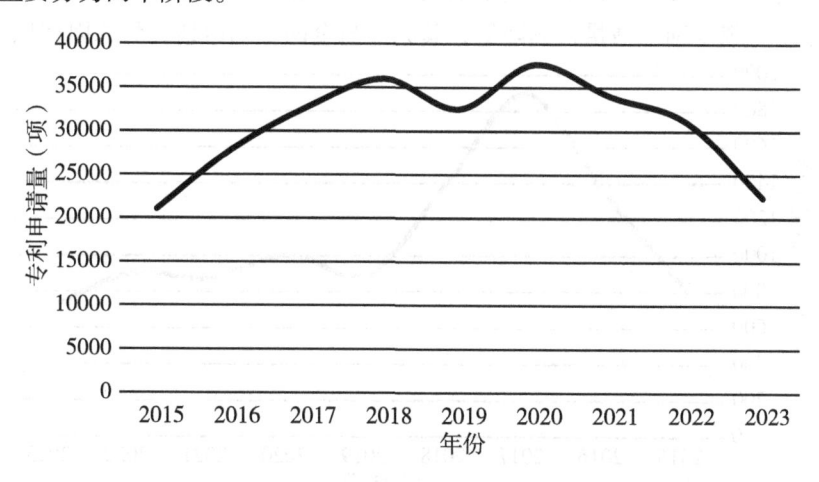

图3-238 全国环境污染处理专用药剂材料制造专利申请趋势

第一阶段：2015—2018 年为环境污染处理专用药剂专利申请的平稳增长期，2015 年实施的《中华人民共和国环境保护法》强调，环境保护的是国家的基本国策，作为环保领域发挥基础治理作用的环境污染处理专用药剂迎来了春天，环境污染处理专用药剂的申请数量开始逐年增长。

第二阶段：2018—2023 年，除小幅增长外开始了逐年下降的申请趋势。环境污染处理专用药剂是环保产业的一个基础分支，一方面作为传统产业技术发展已比较成熟，突破性、结构性的改进比较困难，也比较少；另一方面，2018 年《关于生态环境领域进一步深化"放管服"改革，推进经济高质量发展的指导意见》明确提出"探索开展生态环境导向的城市开发（EDO）模式"，该领域受到政策性的引导开始逐渐由原来的单一药剂的研发转变为集成化平台化、综合治理的模式和解决方案的研究。

如图 3-239 所示，四川省环境污染处理专用药剂材料制造专利申请的数量在 2015—2023 年同样呈现先增长后下降的趋势，其中在 2017 年达到最高。分析其原因可能主要在于：2016 年，四川省环保厅印发了《关于开展 2016 年水污染源整治工作的通知》，要求各地切实加强 2016 年度水污染源的整治工作，有效控制和降低年度污染源的污染物排放总量。2017 年，四川省环保厅印发《2017 年四川省环境污染防治"三大战役"工作要点》，指出四川将开展大气、水、土壤环境污染防治"三大战役"，实施挥发性有机物（VOCs）综合治理工程，完成 VOCs 污染源详查，建立 VOCs 排放源清单，加快石化、汽车、涂装、家具等重点产业和园区 VOCs 治理。在产业政策的刺激和导向作用下，四川省关于环境污染处理专用药剂专利申请呈现高位状态。自 2017 年之后，环境污染处理专用药剂专利申请量持续降低，其原因与全国专利申请趋势原因相似。

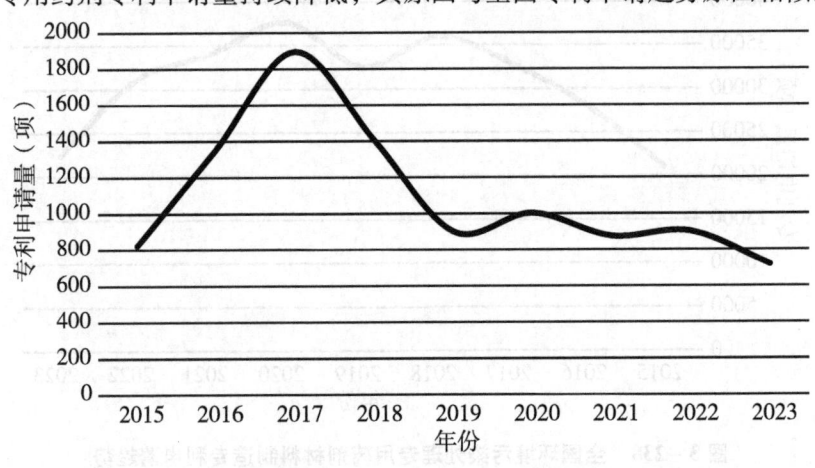

图 3-239 四川省环境污染处理专用药剂材料制造专利申请趋势

图 3-240 和图 3-241 所示为全国和四川省环境污染处理专用药剂材料制造专利申请技术分布情况。在全国范围内环境污染处理专用药剂材料制造专利申请由多到少主要集中在如下类别：C02F（水、废水、污水或污泥的处理）、B01J（化学或物理方法，例如催化作用或胶体化学）、B01D（分离）、B09B（其他类目不包括的固体废物的处理）、A61L（空气的灭菌、消毒或除臭）、C01B（非金属元素及其化合物）、C12N（微生物或酶及其组合物）、C12R（与涉及微生物的 C12C 至 C12Q 小类相关的引得表）、B01F（混合，例如溶解、乳化或分散）、B02C（一般破碎、研磨或粉碎）以及其他少量分类号。

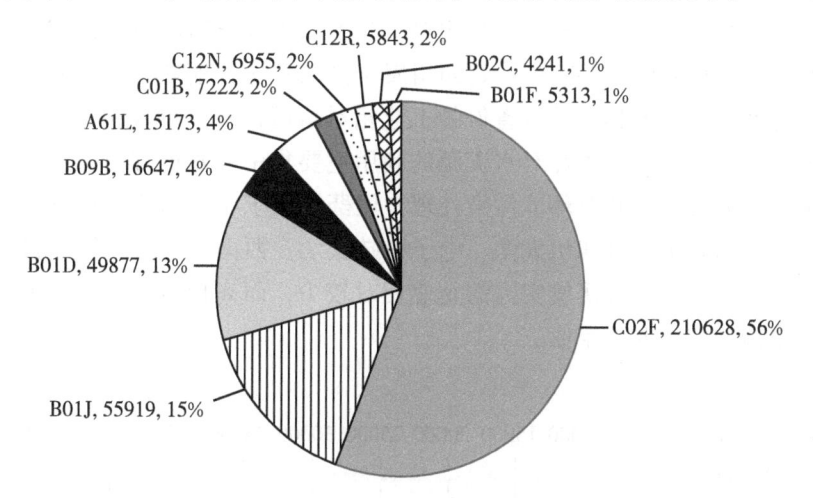

图 3-240　全国环境污染处理专用药剂材料制造专利申请技术分布情况（单位：项）

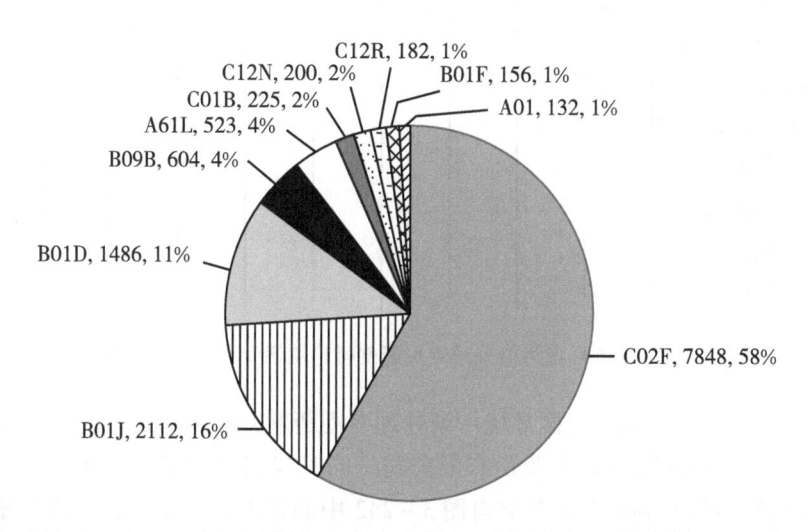

图 3-241　四川省环境污染处理专用药剂材料制造专利申请技术分布情况（单位：项）

如图 3-242 所示，在全国省市排名中，江苏省在环境污染处理专用药剂材料制造领域的专利申请量居于首位，广东省次之，而四川省则处于第八的位置。从图中我们可以看到，除北京和安徽以外，专利申请量排名前列的省市水资源比较丰富，依托水量丰沛的地理环境以及充分利用水资源促进工业发展的需求，工业的发展随之产生大量的工业废水、废气，由此带来的对水和大气治理的药剂的研发需求随之提高。值得注意的是，虽然北京的水资源相对欠缺，但是其作为我国的首都拥有大量高校、科研单位的同时，很多高新企业的总部也位于北京，强大的科研实力使得北京在该领域的专利申请量较高。另外值得注意的是，四川省虽然水资源丰富，但是相对于其他水资源丰富的省市，其专利申请数量较少，分析原因主要有：一是四川属于内陆省份，地理条件带来的运输成本的增加使其相对于其他沿海省份的工业相对落后，研发投入和专利申请量相对较少；二是目前四川省针对水资源的利用主要集中在水电方面，这属于相对清洁的发电方式，因此对环境污染处理专用药剂需求不及沿海工业发达地区迫切；三是四川省虽然有四川大学、电子科技大学、西南交通大学等一批高校科研单位，但是具有强大研发实力的企业相对较少，而高校对于科技成果转化以及专利申请的需求弱于企业。

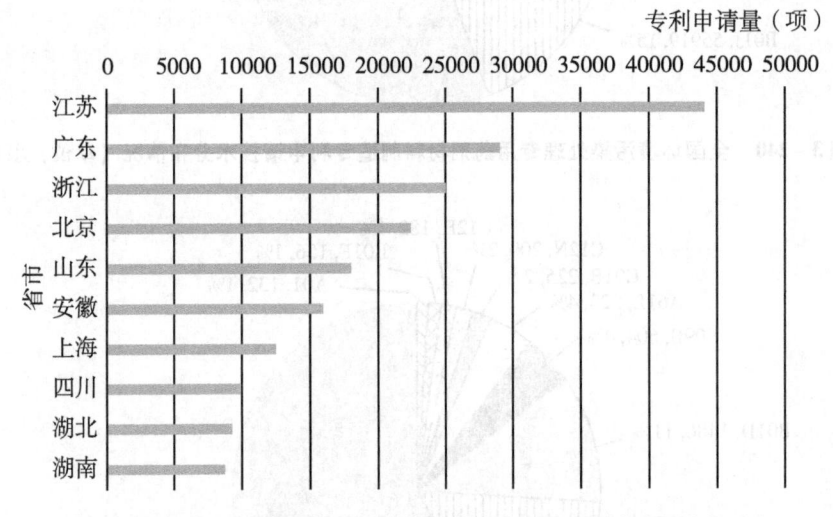

图 3-242　全国环境污染处理专用药剂材料制造专利申请量省市排名

如图 3-243 所示，全国环境污染处理专用药剂专利申请量排名第一的公司为位于北京的中国石油化工股份有限公司。同时我们可以看到，除天津大学以外，排名靠前的专利申请人都来自图 3-242 中的省市，且在上述申请人排名中并没有出现来自四川省的申请人。分析原因可能主要在于：四川省缺乏在该领域科研实力雄厚的高新技术企业和高校,且相对于沿海城市落后的工业发展水平导致对环境污染处理专用药剂研发需求不及沿海工业发达地区迫切,从而导致在该领域中专利申请人和申请数量相对较少。

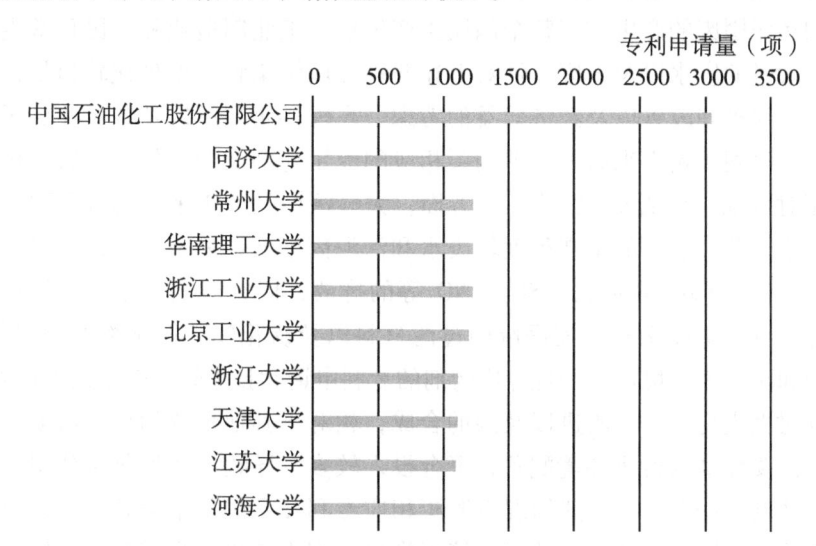

图 3-243 全国环境污染处理专用药剂材料制造重要专利申请人

如图 3-244 所示,在该领域专利申请量排名第一的中国石油化工股份有限公司的相关专利布局涉及 C02F、B01J、B01D 等多个分类号,围绕石油加工过程中的各环节的烷烃吸附-分离-降解、离子脱除、有机废水脱硫脱硝-催化氧化、贵金属富集等进行专利布局,构建了石油加工领域全链条的专利"护城河",巩固了在石油化工加工领域的领导地位。

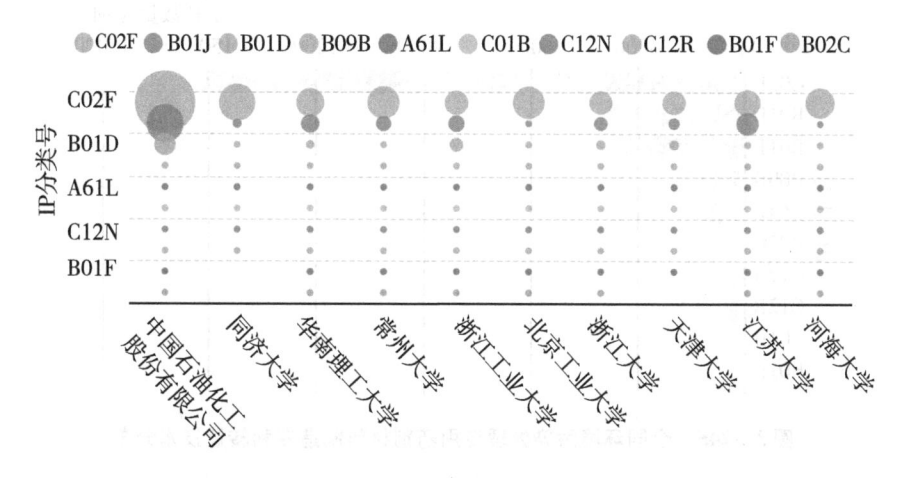

图 3-244 全国环境污染处理专用药剂材料制造专利申请人技术构成

如图 3-245 所示，针对环境污染处理专用药剂的研发和专利申请以及后续的转让主要集中在针对水和污泥的化学和物理处理药剂方面，对大气污染的治理则排在之后，而通过微生物手段的治理相对更少。分析其原因主要可能在于：废水和污泥固废的产生贯穿整个国民生产生活，工业制造业和居民日常生活都会产生大量的废水以及固废，针对上述两种环境污染物的处理比较迫切，出于对环境的保护和改善以及经济效益的考虑，高校科研院所以及各企业更愿意投入资金、时间和精力来研发或者购买相应的专用药剂及专利技术，后续投入回报率相对可观。反观大气污染，一方面，大气污染是近年来才逐步受到大众关注的污染来源，前期的重视程度较废水和污泥固废低；另一方面，大气污染主要源于 PM_{10}、$PM_{2.5}$ 颗粒物、SO_2、NO_2 等的排放，而针对上述主要大气污染物的治理，可借鉴废水和污泥固废中过滤材料以及硫化物、氮化物的处理药剂。微生物和酶作为环境污染处理专用药剂的专利申请和技术转让较少的原因在于：一是针对微生物的培育改进以及酶的合成，相对于其他传统的环境污染处理药剂而言需要较高的科研环境配置，资金投入较多，导致创业型科研公司难以开展上述药剂的研发，且一般情况下购买相应专利技术的价格偏高；二是微生物和酶无论是运输保存还是后续对环境污染治理产生效果，都需要严格控制环境的酸碱度、温度等，处理成本较高；三是微生物和酶作为药剂治理环境的普适性不高，仅能针对特定种类的污染物进行处理，例如亚硝酸细菌仅能将氨氧化为亚硝酸，硝酸细菌仅能将亚硝酸氧化成硝酸，木瓜蛋白酶仅能分解蛋白。上述限制性因素导致了微生物和酶方面的环境污染处理专用药剂的专利申请和后续转让较少。

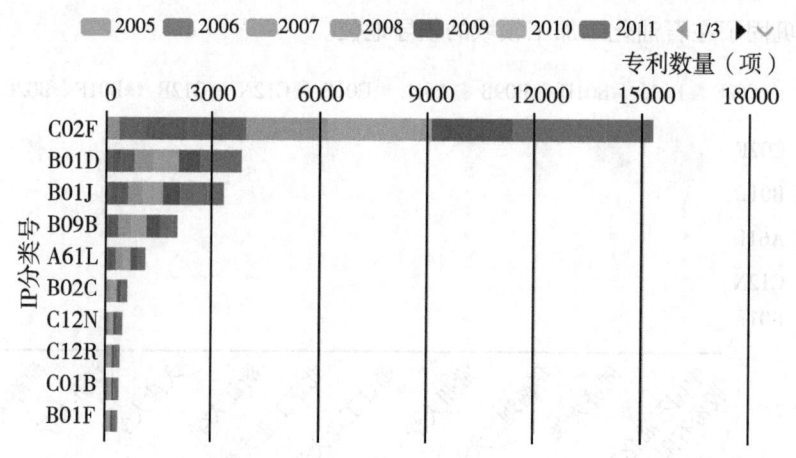

图 3-245 全国环境污染处理专用药剂材料制造专利转让技术分布

图 3-246 所示为该领域四川省主要申请人情况,可以看出以高校和科研院所为主,仅个别企业上榜,这也说明高校和科研院所在这一领域有较多的技术储备,亟待进行成果转化。

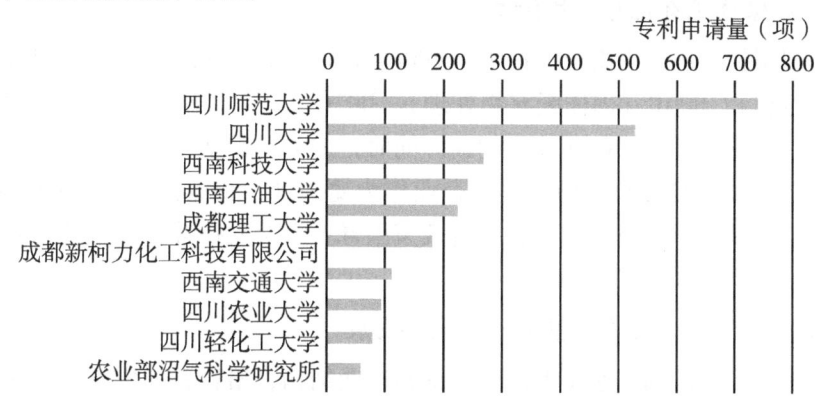

图 3-246 四川省环境污染处理专用药剂材料制造重要专利申请人

3.7.6 产业发展问题和建议

1. 存在的问题

首先,四川省环保产业"小散乱"的局面依旧存在,产业集群化的水平有待提升,掌握高精尖技术的龙头企业较少。产业整体成本高、利润低。在低价中标等因素影响下,节能环保产业市场"劣币驱逐良币"的问题比较突出。值得注意的是,由于绿色消费尚未成为主流消费理念,加之财税金融政策支持力度不足,一些优质的节能环保装备和产品销售价格因相对较高,很难受到消费者青睐。从企业层面来看,企业由于生存困难,购置先进节能环保装备的积极性不高。同时,现阶段缺乏对企业践行绿色社会责任的有效引导,企业开展绿色转型的主动性不够,阻碍了绿色产品、绿色技术的普及推广。

其次,省内创新主体存在高校存量申请较多、专利转化应用明显不足的弊端。从产学研一体化的角度,仍然需要定期梳理盘点存量专利,提供政策支持和激励,建立专利转化平台,强化产学研合作,以有效促进高校和科研机构的存量专利转化为实际的生产力,推动科技创新成果的商业化和产业化,进而增强企业的竞争力和市场活力。

最后,四川省在环保产业方面处于全国领先地位的创新主体数量不足,相当一部分的创新主体专利布局意识不强,多呈现"散点式"申请,技术跨域较大,后期针对专利技术的改进以及专利的维护运营思维欠缺。此外,省内环保产业的前瞻性意识不够,仍然拘泥于环保处理药剂和设备的研发、生产和销售,导致瓶颈期明显。

2. 发展建议

（1）保持现有优势，扶持龙头企业

建议根据四川省内高校、科研机构和企业的技术特色，聚焦在B01J（化学或物理过程）、B09B（固体废弃物处理）、B02C（破碎、研磨）等具有优势的领域，加大研发投入，推动技术创新。同时，加强对创新主体的研发鼓励，选择一批具有技术实力和市场潜力的企业作为龙头进行重点扶持，如攀钢集团、中建环能科技股份有限公司等，通过政策引导、资金支持等方式，帮助它们进一步扩大规模、提升竞争力。

（2）优化产业结构，推动产业集群发展

根据市场需求和产业发展趋势，调整产业结构，培育新的增长点，避免过度同质化竞争。同时，通过政策引导、产业链整合、资源共享等方式，依托龙头企业和优势领域，推动环保产业向产业集群方向发展，打造上下游协同发展的良好生态，形成规模效应和协同效应，提高四川省整个产业的竞争力和可持续发展能力。

（3）加强产学研合作

促进高校、科研机构与企业的合作，以企业带动高校和科研院所的科技创新成果转化落地，提高高校和科研院所研究成果的知名度，推动企业品牌建设和提升特色优势产品的知名度，打造一批以高校科研院所为强力科研支撑背景的研发型企业品牌，从而加快科研成果的转化应用，提升整个产业的技术水平。

（4）深化周边合作，形成区域集聚效应

以环境污染处理专用药剂材料制造产业为例，可通过加强川渝合作，促进以水利水电为特色的"成渝地区水处理药剂制造集群"建设。辐射周边城市区域，根据不同地域的特点形成具有鲜明地域特点的特色药剂材料制造链条，提供药剂生产、咨询、特色定制的一体化产业服务。进一步地，可与四川省外科研机构进行强强联合，例如对"有色合金的热处理或变形加工处理或特殊的物理方法改变其物理结构（C22F）"的技术分支，可向中南大学、中国科学院金属研究所、北京科技大学或东北大学寻求合作。

（5）鼓励领域融合

建议将环保技术与其他领域（如医疗、农业、能源等）进行跨界融合，开发具有创新性和竞争力的环保产品和服务。例如，将A61L（灭菌设备）技术应用于医疗废水处理，将E21F（矿井通风）技术拓展至隧道施工通风等。

(6) 市场开拓

深入挖掘省内外的市场需求,特别是针对重点产业和区域(如工业园区、城市污水处理、农村环境治理等),提供定制化的环保解决方案和服务。同时,积极参与国内外展会、交流会等活动,拓展市场渠道,提高四川环保产业的国际知名度。

3.8 研发、设计和技术服务业

3.8.1 产业的定义和特点

研发、设计和技术服务业属于科学研究和技术服务业范畴,涵盖了从基础科学研究到应用技术开发的众多方面。这个领域的主要活动可以大致分为以下几类:

①科学研究与开发。包括基础科学的研究,如物理、化学、生物学等,以及应用科学的研究,如新材料、新能源、生物技术等。这些研究通常旨在推动科学进步,为技术创新提供理论基础。

②工程与技术设计。涉及产品和系统的概念设计、详细设计、原型制作和测试。这可能包括建筑、机械、电子、软件等各种类型的工程设计。

③技术咨询与服务。提供专业意见、技术支持和解决方案,帮助客户解决特定的技术问题或改进其业务流程。

④标准制定与认证。参与制定行业标准,进行产品质量检测和认证,确保产品和服务符合规定的标准和法规要求。

⑤知识产权服务。包括专利申请、版权登记、商标注册等,帮助企业和个人保护其创新成果和知识产权。

⑥数据与信息技术服务。提供数据分析、云计算、网络安全等服务,支持企业数字化转型和信息管理。

其中,研究和试验发展是指为了增加知识(包括有关自然、工程、人类、文化和社会的知识),以及运用这些知识创造新的应用,所进行的系统的、创造性的活动,该活动仅限于对新发现、新理论的研究。新技术、新产品、新工艺的研制研究与试验发展,包括基础研究、应用研究和试验发展。专业化设计服务业是指专注于提供特定类型设计服务的行业,它涵盖了多种设计领域,旨在满足不同行业和客户对设计的特定需求,包括工业设计服务和专业设计服务。技术推广服务业是指将新技术、新产品、新工艺直接推向市场而进行的相关技术活动，以及技术推广和转让活动，目标是促进技术创新的应用和普及，以及提升其在各个行业中的使用效率和效果，包括生物技术、新材料技术、节能技术、新能源技术、环保技术、三维打印技术等的推广服务。

根据《知识产权（专利）密集型产业统计分类（2019）》中对于研发、设计和技术服务业的分类定义和范围，对照国民经济结构体系，研发、设计和技术服务业主要包括研究和试验发展服务、专业化设计服务和技术推广服务三个种类。本节将围绕专利密集型产业之一的研发、设计和技术服务业发展情况，结合专利大数据分析四川省行业现状、发展态势、产业发展定位，并给出切合实际的产业发展路径导航建议，为四川省研发、设计和技术服务业，培育相关专利密集产业主体提供决策建议。表3-27结合专利密集型产业研发、设计和技术服务业的分类以及对应的国民经济行业分类中的小类说明，给出研发、设计和技术服务业各小类涵盖的内容。

表3-27 研发、设计和技术服务业涵盖国民经济行业小类

大类	中类	国民经济行业代码	国民经济行业名称	说明
07	0701 研究和试验发展服务	7310	自然科学研究和试验发展	
		7320	工程和技术研究和试验发展	
		7340	医学研究和试验发展	
	0702 专业化设计服务	7491	工业设计服务	
		7492	专业设计服务	除工程设计、软件设计、集成电路设计、工业设计以外的各种专业设计服务
	0703 技术推广服务	7512	生物技术推广服务	
		7513	新材料技术推广服务	
		7514	节能技术推广服务	指仅包括节能技术和产品的开发、交流、转让、推广服务，以及一站式合同能源管理综合服务；节能技术咨询、节能评估、能源审计、节能量审核服务

续表

大类	中类	国民经济行业代码	国民经济行业名称	说明
07	0703 技术推广服务	7515	新能源技术推广服务	
		7516	环保技术推广服务	
		7517	三维（3D）打印技术推广服务	
		7519	其他技术推广服务	

3.8.2 产业现状分析

1. 政策环境情况

科学研究和技术服务业作为科技创新的核心，其市场规模随着政府、企业和科研机构的研发费用的增长而增长。从全球范围来看，世界科技竞争日趋激烈，科学和工程研究、商业化应用及智力成果转化愈加重要，促使全球研发费用近年来始终保持稳定增长，有望支撑全球科学研究和技术服务业市场规模维持稳定增长的趋势。近年来国家政策持续加大对科技型企业自主创新的扶持，我国科学研究支出（R&D 研发经费）保持了快速增长，带动了国内科学服务行业的发展。2022 年中国研发经费投入达 30870 亿元，首次突破 3 万亿元大关，比上年增长 10.4%，已连续 7 年保持两位数增长。"十四五"时期，我国经济社会发展仍处于重要战略机遇期，新阶段、新特征和国家战略安排对研究、设计和技术服务业提出了新任务新要求，行业发展前景更加广阔，同时也面临一些新风险新挑战。"十四五"时期开启后，研发设计服务方面，大力发展产品设计、工业设计、工程设计、创意设计、集成设计等设计服务业，鼓励和支持在多行业多领域探索第三方研发服务外包、合同研发组织等研发服务新业态。鼓励核心制造企业面向产品研发设计、生产制造和运维服务全生命周期，打造产品价值链协同平台，构建研发设计资源空间，发展基于"互联网＋"的研发设计资源共享，探索研发设计外包众包及社会力量参与互动的新模式，打造研发专业化、标准化、全流程、一体化的"互联网＋"智慧服务平台。

在国家层面，我国发布了一系列科学研究和技术服务业的相关政策，党中央、国务院高度重视科技创新工作，国内技术推广服务行业发展、行业推广、市场监管等重要环节的宏观政策已日趋完善。国家层面先后出台《国家创新驱动发展战略纲要》《国务院关于加快科技服务业发展的若干意见》等，积极推动科技服务业发展，大力促进科技创新与科技成果转化。2021 年科学技术部发布的《2021年科技部火炬中心工作要点》探索与地方共建一批示范性新型研发机构，为中小企业提供高质量技术供给和研发服务，扎实做好新型研发机构发展报告与业务培训交流等工作。2022年科学技术部发布《科技部办公厅关于营造更好环境支持科技型中小企业研发的通知》，推动各类国家级创新平台对科技型中小企业研发活动开放服务，引导更多资源支持中西部欠发达地区科技型中小企业创新。针对自然科学研究与试验发展服务业务形式，明确了互联网资源协同服务业务的概念，并相继颁布了相关的市场管理政策。

在省级层面，四川省委、省政府印发的《四川省知识产权强省建设纲要（2022—2035年）》的总体要求中提出，发展目标包括，到2025年，专利密集型产业增加值占地区生产总值比重达到13%，并具体提出要做大做强专利密集型产业。研发、设计和技术服务业作为专利密集型产业的重要组成部分，更是受到了省委、省政府的高度重视。2021年四川省人民政府发布《关于进一步支持科技创新的若干政策》。2022年10月四川省科技厅与财政厅、省统计局、国家税务总局四川省税务局联合印发《四川省激励企业加大研发投入后补助实施办法》。2023年7月四川省科技厅官网发布《四川省进一步支持企业发挥创新主体作用的若干政策（征求意见稿）》，该政策共22条，分布于培育壮大科技创新企业群体、引导企业加大研发投入、支持企业建设重大科技创新平台、支持企业开展关键核心技术攻关、鼓励企业加快科技成果转移转化、强化对企业的金融支持、支持企业引进培养科技人才、持续优化企业创新环境这8个方面。

2. 产业发展规模

（1）研究和试验发展服务

"十三五"期间，研究和试验发展服务业总体保持平稳较快发展态势，主要规划目标任务按期完成，行业治理能力显著提升，安全保障能力不断增强，数字红利持续释放。四川省新兴领域有效推进，技术水平显著提升，科研规模进一步扩大，创新能力日益增强。根据中国产业研究院发布的《2023—2028年中国科学服务行业市场前瞻与未来投资战略分析报告》，中国正处在创新驱动、转型升级的关键时期，国家高度重视科研投入和技术研发。2021年"两会"政府工作报告主要突出了三个方面：一是要强化国家战略科技力量；二是加强基础研究；三是要用市场化机制激励企业加大研发投入。我国科研仪器、试剂、服务行业市场规模有望在过去10%左右的年均增速基础上，继续加快增长。2021年国内研究和试验发展经费支出达到2.79万亿元，同比增加14.2%，近几年均保持双位数增长，以2022年的数据为例，国家知识产权局、国家统计局关于2022年全国专利密集型产业增加值数据的公告（第562号）指出，2022

年全国专利密集型产业增加值为153176亿元，其中，研发、设计和技术服务业增加值为10953亿元，所占比重为7.2%，增速为7.7%。按照活动主体来分，企业端研发投入占比最大为76.60%，高校及政府下属科研机构等占比21.70%，企业端及政府高校科研投入持续增长，带动科学服务行业进一步扩容。从实验分析仪器和科研试剂及耗材两个领域来看，已对应千亿级市场空间，行业空间广阔。

着眼于四川省，"十三五"期间科技服务业快速增长，制定了《四川省科技服务业发展规划（2016—2020年）》《四川省科技服务业统计调查工作方案》《四川省科技服务业产业技术路线图》，构建国家级科技云服务产业技术创新战略联盟，成为财政部和科技部联合启动科技服务业创新发展试点省之一。成都市成为科技部认定的第一批现代服务业创新发展示范城市。科技服务业集聚发展，聚焦研发设计服务等重点领域，实施新兴业态培育、试点示范引领、产业集聚区建设和科技服务体系再造四大工程，以国家级、省级高新区为主体，建设科技服务产业集聚区13个，全省规模以上科技服务业企业1402家，科技服务产业集聚效应进一步显现，产业规模持续扩大。据2021年统计，四川省全年科技服务业实现总收入达3460亿元。

（2）专业化设计服务与技术推广服务

作为创新起点以及价值源头，专业化设计服务在提升企业市场竞争力和促进区域经济发展方式转变方面至关重要，工业和信息化部提出将大力发展工业设计等现代生产性服务业，着力加快服务型制造发展，充分激发各类经营主体的动力活力。技术推广服务作为科技服务业中的中游产业，可以衡量一个国家和地区科学服务业发展水平，也是促进科技创新、加速科技成果转化的重要支撑。同时，近年来技术推广服务在各个科技行业、技术领域的经济活动中扮演着越来越重要的角色。

四川作为中国的科技大省，技术推广服务业的发展状况对全省推进创新驱动发展战略实施具有重要意义。四川省作为全国科技服务业创新发展试点省份，总体发展势头良好，科技服务业内容不断丰富，在产业链的上中下游均有产业体系，服务模式也在不断创新。2023年全年，四川省高新技术产业实现营业收入2.8万亿元，比上年增长4.5%；拥有国家级高新技术产业开发区8个，省级高新技术产业园区20个，国家级农业科技园区11个，国家级科技企业孵化器50个，省级科技企业孵化器132个，国家级大学科技园7个，省级大学科技园13个，国家级众创空间78个（其中专业化示范众创空间2个），省级众创空间187个，国家级星创天地83个，国家级国际科技合作基地22个，省级国际科技合作基地68个，科技综合实力较强。其中成都市是科技部认定的首批现代服业创新发展示范城市，成都高新区和绵阳高新区被列为全国科技服务业区域试点，科技服务业的集聚发展态势良好，技术推广服务作为科技服务业产业链的中游，起到了承上启下的作用。四川省以国家政策为导向，在科技服务业中的发展也呈现增长趋势，据四川统计局发布的数据，2021年全省科学研究与技术服务机构总数271个，从业人员33145人，经费总收入1612287万元，与2020年的数据相比，机构总数同比增加10.1%，从业人员数同比增加6.4%，经费总收入同比增加68.86%。

3.8.3 研究和试验发展服务业分析

在市场规模快速增长和政策支持明显增加的背景下，自然科学研究与试验发展服务主要市场的知名度也在不断增加。同时，随着一批明星企业的迅速崛起以及国内在自然科学研究与试验发展服务领域投资的增加，国内自然科学研究与试验发展服务技术专利的数量也在持续增长。从目前累计的专利数量来看，我国的自然科学研究与试验发展服务公共专利已达到4000多项，大大超过了其他国家和地区。技术实力的显著提高也为国内自然科学研究与试验发展服务市场的开放和商业产品的迅速普及奠定了坚实的基础。

如图3-247所示，在北京以及广东和江苏等地，研究和试验发展服务发展更加迅速，头部城市与尾部城市差距日益扩大，政治位置与资源优势对于产业发展所起的作用正在弱化，市场内在驱动力更加显著。

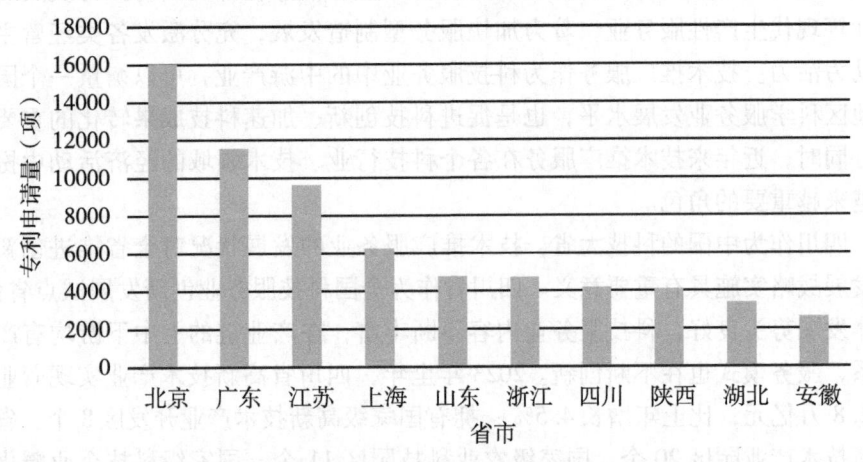

图3-247 全国研究和试验发展服务专利申请量全国省市排名

如图3-248所示，对研究和试验发展服务产业的各个专利申请人的专利数量进行统计，排名前十的申请人中大部分为高校申请人。而国家电网有限公司以及中国石油化工股份有限公司主要是联合石油设计研究院协同研发关于工程、技术研究和试验发展的相关专利。

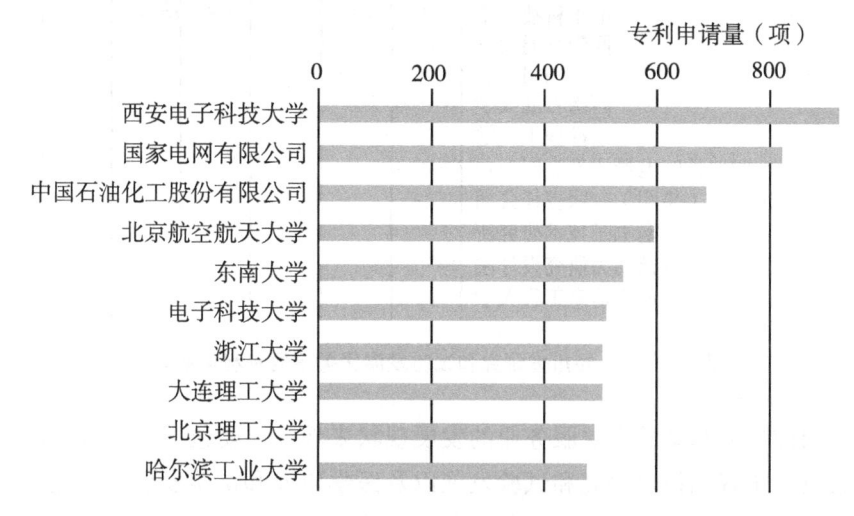

图 3-248 全国研究和试验发展服务重要专利申请人

四川和全国在研究和试验发展服务方向专利申请趋势如图 3-249 所示。历年的数据显示，四川省的研究和试验发展服务绝大部分集中于成都，一定程度来讲，成都的研究和试验发展服务水平基本上代表四川省在该领域的水平。四川省研究和试验发展服务重要专利申请人如图 3-250 所示，以成都市内高校为主。

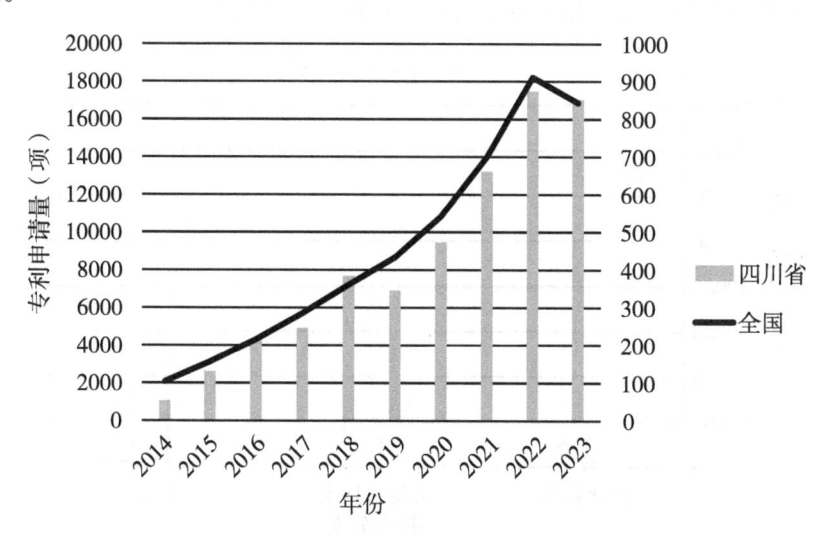

图 3-249 研究和试验发展服务专利申请趋势

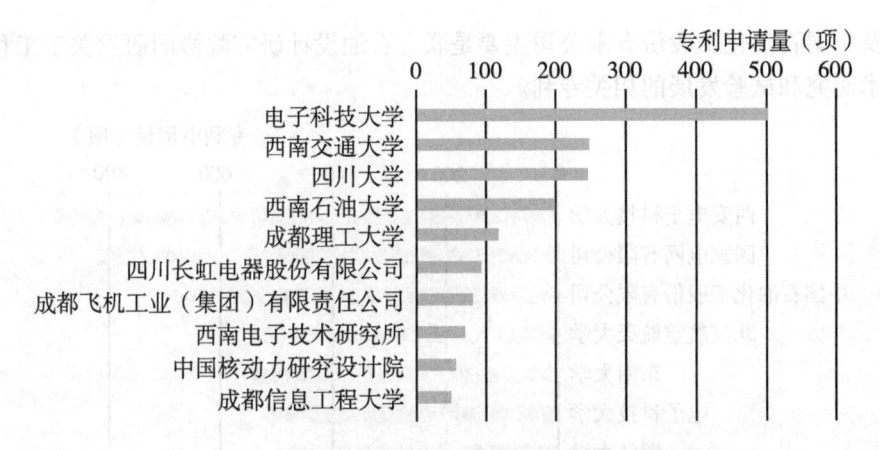

图 3-250　四川省研究和试验发展服务重要专利申请人

从目前研究和试验发展服务业的发展现状来看，主要包括自然科学研究和试验发展、工程和技术研究和试验发展以及医学研究和试验发展等，这三个主要分支领域全球、中国、四川的专利申请情况如图 3-251 所示。而在医学研究和试验发展方面，成都市在核医学诊疗的物质基础——医用同位素领域也已实现重要突破，并在全国处于领先地位。成都医学城在全国率先布局 2 平方千米放射性药物产业基地，储备 800 亩工业用地承接相关项目，同时率先编制完成放射性药物产业规划。如图 3-252 所示，四川省的医学研究和试验发展服务领域主要专利申请人为高校。四川大学以及华西医院依托深厚的医学资源，在医学研究和试验发展服务上做了重点布局，专利申请量较为突出。

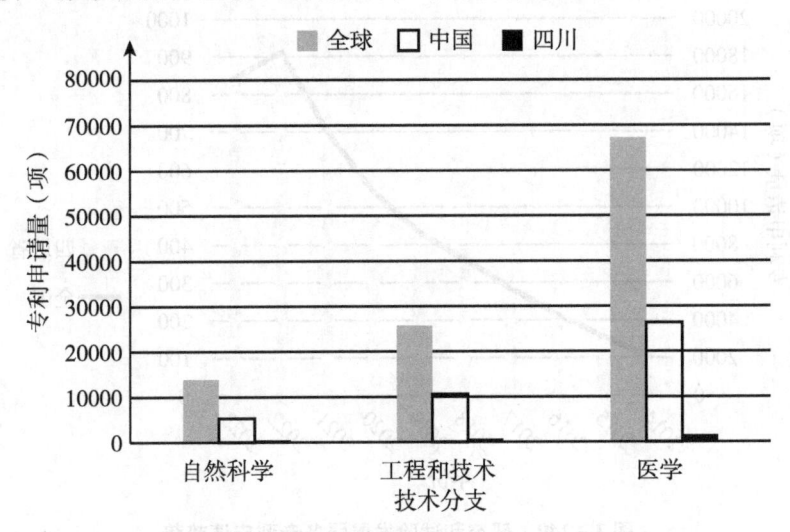

图 3-251　研究和试验发展服务三分支领域专利申请情况

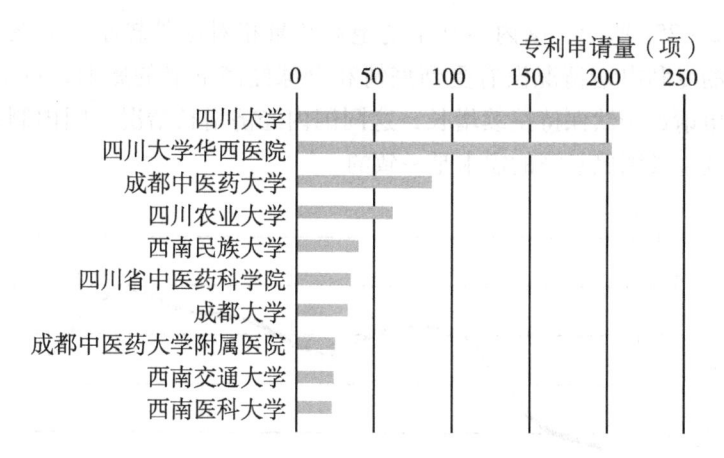

图 3-252　四川省医学研究和试验发展服务重要专利申请人

3.8.4　专业化设计服务业分析

目前，全国专业化设计类公司超过1万家，已形成以环渤海、长三角、珠三角三大产业带为支撑，带动中西部等内陆地区设计服务业发展的格局。从专利申请趋势来看，专业化设计服务领域国内专利申请趋势在时间上晚于全球总体趋势的发展，总体数量上国内专利申请量远落后于全球。如图3-253所示，全球专利申请量自2015年至2020年持续增长，但由于受到疫情和全球经济下滑的影响，自2021年开始下降。

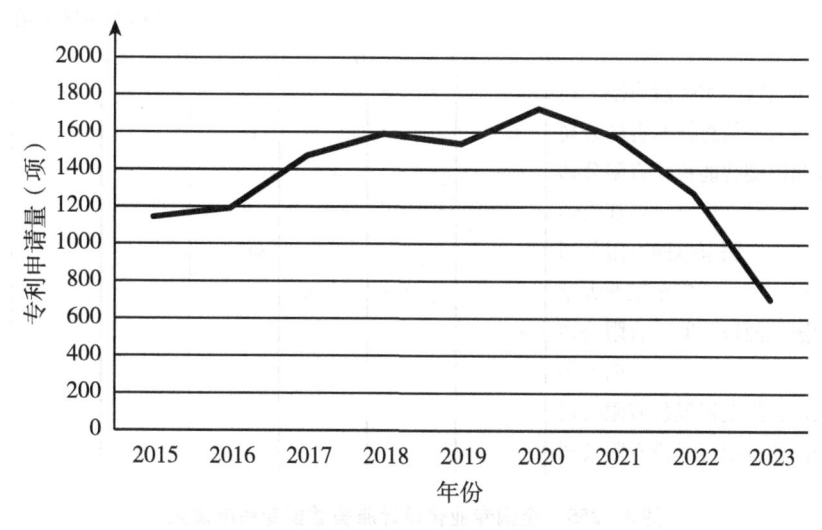

图 3-253　全球专业化设计服务专利申请趋势

· 367 ·

如图 3-254 所示，国内专利申请绝对数量相对国外较小，但在申请趋势上，国内的专利申请情况没有受到疫情和全球经济下滑的影响，自 2015 年至今，专利申请量仍然保持持续增长，这同国内经济增长情况、国内制造业发展方式的转变以及国民经济的需求是一致的。

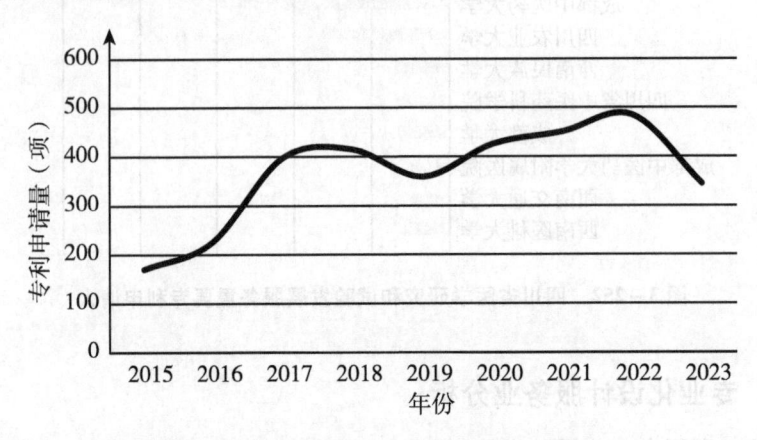

图 3-254　全国专业化设计服务专利申请趋势

如图 3-255 所示，国内专业化设计服务领域创新主体主要包括：阿里巴巴、郑州云海信息技术有限公司、苏州浪潮智能科技有限公司、浙江大学、国家电网、广东工业大学、东南大学、中国工商银行、中国建设银行和四川长虹电器股份有限公司。

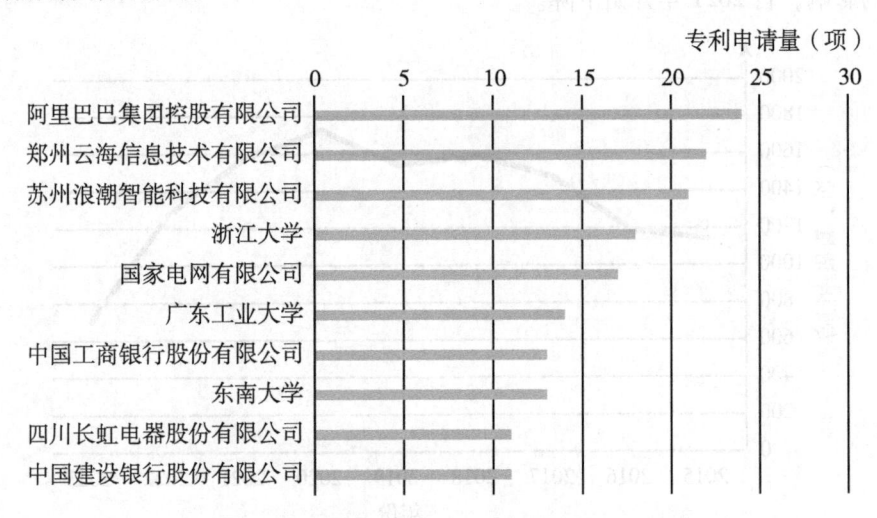

图 3-255　全国专业化设计服务重要专利申请人

从行业地域分布来看，如图 3-256 所示，我国专业化设计服务专利申请主要集中在广东、北京、江苏等省市，其和专业化设计服务企业的分布情况基本吻合。四川省专利申请量为 130 项，排名第 7，省内专业化设计服务的发展力度和总体水平与位于华东、华南地区的省市相比还存在一定差距。

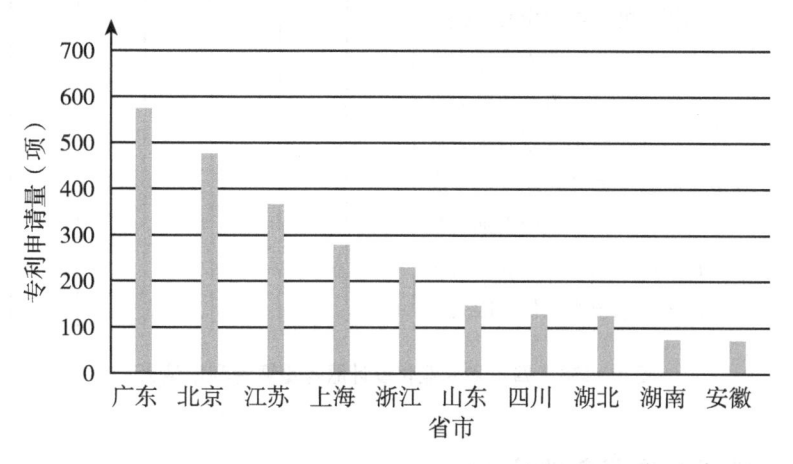

图 3-256　全国专业化设计服务专利申请量省市排名

四川省专业化设计服务专利申请趋势如图 3-257 所示，2015—2023 年，专利总体申请量较少，还处于刚起步阶段，从 2019 年开始受到疫情的影响较大，目前处于逐步恢复阶段，但还是处于较低发展水平。

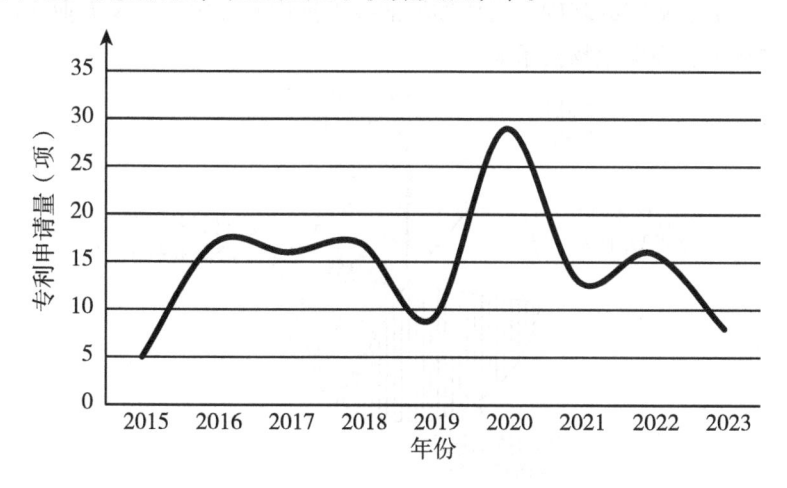

图 3-257　四川省专业化设计服务专利申请趋势

四川省专业化设计服务重要专利申请人如图 3-258 所示，创新主体主要包括：智慧式有限公司、四川长虹电器股份有限公司、西南交通大学、电子科技大学等。

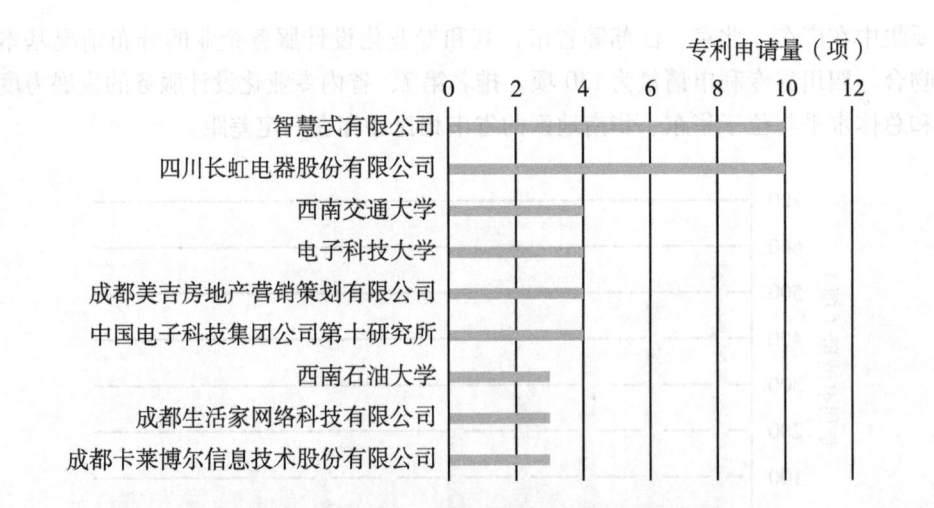

图 3-258 四川省专业化设计服务重要专利申请人

3.8.5 技术推广服务业分析

技术推广服务业门类较全，从专利布局来看，四川省已基本形成体系，如图 3-259 所示。在政策引领下全省上下积极推动创新驱动发展战略，技术推广服务业呈现良好的发展态势。四川省在生物技术领域拥有丰富的科研资源，为技术推广奠定了坚实的基础，在该领域的技术推广服务主要涉及农业生物技术、医药生物技术、环保生物技术等。

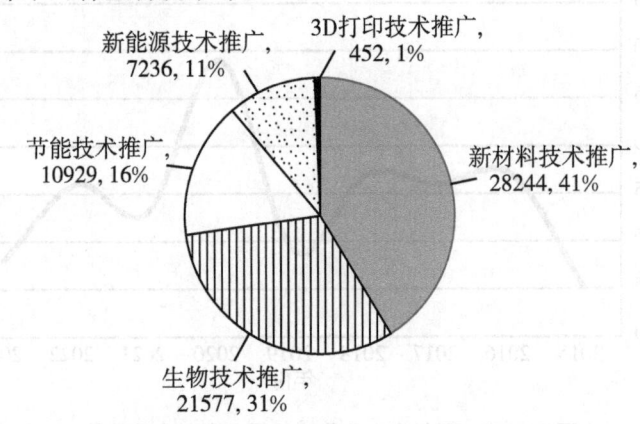

图 3-259 四川省技术推广服务各小类专利申请分布（单位：项）

四川省生物技术推广服务重要专利申请人如图 3-260 所示。目前，四川省农业生物技术的应用已覆盖了农作物、畜牧和水产养殖等领域，尤其突出的是四川农业大学基因培育技术的推广和应用，对培养抗病、抗虫、抗逆等性能优良的新品种提供了强有力的技术支持。在医药生物技术领域，已有一批生物技术企业在疫苗、抗体药物等方面取得了显著成果，并通过技术推广服务推动了医药产业的升级，如四川大学、中国科学院成都生物研究所等知名机构，在基因编辑、生物制药领域取得了显著的研究成果。随着四川省生物技术的不断发展，也涌现出了一批具备自主创新能力的生物技术企业，这些企业在生物医药、农业生物技术等领域积极开展研发活动，例如，四川海思科制药有限公司、四川利尔作物科学有限公司、成都迈科康生物科技有限公司等企业在四川省生物技术推广服务中发挥了重要作用。同时，医疗机构在生物技术推广服务中也扮演着重要角色，尤其在医疗设备和技术的创新与应用方面。四川大学华西医院、四川省人民医院等大型医疗机构在生物技术领域的专利申请较为活跃，为提高医疗水平和治疗效果做出了重要贡献。在环保生物技术领域中，四川省积极推广环保生物技术，致力于解决水污染、土壤污染等问题，四川农业大学与四川山水源环保技术有限公司合作，在高效生物反应器、生物滤池、厌氧发酵等技术方面取得了重要突破，为行业未来发展提供了有益的借鉴。

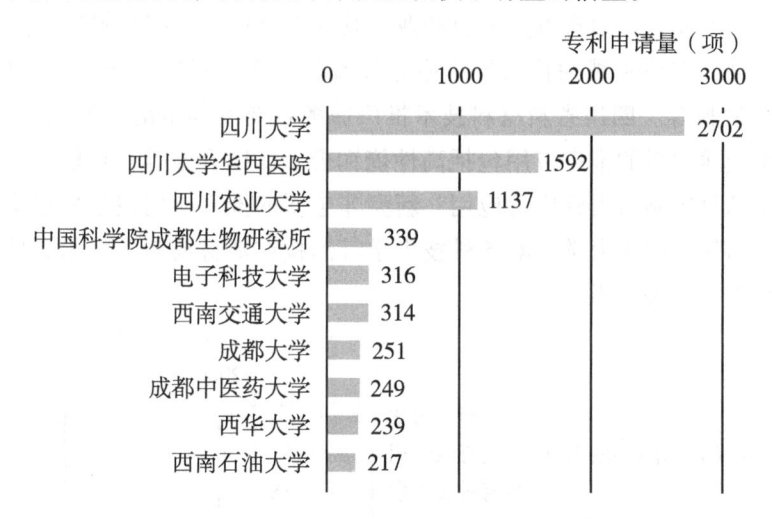

专利申请人	专利申请量（项）
四川大学	2702
四川大学华西医院	1592
四川农业大学	1137
中国科学院成都生物研究所	339
电子科技大学	316
西南交通大学	314
成都大学	251
成都中医药大学	249
西华大学	239
西南石油大学	217

图 3-260　四川省生物技术推广服务重要专利申请人

四川省在新能源领域具有得天独厚的优势，尤其在太阳能、风能、水能、锂矿等方面拥有丰富的资源，该领域的技术推广服务主要包括对这些新能源的开发利用。如图 3-261 所示，西南交通大学、四川大学等高校研究机构在太阳能电池、风力发电机等关键技术方面取得了重要突破，专利申请量处于领先位置。四川丰富的水资源也已被充分开发利用，水电站建设的技术推广取得了显著成果，例如中国电建集团成都勘测设计研究院有限公司在四川设计建设的多个水电站项目，采用了先进的水电工程技术，提高了水电站的建设效率和运行稳定性。

| 四川省专利密集型产业研究

```
                                     专利申请量（项）
                        0      500        1000
         西南交通大学 ████████████████ 796
             四川大学 ██████████ 496
         电子科技大学 ███████ 350
   中国核动力研究设计院 █████ 225
国网四川省电力公司电力科学研究院 ████ 200
         西南石油大学 ████ 196
中国电建集团成都勘测设计研究院有限公司 ███ 140
         西南科技大学 ██ 99
             西华大学 █ 71
   清华四川能源互联网研究院 █ 64
```

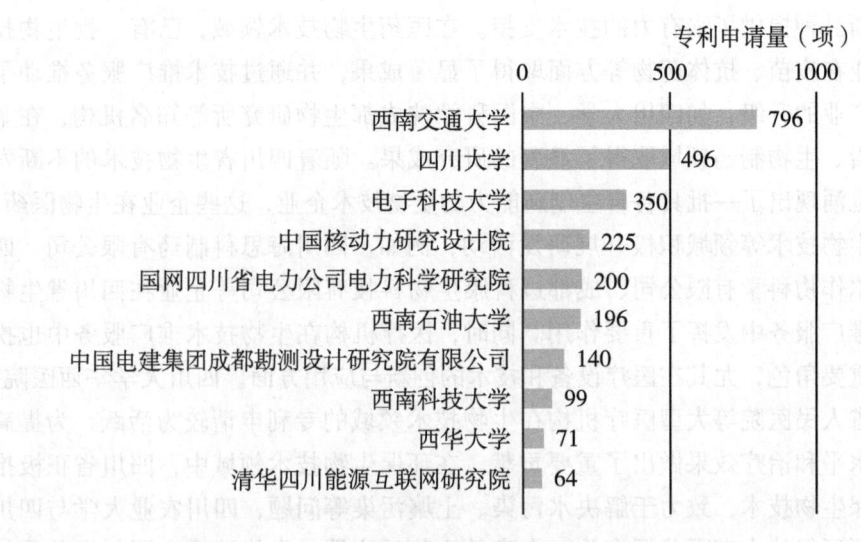

图3–261　四川省新能源技术推广服务重要专利申请人

新材料产业是四川省重点工业产业，其在新材料领域拥有雄厚的研究基础和产业基础，在该领域的技术推广服务涉及新型金属材料、新型非金属材料、新型复合材料等。四川省新材料技术推广服务重要专利申请人如图3–262所示。新型金属材料的推广应用包括高性能铜合金、钛合金等，在航空航天、汽车、电子信息等领域得到广泛应用。新型非金属的推广应用包括先进陶瓷、功能性膜材料等。四川大学、电子科技大学等高校在新材料制备技术、性能优化等方面取得了显著成果。

```
                                      专利申请量（项）
                     0      2000       4000
         四川大学 ████████████████████ 3745
攀钢集团攀枝花钢铁研究院有限公司 ████████ 1390
     西南科技大学 █████ 884
 成都新柯力化工科技有限公司 █████ 867
     电子科技大学 ████ 776
     西南石油大学 ████ 718
     西南交通大学 ████ 712
     四川师范大学 ███ 413
     成都理工大学 ██ 408
成都光明光电股份有限公司 ██ 353
```

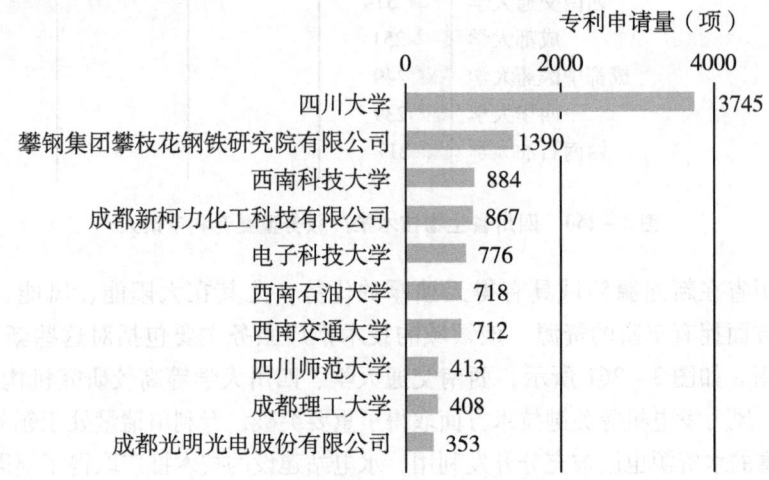

图3–262　四川省新材料技术推广服务重要专利申请人

四川省在节能领域拥有丰富的实践经验和创新能力，在该领域的技术推广服务主要涉及工业节能技术、工业节能装备、节水节能产品等。四川省节能技术推广服务重要专利申请人如图3-263所示。节能技术包括工业节能改造、重点用能设备系统节能、工业企业和园区绿色低碳微电网、可再生能源利用、余热余压利用、原燃料替代、煤炭高效清洁利用技术等先进技术工艺；节能装备重点包括高效电动机、工业锅炉、窑炉、变压器、内燃机等；节能产品主要包括空气调节设备、节能灯、电冰箱、电磁炉、微波炉等。从图3-263中可以看出，四川长虹空调有限公司在节能技术和节能产品上做了重点布局，专利申请量较为突出。

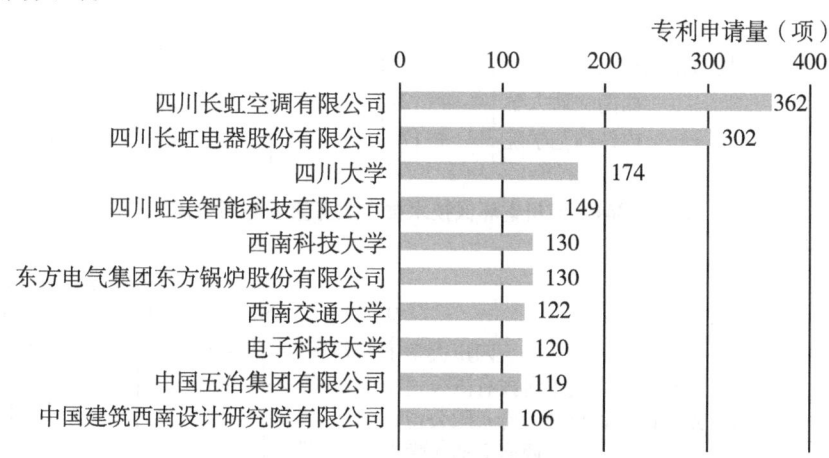

申请人	专利申请量（项）
四川长虹空调有限公司	362
四川长虹电器股份有限公司	302
四川大学	174
四川虹美智能科技有限公司	149
西南科技大学	130
东方电气集团东方锅炉股份有限公司	130
西南交通大学	122
电子科技大学	120
中国五冶集团有限公司	119
中国建筑西南设计研究院有限公司	106

图3-263　四川省节能技术推广服务重要专利申请人

四川省环保技术推广服务重要专利申请人如图3-264所示。四川省在环保领域具有悠久的传统和坚实的基础，尤其在水处理、大气治理等方面具有丰富的实践经验和技术储备。成都理工大学、四川大学等高校在环保技术研发、环境监测等方面发挥了重要作用。

四川省在3D打印技术领域的技术推广服务尚处于起步阶段，但已有一批企业在该领域取得了一定的成果，如图3-265所示。3D打印技术的应用范围已逐渐扩大到医疗、工业设计、航空航天等领域。在医疗领域以四川大学、四川蓝光英诺生物科技股份有限公司为代表，取得了一系列突出成果，包括生物医学领域的定制化假肢、人体骨骼、牙齿矫正器等产品的3D打印技术推广应用，可以帮助医生更好地了解病人的病情，为病人提供更好的治疗方案；就专利申请量来说，四川大学的申请量相当于其他申请人的申请量总和，处于行业领先地位。在工业设计领域，3D打印技术的推广主要包括制造房屋和桥梁等大型结构，还可以用于制造建筑模型，使建筑师更好地了解建筑设计，在该领域，西南交通大学的专利申请较为活跃。在航空航天领域，主要以成都飞机工业（集团）有限责任公司的技术推广为主。

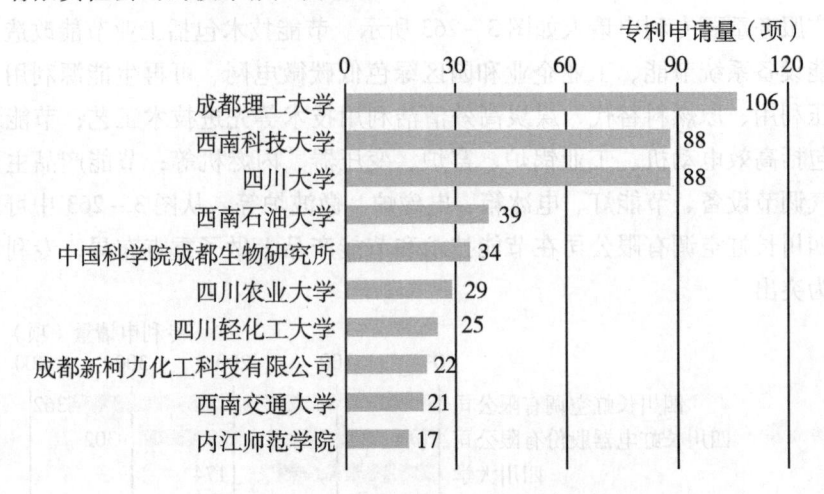

图 3-264 四川省环保技术推广服务重要专利申请人

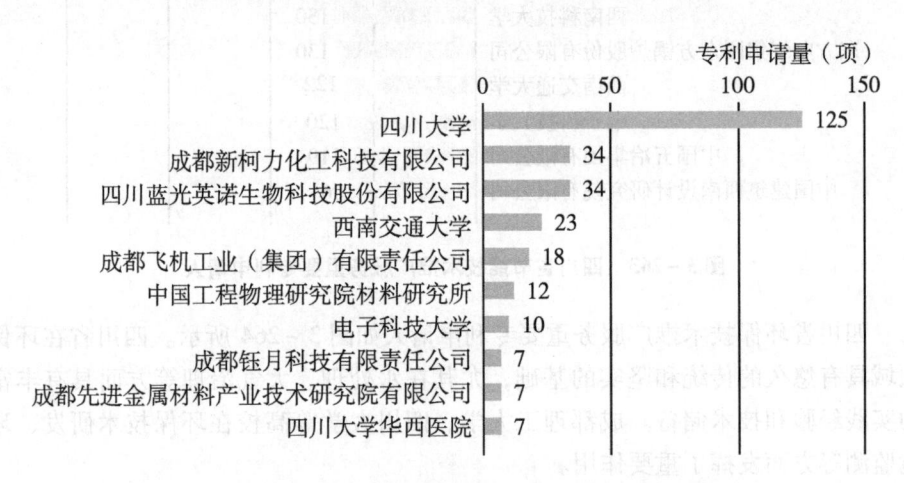

申请人	专利申请量（项）
成都理工大学	106
西南科技大学	88
四川大学	88
西南石油大学	39
中国科学院成都生物研究所	34
四川农业大学	29
四川轻化工大学	25
成都新柯力化工科技有限公司	22
西南交通大学	21
内江师范学院	17

图 3-265 四川省3D打印技术推广服务重要专利申请人

申请人	专利申请量（项）
四川大学	125
成都新柯力化工科技有限公司	34
四川蓝光英诺生物科技股份有限公司	34
西南交通大学	23
成都飞机工业（集团）有限责任公司	18
中国工程物理研究院材料研究所	12
电子科技大学	10
成都钰月科技有限责任公司	7
成都先进金属材料产业技术研究院有限公司	7
四川大学华西医院	7

3.8.6 产业优势和发展建议

1. 产业优势

作为中西部重点省份，四川省高校研究所资源丰富，四川一共有134所高校，本科院校53所，专科院校81所，其中包括两所985高校和三所211高校。专业研究所包括中国核动力研究设计院、核工业西南物理研究院、中国航空研究院第六一一研究所、西南技术物理研究所、西南自动化研究所等。四川省属国有企业坚持"创新、协调、绿色、开放、共享"的新发展理念，通过搭建产学研用协同创新平台、联合开展科技项目攻关、联合开展人才培养等举措，探索高效协同创新机制，激发协同创新活力，助推企业高质量发展。

一是联合开展科技攻关。四川省属企业与中国移动、华为、阿里巴巴、清华大学、电子科技大学、中国科学院等行业尖兵及省内外高校、院所联合开展科技项目攻关，在大数据、航电枢纽智慧交通、建筑工程、节能环保、轨道交通、新材料、军民融合、人工智能等领域实施联合技术攻关项目20余项，申请国家专利21项，完成标准2项，编制研究报告和教材等成果6项，创造直接经济效益达10亿元。

二是搭建协同创新平台。川投集团、商投集团、四川省建筑设计院等联合国内外高校、科研院所和创新团队，打造产业创新联盟，搭建创新平台，建成四川省山地轨道交通研究院、智慧养老产业研究院、中国锦屏地下实验室等产学研联合创新平台9个，签订战略合作协议5个。打造安全技术、新能源、新材料、增材制造等领域产业创新联盟达到10个，其他创新型产业技术研究机构7个。

三是联合开展人才培养。搭建人才培养平台，四川发展、能投集团等企业累计建立国家级博士后科研工作站6个、省级院士（专家）工作站4个、省级博士后创新实践基地5个。与中科院、四川大学等高校和科研院所建立了博士后联合培养机制，在教育培训、实习就业、精准扶贫等领域开展深度合作，签订产学研合作战略协议20余项，帮助四川省属企业培养了一批高素质优秀人才。为科学研究和试验发展提供了沃土。同时，作为我国中西部软件与信息产业重要聚集区、智能制造产业高地，四川省在互联网服务、软件开发、信息技术服务等方面均具有一定的产业优势。2023年四川现代化产业体系建设取得积极成效，产业含智量、含绿量、含金量不断提高。新质生产力带动新兴产业加快发展，科学研究和试验发展、互联网和相关服务营业收入分别增长27.4%、29%，全年数字经济核心产业增加值占全省经济总量比重持续提高。

2. 薄弱环节

（1）聚集效应不明显

研究与试验发展服务企业大多具有较强的区域属性，跨区域发展存在一定的隐性障碍。四川省科学研究与试验发展服务较依赖软件与信息服务产业，而省内在基础软件、高端工业软件等领域基础较薄弱，研发设计软件短板较为明显，相关企业自研软件仅服务内部产线使用，未形成具备外部服务辐射能力的软件产品。国家级软件与信息化公共服务平台较少，软件生态存在结构性短板，成都和其他市州软件与信息服务推广应用深浅不一。发展模式创新性不足，同浙江、广东等地区相比，企业运营方式与管理水平有待加强，省内尚未建成成熟的软件开源社区，相关企业开源项目贡献率不高，软件开源环境待完善，人才存在结构性短缺，工业互联网和云平台对外开放和服务程度不高，未发挥平台集聚效应。

（2）速度放缓，需要后劲

国家统计局统计数据显示，2019年四川省规模以上工业企业开发新产品经费为4030592万元，2020年经费为4874121万元，较上年增加20.9%；2021年经费为5720504万元，较上年增加17.4%；2022年四川省规模以上工业企业开发新产品经费为6200605万元，较上年增加8.4%。四川省统计局数据显示，四川省2020年的科技服务业机构和从业人员数相较于2019年，分别增长70.8%和101.8%，2021年相较于2020年，分别增长10.2%和6.5%。分析来看，四川省不论是开发新产品经费，还是科技服务业机构和从业人员数，总体而言都呈增长趋势，但逐年增幅程度明显放缓，说明四川省技术推广服务业的发展后劲乏力。

（3）基础较弱，市场转换率不高

技术市场成交额是衡量科技推广服务水平和科技成果转化的重要指标。东部、南部省市在科技成果转化方面具有明显领先优势。2022年，四川省技术市场成交额为16435301万元，约为北京市的21%，广东省的41%，市场规模还不够壮大。相较于北京，由于四川省在人力资源分配、资金投入量、服务机构分布等方面的差距，导致四川省技术推广服务业的专业化水平较低、产业基础较为薄弱、科技成果转化能力不足。四川省统计局数据显示：2021年，四川省应用于科学研究、技术服务业的科技成果合计139项，其中涉及科研机构33项、大专院校64项、企业31项、其他机构11项。受限于机制和激励模式，四川省技术推广服务产业的市场转化率较低，与经济、人口大省的地位不相匹配。

3. 产业发展建议

在借鉴发达省市研究、设计和技术服务业发展先进经验的基础上，基于前文对四川省总体发展情况、重点领域发展情况及薄弱环节的分析，针对四川省研发、设计和技术服务业发展中的难点提出以下对策与建议。

（1）形成优势领域聚集示范效应

四川省新能源储量丰富，但是新能源技术服务推广相关的专利布局量还有待提升。为了完善全省新能源产业生态圈，四川省应依托资源优势和政策支持，搭建合作开放平台实现重大投资引进、重大项目落地，促进新能源产业绿色化、特色化、集聚化发展。一方面，引进合肥国轩高科动力能源有限公司、宁德时代等申请量较大的领航型企业在四川省落地布局，引进上述企业的相关技术和人才，通过头部企业的入驻，进一步增强对新能源产业链配套企业的吸引力；另一方面，可以积极采取行之有效的政策和措施推动高等院校、科研院所合作，引进中南大学赖延清教授、中国科学院大连化学物理研究所张华民等行业顶尖科研团队，与西南交通大学、四川大学等创新科研团队开展新能源协作创新工作站，实现科技创新成果、核心技术的产业化，为产业高质量发展提供创新研发支持。

四川省在3D打印技术推广服务产业的主要发明人包括四川大学夏和生教授团队，其主要研究方向为新型聚合技术、共混复合材料等；攀渝江教授团队，其主要研究软骨再生修复、高分子纳米粒子等；企业申请人以四川蓝光英诺生物科技股份有限公司、成都新柯力化工科技有限公司等为代表。为促进四川省3D打印技术推广服务产业的快速高质量发展，一方面，可以依托四川大学的研究基础，保持3D打印领域的技术优势，同时促进四川大学和四川蓝光英诺、成都新柯力等本地企业的创新合作，促进科研成果落地创收。另一方面，可以利用四川省已有的研究基础，通过合资手段引进深圳市纵维立方科技有限公司、惠普发展公司等成熟企业，促进本地高校与外地企业的交流合作，带动产业技术发展。再一方面，四川省在打印成型、增材制造、组织工程学、打印喷嘴、激光选区等3D打印技术的推广服务产业的各领域均有专利申请，但是大多数企业的申请数量仅为个位数，因此，强化产业链的重点在于各领域共同发力。另外，通过与其他省份的专利申请进行比较发现，四川省在高温合金的增材制造领域申请量较少，应加强该领域的发展，可以考虑引进在该领域申请量较多的中南大学的研发团队，与四川大学共同设立协同研发项目，共同攻关。

（2）持续提升科技服务共享效能

四川省科技服务业发展的主要特点是市场规模较小、基础薄弱；技术支撑能力弱，市场转化率较低。为此，应加大政府投入力度，提高科技服务机构的运行保障水平，坚持基于需求、成于市场、终于产业的服务导向，持续优化省级科技资源共享服务平台运行管理机制，引导各级重点实验室、技术研究中心、大型科学仪器中心等向更多科研机构和高等院校开放共享科研仪器与工业设备，在此基础上提高各科研机构、高等院校的服务供给质量，充分发挥高校和研究所的技术推广、技术转移的中介作用，发挥其在技术推广服务中的组织管理、协调沟通和资源整合能力等综合优势，进一步加快推动科技成果的落地转化。

加强信息服务平台建设。一是鼓励各类技术推广服务机构开展数据存储、分析、挖掘和可视化技术研究，不断拓展行业数据库，联合各创新主体推进加大行业数据资源的开放程度，拓宽科技资源获取渠道，降低资源获取成本，提升各类技术推广项目、资金等数据的发布和共享效能，加强科技成果转化环节中的技术咨询和成果推广的可视化工作。二是持续推动公众服务智能化建设，建设优势明显的技术推广服务平台，对官方网站进行升级改造，优化页面设计，提供科技信息交流、文献信息检索、技术咨询、技术孵化、科技成果评估和科技鉴证等服务，为科技成果转化机构和企业之间提供更为多样、新型的技术推广合作模式。三是强化促进研究、设计和技术推广服务产业化的政策导向，结合四川省汽车、电子信息、医疗器械、装备制造及潮流消费品等产业优势，推动建立基于市场化运作的产学研高度衔接的合作机制，出台相关工作指引和实施财政扶持政策，围绕地区主导产业消费行为进行强化研究，推动产业上中下游各主体的深化合作，共同开展工业研发、设计和技术推广服务模式创新。

（3）推动新质发展与协同发展

技术推广服务业的发展壮大，必须依托重点行业的发展，重点行业的快速发展可以带动一个区域科技、经济的快速发展。应主动拥抱新技术变革和市场变革挑战，重点建设以生物制药、新材料、新能源等新兴产业、高新技术产业为主导的国家级高新技术产业开发区、科技企业孵化器。以攀成钢集团、四川大学华西医院等企业为依托，以市场化激励、产学研用合作等方式进一步加强各类创新主体之间的合作力度，消除传统产业创新链条"断链"的缺陷，实现多主体、多学科的相互渗透与相互合作，促进科技推广和成果的转化应用。四川省应加强与其他省份、直辖市，尤其是在研究和试验发展服务、专业化设计服务与技术推广服务等领域有较大优势的省份的联系协作，加强产业集群与产业分工格局中的各要素之间在技术研发、技术推广、成果转化等方面的互动和对接，提升自身产业资源配置能力和发展水平。

3.9　四川省特色产业集群分析

四川省是全国重大技术装备制造基地，2022年四川省装备制造产业实现营收达8815亿元，预计到2025年，全省装备制造产业营收将突破1万亿元，装备制造产业已成为全省工业增长的重要支撑。《中共四川省委关于深入推进新型工业化加快建设现代化产业体系的决定》（以下简称《决定》）指出，要加快建设服务国家全局体现四川特色的现代化产业体系。

新型工业化是现代化的必由之路，现代化产业体系是实现经济现代化的重要标志。当前，全球新一轮科技革命和产业变革深入发展，我国正加快由制造大国向制造强国迈进。四川是全国经济大省和国家战略大后方，正处于工业化中期向中后期转型推进的关键阶段，必须把推进新型工业化摆在全局工作的突出位置，加快产业体系优化升级，为全面建设社会主义现代化四川奠定坚实基础。

《决定》设置了发展目标。到2027年，制造强省建设取得新成效，制造业增加值占比明显提高，绿色低碳优势产业营业收入占规模以上工业比重达到30%，现代化产业体系总体形成，与全国同步基本实现新型工业化。

《决定》指出，要坚定不移推进工业兴省制造强省，实施优势产业提质倍增行动。一手抓传统产业转型升级，一手抓新兴产业培育壮大，打好产业基础高级化、产业链现代化攻坚战，打造国家级乃至世界级先进制造业集群，培育形成电子信息产业、装备制造产业、食品轻纺产业、能源化工产业、先进材料产业、医药健康产业六大万亿级产业。

其中装备制造产业，实施重大技术装备攻关工程，把新型工业化摆在工作突出位置，加快产业体系优化升级，重点打造航空航天装备、清洁能源装备、动力电池、轨道交通装备四个具有行业引领力的新装备制造产业集群。大力发展大飞机配套系统与部件、航空发动机及关键零部件，培育航空整机产业及航空发动机等配套产业。发挥川藏铁路工程牵引作用，建设全国重要的轨道交通产业基地。发展高档数控机床、智能机器人等工业母机和智能农机、节能环保等特色装备，提升装备制造基础工艺和零部件发展水平。加快"智慧+""新能源+"先进装备示范应用。装备制造业也是四川省重点特色的专利密集型产业之一，本节从装备制造业的四个重点产业集群角度开展四川省相关产业宏观分析，以明确专利在产业集群中的作用，进一步明晰专利密集型产业的经济贡献。

3.9.1 产业现状

1. 产业集群和空间布局

四川省目前已初步形成清洁能源装备、航空航天装备、动力电池、轨道交通装备四大优势装备产业集群，积极培育新能源汽车、工业机器人、高端数控机床、无人机、光伏设备等新兴产业，在传统产业转型升级和新兴产业培育发展上齐头并进。四川省部分区域产业集群情况见表3-28。空间布局上，围绕做强成渝发展主轴，打造成都都市圈先进制造业核心区，大力发展动力电池、新能源汽车、航空航天装备、无人机、轨道交通装备等产业集群；推动成都平原经济区制造业协同发展，在绵阳建设核工业装备、无人机产业集群，在德阳布局世界级清洁能源装备产业集群，建设"中国装备科技城"，在乐山市打造"中国绿色硅谷"，做强做大晶硅光伏产业集群，在遂宁重点发展锂电新材料产业；带动南北两翼协同发展，围绕区域中心城市，在宜宾大力发展动力电池产业，打造"动力电池之都"，在南充重点培育新能源汽车产业集群，建设全国汽车汽配产业基地。

表 3-28 四川省部分区域产业集群情况

地区	四川省部分区域产业集群情况
成都	动力电池、新能源与智能汽车、航空航天装备、无人机、轨道交通装备等
绵阳	核工业装备、无人机产业集群等
德阳	清洁能源装备产业集群，"中国装备科技城"
南充	新能源汽车与智能汽车产业集群
遂宁	锂电新材料产业集群
自贡	无人机产业集群
乐山	晶硅光伏产业集群、核技术应用产业集群
宜宾	动力电池产业集群
攀枝花	钒钛新材料产业集群

2. 产业结构和发展趋势

四川省装备制造业产业结构分布如图 3-266 所示，根据四川省 2022 年统计年鉴，计算机、通信设备制造业的占比最大，其总资产和营业收入占比分别为 40% 和 43%，金属制品、汽车制造、电气器材、通用设备、专用设备以及铁路、船舶、航空航天设备制造各行业之间份额差距不大，其总资产和营业收入占比均在 10% 左右，而仪器仪表产业规模最小，其总资产和营业收入占比均为 2%。利润方面，计算机、通信设备制造业的利润总额虽然较大，但利润率低于各行业平均值，反映出四川省在该行业的企业多为一些处于产业链末端的代工厂家和电子组装厂，缺少具有较强研发能力的高技术高附加值企业。而仪器仪表、汽车制造、通用设备、专用设备和电气器材的利润率相对较高，但整体利润水平仍然偏低，表示四川省装备制造业整体的技术竞争力和产业竞争力仍具有较大的提升空间。

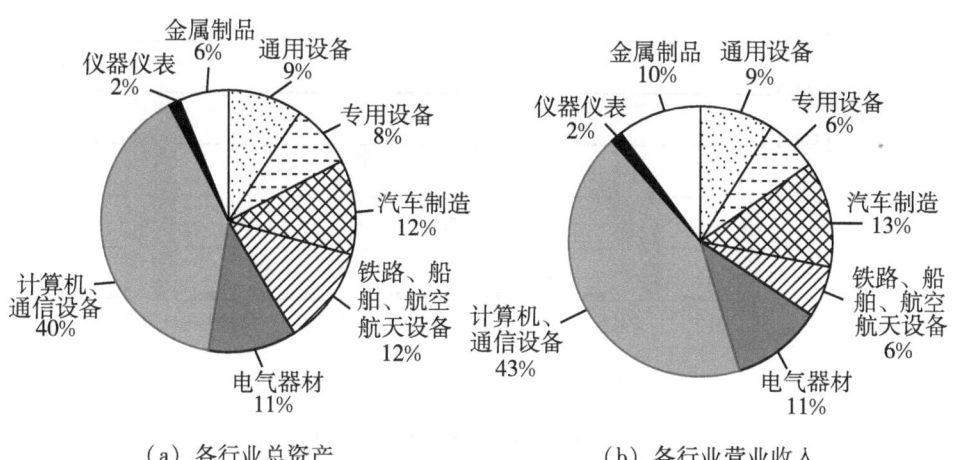

(a) 各行业总资产

仪器仪表 2%；金属制品 6%；通用设备 9%；专用设备 8%；汽车制造 12%；铁路、船舶、航空航天设备 12%；电气器材 11%；计算机、通信设备 40%

(b) 各行业营业收入

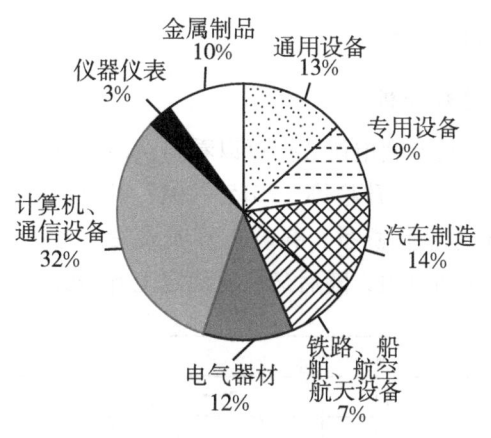

仪器仪表 2%；金属制品 10%；通用设备 9%；专用设备 6%；汽车制造 13%；铁路、船舶、航空航天设备 6%；电气器材 11%；计算机、通信设备 43%

(c) 各行业利润总额

仪器仪表 3%；金属制品 10%；通用设备 13%；专用设备 9%；汽车制造 14%；铁路、船舶、航空航天设备 7%；电气器材 12%；计算机、通信设备 32%

图 3-266 四川省装备制造业产业结构分布

　　四川省装备制造业产业规模变化如图 3-267 所示。四川省装备制造业产业规模近年来稳定增长，其中资产总额的增长速度比营业收入更快，从 2018 年开始资产总额已接近或超过当年营业收入总额，这表明四川省近年来在装备制造产业的投资力度较大，部分投资还不能及时实现营收。一方面反映出四川省大力发展装备制造业的决心，另一方面也表明四川省装备制造产业的投资回报率较低，利润总额并未随着产业规模扩张而成比例增加，近年来整体仍在较低水平波动，表示当前四川省装备制造产业并未实现良性发展，需要进一步加强投资研判能力，推动产业高质量发展。

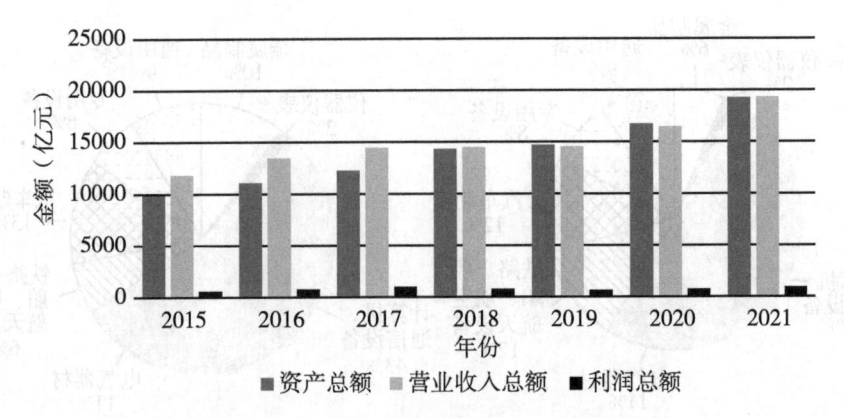

图 3-267 四川省装备制造业产业规模变化

3. 专利技术布局态势

（1）专利申请趋势分析

从图 3-268 所示的专利申请数据可以看出，2015 年开始，四川省装备制造业专利申请量整体呈波动上升趋势，2015—2017 年专利申请量快速增长，仅用两年时间即实现专利申请量翻番，突破三万项大关，之后专利申请数量开始下滑，至 2019 年略低于两万项，随后又恢复稳定上升趋势。

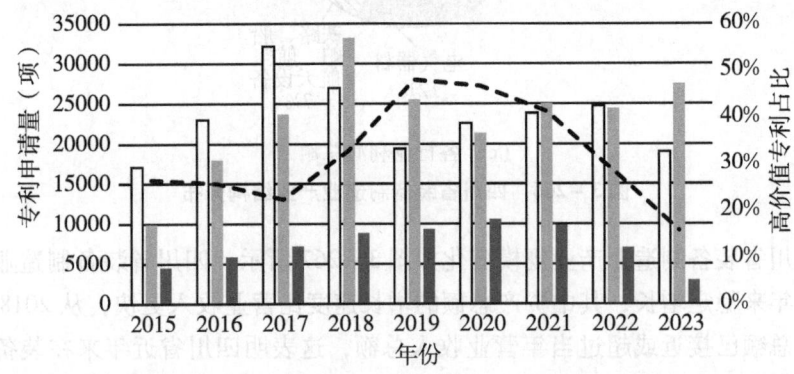

图 3-268 四川省装备制造业专利申请趋势

同时，高价值专利申请量和申请量占比在经历较快增长后已保持平稳发展的水平，表明四川省新装备制造业专利数量和质量均取得了阶段性进步，也从侧面展现出四川省新装备制造业在新一轮产业升级中逐渐企稳，进入一个新的发展阶段。

(2) 重要申请人申请概况

四川省装备制造业重要专利申请人情况如图 3-269 所示。由图可以看出，重要申请人主要集中在省内重点高校、国企和科研院所。申请量前 15 位的申请人中仅有一家民营企业，并且民营企业的高价值专利数量和占比也较少，这一方面表明高校、国企和科研院所是四川省新装备制造业的创新主体和骨干力量，另一方面也反映出民营经济是四川省新装备制造业的薄弱环节，缺少具有技术竞争力和市场竞争力的民营装备制造企业。

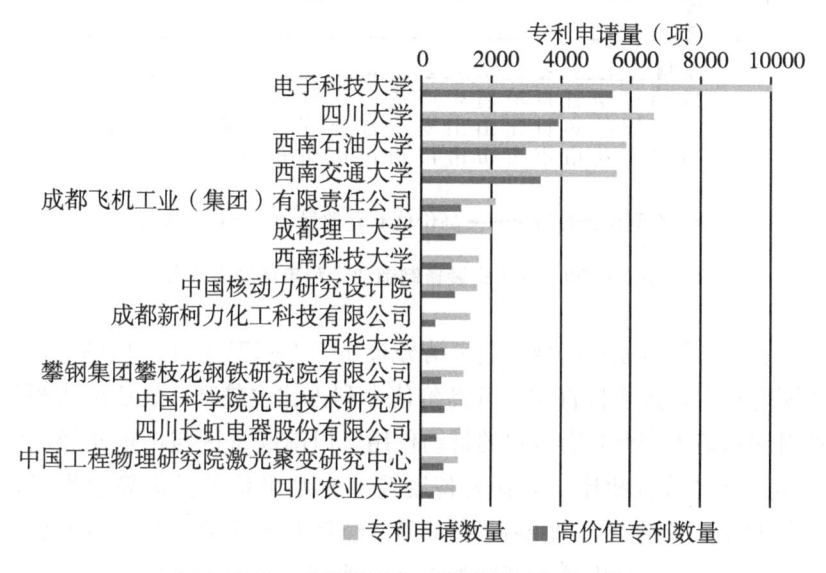

图 3-269 四川省装备制造业重要专利申请人

此外，前 15 位重要申请人中超过一半都是高校，且企业的专利申请数量和高价值专利数量都与高校差距较大，这也从侧面表明四川省新装备制造业的科研成果转化率不高，需要进一步深化产教融合，打通高校到企业的"最后一公里"。

(3) 专利申请地域分析

四川省装备制造业专利申请地市分布如图 3-270 所示，由图可以看出，成都市在四川省新装备制造业中占据绝对的核心地位，专利申请数量和高价值专利数量均远超省内其余地市之和。德阳、绵阳、攀枝花、宜宾、自贡等地也有一定的申请量，这缘于上述各地市均拥有装备制造产业的龙头企业和产业集群，具有一定的产业基础，且绵阳、德阳的装备制造业与成都已经深度融合，协同效应较为明显。与之相对应，在省内 GDP 规模排名靠前的南充、达州在新装备制造业的专利申请量排名靠后，表明其装备制造产业技术水平不高，产业发展动能不足，急需引进相关龙头企业带动整体产业链发展。

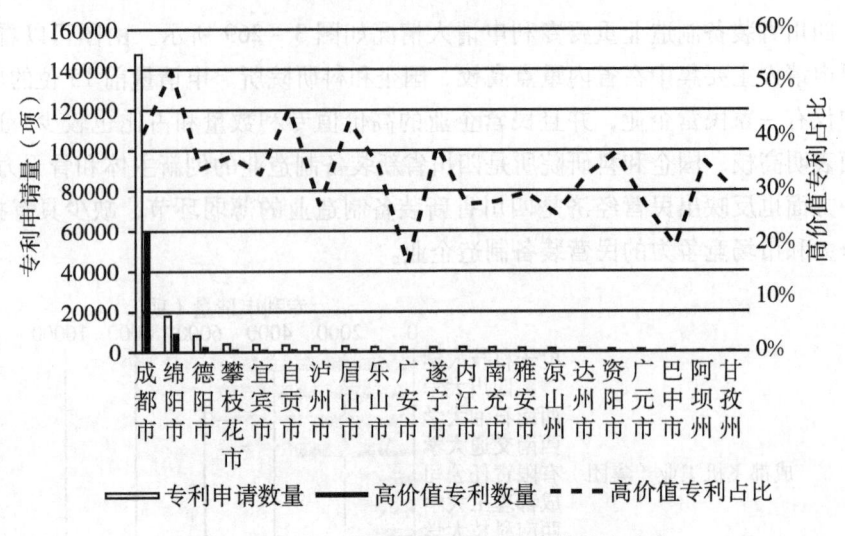

图 3-270 四川省装备制造业专利申请地市分布

四川省装备制造业各区域专利申请分布如图 3-271 所示。由图可知，环成都经济圈专利申请数量排首位，且高价值专利占比也较高，显示出成都新装备制造业对周边地市产业具有较强的带动作用。川南经济区与川东北经济区以及攀西和川西北经济区相比，在新装备制造业专利申请数量优势较为明显，这一方面得益于川南地区工业基础更完善，经济基础更好，另一方面也反映出近年来川南地区在动力电池、新能源汽车、光伏等新兴产业领域取得了较大的进步。

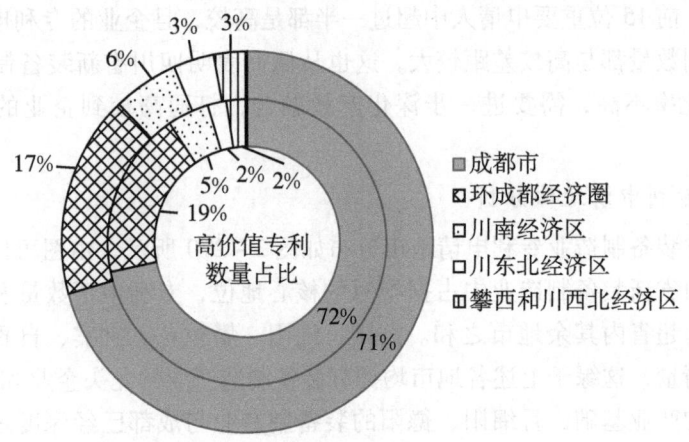

图 3-271 四川省装备制造业各区域专利申请分布

3.9.2 四川省清洁能源装备产业

四川省是全国重要的优质清洁能源基地和国家清洁能源示范省。依托丰富的水风光资源，四川构建了以水电为主，风电、光伏为辅的清洁能源产业体系，使得清洁能源成为四川省能源供给的主体。

《四川省电源电网发展规划（2022—2025年）》提出，2025年全省电力总装机将达到1.656亿千瓦，其中水电装机1.06亿千瓦，占比64%，风电、光伏发电装机分别达到1000万千瓦和2200万千瓦，风光装机总和占比将达到近20%。

1. 专利布局态势

（1）专利申请趋势

清洁能源装备包括水电、风电、光伏三个细分产业，图3-272示出了清洁能源装备产业及下属各细分产业的专利申请趋势。从申请趋势来看，四川省在清洁能源装备产业的专利申请整体上呈现先快速增长（2015—2017年），后较快退坡（2017—2019年），而后持续稳定增长（2019年之后）的趋势。从各细分产业来看，水电和风电产业的专利申请趋势相对平稳，影响清洁能源装备产业整体申请趋势的因素主要在于光伏产业。2015—2017年，伴随国家及地方政府出台的一系列光伏补贴政策，光伏技术不断进步，光伏发电的经济性越来越强，激发了川内主体对光伏产业的研发热情，专利申请量呈现快速增长趋势；2017—2019年，为了推动光伏行业从依赖补贴向市场化转型，国家开始逐步减

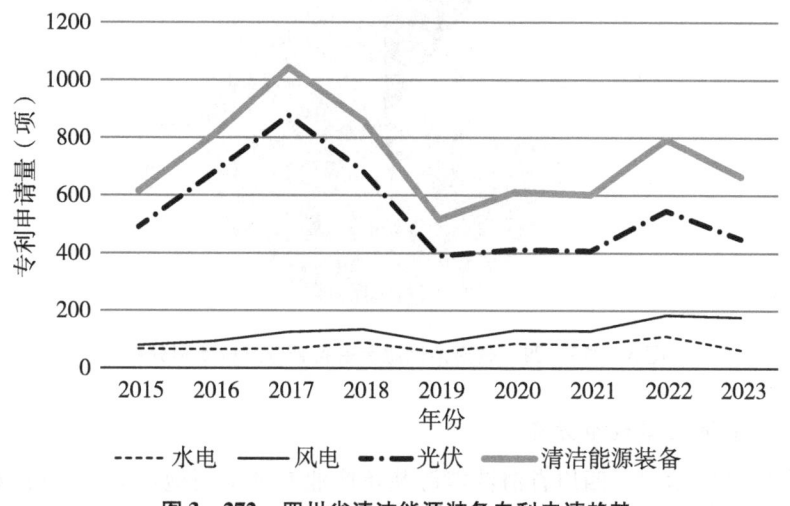

图3-272 四川省清洁能源装备专利申请趋势

少光伏补贴，受到补贴退坡、行业调整以及市场竞争加剧等因素的影响，四川省的光伏产业的专利年申请量出现较快下降；2019年之后，光伏产业逐渐实现了市场化转型，得益于税收优惠、土地优惠等政策支持的有力保障以及市场需求的稳定增长，四川省的光伏产业专利申请量呈现稳定增长趋势。

（2）各细分产业占比

图3-273所示为四川省清洁能源装备各细分产业专利分布。由图可以看出，四川省的强光伏产业发展势头强劲，专利申请量高达4929项，占比为73%，反映了四川省在推动光伏技术进步、产业升级以及市场开拓方面所做出的努力与成就，也预示着光伏产业在四川未来的发展中将继续扮演重要角色。水电产业作为四川省的传统优势产业之一，专利申请量为1144项，占比达到17%，表明四川省的水电产业在技术创新和知识产权保护方面仍保持着稳定的投入和持续的技术创新，巩固了水电在四川清洁能源领域的地位。风电产业的专利申请量为686项，占比10%，虽然目前规模相对较小，但增长潜力不容忽视。随着全球对可再生能源需求的增加以及风电技术的不断进步，四川风电产业有望迎来更广阔的发展空间。同时，风电产业的快速发展也将为四川省清洁能源装备产业的整体实力提升贡献力量。总体来看，四川省清洁能源装备产业的专利申请整体上呈现出光伏产业创新活力领先、水电产业稳定贡献、风电产业潜力释放的态势。

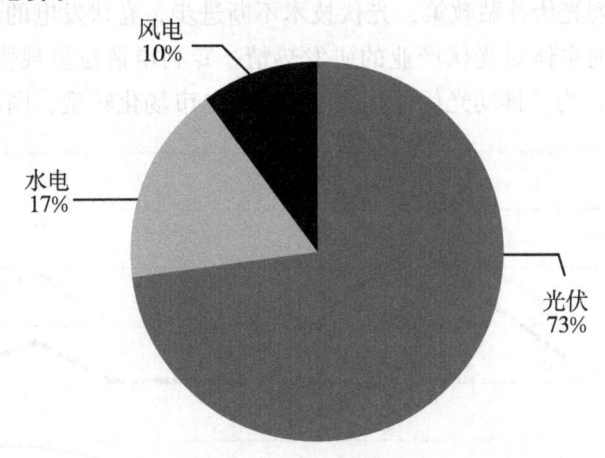

图3-273　四川省清洁能源装备各细分产业专利分布

（3）申请主体地市分布

图3-274示出了四川省清洁能源装备产业专利申请地市分布。可以看出，四川省清洁能源装备产业集聚效应显著，呈现出"一核辐射多点"的分布态

势。成都作为清洁能源装备产业的创新核心，其专利申请量在水电、风电、光伏三大领域均占据主导地位，显示出强大的创新能力和引领作用。

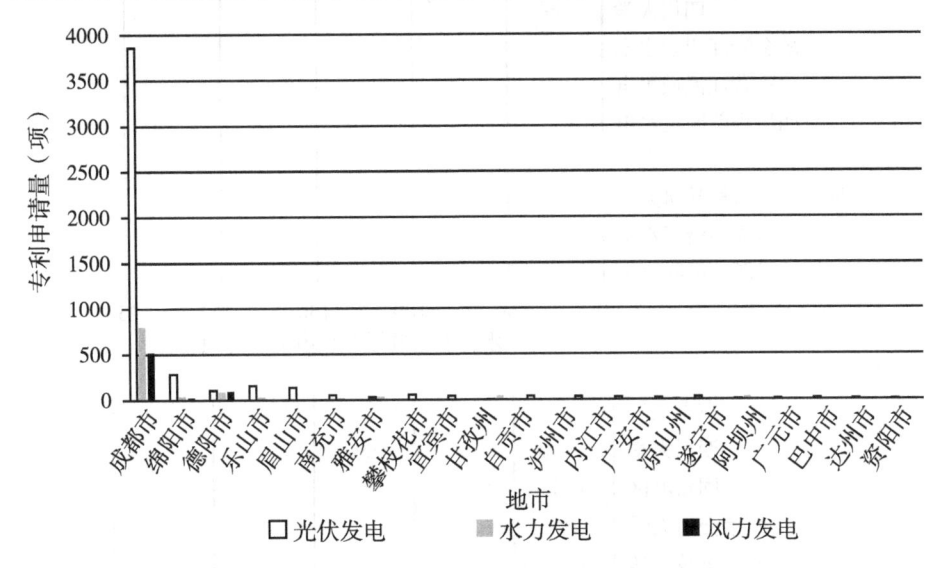

图 3-274　四川省清洁能源装备产业专利申请地市分布

在成都市的辐射带动下，绵阳市、德阳市、乐山市、甘孜州、凉山州等多个地市也根据自身资源禀赋和产业基础，逐渐形成了自己的清洁能源装备产业创新点，这种多点协同发展的模式有助于实现资源的优化配置和产业的互补共赢。德阳市在风电和水电领域均表现出较强的创新实力，专利申请量占比相对较高；绵阳市在光伏和风电领域有所建树，成为重要的创新力量；甘孜州、雅安市等地则依托其丰富的水力资源，在水电领域进行技术创新和专利布局；凉山州则利用其风能资源丰富的优势，在风电领域逐步发展；乐山市按照"一园集聚、多点布局"的思路打造"绿色硅谷"，光伏产业发展迅速。

（4）重点申请主体概况

图 3-275 示出了四川省清洁能源装备产业重要专利申请人。可以看出，在风电、水电、光伏领域，四川省均拥有实力强劲的专利申请人。水力发电领域以中电建成都勘测院和东方电机为代表，光伏发电领域则以电子科技大学和通威太阳能等企业为主导，而风力发电领域虽然整体专利数量较少，但电子科技大学、西南石油大学等学府和企业也在积极投入研发。这些重要专利申请人的存在，为四川省在清洁能源领域的技术创新和产业发展提供了有力支撑。

水力发电领域专利申请量（项）

申请人	申请量
中电建成都勘测院	~205
东方电机	~50
四川大学	~45
三峡金沙江川云水电	~35
雅砻江流域水电	~30
四川华能康定水电	~25
西华大学	~25
四川省电力科学研究院	~20
四川华能涪江水电	~20
四川华能太平驿水电	~20

风力发电领域专利申请量（项）

东方电气	~80
四川大学	~60
国家电网	~50
西南交通大学	~35
电子科技大学	~30
成都鼎智汇科技	~15
成都中冶节能环保工程	~15
西南石油大学	~15
国家电网有限公司	~10
中电建成都勘测院	~10

光伏发电领域专利申请量（项）

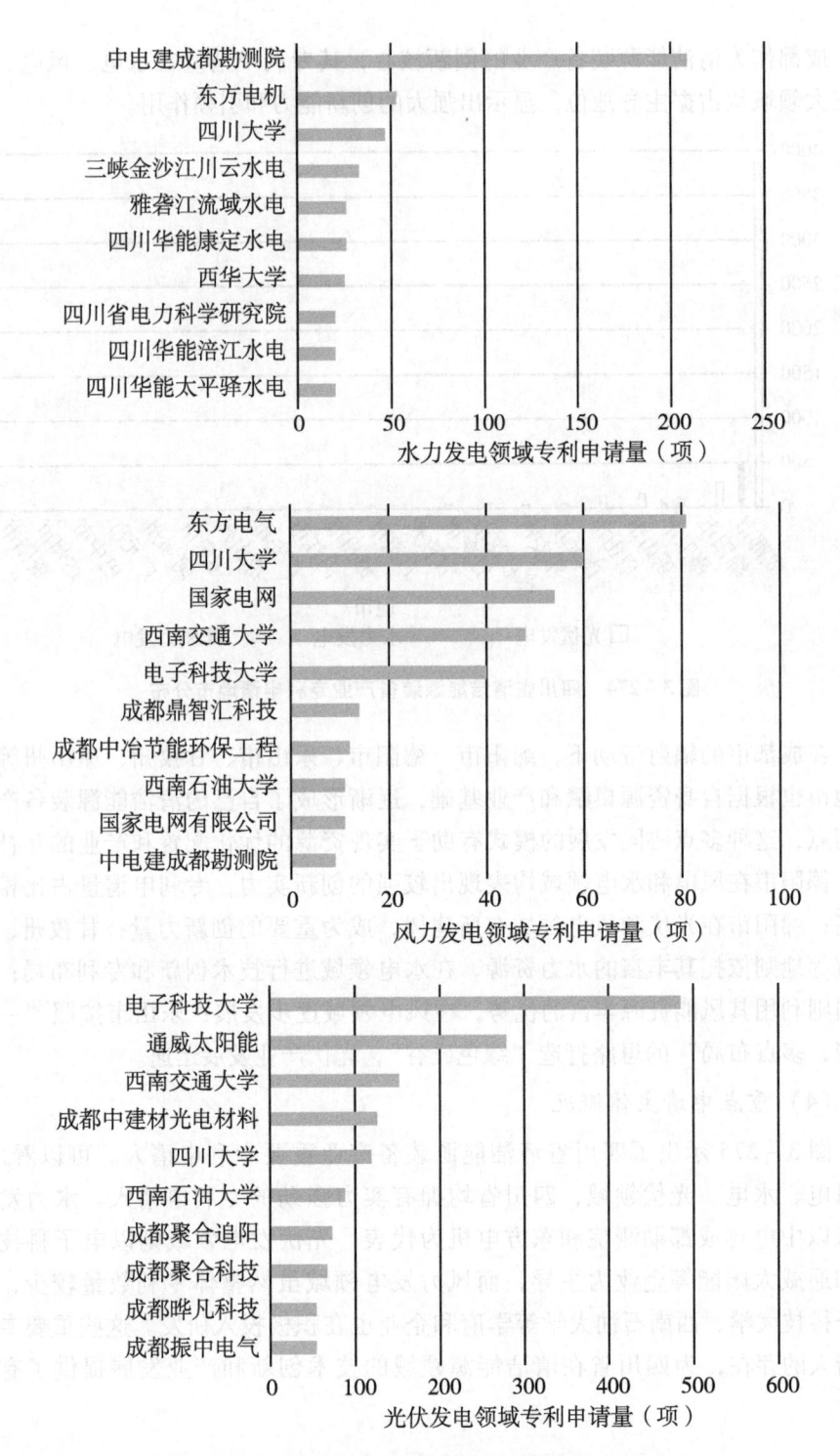

申请人	申请量
电子科技大学	~480
通威太阳能	~270
西南交通大学	~140
成都中建材光电材料	~110
四川大学	~105
西南石油大学	~80
成都聚合追阳	~65
成都聚合科技	~55
成都晔凡科技	~50
成都振中电气	~50

图3-275 四川省清洁能源装备产业重要专利申请人

具体来说，水力发电领域，中电建成都勘测院位居榜首，显示出其在水力发电技术领域的深厚实力和研发优势，东方电气旗下的东方电机也占据了重要地位；此外，四川华能康定水电、雅砻江流域水电、三峡金沙江川云水电、四川华能太平驿水电等企业也在水力发电领域拥有一定数量的专利，是四川省水力发电技术的重要参与者。风力发电领域的专利数量相对较少，且没有单一申请人占据绝对优势，行业龙头东方电气的专利申请量位居榜首，四川大学、电子科技大学、西南石油大学等高校都有一定的专利布局，显示出它们在风力发电技术研发方面的积极性。光伏发电领域，电子科技大学位居榜首，体现了该校在光伏领域的深厚研究基础和创新能力；西南交通大学、四川大学等高校也在光伏发电领域拥有一定的专利积累，通威太阳能作为行业龙头，居第2位；成都中建材光电材料、成都聚合追阳、成都聚合科技等企业在光伏发电技术创新方面也有显著的贡献。

2. 产业发展现状

四川拥有全国最大的水电基地，水能资源得天独厚。作为"千河之省"，四川水电资源技术可开发量约1.48亿kW，占全国的22.4%。其中金沙江、雅砻江、大渡河"三江"流域水能资源占全省的79.4%，在我国13大水电基地中分别排第1、3、5位。四川风光资源相对富集，技术可开发风电达1800万kW，时间分布集中于每年11月到次年5月，技术可开发光电达8500万kW以上。其中，阿坝州、甘孜州、凉山州和攀枝花"三州一市"地区同时具有丰富的风能和太阳能资源。风光资源和水电在地理和时间分布上具有良好互补特性，自身资源禀赋具备水风光多能一体化发展的有利条件。

四川水电装机容量和年发电量稳居全国首位，水电在四川发电体系中占据主体地位。2022年12月，在白鹤滩水电站全部机组投产之后，四川水电装机容量达到9707万kW，年发电3681.3亿kW·h，占全省总发电量的79.45%，装机容量和发电量均稳居全国首位。

如表3-29所示，四川风电产业近年来呈爆发式增长。2021年末，四川省风电装机容量达527.3万kW，规上企业风力发电量达106.2亿kW·h。2022年，四川风电装机容量达597亿kW·h。华能、华电、大唐、国家电投、中广核新能源（四川）、三峡集团等众多能源央企争相入川投资风电市场。作为国内风电龙头的金风科技，也在2023年9月与阿坝州人民政府签订了风电战略合作协议。

表 3-29 四川省水风光发电装机容量与年发电量

类型	装机容量（万 kW）		年发电量（亿 kW·h）	
	2021 年	2022 年	2021 年	2022 年
水力发电	8947	9707	3531.4	3681.3
风力发电	527.3	597	106.2	134.7
光伏发电	194	173	28.84	25.98

四川光伏发电产业发展快速，但整体占比仍然偏低。2021 年，四川省光伏装机容量为 194 万 kW，较 2015 年增长了 4 倍，但整体占比依然较低，仅为 1.7%，低于全国平均水平。2022 年，四川省光伏装机容量为 173 万 kW，年发电量为 25.98 亿 kW·h，装机容量和年发电量较上年均有所下降。2022 年，成都市光伏产业规模近 200 亿元。根据光能资源的地理分布特点，四川省采用"三州一市"集中式光伏发电基地和分布式光伏电站并行的发展模式。

四川省水电开发技术储备雄厚，具备完善的水力发电产业链体系。如图 3-276 所示，涵盖了上游发电机绝缘、绕组温控、导叶立面设计等，中游水轮机制造、冲击式转轮制造、发电机制造、启闭机制造、机组智能控制等，下游机组装配等。布局有以东方电气、中电建成都勘测院等为代表的"国字号"龙头企业，以及东方水利等国家级专精特新"小巨人"企业，自主创新能力较强，总体技术能力达到了国际先进水平，部分技术达到了国际领先水平，拥有单机容量达 1000MW 的巨型水轮发电机组，形成了"成德高端能源先进装备产业集群"。

四川省风电产业链相对完备，涵盖了上游原材料生产、零部件制造，中游发电机、塔筒及变流器/电控系统制造，下游整机、吊装等，布局有以东方电气为代表的川籍企业。在原材料环节，布局有四川东树新材料；在零部件生产环节，布局有东方风电空气动力研究所、国机重装、成都科华重型轴承；在发电机制造和整机环节，布局有东方风电；在风机变电控制环节，布局有东电自动控制、九洲电器、成都阜特、成都讯易达；在塔筒制造环节，布局有水电四局德昌、中国十九冶集团；在风机吊装环节，布局有中国水电七局、中电建成都勘测院、四川龙飞安装等。

四川省光伏产业链相对完整，强弱环节相对明显。产业链涵盖了上游硅料、硅片，中游电池片、光伏组件、组件设备、逆变器，下游光伏电站、光伏一体化设计等。以双流和金堂为核心承载地，已集聚了通威太阳能、成都中建材光电（凯盛旗下）、硅宝科技等 20 余家重点企业。同时，乐山作为我国多晶硅发

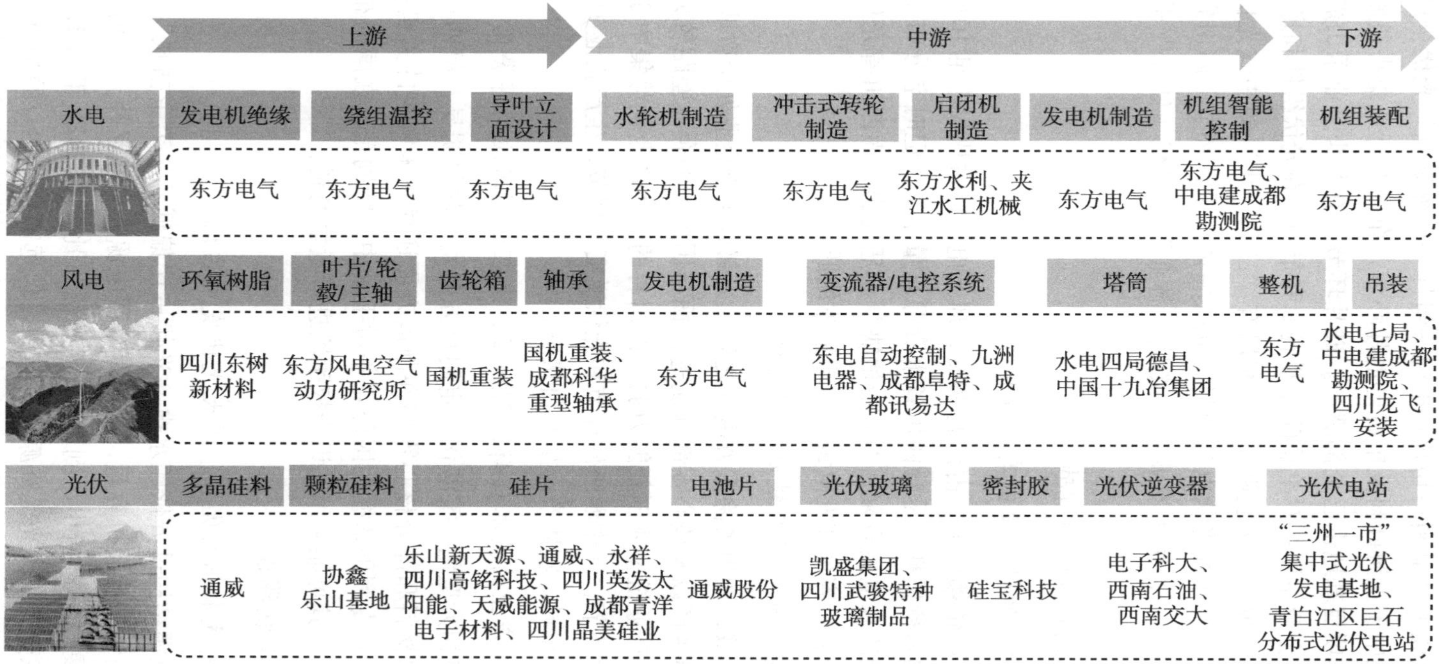

第 3 章　四川省专利密集型产业发展研究分析

图3-276　四川省清洁能源装备产业链图谱

祥地，已经形成了"硅料—切片—电池—组件—系统集成"光伏全产业链。四川省的优势集中于上游硅料及中游电池片环节，布局有行业龙头通威股份，乐山协鑫颗粒硅项目基地也已全部满产。硅片环节，有龙头企业乐山新天源和天威能源，省内企业主要针对单晶硅片开展专利布局。在光伏组件和逆变器环节，川内企业布局较少。光伏装机环节，布局有"三州一市"集中式光伏发电基地和青白江区巨石分布式光伏电站项目。光伏一体化设计环节，四川省积极探索出"渔光一体""光伏+农业""光伏+林业""光伏+牧业"等多种新型模式。

3. 产业发展面临的挑战

（1）清洁能源结构比例有待优化

四川省水电依赖严重，占比近80%，风光电合计占比仅不足10%，特别是光伏发电占比亟待提高。尽管四川省水资源总量丰富，但时空分布不均，具有较好调节性能的水电站有限，"丰余枯缺"矛盾突出。而四川省光伏产业链虽相对完整，但装机容量和发电量占比却整体偏低。

（2）风电、光伏产业链亟待"补链"

在风电领域，四川省除东方电气之外，大部分中小企业处于产业链中低端，在核心原材料生产以及核心零部件制造方面与国内大型企业差距较大，研发实力相对薄弱，产业链整体创新能力弱。四川省的光伏产业优势集中于上游硅料及中游电池片环节，在中游组件环节和光伏逆变器环节，生产企业少、规模小，缺少相关企业布局，整体产业呈空白状态。

（3）风电产业的技术创新仍需加强，潜在专利风险值得警惕

风电机组朝大型化、智能化、定制化方向发展趋势明显，但四川省在风机大型化所需原材料和部分核心零部件制造方面还存在未解决的关键技术问题，关键技术的核心专利仍掌握在国外竞争对手手中，特别是已在国内布局专利的海外竞争对手，其可能采用知识产权手段进行竞争遏制。

4. 产业发展建议

（1）发挥技术积累优势，扩大光伏发电占比

四川省电源结构过分依赖水电，光伏占比偏低，"丰余枯缺"矛盾突出。持续扩大四川省光伏装机容量，能显著增强电源的多能互补。《四川省"十四五"电力发展规划》指出，到2025年光伏占比要从2021年的1.7%调整为13.3%。考虑到四川省光伏资源相对集中，但远离负荷中心的特点，持续推动分布式光伏产业发展，就近接入配电网，能减少电能的长距离输送。

(2) 完善产业链弱环，加速科技成果转化

围绕风电"链主"企业东方电气开展补链、延链、强链，引进一批原材料和零部件制造"专精特新"企业和重点项目，以龙头示范作用引导产业链向高端转型。为补齐四川省光伏产业链弱环，优先引进优势光伏组件及设备、光伏逆变器等生产企业。同时，四川高校存在大量的研究成果待转化，应积极寻求产学研合作转化的机会。

(3) 借助信息化产业类，推动风光水一体化协同创新

电子信息产业作为四川省的支柱产业之一，可在风光水一体化方面发挥区域优势产业的作用，依托现代信息通信、智能控制、大数据分析等技术，充分发挥风光水能的互补优势，优化整体运行效率。

3.9.3 四川省航空航天装备产业

四川省是西部航空航天工业大省，根据四川省经济和信息化厅数据，2022年航空航天产业实现营收1300亿元，同比增长16.2%。根据四川省统计局发布的《2023年四川省国民经济和社会发展统计公报》，2023年，四川省规模以上高技术制造业增加值比上年增长5.4%，其中，航空、航天器及设备制造业增长12.4%，增速远超平均水平。近年来，四川省航空航天装备产业发展态势强劲，已成为四川省极具竞争力的特色高技术产业。

1. 专利布局态势

四川省为加快经济发展方式转变，促进四川省引领型知识产权强省建设，制定了《四川省专利实施与产业化激励办法》，为四川省航空航天科研院所、高等院校和企业提供了政策支撑和资金激励，促进了四川省航空航天装备的技术创新和产业发展。本节将对四川省航空航天装备产业专利态势进行分析。

（1）专利申请趋势

从图3-277可以看出，从2015年到2023年，四川省航空航天装备产业专利申请总体呈显著增加趋势。由图可知，航空装备的专利申请量较大，其专利申请趋势与航空航天装备总体趋势大致吻合，可分为三个阶段，第一阶段（2015—2017年），随着国家现代化交通体系建设的推进和国防实力的增强，对航空装备的需求持续增长，航空装备产业受到国家政府高度重视，2016年国务院办公厅发布《国务院办公厅关于促进通用航空业发展的指导意见》，这一阶段航空装备产业发展势头迅猛，增长率平均达到50%；第二阶段（2017—2019年），航空装备相关企业和科研院所的技术研发和产业布局初步稳固，专利申请

进入平稳发展期；第三阶段（2019—2023年），四川省航空装备产业的规模不断扩大，在航空装备领域的技术创新不断取得突破，航空装备产业受到四川省及成都市政府的高度重视，出台了一系列政策措施支持该产业的研发、制造和应用，例如《四川省通用航空产业发展规划（2019—2025年）》为通用航空产业的发展提供了明确的方向和路径，以及《四川省"十四五"高新技术产业发展规划（2021—2025年）》明确将航空航天作为高新技术产业发展的重点领域，其间航空装备专利申请量以平均20%的速度持续攀升。

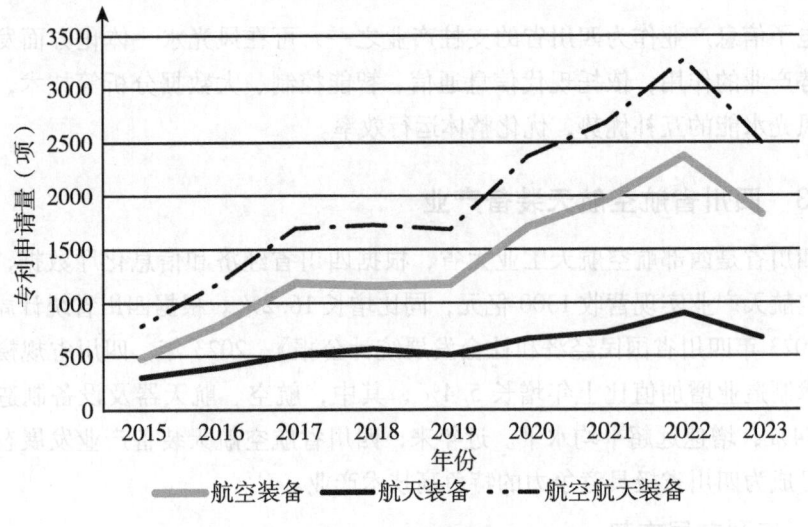

图3-277　四川省航空航天装备产业专利申请趋势

由图可知，航天装备的专利申请量基本呈逐年增长趋势。航天装备产业为高科技、高附加值的战略性新兴产业，随着航天技术的不断发展和应用领域的日益扩大，国家对于民用航天装备产业的建设越来越重视。2015年国家发改委等部门发布了《国家民用空间基础设施中长期发展规划（2015—2025年）》，推动了商业航天发展，促进航天产业多元化，得益于政策环境的支持、产业发展的加快以及研发投入的增加，四川省航天装备产业的专利申请趋势呈现出数量增长、质量提升和领域拓展的特点。

（2）申请主体地市分布

图3-278显示了四川省航空航天装备产业专利申请地市排名。由图可以看出，整体上，四川省构建了以成都为核心，绵阳、德阳、泸州、自贡、宜宾等区域协同发展的航空航天装备产业空间格局。具体地，航空航天装备专利申请显著集中在成都市，绵阳市和德阳市紧随之后，显示出一定的创新活跃度，其

他城市与之存在明显的差距，这些地区在创新驱动和知识产权保护方面具有较大的提升空间。在专利质量方面，绵阳市展现出较高的水平，成为四川省的佼佼者，其他城市的专利质量相对落后，这表明位于绵阳市的中国空气动力研究与发展中心、四川九洲集团、中国工程物理研究院等科研机构和企业具有较高的创新能力和技术竞争力。另外，绵阳市出台了《绵阳市贯彻落实〈四川省强化知识产权保护实施方案〉具体措施任务分工》《关于进一步支持科技创新十条政策（试行）》等政策对科技创新、知识产权保护提供了有力支撑，极大地促进了专利质量的提高，值得其他城市借鉴经验。

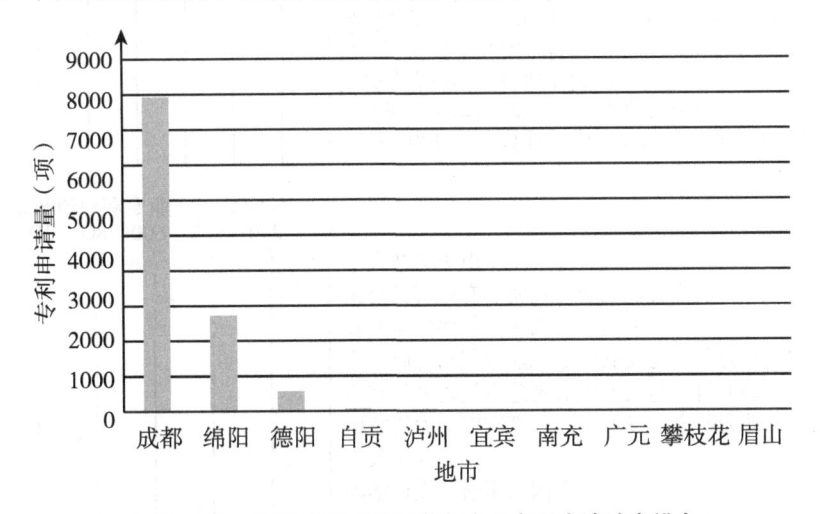

图 3-278　四川省航空航天装备产业专利申请地市排名

（3）重点申请人概况

图 3-279 所示为四川省航空航天装备产业重要专利申请人。整体来看，四川省航空航天装备产业的专利申请集中于科研院所、高等院校和大型制造企业，并且航空装备产业的申请量明显高于航天装备产业的申请量，表明四川省航天装备创新活力未充分挖掘。在航空装备产业方面，以电子科技大学、成都飞机工业（集团）有限责任公司、中国航发四川燃气涡轮研究院等高等院校和制造企业为主要申请人，其中成都飞机工业（集团）有限责任公司拥有 1025 项专利，占航空装备产业专利申请总量的 8%，体现了其在航空制造领域的领先地位。在航天装备产业方面，以电子科技大学、中国电子科技集团公司第十研究所、西南交通大学为主要申请人，并且可以明显看出，航天装备产业主要创新主体为高等院校和科研院所，企业缺乏创新活力和专利布局。在科研院所、高等院校与企业的合作申请方面，以图 3-279 中重点科研院所、高等院校为例，

四川省专利密集型产业研究

将其与四川省本土企业作为共同申请人进行二次检索发现，共同专利申请仅有118项，表明四川省科研院所、高等院校和本土企业在专利的合作申请方面，缺乏较为广泛的技术合作。

航天装备产业专利申请数量（项）

- 电子科技大学
- 中国电子科技集团公司第十研究所
- 西南交通大学
- 四川大学
- 中国空气动力研究与发展中心超高速空气动力研究所
- 中国空气动力研究与发展中心高速动力研究所
- 中国科学院光电技术研究所
- 四川安迪科技实业有限公司
- 中国工程物理研究院总体工程研究所
- 中国空气动力研究与发展中心计算空气动力研究所

航空装备产业专利申请数量（项）

- 电子科技大学
- 成都飞机工业（集团）有限责任公司
- 中国航发四川燃气涡轮研究院
- 中国空气动力研究与发展中心低速空气动力研究所
- 中国空气动力研究与发展中心高速空气动力研究所
- 中国空气动力研究与发展中心计算空气动力研究所
- 四川大学
- 中国民用航空飞行学院
- 中国空气动力研究与发展中心超高速空气动力研究所
- 西南交通大学

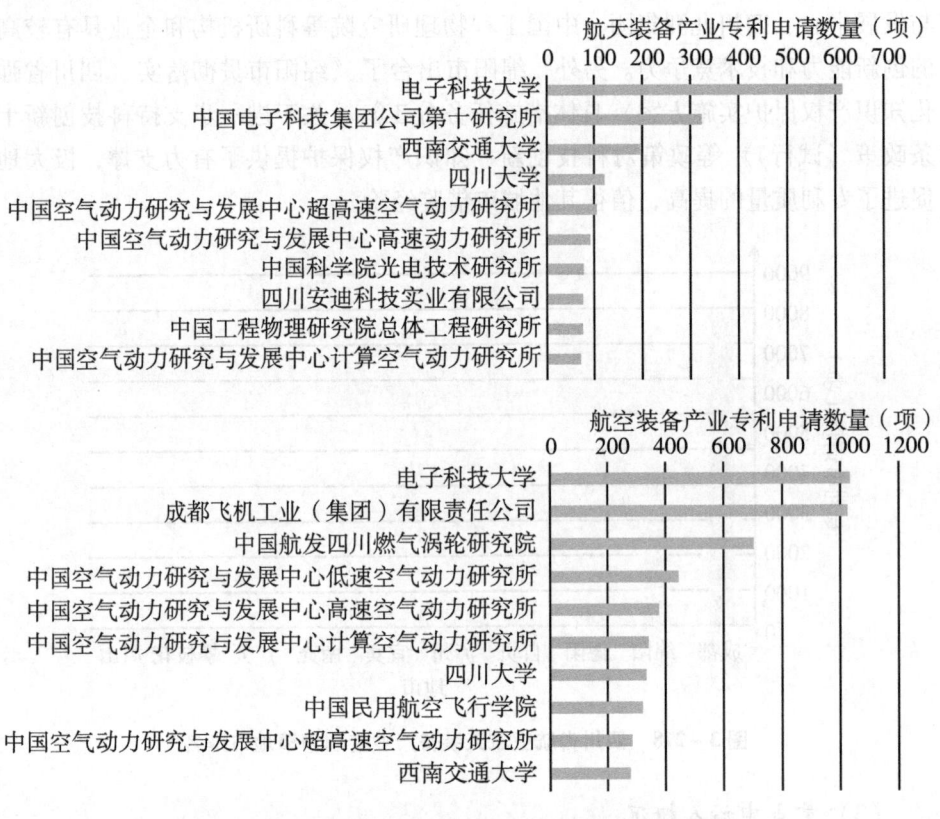

图3-279　四川省航空航天装备产业重要专利申请人

（4）专利转让分析

从图3-280所示的专利转让数据可知，排名前10的转让人中有6个是国内的执业实体，其余4个是国内科研院所或高校。可见，执业实体在四川省的专利转让活动中占据着重要的地位。例如浙江吉利控股集团、中航工业成都飞机设计研究所等知名企业，专利转让量都相对较多。其中浙江吉利控股集团位居榜首，其专利转让经营活动的受让人主要是旗下子公司，包括沃飞长空科技（成都）、四川傲视科技等，说明浙江吉利控股集团在川产业布局进入新一轮细化阶段。西南交通大学、电子科技大学等高校也具有一定的专利转让数量，表明这些创新实体的专利成果转化工作正在有效开展。

第3章 四川省专利密集型产业发展研究分析

专利转让量（件）

浙江吉利控股集团	
沃飞长空科技（成都）	
四川傲势科技	
西南交通大学	
中航工业成都飞机设计研究所	
电子科技大学	
成都天麒科技	
西华大学	
成都优艾维智能科技	
四川航天系统工程研究所	

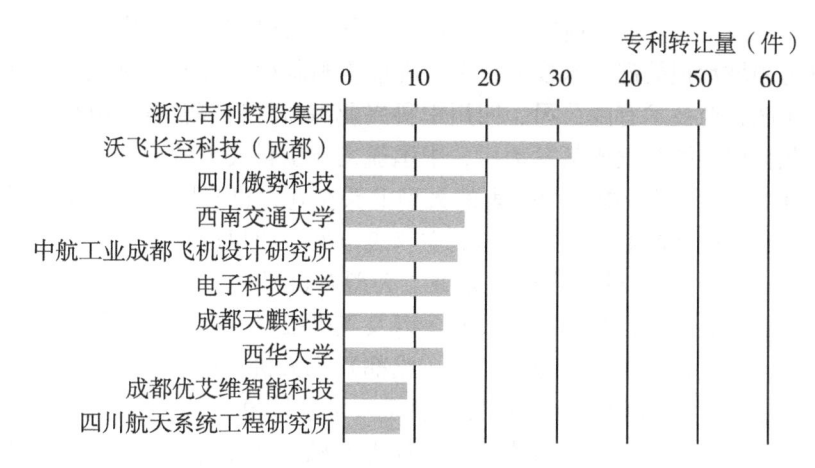

图3-280 全国航空航天装备专利转让排名

2. 产业发展现状

航空装备产业配套体系完善。四川省航空产业已建立较为完善的飞机总体设计、总装制造、系统集成和试验验证体系，已成为全国重要的航空产业基地和军用飞机、航空发动机重要研制基地，是国内少数同时具备研发和制造飞机整机、发动机能力的省份之一，工业级无人机等产品研制水平跻身全国前列，具备打造航空装备制造业产业集群的良好基础。四川省不仅拥有以航空工业成都飞机工业（集团）、中航工业成都飞机设计研究所、中国航发涡轮院等为代表的大型国有企业和科研院所，也有以中航（成都）无人机、四川腾盾科技、沃飞长空科技（成都）等为代表的知名科创企业，航空产业链与配套体系完整，有230余家航天领域相关的科研院所、生产企业和研发基地。此外，四川省还拥有西部领先的航空基础设施，截至2023年，四川省已建成并运营有17座民航机场，其中包括成都天府国际机场和成都双流国际机场两个4F级国际机场，以及绵阳南郊机场、九寨黄龙机场、西昌青山机场三座4D级机场，其余均为4C级以上机场，另有通航机场4座，通用航空临时起降点30余个，航空基础设施数量居于全国前列。

如图3-281所示，航空装备产业链基本形成以"整机—发动机—大部件—航空电子—地面设备"为链条的航空制造产品体系。四川省航空装备产业链布局涵盖产业链上游的飞行器整机、航空发动机、航空材料的设计与研发，中游的航空发动机、机体及零部件的生产制造，机载设备、机载系统开发与应用，下游的维修服务和飞机整机及无人机生产制造。在产业链上游布局有中航工业成都飞机设计研究所，具备飞行器整机的设计研发能力，同时四川大学、电子

· 397 ·

科技大学等高校均开设有航空专业，中国空气动力研究与发展中心也在飞行器空气动力领域承担关键技术攻关任务；在航空材料生产和研发领域，也布局有成都航宇超合金技术有限公司、四川中科兴业高新材料等航空材料厂商；中游和下游包括以中国航发成都发动机、中国航发航空科技、航空工业成都飞机工业（集团）、成都凯天电子为代表的大型龙头企业，也有四川航天中天动力装备、成都迈特航空制造、四川泛华航空仪表电器、四川海特高新技术等专精特新"小巨人"企业和科创公司，提供了大型客机机体、零部件生产，支线客机、特种飞机、机载设备和系统开发，以及飞机维修、后勤维护等各个领域的技术支持；在无人机领域布局有中航（成都）无人机、四川腾盾科技、成都纵横自动化这类专精特新企业，涉及智能无人机系统设计、制造、试验、试飞、综保和运维等多个业务，产品覆盖固定翼无人机、复合翼垂直起降无人机、多旋翼无人机等。

如图3-282所示，航天装备产业链"火箭—卫星—服务"正在逐步建立。四川省已形成火箭设计、火箭制造与卫星研发制造、卫星运行测控、卫星服务的航天产业链双路交叉布局。航天火箭产业链初具雏形，在航天火箭产业链上游布局有四川航天技术研究院、四川航天长征装备制造、四川航天系统工程所等龙头企业或科研院所，提供国家重大航天工程火箭整体设计，并在产业链中游提供相关火箭制造和火箭配套产业，四川辉腾科技作为国内唯一的芳纶Ⅲ产品链全覆盖企业，为国家重大航天工程"天宫"项目提供航天材料。

在商业火箭领域，民营商业火箭企业四川星河动力空间科技在资阳临空经济区投资建设了省内首个商业航天运载火箭项目，实现了小型固体商业运载火箭"谷神星一号"研发制造，同时在火箭发射设备、火箭发动机等火箭配套产业链环节，省内还吸引了四川星际荣耀航天动力、四川省天回航天科技开展火箭试车台项目建设。

此外，在火箭配套产业链环节，省内还拥有两家优势科研院所，即中国空气动力研究与发展中心、中国工程物理研究院总体工程研究所，提供风洞试验、火箭橇试验设备。另外，航天卫星产业链已趋于成熟，省内多个城市、多家企业院所在卫星产业方面呈现出协同发展局面，以眉山天府新区作为核心承载区，结合四川辉腾科技等材料产业基础，带动成都国星宇航科技、成都能通科技、四川大学、电子科技大学卫星产业技术研究院等企业院所在卫星研制产业积极布局，带动成都国星通信、成都盟升电子技术、成都天锐星通科技等企业在卫星运营与服务产业全面发展，同时，以东坡区、彭山区、仁寿县为产业拓展区，大力发展卫星制造及配套产业，以洪雅县、丹棱县和青神县为产业配套区，大力发展地面设备及配套产业，眉山、绵阳、成都、德阳、资阳等城市积极引进和培育卫星产业相关链主企业，推动卫星产业集群成链、建圈强链。

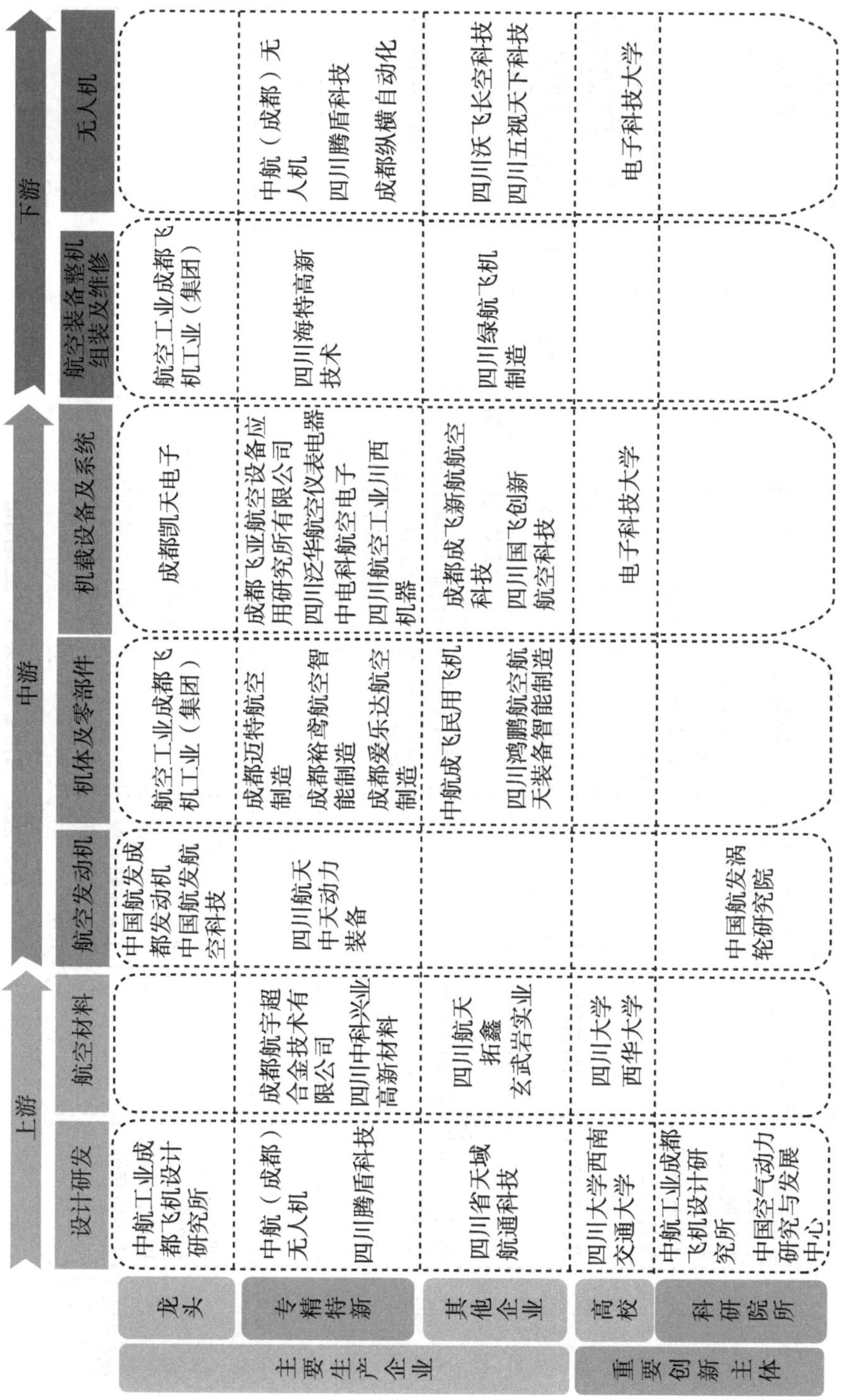

第3章 四川省专利密集型产业发展研究分析

阶段	设计研发	航空材料	航空发动机	机体及零部件	机载设备及系统	航空装备整机组装及维修	无人机
上游							
中游							
下游							
龙头	中航工业成都飞机设计研究所		中国航发成都发动机 中国航发航空科技	航空工业成都飞机工业（集团）	成都凯天电子	航空工业成都飞机工业（集团）	
专精特新	中航（成都）无人机 四川腾盾科技	成都航宇超合金技术有限公司 四川中科兴业高新材料	四川航天中天动力装备	成都迈特航空制造 成都裕鸢航空智能制造 成都爱乐达航空制造	成都飞亚航空设备应用研究所有限公司 四川泛华航空仪表电器 中电科航空电子 航空工业川西机器	四川海特高新技术	中航（成都）无人机 四川腾盾科技
其他企业	四川省天域航通科技	四川航天拓鑫玄武岩实业		中航成飞民用飞机 四川鸿鹏航空航天装备智能制造	成都成飞创新航空科技 四川国飞航空科技	四川绿航飞机制造	成都纵横自动化 四川沃飞长空科技 四川五视天下科技
高校	四川大学西南交通大学	四川大学西华大学			电子科技大学		电子科技大学
科研院所	中航工业成都飞机设计研究所 中国空气动力研究与发展中心		中国航发涡轮研究院				

主要生产企业

重要创新主体

图3-281 四川省航空装备产业链图谱

· 399 ·

主要生产企业		上游		中游		下游	
		火箭设计	航天材料	卫星研发制造	火箭制造	火箭配套	卫星运营测控	卫星服务
龙头	四川航天技术研究院 四川航天长征装备制造			四川航天工业集团 四川航天长征装备制造	四川航天长征装备制造 四川航天川南火工技术		成都国星宇航 成都盟升电子技术 成都星联芯通科技
专精特新	成都润博科技	四川辉腾科技	成都国星宇航科技 成都通能科技	成都润博科技	四川航天中天动力装备 成都润博科技	成都国星宇航科技 成都国星通信	
其他企业	四川星河动力空间科技	四川航天拓鑫玄武岩实业		四川星河动力空间科技	四川航天峰火同服控技术 四川航天燎原科技 四川星河动力空间科技 四川星际荣耀航天动力 四川省天回航天科技		
主要创新主体	高校	四川大学			四川大学			
	科研院所	四川航天技术研究院 四川航天系统工程研究所		电子科技大学卫星产业技术研究院 航天科工微电子系统研究院 中电科第十研究所		中国空气动力研究与发展中心 中国工程物理研究院总体工程研究所		四川航天天盛科技

图3-282 四川省航天装备产业链图谱

3. 产业发展面临的挑战

(1) 航天领域商业火箭产业链尚未成形，缺少本土创新企业

四川省商业火箭产业链虽已起步，但整体尚处于初级阶段，多数关键环节仍处于建设或规划阶段。例如，四川星际荣耀航天动力、四川省天回航天科技开展火箭试车台项目建设，并计划于2025—2026年启动建设生产线与火箭总装项目，这限制了四川省商业火箭产业链的完整性和竞争力；同时，四川省商业火箭产业链中的四川星际荣耀航天动力由北京星际荣耀空间科技投资成立，四川省天回航天科技由陕西天回航天技术投资成立，均为外省企业在川设立的子公司，四川省缺乏具有创新能力的本土企业，亟待加强对本土企业的培养，以形成更为完整的产业链和更强的产业集聚效应。

(2) 航空领域产业链较为完善，航空材料环节亟待升级

四川省航空产业链在航空材料环节拥有一定的基础和优势，然而，与北京航空材料研究院股份有限公司等行业龙头企业相比，四川省在航空材料领域的领军企业尚未出现，缺乏能够引领航空材料发展、推动技术创新和产业升级的大型企业。

(3) 航空领域缺乏大型客机总装生产线，大型客机生产经验不足

中国商飞作为C919及ARJ21型号飞机的独家制造商，其总装生产线限在上海布局；空中客车公司在全球范围内部署了十条总装线，其中在天津设立了两条生产线；波音公司计划在浙江省舟山建立737型号飞机的完工中心，这是波音公司首次将总装生产环节拓展至海外。尽管四川省航空装备产业链在结构上相对完整，但与上海、天津等航空产业集聚区相比，四川省明显缺乏大型客机的总装生产线。这一差异导致四川省在大型客机生产领域的经验积累不足，从而在一定程度上制约了四川省航空装备产业的技术进步与产业升级。

4. 产业发展建议

(1) 加强政策扶持和引导，发挥本土创新主体效能

北京市和上海市作为商业航天制造高地，分别发布了加快商业航天发展的针对性政策，其中涉及商业火箭设计研发与制造，四川省可制定商业火箭发展的针对性政策，加大对在建或规划在建的商业火箭相关项目的扶持力度，确保项目圆满建成。通过政策引导和与现有企业的资源整合，吸引本土企业参与商业火箭产业的各个环节，以促进产业链的完善。同时，引导本地研究机构发挥积极作用，为商业火箭相关项目提供火箭箭体风洞试验、火箭发射平台试验等平台资源和技术支持，促进技术创新和成果转化。

（2）加强产学研深度融合，强化航空产业链材料弱环

建议四川省加强产学研深度融合，促成相关研究团队与四川省内航空材料企业建立全面战略合作关系，例如，共建联合研发平台，集中优势资源攻关关键技术；开展人才培养和技术交流项目，为企业输送高素质专业人才；推动校企资源共享，实现设备、信息等资源的优化配置。通过这些合作，可加速形成四川省航空材料领域的龙头企业，推动产业升级和区域经济发展。

（3）瞄准大型客机领域，制定推出积极的招商措施

对于大型客机领域，四川省应当制定具有竞争力的政策，如税收减免、土地使用优惠、金融支持等；整合四川省航空产业链的高端生产力，建立面向大型客机生产线的产业园区，为大型客机的生产提供完善的配套设施和服务；设立专门的项目对接小组，与中国商飞及其主要川外供应商紧密沟通，充分了解其需求，提供精准化的解决方案，以增强四川省落地大飞机整机项目的竞争力，补齐航空产业链上的重要拼图。

3.9.4 四川省动力电池与新能源汽车产业

1. 专利布局态势

（1）专利申请趋势

四川省动力电池与新能源汽车产业专利申请趋势如图3-283所示。四川省自2015年起专利申请量呈波动增长态势，在2017年达到最高，年申请量超过

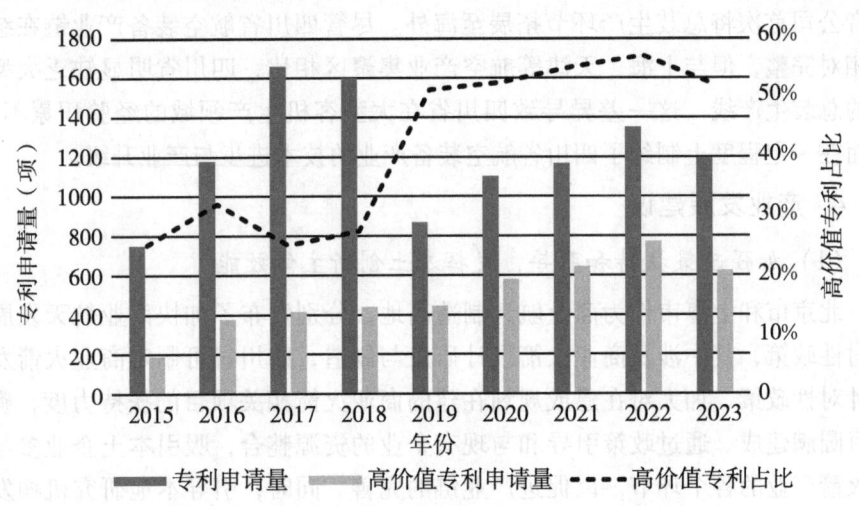

图3-283 四川省动力电池与新能源汽车产业专利申请趋势

1600项，随后在2019年急剧下跌，随后持续稳步增长。但从高价值专利量的角度来看，四川省的动力电池与新能源汽车高价值专利呈现连年持续稳定增长的态势。2019年，虽然四川省的动力电池与新能源汽车专利申请总量急剧下降，但高价值专利占比却迅速增长，实现了专利质量的巨大提升，说明四川省近年来在动力电池与新能源汽车产业的创新质量取得了较大提升。

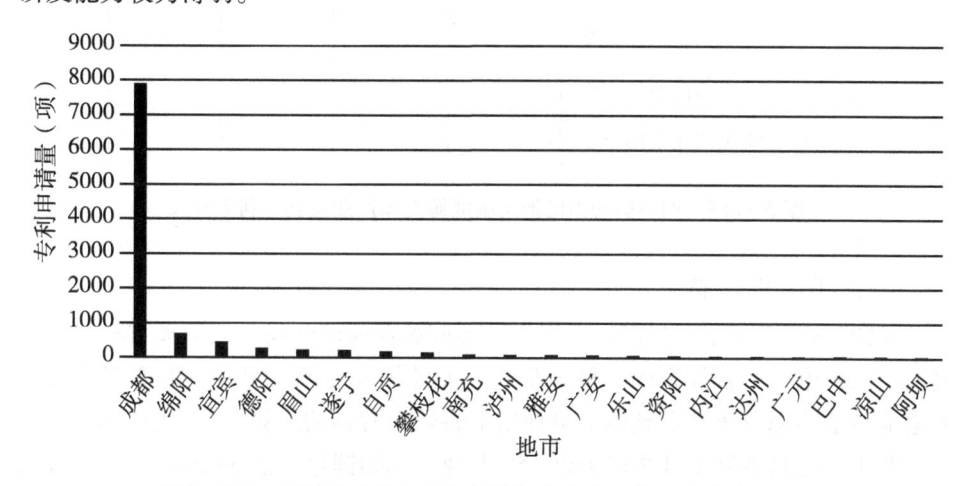

（2）申请主体地市分布

四川省动力电池与新能源汽车产业专利申请地市分布如图3-284所示，四川省动力电池与新能源汽车产业专利大部分集中在成都市，占据四川省动力电池与新能源汽车产业专利总量的72.7%，处于绝对的领先地位。排在成都之后的是绵阳、宜宾、德阳、眉山、遂宁等地市。从总体分布态势来看，四川省的动力电池与新能源汽车产业研发力量集中在成都市，其他地市根据自身的分工情况布局了一定数量的专利，但数量相较而言均不多。总体而言，四川省以成都为动力电池与新能源汽车产业的研发中心，周边地市主要承接了制造任务，研发能力较为薄弱。

图3-284　四川省动力电池与新能源汽车产业专利申请地市分布

（3）重要申请主体概况

四川省动力电池与新能源汽车产业重要专利申请人如图3-285所示。申请量排名前10的申请人分别为：电子科技大学、成都新柯力化工科技有限公司、四川大学、西南交通大学、西华大学、成都赛力斯科技有限公司、宜宾锂宝新材料有限公司、西南科技大学、西南石油大学、宜宾凯翼汽车有限公司。从申请人类型来看，申请量排名前10的申请人中有6个为科研院所，其余为生产企业。其中，处于产业链上游的锂电池原材料企业两家，处于产业链下游的整车企业两家，而涉及电池包、电动机、电控等产业链中游的企业并未出现在榜单中。电子科技大学、四川大学和西南交通大学三所四川省重点高校所拥有的专利数量均较为可观，四川省可充分利用重点高校的研发优势，推进高校专利的产业转移运用。

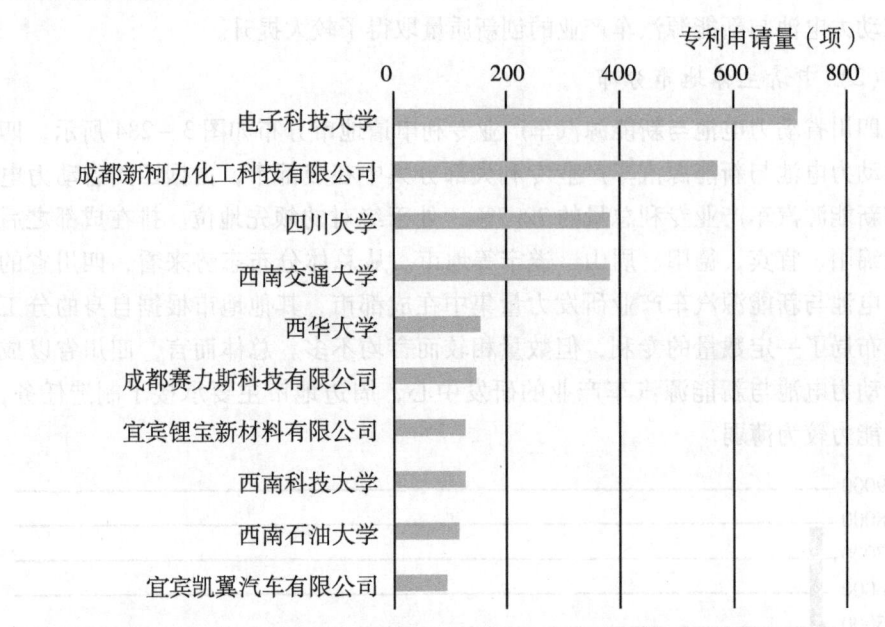

图 3-285　四川省动力电池与新能源汽车产业重要专利申请人

2. 产业发展现状

如图 3-286 所示，目前，四川省已形成涵盖锂矿开发、正负极材料、动力电池、电机电控、智控系统、整车制造等关键领域的产业集群。但四川省的动力电池与新能源汽车产业整体上呈现出上游强下游弱的态势，产业结构不均衡。

四川省已具备锂矿开采能力近 155 万吨，基础锂盐产能 54 万吨，正负极材料产能 175 万吨，动力电池产能 100GW·h，产业集聚效应明显，已基本形成"锂矿资源开发利用、锂电池材料生产、锂电池生产、锂电池回收利用"全生命周期产业链生态圈。

在动力电池产业链上游，四川矿石锂资源占世界矿石锂资源的 6.1%，占全国矿石锂资源的 57%，居全国之首，已经拥有天齐锂业、天宜锂业等锂前驱体材料生产企业。矿石提锂工艺成熟，制备高端产品优势大。"川籍"企业天齐锂业是国内正极前驱体材料龙头企业，拥有国内锂辉石矿与海外优质锂矿资源。天齐锂业目前碳酸锂和氢氧化锂产能高，且还在进一步扩建。

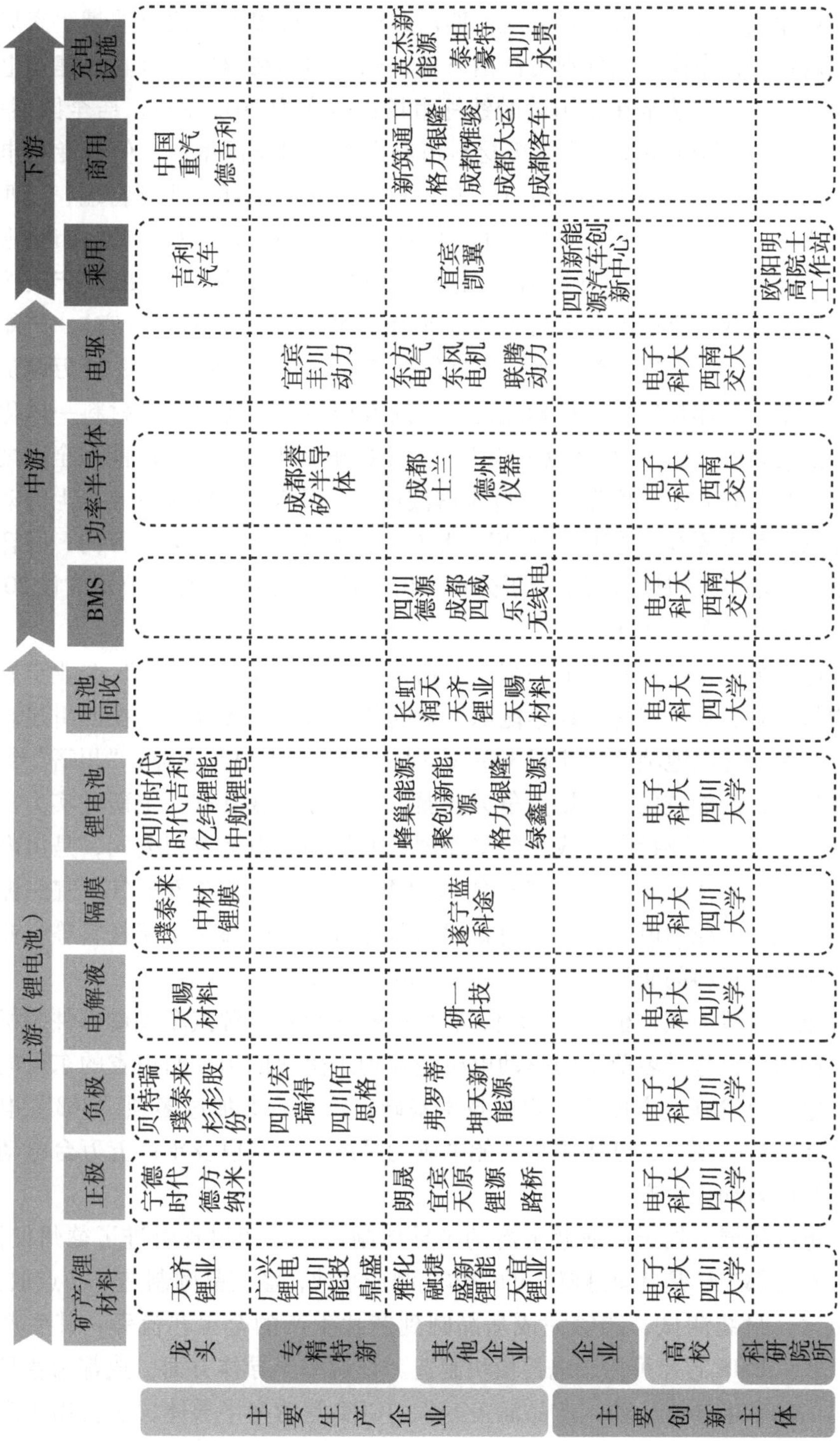

第3章 四川省专利密集型产业发展研究分析

产业链环节	细分	龙头	专精特新	其他企业	企业	高校	科研院所
上游（锂电池）	矿产/锂材料	天齐锂业	广兴锂电、四川能投鼎盛	雅化融捷、盛新锂能、天宜锂业		电子科大、四川大学	
	正极	宁德时代、德方纳米		朗晟、宜宾天原锂源、路桥		电子科大、四川大学	
	负极	贝特瑞、璞泰来、杉杉股份	四川宏瑞得、四川佰思格	弗罗蒂、坤天新能源		电子科大、四川大学	
	电解液	天赐材料		研一科技		电子科大、四川大学	
	隔膜	璞泰来、中材锂膜		遂宁蓝科途		电子科大、四川大学	
	锂电池	四川时代、时代吉利、亿纬锂能、中航锂电		蜂巢能源、聚创新能源、格力银隆、绿鑫电源		电子科大、四川大学	
	电池回收			长虹润天、天齐锂业、天赐材料		电子科大、四川大学	
中游	BMS			四川德源、成都四威、乐山无线电		电子科大、西南交大	
	功率半导体			成都蓉矽半导体、成都士兰、德州仪器		电子科大、西南交大	
	电驱			宜宾丰川动力、东方电气、东风电机、联腾动力		电子科大、西南交大	
下游	乘用	吉利汽车		宜宾凯翼	四川新能源汽车创新中心		欧阳明高院士工作站
	商用	中国重汽、德阳吉利		新筑通工、格力银隆、成都雅骏、成都大运、成都客车			
	充电设施			英杰新能源、泰坦蒙特、四川永贵			

图3-286 四川省动力电池与新能源汽车产业链图谱

主要生产企业 / 主要创新主体

· 405 ·

在产业链上游的正极材料领域，四川路桥、能投集团、比亚迪携手布局锂电、储能板块；宁德时代分别与江西升华、德方纳米在遂宁、宜宾投建锂电正极材料项目。德方纳米在我国磷酸铁锂市场占有率为20%左右，居全国第一。"入川"企业巴莫科技在三元正极材料市场占有率居全国第一，但其专利申请量在国内申请人排名中未进入前20。负极材料领域的头部企业贝特瑞、江西紫宸（璞泰来）、杉杉股份已入驻四川。贝特瑞年产天然石墨10万吨，市场占有率超过70%，其在四川的贝特瑞（四川）新材料科技有限公司2020年天然石墨产量为8万吨，市场占有率为22%；2021年收购四川金贝（宜宾），产能规划5万吨高端人造石墨。璞泰来拟通过其全资子公司四川紫宸建设20万吨负极材料和石墨化一体化项目。杉杉股份落户成都眉山，拟建立负极材料一体化基地，产能约20万吨。电解液及隔膜生产企业也积极在川布局，产能居全国之首的天赐材料入驻眉山，拟建30万吨电解液项目，可满足300GW·h以上的动力电池需求，其主要客户为LG、村田、ATL、宁德时代、比亚迪、万向、国轩高科、索尼。璞泰来拟通过其全资子公司四川卓勤新材料科技有限公司建设20亿平方米基膜和涂覆一体化项目。

在电池装配领域，锂电池头部企业均在四川有布局，"入川"企业宁德时代、中航锂电、亿纬锂能、蜂巢能源、聚创新能源、时代吉利等在四川建设的动力电池及储能电池项目产能超300GW·h。相较"入川"企业，"川籍"锂电池企业较少，产能较低，市场竞争力较弱，在细分领域具有一定研究实力。以四川能投集团为主要投资方成立的华鼎国联四川动力电池有限公司，是川内动力电池制造的龙头企业，目前年产能约2GW·h。另外，东方电气、宜宾锂宝新材料、宜宾光原锂电材料、四川新锂想能源科技、成都晶元新材料等企业主要专注于正极材料的研发和生产，具有一定的技术基础。

在驱动电机领域，根据NE时代统计的2023年新能源汽车关键部件装机量排行，国内装机量排名前十的驱动电机企业均未落户四川。四川省的东风电机在驱动电机研发制造方面有一定的技术基础，曾先后参加过多项"863"电动车驱动相关科研项目，已建成高性能电驱动系统实验室以及年产五万台电动车驱动系统的自动化生产线。

在电控领域，处于产业链上游的半导体制造产业四川省引进了德州仪器，德州仪器成都工厂是其全球唯一的一体化制造基地，涵盖晶圆制造、凸点加工、晶圆测试、封装测试，能够完成从晶圆到芯片生产的全工艺流程，其生产的MOSFET和BMS芯片可用于电控模块制造。在功率半导体方面，成都士兰是业内知名的功率半导体厂商，产品涵盖SiC、IGBT等功率半导体，主要用于汽车驱动、车载充电器OBC等模块的制造。在SiC领域，成都蓉矽半导体有限公司是四川省专精特新中小企业，是一家具备车载 SiC 功率器件设计与开发的高新技术企业。

处于产业链下游的新能源汽车制造产业也是四川省的薄弱环节，四川省的汽车产业转型落后，2023 年，四川省汽车产量为 97.48 万辆，其中新能源汽车 14.64 万辆，占比仅为 15%，显著低于广东、上海等省市接近 50% 的占比。四川省的汽车生产企业多为"入川"企业，如一汽大众、一汽丰田、吉利汽车、现代汽车等传统乘用车企业，且其中的多数在汽车电动化过程中转型缓慢，2023 年新能源汽车销量前十的企业中，仅有吉利汽车在成都生产新能源汽车。此外，四川也缺乏市场占有率高、品牌效应好的新能源汽车龙头企业，如特斯拉、比亚迪、小鹏、蔚来、理想等新能源汽车头部品牌均未在川建厂。"川籍"企业方面则仅有宜宾凯翼汽车一家新能源乘用车生产企业，年产能为 15 万辆，但由于销量不高，产能利用率一直处于低位运行状态。商用车方面，中国重汽、吉利远程商用车、新筑通工、成都雅骏、格力银隆等企业已在川内建厂，企业产能正在逐步释放。但是商用车生产量整体较乘用车生产量小很多，难以单独支撑四川的新能源汽车产业链转型升级。

3. 产业发展面临的挑战

（1）产业链上下发展失衡，下游亟待补强

2022 年，四川省动力电池产量 83GW·h，约占全国总产量的 1/6，但同年全省新能源汽车产量 8.1 万辆，仅占全国产量的 1.1%。四川省生产的大部分动力电池都供应至其他省份，仅有少量留存省内用于新能源汽车生产，未能充分利用动力电池产业区位优势。

（2）生产多研发少，本地企业研发能力仍需加强

四川省的动力电池产业出货量虽高，但四川省仅在锂矿石开采与锂材料生产方面具备一定的技术优势。在产业链下游的电池装配领域以及新能源汽车领域，四川省主要承接生产制造任务，本地研发的技术优势不强。

4. 产业发展建议

（1）引进龙头企业，加快推进汽车生产企业升级转型

四川省动力电池产量约占全国的 1/6，而新能源汽车产量仅占约 1%，四川省动力电池与新能源汽车产业链呈现上游强下游弱的现状，建议四川省出台政策鼓励新能源汽车产业的发展，充分发挥四川省动力电池产业区位优势，提高新能源汽车产量，使其与动力电池产量匹配。具体来说，一方面四川省可以鼓励省内已有传统汽车生产企业转型升级，通过技术引进、产线改造等手段将传

统汽车产能升级转化为新能源汽车产能；另一方面，针对四川省内缺乏新能源汽车龙头企业的现状，建议积极引进业内市场占有率高、品牌效应好的新能源汽车龙头企业入川。

（2）以生产带研发，着力培育本土优势技术

依托于天齐锂业等产业链上游的"川籍"链主企业，四川省在锂矿石开采与锂材料生产领域具备一定的本土技术优势，但四川省的产业链下游企业如宁德时代、吉利汽车等多为"入川"企业，主要承接生产制造任务而非研发。四川省动力电池与新能源汽车产业在研发端呈现本地研发技术优势不强的现状，建议利用四川省产业基础优势，在产业链上游继续发挥锂矿石开采与锂电池材料生产的技术优势，在产业链下游加强电池装配与新能源汽车领域的技术创新，提高下游产品附加值。具体来说，一方面四川省可以鼓励本土上游企业通过合作研发、扩充产品线等方式积极向下渗透，提升川籍企业技术实力。另一方面依托于四川省已有的生产制造基地，四川省可以鼓励产业链下游的"入川"企业在四川省建立研发中心，通过人才政策积极吸引研发团队落户四川，推动企业加大在川研发投入。

3.9.5 四川省轨道交通装备产业

1. 专利布局态势

（1）专利申请趋势

图 3-287 所示为四川省轨道交通装备产业专利申请趋势。由图可知，四川省在轨道交通装备产业的专利申请整体上呈现先快速增长（2015—2017 年），而后高质量稳步发展（2017 年之后）的趋势。2015—2017 年，国家及地方政府出台了一系列鼓励技术创新和产业发展的政策，为轨道交通装备产业提供了良好的发展环境；同时，市场需求的快速增长也促使企业加大研发投入，推动技术创新和产业升级。这些因素共同作用，使得轨道交通装备产业的专利申请量呈现出快速增长的趋势。2017 年之后，企业不再仅仅追求专利申请数量的增长，而是更加注重技术的创新和质量的提升，创新主体通过加强产学研合作、引进高端人才和加大研发投入等方式，不断推动核心技术的突破和关键技术的攻关，这种对技术创新的重视使得轨道交通装备产业的专利申请量在稳定增长的同时，也更加注重专利的质量和技术含量，轨道交通装备产业专利申请量进入了高质量稳步发展的阶段。

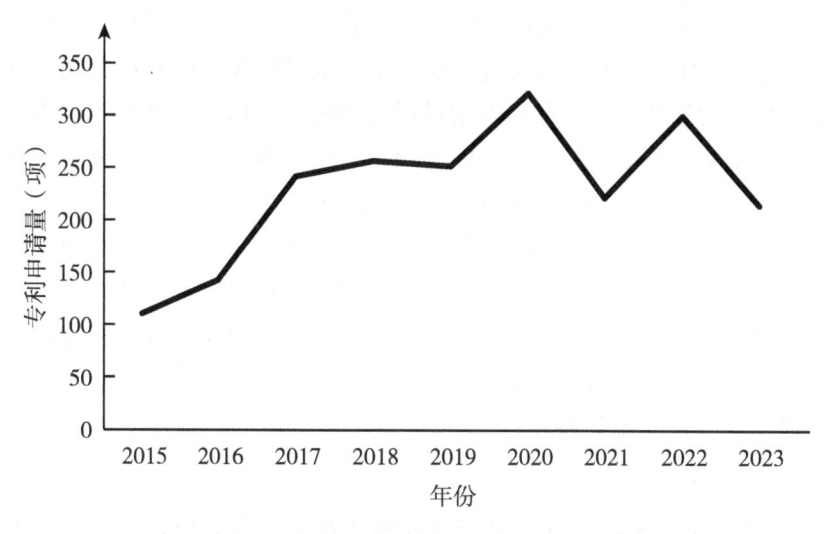

图 3-287　四川省轨道交通装备产业专利申请趋势

(2) 申请主体地市分布

图 3-288 所示为四川省轨道交通装备产业专利申请地市排名。由图可以看出，成都作为轨道交通装备产业的创新核心，专利申请量形成了明显的"一枝独秀"现象，显示出其强大的创新能力和引领作用，而其他地市则呈现出"百花齐放"的发展态势，这种集中与多点协同发展的模式有助于实现资源的优化配置和产业的互补共赢。在成都市的带动下，眉山、资阳、攀枝花等多个地市

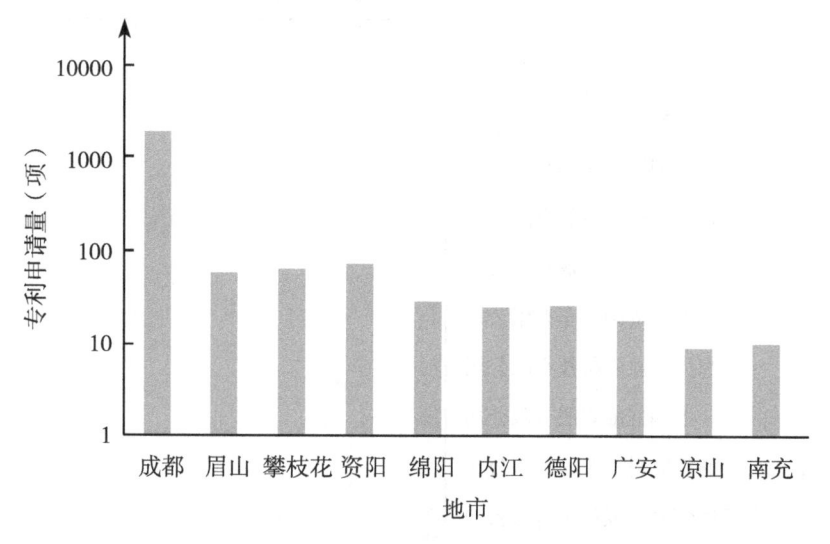

图 3-288　四川省轨道交通装备产业专利申请量地市排名

也根据自身资源禀赋和产业基础，逐渐形成了自己的轨道交通装备产业创新点。成都作为省会城市，拥有西南交通大学、中车成都机车车辆有限公司、新筑股份等实力强劲的创新主体，专利申请量遥遥领先；眉山市凭借中车眉山车辆有限公司、眉山中车制动科技股份有限公司、眉山紧固件科技有限公司等企业的创新实力，专利申请量占比相对较高；中车资阳机车有限公司为资阳市实施"中国西部车城"战略龙头企业，依托该企业的研发实力，资阳市在四川省轨道交通装备产业也占据一席之地；位于攀枝花市的攀钢拥有国内首条百米钢轨全长在线热处理生产线、完全自主知识产权的余热淬火生产线等先进设备，钢轨生产能力世界领先，以一流工艺、一流研发、一流产品、一流服务助力国家铁路基建及"一带一路"发展。

（3）重要申请人排名

图3-289所示为四川省轨道交通装备产业重要专利申请人。由图可以看出，西南交通大学专利申请量较高，位居榜首，体现了该校在轨道交通领域的深厚研究基础和创新能力；中铁二院工程集团有限责任公司作为勘察设计行业龙头，拥有多项专利，位居第二；攀钢集团攀枝花钢铁研究院有限公司在钢轨制备领域进行了深入研发，申请量排名第三；成都新筑股份、中车眉山车辆、中车资阳机车等企业也在轨道交通领域拥有一定数量的专利，在轨道交通领域的技术创新方面也做出了显著的贡献。

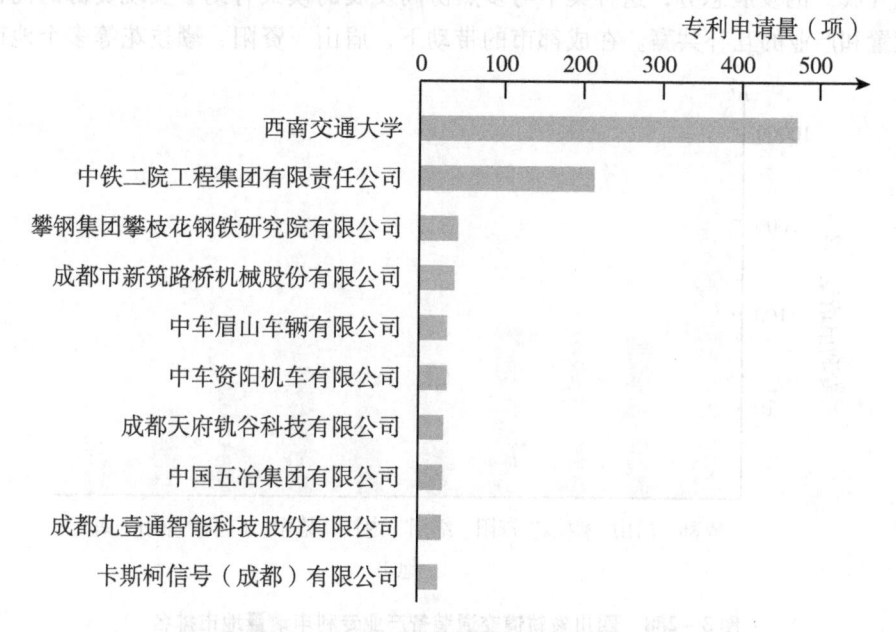

图3-289 四川省轨道交通装备产业重要专利申请人

2. 产业发展现状

近年来，四川省聚焦产业"高端装备制造、科技创新、智能运维"等重点领域，牵头推动轨道装备智慧工厂、交控科技西部区域总部等14个专精特新高能级产业项目落地成都，实现直接投资签约额超13亿元，带动市域外投资超18亿元，项目累计总投资可达50亿元以上，本地投资签约总额超80亿元。形成了以金牛坝科技服务产业功能区为研发服务总部，以新都现代交通产业功能区、天府智能制造产业园及中德（蒲江）产业新城为制造基地的"一总部三基地"空间格局。

2024年2月，成都市轨道交通产业建圈强链工作专班办公室印发《成都市推动轨道交通产业高质量发展攻坚行动计划》，该行动计划以建设"两城一高地"（全国轨道交通先进制造之城、高端服务之城和创新策源与成果转化高地）为总体目标，聚焦生产性服务业和装备生产制造业构建"两大制造能力"和"三大服务体系"，提出到2025年全产业链规模力争突破5000亿元，新增50亿元级以上（含）企业1家，亿元级以上（含）企业5家。

四川省经过几十年的发展，已成为国内轨道交通装备产业链条最齐备的省份之一，在产业链中游的车辆装备制造环节，布局有以西南交通大学和中铁西南科学研究院等为代表的科研单位，以中车资阳、中车眉山、中车成都机车、中车成都电机、新筑股份等专精特新"小巨人"企业为代表的装备制造企业。在产业链下游的车辆维修装备制造环节，布局有中车资阳、中车成都机车、中车成都电机、西南交大机电设备、西南交大铁路发展等多家实力雄厚的企业。

从产业链分工来看，如图3-290所示，中国中车旗下的中车成都、中车眉山、中车资阳等整车组装企业入川布局，自主完成动车、地铁车辆整车造修，依托整车造修企业吸引了时代电气、今创集团、康尼机电、朗进科技、永贵东洋、众合科技、卡斯柯等大批重点配套企业入川落户。在链主企业的引领带动之下，产业集群化发展态势逐步显现。目前，四川省轨道交通全产业链拥有企事业单位400余家，已开通运营城市轨道交通总里程超500千米，已经形成了集科技研发、装备制造、维修管理等板块于一体的全产业链格局。2022年全产业链主营业务收入超2000亿元，年均增速10%以上，城轨车辆装备本地化配套率提升至50%。

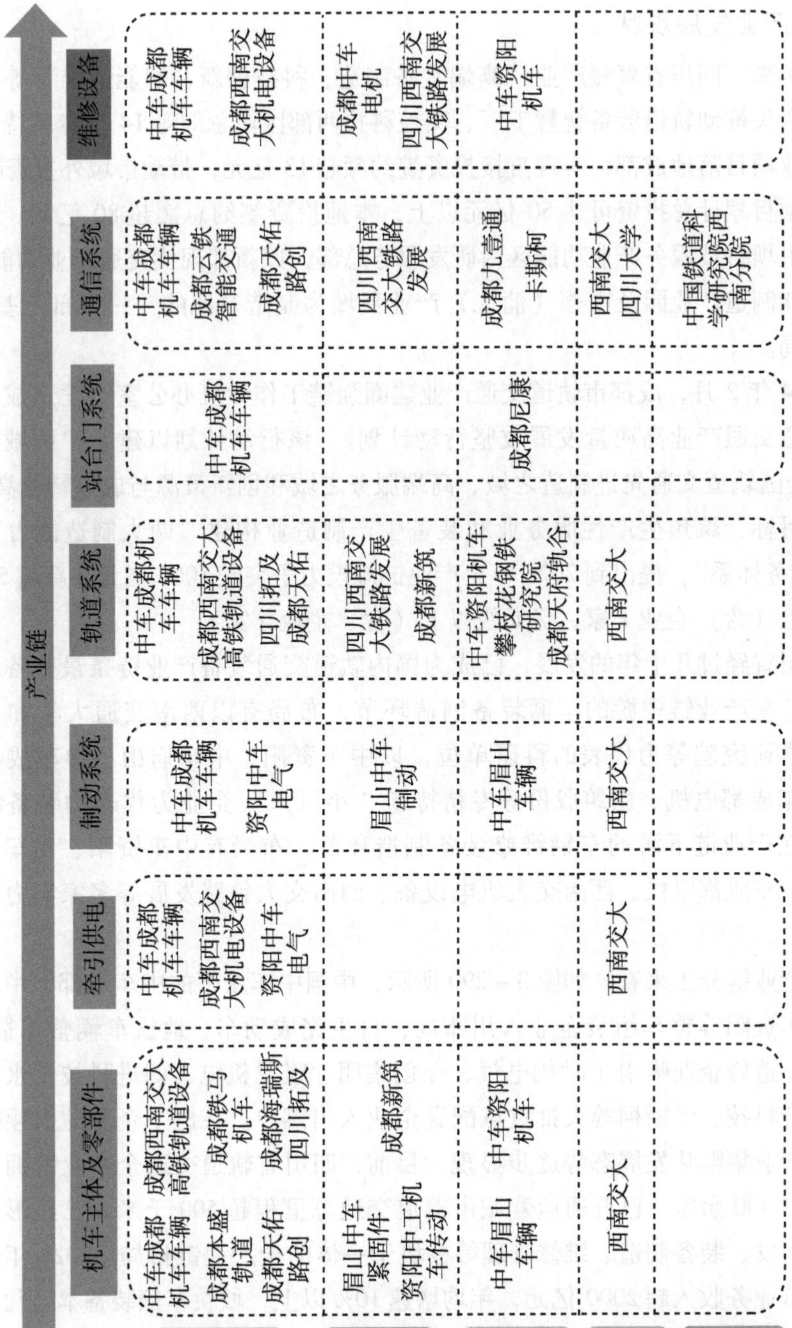

四川省专利密集型产业研究

产业链	机车主体及零部件	牵引供电	制动系统	轨道系统	站台门系统	通信系统	维修设备
专精特新	中车成都机车车辆、成都西南交大高铁轨道设备、成都本盛轨道、成都铁马机车、成都天佑路创、成都海瑞斯、四川拓及	中车成都机车车辆、成都西南交大机电设备、资阳中车电气	中车成都机车车辆、资阳中车电气	中车成都机车车辆、成都西南交大高铁轨道设备、四川拓及、成都天佑	中车成都机车车辆	中车成都机车车辆、成都云铁智能交通、成都天佑路创	中车成都机车车辆、成都西南交大机电设备、成都中车电机
小巨人	眉山中车紧固件、资阳中工机车传动		眉山中车制动	四川西南交大铁路发展、成都新筑		四川西南交大铁路发展	四川西南交大铁路发展
其他	成都新筑、中车资阳机车		中车眉山车辆	中车资阳机车、攀枝花钢铁研究院、成都天府机合	成都尼康	成都九壹通卡斯柯	中车资阳机车
高校	西南交大	西南交大	西南交大	西南交大		西南交大、四川大学	
科研院所						中国铁道科学研究院西南分院	

主要生产企业

创新主体

图3-290 四川省轨道交通装备产业链图谱

3. 产业发展面临的挑战

(1) 产业制造能级偏弱

四川省轨道交通装备产业严重依赖中国中车的引领带动作用，而受中国中车战略布局影响，川内整车组装企业多为中国中车三级子公司，多局限于地铁、有轨电车等城市轨道交通组装和零部件生产，缺少技术研发布局，整车产品类型偏少，缺乏具有核心竞争力的主打产品，本地配套能力有待提升，耗材生产企业不足。

(2) 产业持续发展动能不足

大龙头企业主要承接成都市场订单，域外市场拓展能力较弱。成都地铁运营里程已达 558 千米，后续新造市场容量有限，轨道交通建设高峰期过后，产业可持续发展面临挑战。另外，配套企业来成都也多为获取本土订单，更多看重阶段性利益，为此在研发、设备等方面投入不足，多为组装加工车间，配套产品创新推进较少。

(3) 优势资源缺乏协同整合

链主企业、高校、科研院所、服务平台等各类主体间缺乏有效的产学研协同机制，科研与产业存在脱节。由于川内缺少具有技术控制力的本土头部企业，高校的部分关键技术攻关需要与其他城市的头部企业协同推进，为此部分高质量科技成果难以留在本地，西南交大丰富的创新资源和人才资源尚未完全有效转化为产业发展优势。

4. 产业发展建议

(1) 坚持铁路和城轨同步发展，提升整车制造能级

提升整车制造能级：深化与中车集团的战略合作，积极争取城际动车组、市域快轨和货运动车组新造资质，积极布局中低运量轨道交通，强化下一代高速、超高速磁浮的研发攻关和技术储备，全力打造多制式协调发展的轨道交通装备研制基地。提升产业配套能力：围绕关键系统，精准招引一批拥有专项技术特长、具有铁路准入资质的民营高科技企业，加快完善二、三级配套，提升本地配套率。

(2) 以重大工程为载体提升产业链竞争力

加快建设国家川藏铁路技术创新中心。推进"复杂艰险山区综合勘察实验室"等 10 个重点实验室加快建设，整合链接国内相关高校、科研院所和企业的创新资源，创新产学研协同攻关机制模式，加快突破一批首台重大技术装备和

首批次、首版次新材料，打造一批轨道交通地标产品。大力推进科研成果孵化。加快建设国家川藏铁路技术创新中心成果转化基地，建设一批高水平的中试基地和小试车间，健全小试试验、中试熟化、规模放大孵化链条，加快培育一批轨道交通装备领域专精特新企业。

(3) 加快建设成渝轨道交通装备制造成链成圈

积极抢占市域铁路市场。抓住成渝地区加快建设"轨道上的双城经济圈"、成都都市圈加快打造1小时轨道交通通勤圈等机遇，加快推进成都都市圈环线铁路以及成德S11、成资S3线、成眉S5等市域（郊）铁路建设，强化铁路公交化运营，积极争取时速160km/h全自动市域列车成为中国标准。

3.9.6 产业集群的经济贡献、发展问题和建议

1. 经济贡献

四川省装备制造产业集群通过推动经济增长、提高产业竞争力、带动上下游产业链、增加就业机会和促进技术进步，为国民经济的发展做出了重要贡献。产业集群的快速发展，显著提升了我国制造业的整体水平，推动了传统产业的转型升级，并在全球制造业格局中占据了重要位置。通过不断的技术创新和产品升级，不仅提升了自身的技术水平和市场竞争力，还带动了相关产业的技术进步和创新，为国民经济的持续健康发展提供了强大动力。

(1) 推动经济增长

装备制造产业集群作为高端制造业的代表，通过不断的技术创新和产品升级，成为推动经济增长的重要引擎。其高技术含量和高附加值的产品，不仅能够提升传统产业的生产效率和产品质量，还能够开辟新的市场需求，创造新的经济增长点。产业集群快速发展，不仅带动了制造业的整体升级，还推动了国民经济的稳步增长。

以高铁装备为例，我国高铁的快速发展，不仅提升了国内交通运输的效率，还带动了钢铁、机械制造、电子元器件等相关产业的发展。高铁装备的出口，更是为国家带来了可观的外汇收入，提升了我国制造企业在国际市场的竞争力。再如，新能源汽车装备的发展，不仅推动了汽车产业的转型升级，还促进了电池、新能源材料等新兴产业的发展，形成了新的经济增长点。

产业集群的快速发展，还通过技术扩散效应，促进了其他产业的技术进步和创新。例如，智能制造装备的广泛应用，使得传统制造业实现了自动化和智能化，大幅提升了生产效率和产品质量，降低了生产成本，增强了市场竞争力。这种技术扩散效应，进一步推动了国民经济的整体发展和升级。

(2) 提高产业竞争力

产业集群的快速发展，通过提升装备的技术水平和性能，显著提高了相关产业的竞争力。高端装备的应用，不仅提升了生产效率和产品质量，还优化了生产流程，降低了生产成本，增强了企业的市场竞争力。例如，高精度数控机床和智能制造设备的应用，使得制造企业能够实现精密加工和自动化生产，提升了产品的精度和一致性，增强了企业在国际市场的竞争力。

高端装备制造业的发展，还通过技术创新和产品升级，推动了产业结构的优化和升级。例如，航空航天装备的发展，不仅提升了航空航天产业的技术水平，还带动了材料、电子、机械等相关产业的发展。通过技术创新和产品升级，航空航天产业实现了从传统制造向高端制造的转型，提升了产业的整体竞争力。

此外，还通过促进产学研合作，推动了技术的快速转化和应用。通过与高校和科研院所的合作，企业能够快速获取最新的科研成果，提升技术创新能力，推动产品升级。例如，机器人装备制造企业通过与高校和科研院所的合作，快速掌握了人工智能和机器学习等前沿技术，提升了机器人装备的智能化水平，增强了企业的市场竞争力。

(3) 带动上下游产业链

装备制造产业集群的快速发展，导致对高性能材料、先进电子元器件和高精度机械零部件的需求不断增长，带动了上下游产业链的协同发展。高端装备制造业的快速增长，使得上游原材料供应商、零部件制造商和相关服务提供商都受益匪浅。例如，对高性能材料的需求推动了新材料产业的发展，对先进电子元器件的需求推动了电子产业的发展，对高精度机械零部件的需求推动了机械制造产业的发展。

此外，通过提升产业链的整体技术水平和竞争力，形成了良性的产业生态圈。通过与上下游企业的紧密合作，装备制造企业能够实现资源的高效配置和技术的快速转化，提升产业链的整体效率和竞争力。例如，通过与上游原材料供应商的合作，企业能够获取高性能材料，提升产品的性能和质量。通过与下游零部件制造商的合作，企业能够快速获取高精度零部件，提升产品的精度和一致性。

此外，还通过技术扩散效应，推动了上下游产业链的技术进步和创新。通过与上下游企业的技术合作和交流，装备制造企业能够将最新的技术和工艺扩散到上下游企业，提升产业链的整体技术水平。例如，通过与上游原材料供应商的技术合作，企业能够将最新的材料应用到生产中，提升产品的性能和质量。通过与下游零部件制造商的技术合作，能够将最新的加工技术和工艺应用到生产中，提升产品的精度和一致性。

(4) 增加就业机会

产业集群的快速发展，创造了大量的就业机会。从研发设计到生产制造，再到销售服务，每一个环节都需要大量的人才。这不仅包括高技术人才，也包括大量的技术工人和管理人员。新装备制造业的快速增长，为社会提供了大量的就业岗位，提升了社会整体就业水平。

在研发设计环节，装备制造企业需要大量的高技术人才和工程师。这些人才不仅需要掌握最新的技术和工艺，还需要具备创新能力和解决问题的能力。例如，智能制造设备的研发需要掌握人工智能和机器学习等前沿技术的工程师，航空航天装备的设计需要掌握高性能材料和精密制造技术的专家。

在生产制造环节，企业需要大量的技术工人和操作人员。这些工人不仅需要掌握先进的生产技术和工艺，还需要具备操作复杂设备和解决生产问题的能力。例如，高精度数控机床的操作需要具备精密加工技术的工人，智能制造设备的调试和维护需要具备自动化控制技术的操作人员。

在销售服务环节，企业需要大量的市场营销和售后服务人员。这些人员不仅需要了解产品的技术和性能，还需要具备市场推广和服务客户的能力。例如，市场营销人员需要了解新装备制造产品的市场需求和竞争情况，售后服务人员需要掌握设备的维护和故障排除技术。

(5) 促进技术进步

产业集群通过持续的研发投入和技术创新，推动了科学技术的进步。先进的制造工艺和技术标准不仅在国内推广应用，也逐渐走向国际市场，提升了我国在全球装备制造领域的技术影响力。技术进步不仅提升了产品的性能和质量，还推动了相关产业的技术进步和创新。

企业通过不断的研发投入和技术创新，提升了自身的技术水平和竞争力。例如，智能制造设备的研发需要大量的技术投入和创新，通过掌握人工智能、物联网和大数据分析等前沿技术，提升了设备的智能化水平和自动化程度。再如，航空航天装备的研发需要掌握高性能材料和精密制造技术，通过技术创新和工艺改进，提升了装备的性能和可靠性。

装备制造业的技术进步，还通过技术扩散效应，推动了相关产业的技术进步和创新。例如，通过与上下游企业的技术合作和交流，企业能够将最新的技术和工艺扩散到相关产业，提升产业的整体技术水平和竞争力。

因此，在未来的发展中，通过继续加大研发投入、加强人才培养、完善标准体系、加强国际合作和优化产业结构，装备制造产业集群将进一步提升其在全球市场的竞争力和影响力。加大研发投入,尤其是在核心技术和关键领域的创新,将使装备制造业在国际竞争中保持领先地位。加强人才培养,通过引进高端人才和培养本土技术专家,提升产业的整体技术水平和创新能力。完善标准体系,通过制定和实施高水平的技术标准,提升产品质量和国际市场的认可度。加强国际合作,积极参与全球产业链和技术创新网络,将有助于我国新装备制造业获取更多的国际资源和市场机遇。通过与国际领先企业和研究机构的合作交流,提升技术创新能力和国际竞争力。优化产业结构,推动产业集群的发展,形成具有国际竞争力的产业生态圈。政府和企业应共同努力,通过政策支持和市场引导,提升产业的整体竞争力和可持续发展能力。

装备制造产业集群的发展,不仅是四川省制造业转型升级的重要抓手,也是实现高质量发展的重要途径。通过不断提升技术水平和创新能力,装备制造业将在推动我国从制造大国向制造强国转变过程中发挥更加重要的作用。实现这一目标,需要政府、企业和科研机构的共同努力,通过持续的技术创新和制度创新,构建高效、创新、可持续发展的新装备制造产业体系,为我国经济的长远发展提供坚实支撑。

2. 发展问题

尽管取得了显著进步,在发展过程中仍面临诸多挑战。

(1) 核心技术不足

尽管装备制造产业集群在过去几年中取得了显著的进步,但在一些关键核心技术领域仍然存在不足。这些核心技术包括高精度加工技术、智能控制技术、高性能材料技术等。这些技术的缺失限制了我国装备制造产业集群的自主创新能力和国际竞争力。

在高精度加工技术方面,我国在一些高端数控机床和精密加工设备的研发和制造上,仍然依赖进口。例如,高端数控机床的关键核心部件如主轴、伺服电机和控制系统,仍然依赖国外技术和产品。

在智能控制技术方面,我国在一些智能制造设备和系统的研发和应用上,仍然存在技术瓶颈。例如,智能制造设备的控制系统和软件平台,仍然依赖国外技术和产品。

在高性能材料技术方面,我国在一些关键材料如高温合金、特种钢和复合材料的研发和生产上,仍然存在不足。例如,高温合金的研发和生产技术,仍然依赖国外技术和设备。

(2) 研发投入不足

装备制造产业集群的发展高度依赖持续的研发投入,但在实际操作中,许多企业的研发投入力度不足,特别是在中小企业,资金和技术资源的制约更为明显。这种研发投入的不足,导致企业在技术创新和产品开发方面进展缓慢,难以快速跟上市场和技术发展的步伐。

研发投入不足的一个主要原因是资金短缺。装备制造产业集群的研发需要大量的资金投入,从基础研究到技术开发,再到产品测试和市场推广,每一个环节都需要充足的资金支持。对于中小企业来说,融资难和融资贵的问题使其难以获得足够的资金来支持研发活动。

研发投入不足的另一个原因是技术资源匮乏。装备制造产业集群的研发需要大量的技术资源,包括高水平的研发人员、先进的研发设备和实验室等。对于中小企业来说,它们在技术资源方面存在较大的制约,难以组建高水平的研发团队,没有充足的资金购买先进的研发设备和建设高标准的实验室。

(3) 人才短缺

装备制造产业集群的快速发展,需要大量的专业技术人才,但目前我国在高端装备制造领域专业技术人才储备不足,特别是高级研发和设计人才严重短缺。这种人才短缺现象影响了装备制造产业集群的技术创新和发展速度,制约了产业的进一步升级和国际竞争力的提升。

人才短缺的一个主要原因是教育和培训体系不完善。目前,我国的高等教育和职业教育在新装备制造领域的专业设置和课程设计上,未能完全满足产业发展的需求。许多高校和职业学校在课程设置和教学内容上,存在较大的滞后性,难以培养出符合产业需求的高水平人才。

人才短缺的另一个原因是企业在人才培养和引进方面的投入不足,难以吸引和留住高水平的专业技术人才。特别是中小企业,由于资金和资源的限制,在人才培养和引进方面存在较大的制约,难以组建高水平的研发团队和技术团队。

(4) 标准体系不完善

装备制造产业集群的标准体系尚未完全建立和完善,这导致了产品质量参差不齐,制约了行业的健康发展。标准化不足还影响了产品的互通性和兼容性,增加了产业链的协调难度,影响了整个行业的整体效率和竞争力。

标准体系不完善的一个主要原因是行业标准的制定和推广力度不够,许多关键技术和工艺的标准尚未完全建立和完善。这导致企业在生产和质量控制方面存在较大的差异,产品质量参差不齐,影响了市场的信任和消费者的购买意愿。

标准体系不完善的另一个原因是企业在标准化生产和质量控制方面的投入

不足。许多新装备制造企业在标准化生产和质量控制方面的意识和能力不足，产品质量的一致性和稳定性不高。这不仅影响了产品的市场竞争力，还增加了产业链的协调难度，影响了整个行业的整体效率和竞争力。

(5) 市场竞争激烈

装备制造产业集群市场竞争激烈，尤其是国际市场，我国企业在市场拓展和品牌建设方面面临较大的挑战。激烈的市场竞争，迫使企业不断进行技术创新和产品升级，但也给企业带来了较大的压力和风险。

市场竞争激烈的一个主要原因是，发达国家的新装备制造企业在技术创新和品牌建设方面具有较大的优势，这使得我国企业在国际市场上面临较大的竞争压力。例如，德国和日本的新装备制造企业在高端数控机床、智能制造设备等领域具有较强的技术优势和品牌影响力，我国企业竞争压力较大。

市场竞争激烈的另一个原因是国内市场的同质化竞争严重。我国新装备制造企业在技术创新和产品开发方面存在较大的同质化现象，许多企业的产品在技术水平和性能上相差不大，导致了激烈的价格竞争。这不仅影响了企业的盈利能力，还制约了企业的技术创新和产品升级，使得整个行业的发展陷入困境。

总结来看，装备制造产业集群在技术创新、资金投入、人才培养、标准体系和市场竞争等方面存在的问题，需要通过多方努力加以解决。政府、企业和科研机构需要共同努力，完善政策支持和激励机制，增强企业自主创新能力，提高研发投入和人才培养水平，推动标准化建设，提升产业整体竞争力。

3. 装备制造产业集群的发展建议

为了推动装备制造产业集群的高质量发展，政府和企业需从多方面采取措施，提升技术水平、优化产业结构、加强国际合作等。以下是针对装备制造产业集群发展的具体建议。

(1) 加大研发投入

为了提升装备制造产业集群的技术水平和创新能力，政府和企业应加大研发投入力度。政府应通过设立专项研发基金、提供税收优惠和融资支持等措施，鼓励企业增加研发投入。企业应通过优化内部资源配置，提高资金使用效率，提升技术创新能力和市场竞争力。

(2) 加强人才培养

装备制造产业集群的发展高度依赖高水平的专业技术人才。政府和企业应加强人才培养，通过加强高校与企业的合作，建立多层次的人才培养体系，提升专业技术人才的数量和质量。企业应加大对员工的培训力度，提升现有员工的技能水平，通过提供良好的工作环境和发展空间，吸引和留住高水平的专业技术人才。

(3) 完善标准体系

为了提升装备制造产业集群的产品质量和行业规范性，政府和行业协会应加快制定和完善标准体系。通过制定和推广行业标准，提升产品的质量和一致性，促进产业链的高效协同和发展。企业应加强标准化生产和质量控制，提升产品的互通性和兼容性，增强市场竞争力和国际影响力。

(4) 加强国际合作

装备制造产业集群的发展需要借鉴国际先进经验，政府和企业应加强国际合作，通过引进和吸收国外先进技术和管理经验，提升企业的技术水平和市场竞争力。企业应通过加强国际市场的开拓和品牌建设，提升产品的国际影响力和市场占有率。

(5) 优化产业结构

装备制造产业集群的发展需要优化产业结构，提升产业链的整体技术水平和市场竞争力。政府和企业应通过制定和实施产业发展规划，推动产业结构的优化和升级。企业应通过技术创新和产品升级，提升产业链的整体技术水平和市场竞争力，推动产业的健康发展。

综上所述，装备制造产业集群的发展需要政府和企业的共同努力，通过加大研发投入、加强人才培养、完善标准体系、加强国际合作和优化产业结构等多方面的举措，提升技术水平和市场竞争力，推动产业的高质量发展。政府应制定并实施有针对性的政策措施，支持企业的技术创新和发展，推动产业链的协同和优化。企业则应不断提升自身的技术创新能力和市场竞争力，积极参与国际合作和市场竞争，推动产业的健康发展和国际化进程。未来，通过这些综合措施的实施，装备制造产业集群必能够实现更高质量的发展，提升在国际市场的竞争力和影响力，助力国家经济的可持续发展和产业的升级转型。

第4章 专利密集型产业高质量发展的四川省路径

正如本书第1章所述,专利密集型产业对技术和智力要素依赖远超过对其他生产要素的依赖,与技术创新的结合最为紧密,相比于非专利密集型产业具有非常明显的高附加值性,在推动产业发展、提升工业产值、拉动就业和商品出口等多个方面都有积极表现,已经成为创新型国家促进经济社会高质量发展的有力支撑和重要发展方向,也将在新质生产力的培育过程中起到举足轻重的载体作用。

第2章和第3章聚焦四川省专利密集型产业的发展情况。第2章对四川省发展专利密集型产业的政策法规环境、经济营商环境、科技创新环境和知识产权环境进行了梳理,从中可以看出,四川省在经济社会发展的顶层设计和政策制定中明确了专利密集型产业的重要地位和发展目标,并且在营商环境、科创生态、研发投入、人才资源,以及知识产权的创造、运用、保护等方面为专利密集型产业的发展打下了良好的基础。

为了进一步明晰四川省专利密集型产业的发展现状和预期,第3章分别对信息通信技术制造业、信息通信技术服务业、新装备制造业、新材料制造业、医药医疗产业、环保产业,以及研发、设计和技术服务业七个大类的专利密集型产业在四川省的发展情况进行了分析。从总体上看,四川省相关产业发展势头良好,产业链条较为完备,创新活跃度持续提升,科教人才储备充足,基本符合四川省"国家发展战略腹地"的整体定位;同时也要看到,区域发展不平衡、产业生态圈不完善、关键核心技术受制于人、企业创新主体地位不突出、高校院所科技成果转化不畅、人才体系结构有待优化、区域开放合作力度不够等共性问题仍然存在,需要在发展过程中逐步解决。

本章在前文的基础上,结合专利密集型产业发展的普适性规律和四川省情特点,尝试提出专利密集型产业高质量发展的四川省路径。

4.1 兼收并蓄：因地制宜建立知识产权密集型产业统计体系

发展专利密集型产业既是推进改革、推进发展的要求，也是创造经济增长点、创造新质生产力的要求。各地方由于在国家战略版图中的定位不同，以及经济发展阶段的差异，产业结构明显不同，需要结合本地区发展实际，因地制宜建立适合本地区的专利密集型产业"7+X"统计体系，在现有的 7 个大类，188 个小类的基础上进行扩充，以"X"作为地方特色的专利密集型产业统计分类，制定相应的产业分类标准和统计方案，发挥政策促进作用，有效推动本地区特色产业健康发展。在选择"X"产业时，需要充分考虑本地区产业发展的实际状况，根据地方政策文件，结合发明专利密度、产业规模、研发投入强度、地方党委政府重视程度等因素确定需要增加或者调整的"X"产业。由于不同领域和产业的发展动态变化较大，建议定期对分类标准体系进行评估和调整，包括对当前实施分类标准的适用性进行评估，并根据产业发展状况进行相应的调整和完善。除了定期评估与调整外，还需要对产业发展进行持续监测。这包括关注国内外产业发展趋势、政策变化、市场竞争状况等因素，以便及时发现并解决可能出现的问题和挑战。总之，制定地方专利密集型产业统计分类标准需要充分考虑国家政策导向、产业发展实际和地方特色，突出专利密集型产业的特点和优势，兼顾产业的多样性和差异性，同时建立动态调整机制，以适应产业发展变化。

党的二十大报告强调了"建设现代化产业体系"的战略部署，知识产权密集型产业作为这一现代化体系的关键组成部分，其重要性不言而喻。早在 2014 年，国家知识产权局等单位发布的《深入实施国家知识产权战略行动计划（2014—2020 年）》就明确指出，发展知识产权密集型产业是实现国家战略目标的重要途径之一。知识产权密集型产业主要包括专利密集型产业、商标密集型产业、版权密集型产业、地理标志密集型产业和外观设计密集型产业。

美国和欧盟等发达国家和地区已经在这方面进行了积极探索。美国主要关注专利、商标和版权，将其视为确立所有权的关键工具，并据此将知识产权密集型产业划分为专利密集型、商标密集型和版权密集型。相比之下，欧盟对知识产权的定义更为广泛，包括专利、商标、版权、外观设计、地理标志和植物品种权六种形式，并相应地划分为六类细分密集型产业。

目前，我国在知识产权密集型产业的统计和分类方面尚存在不足，特别是对于商标密集型产业和其他类型的知识产权密集型产业缺乏明确界定。为了促进我国知识产权密集型产业的健康发展，特提出以下两点建议。一是完善分类标准研究，参考美国和欧盟的做法，结合我国的具体国情，制定和优化我国的知识产权密集型产业分类标准。国家知识产权主管部门应与其他相关部门（如统计局、科技部、市场监管总局、国家新闻出版署、民政部、农业农村部等）合作，深化专利密集型产业分类研究，并探索建立商标密集型、版权密集型、地理标志密集型和植物品种权密集型产业的分类标准体系。二是要构建政策支持体系。构建一套全面的政策体系，以支持知识产权密集型产业的健康发展。综合运用财政、金融、税收、政府采购等政策措施，加强知识产权密集型产业的产业链和创新链建设。配套建立知识产权服务体系，包括研发、评估、融资、商务、法律等环节的服务，以提升企业的知识产权开发、利用和保护能力。通过上述措施，我国可以更好地推动知识产权密集型产业的发展，为建设知识产权强国和世界科技强国贡献力量。

4.2　政策先行：因地制宜做好科技创新和产业发展顶层设计

2023年7月，习近平总书记在四川省考察时指出，"四川省是我国发展的战略腹地，在国家发展大局特别是实施西部大开发战略中具有独特而重要的地位"。2024年2月，国务院批复的《四川省国土空间规划（2021—2035年）》（以下简称《规划》）中明确提出，"四川省地处长江上游、西南内陆，是我国发展的战略腹地，是支撑新时代西部大开发、长江经济带发展等国家战略实施的重要地区"，在已发布的国务院对多个省（区、市）国土空间规划批复中，"战略腹地"这一表述绝无仅有。《规划》中提到，要"坚持'川渝一盘棋'，加强成渝地区双城经济圈建设，成为带动西部高质量发展的重要增长极和新的动力源，强化与长三角、珠三角、长江中游等城市群的协同发展，积极融入'一带一路'建设，构筑向西开放战略高地和参与国际竞争新基地"，以及"积极保障国家产业链供应链安全，高质量对接东部沿海地区产业新布局，优化完善创新资源布局，加快发展特色优势产业和战略性新兴产业，打造西部地区创新高地"。2024年3月李强总理在第十四届全国人民代表大会第二次会议上的政府工作报告中明确指出，要"优化重大生产力布局，加强国家战略腹地建设"。

2024年5月，四川省委副书记、省长黄强在成都主持召开专题会议，研究四川省国家战略腹地建设相关工作，强调要深入贯彻习近平总书记在新时代推动西部大开发座谈会上的重要讲话精神，服务服从国家战略大局，抢抓重大机遇，争取战略性产业布局，加快推动四川省高质量发展。会议指出，四川省自古就是国家发展和安全的战略大纵深，服务国家战略腹地建设有基础、有条件、有优势，要深刻把握四川省在新时代的战略地位和战略使命，找准发力方向，研究梳理四川省及各地独特优势条件和现实基础，围绕可批量生产、能形成产业链创新链价值链的重点领域和方向，抓紧完善项目清单；要大胆改革创新，持续用机制创新突破体制障碍，强化企业主体地位，推动更多科研"成果"加快转化为发展"结果"，成为产业"成品"。

战略腹地既是国家发展的腹地，也是国家安全的腹地，对以中国式现代化全面推进中华民族伟大复兴具有全局性作用，兼具地理、经济、社会、生态等多重意义，发挥协调关系、创造空间、增强韧性、涵养潜力、抵御冲击等多种功能[88]。专利密集型产业与高新技术产业、战略性新兴产业等重合度高，是布局新赛道、培育新动能、加快发展新质生产力的重点领域，更加强调全要素的均衡运用，产业结构更为合理，抗风险能力更强，2020年，传统服务及制造业相关服务受疫情冲击较为明显情况下，知识密集型服务贸易逆势保持增长，专利密集型产业在其中做出重要贡献，展现出稳定的抗风险能力和贸易驱动力[89]。专利密集型产业所具有的高技术性、高附加值和高产业链韧性等特点，使其成为四川省服务国家科技自立自强和保障产业链供应链安全、在中国式现代化进程中起到战略支撑作用的有力抓手。

为充分发挥专利密集型产业的载体作用，履行四川省建设战略腹地的历史使命，首先要在国家统计局发布的《知识产权（专利）密集型产业统计分类（2019）》基础上，结合自身产业结构和特点，编制本省"7 + X"的专利密集型产业目录，建立专利密集型产业统计工作机制，由统计部门、知识产权管理部门联合专业研究机构定期发布专利密集型产业主要统计数据报告，探索构建合理的专利质量和经济效益贡献评估监测机制，为专利密集型产业高质量可持续发展打好工作基础。同时结合四川省经济社会发展规划和目标，制定专利密集型产业3~5年和中长期发展规划，明确发展目标和主要任务；研究出台专利密集型产业发展激励措施，强化知识产权、金融、人才、税收等政策对专利密集型产业的支持力度，加强与重大区域发展战略和重点产业促进政策有效衔接；切实发挥知识产权强链、补链、延链效能，建立知识产权支撑产业规划决策机制，加速优质创新要素向知识产权密集型产业聚集；建立新兴技术领域知识产权风险研判预警和防范应对机制，加快构建自主可控、安全高效的产业链供应链保障体系；健全严保护、大保护、快保护、同保护的全链条保护体系，加强海外专利信息供给，开展海外专利风险预警，深入推进民事、刑事、行政案件"三合一"审判机制改革，形成政府、企业、社会组织和公众共同参与的知识产权保护工作局面，创建一流创新生态和营商环境。

4.3 企业主导：充分发挥各类企业创新主体作用

四川省统计局、四川省科学技术厅 2023 年 9 月联合发布的《2022 年四川省科技经费投入统计公报》显示，2022 年全省共投入研究与试验发展（R&D）经费 1215 亿元，比上年增加 0.5 亿元，总量排全国第 8 位；其中，各类企业 R&D 经费 732.7 亿元，比上年增长 15.4%；政府属研究机构经费 353.7 亿元，下降 25%；高等学校经费 105.2 亿元，增长 10.2%；其他主体经费 23.4 亿元，增长 92.5%；企业、政府属研究机构、高等学校经费所占比重分别为 60.3%、29.1% 和 8.7%，企业 R&D 经费占比首次突破六成。同期由国家统计局、科学技术部和财政部联合发布的《2022 年全国科技经费投入统计公报》则显示，2022 年全国共投入 R&D 经费 30782.9 亿元，比上年增加 2826.6 亿元，增长 10.1%；其中，各类企业 R&D 经费 23878.6 亿元，比上年增长 11.0%；政府属研究机构经费 3814.4 亿元，增长 2.6%；高等学校经费 2412.4 亿元，增长 10.6%；其他主体经费 677.5 亿元，增长 22.3%；企业、政府属研究机构、高等学校经费所占比重分别为 77.6%、12.4% 和 7.8%。可以看出，虽然四川省各类企业投入 R&D 经费同比增速高于全国，但从占比上看仍有较大差距。

研发产出的情况与投入类似，2021 年 7 月至 2024 年 6 月，四川省授权发明专利中 58.7% 由企业产出，低于全国 73.7% 的占比，与深圳（91.3%）、苏州（90.6%）等地相比企业创新活跃度更是有明显差距，各类企业在科技创新和产业创新中的主导作用尚未充分发挥。

产业由不同类型、不同发展阶段的企业相互作用而构成，充分发挥各类企业的创新主体作用，是四川省专利密集型产业高质量发展的前提和基础。一是发挥在川央企、省属市属国企、领军民企等链主企业引领作用，加快构建以特色优势产业为基础、链主企业为牵引、产业链上下游左右岸企业协同、相关高校科研院所为依托的专利密集型产业创新联合体，培育一批具有核心竞争力的高价值专利组合，探索建立重点产业专利池和专利联盟工作机制，推动产业链专利协同布局、管理和运营。二是打造专利密集型企业雁阵，建立中小企业梯度培育体系，充分发挥知识产权对企业研发经营全生命周期的支撑和促进作用，通过知识产权优势示范企业带动作用，加快培育一批单项冠军、专精特新"小巨人"企业，持续优化产业生态圈，提升产业整体发展能级。三是持续开展专利密集型产业"建圈强链"行动，聚焦人工智能、航空航天、先进装备、生物制造、清洁能源、先进材料等重点领域，切实发挥专利导航、知识产权分析评议等工作在产业规划、项目（技术、人才）招引中的决策支撑作用，优化创新资源布局，加强科技创新能力建设，加快构建富有四川省特色和优势的现代化产业体系。

4.4 院校支撑：扮演好创新策源地和成果转化池角色

同样以2021年7月至2024年6月的数据为例，四川省由高校院所获得的授权发明专利占全省总量的39.5%，明显高于全国25.2%的占比水平，省内高校院所存量发明专利超过6.3万项，一方面体现了四川省作为科教大省科教资源富集的优势，另一方面高校院所较高的发明专利占比和较低的专利产业化率也导致不少科技成果在实验室"束之高阁"，没有转化为现实生产力。

高校和科研机构是国家战略科技力量和国家创新体系的重要组成部分，是关键核心技术领域专利的重要供给者，在发展专利密集型产业和培育新质生产力的过程中起到支撑引领作用。要跨越高校院所科技成果通向产业化的"死亡之谷"，将存量科技成果转化为推动专利密集型产业高质量发展的源动力，四川省应当聚焦产业转型升级目标，落实《专利转化运用专项行动方案（2023—2025年）》和《四川省专利转化运用专项行动实施方案》工作要求，推进以企业为主导、以产业化应用为研发导向、以知识产权为转化载体的产学研深度融合机制，由高校、科研机构组织筛选具有潜在市场价值的专利，运用大数据、人工智能等新技术，将筛选出的专利资源按产业细分领域向企业匹配推送，促成供需对接，并基于企业对专利产业化前景评价、专利技术改进需求和产学研合作意愿的反馈情况，识别存量专利产业化潜力，分层构建可转化的专利资源库，根据分层情况采取差异化推广措施，针对高价值存量专利，匹配政策、服务、资本等优质资源，推动实现快速转化。

在盘活存量专利的同时，也要引导高校、科研机构在科研活动中精准对接市场需求，积极与企业联合攻关，加快实施以产业化前景分析为核心的专利申请前评估制度，形成更多符合产业需要的增量高价值专利。探索高校和科研机构职务科技成果转化管理新模式，健全专利转化的尽职免责和容错机制；强化职务发明规范管理，建立单位、科研人员和技术转移机构等权利义务对等的知识产权收益分配机制；加强产学研合作协议知识产权条款审查，合理约定权利归属与收益分配，强化高校、科研机构专利转化激励。

在科技成果转化过程中，中试被视为打通"最后一公里"的关键环节。中试是指研究成果在实验室研发成功，经过初步的概念验证之后，为了提高技术成熟度、解决规模化生产问题而展开的放大试制阶段，这一阶段的成功与否直接影响整个科技成果转化的效果。通过中试，项目成功率可达 80%～100%，而未经过中试的项目成功率低于 30%[90]。正如前文所述，四川省高校院所科技成果数量多，中试需求大，但现有高校院所、企业等中试研发平台点位分散，缺少横向互动机制，协作程度不高。为解决这一问题，四川省中试研发有限公司于 2024 年 5 月揭牌运营，作为全省中试研发平台"1 + N"模式建设的"1"平台，四川省中试研发有限公司整合利用高校院所、企业以及地方政府中试平台资源，搭建合作机制，安排中试任务，分担中试费用，积极开展企业孵化培育工作，发挥提升科技成果转化效能、促进创新链产业链融合发展的桥梁纽带作用。建设全省中试研发平台"1 + N"模式，系统集成高校院所、企业、地方政府中试研发平台资源，推动平台间紧密协作、同向发力、合力攻坚，是推动更多科技成果变成产业"成品"和市场"商品"，走向大市场的有效途径。

值得一提的是，除了科教大省的身份，四川省也是我国国防科技工业大省，具有强大的国防科技创新能力和大量的国防科技成果积累，打通"军转民""民参军"军民融合通道，将适合产业化的先进技术成果在民用产业中转化实施，也是四川省发展专利密集型产业的特色路径之一。

4.5　要素保障：知识产权、金融和人才

2024 年 7 月，国家知识产权局党组书记、局长申长雨在《学习时报》撰文指出，推动发展新质生产力，要持续做好创新这篇大文章，特别是要强化知识产权的技术供给和制度供给双重作用，培育发展新质生产力的新动能。文章指出，知识产权是新质生产力发展的重要制度供给，知识产权制度首先是一种新型的产权安排机制，通过赋予创新成果财产权，明确创新成果的合法支配权、使用权和通过转让获得收益的权利；其次是一种创新激励机制，通过依法保护创新者的合法权益，充分激发全社会创新热情；最后还是一种有效的市场机制，使知识产权在市场环境下实现转移转化，产生效益、推动发展，实现创新投入与回报的良性循环，解决科技成果转化为现实生产力的"最后一公里"问题。

同时，知识产权还是新质生产力发展的重要技术供给，是国家发展的战略性资源和国际竞争力的核心要素，核心专利、知名品牌、精品版权、优质地理标志产品、优良植物新品种、高水平集成电路布图设计、高价值数据资源等知识产权，体现着生产力要素的发展水平，彰显了一个国家的经济实力、科技实

力、文化实力和综合国力；同时，大力发展以专利为支撑的创新型经济、以商标为支撑的品牌经济、以地理标志为支撑的特色经济、以版权为支撑的文化产业、以数据知识产权为支撑的数字经济，是打造创新起主导作用、符合新发展理念的先进生产力质态的重要内容，将有力推动中国制造向中国创造转变、中国速度向中国质量转变、中国产品向中国品牌转变。

在四川省以专利密集型产业为重要载体发展新质生产力的过程中，要进一步加强知识产权法治保障，营造良好创新环境，激发全社会创新创造活力，大力培育高价值知识产权，实现更高水平的科技自立自强，发挥"战略腹地"作用，推动我国由知识产权引进大国向知识产权创造大国转变，由追求知识产权数量向提高知识产权质量转变，更好助力新质生产力培育发展。

有效的金融工具是产业发展的放大器，要将专利密集型产业发展和四川省知识产权金融生态示范区建设工作有机结合，打造知识产权金融业态集聚地，深化拓展知识产权质押融资工作、培育规范知识产权保险市场、发挥多层次资本市场融资功能，推动知识产权金融产品和服务供给多元化。完善各类知识产权金融服务平台功能，充分发挥专业化知识产权交易场所资源配置优势，高标准建设"一站式"知识产权公共服务平台、"一体化"知识产权融资服务平台、高价值知识产权转移转化服务平台和知识产权赋能科创企业IPO加速孵化平台。进一步优化投贷债保联动机制，完善金融风险管理机制，健全企业和金融机构供需对接机制，探索知识产权金融融合共生机制，强化知识产权赋能企业、产业和园区发展，持续提升知识产权金融赋能产业能力。

高质量人才队伍是四川省专利密集型产业可持续发展的必要条件和重要支撑。要加快培养高素质、复合型、国际化知识产权实务型人才，支持有条件的省属高校推进知识产权学科专业建设，探索建立知识产权人才学历教育体系，高标准建设运行天府知识产权研究院、蓉漂人才学院知识产权培训基地等培育平台。切实发挥国家知识产权服务业高质量集聚发展示范区和试验区作用，积极培育引进符合专利密集型产业发展特点和需求的高端服务机构，打造知识产权人才发展高地，加快高层次知识产权人才队伍量质齐升。鼓励专利密集型产业重点企业建立健全知识产权人才培养机制，加强知识产权人才储备和配置，完善知识产权人才激励制度，充分发挥知识产权人才提升企业知识产权创造、运用和保护水平的支撑作用，以及知识产权工作对提高企业经营核心竞争力的战略支撑作用。

参考文献

[1] Christopher P R. The Economic Importance of Patents[R]. Intellectual Property Institute, 1996.

[2] Stephen E S. Economists inc. engines of growth: Economic contributions of the us intellectual property industries (2005)[EB/OL]. (2006-06-22)[2024-7-1]. http://entertainmentecon.org/File/Report/NBCU_Study_Nov_2005.pdf.

[3] 美国经济和统计管理局,美国专利商标局. 知识产权与美国经济: 产业聚焦[R]. 2012.

[4] 美国经济和统计管理局,美国专利商标局. 知识产权与美国经济: 2016年更新版[R]. 2016.

[5] 美国专利商标局. 知识产权与美国经济: 第三版[R]. 2022.

[6] 欧洲专利局,欧盟知识产权局. 知识产权密集型产业对欧盟经济及就业的贡献[R]. 2013.

[7] 欧洲专利局,欧盟知识产权局. 欧盟知识产权密集型产业和经济表现报告[R]. 2022.

[8] 国家知识产权局. 关于印发《专利密集型产业目录(2016)》(试行)的通知(国发规字〔2016〕76号)[Z]. 2016.

[9] 国家统计局. 知识产权(专利)密集型产业统计分类(2019)(国家统计局令第25号)[Z]. 2019.

[10] 袭希. 知识密集型产业技术创新演化机理及相关政策研究[D]. 哈尔滨: 哈尔滨工程大学, 2013.

[11] 文豪. 市场需求对知识产权创新激励效应的影响[J]. 经济社会体制比较, 2009(4): 180-183.

[12] William D Nordhaus. An Economic Theory of Technological Change[J]. Cowles Foundation Discussion Papers, 1969, 59(2): 18-28.

[13] 毛昊. 专利密集型产业发展的本土路径[J]. 电子知识产权, 2017(07): 65-75.

[14]欧洲专利局,欧盟知识产权局.知识产权密集型产业及其在欧盟的经济表现[R].2016.

[15]欧洲专利局,欧盟知识产权局.知识产权密集型产业及其在欧盟的经济表现[R].2019.

[16]国家知识产权局.中国专利密集型产业主要统计数据报告(2015)[R].2016.

[17]国家知识产权局战略规划司.中国专利密集型产业统计监测报告(2022)[R].2023.

[18]DNP Analytics. IP – intensive Manufacturing Industries:Driving U. S. Economic Growth [EB/OL]. (2015 – 06)[2024 – 07 – 01]. http://www.sipo.gov.cn/zlssbgs/zljy/201506/t20150619_1133413.html.

[19]徐明,姜南.专利密集型产业对工业总产值贡献率的实证分析[J].科学学与科学技术管理.2013(4):119 – 127.

[20]王喜生,俞跃波,姚凯学,等.陕西专利密集型产业研究[J].西安文理学院学报(社会科学版),2016(3):73 – 80.

[21]陈伟,杨早立,刘锦志,等."功能"与"协调"共驱的专利密集型产业专利能力测度[J].科学学研究,2015(6):833 – 841.

[22]翁鸣,黄刚.广西专利密集型产业统计监测及发展对策研究[J].广西社会科学,2017(2):25 – 30.

[23]胡伟,汪凯,李更.安徽省专利密集型产业目录的构建研究[J].安徽科技,2022(5):37 – 40.

[24]任科名.陕西省专利密集型产业技术创新效率及其影响因素研究[D].西安:西安理工大学,2022.

[25]王黎萤,王佳敏,虞微佳.区域专利密集型产业创新效率评价及提升路径研究——以浙江省为例[J].科研管理,2017(3):29 – 37.

[26]王佳敏.浙江省专利密集型产业的目录构建及创新效率研究[D].杭州:浙江工业大学,2016.

[27]姜南.专利密集型产业的R&D绩效评价研究——基于DEA – Malmquist指数法的检验[J].科学学与科学技术管理,2014(3):99 – 107.

[28]张骏."十二五"期间江苏省专利密集型产业效率分析——基于制造业数据[J].天津科技,2015(11):59 – 61.

[29]李黎明,陈明媛.专利密集型产业、专利制度与经济增长[J].中国软科学,2017(4):152 – 168.

[30]艾苗.专利密集型产业技术创新效率的研究——以江苏省为例[D].镇

江：江苏大学，2007．

[31]孙磊，陈伟，刘锦志，等．中国专利密集型产业技术创新效率评价[J]．科技管理研究，2016(19)：52－55．

[32]于洋．我国知识产权密集型产业增加值核算及其经济贡献研究[J]．调研世界，2022(9)：72－79．

[33]李黎明．知识产权密集型产业测算：欧美经验与中国路径[J]．科技进步与对策，2016(14)：55－62．

[34]姚正海，付一慧．知识产权密集型产业对经济增长的贡献研究——以徐州市为例[J]．创新科技，2018(3)：24－27．

[35]阎思晨．中国专利密集型制造业技术创新效率研究[D]．大连：大连理工大学，2021．

[36]四川省人民政府．2023年四川省经济形势新闻发布稿[EB/OL]．(2024－01－19)[2024－07－10]．https：//www.sc.gov.cn/10462/c106775/2024/1/19/f6ed4bb2daf2418aa9036b06173dead0.shtml．

[37]四川省人民代表大会常务委员会．科技创新工作推进情况专题调研报告[EB/OL]．(2023－01－05)[2024－07－12]．http：//www.scspc.gov.cn/dygz/202301/t20230105_42988.html．

[38]熊彼特．经济发展理论[M]．何畏，译．北京：商务印书馆，1990．

[39]吴晓波，苏建勋，梁红玉．云上的中国2：科技创新与产业未来[M]．北京：中信出版社，2022．

[40]王者风．科技创新对《专利法》的挑战与演进[J]．法制博览，2024(3)：67－69．

[41]张冬，李颖超．我国专利密集型产业专利风险防控问题研究[J]．科技与法律，2019(3)：10－18．

[42]李顺德．企业"走出去"的专利风险[J]．知识产权，2013(1)：66－69．

[43]林小爱．发达国家知识产权保险的发展及对我国的启示[J]．中国科技论坛，2009(2)：134－139．

[44]国家统计局．国民经济行业分类包括哪些类别[EB/OL]．(2023－01－01)[2024－07－02]．https：//www.stats.gov.cn/zs/tjws/tjbz/202301/t20230101_1903769.html．

[45]国家知识产权局．国际专利分类使用指南(2024版)[EB/OL]．(2024－05－28)[2024－07－04]．https：//www.cnipa.gov.cn/art/2024/5/28/art_3161_192750.html．

[46]国家知识产权局办公室．关于印发《国际专利分类与国民经济行业分类

参照关系表(2018)》的通知(国知办发规字〔2018〕31号)[Z].2018.

[47]中华人民共和国工业和信息化部.2023年电子信息制造业运行情况[EB/OL].(2024-01-30)[2024-07-14].https：//www.miit.gov.cn/jgsj/yxj/xxfb/art/2024/art_6f3ded5276bd42cc848b49ad06a32fd7.html.

[48]国家统计局.2022年全国专利密集型产业增加值数据公告[EB/OL].(2023-12-29)[2024-07-12].https：//www.stats.gov.cn/sj/zxfb/202312/t20231229_1946085.html.

[49]徐宇辰.中国装备制造业创新发展与国际借鉴的思考[J].中国发展观察,2022(01)：39-45.

[50]国务院国资委规划发展局.大力发展高端装备制造业 为现代化产业体系"强筋健骨"[J].旗帜,2023(12)：44-45.

[51]邹玮钰.智能制造业竞争力及其影响因素研究[J].商讯,2023(10)：175-178.

[52]杨瑾,解若琳.装备制造企业颠覆式创新实现机理及路径研究——基于扎根理论的分析[J].科技进步与对策,2020,37(19)：87-95.

[53]赵志叶.我国专利密集型产业创新效率评价研究[D].北京：北京理工大学,2018.

[54]宋红颖.基于博弈理论的装备制造业战略联盟构建[D].沈阳：沈阳工业大学,2012.

[55]姜红.加快中国装备制造业发展的意义与对策[J].边疆经济与文化,2004(11)：47-51.

[56]段婕,刘勇.基于因子分析的我国装备制造业技术创新能力评价研究[J].科技进步与对策,2011,28(20)：122-126.

[57]孙伟业.区域装备制造业高技术化改造政策体系研究[D].哈尔滨：哈尔滨理工大学,2011.

[58]王新哲.推动新一代信息技术与制造业深度融合 促进实体经济高质量发展[J].信息技术与标准化,2018(12)：4.

[59]孙慧莹.中国装备制造业参与全球价值链分工的低端锁定问题研究[D].大连：大连海事大学,2018.

[60]朱方圆.我国高技术服务业与装备制造业融合发展研究[D].南宁：广西大学,2020.

[61]傅为忠,金敏,刘芳芳.工业4.0背景下我国高技术服务业与装备制造业融合发展及效应评价研究——基于AHP-信息熵耦联评价模型[J].工业技术经济,2017,36(12)：90-98.

[62]曾志强.产业融合对我国装备制造业产业竞争力的影响研究[D].重庆:重庆理工大学,2020.

[63]高智,鲁志国.产业融合对装备制造业创新效率的影响——基于装备制造业与高技术服务业融合发展的视角[J].当代经济研究,2019(8):71-81.

[64]陶磊.全球价值链重构下中国装备制造业产业结构升级研究[D].北京:北京工业大学,2018.

[65]王健旭.基于SFA的装备制造业融资效率研究[D].鞍山:辽宁科技大学,2021.

[66]郭丽文.装备制造企业转型轻资产盈利模式研究——以陕鼓动力为例[D].南昌:江西师范大学,2018.

[67]孙晓雅.财政补贴、税收优惠对装备制造业创新影响的灰色关联分析——以辽宁为例[J].科技创业月刊,2020,33(8):67-70.

[68]郭禹.供给侧结构性改革背景下装备制造业人力资源管理优化分析——以津新重公司为例[D].天津:天津科技大学,2021.

[69]王菲.中国装备制造业智能制造水平测度及影响因素分析[D].兰州:兰州财经大学,2023.

[70]侯德帅,熊健,杜松桦.智能制造与企业韧性——基于工业机器人视角[J].中南财经政法大学学报,2024(4):120-34.

[71]韩君,王菲.新发展阶段中国装备制造业智能制造发展测度[J].财经理论研究,2022(4):74-86.

[72]司林波.装备制造业技术协同创新机制及绩效研究[D].秦皇岛:燕山大学,2017.

[73]刘晓楠.专利密集型产业技术创新效率评价[D].镇江:江苏大学,2017.

[74]张海笔.中国装备制造业技术选择的协同度研究[D].沈阳:辽宁大学,2013.

[75]国务院国有资产监督管理委员会.人民日报:新材料产业发展前景广阔[EB/OL].(2021-09-30)[2024-07-09].http://www.sasac.gov.cn/n2588025/n2588139/c20964934/content.html.

[76]亿欧智库.2024中国战略前沿新材料发展研究报告[EB/OL].(2024-04-22)[2024-07-23].https://roll.sohu.com/a/773473354_115035.

[77]"新材料在线"微信公众号.

[78]赛瑞研究.一文全面看清四川省新材料产业园(2019版)[EB/OL].(2019-12-19)[2024-07-21].http://m.xincailiao.com/news/app_detail.

aspx? id = 543267&ptype = 1.

[79]集聚医谈. 四川省医药产业格局及各城市对比分析[EB/OL]. (2024 - 06 - 13)[2024 - 07 - 05]. https：//baijiahao. baidu. com/s? id = 1801732199890963407&wfr = spider&for = pc.

[80]于谨. 2022 年中国医药制造业市场现状分析，数字化转型是行业转型的关键[EB/OL]. (2022 - 07 - 09)[2024 - 07 - 08]. https：//www. huaon. com/channel/trend/817782. html.

[81]陈凯先，张卫东. 中药现代化和重要创新的发展态势与进展[EB/OL]. (2022 - 08 - 15)[2024 - 07 - 08]. http：//www. cnpharm. com/c/2022 - 08 - 15/833217. shtml.

[82]孔菲，曹原，徐明，等. 我国医药产业发展态势分析及展望[J]. 中国工程科学，2023，25(5)：1 - 10.

[83]王宝亭，耿鸿武. 中国医疗器械行业发展报告(2023)[M]. 北京：社会科学文献出版社，2023.

[84]前瞻产业研究院. 预见 2024：《2024 年中国医疗器械产业全景图谱》[EB/OL]. (2024 - 03 - 25)[2024 - 07 - 10]. https：//new. qq. com/rain/a/20240325A07L7L00.

[85]中国服务贸易指南网. 四川：中药材种植面积达 850 万亩 川药年综合产值突破 1200 亿元[EB/OL]. (2023 - 12 - 29)[2024 - 07 - 12]. http：//tradeinservices. mofcom. gov. cn/article/gjzyy/xwfabu/202312/160141. html.

[86]中国药品监督管理研究会. 中国医药产业发展蓝皮书(2016—2020)[M]. 北京：中国协和医科大学出版社，2022.

[87]四川经济网. 四川医疗器械产业加速崛起：发展机遇、现实挑战和政策建议[EB/OL]. (2022 - 11 - 21)[2024 - 07 - 22]. http：//www. scjjrb. com/2022/11/21/99344908. html.

[88]四川省人民政府. 在中国式现代化发展大局中四川有何战略地位和战略使命？[EB/OL]. (2024 - 05 - 20)[2024 - 07 - 22]. https：//www. sc. gov. cn/10462/10464/13298/13302/2024/5/20/98b4bacfc27b459b82715aa4fa8f8361. shtml.

[89]中国经济网. 为何要大力发展专利密集型产业[EB/OL]. (2023 - 10 - 12)[2024 - 07 - 21]. http：//views. ce. cn/view/ent/202310/12/t20231012_38745815. shtml.

[90]叶锐，钟诚，温晓雨，等. 我国中试环节政策分析及建议[J]. 科技创业月刊，2023，36(6)：63 - 67.